Владимир Захаров
(Vladimir Zakharov)

Русская расплата
(The Price Russians Pay)

LVZ Human Development Center, Inc.
Eden Prairie, Minnesota
2014

Zakharov Vladimir P.

The Price Russians Pay. LVZ Human Development Center, Inc., 8116 Curtis Ln., Eden Prairie, MN 55347, USA. 2014. – 486 pg., email: vladimir.zakharov@gmail.com

Vladimir Zakharov, PhD, is an associate professor. For nineteen years, he worked at Leningrad State University in the area of psycho-diagnostics and socio-psychological training. Vladimir founded the Department of Industrial Psychology at MIPK St. Petersburg State Technical University and led this department for nearly five years. He has fifty-five publications. Vladimir currently lives in Minnesota in the United States.

Захаров Владимир Петрович / Русская расплата - 2-е перераб, издание с аннотацией на англ. языке. - Иден Прери, Миннесота, 2014. – 486 с.

Владимир Захаров, кандидат психологических наук, доцент. В течение 19 лет работал в Ленинградском государственном университете. Занимался проблемами психодиагностики и социально-психологического тренинга, затем основал и в течение почти 5 лет руководил кафедрой промышленной психологии в МИПК Санкт-Петербургского технического университета. Имеет 55 публикаций. В настоящее время проживает в США, штат Миннесота.

Трудно иметь дело со страной, которую недостаточно знаешь и понимаешь. Трудно работать с людьми, чьи мотивы, способ мышления, традиции поведения отличаются от ваших. Для большинства современников было трудно предсказать распад Советского Союза и странное, иррациональное поведение советско-российских лидеров - Горбачева, Ельцина, Путина в последние 29 лет. Иногда казалось, что они ведут себя разумно и кооперативно, подчас их поведение казалось непонятным. Эта книга помогает понять русского человека и мотивы его поведения.

Книга Русского психолога Владимира Захарова "Русская расплата" посвящена ментальности Русского человека. Автор проанализировал известные исторические и политические события с психологических позиций. Понимая, что писать о народе вообще это всё равно, как "измерять среднюю температуру пациентов в больнице", автор всё же сделал такую попытку. Что бы там ни говорили, но история и судьба народа определяются его типовым характером, сложившимся за столетия. Каждый представитель народа отличается от другого, ведёт себя по-своему, но каким-то неумолимым образом суммарная равнодействующая частных поступков разных людей порождает общее типовое поведение, создаёт особую историю, которые присущи только этому народу, этой общности людей.

Моей маме, Елене Кошелёвой

Содержание

Contents in English

The Price Russians Pay

(Abstracts translated from Russian into English by the author. English editor—Allison from "Professional Editors—FirstEditing.com")

Introduction

President Vladimir Putin, with his conservative imperial ambitions, continues the same strategic line Russia has been in for the last five hundred years, regardless of whether this line fits the civilization process or not. Therefore, modern Russia in 2014 looks more and more like a hybrid of Imperial Russia, the Soviet Union, and a modern post-industrial country. The country's leadership does not want to go through the real political and economic reforms corresponding to the time. Much of what it does is an imitation of change, not the real one. Moreover, those born after 1991 learn the imperial ambitious scheme of the ancient autocratic Russian state along with modern economic and technological innovations. Together with this schema, they partially accept the conservative Russian-Soviet mentality.

Chapter 1. Centralization as the Main Factor of People's Integrity in Russia

1.1. The State as the Basis of Russian Power

Centralized power in Russia traditionally acts as guardian of authoritarian traditions. It supports and cements the state as a whole. State and power exist and develop for the sake of state and power, and not for the people who live in it.

It does not matter what is the ideological basis on which the Russian state lives and is consolidated—Monarchism or Marxism. It is important that it capture the spirit and mentality of Russian or Soviet people. Russians always organize themselves around one person (the tsar, the general secretary of the Communist Party, or the president) and his/her subordinates. Another type of behavior does not take root.

1.2. Russian Leader's Ambitions and Territorial Expansion

Since the time of creation (inception) of the Moscow principality and up to now, the main motive of Russian rulers is the desire to strengthen his/her personal power, expand the territory, and influence on other countries. The importance of new conquests and imperial expansion is usually accompanied by propaganda of greatness of the country as a part of the Russian imperial complex. The theories that leaders follow—imperial, Marxist, or any other theory—do not matter.

In democratic countries, the ambitions of the leaders are moderated by the system of checks and balances, at least at the upper levels. In Russia, under authoritarian autocracy or sole reign, ambitions moderate nothing but psychological adequacy of the main leader and his/her entourage. Sometimes the imperial ambitions of Russian and Soviet leaders led the country to demise, bankruptcy, collapse, of which the country got out with great losses. Nevertheless, ambitions of each new generation of Russian and Soviet leaders awake repeatedly.

Expansion has always been part of the Russian attitude, and its leaders and ordinary people have always been hostage to its vast territory. Being an expansionist by nature, the Russian man feels the power of a territorial increase, but does not know how to organize this territory and use it both for himself and for others. In the last hundreds of years, Russian people did not master the new territory and did not assimilate people living on it—instead, they immediately rushed to the other territory, capturing other people. This insatiable expansion was not tempered by rational considerations, and it eventually ruined their unfinished initiatives.

1.3. Why Real Democracy is Impossible in Russia Now

Russia has no democratic tradition of governance, not because they are so complicated but because they assume equality before the law, and accountability and constant activity of people from top to bottom and from bottom to top. Authoritarian rule is much simpler. People in Russia, as a rule, use the easy way of subjecting to the chief and to the state.

Does Russians need democracy? Most likely no. One cannot smear democracy on a sandwich or pour it in glass. It cannot be directly linked to the work of independent government institutions—executive, legislative, and judicial—to the level and duration of people's life. It is far too much of an abstract idea. Many of those who live in the province believe that those who live in big cities scold Putin because they live too well and require more than they need. The province folks are probably thinking that the city folks should be glad about what they have and not indiscriminately deny everything that the president does. The phenomenon of a chicken without plumage that is clinging to the master's leg works well in the poorer regions of Russia.

The initial flirting of government leaders with democracy and Democrats quickly ended with a mutual misunderstanding and tightening of legislation against Democrats and the opposition. In fact, stereotypes and expectations from both sides remains inadequate from the very beginning. In Russia, the government and the opposition behave extremely inflexible and do not have the political culture of compromise. This expression, "Or we bow to you—or you bow to us," prevails over all others. The assumption of equal competition between people, regardless of their official status, is missing in the East Slavic culture.

1.4. The Imitation of Democracy and Active Political Life in Russia

Until now, the authorities in Russia blindly copy the form of power traditionally used in democratic countries. There are supposed to be courts and parliaments of different levels, which are present in Russia. However, these courts and parliaments do not fulfill their democratic function—to be a counterweight to the executive. All these institutions are embedded in the vertical structure of executive power. As for the Russian people, they are not well versed in the issues of democracy. Therefore, they do not care how competently these institutions perform their work, especially if the government provides them a decent standard of living.

In fact, Russia has only an imitative simulacrum of a state democratic structure and democratic procedures. Therefore, there is only a paper democracy, not a real democracy, in Russia. Political parties in modern Russia are also solid fiction and nothing more than an imitation of real parties that exist in democratic countries.

As the executive power in Russia has no balances, there are only mutual obligations between officials that works. Due to the vertical nature of power, feedback at all levels (except the presidential level) is weak. Therefore, the effectiveness of such a vertical system depends not only on the laws (no matter how good they are), but on the personality of each official and personal arrangements between them. Russian society and the state mechanisms are at a very low level of self-organization and dynamic response in case of sudden changes and strong perturbations. In any case, all control goes through Moscow and through Kremlin.

Chapter 2. The Price of Human Life in Russia during the First Part of the Twentieth Century

2.1. The Price of Human Life during the Reign of the Last Russian Emperor Nicholas II and the First World War

In the Russian Empire, with a population of 175,137,800 people (as of 1914), during the war 15,378 soldiers were mobilized. Nearly 1,670 died and 3,749 were injured. Nearly 343,000 were taken as prisoners of war. The civilian casualties were about 170,000 people. As a percentage to the total population the human losses were less in Russia than in the countries of the Triple Alliance—German, Austro-Hungarian, and the Ottoman Empire, but commensurate with the total losses of the leading countries of the Entente—France, the United Kingdom, and Italy. And although Russia's losses during the First World War were relatively low in comparison to many other countries, the disunity of the Russian nation on the base of ethnic, religious, property and educational stratification, and other problems that have accumulated over the decades pushed the Russian empire into the February Revolution, the October Revolution, and then country lost the war.

The First World War was the catalyst for the collapse of the Russian imperial state. The Socialist Revolutionaries, the Anarchists, and the Bolsheviks were peculiar socio-political provocateurs of its collapse and transformation. The true price of this provocation was huge. Many of the most industrious and thoughtful representatives of Russian and other nationalities living in the Russian Empire were destroyed or ran abroad. The tsar's successful economic period and Stolypin's reforms successes crumbled. In many respects, the country has returned to several centuries ago.

2.2. The Fatal Choice of Russian People in 1917. Bolshevik Stratocide of the Russian People after the October Takeover and during the Civil War

At the beginning of the late nineteenth century and early twentieth century, Russia was at the crossroads. People had two main choices on which way to go—honest or dishonest. The way of school caretaker Ilya Ulyanov is honest and the way of his son, Marxist fanatic Lenin, is dishonest. The way of hardworking farmer David Bronstein is honest, and the way of his son, narcissistic chatterbox and radical journalist Trotsky, is dishonest. The way of cobbler Vissarion Dzhugashvili is honest, and the way of his son, paranoid and "intelligent killer" Stalin, is dishonest. The honest way—when a person earns his daily bread from his own sweat and feeds his children from his labors—is hard. The dishonest way seems easier. The dishonest way is at the expense of others, through violence, and under the guise of the theoretical Marxist concept. Russia and the Russian people have supported dishonest Communist leaders and have chosen a dishonest way of going forward for the sake of utopian Communist plans.

In the name of so-called social justice, Bolsheviks, beginning with Lenin, committed many crimes against the Russian people and against humanity. Throughout the Russian Empire, they unleashed a massive "stratocide." Stratocide is genocide according to the origin, and the class position of the people belonging to certain segments of society. The essence of the Bolshevik stratocide is that proletariat must expropriate the bourgeoisie property, and if bourgeoisie does not want to give up their property voluntarily, it must be destroyed. In the category of candidates for the destruction, Communists incorporate those who have private property, money, jewelry, artwork, land, buildings, those who employ workers and have employees. Nobles, landowners, rich peasants, capitalists, bankers, merchants, etc. found themselves in this category for property expropriation. There were also 72 percent of property owners among citizens in the Russian Empire at that time. They all mostly had small properties but this property no longer belonged to them.

All that Russia made during 930 years of its existence and development was thrown into the furnace of socialization. Communists cancelled humane Christian principles and suppressed those people who still followed them. They established the cult of animal fear on the territory of the Soviet Union. They turned the Soviet man into a primitive creature, who should get rid of dignity, honor, and morals in order to survive and get his rations of bread. Normal human labor became forced as in the most brutal serfdom times. This process of forceful communization affected not only those who survived the Civil War, but also their children and grandchildren.

The most terrible legacy of the Bolshevik regime was the destruction of peasants and farm-based private peasant labor in Russia. Peasants are an inexhaustible source of personnel for the development of the country. This crime of the Communists is not officially condemned yet by the Russian people, by the Russian Orthodox Church, by Russian officials, or by representatives of the so-called progressive humankind. The initial human price that was paid by Russian people in order to keep Communist power in Russia was 12.7 million people.

2.3. The Human Price of the Establishment of the Administrative-command System (Collectivization, Industrialization, the Big Terror, and Deportations)

Starting from 1927, the Communist government began to transform the Soviet population in the state workers, creating a gigantic war machine aimed to spread the system of distributive socialism in the neighboring countries. For official usage, the Communists said that the total preparation for war was necessary to repel foreign aggression and defense the socialist fatherland against the world bourgeoisie. However, deception for the Communist is like a pleasure. Sometimes he believes in his own deception as the truth. The constant use of the Cheka, the NKVD and the army to quell internal revolts and dissent with the Communists and the thirteen (!) acts of violent attacks on troops in other countries from 1931 to 1945 suggest otherwise. (Cheka—Special Commission for the fight against Counterrevolution and NKVD—People's Commissariat of Internal Affairs – both were the initial abbreviations for the KGB—Committee of State Security that appeared later in the fiftieths.)

The total number of peasants killed in the USSR in the years 1928–1934 is estimated by historians of up to ten million people. Of them, the so-called Ukrainian Holodomor—a famine that engulfed the territory of the Ukrainian Soviet Republic in 1932–1933—killed 3,941,000 people. At that time, a part of Ukraine was blocked by the Red Army and NKVD troops. No information came out from there, and people were dying of hunger, like in a huge concentration camp. A large number of cases of cannibalism were registered at that time. That was the cost of the Soviet industrialization and collectivization. Nobody reported the quantity of victims in the

Soviet deceitful press. The "artificial" hunger was not the result of a natural disaster. Communist authorities simply took away the grain from Ukrainian, Russian and other peasants to sell it abroad and buy advanced technologies and plants in the US and Germany. In fact, in 1929, the Soviet government began another civil war in their own country against their own population. It incited the lazy and poorer peasants on richer and hardworking ones. Subsequent forced collectivization essentially eliminated the enterprising stratum of the peasantry in the countryside.

On July 11, 1929, Alexei Rykov, the Chairman of People's Commissars of the USSR, signed the order to transfer some categories of prisoners under the GPU (State Political Control Department) supervision. It was the beginning of the Gulag (Administration of Corrective Labor Camps and Labor Settlements) system creation.

In the early thirties, the Gulag system contained approximately 200,000 people. Before World War II, the number of political and criminal prisoners increased up to about one million people. Before Stalin's death, the number of prisoners was nearly 2.5 million. Altogether, between 1921 and 1953, about fifteen to eighteen million people were placed in Communist concentration camps. According to official data of the NKVD (People's Commissariat of Internal Affairs), political law articles (#58) were applied to about 4.5 million people. Around 800,000 prisoners were shot, and 1.6 million people died in the camps due to various causes. Among those people who were repressed by the Communists, the victims of Collectivization and the fight against their own peasants are not included. The civilian victims among deported peoples who were sent to Siberia, Kazakhstan, and the Komi are also not included.

Politics of deportations of people objectionable to the Soviet government began in 1918 under Lenin's rule and lasted until Stalin's death in 1953. In thirty-three years at the period between 1920 and 1952, 5.87 million people in the Soviet Union were deported. They were able to return to their homeland only in the late 50s, when Khrushchev allowed some of them to return to their homeland. Another 620,000 people migrated from the Soviet Union abroad, mostly before the end of the Second World War, knowing what awaited them if they returned to the "Soviet paradise."

2.4. The Human Price Paid by the Soviet People during the Second World War

2.4.1. Monstrous Losses of the Red Army at the Beginning of the War

In the first months of the Great Patriotic War, quantity of prisoners of war turned up to 3.8 million people—that was 70 percent of the Soviet army staff. The main reason for the USSR terrible outbreak of war were strategic mistakes of Stalin and his entourage. After this terrible start, only total mobilization and ruthless measures helped the Soviet army win the war.

General Zhukov used the practice of barrage squads within the first three months after the outbreak of war on the Leningrad front after the exodus of Soviet soldiers from the German troops. Each squad was made up of military special units of the army. Stalin issued similar order number 227 ("Not a step back!") on July 28, 1942, for the entire Soviet army. In accordance to this order, the escape from army positions without orders relied immediate shooting. There were also additional measures applied to the close relatives (to fathers, mothers, wives, sons, daughters, and sisters—even if they themselves were Communists and patriots) of those soldiers suspected of treason if they lived in the same family before the war. Among these measures was detention or exile of relatives for the term of five years. Thus, family members were like the State hostages responsible for the military behavior of soldiers in the Red army.

These measures succeeded in stabilizing the front line, though at a great cost. For example, in the spring 1942, on the Volkhov front, the number of Soviet soldiers in the direction of the Second Shock Army breakthrough was about twenty times larger than the number of German soldiers. The only military orders that came from Moscow were, "Just ahead," "No workarounds." The soldiers went in a frontal attack on the unsuppressed enemy's defense to certain death. Sometimes several German machine guns constrained an avalanche of advancing Soviet troops. The quantity of soldiers killed during these attacks was not considered. They piled up to six layers deep on one another. The Soviet soldiers did not have enough weapons. The newly arrived soldier picked up the rifle of his dead comrade and walked into a new frontal attack. Military orders to retreat came when the army was almost surrounded. Narrow passage to retreat remained only for the surrounded army. Soviet troops avalanche retreating through this passage under the German continuous shelling and aerial bombing. Only one of six soldiers came out of the surrounded army. During this operation, the Second Shock Army lost about 150,000 soldiers altogether.

Another example of the ruthless attitude to soldiers was the three battles in the Rzhev city area. According to official data, for a little more than a year the Soviet Army lost 1,100,000 soldiers. At least half of these losses could have been avoided with a more competent conduct of the war.

It took more than a year for Russians to mobilize their forces and start leveling the military situation on all fronts after a terrible first year of war. Only by the end of 1942 did Russian generals learn how to fight and defeat the enemy, not only by the number of soldiers, but also by military skills of army generals, not only by "meat," but also by intelligence. The Battle of Stalingrad, which ended on February

2, 1943, and the Battle of Kursk, which ended on August 23, 1943, turned the tide of the war to the victory of the Soviet Union and its allies.

2.4.2. Attitude to the Prisoners of War and to the Civilians

Early in the war, the Soviet government refused to aid Soviet prisoners of war, because they believed them to be traitors.

Much has been written about Soviet leaders ignoring the lives of civilians—women, the elderly, and children during World War II. According to official figures, there were 26.6 million deaths of the Soviet people in World War II. The so-called general demographic deadweight loss—the share of the Soviet Army—is about one-third of that number: 8 million and 876,300 soldiers. In fact, the total number of Soviet people directly involved in the war over the course of four years was about 19 million deaths. So, the losses among the civilian population were approximately 7.6 million people.

The attitude of the Soviet authorities to their own civilians is shown in the following numbers and examples.

On November 24, 1941, when German troops moved forward on the offensive direction of the city of Volokolamsk, Soviet military engineers blew up the floodgates of the hydroelectric Instrinsky Dam below "dead mark". Floodgates are used during the spring floods to reset the water level. Huge amounts of water rushed down where the advancing German troops attacked the district. Close to forty villages were washed away and flooded, and the flow of ice water mixed with ice almost reached the Moscow River. Despite the freezing temperatures of minus forty degrees Celsius (which corresponds to minus forty degrees Fahrenheit), none of the civilian population was warned about this secret operation. Many thousands of civilians were killed. In parallel with the flooding, "saboteurs" from the special military troops burned 398 settlements using Molotov cocktails in accordance with order number 0428 on November 17, 1941, issued by the Moscow military headquarters to destroy all the villages in the depth of the front at a distance of forty to sixty kilometers. All the Communists' crimes are as always "written off" at the Nazi invaders.

During the siege of Leningrad, which lasted 872 days from September 8, 1941, to January 27, 1944, it is well established that 632,253 people of the civilian population (97% of fatalities) died from hunger and cold. Another 16,747 people (3% of the killed civilians) were killed by the bombing and shelling. Military losses were slightly less—332,059 dead, 24,324 non-combat losses, and 111,142 missing.

2.4.3. The Aftermath of the Communist Rule for the USSR until 1953

Kirill Alexandrov, the researcher at the Institute of Philological Studies, St. Petersburg State University, provides the following list of civilian deaths during the first part of the Soviet regime.
1) Civil War (1917–1922)—7.5 million deaths.
2) The first artificial famine (1921–1922)—more than 4.5 million deaths.
3) Stalinist collectivization (1930–1932), including victims of extrajudicial repression of peasants died of starvation in 1932 and deportees in 1930–1940—about 2 million deaths.
4) The second artificial famine in 1933—6.5 million deaths.
5) Victims of Stalin's political terror (1937–1953)—800,000 shot.
6) Victims of the Gulag concentration camps (1918–1953)—1.8 million dead and wounded.
7) Victims of World War II—26.6 million killed or dead.
Total: 49.7 million people—unrecoverable losses from the first phase of Communist rule.

Chapter 3. The Dawn of the Soviet Power and the Price of Russia's Return to Capitalism

3.1. Humanization Concerning Human Life in the USSR after 1953

The hard repressive primeval Communist regime lasted for thirty-five years and three months from December 20, 1917 until March 3, 1953 (Stalin's death). During this time, the creation of the Cheka (Special Commission for the fight against Counterrevolution by Lenin and Dzerzhinsky, which was initially criminal, like the Gestapo in Germany) was formed.

Most encouraging since 1953 was a gradual increase in the value of human life. Under Khrushchev's leadership, repressions clearly went into decline. They began to be dotted. Closed tribunals still sentenced people to death for espionage and other non-existent sins. Thus, Nikita Khrushchev and his allies got rid of dangerous and undesirable people.

Despite the repressions softening on the first year after Stalin's death, military officials by inertia continued to treat the Soviet person as a consumable item. On September 1954, a nuclear test was conducted on the Totsky landfill (not to be confused with the name of Trotsky), where 40,000 healthy, young soldiers actually turned impotent. The landfill has been tested as a possibility of a breakthrough of the "enemy" fortified line using the atomic bomb. In these exercises, Soviet generals sent troops across the epicenter of a nuclear explosion. It turned out that it is possible to break a very well-defended enemy fortified line, but soon after that, the soldiers were no longer able to fight. Marshal Georgy Zhukov was watching this military exercise.

Among the known crimes of Khrushchev:
1) The suppression of the anti-Communist revolt in Hungary from October 23 to November 9, 1956, when 2,652 people were killed and 19,226 people injured on the Hungarian side, and 669 killed, 1,540 wounded, and fifty-one people missing on the Soviet side.
2) Military operation against the people's demonstration in Novocherkassk, Rostov region on June 1–2, 1962, when more than twenty-four people were killed and more than forty-five people wounded; another seven people were sentenced to death and shot by a court order, and 105 people were sentenced to lengthy prison terms.
3) Several hundred dissidents turned into the plant with the help of psychotropic drugs.
However, compared with Lenin and Stalin, Khrushchev was certainly a tremendous liberal.

The fall of the Communist regime and the collapse of the world socialist system began with the war in Afghanistan initiated by the Brezhnev's government, which Soviet leaders and generals intended to complete in three months and stretched for ten years (from December 25, 1979, until February 15, 1989). Finally, they withdraw the Soviet troops from Afghanistan. Results of the war are:
-Soviet losses—15,051 people dead, 53,753 people wounded, and 417 people missing.
-Casualties in Afghanistan were more significant—at least 200,000 people were killed and about two million people became refugees.

The total price of experimental validation of the Marxist-Leninist theory for humankind is at least ninety-five million lives. People started coming to the conclusion about the fatality of ideological experiments like Communism and Fascism in the middle of the twentieth century after nuclear weapons of mass destruction was created. Supposedly, not intelligence, but fear keeps humanity near this last frontier now.

3.2. The Price of Russia's Return to State-Oligarchy Capitalism: The Shock Therapy and Privatization

Stalin turned the Soviet Union into a powerful military empire that everyone feared. The new Russian power since 1991 returned Russia to the path of oligarchic capitalism. That cost another ten million people; these people are not necessarily dead, but they are no longer present in Russia. These are direct losses. Moreover, when you consider that the average annual population growth in a normal country of 148 million (1991 data) must be at least one million people, Russia's population had to be 170 million by 2013. In fact, in 2013, Russia has just little over 143 million people, twenty-seven million less than theoretically calculated. The depopulation process is not yet complete.

By the beginning of the collapse of the USSR in 1991, the Soviet people were already corrupted by the freebie of the system of distributive socialism and had come to rely on the state. Every man was left to himself, and everyone started to get out of this collapse on their own. Some could do it, while others could not. However, Russia is accustomed to losing people. People in this country usually cost nothing. Leaders and government only need civilians as soldiers to fight against somebody or as workers to support their level of prosperous life. Once the rulers no longer need ordinary people, they are immediately forgotten. Although, it would seem that these people in power came from the same ordinary people, and they could take care of them with a greater understanding of their rights and needs.

Since 1994, economic conditions in Russia deteriorated drastically. Prices of products and goods increased up to six-digit numbers. Banditry and lawlessness celebrated their happy time. Former Communist party and Komsomol Party functionaries, Kremlin officials, thieves, former Soviets who got citizenship in other countries and then returned from abroad, foreign adventurers shared Soviet private property by subjective concepts of fairness and informal rules . . . nobody cared about morality issues. Money, at any cost, was their god. For a trifling bribe of a few thousand dollars, they could obtain large state ownership or a lucrative contract from a government official. Those who had relatives or contacts with other countries had more opportunities to buy former Soviet property for a penny. Ordinary people, who could not borrow initial capital from abroad and had no business acumen, once again were left out in the cold.

After the inhuman attitude of rulers to their own people and unjustifiable expectations, rampant emigration started among the Slavs, Russians, Ukrainians, and Belarusians. Everyone who had the slightest opportunity (money, friends, or relatives abroad, strong ethnic or religious lobby in other countries) were in a hurry to leave. Women sold themselves abroad at the roles of wives, while men rode aimlessly to Australia, North America, Europe, and near the Middle East. Countries in which former Soviet people emigrated mostly were (and still are) the United States, Germany, Israel, Canada, and Finland. Other countries and continents also were not bypassed attention.

The Ministry of Internal Affairs gives the quantity of people from Russia legally immigrated abroad on the permanent basis between 1992 and 2000. An average was of about 100,000 people a year. The real numbers are 1.7–2.5 times bigger.

Under Putin-Medvedev rule, the number of people who legally left Russia for permanent residence in other countries between 2000 and 2010 declined by about ten times. This is a progressive decrease in the number of departing due to the increased level of welfare in the Russian Federation.

3.3. The Price that Russia Pays for Recklessness of its People in the Twenty-First Century

3.3.1. Terrorist Attacks, Accidents, and Disasters in Russia

People living in Russia refer with indifference not only to lives of others but also to their own lives and safety. A considerable number of aircraft accidents occurred because of pilots' indiscipline and violation of instructions. According to statistics, more than half of the accidents occurred because of the pilots' mistakes (47%) and ground-based air traffic controllers' mistakes (13%). Other 32–43 percent of air accidents occurred because of equipment failure, weather conditions, terrorism, and unidentified factors.

Many accidents happen because of greed, irresponsibility, and negligence of the owners in Russia, who are trying to squeeze as much revenue out of their premises and vehicles and do not repair it for a long time. Hosts prefer to pay bribes to fire, sanitary, epidemiological, and other organizations in order not to repair their property.

3.3.2. Drunkenness, Drug Addiction, and Smoking in Russia

The main problem in Russia has always been in the drinking culture, not in the quantity of alcohol consumed. As it turns out, many Russians cannot limit themselves after they start drinking and cannot stop until the entire alcohol available stock will end. To date, the per capita consumption of pure alcohol in Russia has reached fifteen liters per person per year.

The number of registered addicts in Russia for ten years from 1999 to 2009 increased from 300,000 to 550,000 people. The actual number of addicts in the present time is about five times more.

Due to diseases caused by smoking, 375,000 Russians die each year. The age of smokers decreases from year to year. Russia now ranks first in the world by number of smoking by children and adolescents. According to the World Health Organization, 33 percent of children and adolescents in Russia are regular smokers and to adulthood already suffer from chronic diseases.

3.3.3. Catastrophic Demographic Situation in Russia

Currently, the biggest problem for Russia is demographic, mainly due to recklessness, and incompetent spending of national human capacities for the last hundred years.

After World War II, the beginning of 1946 until 1989, there was a continuous growth of the population of Russia (even without the rest of the USSR), and in the years between 1959 and 1989, the increase of population was an average of about one million people a year. However, the demographic situation in Russia has changed dramatically after the collapse of the Soviet Union in late 1991. Russia began to lose population and entered into a protracted period of depopulation, and from 1999 to 2008—with unprecedented speed—the depopulation was an average of 580,000 people a year. All this happened without wars, epidemics, and natural disasters. The main part of the human losses is because of the decrease quantity of the working population. The titular Russian nation that performs the cementing role for its multinational population throughout the Russian history decreases most of all.

About 143,347,059 residents were registered in Russia according to the State Statistics Committee on January 1, 2013. Despite the financial incentives taken by President Putin (issuing maternity capital after the birth of each child), for the entire year from January to December in 2012 there was a natural decline in population. According to the report made by the Federal State Statistics Service, the amount of people who died was 2,753 more than the amount of people who were born. This population decline is not so much due to the newly born citizens as at the expense of older people dying much earlier than their peers in the civilized countries in Europe, North America, and Japan.

In early 2012, President Vladimir Putin said that the average life expectancy in Russia for both sexes exceeded seventy years. However, according to statistics, the average lifespan of men is still just 62.8 years, and the gap in life expectancy between men and women is about twelve years. In countries such as Britain, the United States, and Germany, where the average life expectancy is approaching seventy-nine years, and men die about seventy-six years, the gap in life expectancy between men and women is about six years.

According to the Igor Beloborodov's demographic estimates, in 2025, the quantity of women in the most reproductive age twenty to twenty-nine years in Russia will be almost two times less than at present. Currently, Russia has about twelve million women of this age, and eleven years later, the quantity of women able to give the country a healthy offspring will be only six million.

Russia now has the large number of abortions. In the past three years, this quantity is constant and is about 2,750 abortions per day, or about one million abortions per year.

Chapter 4. National Russian Features

4.1. Does Russian National Identity Exist?

In 2014, the Russian Federation population consists of 182 nationalities (including forty ethnic groups that make up the other nations) that have multiple faiths. Russian language and area of residence are their uniting symptoms. However, nobody clearly expressed the Russian national idea for the entire population. Moreover, laws in Russia are weak, and ethical reference points are unstable. People in Russia are using substitutes of real-life values—freedom as will and justice as distributive justice.

4.2. Sense of Belonging to the Russian Nation

A Russian's sense of belonging to their nation is weak because of disunity and a lack of common spiritual values that form the nation. An eclectic mixture of characters, styles, and concepts prevailed in Russia at all times. Russians lacked consistency and integrity. That is why there have always been problems with Russian national identity. The main enemies of the nation are Russians themselves. In this sense, Russians are not so much victims of their power as victims of themselves.

4.3. Weakness of Russian National and Historical Grassroots

Since 1918 the Communists, who had been indifferent to the fate of Russia and the Russian people, seized power and destroyed and threw abroad most Russian keepers of historical and cultural traditions. They completely robbed all private property owners and made the Soviet government and their Communist Party as the sole owners of everything in the former Russian Empire. Then they began to corrode the mentality of the Russian man and started creating the new Soviet man. They only used elements of Russian history that they needed to achieve their class and Communist Party goals. Everything else was ignored and suppressed. That is why after seventy-four years of their dictatorship the national, historical and religious memories among the Russian people are amorphous and vague.

4.4. Features of Russian Nationalism

The Russian nation is one of the weakest in the world now. Russian people become stronger with strong leader only.

A natural consequence of the Communist experiment was the actual "abandonment" of the Russian nation as spiritual environment. There is a territory populated by ethnic Russians, and there is the item "nationality" in public opinion polls. Only the nation itself does not exist. Communists destroyed it under the banner of internationalism, and now Russophobes put a blame for all appearances of Russian spirituality on Russian nationalism and xenophobia.

During the last hundred years, Russians completely forgot where they come from; they have forgotten how to be proud of their nation. They avoid each other, try to hide their nationality, and are ashamed to be Russians abroad. They have become residents of the Russian Federation—people without a nation, because the country where they live is an obligatory place to reside only.

Instead of supporting of positive Russian nationalists, the current Russian authorities are ignoring the national Russian identity and the remnants of national pride. They still carry the brand of indecent nation and pass this shame as inherited to their children.

The current Russia is not the state where Russians have a spiritual, cultural "peace" as a nationality. Estonians, Lithuanians, Latvians, Georgians, Azerbaijanis, Moldavians, Ukrainians, Uzbeks, Tajiks, and other nationalities from the former USSR recover their national features and restore their culture. But Russians haven't done this. It turns out that Russia copies Soviet international mentality, but without the Marxist-Leninist ideology and in much smaller version.

4.5. Degradation of Russian Patriotism During the Soviet Period

Most of people living in Russia today have lost their historical and cultural memory; only a few of them are able to feel the patriotism as a national reality. They do not feel how Russian people lived the past thousand years, or what values they defended. After losing moral and cultural landmarks, many of them believe the bygone Soviet to be Russian. As far as connection times interrupted, they've lost their patriotism together with their historical memory.

Patriotic education comes from the sense of belonging to the people of their own nation, from the pride for their country and nation. In large cities, patriotic feelings are not in vogue. Relatively few people want to serve military service in the Russian army and die for their country on their own initiative. Others consider it a stupidity. Enough already! Grandfathers died for the sake of the Soviet Communist myths and ideas, which is proving to have been a bluff. Enough already! Communists have destroyed the people living in the Soviet Union and crushed their ambitions. Where are those domineering, ambitious rascals? Where is the Soviet Empire, for which a considerable part of the population was lost? Largely foolishly lost without much sense. Still again, on the ruins of the old myths and illusions, the new people in power resurrects the same idea about the greatness of Russia. For what? For whom?

Patriotism that's left in Russia now is directly related to the strength of the central government and the will of the main leader. It seems that people in Russia lack their own national energy to feel patriotic.

4.6. Transnational Issues in Russia

Russia is a hostage of its multi-ethnicity and multi religious history. Having one language and one territory is not enough to unite peoples of different nationalities and religions under a single state authority. In order to keep them united, Russian power traditionally uses administrative methods instead of more important juridical and economic ones.

The system of distributive socialism distorted the consciousness of people in those countries where it was installed by the military efforts of the USSR. There are many negative aftereffects left after its collapse, even in countries and republics where it was introduced for forty-five years. Parasitic dependence on the state, the weakening of initiative and self-dignity, and the fear before the punitive machine of ruthless Communist authorities was all brought on by Soviet bayonets. All this is poisoning and will continue to poison the minds of people in countries that were once dependent on the Soviet Union and Russia. Peoples of different nations keep away from Russia because in this country a person is still a performer and part of state mechanism that has been inherited from the Soviet Union. Soviet power was in itself a big deformation in the history of human civilization.

The stereotype of older and younger brother between Russia and other countries that are included in the Commonwealth of Independent States (CIS) still strongly dominates the attitude of Russian officials toward them. Because of such ambitious imperial policy, only Belarus and Kazakhstan currently use the Russian language as one of state languages. As an official language, it is used in Kyrgyzstan, and it is oppressed in the opinion of the Kremlin in Ukraine, in the former Baltic republics, and in Tajikistan.

Chapter 5. Freedom, Liability, and Property in Russia

5.1. Freedom and Private Will

A person living in Russia in the last few hundred years was not free not because he did not want to, but because he could not due to traditions and education depending on centralized power. Therefore, he replaced in his outlook notion of "freedom" on the notion of "will." For example, "I took liberties with . . .", "It is up to me," "and I am in charge."

In Russia, personal will comes down to personal choice and often prevails over the law and morality. Any government intervention into the private life of a person is considered an infringement of his will. In developed civilized societies, the state is seen as a social mechanism for control of public freedom and personal will.

For a free citizen's personal will, this is the initial starting point, after which begins reasoning, and planning of activities in such a way that it does not conflict with the law and norms of the society. For Russian, personal will is often the endpoint. "I am free as a bird now." And all this is because before becoming "free" in Russian sense of the word, he was forced and dependent and after breaking formal legal dependence, he still felt dependent in his soul. He still had dependent behavioral stereotypes, prejudices of a slave. Therefore, private will never became his freedom.

5.2. History of Enslaving of Consciousness in Russia

People's spontaneous Communism ("who was nothing—that would be all") appeared in Russia long time ago, but was reduced to a violent seizure and redistribution of power, land and property, attempts to avenge offenders, and to assert self-esteem and establish its slavish personality through power. However, from expropriation of property, murder, and revenge to oppressors, the psychology of Russian rebels did not change, the quantity of their freedom did not increase, the governing remained authoritarian, and the way of life in the family remained patriarchal.

It seemed to Lenin that he fought against slavery, servility, etc., and if he took power in his own hands, everything bad would be gone. In fact, he recreated substantially the same despotic state as it was during the most brutal feudal times. Marxism was only a fig leaf that covered Lenin's Communist dictatorship. Stalin himself behaved like an Oriental despot of primitive times. For him, Marxism-Leninism was the theoretical weapon, which he used in order to spread this ideology upon as many countries as he could capture.

Under the Communist rule, the concept of "freedom" became common for political lexicons, but remained an "empty" word in the USSR. The fear of severe punishment forced Russian people easily, without internal resistance, to obey the next leader and let him do whatever he wanted.

5.3. Combination of Violence and Outrage with Dependency and Adulation in Russian Mentality

People who lived in the Soviet Union and are living in Russia now are not aware completely of their deep psychological dependency on the state representatives, leaders, and officials. Even if they start realizing that, it does not lay as a heavy burden on their honor. Russian people often bow to brutal, uncompromising power and agree to serve a leader even if they are sent to murder hungry peasants in Ukraine during Holodomor, or exploding the Istrinsky Dam and murdering thousands of civilian people by waters from reservoirs near Moscow.

No one who was born in the Soviet state was able to regain human dignity inherent in a free man. Now in the twenty-first century, Russian citizens are no longer feeling the fatal fear against the "national leader," but obsequious habits are not forgotten in one or two generations. Therefore, bootlicking and willingness to serve still permeates the completely bureaucratic, power-hungry Russia. With President Putin, his subordinates speak as follows: "In accordance with your instructions . . .", "Fulfilling your directive . . ." etc. The classic situation of, "Better be a live dog than a dead lion," in Russia today is solved in favor of a live dog.

5.4. Freedom of Speech, Meetings, and Elections in Russia

Currently, there is no official censorship in the press and on the Internet under Putin's rule. However, there are limitations that every journalist, broadcaster, editor, and TV channel as a whole establishes for himself. These limits are tougher. Recently, there was an adopted list of laws that restrict the rights and freedoms of press written in the Russian Constitution. The new laws provide for a tenfold increase in fines for defamation, limit the rights of non-profit organizations that receive financial assistance from abroad, and allow the supervising organizations to create lists of "black" websites without a court order and even block them based on a decision of Roskomnadzor (Russian Communication Control Agency). All this once again reverses Russia to the Soviet times.

Major federal channels in Russia either completely belong or are partially owned by the state. Officials are responsible for the implicit control over most TV and radio channels, as well as over the major news agencies. They informally determine the editorial policy of the media in the country. The government authorities make weekly lists of recommended themes and lists of non-systemic opposition leaders, journalists, and independent experts, who in any case should not be interviewed or invited to participate in certain TV programs or channels.

The current Russian leaders apparently believe that prosperous life is more important for Russian people than freedom of the press, meetings, and television. This freedom of choice is no longer necessary. It is too complicated and troublesome to teach people how to use democratic rules of behavior and consequences of this education are unpredictable. It is easier to manage and communicate with obedient "pocket" people. Free people bring more problems and troubles to power because everyone's opinion should be taken into account. It's "better" for power if the president is the chief source of good news. He usually gives positive solutions popular among people. For example: give the parent money for the mothers of the newborn child immediately rather than wait three years, or build a new home for fire victims, or give a million rubles (about thirty thousand US dollars) to victims of a terrorist attack, etc. Really, for the middlebrow it is better to have money right now rather than freedom, which this person still does not know how to use.

5.5. People's Liability in the USSR and in Russia

After 1917, the responsibility of working people (peasants, private owners) has become blurred, and working for the self increasingly lost sense. Nevertheless, the Communists behaved as if they did not understand that. They organized different labor communes, partnerships for joint cultivation of land, labor armies, then the collective and state farms. In fact, it turned out that this allocation of responsibility for the Russian people works bad. Poor management on the base of nationwide property when permission is initiated, grants are only at the top, and nothing except empty words are on the bottom of the social ladder. Sooner or later labor people becomes addicted to the freebie. They start obeying orders or cheat against those on whom depends their prosperity. Their personal responsibility vanishes. Therefore, the final of the Communist experiment was predictable from the outset.

Soviet Communists sought to find enemies and guilty people everywhere, but not in themselves and not in their ideology. Their antagonism, confrontation with the bourgeoisie and imperialism, their fight with conspiracies, and with spies became the alpha and omega of behavior in any cases. Not love to a particular person, but suppression of his personality, his faith, his initiatives for the sake of higher goals, and for the happiness of the abstract working class and the abstract public good. Moreover, it does not matter that people for whom all this was supposedly done could not realize their happiness because of their personal imperfections. For the Soviet leaders mattered only if the Marxist-Leninist theory was being implemented. Leaders did not care about the price of the theory realization. Until now, both the authorities and the people in Russia are inclined to ascribe responsibility for their own problems and troubles to the intrigues of hostile forces—both internal and external but not to themselves.

Since Yeltsin's rule announced Russia as the basic successor of the USSR, all other Russian leaders are not only taking supreme power over the country, but also the responsibility and a whole load of problems that had accumulated in the USSR. Both Yeltsin and Putin believed that after they put the "Monomakh's Cap" on their head they took absolute power in the country. Not at all! They took responsibility for those disgraces that were implemented by Communists for seventy-four years in the country. However, unlimited personal power and an almost-paradise environment in which the leader of Russia lives allows him to listen to subordinates and dissatisfied citizens' requests and complaints from morning until evening.

5.6. Private Property in Russia

Based on the total terror, the Communists seized the private property in Russia. After that was done, as everything in the country belongs to the state, they substituted absolute imperial power and became stewards of enterprises, land, and natural resources.

Giving land to the peasants was the forced temporary measure related to hunger and devastation in Russia after the civil war that was unleashed by the Communists. As far as they did not want to work on the land by themselves, they transferred it to the free use to peasants, with condition to pay tax for its use, but peasants' children could not inherited this land and it remained in the possession of the state forever. It was also related to the land that was already private and was paid by peasants before 1917.

The state-controlled NEP (New Economic Policy) that started in 1921 briefly regained the business activity in the country. Between 1926 and 1930, all channels of private activity were gradually closed. Since 1930, Russian peasantry and Russian countryside start dying. In this way Russian Communists gradually weaned people to work for themselves.

Doing labor general and nameless depersonalizing, Communists gradually corrupted the Soviet people. If a Soviet person had the opportunity to not take the responsibility for failure to work and put it on someone else (e.g., chief), he did it. It is hard to blame him for it. Contrary to popular myth, assiduously engrafted by Soviet propaganda, that Russian man is a collectivist was not true. In practice, Russian man is an individualist. Therefore, he cannot work on collective and state farms with full dedication. He works best for himself. That is what the Communists did not want to understand. They chose to go their own favorite way—by creating the myth of the collectivism of the Russian man. This man will change under the myth created by us. However, the Russian man did not change, and now he is utterly dependent on the state and it is impossible to do anything with it now.

Large private property that appeared in modern Russia is largely illegal and unfair. People who obtained the land did not act on fair rules, on conscience, and often not under the law. The state has contributed to their unjust enrichment. Because of irrational redistribution of state property according to the Russian version of Forbes magazine in 2012, Russia had ninety-six billionaires. In 2012, the total wealth of the 200 richest Russian businesspersons amounted to $446.3 billion. In

2013, it exceeds $488 billion. Russian rich people are paying the lowest taxes in the world (13%). Their counterparts in France and Sweden pay 75%, in Denmark 61%, and in Italy 66%. As a result, 1.5% of the population own 50% of Russia's national wealth.

After Vladimir Putin realized Yeltsin's strategy develops a raw-material economy and oil money goes outside Russia, he decided to make a partial return to the state socialist economic distribution system. A number of oil companies were purchased (Sibneft) or cut off from their former owners under specious pretexts (Yukos). Now these companies have become mostly state owned. Officials manage them. Income from their operation partly goes in the state treasury and partly in their pockets. Poorly protected and middle strata of Russian society immediately felt plusses of this policy. They now have better life under Putin than under Yeltsin.

In recent years, Russian business better can be described in terms of nomenclature capitalism and nomenclature privatization. They consist in:
1. Officials form the basis of a class of large proprietors in Russia;
2. Official position in the government is the equivalent of the property;
3. A considerable part of the officials uses their relatives (wives, children, etc.) for the business to hide their income to help their friends and relatives to obtain favorable government contracts.

The property has not yet brought people freedom in Russia. Those who bought property after the collapse of the USSR, in many cases, bought it at the expense of conscience and morality. No wonder that businesspersons in Russia are vulnerable in front of the state machine and in the face of real capitalist competition. Private property belongs to them but it can be taken back by the state or by another owner. Therefore, there is no feeling of the true owner in every businessperson. He is always in the state of uncertainty. In addition, the owners do not have enough culture to use their property.

In 1996, while joining the Council of European Parliamentary Assembly (PACE), Russia signed an agreement and protocols committing themselves to develop a law on restitution that is the return of former rightful owners of property illegally taken from them from March 1917 to December 1993. Nothing has been done since that time except the property of the Russian Orthodox Church was partially returned to the former owner. Conversely, now in Russia, people are going to discuss the law on legalization for current owners of property acquired during the unfair privatization of the nineties.

Chapter 6. Morality and Orthodoxy

6.1. Morality and Conscience in the Orthodox Religion

According to the Russian philosopher Nikolai Berdyaev, Russian people owed their moral upbringing to the Orthodox Church. Recommendatory ethical postulates (instructions) of the Orthodox religion gives only the overall framework of morality as to believers and also to the Orthodox Church itself, and thereby makes believers and the church amorphous, adapting to any power. Not all monotheistic religions currently allow forgiveness for some sins. More simple, unambiguous, categorical polar concepts like paradise, hell, forgiveness, curse, good, and evil work better.

Orthodoxy is a very convenient religion because it allows a person to "write off" their sins to the Lord Jesus Christ. Once he had suffered for our sins, thus redeemed them. Berdyaev called the price of sin as a transaction between God and man implemented through the Orthodox Church. A Russian person required humility. As a reward, he was allowed to sin.

Orthodox Christianity is a very condescending religion compared to Islam, for example. In Orthodoxy, there is no concept of mortal sin. After committing a sin, a person must repent. After they have repented, they are once again clean before God and can sin again. Orthodox religion leads a person by the path of least resistance and allows him/herself to behave the same way as his/her parishioners. Focusing on the good will of man and on condescending love, as a means of salvation, such religion relaxes the Russian man and reduces his ability to resist, to improve, and to survive.

An avoidance of the responsibility for decisions or actions, and person's abdication from responsibility because of fear of the consequences or any other reason, is a big minus of Orthodoxy and Orthodox followers. In addition, Western religious people solve their problems by themselves, not trying to shift responsibility for the decision on someone else (the God, the church, the president). When making others responsible for solving his own problems, the Russian man from the citizen of full value turns into the dependent performer of Soviet times.

6.2. The History of Adaptation of the Orthodox Church to the Central Power

It happened at the time of Prince Ivan the Third (1440–1505) after the conquest of Constantinople, the capital of the Byzantine Empire in 1453, by Turkey when the Byzantine-Greek church diocese lost its independence. Moscow princedom declared itself the only Orthodox state, besieged fortress of true faith, and proclaimed the Russian prince to be the sole custodian of the shrine of Orthodoxy. The Prince of Moscow became the head of the Russian Orthodox Church. The church became part of the state and the largest landowner in Russia. It received a large property and punitive functions from the prince. Gradually she gained the serfs. Soon after, the

Russian church flourished intolerance of dissent in matters of faith, other religions, and branches of Christianity.

The Russian Orthodox Church (ROC) usually played the role of "spiritual" power hand or the second violin in the monarchy orchestra. It usually did not separate itself from the prince, the tsar, the emperor, and then to some extent from the Communist leader, and now from the president. After Ivan the Terrible, the ROC has never been in opposition to the government, whatever power Russia had, and not even if the power mocked at it and its rites (as Peter the Great), or persecuted and suppressed it (as Communists like Lenin, Stalin, Khrushchev and their cronies). It has never been an independent pastor for people. Thus, the Orthodox Church strengthened positions of authority and weakened positions of simple people. The nation was in full factual, legal, and spiritual subjection to secular and spiritual power. Therefore, the priest in Russia is still perceived by the people not as a psychotherapist, moral, and spiritual healer in life, but rather as a minister of religion, the mediator between heaven and earth, God's representative in Russia, and a didactic tutor.

6.3. The Reasons the Orthodox Church Lost the Battle Against the Communists

In order the fight for the souls of Russian people be more successful, the Communists expropriated the church property. An organization without property and without the means to protect it is a weak organization. Almost immediately after seizing power on October 26, 1917, the Bolsheviks adopted the decree about the land according to which all the land in the Russian Empire, including land belonging to the church, was proclaimed a national treasure. On November 2, 1917, all religious privileges and restrictions were canceled. On January 20, 1918, Bolsheviks adopted a decree, "on the separation of the church from the state and the school from the church." On February 23, 1922, the Central Executive Committee of the Soviet government decreed the seizure of church property that was in use of groups of believers.

The ROC has never been a completely independent organization, and has always been under the monarch power, it collapsed overnight. It first lost the fight for church property accumulated during centuries, and then it fought for the souls of the Russian people. For the Communist government, this process was successful because of the passive support of the Orthodox Church among the Russian people.

On the report of the chief procurator of the Holy Synod within Tsarist Russia, on January 1, 1915, there were 3,246 archpriests, 47,859 priests, and 15,035 deacons, the total number of 66,140 ministers. By 1916, before the February Revolution, the number of priests remained roughly the same. In twenty years after it, more than thirty bishops, more than one thousand priests, and more than seven thousand monks have been killed. On August 6, 1935, the Geneva International League against the Third International published data according to which 40,000 priests in Russia have been arrested, exiled, or killed. The vast majority of Orthodox churches and chapels were either destroyed or closed for worship. They were used as cinemas, clubs, warehouses, and barns. By 1939, only about 100 temples out of sixty thousand among operating in 1917 were still open, and by June 1941 (the beginning of the Great Patriotic War), they were left with just over five and a half thousand clerics, most of whom were living on the newly joined in 1939–1940 territories of the Soviet Union.

The Orthodox Church helped Stalin, standing on the side of the Red Army in his fight against Hitler during the Second World War. After September 5, 1943, Stalin thanked the church and returned many temples and part of church property to it. He also freed priests from prisons, as well as significantly expanded the powers of the Orthodox Church. However, the ROC was not able to gain the former positions under the Communists. More and more young people were educated in the spirit of atheistic propaganda and did not consider themselves Christian believers. The spirit of Orthodoxy with time almost disappeared in the nation.

On October 16, 1958, Nikita Khrushchev began a new wave of anti-religious fight. It was not as brutal and bloody as in the twenties and thirties. He restarted a mass closure and demolition of churches of all faiths. Every year (until 1964) more than a thousand temples were closing in the USSR. By the end of his reign, "the great reformer of Communism" Khrushchev closed and demolished more than half of the ten thousand churches operating in the country in 1953.

6.4. The State and Orthodox Church on the Good and Evil Continuum

Usually cooperation with the devil ends sadly for someone, whether they're talented or untalented, because the person is sinful and weak and cannot stop cooperating with evil by himself. There are well known villains in the twentieth century like Lenin, Stalin, and Hitler, and there are people who are the opposite who selflessly give themselves the service of society and man like Mother Theresa.

6.5. The Current State of the Orthodox Church in Russia

After a quiet almost "undercover" dissolution of the Communist Party at the end of 1991, Marxism-Leninism as the main state "atheistic religion" in Russia ceased to exist. Since the "holy place" near the Russian throne is never empty, the Russian Orthodox Church began to gain momentum quickly, took an ideological place, and almost turned into the state religion, as it was in the former tsarist times. However, after a seventy-four-year reign of atheists in the vast majority of people that were grown up in the Soviet Union, there is no truly Christian morality, which is learned with religious tradition. In adulthood for the person who already has his worldview and position, it is too late to be inspired with new religious ideas, although there are exceptions. Therefore, it is very strange that now more than two-thirds of the Russian population recognize themselves as the Orthodox Christians. In fact, only about 10% regularly attend church.

If during the Communist times the price paid for the belonging to the Orthodox religious denomination was significant (dips in career, shutting off from the top of Soviet society), belonging to the Orthodox Church now is considered a prestigious fact of biography and informally supported by upper-state officials, although religion is separated from the state. The patriarch of Moscow and all Russia is invited to all-important state events. He takes place in the first row next to the main officials of the state, unlike the leaders of other faiths who are sitting in the middle of the hall.

The ROC in modern Russia honestly tries to play the unifying role by carrying the cumulative distribution function. It seeks to unite the Orthodox Christians around the central government, to participate in many socially significant events—whether it's the sanctification to launch a ship or to help soldiers in the performance of duty.

The Soviet atheism has been the state religion for too long time. Christianity played a role of a miserable stepdaughter forced to live in the same house with the evil atheist stepmother. The Soviet system of class values distorted the mentality of people in the USSR so much that to return to the universal moral values appears to be more difficult than to destroy these values. For this moral values distortion, contemporary Russia is still paying the full bill. Everyone in Russia—government officials and representatives of opposition—feels weakness of morality in society, because morality cannot be restored in a moment or by the order from above.

Today it is not enough to be the formal minister of religion, proclaiming standard prayers, and performing the necessary procedures for the canonical action. Sometimes priests perform some of the state functions. They are trying to treat alcoholics and drug addicts, take care of the street children and children from disadvantaged families, trying to return the sense of normal life to fallen people, and playing counselor, guide, and mentor roles. However, innovations or improving the fundamentals of Orthodoxy or demonstration of an independent behavior to power is impossible.

The ROC is a replica of any other Russian power structure in which decisions are made at the top (good if by more than one person), and then descends to parishioners. It does not discuss real church problems with the public, and does not publish its scandals except those that already attract everybody's attention because church traditions do not allow it. The most part of decisions the ROC authorities adopted are in secret without extensive discussion with the people, and conflicts are resolved "under the carpet." The ROC looks now like a closed monastic order with centralized control, absolute vertical subordination, and almost military discipline. It looks like the state intelligence agency. It does not like to wash its dirty linen in public.

For faithful service to the fatherland and to the supreme power in 2007, the Orthodox Christian President Vladimir Putin selectively applied to the ROC the restitution law and returned part of the property confiscated and stolen by the Communists—churches, monasteries, former church lands, etc.

Seventy-four years of adaptation to the atheistic Communist government has not passed for the Orthodox Church and the clergy in vain. The priests are flesh from flesh of ordinary Russian people. Survival and adaptation of common people to the Soviet power walked hand by hand with the survival and adaptation of the church priests. Now it is difficult to find truly saintly and pragmatically disinterested people among the ROC hierarchs. While serving bandits, unscrupulous rich, crooks and thieves, people who are not burdened by moral principles, eventually church priests become like them and unwittingly follow their immoral behavior. Trade in alcohol and tobacco, and participation in the sale of natural resources cannot affect the Orthodox Church in a positive way. Instead of a moral sample for the parishioners, the priest becomes the person whom these parishioners identify as one of the gang.

Chapter 7. The Origin, Formation, and Characteristics of the Soviet man

7.1. The Ideological Foundations of the Soviet state. Education and "Governmentalization" of the Soviet man and his Typical Features

As breeders create new kinds of flowers, an animal that's been given qualities and characteristics, Communists also created a new Soviet man. The Soviet man has like a burned stamp in his soul that cannot be cleaned for life. This man may temporarily disguise his features, make himself looks like a normal one, but eventually his Soviet content will manifest anyway. It is like an incurable disease. "Horns" of the Soviet man protrude out of any hat, whichever he wears.

The writer, radio, and TV presenter Irina Khakamada describes her father as the model of the Soviet human—a Communist of Japanese nationality who lived in the USSR. Irina gave the psychological portrait of her father in the laconic style point by point.
- He had no doubt that he lives in a great country and was proud of it.

- Soviet ideology and the Soviet system when the state defines human personal life completely suited him.
- He believed in a legend that Communist authorities offered him and lived on the land of his dream.
- He believed in paternalism from the state.
- He was completely satisfied with the equality of people that existed in the USSR.
- He was not a maverick.
- He felt himself as part of the state collective team and a kind of "screw" in the vast empire.
- He associated himself with interethnic unity.
- He was not critical to the Communist ideology and to the society in which he lived.
- He felt psychologically very comfortable in the USSR.
- He was indifferent to money and even despised it.
- He had a profound contempt for the bourgeois lifestyle.

The Soviet people who are not as straightforward as the Khakamada's father are still living in Russia and contribute to the education of other people. They still apparently believe that they are people of today's present and even the future. Not at all. They are people of the Soviet past. Their place is not in the Kremlin, in the Government House, the State Duma, the Federation Council, or the Supreme Court—on the television screen in the atmosphere of public PR and worship, but in the historical dustbin. However, neither they nor the people around them, or even opposition, that blame them in each corner, do not understand that they still have an obsolete Soviet or even Bolshevik mentality.

An additional factor that enhances the Soviet nature of the most part of today's Russian opposition is that the grandparents of many of today's oppositioners supported Lenin and his criminals to turn everything in the Russian Empire upside down and now even subconsciously, they justify their revolutionary ancestors, dumping all the kinks of the Soviet power to Stalin solely. Therefore, if we assume hypothetically that they will get this opportunity to steer Russia, they will build their Russian home on the same rotten foundation as the current government.

For decades, Soviet society was isolated from the rest of the world with the help of the "Iron Curtain," and a unique human person in the USSR was reduced to the position of a "screw" in the state machine. The "happy" Soviet man lived in a cage that was built for him by his new Communist masters. These masters have not been able to get rid of their own human defects—pride, ambition, careerism, mendacity, hypocrisy, and double standards of life. They themselves were mere executors, who lived under the sword of Damocles of the main host. They just had a little bigger cage than the ordinary Homo Sovieticus. Therefore, the Soviet system created a very limited, imperfect person who still lives in Russia now.

From the first day the Communists came to power they started to distort ordinary humanistic concepts: honor, conscience, friendship, honesty, morality, dignity, and patriotism. Personal, private meaning of these concepts was suppressed but social, public meaning was exposed to the fore. This trend intensified and reached its peak in the
thirties of twentieth century. Not in the name and for the benefit of Vasya Ivanov but for the benefit of the Soviet man. Not that Kolya Petrov is a proud man, but the man sounds proud. Not the honor of Masha Sidorova, but the honor of the class where Masha studies.

Every person was turned to serve the state and was completely dependent on the plans of the main man in the country who, however, sometimes consulted with his entourage. This leader did not particularly worried if one "screw" had to be replaced by another one. The quantitative indicators of their activity were more important for him—kilometers, tons, kilowatt-hours. The price of achieving the result was not so important too; the state has many replaceable "screws."

From a socio-political perspective, the newly "manufactured" Soviet people were like ants who were able to build only one type of anthill—hierarchical—with one main ant at the top. When people are only parts of the Communist state, we can forget about their personality and immortal soul having humanistic purpose.

By the time of Stalin's death in 1953, a special type of person who survived the wars, collectivization, deportations, political cleansings, and brainwashing, a person emerged who was called Homo Sovieticus. These people may not possess the whole set of desirable properties, but they also were not ordinary human beings. Ideally, the Soviet people had to be aggressive fanatics ready for destruction of humanity—whether in their own country or in other countries—as everything was for the sake of the Communist leader plans. Purposeful selection and social brainwashing strongly altered consciousness, values, relationships, and identity of the people who lived in the USSR.

In parallel, the Soviet people have created their own special Soviet world. They can criticize this world, scold, and even hate it, but it was their world. They were unable to give it up because they had their special Soviet consciousness. What are the elements of this consciousness? First, it is the uncertainty of moral and ethical points of reference, although the Soviet man did not worry about this uncertainty at all. Secondly, the Soviet people had a hope that the state would help and protect in any situation. Thirdly, the Soviet man had an irrational, utopian faith that he has a possibility to realize his personal potential in the Soviet Union.

Since then, many years have passed, but Russia did not make a new system of ideological values. Therefore, it uses an old one adjusted to the market economy.

7.2. The Instability of Moral Foundations of the Soviet Person

Religion, law, and property give the basis of morality. In the USSR, only criminal code and the fear of punishment worked successfully. Stalin created considerable bureaucracy, but Soviet officials feared punishment and behaved relatively well (special food rations, motels, and special country houses for selected executives can be considered unfair, but a trifle). The second wave of the Communist Party leaders still held the morals of the people in their strong hands. Nevertheless, betrayal, scheming, and appointing relatives on warm places were part of everyday life in the Soviet Empire. By the time the Soviet Union collapsed, the only thing left was an empty theoretical Marxist-Leninist structure based on proletarian internationalism and historical materialism. Reality was already worse than can be expected by any theoretician. However, ethical values of the Soviet man began to rust directly on eyes.

The worst features of the Soviet man began to get out already under Yeltsin's rule, when people who were not ready for the market economy and worked for the Soviet state all their life and looked forward to a modest but guaranteed old-age benefits, which were taken in by the state that changed its name to Russian State.

At that time, younger Communist party and Komsomol leaders became the main source of training, of which "hatched" today's high-ranking officials and new Russian oligarchs. These people misappropriated public property without measure, without shame, and without conscience. They used dishonest methods amassing a multimillion state, murdered their competitors, and bought the loyalty of politicians and journalists by generously paying for their services. Since their spiritual needs left much to be desired, the immense luxury has become their norm. Really, why should one person buys several expensive furs, watches, yachts, palaces, and cars? All this is the result of the squalid needs and low morale when the wealthy person can allow himself much and has no limiting ethical barriers.

Therefore, the first stage of building Communism (1917–1953) managed to create the Homo Sovieticus with his primitive soviet morality. In the second phase (1953–1991), the Soviet morality of this person mixed with his Slavic nature, his life started returning to normal, and the Marxist-Leninist classical theories had to double up and take their place on the dusty shelves of historical and philosophical literature. The process of creating the normal human being from the Soviet man is not complete yet. The third stage of the Soviet man's transformation is still going on. The process is slow, especially in the context of centralized bureaucratic control of modern Russia.

7.3. Why Soviet Ideology is not Denounced at the Official Level in Russia

There are things in the hierarchy of human values that should not exist. If the Communists organized genocide of their own people and murdered many of them on religious, national, social, and ideological grounds, those who killed and those who gave the orders (Lenin, Dzerzhinsky, Sverdlov, Stalin, and other Bolshevik leaders) are criminals. Unfortunately, in Russia, time and law did not put everything and everyone on their seats at the war-crime tribunal. Interpreters of historical events still go from one to the other unsaid, lacquered historical events depending on the instructions of the next Russian leader and the next basic settings of the next power.

In 1991–92, the former dissident Vladimir Bukovsky and Russian lawmaker Galina Starovoitova tried to initiate a trial against the Communist Party and KGB to start a lustration process in Russia. However, Russian leaders refused to do it. They did not want to judge themselves or limit their participation in power because their roots have grown in the Soviet past; they were brought up on Soviet values and learned Soviet rules of conduct.

In 1991, Boris Yeltsin and Yegor Gaidar initiated the process of Russian transfer from the system of distributive socialism to oligarchic capitalism. Many of those who helped Yeltsin to come to the upper Russian power were former Communists, who did not even repent for crimes of their predecessors and especially their own sins—neither to their own people nor the peoples of other countries in which their predecessors forcibly introduced the system of distributive socialism. Because they didn't repent, they did not realize these crimes and were not condemned their criminal organization. Therefore, they can continue to behave immorally. Moreover, the Russian government declared itself the legal successor to the USSR, and therefore the follower of the bloody Leninist-Stalinist governments. After all, unlike Nazi Germany, that lost the World war on all fronts (military, economic, political, etc.), the Soviet Union lost the Cold War only on the economic front, retaining a large part of its military potential, territory, and natural resources.

Only now, living in another country, I realize what naïve, even happy creatures we were while living in the Soviet Union, especially after Stalin stepped into another world. However, some people in the psychiatric clinic also feel happy. We lived like animals in a cage. We were educated, medically treated, and given almost free housing. The Communist government protected us, cared about us, and sometimes allowed some of us to go abroad (of course under the supervision of KGB agent or after signing the paper on cooperation with the KGB). Our only duty was the complete, unconditional submission to the existing government and the adoption of Communist ideology as inescapable givens.

Ordinary people in the Soviet Union and Warsaw Pact countries lived modest but quiet lives. No wonder after the first "rollback" to capitalism in some countries of "people's democracy" and the former Baltic Soviet republics, the people again "rushed into the arms" of Communists and voluntarily voted for them (for Aleksander Kwasniewski in Poland, for Algirdas Brazauskas in Lithuania, for Vladimir Voronin in Moldova). It was an understandable reaction of the ordinary person to the harsh life during the transition period from the system of distributive socialism to the capitalist system. If society is sick, it needs some time to recover from the Communist plague. Remission and relapse after this disease are necessary steps before society itself will choose its own path of development.

In Russia, this opportunity was not given to the society. By legends, excuses, and fraud by financial injections into the Yeltsin electoral campaign, people in Russia were organized in the way that in 1996 they voted for Yeltsin. It was already clear that there is nothing new he could offer to the country. The last three and a half years of his "reign," he just rearranged people from place to place and made one mistake after another. His ferocious political intuition cheated him all the time. Alcohol without measures did no good in argument even with Yeltsin's strong physical nature. After many sorting options, he appointed disciplined young man—Vladimir Putin as his successor, who, as befits a former employee of the Foreign Intelligence Service, lives by subjective concepts of fairness and informal rules rather than by law. This does not mean that Putin violates the law, but being a key person in the state, he creates conditions within his authoritarian power vertical that Russian bureaucrats change the law under his needs and when the president needs it. As a result, Russian society is still in limbo between capitalism and socialism, or between the modern state and the former Soviet Empire.

In the last twenty-three years after the collapse of the USSR, a significant part of Russian society still live orienting the Soviet views, myths, legends, prejudices, and stereotypes. People from the Soviet past continue to think in Soviet categories ("enemies and friends," "egalitarian justice/injustice," the belief that the state should take care of its citizens and provide them with decent living conditions, etc.). All these things do not always correspond to the new market reality. The Soviet past is like the stone around the neck that pulls Russia on Soviet bottom.

There are several reasons why Russian people have not condemned the Soviet ideology. The main reason is that the system of distributive socialism entrenched in the consciousness of the East Slavic peoples became consistent with the spirit and traditions of them. This spirit and traditions laid back at the time of formation of the Moscow principality of the fifteenth century and from time to time it overpowers all subsequent democratic trends.

Chapter 8. Laws, Fairness and Informal Rules in Russia

8.1. Law Nihilism Because of Soviet Traditions and Unequal Attitudes to People

Law nihilism is a legal term for describing the denial of law as a social institution. The term reflects the setting for human disbelief that laws governing the rules of conduct between people are the same for everyone. Ingenuity in modern Russia is not directed to honest life according to the law but to ensure how to neatly bypass the law and not fall into the hands of Themis. This also applies to many Russian immigrants who moved to relocate to other countries. A declaration of good intentions by the country leaders on the fight against corruption and overcoming legal nihilism remain nothing more than wishes. Key personnel of the country also live by subjective concepts of fairness, informal rules and by personal arrangements. After this, it is difficult to exhort its own people to follow the law.

In Russia, more than 90% of judges started their career at the law enforcement organizations. Judges, prosecutors, and police officers are tied to each other by informal understandings and commitments. The Russian judicial system is dominated by corruption and telephone right. Judges look not so much in the criminal code, but in the mouth of executive power. In addition, Russia holds unequal treatment of people of different income and job status ("what is allowed to Jupiter is not permitted to a bull"). Accusatory nature of the law enforcement system is present at all stages of its work.

8.2. The Role of Laws, Fairness and Informal Rules in Russian Life

Most part of people in Russia believes that the law is not written for good people but only for bad people. In Russia, the law is applied selectively depending on the person's status, the size of his wallet, and his loyalty to the authorities or to influential groups. Therefore, the inevitability of the law for all citizens without exception in Russia does not exist. Often the law is used as a cudgel, when it is necessary to punish someone, and sometimes it does not apply in relation to the people who violated the law just because these people are part of the power team. Ordinary citizens relate to power not as to the keeper and guardian of the law, but as to a bearer of power. The authorities consider that their formal status is an advantage before the law.

Behavior in accordance with subjective concepts of fairness and informal rules of behavior within social and professional groups determine the behavior of members of these groups and encourage them to follow the informal rules established in these groups as basic rules of group behavior. There are many groups in society like politicians, doctors, psychologists, law enforcement members, criminals, etc. You could even say that any modern society consists of such groups with their own informal rules of behavior and personal arrangements.

Behavior in accordance with subjective concepts of fairness and informal rules is a key event for the entire social, economic, and political life in the Russian society. Systems of verbal informal agreements and arrangements cover members of all social groups in society—criminals and politicians, representatives of informal associations, and professional communities. However, the informal rules of behavior adopted in these groups have much in common. For example.
- Control of the group territory.
- Keeping safety and wellness of members of own group, and supporting and protecting them in difficult situations.
- Keeping ideas and findings inside the group and discussing these ideas mostly with the members of groups.
- Prohibiting of violation of subjective concepts of fairness and informal rules adopted in the group.
- Prohibiting carrying out "dirty linen in public."
- Applying sanctions against those who breaks the group rules.
- Getting rid of unreliable group members.
- Applying a certain style of clothing and behavior as an indicator of their status and position in the group and society.

Legal nihilism and behavior in accordance with subjective concepts of fairness and informal rules became simply trite clichés in contemporary Russia. However, since these types of behavior does not substitute behavior by the law, these two realities are in equilibrium. Once the members of a group agree with each other about some illegal behavior, they break this balance. In this case, not only one person but also a whole group is in conflict with the law. Each member of the group is partially removed from responsibility for his/her illegal behavior because responsibility is shared. They all comprehend that actions are illegal, but those are the rules of the game; they did not invent them personally. However, from a simple understanding of the illegality of their actions their illegal behavior does not become legal. Members of the group just go from personal liability for violating the law to group liability, at least in the eyes of the same law offenders as they are.

Informal relationships begin in Russia at the top level of hierarchy and permeates the entire vertical of power. Power in Russia may ignore violations of law, but in consent with it, and only if the person shows loyalty and cooperativeness. Bureaucrats in Russia are sufficiently adaptable to accept anyone and anything—new leaders, new colleagues, new conditions, and new employees. They are not like ideological Communist dogmatic people of the early twentieth century. However, what remains the same is the authoritarian way of thinking and selective application of laws—one for own allies and another one for all others. The situation with life not by law, but by subjective concepts of fairness and informal rules in Russia is possible with the silent connivance from the population toward this evil. In the land of the blind, the one-eyed person can become a king.

The lawlessness that began in Russia in the nineties still gives to morally unstable people the right and excuse for not paying taxes, "cutting budget expenses," taking "rollback margin" (share for services paid to gangsters or to law enforcement agencies or to government officials for the "protection roof"), taking bribes, and stealing other state property. The Communist goals, for the sake of which Lenin and his criminals killed and kicked out of the country the best people of the nation, have been forgotten in the name of the next state goal of returning to capitalism. No one has put a period after the reign of Communists; nobody explained anything to people. The habit to hide everything from their own people won human honesty once again.

In fact, most people in Russia have become indifferent to the constitutional amendments, renaming their cities, streets, to installation of the new and destruction of the old monuments and religious shrines. Their own indifference and disunity combined with authoritarian power once again brought them to the habitual passive condition that is traditional for the Soviet people.

8.3. Kleptocracy and Corruption in Russia

Behavior according to subjective concepts of fairness and informal rules and legal nihilism—the twin pillars of ensuring the viability of the new Russian empire. According to journalist Vladimir Solovyov, corruption is a grease, without which the Russian economy stuck. Talk about the fight against corruption mostly go to "toot." Sometimes law enforcement representatives find bribe takers like a doctor, a police officer, or a high school teacher and put him in jail but they cannot touch high-level corruption participants. Court decisions depend more on the status of the official, businessperson, and on his bonds and place in a vertical bureaucratic system, the height of his "roof," than on the criminal law.

During the Communist rule private property and private business skills were considered as something bad, and anonymous work for the faceless Soviet state was considered good, then suddenly everything changed overnight. Since 1991, the Soviet altruistic beginning that was one of the few positive achievements of Communist power became a sign of stupidity, and money at any cost—through betrayal, murder, and deceit—became the basic measure of success.

There are nearly six million officials in Russia now. The drastic increase in this number in the first ten years of the twenty-first century reflects the strengthening of bureaucratic monopoly capitalism after the collapse of the USSR. Bureaucratic work has become prestigious and profitable. If in nineties the youth after college or university graduating went to business, now they become bureaucrats.

In an interview with Russian newspaper director of the Russian branch of Transparency International Elena Panfilova reported that in the world ranking of corruption perception, Russia ranks 154 place out of 178. According to the Association of Developers at the beginning of the first ten years of the twenty-first century, the rollback rate (kickback margin) in the construction was 15–20% of the project cost, by mid-decade it was doubled, and by the end of the first ten years, it reached 50–70%. Russian Presidential Control has estimated that public procurement steal more than one trillion rubles ($30 billion) a year.

A survey of 17,500 people, commissioned by the Ministry of Economic Development in seventy regions of Russia in 2010 made by sociologists from the "public opinion' fund considered that the average "consumer" bribe in Russia has doubled over the past five years and exceeded 5,000 rubles ($170). Among those who take bribes commonly are medical doctors, police officers, and university professors.

Chapter 9. Culture of Human Relations in Russia

9.1. The Total Disunity of People in Russia

There are geographical, natural, national, religious, economic, and political preconditions of the Russian national disunity, namely:
- Large size of the territory,
- Multinational and multi-religious consistency of the population,
- Lack of infrastructure,
- Uneven economic development of the regions,
- The dominance of the central government,
- Life not so much according to the law but according to the subjective concepts of fairness and informal rules.

Russians constantly manifest themselves as individualists who hardly unite to solve common problems on the horizontal level. They willingly prefer to oppose themselves to another person, group, or even power. All Russian political culture is built on two assumptions: "I bend you, or you bend me," or "We beat you, or you beat us."

Cautious, skeptical, and even hostile attitude to others is manifested in the fact that Russians are always fighting against each other. The word "fight" can be replaced with the words: "do not trust," "are afraid of," "suffers from," "do not like," "indifferent," etc. Anyway, it will be true. The weakness of positive and dominance of negative nature in relationships among Russian people is manifested by the fact that they unite pro something or somebody worse than contra something or somebody.

Russian people remained together as a whole nation and survived for a long time due to the significant number of population living in the country and the abundance of natural resources. Not many other nations can afford such mismanagement and uneconomical use of natural resources as Russians. The survival of the Russian ethnos is mainly due to personal rather than group adaptation because of traditional Russian individualism and it depends mainly on reasonable actions of the central government that traditionally prefers to manage the fragmented people.

Russian disunity as a nation is beneficial to all rulers—tsars, Communists, current Russian leaders, and even active groups in the country. The first reason is because it is easier to control compartmentalized people, and the second reason is because it is easier to catch the ideological and financial fish in a troubled Russian fragmented environment. One does not even need to apply specifically to the type of tactics, "divide and conquer" to the Russian people. They are already divided and dissociated. They are psychologically ready for political and economic manipulation by authorities and by the representatives of unscrupulous groups. Naturally, any government in Russia has never done anything specific to unite their people for other reasons than pointing at an external enemy or getting rid of the "scapegoat." As for moralizing intellectuals in Russia, they generate words only.

Sometimes Russians achieve what they want, but with unreasonably high prices, through great sacrifices, or under duress in presence of overseer with a whip. Support of each other, help, protect, and voluntarily share efforts to introduce some initiative, but do not hope on it. A weak sense of fellowship, poor judgment, and thinking only of themselves, are major obstacles to the national or group realization of Russian people themselves and as integrated nation.

9.2. The Weakness of Public Opinion and Public Activity

When every person defends only himself, then the whole army loses the battle. Because of individualism, Russians cannot implement the common political projects on a democratic basis. Supreme power is the only force that can unite Russians around the leader. That was the main reason why the Russian monarchy existed for so long time and Stalin was doing what he wanted to do with the Soviet people. That was the reason of long and stable leadership of the general secretaries of the CPSU. Communists could put on a bloody altar another tens of millions of people, and the rest of them following the patriotic novelist Alexander Prokhanov would still yell about the loss of the imperial grandeur of Mother Russia and about the new mobilization scenarios of its development—no matter what the cost would be. Because when an individual's opinion, dignity, and his life means little in Russia, and all laws including the Constitution can be changed at any time at the request of one main person in power, all the other consequences are inevitable. Citizens disappear. The only faceless object of a fragmented nation management remains. People in such a society are capable only on the senseless revolt or dumb obedience. Putting the development of a free person's consciousness in front of his education is a very costly project for the government.

In 1995–1996 up to 80% of the Russian population participated in the struggle of parties, meetings, and elections. Since 1998, interest in politics began to subside, and by the time of Putin's election in 2000, interest became the official formal one because people were more and more convinced in the futility of their political efforts. Putin has completed a process that started at the end of Yeltsin's rule. In the first ten years of Putin's rule, he deliberately sought to depoliticize Russian voters. As a result, most citizens live in the space of television series, magazines, and information not related to the current life. They weakly watch the news because they do not really understand how this news may concern them.

There are not many public activities in small Russian towns and villages. Most of the province inhabitants simply ruin themselves by drinking alcohol because of desperation and because nothing depends on them. They have not united themselves in order to do something useful together, or make changes in the life of their small town because of the lack of democratic culture, political cohesion, initiatives, and consistency. This sad practice is coming from Soviet times, when unapproved by Communists public initiative was unacceptable. All this completely cut off the ability of ordinary people to try to change something in their lives on their own. Even now, one can rarely read about cases where the villagers or city citizens combine personal and financial efforts to build a bridge across a local river or keep a public park clean.

Russian public opinion is formed in several large cities—Moscow, St. Petersburg, Yekaterinburg, Kazan, Rostov-on-Don, and some other regional centers. These cities are multinational, multi-confessional metropolises that represent a wide spectrum of opinions, attitudes, prejudices, and myths. However, this accessibility of information is not working for the whole country. In the most part of Russia, the principle of radial information impact is implemented better. Moscow was and remains the main source of information influence. Other centers of public opinion are too scattered and relatively poor to become a serious basis for the emergence and spread of independent views and opinions, so that people living there don't seriously attend to such matters as eligibility of citizens, abuse of power, inequality of income, and excessive centralization of the country.

According to opinion polls conducted by the Levada Institute in the first ten years of the twenty-first century, 60–70% of Russian citizens do not feel part of society and part of the Russian state. Only intellectuals who have their own opinion on many issues and are trying to seek new information can argue with others. According to this survey, sociologists concluded that the lower the level of education is, the lower is the sense of belonging to Russian nation. The same situation occurred during the tsar rule. Nobles, landowners, merchants, priests, intelligent people, and the owners are much more likely to feel like patriots and were proud of the Russian nation than community peasants (former serfs) and workers.

Until recently, officials in the Kremlin and in-house government believed that local, regional residents are too strategically shortsighted and too apolitical in order to correctly choose a governor. When making important administrative decisions, opinion of the local population was practically disregarded. Elections became just a way of legitimizing the decision taken in Moscow. Seeing such a distrust of them, the local population itself falls into unbelief and is indifferent to the election. Russian regional residents have long embraced the paralysis of the national political consciousness. As in Soviet times, people are not responsible for anything, and have no impact on the processes in the city, in the district, or in society.

Dissatisfied people with the slogan, "Return electoral choices to people, bastards," that flew on Bolotnaya Square in December 2011 declared that it's time to reclaim the country rather than allow a handful of people to manipulate their votes and to use the wealth owned by everyone as they please. Creating new political parties was the first step in overcoming the fragmentation of the population, and its activation and democratization of Russia. However, these people's ascent did not last long enough. In May 6, 2012, there was another rollback to strengthen Putin's vertical model of social power, and restrictions were tightened on the people's will. Protests were again reduced to a few hundred people. Voter turnout in the mayoral election in Moscow in September 2013 was only about 30%.

9.3. Unjustified Secrecy

From the time of the Bolsheviks who seized power in Russia in October 1917, the secrecy has become an integral part of Soviet life. They themselves were people, many of whom have come through the tsarist prison, exile, and imprisonment at hard labor. These people have absorbed the traditions of the Russian criminal world, learned the criminal secrecy culture, and stealth in correspondence and personal communication. They had two types of truth—one for their own comrades and other one for everyone else. They informed the people only what they considered necessary and concealed everything else. This process reached the level of total state secrecy at all levels and at every workplace. The secrecy arose with the state paranoia during Stalin's dictatorship.

Security involves extensive bureaucratic organizational structure with its secret facilities, safes, logs, rules of conduct, certain relationships between the special department officials and members of regime departments, etc. In the USSR, secrecy was total, excessive, and largely unjustified. Its irrationality gave rise to duplication, additional costs, time to access classified material, sharing information, etc., and as a result, this nonflexible secrecy system slowed the development and introduction of new technologies and products.

Secrecy creates intrigue of political life for the current Kremlin politicians. In the absence of a coherent competition, privacy has become a necessary tool to stay in power and keep down their subordinates. Modern Putin's team has inherited many traits of high-ranking officials in the USSR. It is very resistant to external perturbations. There are not many leaks out of the team. If there are some, they go in the form of directed disinformation. Members of this team are initially selected based on the "short tongue" or those who can hold their tongue behind the teeth and are able to control themselves.

Compliance with the rules of the political, financial, or military games is the main condition for businessperson or employee prosperity in any business, law enforcement or military organization in Russia (FSB, the army, the police, the investigative committee, the prosecutor's office). God forbid someone to "put dirty linen in public" or disclose information constituting organizational secrets or simply disclose information that casts a shadow on the activities of the organizations mentioned. At best, a "guilty" person will be waiting for official investigation and dismissal from the system—this is the minimum punishment for such a "sin," and at worst—an unexpected death in a car accident, suicide by hanging, poisoning with sophisticated poisons, which are almost impossible to detect, or accidental fall out of a window.

Much of modern businesses in Russia are connected with the "shadow" economy. Therefore, the main reasons for secrecy in Russian businesses are determined by dubious sources of income, corruption schemes, and money withdrawals to offshore accounts, and income concealment from the state in order to avoid taxes. Mystery of conducting operations covers most Russian companies. Each oligarchic group has its own sphere of secrets. Russian society has not "matured" to an honest, open business yet. This is not Sweden.

9.4. Presumption of Guilt and Mistrust for People

In Russia, the presumption of innocence is often ignored. Contrarily, the presumption of guilt comes up to the forefront of Russian justice. If there is a suspicion that a person is guilty, law-enforcement officials try to prove and substantiate those suspicions or find testimony at all costs, or in the worst case, the suspect must expose himself by frank confession. Police, the Investigative Committee, the Prosecutor's Office, and the FSB can gather evidence against suspected person using different methods—eavesdropping on his telephone conversations, opening his e-mail box, setting bugs in his office, illegal video records, etc. The judge often signs permissions for wiretapping and autopsy of e-mail retroactively.

The current political atmosphere in the Kremlin suggests a struggle with conspiracies, secret intent, and weaving intrigue. It does not matter if any information is "true" or "false." Who said or wrote this information is more important for the official than its truthfulness. Such Byzantine court games include investigating subtext, and expecting hidden struggle and usage of conditional symbolic language of communication. Every official is constantly concerned about such things as, "Why do people say that?" "What does this actually mean?" "Who is behind this?" And so on.

Mistrust has become one of the major social ills of the modern Russian society. It permeates the whole society from top to bottom. It became part of Russian mentality and traditions. There are 160 inspection organizations, and one million people who are involved in control work at the state level in Russia. Most of them are just not necessary, but they fit perfectly into the existing paranoid power hierarchy.

Representatives of law enforcement, judicial, and legislative bodies believe that the citizens of Russia cannot be trusted with anything important because of their incompetence in the legal and political issues. Gradually under specious pretexts, or sometimes without that, they are taking away rights from the citizens. Since this process of depriving their civil rights and freedoms is done gradually, in stages Russians are "eating" it. In case officials return some rights back to citizens (for example, the election of governors), they arrange it with so many conditions and restrictions that the role of every citizen in Russian politics is still negligible.

9.5. The Value of the Image of the Internal Enemy and a "Scapegoat" for the Disunion of the People. The Russian Civil War has not Ended

Every nation has potential lines of demarcation—interethnic (used by the Nazis and fascists), interfaith (used by religious fanatics), class (used by Marxists), property (used by idlers of all stripes, who come out with democratic slogans), and territorial (used by conquerors). A hybrid of the last three (class, property, and territorial) was used by Lenin as a "key" to provoke a civil war in the country wracked by the First World War. It was used for gripping and holding power in Russia, an appropriation of property of the whole country (the so-called nationalization of private property), and the redistribution of the territory through deportations and compression of people in the city dwellings. He was the first in the history of humankind who used this class-property-territorial approach for practical purposes. This is the main reason why all freebies in the world love Lenin so much.

On the wave of people's dissatisfaction of the First World War, Lenin unleashed the fight of the poor (workers, soldiers, mariners, and poor peasants) against the rich (bankers, industrialists, landowners, merchants, and rich peasants). Weapons that the tsarist government gave to soldiers and mariners were used against those prosperous and intelligent people inside the country whom workers, soldiers, and mariners considered guilty of their poor life and endless war. Thus, Lenin provoked the civil strife that cost 12.7 million people—dead and emigrated from Russia.

Lenin's follower, Stalin, also divided Soviet people using the thesis on the growth of the class struggle during the country movement toward socialism. As internal enemies, he appointed remnants of bourgeois, the kulaks (prosperous farmers), pests, saboteurs, and spies. Followed the epitome of this thesis terror crippled the spirit of the Soviet people so much that it determined the success of the German army in the first period of the Great Patriotic War.

Because Russians themselves did not put a point over their history in the twentieth century and, in particular, over the Soviet period of their history, the civil war launched by the Bolsheviks in 1917 continues by inertia though mostly on a polemical level. Russians did not give the legal and moral assessment of what happened with them during the Soviet era, and held no lustration or restitution. In the minds of Russian people, there are many enemies until now. Mechanism of mutual resentment, anger and aggression, which were relatively invisible among people during the period of the distributive socialist system so deeply penetrated the popular consciousness that now they are the dominant emotions in the behavior of people in Russia. It works automatically after 1991 although the Communist era has gone long ago.

The worst thing that the Soviet system left as a legacy to Russian people is confusion of mind. There are still a few demarcation lines dividing the people in Russia.
- The first line divides those who are proud of Lenin and Stalin (or only one of them), who support achievements and conquests of the Red Army, but does not like the White Army and those who believe the "Reds" were bandits, and "Whites" were the saviors of Russia.
- The second line of confrontation in Russian minds exists between those who favor property equality and those who stands for inequality, that is, those who believe that the deft, perforating, productive, intelligent people should have more than others.
- The third line separates those who are for centralized top appointive power and those who are for electoral power from top to bottom.
- The fourth nationalist line divides between those who are for "Russia for Russians" and those who are for the "melting pot" of different nationalities on the Russian territory.

There are several more lines separating the population of Russia, but they are more specific. The first four lines serve as a potential basis for the delimitation of areas of tension in the country.

9.6. The Value of the Image of External Enemy to Unite and Control the People

Because Russian people have a fragmented multinational view, the image of the external enemy is an important factor of bringing them together because they do not have common political and spiritual values. The image of an external enemy is also useful for the power when they want to keep people from social explosion in times of economic crises, reforms, and impoverishment of workers.

Assuming the laconic formula of Emperor Alexander III that "Russia has only two allies—the army and the navy," all the other countries, peoples, and nations that are not included in the Russian sphere of influence are referred to as "enemies." The image of the enemy is a lifesaver for the Soviet and Russian authorities. This image is still working in the absence of other more positive ideas. Almost all the leaders of Russia and the USSR—except for Gorbachev, possibly—sought and found enemies. Therefore, the fight against new enemies was supposed to make Russian people happy and prosperous.

The Cold War, in the minds of many Russian people, is still not over. This conservatism of consciousness supported by loyal Kremlin media and fueled the completely horrible Russian history of the twentieth century. As the base of an external enemy to Russia over the past sixty-five year playing the West in general and the leader of the Western world—the US in particular, which is the main object of envy and aversion. After all, the United States managed to build an economically successful, developed country, as an international "melting pot" without destroying their bourgeois and not suppressing creativity of its citizens.

The thesis of "the damn American imperialism" culpable for all the problems of the USSR are now ingrained in the minds of some of the officials and the people almost at the genetic level, because by nature and education, they are still the Soviet people. However, the present Russian officials have this negative image of the U.S. is more a manifestation of double standards in order to keep a good position than their real attitude towards this country.

A large part of the Russian people (about 40%) expressed impartially about the United States and some other Western countries. Russian citizens have mixed feelings about advanced Western countries: on the one hand, the hostility that comes from feeling dependent on them, and on the other hand, worship since these countries are more technically advanced than Russians are.

Chapter 10. The Substitution of Real Actions by Empty Talks and Activity Imitation

10.1. The Role of the Word for the Russian Man: Word and Deed

On one hand, words for the Russian people are as enticing as the sound of the flute played by Piper. On the other hand, words are the source of information, no matter how reliable is it. Unlike Western people, a Russian man tries to see something more behind words than what it stands for—not rational direct and figurative meaning, but hidden meaning, depth, etc. The words that are used are not applied to simplify and relief but to complicate communication. A hidden mystery, a soul is standing behind words. A significant number of Russians respond to words as to actions. When Soviet workers and peasants talk about the cultivation of grain and coal mining, it was more profitable than growing grain and producing coal in reality.

A few years before his death in 1936, Russian physiologist and Nobel Prize winner Ivan Pavlov wrote that the increased manageability by words is the most characteristic feature of Russian people. Indeed weakness of rational organizational initiatives, blind faith in the efficacy of the laws, while ignoring words that Russian people do not like are typical for Russians. That is why it does not matter to Russians who runs their nation—immoral dictators like Lenin and Stalin, or decent people like Peter Stolypin.

In the minds of the Russian people, the promise of an easy, good life without hard work often outweighs thorough practical calculation, which implies the need to work first, and then share the money and benefits. They prefer to support demagogue people like Lenin, with his idle talks about the prospects of a future happy life under socialism and Communism than those people who offer real plans because it is easier to believe that a happy future can be reached easily and quickly and at the expense of others. It is the devil's choice, but Russians went this way in 1917. For seventy-four years of the Soviet regime and the widespread repression of business grassroots, the Russian people began to rely on the state more than on their own efforts. The main thing—to do less and get more. As a result, they get less but repeat their choice several more times.

The typical Russian intellectual with a humanitarian mind is a man who, instead of being engaged in practical activities to improve his life and lives of his family members (the toilet repair, lubricating of the creaking door, etc.), is absorbed in thoughts about how to improve the life of humanity, or at least, the life of Russian people in general.

10.2. The Use of Formalized Legends, Myths, and Stamps as Images of a Desired Future

A well-compensated pragmatic person prefers real goals and realistic images of a desired future. Legends and myths are good when a person has to clean his bathroom and bedbugs couch at home. However, those Communists who seized power in 1917 were in no hurry to clean their toilet bowls; they were busy with a more enjoyable affair—fantasizing about the future of the Communist society and their worthy place in it. They would fantasize about their happy future while sitting in a communal apartment on the dirty toilet seat of a shared bathroom. Those dirty bathrooms were the main reason why Communism lost the battle in competition with capitalism. The reason of this defeat was not only economic (low oil prices in the late eighties and early nineties) and not even the war in Afghanistan, where Soviet troops "stuck" with their advanced Marxist-Leninist ideology. The main reason was that Homo Sovieticus slipped on un-harvested excrement in those dirty bathrooms. There he fell down together with his Leninism.

It all started so well for revolutionaries in 1917. The rich bourgeois, noble people, and merchants were sent to the back of beyond or expelled from the country. Property was taken from those robbed people. Then revolutionaries thought to live in paradise, but the promised paradise did not happen because people work better for oneself than for any beautiful Soviet socialist state. In addition, nobody annulated the natural selection law among the living creatures on the earth, according to which the strongest, cleverest, and hardworking individuals survive better. If the weakest, stupidest, and laziest individuals survive, then such a civilization rapidly degraded. That happened in the USSR, and this may happen in today's Russia if Putin continues his politics of supporting mostly poor layers of his most loyal electorate.

The method of creating the positive image of a desired future using slogans, myths, and tempting socially significant goals in the Soviet Union was widely distributed and promoted. Now the same proactive method is used in Russia. These images acted for the Russian person as enticing as the bright moon at night or the light at the end of the tunnel. For example, "Let us finish the five-year plan in four years," or "Let us increase oil production and refining twice." Likewise was proclaimed, and the purposeful optimistic scenario of development of socialist society: "Our goal is Communism!" Directives now are similar: "Let us double the GDP in ten years," or "Let us modernize our industry," or "Let us defeat our corruption."

The main symptom of society sickness in changing and challenging times is the decline of national spirit, the loss of perspectives in life, and leading people to the world of myths, dreams fantasies, and the fear of real actions. It happened to many people in Russia in the difficult nineties in the twentieth century during reverse barbaric transition from socialism to capitalism. Russia has once again paid for this transition with millions of lives and millions of people who left the country, and it seems that Russia continues to pay.

10.3. The Role of Show-Off and "Potemkin Villages" in the Soviet and Russian Life

Fraud existed in Russia at all times and not only for foreigners but with respect to their superiors—emperors, secretary generals, and presidents. The Soviet people perceived it as a self-evident phenomenon. All officials from top to bottom made beautiful pictures for their superiors and foreign guests. The ideal Soviet model of socialism in the country assumed a lie, deception, and trickery as part of the Communist tales. The lie was the lubricant of the Soviet Party machine. In the Soviet Union (especially in the late stagnant period), almost everything was rehearsed: military parades, the speeches at party congresses, plenary sessions, and party conferences starting from the regional level and so on. Decisions made by the delegates of congresses, party conferences, and plenums were prepared and known to the participants in advance. There were special people who were responsible for setting competent performances of this kind.

The typical orders from those who are responsible are examples such as putting fresh asphalt on the roads, painting fences and even grass, washing children for greetings, and preparing speeches before the boss's arrival. There are many terms to name this phenomenon—"Potemkin village"—"He did not disgrace himself," "he is trying to impress you."

According to the legend, the first Potemkin, or sham villages, were built on the orders of Prince Potemkin along the route of Empress Catherine II when she was inspecting her new ownership in 1787 in the northern Black Sea region—the New Russia and Tauris, which was conquered from the Ottoman Empire shortly before it. Houses and places of everyday work in these villages looked much better than the houses of Russian peasants in central Russia. These villages had land servants that were transported from place to place at night. The legend is subsequently questioned, but the term "Potemkin village" has remained.

That always distinguished Russia from other countries. Not being able to boast that the country is capable for something real, officials use popular prints, beautiful diagrams, and models that reflect an idealized present or foreseeable future. After the show-off, this layout is covered with dust and cobwebs and nobody cares about it.

Now people are talking about stagnation in Russia and returning to the Brezhnev era more and more. This is primarily because of the state control over all parts of Russian life—control that bind any initiative. "Potemkin villages" substitute real activity. Meetings, conferences, forums (Baikal, St. Petersburg, Perm, Sochi, etc.) are taking place more and more in order to give work to people and make the huge bureaucratic staff busy.

Nobody denies the usefulness of rehearsals during exercises of civil defense or rescue exercises during fire conditions in confined spaces—it is important for survival. However, artificial creating and rehearsal of enthusiasm of the people is a pure fraud. When special organizations persuade people to take part at rallies in support of Putin and bring them to these meetings by busses, it resembles the situation in the late USSR.

Features of Russian vanity fair to show how cool we are, regardless of the actual state of affairs with the economy, politics, and human rights, is done at both the international and on the domestic level. Putin, Medvedev, and several other officials represent the nice façade of the modern Russian state, built on the corpses and bones of victims of the Leninist-Stalinist Communist regime, on the efforts of the people of more humane sixties to eighties time period, and on the privatized at Yeltsin's gangster capitalism property. The well-sewn costumes of Russian leaders, their fashionable shirts, and diplomatic speeches cover everything that is happening behind the façade of today's Russia. Many illegal things are hidden behind the restoration of the Temple of Christ the Savior, behind the reconstruction of the Bolshoi Theatre in Moscow, of the Mariinsky Theatre in St. Petersburg, and behind the nanotechnology exhibitions and new trade centers of large cities. Namely, significant stratification of life between "superior" and "inferior" people in Russia, the loss of moral values, an indifferent attitude toward the individual.

Chapter 11. Russian Resistance and Opposition

11.1. Individual and Group Resistance of the People in Russia

The basis of psychological resistance of the Russian man often lies not so much in rationale, or personal position, as in impulsive rejection of other people's opinions, critical spirit, emotional nihilistic attitude, and a desire to declare itself. Psychological resistance as ejective nature of character largely determines the inability of Russian people to agree with each other and stick together without the presence of an absolute leader. On the other hand, the group, the collective resistance of Russian people as a whole, is extremely weak because if the individual, psychological one is based on personal desires, personal will, the second requires a conscious subordination to democratically determine the group's interests and requirements.

The only person in Russia to whom individual resistance does not work in the traditional Russian way is the leader of the country. Because of the low individual resistance to the leader, there is the phenomenon of Russian unconditional submission and the unconditional rejection of the leader (the czar, the general secretary of the CPSU, and the president). People who stay at the throne "lick" all the seats of the current country leader, whereas those removed from the throne and those who have no chance to be closer to the throne criticize the leader. The majority of others—simple people—mostly have positive feelings about him.

The low-group resistance to power in Russia is inseparable from the dependence of the individual from the omnipotent Russian power—panic, fear, and subservience to authorities, on one hand, and the desire to rely on these power authorities in the search for justice and protection, on the other hand. Loyalty to the central government is based not on love to it but on the perception of this power as a source of order and stability. In addition, it always possible to make this power responsible for everything that happens in the country including solving their own every-day problems. Soviet, and now Russian people, used to believe and obey the main authority. Whom else do you want them to believe and obey besides the main representative of the all-powerful state? Naturally, people do not resist against the state and those orders and instructions that the authorities descend to them from above down to execution.

By virtue of this low resistance of group opinion, especially before the main leader, only few people dare to utter an opposite word against him. As if the man at the top of the ruling Olympus is fashioned from another divine material, and he is not the subject to the laws of the Russian Federation. Neither the governors nor the ministers do not say a word objecting the President of Russia (except before dismissal). They can only report to him and ask to assent to additional funding, because they realize that a different pattern of behavior is not welcome. They are ready that their every move will be under his control, and they will look him in the mouth and wait for the valuable suggestions and advices.

The ruling elite in Russia cannot tolerate real resistance as well as they do not like people trying to "swim against the tide," or defending their positions. It is always fraught for the resisting person. If he resists the authorities, takes actions without their consent, it is necessary to neutralize or even punish such person at least to discourage others. However, to think about how to use these thinking oppositionists for the benefit of the state is too complicated for the authoritarian way of management. Negative selection of thinking people continues in the country.

11.2. The Lack of Real Balances in the Power and the Deficit of Alternatives in the Election

Russia or the USSR never had "electoral swing" like in normal democratic countries. Failure to transfer power peacefully and legitimately to another political force democratically elected by people in Russia is a natural consequence of the country's history. There were two periods in the twentieth century, when the elections, despite the mud, fraud, and restrictions, resembled democratic elections. It was in 1917–1918 (the Constituent Assembly elections of Russia) and between 1990–1993 (elections to the Supreme Soviet of the RSFSR, the Russian presidential elections, and elections to the State Duma), but they can be considered the exception rather than the rule. Traditional Russian political system does not accept any democratic elections because people do not understand what it is. For a thousand years of Russian history, supreme rulers were chosen by the people only twice—Tsar Mikhail Romanov in 1596, and President Boris Yeltsin in 1991. After that, the electoral process returned to the traditional way of inheritance or patronage.

The democratic process in modern Russia continued for two years only until 1993, when, instead of negotiating with the Supreme Soviet Council of the Russian Federation, Boris Yeltsin dissolved it by his decree, which he was not entitled to do, and even ordered to attack the White House, where entrenched deputies refused to obey his illegal decree. It was the first bullet in the body of democracy in the country. The second bullet was Yeltsin winning of president's election based on fraudulent political technologies, organized by oligarchs who were afraid to lose the stolen property in 1996. This transfer of power to a successor in 2000 was unlikely to be called the "will of the Russian people." It was only the will of Yeltsin himself. The end of real democratic elections in Russia happened during Putin's rule, who created his notorious vertical power after 2000. This authoritarian power structure works like the last control shot into the head of the dying Russian democracy. Now democracy in Russia is completely dead. Authorities simulate its functioning as a necrophiliac imitates love with the dead body.

Modern Russian voters are the patients in the intensive care unit "more dead than alive." In fact, now there is only one voter and his name is Vladimir Putin. He chooses all the key figures in Russian power. Of course, his hands do not reach the municipal level of police and judges. The right people at all levels of the authoritarian power vertical makes this work. This practice of destination was widespread in the years of Soviet power. Putin sees no need to change this tradition of destination and subsequent elections of right people. Other candidates have much less chances to be elected because of administrative and financial domination of the ruling party "United Russia." Now, 51–70% of people voted in office is not achieved by such straight-line methods, as in Soviet times. Everything is heralded through spin-doctors who manipulate public opinion so it looks as voluntary voting.

However, the real value of such elections is low. If the political situation in the country is changing, the rating of almost any candidate in no time drops from 60–70% to a few percent, and even up to fractions of a percent. Therefore, during the presidential election in 1996, Gorbachev got 0.51% of voters. Yeltsin's rating just before the presidential elections in 1996 was only 6%. Since 2000, there is no way to change the upper power in Russia legitimately by voters. Elections became the way to make the existing power legitimate.

Elections in a normal country are a way of resolution and crisis prevention, social conflicts, and a method to change the direction of the motion of society in response to the challenges of our time. In Russia, the electoral choice comes down to demonstration of loyalty to the existing government.

While Russian leaders keep the power in a strong hand, Russian opposition has no chance to take the upper power in the country. There are traditional submissive relation of Russian population to the central government. This submissive attitude is based on the power of the leader and his government. When they are getting weak there begins confusion and hesitation among the Russian people. No wonder that during Russia's troubled times, the opposition, the rebels, and the conspirators won, while the Russian government lost power. When Russian or Soviet leaders (tsar, secretary general, president) begin to play against himself, show doubt in his own right to do with his subjects as he sees fit, he commits suicide and his kingdom, empire, and the state is doomed to partial destruction (Nicholas II and Mikhail Gorbachev illustrate this position).

11.3. Features of Russian Opposition

Supreme authoritarian rule in Russia (it has never been the other) tolerates only those manifestations of opposition that do not actually threaten to change it, even peacefully.

The political opposition in Russia is divided into officially accepted (so-called systemic opposition) and officially not accepted (so-called non-systemic opposition). The systemic opposition is publicly funded and enjoys administrative resources, but this privilege is paid for by their loyalty to the executive power. The non-systemic opposition is allowed to have opinions, but they must use money from their own accounts or from private sponsors.

There are four basic systemic parties represented in the State Duma: United Russia (UR—ruling), the Communist Party of the Russian Federation (KPRF), the Liberal Democratic Party (LDPR), and Fair Russia (SR). In fact, these four parties represent the wings of the entire same sovereign monster with one large and several small heads that are barely distinguishable from each other—except of their rhetoric. In recent two years, the systemic opposition stopped pretending that it has an opinion different from the opinion of the president of the Russian Federation.

The absolutist nature of power in Russia determines the nature of non-systemic opposition—radical, non-constructive, and indiscriminately denying executive power. Negative sentiments are typical for any radical Russian opposition at all times. However, due to weakness of will and weak positive platform in this opposition, their emotions and rhetoric rarely translate into positive action. Opposition of that kind won only once in October 1917, and it was the most unfortunate day in Russian history.

The real opposition is the one that wants to gain power and for the sake of it is ready to negotiate, seek compromises, give in, join in blocks, has a program of the country development that is different from the existing official one, etc. Political compromise is almost absent in Russian culture. Each oppositional person wants either to get everything, or to quarrel to death with his allies. Opposition representatives badly combine with each other, and if it does happen, quarrels, conflicts, and disengagement constantly occur among them. A striking example is the split in the party leadership of the RPR-Parnas political party in late 2013. Opposition unites easier and faster based on hatred to someone or based on a common enemy, but not based on common interests and seeking solutions for specific joint tasks.

Changing of the main leader in the country and the entire power elite together with him is a seemingly routine procedure for a normal democratic country, and in authoritarian Russia, this change rarely goes naturally and peacefully. In 1917 and in 1991, this change was made through blood, anarchy, economic decline, and destruction of the country. However, this perspective can stop very few extremists from opposition. They want to get the supreme power, property, and natural resources of the country. It seems to them that they know what to do with this power, property, and resources. Although, as shown by the history of Russia, the "new" turned out even worse than the "old." Not all of these revolutionaries want to change the world for themselves, but for others; they do not make themselves better, but are trying to improve others. It does not matter in the name of which ideology they do it—Communist or religious.

For all the reasons described, Putin tries to keep the mood of protest, parties, social movements, human rights organizations and their funding under his control, whether they threaten his absolute power or not. "Let all the flowers bloom, but only in my greenhouse and under my supervision," he probably thinks according to his behavior.

Chapter 12. Unfinished Initiatives, Projects, and Plans as Obstacles for Change in Russia

12.1. The Effect of Unfinished Projects and Plans for the Social Atmosphere in Russia

Positive aspirations of the Soviet and now Russian people do not last long. Political and economic campaigns declared by authorities last an average of two to six years. As an illustration of this thesis, we can remember the incompleteness of Khrushchev's de-Stalinization, and the failure of his breaking fresh grounds in Kazakhstan. During Brezhnev's time, there was an incomplete construction of Baikal-Amur Mainline (railway road), and a failure of development of Siberia and the Far East in the USSR. There was also Gorbachev's unfinished struggle with alcoholism in the country and his economically unwise way through Perestroika. Everyone knows Yeltsin's unsuccessful struggle with official's privileges, and the failure of Medvedev's economic modernization, as well as Putin's sluggish combat with corruption, and his unfinished reform of housing and communal services, which is a little success of Putin's attempts to improve the demographic situation in the country. Russia drowns in these unfinished and unsuccessful endeavors.

The state of uncertainty that has gripped the people inhabiting the Soviet Union after the Soviet project was not completed, and was a consequence of the general bankruptcy of the Soviet system. Many Soviet citizens had the feeling of loss in their efforts that they devoted their lives. This feeling was intensified due to a sharp deterioration in the economic situation of the population throughout the former Soviet Union and the unpreparedness of people to the new economic reality.

In modern Russia, the government is afraid to turn their own initiatives into the actual result. It looks OK on the level of general proposals and advices. Then comes the braking pause because there are too many things that need to be changed in the huge multinational country, and the first one is breaking the imperial state system and authoritarian rule.

12.2. The Instability of Motivation of People in Russia

Only two years after the collapse of the USSR passed and in 1993, it became clear how heavy the "democratic cap" was for the average Russian citizen. Because of complete uncertainty, crime and play without rules, cheating at all levels, non-payment of salaries and pensions, and organizational anarchy, the "pendulum" of public opinion swung back to the distributive socialism system. It turned out that the old habit of calm, albeit a poor life gradually takes precedence over the "democratic" innovations and market unpredictability. Engineers were tired to broom streets and shuttle trade on "flea markets," workers were tired of sitting without work and salary, and retired people were weary of the constant delays in issuing tiny pensions. Everybody was disappointed that Russia—a once mighty country that people were proud of—(whatever unjust "evil empire" it was according to foreign political speeches), turned into a third-world country with ballistic missiles. In this country, chances of success in life were bandits and fraudulent people close to the Yeltsin's government, who seemed more unscrupulous than bandits did. Most people, especially in the provinces, were thrown out of business. All tidbits property (oil, gold, diamonds, nonferrous metals, timber, marine resources) immediately were seized by the shameless people who had connections at the top Moscow power and contacts abroad.

Now the new central supreme power in Russia is trying to show their value, and to justify ambitions and global goals and targets, but mostly they do not have real material and strategic potential to solve them. That is why another loudly announced and publicized initiative is gradually eroding. An anecdote of Soviet times with Communism and the barn is a perfect illustration to describe political and economic initiatives that are still initiated in Russia. "At a meeting of the collective farm there is only one question on the agenda: What shall we build next, the cowshed or Communism? Uncle Matthew gets up and says, 'We have no bricks and no nails, there is nothing to build the barn from, so let's build the Communism first.'" The current Russian authorities are trying to build the post-industrial society on the background of bad roads and dirty public toilets.

12.3. Negative Influence of the Past on the Changes in Present

The Soviet authoritarian model of development was incapable to change itself in the changing world. Karl Marx—the bearded prophet of a new faith—relied on the progressive nature of the proletarian social-economic model as compared to the bourgeois capitalist model of society development. The system of distributive socialism lost the competition not only in the USSR but also in many other countries. So, the completely theoretical system invented by Marx has been discredited. Most of the problems that modern Russia inherited from the USSR are the result of the failure of administrative-command system and the failure of Homo Sovieticus as the potential source of change, innovation, and post-industrial development.

During the first steps of their reign, some leaders of the Soviet Union and Russia made a positive contribution to the development of the country (note Khrushchev, Gorbachev, Yeltsin, and Putin). However, after two or three years, everything was back to square one—the vertical authoritarian system and the authoritarian leader. It happens despite the fact that the leader became an obstacle for the further development of the country. Moreover, he cannot stop ruling in time by himself. Others also cannot stop him, as the main person in Russia has virtually unlimited power and he usually does not intend to reduce his power or abandon it. The state rots together with this leader. Only fatal disease, assassination, a coup, or a discontinuing of the state existence may remove him from the post of the chief of state.

In Russia during seventy-four years, there were two opposite coups associated with the change of ownership form—from private to public and vice versa. Yeltsin and his team allowed the private ownership of the means of production and allowed people to buy and sell it. This process was prohibited before. Thereby they canceled the Communist period of the country's history, when there existed only the state ownership. However, reformers prefer not to think about those people who have been driven abroad, killed, tortured, and shot during the October overturn and the Civil War, as these people were the real owners of Russian property. They do not seem to exist for the new Russian power. Former owners were not rehabilitated; a restitution law was not developed and adopted for them, as it was done in most countries affected by the invasion of the Communists. Land and property was merely stolen by the Bolsheviks in the years 1917–1922 from private property owners. In the 1990s, this property was redistributed along with the newly created Soviet property between the new owners. There was no conversation about the apology for theft (expropriation) of people's property. Now politicians and economists are discussing how to legitimize this new privatization without apologies and restitution law.

Since no lustration or restitution in Russia has been carried out, the road to the country's development was blocked in the visible future. The Soviet mentality still dominates in the country. Meanwhile, until people living in Russia, will not give the moral and legal assessment of what happened to them in the nineteenth and twentieth centuries, the civil war in Russia will continue—well, if only verbally.

12.4. Stability and Stagnation in Modern Russia

Stagnation is a very accurate word to describe what happened in the last decades of the Soviet Union's existence. The barbaric, soulless Communist system created by Lenin and Stalin squeezed out of the country and out of the people all that they can give. This cut off the prospects of development of Russia for many years ahead.

In the late Soviet times, the state system of the USSR became more human. As if the warm-hearted Slavic face began to look out the window of a home seized by the dogmatic Communist terrorists, giving hope that all may end for the Soviet people not as fatal as Lenin and his henchmen intended it. Khrushchev, Brezhnev, and especially Gorbachev were human people—Russians, Ukrainians inexperienced in the wiles of the Marxist-Leninist theory, but slackers in their souls, unlike their monster predecessors, Lenin and Stalin. For each original Communist leaders, Slavs were like aliens with whom they could manipulate like with the ore.

Any change to the content of the Soviet administrative-command system inflicted irreparable damage to it. Khrushchev tried to humanize the system and it started to slip. By inertia, the Communist system moved forward for some more time. Engineers and scientists still created new types of weapons. The Soviet man flew to space. However, in the 1970s, the stagnation in the country began to be irreversible.

Communists could do nothing with the Soviet economy increasingly lagging behind the world's technological process. They could only maintain a sinking ship and try to keep the Soviet Union afloat. However, the Soviet Union sank slowly on the bottom for decades. In appearance, it was still a solid, monolithic Soviet ship—the bulwark of the world socialist system, but it started rotting from the inside. Decomposition covered newer sections of the ship, and more and more Soviet "screws" grew into personality.

Based on the analysis of the socio-political literature politician, Vladimir Ryzhkov identified several typical features of the Brezhnev stagnation that are present in today's Russia. First: no personnel exchange. Second: corruption. Third: extreme conservatism in ideology, fear of discussions, and a fear of change. Fourth: administrative vertical management with maximum centralization and bureaucratic hierarchy. Fifth: an economy based on the natural resources. In addition, there's a kind of social contract between the government and the people: "We give you a certain level of life and entertainment, and you are not intruding into politics."

Russia still has a centralized, inertial, clumsy control system. Much of the negotiation, nominations, and permissions are running through Moscow. With such a huge territory, it is irrational. Most of the financial resources from regions flock to Moscow, and then some of them are redistributed to the regions. There are too many bureaucrats in Moscow, and they want to feel their necessity and importance. Political games substitute their real activities. Russia's leaders are afraid to give freedom of action and choice to the people on the ground, because then they immediately understand the uselessness of a parasitic central government.

Degree of resistance to innovation is the main indicator of conservatism, inertia, and an archaic society. Russia is still such a society in which most people prefer to go with the flow and do not make an effort to change themselves and the world around them. Authorities do not contribute to change outdated stereotypes and stimulate innovative activity, but rather support the stagnant trend still leftover since the Soviet era.

12.5. Prospects for Russia's Modernization.

The belief that all changes in public and political life are not my duty but the duty of someone else is an incurable, almost subconscious belief of the Russian man. This belief lies at the heart of the national consciousness. Therefore, it is better not touch the Russian man, not impose on him another life, and not engage him in innovative projects. At the bottom of his heart, he does not want these changes. Because changing patterns of behavior and stereotypes takes too much of his energy and can destroy his habitual life—professional or political.

Recently, President Putin officially announced his conservative approach in solving public and personal problems. In fact, he admitted that he is acting in the traditional formal quantitative framework inherent to Russian emperors and Soviet secretary generals. That is why Putin expands the territory of his empire, develops the Russian army, and builds new show-off objects. At the same time, he does not create conditions for the development of self-sufficiency and creative activity of the Russian people—not only those that are officially permitted, but coming from the grassroots activity that is based on the rule: "Permitted all that is not prohibited."

The enclave nature of socialism in the USSR and now capitalism in Russia does not give grounds for a real change in the economy. Because of the uneven development of the Soviet economy, industries such as military or cosmic space were developed in the USSR more intensely than others, like the light industry. Now the situation has changed, but not drastically. Russia has remained with the sign at its entrance that says, "Oil, gas, minerals, and other natural resources for developed countries." The country buys other technologies and manufacturers' plants as an exchange for its natural resources.

In order to support their ambitions, Russian officials implement prestigious scientific centers like Skolkovo, invest billions in nanotechnology, build the city of Sochi for the Olympic Games in 2014, build the unnecessary multibillion road and bridge to the Russian Island near Vladivostok, where only five and a half thousand inhabitants live, and continue to explore cosmic space. It looks beautiful and prestigious. However, in this case, the analogy of a person who puts a fashionable Armani tie on top of a ragged, dirty shirt can be seen.

Conclusion

Nearly a hundred years have passed since the time of the Bolshevik political and military transformations, but building of the Soviet (now Russian) state still remains curved as it was at the beginning of its rule. Now Vladimir Putin is trying to improve the façade of this house that is still standing on the same old, rotten authoritarian foundation. Putin probably thinks that now when economic conditions in Russia have become capitalist and energy prices are high, everything will be OK. However, the foundation is still rotten.

Предисловие

В разные периоды времени многие народы постигают несчастья, катастрофы, эпидемии, военные нашествия завоевателей. В XX веке на русский народ обрушилось несчастье в виде большевизма. Нельзя сказать, чтобы он совсем этого не заслужил. Вся предшествующая история к этому русский народ располагала и подталкивала. Русская монархия отживала свой век. Но основа императорской России была естественная и работящая. И вот эту естественную, здоровую основу и уничтожил маньяк коммунистической идеи Ленин и его недальновидные, властолюбивые или просто фанатичные большевики. То, что происходит в России сейчас, это естественное следствие как всей истории России, так и ленинского социально-экономического эксперимента.

В СССР – первой в мире стране на практике был применён марксизм в его ленинском варианте, хотя страна была к этому ещё экономически не готова. Марксизм, как политэкономическая теория был привязан к конкретным периодам развития стран и цивилизаций западного типа. Российская империя была к 1917 году на 85% крестьянской страной, а поэтому в ней внедрять марксизм было нельзя, что и показал ход начавшегося в стране эксперимента и его результаты. После развала СССР в России остался "сухой остаток" в виде советского социалистического человека, который развивался в стране в продолжение 74 лет. Остался он не только в России, как правопреемницы СССР, но и в странах, которые пошли тем же путём - то есть в странах бывшего Варшавского пакта. Остался не в виде диковинного артефакта, на который посмотрел, как в музее, и перешёл в следующему экспонату, а в виде Гомо Советикуса, ментальность которого до сих пор влияет на экономику, политику и жизнь народов в бывших советских странах и в бывших советских республиках.

До Октябрьского переворота в России число добросовестных, честных и работящих людей в среднем превышало количество непорядочных и ленивых – почитайте любые хроники. Именно первых большевики либо вырезали, либо вынудили уехать за границу, либо заставили приспособиться к новым коммунистическим порядкам. Были трудолюбивые крестьяне – их раскулачили. Было честное купеческое слово – его заменили жульническим мифическим обещанием всеобщего счастья, которое ничего не стоило. Были специалисты с глубокими профессиональными знаниями (инженеры, врачи, преподаватели) – их заменили советскими дилетантами. Была нарождающаяся демократия – её заменили партийной коммунистической диктатурой. После этих массовых замен процесс развития русской нации остановился и даже пошёл вспять. При начальных коммунистах "в рост" пошёл человек советский, социалистический, преданный вождю и советской власти, то есть конъюнктурный и малограмотный в своей основе. Однако, понемногу средний уровень образования в СССР повышался и после ухода из жизни Сталина новое поколение советских интеллигентов стало заменять прежних специалистов ещё царской закалки, равно как и сталинских выдвиженцев.

Сталин был прежде всего наследником самодержавной российской империи – наследником безжалостным и деспотичным. Марксизм-ленинизм придавал некоторый лоск его имперским амбициям, осовременивал их. Он советскую империю сохранил и расширил ценой огромного числа человеческих жизней. Его геополитическое и военное наследство включало подконтрольные территории и прокоммунистические режимы в странах, идущих советским путём – путём распределительного социализма. Это наследство его преемники-коммунисты удерживали целых полвека. Ну что поделать, если кусок, который они отхватили, оказался слишком большим. Вот и развалилась советская империя.

После 1991 года процесс воспитания человека в России начался как бы заново. Начался, пробиваясь как трава через рабоче-крестьянский асфальт, в который Ленин со Сталиным "закатали" Россию. Процессом перехода к новому экономическому и политическому строю стали руководить советские люди – в основном те же бывшие коммунисты. На их деятельность наложила отпечаток история страны и ментальность народа, частью которого они являются. Поэтому они вновь и вновь воспроизводят то, что знают и умеют с советских времён, правда с поправкой на рыночные отношения.

Сейчас президент Путин с его консервативными имперскими амбициями продолжает ту же линию, на которой Россия стоит вот уже полтысячи лет независимо от того, вписывается то, что он делает в цивилизационный процесс развития человечества или нет. Поэтому современная Россия 2014 года всё больше и больше напоминает гибрид из Императорской России, Советского Союза и современной постиндустриальной страны. Руководство страны упорно не хочет идти путём реальных политических и экономических преобразований. Многое из того, что делается – это имитация преобразований. Причём вновь рождающиеся после 1991 года поколения наряду с современными экономическими и технологическими новшествами усваивают как имперскую амбициозную схему построения русского государства, так и консервативную русско-советскую ментальность.

Главным показателем цивилизованности народа и страны, эффективности деятельности правительства является цена или себестоимость достижений. Чем меньше усилий, человеческих и материальных затрат расходуют представители народа, страны на достижение научного, военного, производственного и культурного результата, тем они действует более экономично и эффективно. Успешность и цена достижений зависят от третьего фактора – организации или оптимальности использования потенциала народа. Чем лучше его используют, тем успешность выше и цена ниже. Установив в стране распределительный социализм, коммунисты использовали русский народ и природные ресурсы страны крайне неэффективно. Поэтому такую огромную цену народу пришлось заплатить за свои достижения (Индустриализацию, победу во Второй мировой войне, выход человека в космос). При естественном ходе событий всё это можно было сделать гораздо меньшей ценой. К сожалению, русские предпочитают учиться на своих ошибках, а не на чужих. Если положение не изменится, то к концу XXI века учиться уже будет некому.

Термин "русский" в книге употребляется не в этническом, а в цивилизационном аспекте. Всех людей, живущих в Российской Федерации, я отношу к русским независимо от их этнического происхождения.

Книга написана на основе данных, опубликованных в открытой печати для людей, желающих глубже понять психологическую природу современного русского человека, который во многом сохранил советские черты.

По сути это второе исправленное издание книги того же автора, вышедшей на русском языке в октябре 2013 года. Из неё исключены подробности, которые усложняют восприятие книги. Кроме того, в книгу добавлено краткое изложение её существенных положений на английском языке. Перевод выполнен автором. По сути получилась самостоятельная книга, предшествующая основной.

Хочу поблагодарить мою жену – Ларису, зятя – Максима Антипова, дочь – Екатерину и моего друга Джонатана Стрикленда за обсуждение рукописи и критические замечания.

Автор будет признателен за исправления и уточнения данных, изложенных в книге.

Глава 1

Централизация как основной фактор целостности России

1.1. Централизованное государство как основа русской власти

"Государство есть совокупность отдельно взятых чиновников, придающих личной выгоде статус общественных интересов."
(Из афоризмов на сайте: http://dosug.md/ru/jokes/)

Централизованная власть в России традиционно выступает как хранительница авторитарных традиций. Она поддерживает и цементирует государство, как единое целое. Государство и власть существуют и развиваются ради самих государства и власти, а не ради людей, которые в нём проживают.

Слово "государство" в русском языке происходит от древнерусского слова "государь" или "господарь". Так называли князя-правителя в древней Руси - владельца территории. Слово "господарь" в свою очередь происходит от слова "господь". [169, с. 446, 448] А "господь" - это уже владелец душ людей. Таким образом, всевластие первого человека в государстве имеет в русском языке глубокие этимологические корни.

Великое Княжество Московское было основано одним из потомков Рюрика Даниилом Александровичем в 1263 году и поначалу было ограничено бассейном реки Москвы (ок. 500 км в длину). С 1390 года княжество начало расширяться, в 1547 году при Иване Грозном стало царством, а в 1721 году при Петре Первом – Российской империей со столицей в Санкт-Петербурге. Площадь перед крахом русской абсолютной монархии в 1916 году была уже около 21,8 млн км^2, население, включая Финляндию, – 181,5 млн чел. Придя к власти в 1917 году, Ленин, несмотря на свои марксистские идеологические "завихрения", в конце концов создал похожую деспотическую империю, как и при царе, но только под другим названием – СССР. Новая империя объединила немалую часть территорий бывшей Российской империи. Сталин довел государственную систему до абсолютной тоталитарной бюрократической диктатуры – диктатуры одного человека-вождя над другими людьми-винтиками. Он ещё больше расширил империю, включив в ней восточноевропейские государства. И это неважно на какой идеологической основе эта государственная диктатура создавалась и упрочивалась – на основе монархизма или марксизма. Важно то, что она соответствовала духу и ментальности русского, а потом - советского народа. Русский народ всегда организовывался вокруг власти, а точнее вокруг одного человека (царя, генерального секретаря КПСС, президента). Иной тип поведения в России не приветствовался и не приживался.

Линию на сакрализацию роли государства и служение ему можно проследить в деятельности всех русских императоров, генеральных секретарей и президентов. И так уж получалось, что эта линия, эта идея рано или поздно становилась и народной идеей. Только этим можно объяснить жертвенное служение ей русского народа, готовность ради этой идеи отдавать свои жизни - какой бы маньяк, психопат или параноик не стоял у власти. Стоит человеку объявить себя вождём, спасителем отечества, национальным лидером или просто царём, как он уже начинает пользоваться если не любовью и обожанием, то по крайней мере преклонением и уважением своих подданных, и может бессчётно и безнаказанно уничтожать свой народ. И народ ему всё прощает. Главное лицо страны традиционно рассматривается народом не как человек, а как служитель идее государства, как целого.

Начиная с середины XIV века огромная татаро-монгольская империя, простиравшаяся от Тихого океана до Чёрного моря распалась на три больших части: Золотая Орда, Казанское и Крымское ханства и несколько частей помельче. На фоне этого развала Московское княжество резко усилилось и понемногу превратилось в самодержавное авторитарно-деспотическое государство восточного типа, управляемое из одного центра подобно упомянутым ханствам. Оно создавалось и усиливалось по восточному образцу, завоёвывая всё новые территории, вбирая в себя всё ценное с окраин, расширяя и усиливая московский центр.

С тех пор власть в России держалась на государевых псах (опричниках, чекистах), на штыках (казаках, полиции, армии) и на государевых лакеях, то есть людях во всём поддакивающих главному лицу страны и беспрекословно выполняющих его указания. И эта схема управления сохраняется до сих пор какими бы последними словами не ругали власть её оппозиционеры внутри страны и за рубежом. Роль русского народа в политике до сих пор ничтожна, что бы там не говорили о великом русском чудо-богатыре русские правители и верноподданные борзописцы.

Так уж получилось, что из-за непомерных амбиций и неадекватной оценки стратегической ситуации в своей стране и в мире, из-за стремления плыть по самодержавному течению, а не делать попыток менять ситуацию произвольно и к своей выгоде, русский царь и его правительство потеряли монархическую Россию. Они не захотели вовремя отступить, пожертвовать частью империи ради сохранения целого, хотели сохранить империю ничем не поступаясь. В результате из-за ложной установки на "всё или ничего" из-за их негибкости и непредусмотрительности расплачиваться пришлось их подданным. Собирали империю по частям уже большевики с помощью террора, огромной кровью и через жесточайшую диктатуру.

Многое из того, что было в царской России рано или поздно было восстановлено в Советском Союзе, хотя и под новыми названиями: советская бюрократия, как царская бюрократия, советский беспорядок, как русский беспорядок, советский репрессивный аппарат, как царский аппарат подавления инакомыслия, советская разобщённость, как русская разобщённость и даже советские враги и козлы отпущения, как царские враги и козлы отпущения. В чем же были различия? Да пожалуй, лишь в том, что коммунисты убрали бога из души, землю из пользования, фабрики и заводы из частного владения, а деньги из карманов у советских людей. Советский человек жил под лозунгом: "Голым ты пришёл в этот мир, голым и уйдёшь". Зато имперский лозунг: "Была бы страна родная, и нету других забот" остался и процветал в продолжение многих десятилетий.

Какие бы революции и перевороты в России не происходили – в результате всё равно получалось авторитарное централизованное государство. Сразу вспоминается анекдот советских времён: мол что не собирай в условиях СССР – швейную машинку или пылесос, всё равно получается автомат Калашникова. Этот переход к обществу всеобщего принуждения и насилия коммунисты и их последователи повторяли во всех странах, которые захватывали и в которых силовыми методами получали доминирующее военное и идейно-политическое влияние.

Советская система держалась на страхе людей за свою жизнь и на внедрённых в их сознание утопических представлениях о будущем счастье и благоденствии. В этом и состояла её коварная изощрённость. Ценой многих миллионов человеческих жизней коммунистам удалось запустить эту систему и сделать так, что их утопические идеи овладели массами. После начального толчка советская система стала работать сама по себе. Она стала воспроизводить себя в сознании людей – даже критически настроенных по отношению к советской власти.

Созданная коммунистами государственная административно-командная система распределительного социализма с трудом поддаётся изменениям, совершенствованию и переходу на другой качественно новый уровень. Китай, пожалуй, одна из немногих стран, где такой успешный переход от централизованных плановых к рыночным отношениям стал возможен. Административно-командная система неплохо работает в мобилизационном режиме, при захвате и удержании власти, при ведении войн, либо в режиме ручного управления посредством волевого лидера, без участия которого ни одно важное решение невозможно. Средства, которые поддерживают такой режим - репрессии, насилие над своим и другими покорёнными народами, когда роль каждого человека сводится к положению исполнителя в административно-государственном иерархическом механизме, а его личность нивелируется.

В середине 80-х годов Москва стала центром советского застоя, огромной бюрократической гирей, висевшей на кандалах у каторжника – СССР. Из-за огромного количества чиновников, которые никакой пользы не приносили, но боялись за свои привилегии, зарплаты, статус и пр., многие начинания в экономике и промышленности тормозились или настолько выхолащивались, что их проведение в жизнь вскоре после первых попыток становилось бессмысленным. С Москвы пошёл развал Советского Союза.

В 1920 году население Москвы составляло 1,028,200 человек, а на 1 января 2012 года уже 11,612,943 человек. То есть за 92 года население Москвы увеличилось в 11 с половиной раз. И это при том, что население России в нынешних границах за эти годы увеличилось всего в полтора раза. По количеству жителей Москва сравнима с другими мировыми мегаполисами, однако по функциям, значимость Москвы, как главного города России намного выше. Этот центральный федеральный город уже давно превратился в тормоз для развития остальной России из-за своей малой управленческой эффективности и огромных размеров России. Контраст между Москвой и остальной Россий особенно бросается в глаза на фоне разного уровня жизни в столице и в провинциальных городах. Недавно принят план расширения Москвы в два с половиной раза, что при существующей центростремительной схеме управления является непродуманным шагом для развития остальной России.

Традиции однопартийного директивного руководства настолько въелись в сознание народа, что Россия видимо ещё долго обречена быть страной одной доминирующей партии и одного лидера. Вертикаль власти по-путински – это единство воли. Не бог весть какая оригинальная идея, но на ограниченном отрезке времени она пока работает. По крайней мере страна ещё функционирует, хотя и в ручном режиме. Вертикаль власти – это вариант традиционной для России авторитарной модели управления. Один лидер находится в центре и всем управляет (даже если лихорадочно перемещается по всей стране и по зарубежью), другие ждут его указаний, советов, подачек и пр. На него замыкаются все назначения, решения и связи. Народу отводится роль просителя, статиста и исполнителя ценных указаний лидера.

1.2. Амбиции русских лидеров и территориальная экспансия

С самого начала создания Московского княжества и до настоящего времени отличительной особенностью российских князей, царей, императоров, генсеков и президентов является стремление к усилению своей личной власти, расширению территории и влияния на другие страны. Важность новых завоеваний и расширения империи обычно сопровождалась пропагандой величия страны и входила составной частью в русский имперский комплекс. Теории, которыми лидеры при этом руководствовались, не имели значения – монархическая, марксистская, или какая-то ещё.

В демократических странах амбиции лидеров умеряются системой сдержек и противовесов по крайней мере на верхних уровнях. В авторитарной России в условиях самодержавия или единоличного правления, амбиции не умеряются ничем, кроме психологической адекватности главного лидера и его ближайшего окружения.

Имперские амбиции лидеров Российской империи и Советского Союза время от времени приводили её к упадку, банкротству, краху, из которого страна выбиралась с большими потерями. Но у каждого нового поколения русских, советских лидеров амбиции просыпаются вновь и вновь.

Амбиции, завышенные притязания властителей всегда дорого стоили для народов, населяющих Россию. Те императоры, генеральные секретари, которые опирались на поддакивающих подданных и амбициозных недалёких генералов, на мифических зарубежных "друзей" и партнёров, как правило, свои партии проигрывали. Проигрывали вместе с народом.

Резкое ослабление и падение самодержавного монархического строя России началось с Первой мировой войны, когда страна вступила в неё из-за союзнических обязательств с Англией и Францией и из-за амбиций Николая Второго и его правительства. Война настолько ослабила власть в Российской империи, что она оказалась лёгкой добычей для международных авантюристов – социалистов-революционеров, анархистов, меньшевиков, большевиков и других. Для сохранения целостности страны, России, названной уже другим именем – Советский Союз, пришлось резко ужесточить деспотический характер правления, что и сделали большевики. Усилив деспотию, люди во власти сохранили амбиции.

Завышенные амбиции и самоуверенность проявляли военно-политические руководители СССР перед Второй мировой войной. Оценивая характер предстоящей войны, они уже чувствовали себя победителями. Победить-то удалось, но цена победы была запредельной - 13.5% населения было потеряно.

А какова была выгода для СССР от беспрерывной экспансии в Азии, Африке, Латинской Америке, от того, что он помогал в установлении просоциалистических режимов в Анголе, Эфиопии, Сомали, Мозамбике, от поддержки националистического режима Гамаль Абдель Насера в Египте, режима Фиделя Кастро? А зачем вводили войска в Афганистан? Только чтобы на СССР не нападали? Или чтобы утвердить правильность своего социалистического выбора? А может, чтобы потешить самолюбие, как представителя великой социалистической державы, доказать преимущества советского строя? Если у советского тоталитарного режима и была логика, то эта логика была не экономическая, а идеологическая, имперская, геополитическая, но только не направленная на благо простых людей.

В 1991 году Советский Союз проиграл в соревновании двух систем – социалистической и капиталистической, причём проиграл с разгромным счётом, с тяжёлыми экономическими последствиями для страны и для всего "социалистического лагеря". Можно сказать, что у власть предержащих всё полетело в тартарары. Всё, кроме амбиций! На первый взгляд поколение советских коммунистов-победителей официально ушло со своих командных постов. Ушло-то оно ушло, но не далеко. Помимо властолюбивого отступника – бывшего коммуниста Ельцина - во власти осталось много молодёжи, вступившей в Коммунистическую партию Советского Союза в 80-х годах из-за карьеры. Вместе с ними во власть вернулась психология победителей и связанные с ней амбиции, вернулись претензии России на особую роль в жизни мирового сообщества.

Как известно, большинство лидеров России, чиновников, представителей средств массовой информации, бизнесменов, которые пришли к власти после распада СССР были "перекрасившимися" коммунистами, у которых сохранились "остатки кодекса чести" (как называл это качество американский писатель О'Генри). Именно эти люди и говорили больше всего об унижении России в связи с распадом мировой социалистической системы и Советского Союза в 90-е годы, о "вставании с колен" в нулевые годы, пытались корректировать и героизировать советское прошлое путём очередного переписывания истории России и Советского Союза, представить это прошлое в виде звеньев одной цепи, совершенно забыв о том, что каждый следующий период дискредитировал и даже уничтожал завоевания предыдущего. На самом деле слишком неприятно признавать, что Россией по очереди правили обокравший страну, предатель отечества Ленин, затем уничтоживший миллионы соотечественников уголовник Сталин, и наконец, импульсивный и недалёкий волюнтарист Хрущёв, выживший во власти благодаря "гибкой спине", умению вовремя почуять, куда ветер дует и следовавший след в след за "гениальным вождём и учителем" Сталиным пока тот был жив. А гордиться чем-то хочется.

Ну не гордиться же, право, количеством колдобин на один километр дорог или количеством дураков на квадратный километр площади?

В 90-е – начале нулевых годов Россия в экономическом отношении едва "сводила концы с концами" и её руководство вело себя на международной арене очень тихо, даже незаметно. Ну строптиво, своенравно иногда себя поведёт, как в случае с Косово, когда НАТО проигнорировало мнение Ельцина и начало бомбить Сербию, а Ельцин послал спецназ, чтобы занять аэродром в городе Приштине.... Да и во внутренней военной политике Ельцин проигрывал одну партию за другой. Даже из маленькой Чечни ему пришлось вывести войска, фактически проиграв Первую чеченскую войну. Но в 2004 году российское руководство воспряло духом из-за высоких мировых цен на нефть. И первое, что у русских лидеров оживилось - это амбиции, претензии на статус великой державы. Освободившись, хотя и не до конца, от груза международной и союзной экономической помощи, Россия понемногу стала "вставать с колен", опираясь на "сырьевые ноги".

Представьте себе, как приятно считать ядерные заряды во взаимоотношениях с США, как это повышает самооценку, щекочет амбиции, льстит самолюбию. Ведь на таких встречах решаются судьбы мира, жизни людей на нашей маленькой планете. И от переговорщиков, руководителей бывшей сверхдержавы эти судьбы в немалой степени зависят. А что заложены основы этого могущества были одним из самых кровавых диктаторов в истории человечества, заложены безумной человеческой ценой и уничтожением части собственного народа, про это можно забыть. Важен сухой остаток. Это надувное, показное величие лидеров и губило Россию во все времена, не давало ей нормально развиваться, протягивать ножки по одёжке, а не носить одежду на вырост, да ещё носить до дыр.

Экспансия всегда была частью русского мироощущения, а её лидеры, да и простой народ всегда были заложниками своей огромной территории. Лиши русского человека ощущения огромных размеров своей страны и у него останутся пустопорожние разговоры за стаканом водки, агрессия и русская тоска от убогой забитой жизни, от каждодневного унижения при столкновении с реальностью – бюрократами, взятками, невыполнением обещаний и обязательств.

Будучи экспансионистом по природе, русский человек ощущает власть пространства над собой, но не умеет это пространство как следует организовать и использовать как для себя, так и для других. В последние сотни лет, не освоив как следует одну территорию, не ассимилировав как следует народ на ней проживающий, он тут же рвался на другую территорию, захватывать другой народ – причём неизвестно для чего. Эта ненасытная экспансия не умеряемая рациональными соображениями, его в конечном итоге и губила.

Русский философ Николай Бердяев как-то сказал: "Русская душа ушиблена ширью". [12, 63] Пространство задавило русскую душу, поработило её. Права личности традиционно подавлялись, смирение поощрялось. Русские пространства властвовали над русским человеком, а он над ними – нет. Неплодородность земли, ограниченность территории, недостаток природных ресурсов обычно заставляли другие нации (японцев, китайцев, западноевропейцев) думать о том, как получше распорядиться теми скромными запасами земли и природными ископаемыми, которые они имеют. Перед русским человеком такая задача никогда не стояла. У него всего этого было много, хотя принадлежало по большей части не ему. Для него территория его страны была всегда скорее мифом, чем реальностью, которую он может пощупать и грамотно использовать.

При всех амбициях своего руководства многие люди в провинциальной России сидят в своих нетопленных домах и квартирах без воды, газа, электричества. Сейчас Россия как мощная, самодостаточная страна существует в воображении нескольких высших чиновников в центре Москвы. Для остального населения государство – это мачеха, которая использует их, когда ей нужны работники или солдаты и игнорирует во всех остальных случаях.

Советская империя, скреплённая террором, военной силой и коммунистической идеологией строилась на неестественном для природы человека фундаменте, а поэтому с самого начала имела тенденцию к дезинтеграции. Но процессы распада не могли в полной мере проявиться в условиях террора и тотального военного принуждения. Только через 45 лет после Второй мировой войны эта империя экономически ослабла настолько, что стала разваливаться. И тут уж никакой марксизм не помог. Вначале из-за непродуманной экономической политики Горбачёва развалилась мировая система социализма и утратил силу Варшавский пакт, потом лидеры России, Украины и Белоруссии с подачи рвавшегося к власти Бориса Ельцина развалили Советский Союз. Остался самый большой кусок советской империи – Россия.

Мысль о распаде России кажется некоторым жителям, населяющим страну, кощунственной. Им кажется, что с разделением России на части русские потеряют свою национальную идентичность. И хотя эта идентичность существует только в их воображении, но фантомные ощущения огромной территории у людей ещё очень сильны. Однако, самое большое на что способны жители России, если утрата каких-то территорий всё же произойдёт без согласования с ними - это выругаться и напиться. Интеллигенция немного посудачит на кухне и в оппозиционных СМИ. А что дальше? Что бывает с камнем, брошенным в болото – пара кругов на затянутой ряской поверхности - и больше никаких следов. Забудут. И не такое забывали. Возможную утрату этих территорий скорее можно рассматривать, как пощёчину правящей верхушке полной пустых имперских амбиций, а не простым людям, которым по большому счёту всё равно.

Территории Сибири и Дальнего Востока практически необитаемы и занимают более 10 миллионов квадратных километров, а их население составляет менее 26 миллионов человек, – то есть около двух с половиной человек на квадратный километр. Причём многие из живущих там людей стремятся оттуда уехать из-за плохих условий жизни и отсутствия перспектив. Более того – десятки тысяч человек в год уезжают.

Теперешние лидеры России объясняют возрождение военно-промышленного комплекса, усиление армии и флота, централизацию и укрепление власти необходимостью сохранить и защитить огромную территорию. Для них это вопрос престижа. Возрастание собственной значимости в глазах как своего, так и других народов через сохранение завоёванных когда-то территорий, является в их понимании существенной частью их работы.

В XX веке стало ясно, что цена воссоздания российской империи методами советской экспансии была столь велика, что Россия на этом надорвалась и развалилась уже всерьёз и надолго в 1991 году. Попытки Владимира Путина реанимировать холодеющий имперский труп приводят только к новым тратам природных ресурсов России. И уже до конца XXI века даже самому упёртому имперскому фанатику будет ясна тщетность экспансионистских усилий московской централизованной власти. Люди хотят жить для себя, а не ради мифических имперских или гегемонистских целей своего амбициозного руководства. И так уже вместо полумиллиарда человек в огромной России проживает всего 143 миллиона - и те жмутся поближе к Москве.

Путин делает для России как хорошие, так и плохие вещи. К хорошим относится его стремление сделать переход к капитализму для большинства людей менее болезненным и справедливым, к плохим – то, что он своей вертикалью власти, своим запредельным московским бюрократическим аппаратом и своим доминированием над всем в России, давит здоровое начало в народе, сводит на нет все усилия инициативных людей сделать что-то полезное для себя и своей страны. Получается, что из-за страха перед тремя жуликами на сотню человек народа власти ограничивают инициативу остальных девяносто семи честных людей, из страха перед одним террористом, ограничивают свободу десятков тысяч простых граждан.

Нынешний консервативный просоветский курс Путина возвращает Россию к временам имперского государства, но не способствует постиндустриальному развитию страны. Как переходный период к более динамичному правлению его ещё можно было рассматривать до 2008 года. Но он не сумел сам это вовремя осознать и добровольно уйти с политической сцены. Не для того же он выстраивал подконтрольную ему вертикаль власти, чтобы её кому-то отдать насовсем. Тем самым он отбросил Россию во времена авторитарного ручного правления, а это известно, как для страны заканчивается. И он может миллион раз повторять, как он любит Россию и работает ради неё, как раб на галерах, но в долгосрочной перспективе его политика для России не имеет перспектив несмотря на высокий, подчас зашкаливающий рейтинг. Сильный и честно работающий лопатой землекоп тоже работает много, но любой самый захудалый бульдозер с ковшом оставит его далеко позади.

1.3. Почему демократия не приживается в России?

"Власть – это не танки, это не пулеметы, это не полиция. Это страх и пассивность. Власть там, где страх и пассивность. Там, где есть пассивность, там власть делает, что хочет".
Владимир Буковский, советский диссидент

Сама по себе свобода и демократия, спущенные сверху, "по приказу" дают людям немного. Нужно иметь культуру пользования этой свободой и возможность демократического выбора. Свобода и демократия вырастают изнутри каждого человека с помощью семьи и общества. Тогда эти вещи имеют возможность стать частью личности и устойчиво действующими силами в обществе. Без демократической атмосферы и воспитания (а лучше, если в течение нескольких поколений) возникновение и развитие демократического общества сильно затруднено.

Демократический уклад жизни устанавливается на основе признания уникальности, равноправия и ценности каждой человеческой личности, причём признания не только на уровне красиво составленной Конституции и хороших законов, а на уровне независимого поведения членов общества. Демократическая модель развития человека и общества, хотя и не является совершенной, но всё же она имеет больший потенциал развития, чем автократическая. Демократия в отличие от диктатуры предполагает большую неопределенность, нестабильность, конкуренцию и борьбу в общественной и экономической жизни.

Ещё одним следствием моноцентрического правления является ограничение свобод. Например, принятые в России ограничения на свободу волеизъявления людей, на свободу публикаций и телевизионных передач, на свободу проведения собраний, митингов. Вроде бы всё это можно делать в соответствии с Конституцией, но обставлено это такими законодательными барьерами и ограничениями, инструкциями, штрафами, административными согласованиями, что реализация своих конституционных прав для инициативных, добропорядочных людей, которые решили публично высказать своё мнение может быть чревата административными и даже уголовными преследованиями.

После того как Ельцин силой подавил и разогнал представительную ветвь власти (Верховный Совет Российской Федерации) в 1993 году, он установил президентскую республику с доминированием исполнительной власти над остальными ветвями. "Демократы", пришедшие во власть вместе с Ельциным, практически задаром раздали народные богатства небольшой кучке своих сторонников и тех, кто в это время был к ним приближен. Эти "избранные" со временем и стали новой русской элитой. После этого слово "демократия" стало в русском житейском обиходе бранным.

Недаром иногда на улице в современной России можно слышать слова: "Шли бы они со своей демократией куда подальше". Это типичная реакция обывателя на всякие призывы современных русских "демократов" и "либералов". Те политики, которые зовутся в России демократами, либерал-демократами и пр. таковыми по сути не являются. Они налепили на себя модный в конце 80-х – начале 90-х годов в СССР ярлык, но дальше этого дело не пошло. Сколько не вешай на крокодила табличку с надписью "кролик", он от этого кроликом не станет. Живущий в России народ быстро понял, что Ельцин и его команда вовсе не демократы, но было уже поздно. Его в очередной раз обманули.

Обман народа под прикрытием красивых лозунгов, когда исполнительная власть разогнала выбранных народом представителей в законодательный орган и установила авторитарную форму правления, случился в России уже во второй раз за три четверти века. Первый раз был в январе 1918 года, когда Ленин и Свердлов от имени Всероссийского центрального исполнительного комитета советов рабочих и крестьянских депутатов с помощью матросов-анархистов разогнали всенародно избранное Учредительное собрание, где им досталось всего 25% голосов. Потом, правда, в 1921 году Троцкий приказал Тухачевскому утопить в крови Кронштадтское восстание, объявив матросов-анархистов и матросов-эсеров Кронштадта вне закона, когда те вздумали напомнить большевистской власти о принципах построения вольного общества, ради которого они пошли на революцию на стороне Ленина. Однако, ни одно плохое дело, даже совершённое по глупости, не проходит безнаказанно. Около тысячи моряков были убиты при штурме Кронштадта, 2103 человека были расстреляны чекистами, 8 тысяч моряков ушли по льду в Финляндию, понимая, что их ожидает неминуемая смерть в случае, если они попадут в лапы к беспощадным большевикам. Многие из тех, кто поддержал Ельцина в 1989-91 годах, тоже вскоре об этом пожалели, как за 75 лет до этого пожалели кронштадтские моряки о том, что в 1917-18 годах поддержали большевиков. Но было уже поздно.

Современное демократическое государство основано на децентрализации властных полномочий, на максимально возможном выводе государства из экономической сферы и на делегировании властных полномочий сверху донизу. Всё, что может быть решено на более низком уровне компетенции, должно быть решено на этом уровне. Тогда у людей на каждом уровне есть возможность проявить себя на своём уровне в рамках закона и своих полномочий и оценить работу выбранных ими руководителей, которые им подотчетны.

В России отсутствуют демократические традиции управления обществом. И не потому, что они так сложны. А потому, что они предполагают равноправие перед законом, постоянную ответственность и активность людей снизу доверху. Авторитарное правление значительно проще. Люди в России, как правило, идут этим более лёгким путём – путём подчинения начальникам, лидерам, вождям. И тогда всё упирается в хорошего или плохого начальника. "Хороший" думает и решает за каждого нижестоящего "по уму" и, по справедливости. "Плохой" не входит в положение выше- и нижестоящих и работает только до тех пор, пока окончательно не дискредитирует себя.

О ещё большем сужении демократического поля в России от года к году говорит следующий факт. В странах с развитой демократией представление президентом кандидатуры судьи в верховный суд – это нормальная практика. А потом судьи из действующих выбирают верховного. Весной 2009 года, будучи президентом, Дмитрий Медведев предложил проводить через законодательные органы кандидатуру председателя Конституционного суда, но по представлению президента. В настоящее время Конституционный суд РФ состоит из 19 судей, назначаемых Советом Федерации по представлению президента. Это значит, что и так огромная всё подавляющая роль главы исполнительной власти ещё больше выросла. Ни о каком балансе исполнительной, законодательной и судебной властей уже давно речи не идёт. Президент через зависимых от него людей контролирует большую часть СМИ, назначение ведущих чиновников, исполнение планов и законов, бюджетное финансирование, принятие законов и может влиять на решение судов. И вот Россия в очередной раз вернулась к диктатуре исполнительной власти – пока сравнительно мягкой. Но её можно превратить в жёсткую одним движением пальцев. Хорошо оплачиваемые правоохранительные органы не раздумывая подчинятся приказу. Всё зависит от информированности, воли президента и того, с какой ноги он утром встал. Справедливости ради нужно сказать, что Владимир Путин контролирует себя значительно лучше, чем Борис Ельцин и даже Дмитрий Медведев, но ведь и самая безотказная машина рано или поздно даёт сбои.

Нужна ли современным русским демократия? Большинству, наверное – нет. Её ведь на бутерброд не намажешь и в рюмку не нальёшь. А связать напрямую работу независимых институтов власти – исполнительной, законодательной и судебной - с уровнем и с продолжительностью жизни населения, с цивилизованностью страны мало кто в России может и хочет сделать. Слишком уж это далёкие почти абстрактные категории. Многие из тех, кто живёт в провинции полагают, что те, кто в больших городах ругает президента Путина, просто "бесятся с жиру" или привередничают от пресыщения, требуют больше, чем им надо. Надо радоваться тому, что есть, а не огульно отрицать всё, что президент делает – считают они. Феномен ощипанной курицы, которая от холода жмётся к ногам хозяина, в России работает в более бедных и зависимых регионах России безотказно.

Социологические опросы, которые проводили сотрудники Левада-центра в 2011 году и 2012 году показали, что около 53% жителей России считают, что порядок в стране важнее демократии и около 42%, что порядок важнее соблюдения прав человека, а от 38% до 45% уверены, что стране нужна особая русская демократия, которая соответствует национальным традициям и особенностям развития страны. [139] Именно порядок в стране с учётом русской специфики и обеспечивает существующая власть, прикрываясь демократическими институтами и демократическими формулами по типу: "Это решит суд" или "Это в компетенции другого ведомства" или "Пусть Следственный комитет разбирается".

Заигрывания главных лиц государства с демократами и демократией, которыми развлекались все российские лидеры на первых этапах укрепления своей власти, очень быстро заканчивались взаимным непониманием, серьёзным охлаждением отношений власти и оппозиции и, в конце концов, – законодательными ужесточениями в отношении к демократам и оппозиции. А дело всё в том, что стереотипы и ожидания у тех и других остаются теми же самыми, как до шагов по либерализации власти, с одной стороны, и усилению вседозволенности у оппозиции, с другой. В России и власть и оппозиция ведут себя чрезвычайно негибко и не имеют политической культуры компромисса. Позиция, выраженная в максиме: "или мы вас – или вы нас" преобладает над всеми другими. Допущение конкуренции между равноправными людьми независимо от их должностного статуса в восточнославянской культуре отсутствует.

1.4. Имитация демократии и активной политической жизни в России

"Не надо бороться за чистоту - надо подметать"
Илья Ильф, писатель

До сих пор власти в России слепо копировали форму управления, принятую в демократических странах, имитировали демократические организации и процедуры без реальной ментальной основы у населения. Теперешние руководители в России понятия не имеют, что такое реальное, а не бумажное народовластие. Демократические институты и механизмы понимаются ими формально - положено иметь суды и парламенты разного уровня - пожалуйста, в России они есть. А то, что эти органы власти не выполняют свою демократическую функцию - быть противовесом исполнительной власти - до этого ни власти, ни большинству людей в России дела нет. В результате все эти институты оказываются встроенными в вертикаль исполнительной власти. А народ настолько не искушён в вопросах демократии и того, как она должна работать, что ему нет дела до того, насколько правильно и грамотно эти институты выполняют свои функции - лишь бы власть обеспечивала им сносный уровень жизни.

Поскольку у исполнительной власти в России фактически нет противовесов, то работают только взаимные обязательства между чиновниками. В силу вертикального характера власти, обратная связь на всех уровнях (кроме президентского уровня) слаба. Поэтому эффективность работы такой вертикальной системы зависит не столько от законов (какими бы хорошими они не были), а от личности каждого чиновника и от личных договорённостей между ними. Российское общество, государственный механизм находятся на очень низкой ступени самоорганизации и динамичность его реагирования при резких изменениях и сильных возмущениях невысока. В любом случае всё управление идёт через Москву, через Кремль.

Комментируя политическое устройство России, журналист и телеведущий Владимир Соловьёв отмечает, что "демократия в России - это тонкий слой позолоты, потому что демократию в России никто никогда не завоёвывал, ее нам подарили. А знаете, что происходит, когда детям дают игрушку? Очень быстро куклам отдирают ручки-ножки и сдирают платье. Очень быстро ломаются машинки. То, что достаётся бесплатно, не ценится. Нельзя подарить демократию народу. Народ должен демократию выстрадать. А наш народ достоин той участи, которую он себе выбрал. Вот такая печаль!" [153, с.5]

В пользу того, что сознание большинства людей в России не перестроилось на демократические рельсы свидетельствует и тот факт, что современное практически авторитарное правление воспринимается большинством населения, как норма, а не как отклонение от неё. В начале нулевых годов с лёгкой руки заместителя главы президентской администрации Владислава Суркова эту форму правления стали называть "суверенной демократией", хотя правильнее было бы её назвать "имитационной демократией".

Владимир Путин, назначенный Ельциным премьер-министром в 1999 году, в течение своего первого срока (к 2004 году) фактически привёл Россию к единоличному ручному президентскому правлению, а к 2012 году Россия во многом стала напоминать застойный Советский Союз эпохи Брежнева, но с поправкой на частную собственность, с ориентацией исполнительной власти на левый электорат, с подконтрольными Путину олигархами, с подконтрольными ветвями власти (законодательной и судебной) и с финансовым контролем исполнительной власти над большей частью СМИ.

Когда Владимир Путин в интервью с Ларри Кингом сказал, что Россия управляется народом: "Наша страна управляется народом Российской Федерации через законно избранные органы власти и управления: через представительные – парламент - и через исполнительные – президент и правительство Российской Федерации" и далее: Наша демократия - "это суверенный выбор русского народа" [123], он, видимо, сравнивал нынешнее сравнительно либеральное положение дел в России с поздними советскими временами, на которые пришлись его детство, юность и молодость, когда он был простым ленинградским мальчишкой. Если бы он сказал: "Наша система управления политикой и экономикой в России соответствует ментальности нашего народа" - это бы в большой мере соответствовало действительности. Сам Путин на роль русского самодержца подходит хорошо, но к демократии установленная им форма правления имеет весьма малое отношение.

Как можно говорить о свободном выборе русского народа, когда на федеральных телеэкранах и на политическом небосклоне России присутствует только одна главная и одна вспомогательная "звезда" - он и Медведев. Остальные представлены в таких небольших дозах, что шансов на то, чтобы выиграть в президентской гонке и набрать число голосов достаточное для того, чтобы составить конкуренцию этим главным персонажам у них нет. Сейчас в 2013 году сама система власти в России выстроена под одного персонажа. Остальные хорошо знают свои места и вызубрили свои роли. А когда "слова" забывают, им об этом вначале тактично, ненавязчиво, телефонным звонком, а потом (для самых непонятливых) "в лоб" напоминают обслуживающие властную вертикаль люди. Ведь все рычаги управления и государственные финансы - сосредоточены в тех же самых руках – руках людей, составляющих костяк вертикальной власти и подчиняющихся одному человеку.

Нынешнюю многопартийную систему в России лишь с большой натяжкой можно назвать реально многопартийной. Политическая система современной России во многом воспроизвела систему Советского Союза. Она состоит из централизованной вертикали власти и пассивного разобщённого населения, целиком зависящего от планов и указаний нескольких людей во власти. Она предполагает наличие одной главной партии - "Единая Россия", напоминающей сильно ослабленную КПСС. Эта партия не допускает почти никакой инициативы снизу кроме строго предписанной и разрешённой наверху. "Единая Россия" это вульгарное приложение к президенту и премьеру, утверждающая указы и распоряжения исполнительной власти. "Как Путин скажет, так и будет", "Парламент - не место для дискуссий", говаривал бывший председатель партии "Единая Россия" – Борис Грызлов.

Остальные политические партии в современной России – это сплошная фикция, имитация партий, существующих в демократических странах. Кроме фактически исчерпавшей себя как политическая сила ещё в 1991 году партии коммунистов, наследницей которой является КПРФ, остальные партии с момента создания не имеют чётко выраженной идеологической и политической платформы. Это просто группировки людей, с оговорками поддерживающие исполнительную власть насколько хватает интеллекта, громкости голоса и харизмы. Кандидат в мэры Москвы Алексей Навальный без государственного финансирования, с четырьмя навешанными на него липовыми уголовными делами один набрал в полтора раза больше голосов, чем все так называемые оппозиционные партии вместе взятые. И всё потому, что он стал прямо разговаривать с простым народом, а представители других партий так и остались кабинетными говорунами.

О деятельности Верхней палаты парламента – Совете Федерации вообще почти никогда ничего не слышно. Надёжная соратница и член всё той же партии "Единая Россия", Председатель Верхней палаты (Совета Федерации), Валентина Матвиенко, бывшая коммунистка и бывший губернатор Санкт-Петербурга, по сути занимается утверждением нужных исполнительной власти решений – своим мнением там и не пахнет, разве что в сторону усиления, ужесточения политической линии президента. Большинство законов утверждаются быстро, почти без дискуссий и абсолютным большинством голосов.

Про независимость российских судов от исполнительной власти вообще разговора нет. Суды Российской Федерации никогда не ставили под сомнение правильность действий высших чинов исполнительной власти, что бы те не предлагали – поправки к президентской Конституции 1993 года в виде отмены или восстановления губернаторских выборов, или увеличения срока президентского правления с 4 до 6 лет, отмену или введение графы "Против всех" в бюллетени для голосования. Решения судей напрямую зависят от установок, задаваемых ей председателем суда и исполнительной властью. Никакой независимостью судей и не пахнет. Многие решения по значимым резонансным делам решаются по звонку сверху, а часто и звонка не надо, судьи - народ понятливый и чутко улавливают направление ветра. Вариации судебного решения могут зависеть только от того, кто позвонит первым. В 90-е годы среди судейских был популярен такой анекдот: Судья советуется с коллегой: "Истец дал 30 тысяч долларов за решение в его пользу, ответчик – тридцать пять, что посоветуешь делать?" Коллега: "Верни пять тысяч ответчику и суди по закону."

Какой смысл изображать демократию в таких условиях? Тем не менее в России её изображают как для внутреннего, так и для внешнего потребителя. И находятся наивные люди, которые верят в её существование, видимо сравнивая современные "вольные нравы" с эпохой Ивана Грозного или Сталина. При этом забывают, что при демократии: 1) все равны перед законом – и президент и бомж и само государство в лице своих служащих и 2) существует реальная, а не фиктивная конкуренция и объективное оценивание людей и организаций независимыми экспертами. В этом залог нормального, а не фиктивного развития общества. А теперь попробуй скажи о применении этих двух принципов в России первому встречному на улице человеку – он же покрутит пальцем около виска: "ты что забыл, в какой стране живёшь?"

Нынешний лидер России – Владимир Путин, судя по его высказываниям и поведению, видимо полагает, что русский народ до реальной демократии не дозрел. Он идёт по стандартному пути советских генеральных секретарей КПСС и ориентируется на левый, зависимый от государства, а поэтому очень уязвимый и послушный провинциальный электорат. Эта стандартная для России политика, состоящая в том, чтобы держать в повиновении и под своим контролем всю страну и сохранять её целостность. Путь традиционный, хотя и малоперспективный. Он работает при сильном лидере и благоприятной мировой экономической конъюнктуре (в случае России - ценах на энергоносители).

Перед выборной кампанией 2008 года президент Путин как-то сказал что-то вроде следующего, что я мол рекомендую Дмитрия Медведева, в качестве следующего главы государства после меня. Он будет сильным президентом. Можете мне поверить, я плохо не посоветую. И действительно, рекомендуемый Путиным человек оказался вполне приличным, умно себя держит и хорошо выглядит. Однако, тем самым рекомендующий человек поддержал дурную российскую традицию назначения преемника. Эта традиция и так имеет слишком глубокие корни в русском народе. Всё остальное за кандидата доделало законодательство, окружение и пиар. Кто владеет исполнительной властью и СМИ в России, тот и заказывает музыку на политической сцене.

Обосновывая очередные политические ходы, Путин, как правило, ссылается на зарубежный опыт то одной, то другой страны (Франции, США), в которых якобы подобные же нормы, штрафы, сроки пребывания у власти и т.п. приняты и давно действуют. А про то он не говорит, что в других странах демократия работает уже сотни лет, а в России ни демократических традиций, ни свободного волеизъявления никогда не было. А кроме того, если в упомянутых странах подобные нормы и действуют, то после решения независимых судов, а не так, как в России, где всех инакомыслящих и оппозиционеров "стригут под одну гребёнку", а послушные судьи просто утверждают принятые наверху решения.

Первый перелом в сознании русских людей, у которых осталось чувство собственного достоинства произошёл в сентябре 2011 года. В течение 11 лет правления Владимира Путина и его ставленника Дмитрия Медведева разрешённых демократических свобод в России становилось всё меньше, а ручного централизованного управления всё больше. Ещё в 2009 году Владимир Путин заявил, что в 2012 году они подумают с Дмитрием Анатольевичем, кто будет баллотироваться в президенты России на следующий срок. 24 сентября 2011 года за полгода до выборов в Думу на съезде "Единой России" они обнародовали своё решение, состоящее в том, что Медведев добровольно вернёт верховную власть Путину, а тот назначит его своим премьер-министром. Причём обнародовали они это решение неожиданно, не поставив в известность заранее даже членов собственной партии – "Единая Россия".

В 2008 году более 50 миллионов человек проголосовали за Дмитрия Медведева, как за президента. Поэтому они оба обязаны были объяснить этим людям, почему они проводят обратную рокировку. Разве Медведев плохо справлялся со своими обязанностями? Если – плохо, тогда зачем назначать его на пост премьер-министра в 2012 году? А если – хорошо, то зачем его менять? Но объяснять что-то своему народу, унижаться перед ним, публично показывать свою "слабость" - это не для таких "богом избранных" людей, каким без сомнения считают себя эти двое. Кстати, аналогичный случай в русской истории был лишь однажды в 1575-1576 годах, когда первый царь всея Руси Иоанн IV Васильевич (прозвище Иван Грозный) номинально назначил "великим князем всея Руси" малоизвестного боярина Симеона Бекбулатовича. Но это было за 433 года до 2008 года, когда никаких конституций не существовало, а законы устанавливал сам царь так, как его левой ноге угодно. И вот Россия вернулась в средневековье. Вернее, вернули её туда Ленин со Сталиным, а Путин с Медведевым всего лишь их верные ученики, закончившие юридический факультет Ленинградского университета. Полвека цивилизации – "коту под хвост". И после этого кандидат юридических наук Дмитрий Медведев ещё разглагольствует о правовом нигилизме русского народа!

Самое скверное, что народ в России запросто "проглотит" ещё одну рокировку подобного рода с участием тех же персонажей. Есть такой анекдот: "2024 год. Путин чешет в затылке и спрашивает у Медведева. Я что-то запамятовал, чья очередь быть президентом?"

Впрочем, негативные последствия от обратной рокировки у людей в России всё же проявились, правда в неявной форме. Всё-таки восстать против "царя" – на это за последние полтысячи лет в России мало кто решался. С назначением преемников народ мирился, как с неизбежным злом, но тут, когда ему публично показали, где находится его место и какую роль в русском политическом театре он должен играть, это было уже слишком. В нормальной демократической стране народ бы вообще не вышел на работу. Страна бы встала. Ни полиция, ни армия не стала бы защищать такого президента. А в России не произошло ничего. По крайней мере в первый месяц.

Первыми от дурмана "богоданности" и "сакральности" верховной власти очнулись большие города – Москва и Санкт-Петербург. Количество таких очнувшихся убывало в геометрической прогрессии по мере движения на восток и по мере уменьшения численности населённых пунктов. Публичные протесты в соответствие с фрейдовским механизмом бессознательного переноса ранее пережитых чувств и отношений, с одного лица на другое, были направлена не против "царя", а против подтасовок при голосовании в Государственную Думу (как будто люди этого раньше не видели?)

Россия стала постепенно просыпаться от политической спячки. Настроение народа сразу почувствовали наиболее гибкие московские политики. Если раньше протесты и критика властей и лично Владимира Путина и Дмитрия Медведева были уделом нескольких либеральных вольнодумцев на радиостанции "Эхо Москвы", в Интернете или за рубежом, то после 24 сентября народное недовольство стало перерастать в активный протест. В декабре 2011 года появились первые признаки созревающего общественного гражданского сознания в основном в Москве и нескольких других крупных городах в виде многотысячных демонстраций. Медведев и его окружение своевременно отреагировали на протесты и в декабре того же года направили в Думу несколько законопроектов, по демократизации политической жизни в стране. Тем самым они частично нейтрализовали общественный протест.

Путин, почувствовав, что дело с протестами зашло слишком далеко, стал "закручивать гайки", правда только после официального возвращения на должность президента России в мае 2012 года и своей инаугурации. С его подачи были ограничены права митингующих, за нарушения общественного порядка введены штрафы несоизмеримые с зарплатами, взяты на контроль организации, хотя бы частично финансируемые из-за рубежа и занимающиеся политикой, возбуждено несколько уголовных дел по фактам массовых беспорядков во время протестной демонстрации 6 мая 2012 года в Москве ("Болотное" дело), приняты другие ограничивающие спонтанную активность граждан меры. И как видно сейчас, то есть в феврале 2014 года, эти меры привели к нужным для власти результатам – протесты стихли, русский народ опять "загнали в стойло", где он привык стоять с рождения, ожидая когда его покормят и подоят, а если взбрыкнёт, то дадут пинка сапогом в зад.

Судя по опросам общественного мнения Путин всё ещё самый популярный политик в России (две третьих населения устойчиво отдают ему предпочтение все последние годы). Ещё более высокий процент популярности и доверия по данным ВЦИОМа был у него в марте 2014 года после аннексии Крыма (71.6%). Но голосование в условиях авторитарной системы и при том, что большая часть избирателей сами бывшие советские люди и сильно зависят от государства, не слишком показательно. В демократической стране рейтинги главных лиц государства отражают мнение народа потому что у избирателя всегда есть альтернативы и есть разная - как позитивная, так и негативная информация из разных источников об этих главных лицах. Там человек в отличие от авторитарных режимов может выбирать. А когда вся пропагандистская машина государства работает на одного человека, то цифры его популярности весьма условны.

Кстати в Брежневские времена, когда согласно программным документам ЦК КПСС акцент с ведущей роли государства в жизни общества формально был передвинут на простого человека, в народе ходил анекдот, высмеивающий показное равноправие людей в СССР: "В эпоху развитого социализма всё внимание в нашей стране направлено на ЧЕЛОВЕКА .... И все знают на какого".

Ключевым понятием бюрократического стиля работы в России является понятие "имитация". Имитация активной деятельности происходит в виде "потёмкинских деревень" или "втирания очков" верховным представителям исполнительной власти и попутно народу. Демонстрация лояльности происходит в виде показной личной преданности пока от этого зависит карьерный рост и финансовое благополучие чиновника-законодателя или чиновника-судьи, увлечение формой работы в ущерб содержанию (вроде все сильно заняты, а результат ничтожный).

Первые лица русского государства действительно работают много. График у них насыщенный. Как впрочем и большинство первых лиц любого цивилизованного государства. Однако структура деятельности тех и других различна. В России значительную долю времени у президента и премьера занимает процесс целеполагания ("нашей задачей на ближайшую перспективу является …") и процесс ручного управления (уборка труб с проезжей части), чем первые лица государства заниматься не должны. А передать, делегировать эти полномочия на более низкий уровень они либо сами не хотят, либо им это не дают сделать приближённые. Мол, от вас всё зависит, вам решать. Это не значит, что остальные вообще ничего не делают, но в любом случае работа, выполненная без одобрения вышестоящего начальника в любой момент может быть остановлена или ограничена. Поэтому спокойнее для карьеры часть работы имитировать "впредь до особого распоряжения" босса. Одним из главных показателей работы практически любого высокопоставленного российского чиновника является работа в режиме "безостановочного совещания" - либо он участвует в совещании, либо он проводит совещание - и так львиная доля времени. Что это как не имитация работы?

По данным Росстата за время путинского правления число чиновников увеличилось в два раза. [89] Огромные деньги тратятся на армию чиновников, включая самых главных. Например, только для охраны и обслуживания главного лица государства (резиденции, самолёты, автомашины, советники, аналитики, спичрайтеры, охрана, другие сопровождающие лица) официально тратится 6.5 миллиардов рублей в год (более 200 млн. долларов). [147] Про полицию, которая перекрывает дороги по пути следования президентского кортежа, про деньги, которые идут на создание "потёмкинских деревень" уже и речи нет. Много обслуживающего персонала и у других верховных чиновников и их семей. Если премьер-министра Швеции, Норвегии или Финляндии можно встретить в публичной библиотеке, где они, как рядовые граждане заказывают и читают книги, стоят в очереди в магазинах, то для России эта ситуация просто нереальная. Чиновники рангом пониже имеют меньшие возможности, чем главные, но расходов на их содержание в сумме тоже набирается порядочно. А польза от большинства из них весьма сомнительна. Если в 90-е годы, несмотря на большие риски, молодежь шла в бизнес, то сейчас она идёт в чиновники.

"В СССР политический класс (номенклатура плюс военные всех типов) составлял 0,1% от численности населения (примерно 400 тыс. человек при численности населения примерно 300 млн человек)", - напомнила в своём интервью в беседе с корреспондентом интернет-издания "gazeta.ru" директор Института прикладной политики политолог Ольга Крыштановская, сославшись на данные 1981 года. Между тем в России в 2000 году политический класс составлял уже 0,8% населения (1,2 млн при численности населения 145 млн человек). К 2009 году, по ее словам, страна подошла с ошеломляющими результатами: политический класс перевалил за 3 млн, а численность населения уменьшилась. "То есть сейчас это более 2% населения. Это называется "перегрузкой" общества. Возможно, это одна из причин проблем в экономике: есть предел расходов на обслуживание самого государства", - заключила она. (Цит. по [89])

Неоправданно раздутая бюрократия тормозит все начинания, изображая свою нужность и страшную занятость. Из-за неё чтобы внедрить что-то в бизнесе или лично для себя нужно приложить огромные усилия по преодолению бюрократических барьеров. Ежегодно в России оформляется более полумиллиарда разных документов. Многие документы просто не нужны. Получить документ – значит отстоять в очереди. А это напрасно проведённые часы, дни, годы. В сентябре 2011 года зашла речь о том, что чиновники сами будут отвечать за оформление необходимых бумаг и о создании электронного правительства по типу эстонского. Но это когда ещё будет? Да и неизвестно дадут ли бюрократы этому новшеству внедриться в полной мере. Ведь ненужность подавляющего большинства из них сразу станет очевидной.

Судя по словам бывшего депутата Государственной Думы от фракции "Единая Россия" Любови Слиски в Думе серьёзно работает над законами только одна треть депутатов. Это около 150 из 450 депутатов. Остальные, просто имеют депутатский мандат, обеспечивающий неприкосновенность от уголовного преследования, получают неплохую зарплату, защищают липовые кандидатские и докторские диссертации и вообще имитируют законотворческую деятельность. [145] Между тем втихаря занимаются своими делами или обеспечивают защиту ("крышу") подконтрольному бизнесу.

В последние 20 лет в России наблюдается имитация научной деятельности в виде погони чиновников, депутатов и просто тщеславных людей за научными степенями. Практика эта приобрела потрясающие масштабы. Каждый научный работник знает, что делать диссертацию (кандидатскую или докторскую) - это большой труд, требующий придумывания экспериментов, их проведения, статистической обработки результатов, их изложения, обсуждения с коллегами, чтения научной литературы в том числе на иностранных языках, многочасового сидения в библиотеках, писания статей, книг, участия в конференциях и так далее и тому подобное. Это большой труд, требующий солидного куска жизни. Вместо этого чиновники или богатые люди в России диссертации себе просто покупают, нанимая научных подёнщиков, протаскивают диссертации через знакомых научных чиновников в обмен на услуги (государственные дотации или другие послабления, государственные награды и пр.). Плагиат – это лишь часть проблемы фальшивых диссертаций. Как результат подобной "научной" деятельности произошло снижение общего уровня науки в России и образования вообще. Сейчас ни одно высшее учебное заведение России (исключая Московский университет, занявший 120 место в 2013 году) по версии британской компании QS не входит даже в 200 лучших университетов мира. [34]

Глава 2

Цена жизни в России в первой половине XX века

> В случае, если что-то надо сделать во что бы то ни стало, американцы говорят: "Сделай или умри", а русские: "Умри, но сделай". Таким образом, у русских даже смерть не является уважительной причиной.
> (Из русских каламбуров)

Если смотреть на историю России в XX веке из нынешнего XXI века, то всё, что с ней произошло за последние 100 лет является следствием Первой мировой войны. Даже побеждая в военных баталиях, как случилось во Второй мировой войне, даже расширяя свою территорию и усиливая политическое влияние в мире, советская Россия в конце концов проигрывала в духовном, нравственном плане и, рано или поздно, теряла людей, продавала природные ресурсы, отдавала с такой кровью завоёванные территории.

2.1. Цена жизни при императоре Николае II и Первая мировая война

Поражает непродуманность, если хотите легкомысленное отношение царя Николая II и его окружения к происходившему на границах России в XIX - начале XX века. Как будто они играли в "деревянные солдатики". В частности, перед Русско-Японской войной вместо того, чтобы удерживать те территории, которыми он владел и навести порядок в своей огромной империи, царь думал о новых захватах и присоединениях (стремление к дальнейшей экспансии России на Юго-Востоке (Корея), основание морской базы в Порт-Артуре, возрастание влияния России в Манчжурии, усиление русского контингента в Персии в 1911 году, усиление влияния России на Кавказе, о влиянии на Балканах). Ведь расширять территорию военным путём легче, чем заниматься собственным населением, повышать его культурный уровень, грамотность, развивать экономическую базу для промышленности и сельского хозяйства, совершенствовать политическую систему.

Империалистические войны России в начале XX века носили преимущественно экспансионистский, захватнический характер. Во время Русско-Японской войны почти все сухопутные сражения японцы выигрывали у русских правда с небольшим преимуществом. Все морские сражения против Японии Россия проиграла вчистую, потеряв весь Тихоокеанский, а заодно и часть Балтийского флота. Самыми чувствительными поражениями русских было сухопутное сражение при Мукдене в феврале 1905 и Цусимское морское сражение против Балтийской русской эскадры в мае 1905 года.

Общие безвозвратные потери в этой войне со стороны Японии составили 86 тысяч человек, а со стороны России: 52 с половиной тысячи человек. По условиям мирного договора, заключённого при посредничестве президента Теодора Рузвельта в Портсмуте (США) 23 августа 1905 года, Россия уступила Японии свои арендные права на Ляодунский полуостров и Южно-Маньчжурскую железную дорогу, соединявшую Порт-Артур с Китайско-Восточной железной дорогой и южную часть Сахалина, а также признала Корею японской зоной влияния. Мало того, что Россия проиграла Русско-Японскую войну, но и получила революцию 1905 года.

Для Николая II и верхушки русского общества поражение в этой войне было не только военно-морским поражением, но и большим ударом по самолюбию и амбициям. Война показала существенное отставание России от Японии по вооружениям. После её окончания были сделаны необходимые выводы и правительство России пошла более рациональным путём экономического перевооружения и обновления экономики, повышения грамотности населения. Поэтому Россия подошла к Первой мировой войне гораздо более подготовленной в техническом и военном отношении, чем за 9 лет до этого. И хотя техническое перевооружение русской армии к началу войны ещё не было завершено, но финансовые вливания в экономику страны оказались настолько мощными, что уже к 1916 году промышленность России полностью обеспечивала потребности фронта в вооружениях.

Первая мировая война была совершенно не нужна России ни с какой стороны. И тем не менее она в неё ввязалась. При этом политически и стратегически царь и его правительство вели себя также непредусмотрительно, как и раньше перед Русско-японской войной. За эту недальновидность пришлось расплачиваться не только им самим и кадровой русской армии, но и всему народу.

Исходная численность русской армии после начальной мобилизации 1914 года достигала 5,338,000 человек. Но из-за нерационального расходования верховным командованием людских ресурсов она потеряла большую часть офицерского состава в первый год войны.

В двухтомном издании "История России XX век: 1894-1939", выпущенном под редакцией профессора А.Б. Зубова, даётся характеристика нерациональной русской манеры ведения боевых действий во время Первой мировой войны. "Русский стиль боя предполагал лихость и личное мужество. Офицеры не были обучены щадить ни самих себя, ни своих солдат. Рукопашной схватке, лобовой кавалерийской атаке генералы отдавали предпочтение перед тщательно спланированными в штабах операциями. В результате потери русской армии были весьма велики, и к 1916 году, к удивлению всего мира, Россия практически исчерпала свои ресурсы в обученной живой силе." [62, с. 298]

Историк Кирилл Александров пишет, что армейские потери "очевидно, были лучшие в обществе, это была лучшая часть крестьянства, в пехоте, в казачестве, и лучшая часть, конечно, в офицерстве. Потому что кадровое офицерство было выбито очень быстро, уже в 1915-м году пошла молодежь с общим гуманитарно-техническим образованием. Офицерский корпус потерял 90 тысяч человек убитыми и ранеными за три года войны. А было 40 тысяч к началу 1914-го года, то есть сменилось почти два состава." [64]

В 1915 году по просьбе французских союзников две русские армии вторглись в Восточную Пруссию, заставив немцев перебросить значительную часть войск на восточный фронт, и, сорвав планы немецкого генштаба по молниеносному разгрому Франции. При этом Россия потеряла около четверти миллиона солдат. В ответ на соболезнования французского генерала по поводу этих потерь Верховный Главнокомандующий сухопутными и морскими силами Российской Империи великий князь Николай Романов младший, ответил, что мол мы рады принести эти жертвы на алтарь общей победы. Для князя эти жертвы были не конкретными людьми, а принесёнными в жертву общей победе солдатами.

Перед первой мировой войной 38% всех поступавших в русскую армию новобранцев были неграмотны. Неграмотные солдаты не ориентировались по карте, плохо овладевали новой техникой, были неинициативны. Вновь мобилизованных солдат учили грамоте, но этого было недостаточно. В Германской армии неграмотных почти не было. Кроме того, "в отличие от стран Европы, в России почти не проводились занятий с резервистами ... и они быстро теряли квалификацию, полученную за годы строевой службы." [62, с.297]

Поражает отношение русского генерального штаба к собственным раненым и больным военнопленным. Историк В. А. Карелин в статье "Проблема интернирования русских военнопленных Первой мировой войны" пишет, что в отличие от Великобритании, Франции и других стран Антанты, а также Германии и Австро-Венгрии, участвовавших в Первой мировой войне, чиновники русского генерального штаба отказались обмениваться ранеными и больными солдатами, и офицерами, находившимися в плену через посредничество нейтральной организации Красного Креста. Этим чиновникам было важнее помешать возвращению вражеских солдат и офицеров в действующую немецкую и австрийскую армии, а не уберечь своих военнопленных, находившихся в плену от последствий ранений, болезней и других случайностей плена и тем самым сохранить им жизни. Пленные русские солдаты и офицеры "списывались" до окончания войны, как израсходованный человеческий материал. Военные "бюрократы полагали нахождение большого количества русских солдат и офицеров во вражеском плену полезным, поскольку оно обременяло противника, находившегося в тисках экономической блокады Антанты, и усугубляло его продовольственные проблемы." [69, с. 2]

Абсолютная монархия и авторитарное правление плохи тем, что главное лицо в стране отвечает за всё. В начале Первой мировой войны император Николай Второй взялся за командование русскими войсками. Этим он подточил свою репутацию непогрешимого божьего помазанника. Ещё одним неразумным шагом правительства было объявление сухого закона накануне войны, поскольку алкоголь в России обеспечивал значительную долю поступлений в государственную казну.

В конце 1916 – начале 1917 годов ситуация в России стала взрывоопасной. Создаётся впечатление, что император этого не чувствовал. Затянувшаяся мировая война, неудачи на фронтах, призыв в армию неблагонадёжных солдат, организованные социал-демократами перебои с хлебом в Петрограде, а главное неоправданная бережливость царского правительства из экономии разместившего многие десятки тысяч вновь призванных новобранцев из вчерашних крестьян в столичных казармах для обучения и перед отправкой их на фронт стали причиной революционной ситуации в столице. Для сохранения монархии императору нужно было либо срочно снимать верные части с фронта, чтобы предотвратить мятеж в Петрограде, либо заключить мир с немецким императором Вильгельмом. Но и то, и другое следовало делать ещё в 1916 году, когда Вильгельм был готов к сепаратному миру, а не ползать самому по окопам для поднятия воинского духа солдат русской армии. В конце февраля 1917 года сохранить монархию было значительно сложнее. Для этого нужен был царь с характером Петра Первого.

23 февраля 1917 года под влиянием социал-демократов (преимущественно меньшевиков во главе с Николаем Чхеидзе и социалистов-революционеров) в Петрограде началась рабочая забастовка, которая к 27 февраля переросла во всеобщую забастовку. Солдаты петроградского гарнизона, находившиеся под влиянием социалистов-революционеров и социал-демократов, спровоцировали других солдат, которые не желали воевать, присоединиться к рабочим. В тот же день их лидеры организовали Петроградский Совет рабочих и солдатских депутатов. Причём этот Совет не хотел брать на себя ответственность за ведение или прекращение войны. Он хотел свергнуть монархию, установить демократические порядки в стране и ни за что при этом в России не отвечать.

2 марта 1917 года русские генералы и политики фактически вынудили императора Николая Второго, который думал только о победе в войне, принять наихудшее решение, то есть отречься от престола, хотя, как известно, "лошадей на переправе не меняют". Генералы и политики полагали, что именно Николай Второй – главная причина плохого ведения войны и революционной ситуации в тылу. Лица, которые присутствовали при подписании манифеста об отречении Николая Второго от верховной власти - генералы Николай Рузский, Юрий Данилов и Сергей Саввич и эмиссары Временного комитета Александр Гучков и Василий Шульгин - не подумали о том, что взяв на себя ответственность за судьбу огромной страны после отречения императора, да ещё в такой критический период её истории, следующими в очередь на свержение стали они. Но самодержавие впрочем, как и диктатура тем и плохи, что не приучают подданных мыслить и действовать самостоятельно, стратегически и брать на себя всю полноту ответственности за тяжёлые, непопулярные решения, определяющие судьбу всего народа и целого государства. На чём февральские революционеры в конце концов и погорели. Придя к власти, они не смогли улучшить ни военную, ни политическую ситуацию в России.

В день своего отречения от престола 2 марта 1917 император Николай Второй записал в своём дневнике: "Кругом измена, и трусость, и обман." Задумывался ли он о том, почему почти всё его окружение (генералы, депутаты Государственной Думы) его предали? Ведь он был сравнительно лояльным к своим подданным императором, как умел заботился о благе Российской империи. А подданным этого оказалось недостаточно – свирепый и жестокий человек вроде Сталина в условиях мировой войны им подходил бы больше. Кроме того, недооценка императором настроений своего народа, отсутствие стратегического видения военной и политической ситуации в России и в мире, негибкость поведения стоили ему трона, его династии – краха, русской армии – дезорганизации и развала, Российской империи – проигрыша в войне, а самому народу – скатывания во мрак люмпенской большевистской диктатуры, которую впоследствии назвали диктатурой пролетариата.

После 2 марта 1917 года в России началось двоевластие Временного правительства и Петроградского совета депутатов трудящихся, которое закончилось узурпацией верховной власти экстремистской партией большевиков. Судьба России на ближайшие три четверти века была предрешена.

В Российской империи при населении 175,137,800 человек (данные на 1914 год) за время войны было мобилизовано 15 млн 378 тысяч солдат. Из них погибло 1 млн 670 тысяч и было ранено 3 млн 749 тысяч. Попало в плен 343 тысячи. Потери среди мирных жителей составляли 1 млн 70 тысяч человек. [116] В процентном отношении к общему числу населения это меньше, чем в странах Тройственного союза - Германской, Австро-Венгерской и Османской империи, однако соизмеримо с суммарными потерями ведущих стран Антанты - Франции, Великобритании и Италии. И хотя потери России для такой мировой войны были относительно невелики, однако из-за своей разобщённости, национального, конфессионального, имущественного и образовательного расслоения, других накопленных за десятилетия проблем и противоречий она вначале скатилась в Февральскую революцию, потом – в Октябрьский переворот, а затем проиграла войну.

После большевистского переворота и заключения ими 3 марта 1918 года сепаратного Брестского мира с Германией, вообще было непонятно, кто с кем в России воюет. Большевистская Красная армия находилась в состоянии пассивной войны со странами Антанты. После подписания Германией капитуляции 11 ноября 1918 года и вплоть до подписания Версальского мира 28 июня 1919 года – большевики находились в состоянии активной войны со странами Антанты. Образованная летом 1918 года, Белая армия находилась в состоянии войны с большевиками, с "зелёными" и со странами Тройственного союза вплоть до окончания Первой мировой войны. Крестьянские и националистические армии и соединения воевали в основном за свои интересы. Сепаратизм пронизывал всё общество бывшей Российской империи. Все мечтали о самостоятельности и отделении от центральной власти.

Итак, Первая мировая войны стала катализатором процесса развала русского имперского государства и преобразования государственного строя России. Большевики, левые эсеры и анархисты явились своеобразными общественно-политическими провокаторами этого развала и преобразований. Правда цена этой провокации была огромной. Были уничтожены, изолированы от общества и выгнаны за границу многие наиболее работящие и думающие представители русской и других наций, живших в Российской империи. Все завоевания царского периода и успехи реформы Столыпина пошли прахом. Путь, по которому большевики повели Россию оказался тупиковым, а распределительный социализм оказался чудовищно затратным. Во многих отношениях страна вернулась на несколько столетий назад. Это был реакционный переворот, что бы ни фантазировали об этом позже представители власти и духовные наследники тех "первичных революционеров".

2.2. Фатальный выбор русского народа в 1917 году. Большевистский стратоцид народа в России после Октябрьского переворота и во время Гражданской войны

Анекдот эпохи Гражданской войны в России:

Милиционер: - Что ж ты, гад, старушку за 20 копеек "замочил"?
Преступник: - Так ведь 5 старушек – рупь.

Россия в начале XX века была на развилке дорог. Перед ней стоял выбор - каким путём пойти – путём честного смотрителя училищ Ильи Ульянова или путём его сына - фанатика марксистской идеи Ленина, путём честного труда-ги крестьянина Давида Бронштейна или путём его сына - самовлюблённого болтуна и бойкого журналиста Троцкого, путём сапожника Виссариона Джугашвили или путём его сына - параноика и "умного убийцы" - Сталина. Первый путь – честный, трудный, когда человек в поте лица своего зарабатывает хлеб свой насущный, кормит своих детей от трудов своих. Второй – путь за счёт других, через насилие, прикрываясь благородной идеей осчастливить всё человечество.

Откуда вообще взялось треть миллиона большевиков, захвативших власть в октябре 1917 года? В феврале 1917 года в Российской империи было 175 миллионов жителей (без Финляндии) и всего 24 тысячи большевиков. После февральской революции и приезда Ленина в Россию в апреле 1917 года, это соотношение стало стремительно меняться в пользу большевиков. Они опирались на недовольных солдат, рабочих и матросов, которых в стране в то время хватало. Дело в том, что сразу по приезде Ленин распорядился принимать в свою партию всех, кто его поддерживал: иностранцев, рабочих, солдат, матросов. В результате такой неразборчивой кадровой политики в течение полугода (с февраля по июль 1917 года количество большевиков возросло в 10 раз и составило 240 тысяч человек, а перед октябрьским переворотом - 350 тысяч человек. (Прим: Для сравнения вступить в Коммунистическую партию в советские времена для представителя интеллигенции было весьма трудно. Существовала негласная разнарядка на приём в партию: на четырёх рабочих разрешалось принимать одного представителя интеллигенции.) Хотя вряд ли многие из них читали Маркса, да и вообще умели читать. Впрочем, Ленину было важно только то, что он сам и несколько его приближённых умели читать. Остальных можно было купить немецкими деньгами, накачать кокаином, дать им в руки винтовки и через верных комиссаров приказать расстрелять мешавших ему людей, или просто пустить неблагоприятный слух о человеке, которого надо уничтожить. А таких, кто Ленину мешал, было очень много. И всё же на первом этапе своего восхождения к власти большевики были партией мира с Германией. Этим они и завлекли в свои сети большую часть сторонников. Партией гражданской войны они стали после разгона Учредительного Собрания и заключения Брестского мира с немцами.

Известно, что рак - это заболевание, характеризующееся появлением бесконтрольно делящихся клеток, способных к агрессивному проникновению в прилежащие ткани и метастазированию в отдаленные органы. Раковые клетки образуются из здоровых клеток под влиянием злокачественных. Одной из главных особенностей злокачественных раковых клеток является способность "ускользать" от иммунологического контроля организма при помощи особых механизмов "обмана" иммунокомпетентных клеток.

Большевики действовали, как раковые опухолевые клетки в ослабленном Первой мировой войной теле русской империи – вначале притворялись своими, втирались в доверие к солдатам, матросам, рабочим и крестьянам, обманывали их красивыми, но лживыми лозунгами – "фабрики - рабочим", "земля – крестьянам", а потом убивали здоровые клетки организма, либо превращали их в своих агентов влияния, исполнителей своей воли, либо в пассивный клеточный материал неспособный сопротивляться распространению раковой опухоли по всему организму русского общества. Они не стеснялись идти в народ и убеждали людей присоединиться к ним, обещая взамен золотые горы. При этом они использовали самую уязвимую точку русских – неумение договариваться и работать вместе. В результате они раскололи русское общество изнутри, натравив одних недовольных людей на других.

С весны 1917 года под влиянием большевистской прессы и агентов их влияния на фронте и в тылу, финансируемых немецким генеральным штабом, который был заинтересован в выводе России из войны, стало стремительно расти недовольство в войсках, а также преступность и анархия – причём расти до таких размеров, при которых огромное многонациональное государство в условиях войны может сохраниться только при диктатуре и всеохватывающем насилии.

На этом этапе большевики потакали самым тёмным, самым разнузданным проявлениям грубой силы в русском народе. Большевистская печать и большевистские агитаторы среди солдат, матросов и рабочих подталкивали недовольных к вооружённым акциям и выступлениям против Временного правительства, дискредитировали это правительство как могли, агитировали за окончание войны, а также за то, чтобы отобрать землю у помещиков и передать её крестьянам, за то, чтобы отобрать фабрики у владельцев и передать их рабочим – в общем агитировали за что угодно лишь бы дестабилизировать ситуацию в стране. И это им удалось. В результате такой подрывной диверсионной работы они создали себе превосходство по военной силе в тылу в то время, как действующая русская армия всё ещё воевала на фронте.

Разобщённый многонациональный народ бывшей Российской империи был не готов к сопротивлению большевикам, левым эсерам и анархистам, засевшим в центральных городах России. Всеобщие анархия и хаос после отречения царя в период Первой мировой войны были слишком сильны. Поэтому несколько десятков тысяч сплочённых авантюристов сумели занять главные места в российской власти, вначале сделав Советы рабочих и солдатских депутатов своей вотчиной (в сентябре 1917 года председателем Совета стал Троцкий), затем отстранив от власти вооружённым путём Временное правительство (в ноябре 1917 года), и силой разогнав Учредительное собрание, в котором большевики были в меньшинстве (в январе 1918 года). Этот государственный переворот впоследствии был назван Великой Октябрьской революцией.

В результате Октябрьского переворота власть в России захватили Шариковы и Швондеры (Прим: Шариков – персонаж повести Михаила Булгакова "Собачье сердце" - человек, созданный гениальным хирургом – профессором Преображенским из бездомной собаки. Швондер – пролетарий, председатель домового комитета, который занимался расселением и регистрацией так называемых обездоленных людей и пролетариев в квартиры, принадлежавшие до Октябрьского переворота обеспеченным и интеллигентным людям.) во главе со своими большевистскими вождями Лениным, Троцким и прочими, для которых патриотизм, общечеловеческие принципы и ценности были пустым звуком. Эти вожди подобно бессовестным сутенёрам стали обирать Россию до нитки. При этом они кормили рабочих, крестьян, солдат, матросов обещаниями и лживыми революционными лозунгами, благо языки у них были подвешены хорошо и выступать перед народом они не стеснялись.

После захвата большевиками власти в центральной России соотношение "трудолюбивый человек - лентяй и нахлебник", в стране стало стремительно смещаться в сторону лентяя и нахлебника или попросту - паразита. Но поскольку паразиты, захватившие власть – большевики, левые эсеры и анархисты сумели всеми правдами и неправдами расставить во власти своих людей, то они и выиграли борьбу за простой народ в центральных наиболее многолюдных районах страны. И ради таких идеологических болтунов и ради обещанной ими счастливой жизни – жизни за счёт других - русские люди в 1918 году пошли на преступление, ввязавшись в Гражданскую войну по уничтожению друг друга. Воля в России победила свободу, бунтовщик победил законопослушного гражданина, Ленин победил Ульянова, Троцкий победил Бронштейна, а Сталин победил Джугашвили. Советская эпоха началась. Эксперимент оказался "чистым", хотя и жестоким. Доведён он был до логического конца. По крайней мере в России. Хотя отразился этот эксперимент на всём человечестве и, к сожалению, далеко не в лучшую сторону. Про огромные человеческие потери от этого эксперимента можно даже не говорить. Это около 95 млн человек.

В этом эксперименте ради власти, собственности и коммунистической идеи большевики ложью и силой вынудили пассивную разобщённую Россию, ещё участвующую в Первой мировой войне, выбрать тупиковый путь развития, а по ряду параметров вернуться в XVI век. Выбрав этот путь, все жители страны оказались заложниками своего выбора. Следуя этим путём, русский народ потерял не только возможность устояться, как самостоятельная нация, но и вообще потерял национальную идею и жизненную перспективу.

Везде, где большевики захватывали власть, они начинали с того, что присваивали себе всё лучшее - дома, квартиры, деньги, ценности. Например, в 1994 году в архиве политбюро ЦК КПСС было обнаружено письмо тогда наркома госбезопасности Генриха Ягоды к Сталину от 27 июля 1935 года, в котором Ягода сообщал, что на складе коменданта Кремля обнаружен личный сейф бывшего второго лица в государстве - председателя ВЦИК Якова Свердлова, сейф, который был вскрыт только через 16 лет, после его смерти, наступившей 16 марта 1919 года, как раз когда армия Деникина приближалась к Москве и судьба большевиков висела на волоске. В сейфе обнаружено свыше семисот золотых изделий с драгоценными камнями и 108,525 рублей золотыми монетами царской чеканки, много бланков заполненных паспортов на имя самого Свердлова и других лиц на случай, если большевики проиграют и им придётся бежать из России. И подобных фактов существует множество. Просто этот самый вопиющий. После знакомства с ними говорить об идейной марксистской подоплёке большевистского переворота просто язык не поворачивается. Сам Ленин был идейным фанатиком, и для него Октябрьский переворот был последним шансом завершить дело его жизни. Он догадывался, что другого случая проверить свою теорию может не представиться. Таким же фанатиком был создатель ВЧК польский дворянин Феликс Дзержинский, считавший русских оккупантами своей родины – Польши и всю жизнь мстивший русским за это унижение. Однако, многие из тех, кто их окружали вроде того же Свердлова, имели в запасе варианты отхода в случае провала их чудовищной авантюры.

Дзержинский – фанатик, а точнее террорист-организатор – сам презирающий опасность, бессребреник. Такого можно либо изолировать от общества, либо уничтожить. Исправить такого нельзя. Свердлов – тоже террорист-организатор. Но не фанатичный, а себе на уме. Скорее всего и марксизм он выбрал потому, что с его помощью человеку с четырёхклассным образованием была возможность сделать карьеру. Адаптивен, блестяще ориентируется в ситуации. Бескомпромиссным становится только в условиях, когда сила на его стороне. Своего личного интереса никогда не упускает. Оба они убийцы. Убивали за марксистскую идею. Но первый вызывает ненависть и уважение, второй – ненависть и презрение.

Коммунистические вожди опирались на самых худших представителей народа и на самое худшее, что было в народе. Они стали строить в стране "военный коммунизм" со всеобщим огосударствлением экономики. Основными его элементами были:

1. Ликвидация частных банков с конфискацией вкладов и денежных средств населения – золота, серебра, драгоценностей, произведений искусства и пр. (часть этой наличности осела в кладовых ведущих большевистских лидеров – Ленина, Свердлова, Каменева, Бухарина, Зиновьева и других, откуда те её расходовали по своему усмотрению "на нужды мировой революции", сбывая по дешёвке через своих людей из капиталистического мира, перекупщиков краденого и прочих стервятников, мгновенно слетевшихся "на падаль"),

2. Национализация "земли, недр, вод и лесов" и предприятий промышленности (вначале крупных, потом средних),

3. Монополизация внешней торговли (торговать своей продукцией или собственностью с иностранными гражданами других государств частным лицам запрещалось),

4. Принудительная трудовая повинность (все обязаны были работать для получения продовольственного пайка),

5. Продовольственная диктатура (экспроприация зерна и скота у сельского населения и распределение его между частью работающего населения в городах по строгим нормам).

Результатом политики "военного коммунизма" стал развал и упадок российской экономики. Она оказалась отброшенной на десятилетия, а то и на столетия в прошлое. Поэтому немалая часть из того, что построено большевиками после Гражданской войны, было фактически построено с нуля. Вот откуда эти нереально высокие проценты роста советской экономики в годы первых пятилеток, которыми так любит козырять нынешний коммунист – Геннадий Зюганов. Если революционные солдаты и матросы в 1918 году отобрали у законного владельца какой-нибудь химический завод – единственный на всю Россию и разрушили его до основания или превратили в склад, то восстановление и запуск этого завода с нуля даёт стопроцентный рост химической промышленности СССР. Два завода – 200% роста и так далее.

Когда советская власть укрепилась, создала свою Красную армию и ячейки ВЧК стали работать во всех городах России, 5 сентября 1918 года председатель ВЦИК Яков Свердлов подписал декрет "О красном терроре". Поводом для официального начала большевистских репрессий послужило убийство юнкером Леонидом Каннегисером одного из большевистских лидеров, председателя Петроградской ЧК Моисея Урицкого и покушение неустановленных лиц (по официальной легенде – эсерки Фанни Каплан) на Ленина на выходе того с митинга на заводе Михельсона. Впрочем, повод мог быть каким угодно – скажем, прогноз гадалки или появление пятен на солнце. В истории человечества таких случаев, когда вор сам громче всех кричит "Держи вора" не счесть. Напрашивается аналогия с поджогом рейхстага бывшим независимым коммунистом голландцем Маринусом ван дер Люббе в Германии, использованная нацистами для расправы над оппозиционерами-коммунистами. Главное, что объединяет коммунистов и нацистов первой половины XX века – это безжалостное отношение к человеческой жизни, достоинству и морали.

Декрет о терроре стал официальной законодательной базой для проведения масштабных репрессий в отношении имущих слоев населения – казаков, священнослужителей, интеллигенции, предпринимателей, офицеров, чиновников, представителей небольшевистских партий. Владимир Лавров, научный сотрудник института российской истории РАН считает, что Красный террор начался за 8 месяцев до этого указа - в январе 1918 года, когда были убиты руководители партии кадетов, депутаты Учредительного собрания, юрист Ф. Ф. Кокошкин и врач А. И. Шингарев и затем расстреляны мирные демонстрации рабочих, студентов и интеллигенции, направленные против силового разгона большевиками и анархистами Учредительного собрания - представительного органа власти в России. Взятие заложников и расстрелы продолжались в течение всего 1918 года. [85]

Во имя так называемой социальной справедливости большевики, начиная с Ленина, совершили много преступлений против русского народа и против человечности. На всей территории Российской империи они развязали массовый стратоцид. Стратоцид - это геноцид в соответствии с происхождением и классовым положением людей, принадлежащих к определенным слоям общества. При большевистском стратоциде буржуазия должны быть устранена от владения собственностью или уничтожена поскольку добровольно отдавать свою собственность она не хочет. В категорию кандидатов на уничтожение коммунисты поместили тех, кто имеет частную собственность, деньги, драгоценности, произведения искусства, землю, здания, тех, кто нанимает рабочих и служащих. По сути в этой категории оказалась не только буржуазия, но и дворяне, землевладельцы, богатые крестьяне, капиталисты, банкиры, купцы и т.д.

Террор Красных никак не сопрягался с действиями противостоящих им в Гражданской войне сил. Это были чисто политико-террористические акты. Главным отличием большевистского террора стала его массовость. Людей убивали тысячами. Так, например, за одного убитого Моисея Урицкого в первый день красного террора в Петрограде было расстреляно 900 заложников и в Кронштадте еще 512 человек - заложников, которые не имели к этому убийству никакого отношения. Своим Красным террором большевики провоцировали эскалацию Гражданской войны в России поскольку к этому времени они уже имели в стране разветвлённую систему ВЧК и за полгода сумели создать многочисленную Красную армию. А главное, в то время террор было выгоден прежде всего им. Значительная часть населения России мечтала об их свержении. Этих мечтателей и надо было либо уничтожить, либо запугать так, чтобы они своими бесполезными мечтами больше себя не тешили.

Немотивированный беспощадный Красный террор вызвал ответную реакцию, которую впоследствии большевистские апологеты неправильно назвали Белым террором. Правильнее было назвать это местью и пробуждением всего самого тёмного, что копилось в душах людей, проживавших в Российской империи. Ну ещё бы. То, что принадлежало собственникам, жителям империи, а таких до Октябрьского переворота было 72% от всего населения (деньги, ценности, земля, фабрики и заводы), большевики у этих собственников отобрали (конфисковали, экспроприировали, украли – как ни назови). Какой нормальный человек такое потерпит – даже такой бессребреник, как русский человек? Естественно он будет пытаться вернуть свою собственность, а если убили его родственников, надругались над его семьёй, верой, то будет мстить.

Какой же тут Белый террор? Скорее можно говорить о варварской жестокости тех, кто был недоволен большевистской властью и желал ей отомстить. Впрочем, методы уничтожения у противоборствующих в гражданской войне сторон в конце концов стали варварскими у тех и у других. Народ-то один, а красные поджигатели запалили костёр гражданской междоусобицы всерьёз и надолго. Офицеры Белой армии держались достойнее других. Активная фаза террора продолжалась с 1917 до 1922 года, а потом уже при Сталине террор возобновился с 1928 года и продолжался вплоть до смерти второго вождя.

31 декабря 1918 года приказом главнокомандующего Вооружёнными силами юга России Антона Деникина была создана Особая следственная комиссия по расследованию злодеяний большевиков под руководством юриста Георгия Мейнгардта. По данным этой комиссии, которая работала до ноября 1920 года, число погибших в результате Красного террора людей составило 1,766,118 человек. [149, с. 6] И это только в зонах действия комиссии. Вся центральная часть России оставалась под властью большевиков и все преступления, которые творились там, учёту комиссии не подлежали.

Будучи честным русским офицером, главнокомандующий Русской Добровольческой Белой армией, воевавший с большевиками с 1918 по 1920 годы, генерал Деникин писал о том времени так: "Я категорически утверждаю, что в известных мне общественных и военных кругах, в которых возникло течение в пользу диктатуры, оно было вызвано высоким патриотизмом и ясным, жгучим сознанием той бездонной пропасти, в которую бешено катился русский народ." [51, с. 83] Он оказался прав. Спуститься в ад оказалось легко, а выбраться из него русский народ не может до сих пор.

В таком же плачевном состоянии, как и вся Россия после большевистского переворота, оказалась Красная Армия. Американский исследователь России и особенно советского периода Ричард Пайпс считает достигнутые Красной армией успехи не следствием полководческого таланта Троцкого или подчинённых ему военачальников, а, главным образом, следствием её громадного численного преимущества. Так, осенью 1919 года численность Красной армии дошла до трёх миллионов человек, тогда как все белые армии, вместе взятые, насчитывали не более 250 тысяч. Почему же при таком подавляющем преимуществе в живой силе "красные" не победили своих врагов сразу – задаёт он вопрос? Главное - из-за низкого воинского духа военнослужащих Красной армии, который держался в основном на обмане, шантаже и репрессиях, хотя формально участие в армии было добровольным. Дезертирство из Красной армии в 1919 году колебалось от 26 до 300 тысяч человек в месяц. Общая численность дезертировавших за 11 месяцев 1919 года достигло 1,761,105 человек, а в период с июня 1919 по июнь 1920 дезертировало до 2,6 млн человек. Однако за счёт того, что большевики контролировали центральную территорию России с населением около 70 млн. человек, они легко восполняли убыль из своей армии за счёт новых мобилизаций крестьян и рабочих в свою армию. [109, с. 16]

О патриотическом духе Красной армии с 1918 до 1920 годы речи быть не могло. Только угроза расстрела удерживала некоторых солдат от дезертирства и отступления. И это были военнослужащие, предки которых прогнали из России Наполеона и про которых прусский король Фридрих Второй сказал: "Русского солдата недостаточно убить, его надо ещё и повалить". Как же высок был воинский дух солдат в России в 18-19-м веках и как же он упал после захвата власти большевиками.

После 1917 года Россия и затем Советский Союз стали "воевать мясом". Ну это бы ещё можно списать на малограмотность красных полководцев вроде Василия Чапаева, которые "академиев не кончали" или тех, кого из младших офицеров большевистские власти производили в командармы (подпоручик Михаил Тухачевский, унтер-офицер Семён Будённый, прапорщик Николай Крыленко) равно как и организатора Красной армии Льва Троцкого, который к военному делу вообще не имел отношения, но жизнь солдат и гражданского населения в глазах большевистских вождей перестала иметь хоть какую-то цену.

Террористы во всём мире применяют тактику обвинения властей разных стран в тех убийствах, которые они совершают. Террорист, агрессор, часто выставляет себя жертвой. Ленин, Троцкий и их люди успешно использовали эту террористическую тактику для захвата целой страны – России во имя создания государства диктатуры пролетариата. Для коммунистов виноватым, а поэтому подлежащим уничтожению был исторически обречённый класс буржуазии. Гитлер и его люди использовали сходную тактику для создания Третьего Рейха - тысячелетней империи для избранной нации. Для национал-социалистов ущербными были неполноценные нации, народы и категории населения.

В сентябре 1918 года в газете "Северная Коммуна" вышла программная статья видного большевика Григория Зиновьева, в которой он писал: "Из ста миллионов населения, насчитывающегося в настоящее время в советской России (имелась в виду часть России, находившаяся к тому времени под контролем большевиков – ВЗ), мы должны сохранить 90, что касается вычитаемого остатка, то нам нечего предложить: он должен быть уничтожен". Эту же мысль Зиновьев высказал на петербургской партконференции в сентябре 1918 года. Причём написано и сказано это было за 5 лет до зарождения национал-социалистического движения в Германии. Вам не напоминают эти слова другие, те которые были сформулированы в виде директивы в августе 1942 года одним из подчиненных министра оккупированных территорий Востока Альфреда Розенберга со слов начальника партийной канцелярии НСДАП Мартина Бормана в отношении славянского населения восточных территорий: "Славяне должны на нас работать. Если они нам более не нужны, они могут умереть. Поэтому обязательные прививки и медицинское обслуживание немецкими врачами представляются излишними. Рост славянского населения является нежелательным." [104, с. 1005] Адольф Гитлер писал свой "Майн Кампф" в 1921-23 году под несомненным влиянием практической деятельности большевиков. Тем более, что количество русских беженцев из России в Германию и в другие страны Европы в 1918-1920 годах исчислялось сотнями тысяч. И многие из них о зверствах большевиков не молчали.

Разница между цитированными коммунистом и нацистом заключалась в том, что у коммунистического идеолога Григория Зиновьева в отличие от нацистского идеолога Мартина Бормана речь идёт не о другой нации, за счёт которой Борман собирался сделать свой третий рейх процветающим, а о своих проживающих в России "неполноценных" помещиках, капиталистах, зажиточных крестьянах, которые являлись хранителями русской культуры, проводниками прогресса и основой реального процветания России, а не мифического коммунистического рая. И после этого нынешние коммунисты открещиваются от своего родства с нацизмом? Нацисты учились у коммунистов, хотя и органически не переносили их. А главным человеконенавистником несомненно был человек, который лежит в центре Москвы в мавзолее – Владимир Ульянов - "погоняло" (уголовная кличка) – Ленин.

У большевистских лидеров отношение к человеческой жизни было на уровне отношения к жизни курей и баранов. Поэтому с таким спокойствием они отдавали приказы о массовых расстрелах заложников, о расстрелах пленных и вообще людей, которым они только что гарантировали жизнь, о расстрелах каждого десятого солдата из своей Красной армии, если она отступала, о расстрелах собственных союзников, как только те переставали быть им нужны.

Для того, чтобы сохранить лицо в глазах мировой и местной общественности, большевики назвали воровство экспроприацией или изъятием награбленных у народа ценностей. Золото, ювелирные украшения и драгоценности, полотна живописных мастеров и иконы из частных домов и сокровищниц царской империи чекисты конфисковали. Затем эти ценности стекались в большевистский "общак" и продавались за границей по дешёвке. Ворованного не жалко. Не сами зарабатывали. С трупов снято.

Когда нацисты в концлагерях во время Второй мировой войны выковыривали золотые коронки у убитых ими людей это считалось зверством, а когда тоже самое делали красные матросы и солдаты в Крыму в 1920 году после уничтожения чекистами более 50 тысяч невинных людей, это было в порядке вещей и до сих пор нигде не расследовалось и не осуждалось. Ведь они якобы действовали от имени власти, провозгласившей диктатуру пролетариата. Гражданская война всё списала. Да и попробовал бы кто-нибудь в то время осудить победителей – мигом бы пополнил собой список расстрелянных и золотые зубы выковыривали бы уже у него.

Про неблагодарность большевиков за добро, за оказанные им услуги, за проявленные к этим "революционерам" простые человеческие чувства, ту неблагодарность, которой они платили всем своим благодетелям и доброхотам можно вообще не говорить. Благодарность – это слишком высокое человеческое чувство, которое в личности большевиков отсутствовало вообще. А уж благодарность по отношению к классовым врагам – это верх политической близорукости, это та порочная слабость, которую истинный революционер не может себе позволить ни при каких обстоятельствах.

Большевики не только не благодарили никого из тех, кто им помогал захватить и упрочить власть в России (кронштадтских моряков, левых эсеров, латышских стрелков, махновцев, бывших царских специалистов, работавших на них), а наоборот, при первой же возможности они своих помощников, попутчиков обманывали, объявляли врагами и избавлялись от них. Многих из тех, кто им служил или помогал, они рано или поздно ссылали в концентрационные лагеря, расстреливали или выгоняли за рубеж. Потом с большинством из самих большевиков Сталин поступил точно также, как они поступали с другими, но это было потом.

Например, анархист Нестор Махно большевикам понадобился в борьбе против белого генерала Антона Деникина. Махно помог задержать белую армию, наступавшую на Москву в 1919 году и способствовал срыву наступления белых, разрушив их тылы. После ликвидации деникинского фронта в конце 1919 года большевики ещё несколько раз использовали армию Махно в качестве союзника, в частности, в борьбе против генерала Врангеля при захвате Крыма. После этого армия Махно была большевикам больше не нужна и секретным приказом Троцкого, изданным в январе 1920 года, Махно был объявлен вне закона. Прикрываясь старыми союзническими отношениями, Троцкий обманул Махно и его повстанческую армию и разгромил её, а заодно и Конфедерацию анархических организаций Украины "Набат". [93]

Другой пример. Кронштадтские матросы-анархисты были нужны большевикам в 1917-1918 годах для захвата и удержания власти в России. В критические для левых сил месяцы они сыграли роль ударных воинских отрядов. Они принимали активное участи в таких важных для большевиков событиях, как демонстрация 3 – 6 июля 1917 года в Петрограде, ликвидация попытки генерала Корнилова захватить власть в России летом того же года, свержение Временного правительства и борьба за установление Советской власти в главных городах России, а также борьба против армии генерала Юденича при наступлении того на Петроград. В 1921 году Гражданская война заканчивалась. Анархисты были большевикам больше не нужны. И когда кронштадтские моряки осмелились напомнить им про свои вольнолюбивые идеалы, ради которых они пошли в революцию, большевик Тухачевский утопил их мятеж в крови. Это было 2 - 18 марта 1921 года. [140]

Конец у махновцев и у кронштадтцев был один: после того, как они предлагали отменить руководящую роль коммунистической партии, прекратить политику военного коммунизма и установить народную власть, большевики начинали их ликвидацию, а иногда даже такого предлога было не надо. То есть когда кто-то был нужен большевикам, для реализации их целей, они притворялись кооперативными и обещали что угодно. Как только нужда в союзниках отпадала, они избавлялись от них. При этом пользовались самыми грязными нечестными приёмами, чтобы этих уничтоженных публично оклеветать. Чувство чести, гуманизм, порядочность были большевикам неведомы.

Еще весной 1917 г. Ленин утверждал, что социальную революцию осуществить весьма просто: стоит лишь уничтожить 200 – 300 буржуев. И этот "магический рецепт" Ленин навязывал всем, кто пытался повторить его российский опыт – венгерским, немецким, польским, финским, китайским и прочим коммунистам. Он обманывал своих приверженцев лишь в том, что двумястами - тремястами буржуями дело не обойдётся. Убив 300 буржуев в соответствии с ленинским планом, они уже не могли на этом остановиться. Им пришлось убить ещё 3,000, потом 30,000 человек. Потом счёт пошёл на сотни тысяч и миллионы уже тех, кто к буржуям отношения не имел. В результате пострадавших в развязанной Лениным Гражданской войне за пять лет с 1917 до 1922 года оказалось около 12,7 миллионов человек. И это только для начала. Потом счёт пошёл на десятки миллионов. Но это случилось уже при Сталине. Это не считая миллионов беспризорных детей, калек, наводнивших улицы городов и сёл России после Гражданской войны. Падение численности населения России в эти годы вызвано военными потерями, эпидемиями (в среднем по 2 млн человек в год), голодом, унёсшим жизни более 5 млн. человек и эмиграцией, оцениваемой примерно в 2 млн. человек. И это минимальные оценки "чистых" потерь.

В отличие от русских в конце Первой мировой войны другие народы демонстрировали большую сопротивляемость и более оперативный тип реагирования на угрозы со стороны местных коммунистов. Так в Западной Европе – Баварская Советская Республика была провозглашена советом рабочих и солдатских депутатов 13 апреля 1919 в Мюнхене. Существовала она 18 дней до 1 мая 1919 года. Венгерская Советская Республика существовала три с половиной месяца с 21 марта по 6 августа 1919 года. И ту, и другую быстро смели регулярные войска и силы правопорядка, которые на примере Российской империи вовремя поняли, чем честным трудолюбивым людям победа коммунистов грозит. Поскольку в 1919 году положение большевиков в России у самих было критическое, то помочь собратьям по марксистской вере войсками они в то время никак не могли.

Венгры, немцы, финны, поляки попытки коммунистов захватить власть в 1918-1919 годах быстро пресекли. В Венгрии коммунист Бела Кун после провозглашения им Венгерской советской республики успел в течение 4 месяцев организовать убийство только 570 "классово чуждых элементов". Созданная им Венгерская Красная армия проиграла Румынской армии на подступах к Будапешту. Храбрый только против беспомощных невооружённых противников и трусливый с людьми, которые могут ему противостоять, Бела Кун вместе со своими сторонниками быстренько удрал в Австрию, а потом в Россию, оставив часть своих соратников на расправу победителям. Уже находясь в России, вместе с Розалией Землячкой в 1920 году он "прославился" уничтожением более 50 тысяч невинных людей в Крыму после того, как Белая армия оттуда уплыла.

В Германии Баварская Советская республика под руководством немецкого писателя, члена СДПГ (USPD) Эрнста Толлера просуществовала 18 дней. Немцы быстро осознали к какому "светлому коммунистическому" будущему их ведут марксисты и не допустили коммунистического сценария для своей страны, разгромив Баварскую Красную армию.

В Финляндии белофинны под руководством бывшего русского генерала Маннергейма быстро расправилась с красными финнами, на которых Ленин делал особую ставку, давая независимость Финляндии.

В Польша маршал Юзеф Пилсудский без труда разгромил в 1920 году огромную большевистскую Красную армию под командованием подпоручика, пардон, командарма Михаила Тухачевского, который мог успешно воевать только против вооружённых вилами крестьян Тамбовской губернии. Пилсудский провозгласил независимость Польши, не вступая в сделку с местными коммунистами, которые бы его несомненно обманули, как обманывали всех, кто верил их обещаниям в любой стране.

Во всех перечисленных странах естественное, здоровое начало в людях победило болезненное, злое начало. И только Россия вместе с центральной и восточной Украиной, восточной Белоруссией и юго-восточными частями бывшей Российской империи оказались заложницами коммунистической идеологии. Многое определялось огромными размерами этой евроазиатской страны, плохо связанной дорогами и отсталым менталитетом людей на ранее присоединённых к России территориях. В результате в СССР получился этакий атеистический плавильный котёл из людей, объединённых утопической идеей о диктатуре пролетариата и другой идеей о приоритете интересов неимущих классов над имущими.

На самом деле большевики ещё на 74 года продлили жизнь распавшейся после Октябрьского переворота Российской империи, продлили ценой частичного уничтожения населения, ужесточения системы правления и перерождения ментальности народов новой советской империи. Октябрьский переворот стал "первичным толчком" для создания другой тоталитарной империи - Советского Союза. После 1917 года традиционная восточная деспотия сохранилось в СССР под вывеской марксизма-ленинизма.

Всё, чего добилась Россия за девятьсот тридцать лет своего существования и развития было "брошено в топку" марксизма-ленинизма: были отменены гуманные христианские принципы, уничтожены и выгнаны за границу носители альтернативного мышления, с помощью террора введён культ животного страха, труд человека стал подневольным, как и при самом жестоком крепостном праве, достоинство личности было уничтожено на корню, советский человек превратился в тварь дрожащую, ради пайки хлеба готовую на многое. Причём это коснулось не только тех, кто выжил в Гражданскую войну, но и их детей, и внуков.

Самое страшное наследие большевистского режима – это уничтожение трудовой крестьянской России. Крестьянский, фермерский базис является неистощимым питательным источником для развития любой страны. Это главное преступление коммунистов не было официально осуждено ни русским народом, ни русской православной церковью, ни русскими официальными лицами, ни представителями так называемого прогрессивного человечества. Цена удержания коммунистами власти в России – 12,7 млн человек.

Из-за разрухи и голода, свирепствовавшего в России после Гражданской войны и беспрерывных крестьянских бунтов, и восстаний, Ленин был вынужден пойти на частичное воссоздание рыночных отношений в рамках Новой экономической политики – НЭПа в 1921 году. НЭП – самая противоречивая часть деятельности коммунистов, которая, кстати до сих пор даёт моральное право наследникам коммунистических правителей превозносить гений Ленина, разоблачать и поносить извратителя светлой коммунистической идеи - Сталина. Однако, любому здравомыслящему человеку, читавшему работы Ленина, очевидно, что долгосрочное рыночное развитие СССР было невозможно и при самом Ленине. Тем более, что реальной частной собственности на землю у крестьян после 1917 года так и не появилось. Всё было под контролем партийных секретарей и ВЧК. Поскольку регулирование цен проводилось не самими производителями снизу, а партийно-бюрократическим аппаратом сверху, то это было похоже на игру кошки с пойманной ей мышью: то отпустит – то снова поймает. Эта игра продолжалась в течение 10 лет. В 1931 году коммунисты задушили НЭП окончательно. С тех пор ведущими методами ведения хозяйства в стране стали административно-командные методы.

Итак, почти сто лет назад огромная Российская империя была разрушена большевиками до основания и затем воссоздана ими практически с нуля. Однако воссоздана она была по старым авторитарным, деспотическим лекалам, по которым строилась прежняя Российская империя, начиная с XVI века. То есть по форме это была новая страна с новыми целями, задачами, лозунгами, новым правительством, новыми названиями городов и улиц, а по содержанию это была такая же деспотическая страна, как и в худшие монархические времена, которая правда назывались по-другому: Советский Союз. И цели у людей, возглавивших страну (Ленина, а потом Сталина) были такие же, как у князей, царей и императоров до них – имперские, гегемонистские, захватнические – неважно на какую идеологию они опирались.

2.3. Цена упрочения административно-командной системы. Цена Коллективизации, Индустриализации, Большого Террора и депортаций

Ворованное впрок не идёт.
(Народная мудрость)

Существует легенда о проклятии двадцать третьего и последнего великого магистра ордена тамплиеров Жака де Моле в адрес французского короля Филиппа IV (Красивого), которая обыгрывается в романе Мориса Дрюона "Проклятые короли". [53] Как известно, богатейший орден тамплиеров был распущен, его имущество изъято в пользу французской казны, а большинство рыцарей ордена во Франции были заключены под стражу, подверглись пыткам, а некоторые из них казнены и в их числе главные лица некогда могущественного ордена - Жак де Моле и приор Нормандии Жоффруа де Шарне. 18 марта 1314 года Жак де Моле, взойдя на костёр, вызвал Филиппа IV, а также римского папу Климента V и хранителя печати, канцлера Гийома де Ногарэ на Божий суд и пообещал, что не пройдёт и года, как они умрут. Он также проклял королевский род до тринадцатого колена. И это проклятие сбылось. Филипп IV умер 29 ноября 1314 года, а затем в течении нескольких лет умерли все наследники Филиппа Красивого: три его сына и внук. Прямая ветвь Капетингов пресеклась в 1328 году, когда погиб младший сын Филиппа - король Карл VI (Красивый).

Трудно сказать проклинали ли перед смертью или изгнанием невинно убиенные и выгнанные за границу Лениным и большевиками люди (священники, офицеры, дворяне, помещики, промышленники, их родственники), но если "да", то это было справедливым проклятием на головы этих людей, уничтоживших нормальную, честную Россию. Некоторые из коммунистов поплатились за свои преступления очень скоро, другие через некоторое время, но возмездие настигло большинство из них. И это неважно, кто явился орудием этого возмездия – сталинские палачи или гитлеровские, или они сами наложили на себя руки, или их проклинают потомки, но возмездие оказалось неотвратимым.

Начиная с 1927 года, коммунистические власти стали превращать население Советского Союза в работников государства, создающих гигантскую военную машину, нацеленную на распространение системы распределительного социализма на близлежащие страны. Правда, сами коммунисты говорили, что тотальная подготовка к войне была нужна для отражения внешней агрессии и защиты социалистического отечества от мировой буржуазии. Но, как известно, коммунист "соврёт – недорого возьмёт". Постоянное использование ВЧК-НКВД и армии для подавления внутренних бунтов и несогласных с коммунистами людей и тринадцать (13!) актов агрессивного нападения на войска и территории других стран с 1931 по 1945 года [63] говорят об обратном.

Послушать тех, кто перебежал из СССР на Запад в 30-е годы, а также историков 60-х – 80-х годов и некоторых нынешних русских либералов – так всё зло шло от Сталина. Он "извратил", "недооценил", "уничтожил", "ввергнул" и т.д. и т.п. Но недостаточно поднимать в качестве мишени для критики только один сталинизм и "потрошить" только Сталина одного. Да, малоприятный человек был, тут даже спорить не о чем. Но нельзя Сталина от времени, от эпохи отделять, от тех людей, которые его к власти привели, от той страны, где вообще такие явления, как большевизм, ленинизм и сталинизм оказались возможными.

Сталин понимал, что единственный способ сохранить свою жизнь и власть среди террористов, убийц и лжецов, которых Ленин привёл к власти в 1917 году - быть хитрее и подлее всех их и безжалостно расправляться с любым инакомыслием, что уже заложил в последние годы жизни Ленин. Многие методы управления народом, которые применял Сталин, начиная с 30-х годов и вплоть до смерти, впервые были придуманы Лениным, Троцким, Дзержинским и другими вождями с 1917 по 1922 годы. И натравливание бедных на богатых с целью отъёма собственности, и создание концентрационных лагерей для "врагов" существующей власти, и создание трудовых армий, и объединение крестьян-единоличников в товарищества для совместной обработки земли (прообразы колхозов), и высылка неугодных власти групп населения в другие районы страны (депортации), и создание сетей коммунистического шпионажа во всех странах мира. Всё это делалось руками коммунистических фанатиков, чекистов, иностранцев-интернационалистов, распропагандированных ими бездельников из числа рабочих и крестьян, и просто недалёких людей, падких на революционную фразу. Таких много в каждой стране, но только создание подходящих условий позволяет им оказаться на ведущих ролях.

Как можно было заставить работать людей лишённых собственности, в стране, в которой всё принадлежит государству, практически без материальных стимулов на одном голом энтузиазме, на революционных лозунгах, при отсталом способе производства, при низкой технической оснащённости с помощью лома, лопаты и тачки? Только страхом и принуждением. Помимо Голодомора 30-х годов на Украине, голода в Поволжье и в других местах Индустриализация и Коллективизация принесли с собой перемещение около 50 миллионов крестьян из деревни в город и на промышленно-гражданское строительство. Эти крестьяне, ещё не отвыкшие работать после Октябрьского переворота, а также заключённые Гулага и составили основу трудовых армий, использованных коммунистической властью для подъёма экономики СССР. Они практически бесплатно работали на строительстве каналов и плотин, на строительстве заводов и комбинатов вроде "Норильского Никеля" на

Ямале, на строительстве железных дорог в труднодоступных районах Крайнего Севера, при разработке угольных шахт и т.д.

Не все соки были выжаты большевиками из русской империи в первое десятилетие после переворота. Советской власти нужно было золото для покупки передовых западных технологий и образцов новой военной техники в связи с объявленной Индустриализацией промышленности. Сталин и вожди помельче решили взять стартовый капитал из начавшей восстанавливаться в результате НЭПа деревни. Кроме того, в 1928 году коммунистической партии был нужен хлеб для того, чтобы кормить города, вовлечённые в программу Индустриализации. Коммунисты попробовал агитировать крестьян Сибири обменивать зерно на советские промышленные товары. Но производимые советской промышленностью изделия была очень дороги и крестьяне отказывались от невыгодного обмена. Тогда Сталин начал Коллективизацию крестьянских хозяйств с параллельной высылкой зажиточных крестьян-середняков из европейской части страны в Сибирь, а сибирских крестьян в другие места Сибири, но подальше от их дома. Эти середняки - украинские, поволжские, сибирские крестьяне были основными производителями и продавцами зерна городу до начала Коллективизации. Их сгоняли со своих хозяйств и подвергали раскулачиванию. Осуществляли его специально присланные бойцы НКВД, коммунисты 25-ти тысячники в основном из городских рабочих и свои бездельники из местных партийных крестьян и активистов.

Философ и политолог Александр Ципко полагает, что точное число крестьян, погибших в 1928-1934 годах установить невозможно из-за отсутствия статистического учёта населения в деревнях СССР на тот момент, миграции сельского населения из деревни в город, переездов в другие регионы к родственникам, смертности среди насильственно депортированных в Сибирь крестьян и так далее. Суммарное количество умерших крестьян за эти 6 лет он оценивает до 10 миллионов человек. Из них на Украине от так называемого Голодомора - массового голода, охватившего территорию Украинской ССР в 1932-1933 годах - погибло 3 миллиона 941 тысяча человек. Ципко говорит, что они, послевоенные дети, их родители, дедушки и бабушки в Одессе прекрасно знали, что в 1932 году, на подступах к Одессе, стояли заградительные отряды, которые огораживали голодные регионы, где красноармейцы в упор - тогда еще не было автоматов - расстреливали идущих голодных крестьян. [174]

Коллективизация привела к резкому падению сельскохозяйственного производства в стране. Так, например, голод на Украине начался в 1932 г. и продолжался до жатвы 1933 г. Всё это время часть Украины была блокирована частями Красной армии и войсками НКВД. Оттуда не поступало никакой информации, так что люди умирали от голода, как в большом концентрационном лагере. Зарегистрировано большое число случаев людоедства. Позднее германские нацисты, как более рациональные люди по крайней мере использовали людей перед тем, как их уничтожить (заставляли заключённых трудиться пока те могли, брали кровь у детей, пока те могли её давать, удобряли фермерские поля человеческой золой из крематориев и т.д.), а советские крестьяне просто умирали от голода в "самой справедливой на свете" социалистической стране.

Историк Виктор Земсков называет цифру раскулаченных - 4 млн. человек за период 1929-1933 гг. Ещё 6 миллионов умерло от голода, 1.8 миллионов депортированы. [59, с. 5-8] Это и была цена советской Индустриализации и Коллективизации о чём, конечно не сообщалось в материалах советской прессы. И это было не следствием стихийного бедствия. Коммунистическая власть просто отобрала у крестьян зерно, чтобы продать его и за золото и купить передовые технологии и заводы в США и Германии. По сути в 1929 году Сталин начал ещё одну гражданскую войну в деревне, натравив более бедных и ленивых крестьян на более богатых и трудолюбивых. Последующая насильственная Коллективизация по сути добила трудовую и предприимчивую прослойку крестьянства на селе.

Самим коммунистам всё время был нужен кнут, пугало, враг, чтобы было чем заниматься в жизни. А многие из них кроме разговоров и умения "мутить воду" делать ничего не умли. В условиях разбухшего при Сталине бюрократического аппарата они были просто не нужны. Их-то и стал "чистить" Сталин в первую очередь. Практически за каждым были какие-то грешки – кто в молодости был меньшевиком, кто троцкистом, кто-то говорил много лишнего, кто-то слишком много знал, кого-то просто нужно было держать на крючке, чтобы был послушным и сговорчивым. Почти на каждого человека и, особенно, на высокопоставленного чиновника в НКВД была папочка с компроматом (доносами, свидетельскими показаниями, личными письмами и т.д.). Эту папочку всегда можно было пустить в ход, чем с удовольствием пользовались чекисты.

В основе создания системы Гулаг был приказ Совнаркома СССР (председатель – Алексей Рыков) от 11 июля 1929 года о передаче всех осужденных на срок от 3-х лет и выше в ОГПУ. С 1 октября 1930 Управление лагерей ОГПУ преобразовано в Главное Управление исправительно-трудовых лагерей ОГПУ (Гулаг). В начале 30-х годов в Гулаге содержалось примерно 200 тысяч человек. Перед Второй мировой войной количество заключённых увеличилось примерно до 1 миллиона человек. Вплоть до смерти Сталина численность узников лагерей увеличилась в 2,5 раза. Всего с 1921 по 1953 годы через коммунистические концентрационные лагеря прошли 15 - 18 млн человек. Их них по официальным данным НКВД по политическим статьям было арестовано около 4,5 млн человек. По данным общества "Мемориал" их было примерно в 2 с половиной раза больше. Всего расстреляно около 800 тысяч. Умерли в лагерях от разных причин более 1,6 млн человек. В это число репрессированных не входят жертвы Коллективизации и раскулачивания, жертвы депортации народов в Сибирь, Казахстан и Коми АССР, гражданские лица, которыми пожертвовали ради "великой победы над фашизмом".

В создании системы трудовых лагерей приняли активное участие Нафталий Френкель, Глеб Бокий, Ян Берзин. Первые руководители Гулага - Фёдор Эйхманс, Лазарь Коган, Матвей Берман, Израиль Плинер, Глеб Филаретов, Василий Чернышёв, Виктор Наседкин. Эти с позволения сказать люди были ничем не лучше гестаповцев – создателей, руководителей и надсмотрщиков Освенцима, Майданека и других немецких концентрационных лагерей. Только почему-то первых до сих пор вылавливают по всему земному шару, а вторые с почестями похоронены у кремлёвской стены и на престижных кладбищах (естественно те из них, кто выжил в сталинские годы и не дискредитировал себя после этого).

В двадцатые-тридцатые годы карательные органы ЧК, затем НКВД "подчистили" многих из "бывших" царских специалистов – тех, кто сотрудничал с советской властью, но тем не менее считались неблагонадёжными, а главное – классово чуждыми. Были переполнены Соловки и другие коммунистические концентрационные лагеря. В 30-х годах было начато строительство Беломоро-Балтийского канала. На его строительстве использовались так называемые каналармейцы в основном из крестьян, у которых Коллективизация отняла всё. В конце 20-х годов чекисты стали открываться первые "шарашки" состоявшие из учёных и инженеров, обслуживающих военную промышленность СССР. Люди в них работали практически бесплатно, за право остаться в живых.

В документальном фильме Антона Васильева и Искандера Кузеева "Из воды и водою, или частная тюрьма для воды" говорится о том, что по подсчётам научных работников местного музея в городе Дмитрове на строительстве каналов всего погибли от 700 тысяч до 1,5 миллионов человек. Вокруг шлюзов канала "Москва-Волга" погибших было так много, что все окрестные рвы в Коломенском были заняты трупами. Речники рассказывают, что после каждого весеннего водосброса скелеты зэков можно увидеть на обнажающихся склонах парка "Коломенское". Так и стоит перед глазами картинка из фильма: бывшие крестьяне, которых советская власть назвала кулаками, православные священники, бывшие сотрудники Коминтерна босиком бегают с тачками и копают очередной канал – "великую стройку коммунизма". Поверху стоит охрана с винтовками, следя за тем, чтобы люди не убежали. Ещё чуть выше играет духовой оркестр, чтобы скрасить каторжный труд строителей каналов. [83]

"Большая чистка" 1937-1938 гг. или "ежовщина" вначале затронула центральные партийные органы, военачальников, затем распространилась на советские республики, ну и, конечно, на все слои общества, включая рядовых коммунистов. Было арестовано несколько миллионов человек из всех слоёв населения, каждый десятый из них расстрелян.

Историк, специализирующийся по репрессиям военных, Николай Зенькович писал о периоде 1937-1938 годов, когда начались массовые репрессии среди военных так: "Более 90 процентов арестов инициированы снизу. Доносительство приобрело чудовищные масштабы. Вспоминали старые обиды, мстили за всё - за то, что сосед быстрее продвигался по службе, за то, что у него красивая жена, за то, что слишком много о себе мнит. Всё подлое и мерзкое, что копилось в мрачных подвалах души, выплёскивалось наружу. Самым верным способом расквитаться с недругом был сигнал о политической неблагонадёжности, связях с троцкистами и прочей оппозицией." [60, с. 523] Главными терминами обвинения в то время были "враг народа", "немецкий шпион", "японский шпион", "участник троцкистско-зиновьевского антипартийного блока" и пр.

Сталин "выкосил" репрессиями 30-х годов большую часть исполнителей Октябрьского переворота и людей, помогавших становлению и первым шагам СССР - министров, экономистов, ученых, управленцев, военных, партийных деятелей и т.д. При этом, приговор – "10 лет без права переписки" означал "расстрел". Самый высокий процент уцелевших в чистках был среди технической интеллигенции, работавшей на оборону страны. Даже если этих "технарей" приговаривали к суровому наказанию за вымышленную шпионскую, вредительскую или диверсионную деятельность, то направляли в "шарашки", где перед ними ставилась задача – выполнить конкретный заказ, решить конкретную инженерно-техническую задачу (например, разработать броню для танков, самолёт, автомат, оптический прицел и т.д.). Если результат их работы был налицо, то их освобождали "вчистую", "снимая судимость", хотя и продолжали держать "на крючке". Известные узники шарашек: авиаконструкторы Александр Путилов, Алексей Черемухин, Андрей Туполев, Владимир Петляков, Владимир Мясищев, Владимир Чижевский, Дмитрий Григорович, Иосиф Неман, Николай Базенков, Николай Поликарпов, Роберто Бартини, конструкторы ракетно-космической техники Сергей Королёв и Валентин Глушко, организатор работ по созданию химического оружия Евгений Шпитальский, создатель терменвокса Лев Термен, специалист по дальней радиосвязи Леонид Кербер, конструктор ветровых электростанций Юрий Кондратюк и многие другие.

Для обеспечения СССР цветными металлами (никель, алюминий и др.) и для экспорта их в другие страны с 1935 до 1939 годов силами заключённых концентрационных лагерей Гулага был построен Норильский горно-металлургический комбинат ("Норильский никель"). Руководили стройкой и эксплуатацией завода старшие офицеры НКВД. При строительстве завода за Северным полярным кругом в условиях вечной мерзлоты в норильском лагере погибли около 100 тысяч заключенных в основном от болезней, голода и холода. Часть заключённых были расстреляны для острастки остальным.

Политика депортаций лиц, неугодных советской власти началась при Ленине в 1918 году. Первым официальным актом инициированным советской властью в этом направлении было выселение казаков Терской области, которые были объявлены советской властью белогвардейцами. Уже в 1920 году они были выселены из своих домов и отправлены в другие местности Северного Кавказа, а также в Донбасс и на Крайний Север (район Архангельска). Их земля была передана чеченцам и ингушам, которые враждовали с Терскими казаками. [115] В течение четверти века чеченцы и ингуши пользовались казацкими землями. Но в 1944 году за сотрудничество части кавказцев с немцами Лаврентий Берия по приказу Сталина практически полностью депортировал чеченцев на восток, несмотря на то, что многие чеченцы честно сражалась в составе Красной армии против немцев. Но Сталин и Берия разбираться не стали и выселили всех. Выселили из Крыма и крымских татар под тем же предлогом, что и чеченцев. Часть украинцев тоже сотрудничала с немцами в составе дивизии "Галичина" и других карательных отрядов, но украинцев было слишком много для переселения. Поэтому на Украине Сталин ограничился локальными чистками.

Осенью 1922 года Ленин и Троцкий стояли у истоков выселения за границу некоторой части русской интеллигенции сохранившейся ещё с царских времён. Основанием для выселения было то, что эти люди приносят вред СССР, критикуя существующие порядки. На двух немецких пароходах и в нескольких поездах депортированы за границу философы Николай Бердяев, Питирим Сорокин, Семён Франк, Иван Ильин, Сергей Трубецкой, Борис Вышеславцев, Александр Кизеветтер, Михаил Осоргин (Ильин) и другие, которые "подтачивали" большевистскую политическую схему власти, их "единственно правильное" видение мира и хода истории. Всего было выслано 225 человек. Среди них 45 врачей, 41 профессоров и педагогов, 30 экономистов, агрономов и кооператоров, 22 литература, 16 юристов, 12 инженеров, 9 политических деятелей, 2 религиозных деятеля и 34 студента.

Предлоги для депортации большевики выдумывали самые разные. Большинство из этих предлогов не имели ничего общего с реальностью. Главное, чтобы они выглядели правдоподобно на данный момент. Например, борьба с угнетателями трудового народа, или борьба с внутренней контрреволюцией или борьба с пособниками врагов советской власти. По части придумывания предлогов и легенд коммунисты были большими мастерами. А иногда они даже самих себя убеждали в правильности того, что говорили.

Главным критерием при последующих депортациях семей и целых народов была их "социальная опасность" для советской власти – опасность, выдуманная самой советской властью. Идеологическим и законодательным основанием для массовых депортаций населения СССР было решение о Коллективизации принятое на XV съезде ВКП (б) в 1927 году и решение об очерчивании границ Советского Союза, как провозвестник "железного занавеса".

Самыми массовыми были депортации крестьян-единоличников Украины, Поволжья и Сибири, не желавших вступать в колхозы, организуемые Советской властью и не желавших отдавать ей практически задаром выращенное ими зерно. На таких советская власть тут же навесила ярлык "кулаки", или "подкулачники", хотя подавляющее число раскулаченных были "середняками". В период так называемой кулацкой ссылки 1930-1936 годов и переселения крестьян на "великие" стройки коммунизма (1932 год) около 2 с половиной миллионов крестьян было насильственно депортировано в Сибирь, Казахстан и Среднюю Азию, а также на стройки коммунизма то есть на строительство каналов, железных дорог и промышленных предприятий. Около половины из них погибли – кто по дороге, кто от невыносимых условий жизни в ссылке, кто от непосильной работы.

"Очерчивание" границ СССР – это ещё одна "славная" страница борьбы коммунистов с собственным народом. Советское правительство начало кампании по зачистке своей территории в 1929 году. На западных границах были депортированы финны и поляки (1929-1930 годы), в 1935-1936 годах поляки и немцы, в 1940 году - бывшие польские и другие иностранные граждане. В 1930-1931 годах на восточных границах производилась частичная зачистка, а затем в 1937 году полная депортация корейцев. На южных границах в 1937-1938 годах проводились зачистка и депортации курдов, евреев и иранцев, имевших иностранное подданство. Советизация и зачистка северо-западных и юго-западных границ в Прибалтике (литовцы, эстонцы и латыши), на Западной Украине, Западной Белоруссии и Молдавии (Бессарабии) проводилась перед самой Великой Отечественной войной в первой половине 1941 года.

В фундаментальном труде французских и польских авторов "Чёрная книга коммунизма" приводятся цифры по депортации поляков. "Согласно статистике департамента спецпоселенцев Гулага, между февралём 1940 и июнем 1941 года только с территорий, вошедших в состав СССР в сентябре 1939 года, 381 тысяча польских граждан была сослана в спецпоселения Сибири, в район Архангельска, в Казахстан и другие отдаленные регионы СССР. Цифры, зафиксированные польскими историками, значительно выше: депортированных было порядка одного миллиона. ... Из военнопленных поляков только 82 тысячи из 230 тысяч пережили лето 1941 года." [84, с. 209]

Весной - в начале лета 1941 года с территорий, вошедших в состав СССР в 1939-1941 годах в результате сделки Сталина с Гитлером (пакт Молотова-Риббентропа от 1939 года), начались депортации "социально чуждых и нежелательных элементов" из Молдавии, Белоруссии, Латвии, Литвы и Эстонии.

В Молдавии депортировались только "главы семей" (которых вывозили в лагеря военнопленных) и члены семей (ссыльнопоселенцы). Ссыльнопоселенцы из этого региона были высланы в Казахскую ССР, Коми АССР, Красноярский край, Омскую и Новосибирскую области. Общее количество высланных составило 29,839 человек.

Между 23 февраля 1940 года и июнем 1941 года прошло 4 волны депортаций в Белоруссии. Общая численность высланных – 123,319 человека.

После того, как Советские войска заняли территорию трёх стран – Литвы, Латвии и Эстонии, в одночасье ставших прибалтийскими республиками, в СССР было выпущено постановление, в котором говорилось: "разрешить НКВД Литовской, Латвийской, Эстонской ССР арестовать с конфискацией имущества и направить в лагеря на срок от 5 до 8 лет и после отбытия наказания в лагерях сослать на поселение сроком на 20 лет (читай, на всю жизнь) следующие категории лиц":
-участников контрреволюционных партий (то есть всех небольшевистских),
-участников антисоветских националистических и белогвардейских организаций,
-бывших охранников, жандармов, руководящий состав полицейских и тюремщиков,
-бывших крупных помещиков и фабрикантов,
-бывших офицеров польской, литовской, латвийской армий.

По словам доктора исторических наук, ведущего научного сотрудника Государственного Эрмитажа Юлии Кантор в результате этого стратоцида по Литве репрессировано 15,851 человек, по Латвии - 15,171 человек, по Эстонии - 9,156 человек. [66] Репрессированных ссылали в основном, в Сибирь и в другие отдаленные регионы Советского Союза. При этом смертность среди заключенных составляла чуть менее 60%. Среди ссыльных смертность была в два раза ниже и равнялась примерно 30%.

Вторая мировая война подходила к концу, когда начались внутренние депортации народов, которые проявили нелояльность к советской власти во время войны: "в ноябре 1943 г. были депортированы карачаевцы; 27-30 декабря вывезены в товарных поездах в Среднюю Азию и Сибирь калмыки; 23 февраля 1944 г. в соответствии с указом Верховного Совета была проведена облава на чеченцев (не только на основной территории, но во всех местах их проживания) и их депортация; 8 марта 1944 г. все балкарцы были погружены на грузовики, а потом - в вагоны для скота и вывезены в Казахстан и Киргизию; 17-18 мая 1944 г. депортировано в Узбекистан все татарское население Крыма. В целом более миллиона жителей Северного Кавказа и Крыма были выкорчеваны со своих родных мест" - написал в своей книге французский врач и историк Ив Термен [163, с. 13]

Депортации продолжались почти до смерти Сталина в 1953 году. После советизации Маньчжурии в августе-сентябре 1945 года, депортации подверглись находившиеся там китайцы, японцы и русские эмигранты. Тотальной депортации были подвергнуты корейцы, немцы, финны-ингерманландцы, карачаевцы, калмыки, чеченцы, ингуши, балкарцы, крымские татары и турки-месхетинцы. Депортировали так называемых кулаков, бандитов и бандитских пособников, представителей религиозных конфессий (истинно-православных христиан, последователей секты "свидетели Иеговы" из Молдавии, "иннокентьевцев", адвентистов-реформаторов) и других "антисоветских элементов" и "лиц, представляющих потенциальную опасность для советской власти".

Итого в период с 1920 до 1952 годов за 33 года было депортировано внутри СССР 5 миллионов 870 тысяч человек. Ещё 6 миллионов 20 тысяч человек мигрировали из СССР за рубеж преимущественно перед окончанием Второй мировой войны, хорошо понимая, что их ждёт в случае возвращения в "советский рай". [115] Возможность вернуться на родину появилась у депортированных только в конце 50-х годов, когда некоторым из них Хрущёв разрешил вернуться на родину предков.

2.4. Цена победы советского народа во Второй мировой войне

2.4.1. Чудовищные потери Красной армии в начале войны

Сейчас уже трудно установить истину, но по факту получилось, что в 1941 году Сталин перехитрил Гитлера, спровоцировав немецкую агрессию на восток. Советскому народу эта "азиатская хитрость" обошлось в несоразмерно большее число жертв, чем если бы Сталин сам напал на Германию. Официально невозвратные потери СССР составили почти 26.6 миллионов человек, не считая искалеченных, репрессированных и сбежавших за границу.

Для победы во Второй мировой войне Сталину пришлось сначала в очередной раз победить свой народ, и только потом взяться за немецкую армию. Естественно цена такой суммарной победы была в несколько раз выше, чем в обычной войне (сравните хотя бы с Первой мировой войной, когда Россия потеряла почти в девять раз меньше людей). При этом борьба советской власти со своим народом под маской борьбы за "светлое коммунистическое будущее" не прекращалась ни на минуту. "Всё для фронта, всё для победы", "любой ценой" "удержать", "захватить", "выстоять". Этими лозунгами зомбировали партийные работники и советские командиры солдат и гражданское население. И в тоталитарном государстве при отсутствии альтернатив при отсутствии объективной информации эти лозунги работали – работали вопреки инстинкту самосохранения, вопреки здравому смыслу, вопреки негативному отношению части людей старой закалки к советской власти. Сталин неплохо знал народ, которым управлял.

Часто советские историки начиная с 60-х годов неудачи первых месяцев Отечественной войны 1941-45 годов "списывали" на уничтожение профессиональных военных кадров в годы Большого террора во второй половине 30-х годов. Так по разным оценкам число безвинно репрессированных военнослужащих командного состава Красной армии и Военно-морского флота СССР в 1937-1939 годах было в пределах от 30 до 50 тысяч человек. Якобы именно фактор обезглавливания советской армии и флота окончательно склонил Гитлера к нападению на СССР в 1941 году. С другой стороны, не следует преувеличивать значение репрессированных командиров и комиссаров для боеспособности армии. Решения по большинству вопросов даже второстепенных принимались на самом верху и большинство старших офицеров были такими же исполнителями в руках Сталина и его подручных, как и рядовые солдаты. Ручное авторитарное управление в России было во все времена, но в сталинские годы это проявлялось особенно явно. Только под угрозой поражения начиная с 1943 года, сталинские генералы перестали воевать с оглядкой на ставку верховного командования и стали принимать самостоятельные решения. И сразу стали побеждать.

Игорь Чубайс (брат реформатора Анатолия Чубайса), директор Центра по изучению России Университета Дружбы народов, передает ощущение катастрофы начала войны: "В первые месяцы войны в плену оказалось 3800 тысяч человек - это 70% личного состава. Практически вся кадровая армия, которая готовилась так долго, и примерно 200 тысяч ушло в плен инициативно, остальные попали в результате котлов, окружений и так далее. Это были люди, по которым прошел Октябрьский переворот, Гражданская война, "Крас-

ный террор", Голодомор, депортации, раскулачивание, уничтожение офицерского корпуса, уничтожение церкви, конфессий и так далее. То есть эти люди
совершенно не поддерживали режим." [49] Немецкое командование было
вынуждено снять с фронта 150 тысяч солдат для охраны русских военнопленных.

Сколько раз, читая книги или смотря фильмы о Великой Отечественной
войне, сражениях, которые ведут советские роты, батальоны или даже более
крупные соединения попавшие в окружение, мы слышали фразу: "Вызываем
огонь на себя"? Таких ситуаций не счесть. И это каждый раз преподносилось
советской пропагандой, как синоним мужества и геройства советских воинов.
Если разобраться, то ситуация с самопожертвованием в большинстве случаев
оказывалась далеко не геройской, а скорее вынужденной мерой. Конечно, во-
еначальнику в процессе ведения боевых действий иногда приходится жертвовать малым ради спасения большого, например – полком ради спасения
армии. Однако в Советской армии причиной такого "вызова огня на себя" чаще всего являлась неумелость или глупость командиров, которые затевали
непродуманные атаки на противника, не разрешали отступление даже в случае угрозы полного окружения и уничтожения солдат.

Согласно приказу ставки ВГК №270 от 16 августа 1941 года, каждая советская часть, оказавшаяся в окружении, обязана была драться до последней
возможности. Военнослужащих при попытке сдаться в плен предписывалось
уничтожать всеми средствами, как наземными, так и воздушными, семьи
сдавшихся в плен как семьи изменников лишались государственного пособия
и помощи.

К моменту вступления генерала армии Георгия Жукова в командование
Ленинградским фронтом уже была издана директива Верховного главноко-
мандования вермахта об окончании наступательной фазы завоевания города
и переходе к более пассивной блокаде Ленинграда. В связи с этим немецкие
танковые дивизии снимались с Ленинградского фронта и отправлялись на
юг. Тем не менее 28 сентября 1941 года Жуков направил в войска под Ленинградом шифрограмму за № 4976 о необходимости разъяснения всему личному составу, что все семьи сдавшихся врагу будут расстреляны и по возвраще-
нии из плена они сами будут расстреляны. Это относилось и к военнослужащим, которые попали в плен будучи раненными. Тем самым он объявил советских военнопленных, а также их родственников предателями родины. Генерал Жуков вновь и вновь гнал свои части в контратаки на неподавленные
немецкие пулеметы. Гнал пехотинцев, вооруженных лишь винтовками и гра-
натами, балтийских моряков, которых немцы выкосили вчистую, гнал непод-
готовленных к войне ленинградских рабочих из народного ополчения.

У писателя Феликса Чуева в книге "Солдаты империи" со ссылкой на генерал-лейтенанта авиации Александра Голованова говорится о том, как в 1942 году под Ленинградом маршал Георгий Жуков "расстреливал там целые отступавшие наши батальоны! Он, как Ворошилов, не бегал с пистолетом в руке, не водил сам бойцов в атаку, а поставил пулеметный заслон – и по отступавшим, по своим!" [177, с. 130] За два года штурма Синявинской высоты под Ленинградом Красная армия потеряла около 360 тысяч человек. Народное ополчение, скомплектованное из студентов ленинградских вузов неумелые командиры загнали в ленинградские болота, где оно было окружено немцами и поголовно перебито.

Практика применения заградительных отрядов, скомплектованных из военнослужащих НКВД, по всей Красной армии была введена Сталиным после массового бегства советских солдат от немецких войск в 1941-1942 годах. Безжалостный приказ за №227 от 28 июля 1942 года был коротко сформулирован, как: "Ни шагу назад!". В соответствии с этим приказом за отход военнослужащих с позиций без приказа полагался немедленный расстрел; аресту и ссылке на срок до 5 лет подлежали отец, мать, жена, сыновья, дочери и сёстры военнопленных, заподозренных в измене, если они жили одной семьёй до начала войны. Массовая гибель военнослужащих подо Ржевом в 1942 году, например, была прямым следствием этого приказа.

Также широко известен приказ об обязательном сохранении жизни командира или политрука любой ценой. Того самого командира или политрука, который из-за своей низкой военной квалификации не умел грамотно сражаться, зато "стучал" сотрудникам особого отдела на своих солдат, ел свой паёк под одеялом, чтобы голодные солдаты не видели, что его паёк больше и лучше, чем их. Конечно ситуации, когда солдаты не заботились о жизни своих политруков и командиров были не массовыми, но и не единичными, если уж специальный приказ по этому поводу пришлось выпускать. Когда и зачем издают такие приказы? Это происходит, когда моральный дух армии настолько низок, что только угроза неминуемой смерти самих военнослужащих и членов их семей способна подвигнуть людей на то, чтобы сражаться и защищать своих командиров.

Генерал американской армии Дуайт Эйзенхауэр после войны поддерживал дружеские отношения с маршалом Жуковым, который как-то рассказал ему о своей тактике наступления через минное поле, когда пехота наступает на противника так, как будто мин нет. Потери от противопехотных мин примерно равны потерям от плотного пулеметно-артиллерийского огня. Поэтому с точки зрения Жукова такая тактика является оправданной. Разминирование с использованием пленных и местного гражданского населения применяли и немцы, но они жертвовали не своими людьми. Георгий Жуков среди сослуживцев имел прозвище - "мясник". Он был из народа – прямой, грубый солдат, преданный Сталину коммунист. Важнейшим критерием эффективности для него, как впрочем и для любого полководца, являлась военная победа. Неизбежные потери он рассматривал, как плату за победу. А солдат в СССР было много – не жалко.

В начальный период войны, когда командованию советскими войсками было важно оттянуть время, собрать силы, резервы, произвести новое оружие, к людям относились, как к самому дешёвому "расходному материалу". И такое отношение было сверху донизу – от верхушки Красной армии до рядового солдата. Одним из показателей работы командира было количество убитых и раненых в атаках солдат. Чем больше их было, тем в глазах начальства лучше командир воевал. Ответным было и пренебрежение солдат к уставной обязанности оберегать командира в бою. "Как вы к нам, так и мы к вам". Причём такое безжалостное отношение к человеческой жизни касалось как военнослужащих, так и гражданских лиц.

Общее представление о том, как воевали русские зимой-весной 1942 года можно получить на примере сражений Волховского фронта. Командующий фронтом большую часть этого времени был генерал армии Мерецков. Количество советских солдат в местах прорыва 2-й ударной армии примерно в 20 раз превосходило количество немецких солдат. Из ставки главного командования всё время приходили приказы: "Только вперёд", "Никаких обходных маневров". И солдаты шли в лобовую атаку на неподавленную неприятельскую оборону на верную гибель. Иногда несколько немецких пулемётов сдерживали лавины наступающих советских войск. Убитых не считали. Они громоздились слоями. В извещениях писали: "Без вести пропавший". Оружия не хватало. Вновь прибывшие солдаты подбирали винтовки убитых товарищей и шли в новую лобовую атаку. Питание и оружие подвозились плохо. Связь на последнем этапе после окружения осуществлялась только по воздуху. Зато регулярно приезжали комиссии под руководством отважного, преданного Сталину, но малопонимающего в военном деле маршала Ворошилова, чтобы подстегнуть солдат к новым лобовым атакам. Поражает самоотверженность советских солдат, которых коммунистические политработники настраивали на наступление и победу и те голодными практически "с голыми руками" бросались на противника. Ценой страшных потерь вторая ударная армия продвинулись на несколько десятков километров вглубь обороны противника однако затем была практически окружена немецкими войсками. Приказ на отступление пришёл в конце весны 1942 года, когда уже по сути отступать было поздно. Оставался узкий перешеек, через который под непрерывными обстрелами и воздушными бомбёжками лавиной отступали советские войска. Выходил из окружения один из шести солдат. Своих раненых солдат при отступлении сотрудники особых отделов грузили на санитарные машины и взрывали. Всего на том участке погибло около 150 тысяч советских военнослужащих. [36]

В результате знаменитого контрнаступления советских войск 5 декабря 1941 - 8 января 1942 годов и общего наступления с 8 января до 20 апреля 1942 года линию фронта удалось отбросить на 150-200 километров от Москвы. Однако она всё ещё уходила вглубь советской территории в районе Ржева. Георгий Жуков попытался срезать этот обращенный в сторону Москвы изгиб и окружить находящуюся на нем 9-ю армию группы "Центр". Бои подо Ржевом – видимо один из самых кровавых эпизодов отечественной войны. Только по официальным данным за более, чем год Красная Армия потеряла там более миллиона ста тысяч человек. С учётом потерь среди гражданского населения и другим неучтённым потерям, речь может идти и о большей цифре. И это только сражения подо Ржевом (3 воинских операции) [136]. Для сравнения Франция за всю Вторую мировую войну потеряла 567 тысяч военнослужащих, Великобритания - 450,9 тысяч военнослужащих, Италия – 454,4 тысячи военнослужащих, а Соединённые Штаты Америки – 418,5 тысяч военнослужащих. [189]

Больше года понадобилось русским, чтобы мобилизовать свои силы и начать выравнивать военную ситуацию на всех фронтах после страшного для них первого года войны. Только к концу 1942 года некоторые русские генералы научились воевать и побеждать противника не только числом, но и умением, не только "мясом", но и головой. Сталинградское сражение, закончившееся 2 февраля 1943 года и Курская битва, закончившаяся 23 августа 1943 года переломили ход войны в пользу СССР.

Главная причина ужасного для СССР начала войны – стратегические просчёты Сталина и его окружения. После этого войну пришлось выигрывать с помощью тотальной мобилизации всего мужского и частично женского населения СССР, тех, которые были способны воевать и помогать армии.

По признаниям писателя-фронтовика Виктора Астафьева и других фронтовиков, вернувшихся с войны, немецкие солдаты воевали лучше советских. Конечно и немецкие военачальники делали много глупостей особенно когда сверху поступал жесткий приказ (например о захвате Сталинграда любой ценой). И всё-таки Советский Союз выиграл войну. Выиграл не умением, а числом, за счёт огромного количества самоотверженных солдат, которые "с голыми руками" бросались на доты и пулемёты, шли на самолётный таран и вообще жертвовали собой. Он выиграл за счёт индивидуального самопожертвования, за счёт талантливых людей, которые несмотря на большевистский террор и советское убожество сохранились в стране, выиграл в силу низкого инстинкта самосохранения традиционно присущего восточным славянам, выиграл из-за огромных пространств и суровых климатических условий России к чему Германия и её союзники в условиях затяжной войны не были готовы. Но цена этой победы была огромной.

И как выигрыш в Гражданской войне был заслугой фанатика Ленина и ничтожной кучки большевиков, которые сплотились в мощный кулак вокруг него в крупных центральных городах России, так и выигрыш СССР во Второй мировой войне был заслугой не только советского народа, о чём беспрерывно пишут и говорят историки, политологи и журналисты, но также и, может быть в основном, заслугой Сталина и его приближённых – таких же безжалостных палачей, как он сам, равно как и построенной Сталиным централизованной деспотической системы управления государством. Варварскими жестокими методами, системой тотального принуждения и насилия, ограничением поступления к людям объективной информации из свободных источников, за счёт непрерывной продовольственной и военно-технической помощи Великобритании и США, безумной человеческой и материальной ценой, коммунистическое руководство сумело из почти 200 народов СССР сделать способное сражаться войско, и в конце концов победить самую лучшую на то время армию планеты.

2.4.2. Отношение к своим военнопленным и гражданскому населению

Историк Ярослав Бутаков описывает отношение Сталина и его правительства к тем из советских военнослужащих, которые попали в немецкий плен как неприемлемое для цивилизованной власти. Он пишет: "В апреле 1943 года на предложение представителя Ватикана об организации помощи советским военнопленным посол СССР ответил, что советское правительство не придает значения сообщениям о военнопленных, так как считает их изменниками родины. Таким образом, советская власть оставила своих военнопленных на произвол судьбы." [25] Равно бесчеловечным было отношение советского руководства, как военного, так и гражданского к своему народу.

Об игнорировании руководством СССР интересов и жизней невоюющего, гражданского населения – женщин, стариков, детей в годы Второй мировой войны написано много. Недаром из 26.6 миллионов погибших во вторую мировую войну советских людей – это так называемые общие безвозвратные демографические потери - на долю Красной Армии приходится примерно одна треть из этого числа – 8 млн. 876,3 тысяч военнослужащих). [31, с. 376] Простая арифметика даёт цифру около 18 миллионов человек – погибшее мирное население.

Существуют, правда другие данные компьютерного центра Центрального автоматизированного банка данных (ЦБД). С учётом потерь в войсках ПВО, пограничных и внутренних войсках, потерь дивизий народного ополчения до их включения в состав Красной Армии (а это более 2 млн. человек из общего 4-х миллионного числа добровольцев), потерь тех, кто воевал в партизанских формированиях, но не числился в Красной армии, потерь активных участников войны - моряков торгового флота и речников, работников железнодорожного и автомобильного транспорта, потерь около 500 тысяч военнообязанных, призванных по мобилизации, но не зачисленных в войска, потерь 3,3 млн. воевавших на стороне СССР и погибших в немецком плену из общего числа в 5,7 млн., попавших в плен, то число воевавших советских людей, погибших за 4 года войны увеличивается почти в два раза до 19 млн. человек. [86] Потери среди гражданского населения (старики, дети, женщины, которые не воевали) соответственно уменьшаются до количества примерно в 7,6 млн. человек, что всё равно чудовищно много.

Историк и журналист Искандер Кузеев описывает ещё один эпизод из начального этапа войны. К концу ноября 1941 года 2-я танковая армия Гудериана практически завершила окружение Москвы с юга. Чтобы не допустить полного окружения Москвы наступающими немецкими войсками, на совещании в Ставке Верховного Главнокомандующего было принято решение спустить воду из всех шести водохранилищ к северу от Москвы (Химкинское, Икшинское, Пяловское, Пестовское, Пироговское, Клязьминское), а также из Иваньковского водохранилища с плотины у города Дубна, которое тогда называлось Московским морем. Делалось это для того, чтобы взломать лед и чтобы немецкие войска и тяжелая техника не смогли перейти Волгу, Московское море и рубеж из шести подмосковных водохранилищ. Операция была намечена на 28 ноября 1941 года. К 24 ноября на Волоколамском направлении советские военные инженеры взорвали водоспуски плотины Истринского гидроузла ниже уровня "мертвой отметки". Огромные потоки воды в том месте, где наступали немецкие войска, обрушились на район наступления. Были смыты и затоплены 30-40 деревень, и поток ледяной воды вперемешку со льдом доходил практически до Москвы-реки. И это при морозе в минус 40 градусов по Цельсию. Никто из мирного населения не был об этом предупрежден из соображений секретности. По приблизительным оценкам при проведении этой операции погибли около 70 тысяч мирных жителей. [82] Параллельно с затоплением в соответствии с приказом 0428 от 17 ноября по Ставке ВГК должны были быть уничтожены все деревни в глубину фронта на расстоянии 40-60 километров. "Диверсанты" из состава специальных советских войск сожгли 398 населенных пунктов с помощью бутылок с зажигательной смесью. Все свои военные преступления коммунисты как всегда "списывали" на немецко-фашистских захватчиков.

В документальной кинодраме Алексея Пивоварова: "Вторая Ударная. Преданная армия Власова" описано, как на Волховском фронте зимой-весной

1942 года самый нечеловеческий приказ пришёл из Ставки Верховного ГКО вместе с приказом на отступление практически окружённой армии. Все жители подлежат эвакуации вместе с отступающими армейскими частями. Сотрудники Особых отделов сожгли дома местных жителей, чтобы те не смогли вернуться в свои дома. Дети просили у солдат хотя бы кусок хлеба, но те сами питались похлёбкой из упряжи для лошадей. Отступать вместе с войсками через узкий коридор женщины с детьми не могли. Поэтому они разбрелись по лесам. Чтобы не сразу умереть с голоду они глодали кору с деревьев. Кора была обглодана до высоты человеческого роста. В результате многие жители из сожжённых домов умерли всё равно. [36]

Жизнь советского человека была бесценна – в смысле, что она не имела цены. Ещё солдат мог воевать, а уж гражданское население, которое не работало для фронта, для победы вообще было не нужно: кто выживет – тот выживет. Ведь бабы, старики и дети не могут воевать, а значит, пусть себе помирают бессчётно. И вообще непонятно, как при таком безжалостном, аморальном отношении друг к другу русские ещё сохранились, как народ, а Россия, как страна.

В блокаду Ленинграда, которая продолжалась 872 дня с 8 сентября 1941 года до 27 января 1944 года, от голода и холода умерли 632,253 человек гражданского населения (97 % от числа погибших). Ещё 16,747 человек (3 % от погибшего гражданского населения) погибли от бомбёжек и артобстрелов. Военные потери ненамного меньше - 332,059 убитых, 24,324 небоевых потерь, 111,142 пропавших без вести. [19]

Не на доброте и милосердии, а на жестокости и равнодушии к своим соотечественникам стоит Русская земля в XX веке. "Родина ждёт вас, сволочи!.." - финальная фраза из документального фильма "Военнопленные" на канале "Совершенно Секретно" в 2010 году. [33] Фильм демонстрирует бесчеловечное отношение коммунистической власти к своим военнопленным после возвращения тех на родину после Второй мировой войны и почти такое же свинское отношение Бориса Ельцина и его военных начальников к солдатам-призывникам – неподготовленным мальчишкам, попавшим в плен к чеченцам во время Первой чеченской войны.

Ещё один голод, которого могло и не быть, произошёл в СССР в 1946-47 годах сразу после Второй мировой войны. Он явился следствием развала сельского хозяйства СССР из-за последствий войны (разрушение колхозов и совхозов, недостаток рабочих рук, техники и лошадей), из-за засухи 1946 года, из-за экспорта зерна за рубеж (вывезено до 1,4 млн тонн зерна), из-за создания стратегического зернового резерва на случай новой войны и хранения его на складах не предназначенных для хранения (за 1946-1948 гг. в СССР сгнило около 1 млн т. зерна). Жертвами голода по оценке М. Эллмана стали от 1 до 1,5 млн человек. [39]

2.4.3. Последствия правления коммунистов в СССР до 1953 года

Соотношение невозвратных людских потерь СССР и Германии во Второй мировой войне ярче всего показывает, чего стоила жизнь человек в главных воюющих странах. Общая официальная цифра безвозвратных демографических потерь у СССР – 26,6 млн., у Германии и её союзников – 11,9 млн. человек, то есть в 2,2 раза меньше. [31, с. 376]

Во Второй мировой войне соотношение убитых советских людей и британцев было в во много раз хуже для жителей СССР, чем в Первой мировой войне. Во Второй мировой убито около 450 тысяч британцев. И всё потому, что Черчилль, который сам был ярым антикоммунистом, был согласен сотрудничать хоть с самим дьяволом – то есть со Сталиным лишь бы сохранить в живых побольше своих солдат в отличие от Сталина, для которого народы, населявшие СССР были лишь средством для распространения своей коммунистической идеологии и личного влияния на как можно большее число стран.

Обеспечив личный триумф в годы Второй мировой войны, Сталин добился удовлетворения своих властных и гегемонистских амбиций. Мало того, что под его руководством была одержана военная победа над немецкой армией и армиями её сателлитов, но с помощью своих пропагандистов Сталин сумел развернуть сознание советских людей в нужном ему направлении. Ещё и до сих пор немалая часть русского общества, даже преуменьшающая роль Сталина в победе) культивирует сталинские мифы о правильности того, что сделано на этой войне, а именно:
- миф об освобождении стран Восточной Европы от фашистского ига, а не навязывании им своего коммунистического ига,
- миф о необходимости вечной коленопреклонённой благодарности народов, которых освободила Красная армия,
- миф об обоснованности уничтожения тех, кто сопротивлялся установлению советской власти в Польше, Литве, Латвии, Эстонии, Западной Белоруссии, Западной Украине, Бессарабии и тех, кто боролся за собственную национальную независимость не только от фашистов, но и от коммунистов,
- миф, выраженный в песне из кинофильма "Белорусский вокзал" о том, что "И, значит, нам нужна одна победа, одна на всех. Мы за ценой не постоим!".

Российские власти до сих пор организуют пышные дорогостоящие парады, приглашают ветеранов войны, сумевших выжить и дожить до настоящего времени. При этом власть предержащие и подкармливаемая ими верхушка "творческой интеллигенции" спекулируют на народных потерях. Действительно таких безумных потерь (в относительном количестве по отношению к общему населению страны) в истории России не было никогда. В какой ещё стране из мужчин, родившихся в 1922-1924 годах осталось в живых 3% от числа призванных в армию? [112] То, что произошло можно рассматривать, как другую форму геноцида своего народа под лозунгом защиты социалистического отечества.

Десятки миллионов солдат и гражданских лиц, заключённых Гулага отдали свои жизни и здоровье ради того, чтобы Сталин, победив в войне, продолжал издеваться над ними и их близкими, уничтожая их нормальную человеческую сущность на несколько поколений вперёд. Мы все - люди ныне живущие на территориях разных стран – России, Украины, Белоруссии, Молдавии, Кавказа, среднеазиатских стран, эмигранты, уехавшие в последней четверти XX – начале XXI веков в другие страны, являемся потомками советских людей, воспитанных при Ленине и Сталине. И мы передаём по наследству психологически ущербный тип советского человека, сформированный за 74 года господства одной из самых вредоносных идей, когда-либо приходивших в голову человека – идеи марксизма в её ленинском воплощении.

После второго сражения с римлянами при Аускуле в 279 до н. э. эпирский царь Пирр сказал: "Ещё одна такая победа, и я останусь без войска". К началу Второй мировой войны Советский Союз имел несомненное преимущество перед этим царём, поскольку его людские и природные ресурсы были очень велики, сконцентрированы в одних руках и несколько проигранных в начале войны сражений ещё не означали проигрыша в войне. Однако невозможно всё время платить и платить человеческими жизнями за победы и свершения недалёкого и фанатичного руководства страны. Советский Союз при Ленине и при Сталине воевал не разумом и умением, а количеством людей – то есть "мясом", страхом и безрассудным самопожертвованием. Царские русские генералы, которые тоже не больно-то берегли своих солдат, воевали не в пример лучше советских.

Коротко об итогах и следствиях первых 35 с половиной лет правления коммунистов в СССР. Цифры человеческих потерь с 1917 до 1953 года ужасают. Складывается впечатление, что всё это время Россия ходила по полю с разбросанными по нему граблями и, наступая на очередные грабли, получала по лбу. Общее количество репрессированных по политическим мотивам за период с 1917 по 1991 год оценивается в интервале от 11 до 13 миллионов человек. Официальные статистические данные, опубликованные в 1991 году в газете "Аргументы и факты" и в 1993 году в газете "Красная звезда" говорят о том, что за 74 года советской власти было репрессировано более 10 миллионов человек. На сайте общества "Мемориал" [57] перечислены фамилии 2,6 млн. человек, репрессированных в советский период. При этом в аннотации указывается, что это лишь пятая часть от общего количества репрессированных. В это число не входят погибшие от голодомора и в войнах.

Ниже приводится оценка народных потерь за время советской власти, данная научным сотрудником Института филологических исследований Санкт-Петербургского государственного университета Кириллом Александровым [4]:

-Гражданская война 1917–1922 годы - 7,5 млн. убитых,

-первый искусственный голод 1921–1922 годы - более 4,5 млн. умерших,

-сталинская Коллективизации 1930–1932 годы, включая жертвы внесудебных репрессий, умерших от голода крестьян в 1932 г. и спецпоселенцев в 1930–1940 годы - примерно 2 млн. умерших,

-второй искусственный голод 1933 года - 6,5 млн. умерших,

-жертвы сталинского политического террора 1937–1953 годы - 800 тыс. расстрелянных,

-погибшие в местах заключения Гулага в 1918-1953 годы - 1,8 млн. умерших и убитых,

-жертвы Второй мировой войны – 26,6 млн. убитых и умерших.

Итого: 49,7 млн. человек - невозвратные потери от первого этапа коммунистического правления. И это только в Советском Союзе без последствий, которые до сих пор проявляются в других странах, переживших распределительный социализм.

Глава 3

Закат советской власти и цена возврата России к капитализму

3.1. Гуманизация отношения к человеческой жизни в СССР после 1953 года

> Когда идейный коммунист перестаёт болтать, грабить и убивать, он становится заурядным халявщиком.
> (Из разговора)

3.1.1. Ослабление насилия и крах коммунистической системы

Самое отрадное в развитии страны после 1953 года – это постепенное возрастание ценности жизни человека. Несмотря на то, что советского человека по-прежнему использовали, не особенно считаясь с его желаниями и чувствами, несмотря на то, что условия жизни в СССР были значительно хуже, чем в цивилизованных странах, несмотря на немалое число военных конфликтов по всему миру – конфликтов, в которых СССР принимал активное участие, жертвуя своими людьми, отношение к человеку внутри страны постепенно улучшалось. Смягчались непримиримые формулировки "динозавров" ленинско-сталинского периода. Лозунг борьбы за мир был не пустым звуком для последних поколений советских руководителей.

Создавая свою диктатуру, Сталин не мог не знать, что в случае его смерти, его соратники вряд ли будут хранить ему верность. Но что низвержение создаваемого им многие десятилетия образа непогрешимого вождя произойдёт в форме разоблачения культа личности, как сделал Хрущёв через 3 года после его смерти, видимо, он даже предполагать не мог, как впрочем не мог предполагать, что умрёт так скоропостижно. Он повязал своих соратников такой большой кровью, как и положено пахану в мафиозном советском социалистическом государстве, что считал, что им до самой смерти будет "не отмыться". По данным Международного общества "Мемориал", каждый из сталинских приближённых (Молотов, Каганович, Жданов, Ворошилов и другие) подписывал десятки и сотни "расстрельных списков". Существовали и разнарядки на репрессии, которые подавал каждый секретарь областного комитета партии в середине 30-х годов. Среди передовиков по количеству подаваемых на репрессии людей Хрущёв, кстати, лидировал. "Чистеньких" в сталинском окружении не было.

Когда Хрущёв, сам далёкий от христианских образцов человеческой добродетели, открыл часть правды о злодее Сталине, многие люди, верившие вождю, умиравшие за него в войну почувствовали себя так, как будто им плюнули в душу. Для советских людей, которые в буквальном смысле слова молились на своего вождя – Сталина, хрущёвское разоблачение культа личности было страшным ударом. В это не хотели верить. Разве можно было такие вещи делать прямо в лоб даже с таким "согнутым в бараний рог" народом, как русский. Ведь потеря или переосмысление любой веры - христианской, марксистской и пр. оборачивается утратой и обесцениванием жизненных принципов и ценностей вообще, что чревато неприятными последствиями для самих "открывателей истины". Дискредитация идолов веры, в конце концов бумерангом перенаправляется против самих же разоблачителей по типу: "А ты сам куда смотрел?". Так оно и случилось в СССР. Последующие правители после таких разоблачений могли хоть "на уши встать", но кредит доверия к коммунистам и советской власти начал убывать именно с тех времён. Портреты Сталина ещё долгое время висели в кабинетах некоторых советских начальников и чекистов. Однако после бегства дочери Сталина – Светланы Аллилуевой за границу и они исчезли. Надо сказать, что властолюбивый карьерист из Политбюро ЦК КПСС – Никита Хрущёв, валявшийся в ногах у Сталина, когда тот был у власти, меньше всего думал о простых советских людях. Вождям Коммунистической партии Советского Союза с самого начала её создания были безразличны жизни и чувства народов, населявших СССР. Всё, что их занимало – это какой след в истории человечества они оставят. И они оставили свой грязно-кровавый след, который почему-то замалчивают и обеляют некоторые современные историки и политологи готовые этим убийцам миллионов всё простить ради красивой коммунистической сказки. С 1956 года началось постепенное разрушение Советского Союза в его классическом ленинско-сталинском варианте.

При Хрущёве репрессии явно пошли на спад. Они стали носить целевой, точечный характер. Закрытые трибуналы всё ещё приговаривали людей к расстрелу за шпионаж и прочие несуществующие грехи. Это Никита Хрущёв и его партийное руководство убирало опасных и неугодных людей. После расстрела министра внутренних дел Лаврентия Берия и его ближайших соратников из так называемой грузинской группировки - генерала-полковника НКВД Богдана Кобулова, 1-го народного комиссара государственной безопасности СССР Всеволода Меркулова, министра внутренних дел Грузии Владимира Деканозова, многие сталинские чекисты были отправлены на пенсию, рассредоточены по всей территории СССР, либо переведены на работу в другие ведомства, в спецотделы на предприятиях и в организациях. Маховик карательной системы замедлял своё движение прямо на глазах. Режим тотального насилия стал быстро смягчаться. Жители России стали возвращаться к более естественному устройству жизни и общества. Марксизм-ленинизм всё ещё доминировал в советской идеологии, но произвол со стороны властей понемногу уменьшался. Очень медленно, но классовые ценности постепенно стали трансформироваться в общечеловеческие, происходил возврат к традиционным основам жизни. Это и явилось началом конца советской идеологии и советского государства. Хотя до закрытия коммунистической "лавочки" было ещё долгих 37 лет. Таким образом, первозданный коммунистический режим в жёстком репрессивном виде просуществовал 35 лет и 3 месяца с 20 декабря 1917 года (создание ВЧК) до 3 марта 1953 года (смерть Сталина). Последующие славянские лидеры КПСС и КГБ были более гуманными, чем коммунистические владыки восточного типа - Ленин со Сталиным, для которых репрессировать лишний миллион невинных людей ничего не стоило.

Несмотря на смягчение режима в первый же год после смерти Сталина руководители страны по инерции продолжали относиться к человеку, как к расходному материалу. В сентябре 1954 г. на Тоцком полигоне было проведено ядерное испытание, за которым наблюдал маршал СССР Георгий Жуков, где 40 тысяч здоровых молодых мужчин фактически превратили в импотентов. На полигоне была испытана возможность прорыва "вражеской" укрепленной линии с помощью атомной бомбы. На этих учениях командование послало войска через эпицентр ядерного взрыва. Оказалось, что прорвать даже очень хорошо защищённую укрепленную линию противника можно, но вскоре после этого солдаты уже не способны сражаться. Вот так в СССР относились к собственным военнослужащим.

Страх, как главный стимул для подъёма экономики СССР стал постепенно исчезать. Вместе с ним марксистско-ленинская концепция о построении социализма и коммунизма стала трансформироваться и изменяться. Она стала "скрещиваться" с другими концепциями, например, с концепцией мирного сосуществования государств с различным социальным строем (социализма с капитализмом), которая была выдвинута в Декларации Совещания представителей коммунистических и рабочих партий социалистических стран в 1957 году, с христианством (в моральном кодексе строителя коммунизма в 1961 году). В конце концов базовая концепция о ведущей роли рабочего класса в развитии общества "размылась" настолько, что от неё осталась одна форма, оболочка. Ведь ни Маркс, ни Энгельс, ни Ленин не представляли себе конкретно, что же они хотят построить – какой-такой социализм-коммунизм. Все они были сильны критическим отношением ко всему, отрицанием и уничтожением старого и слабы построением нового, конструктивного. И эта слабость позитивного содержания, отсутствие конкретного плана: "Что делать, куда идти и вести за собой народ" в сочетании с нежеланием экспериментировать в экономической сфере, постепенно свели распределительный социализм на нет. А уж после того, как революционное содержание, направленное на противоборство классов, на насилие, на уничтожение и разрушение, было выхолощено, отказ от изжившей себя коммунистической идеи стал неизбежным, что и случилось в 1991 году.

Апофеозом коммунистической эпохи стал полёт Юрия Гагарина в космос. Тогда же появились первые советские диссиденты. Для изучения проблем совместимости и совместной работы в предполётных космических группах и трудовых коллективах в СССР стала развиваться социальная психология и психология личности. В марксистско-ленинской этике личность существует только как теоретическая философская конструкция. Как только "человек-винтик", объект манипулирования и воздействия "оживает", обрастает своими сильными и слабыми сторонами, реальными потребностями, так практические приложения марксизма-ленинизма кончаются. Недаром в советские времена, начиная примерно с 1934 и до 1956 года психология существовала либо в рамках педагогики, либо философии, либо физиологии высшей нервной деятельности, либо психиатрии.

После разоблачения культа личности Сталина в 1956-61 годах прыти у зарубежных апологетов советского строя сильно поубавилось. Через приоткрывшуюся щель в "железном занавесе" стала просачиваться неблагоприятная информация о стране Советов. Александр Солженицын, Варлам Шаламов, Василий Гроссман приоткрыли завесу тайны над жизнью людей первой в мире страны Советов и цену, которую пришлось заплатить народу за победы и достижения коммунистической эпохи. И хотя написаны были их произведения в 50-х – 60-х годах, но только малую часть из этого удалось в СССР сразу опубликовать. Значительная часть их работ увидела свет вначале за рубежом и только в конце 80-х годов – в Советском Союзе.

После 1956 года советское общество оживилось, хотя и в рамках прокрустова коммунистического ложа. Это было началом так называемой Хрущёвской оттепели. Однако созданная Лениным и Сталиным ригидная коммунистическая система ориентированная на власть одного человека и одной партии по инерции функционировала ещё почти 4 десятка лет пока не умерли последние её радикальные апологеты - "динозавры" из "юрского" коммунистического периода и советская система формально "отдала концы". Все эти годы продолжалось подавление инакомыслия внутри страны, борьба с международным империализмом, атеистическая пропаганда, развитие военной промышленности, экспансия коммунизма в третьи страны. Но это был уже колосс, из которого стал выходить дух фанатизма.

К огромному счастью для неизбалованного демократией советского народа следующий после Сталина лидер – Никита Хрущёв был настолько "ниже плинтуса", что на вождя и "громовержца" никак "не тянул". Десяти лет для осознания этого факта оказалось более, чем достаточно. Прозвища "Хрущ", "Болтун" прочно приклеились к нему в народе. Конечно, и за ним водились грешки - в частности, подавление оппозиционеров и демонстрантов уже после смерти Сталина. В числе самых известных преступлений Хрущёва:
- подавление антикоммунистического восстания в Венгрии 23 октября - 9 ноября 1956 года, когда с венгерской стороны было убито 2,652, ранено 19,226 человек, а с советской стороны убито 669, ранено 1,540, пропало без вести 51 человек,
- расстрел рабочей демонстрации в Новочеркасске, Ростовской области 1-2 июня 1962 года, когда были убиты более 24 и ранено более 45 человек, ещё 7 человек расстреляны по приговору суда и 105 человек приговорены в длительным срокам тюремного заключения,
- несколько сотен затравленных психотропными препаратами диссидентов.
Однако по сравнению с Лениным и Сталиным Хрущёв был, конечно, большущим либералом.

Оказалось, что одураченные большевиками советские люди практически вслепую работали на советское государство и на коммунистическую идею с 1917 по 1956 год, русские бабы рожали детей "раз уж такова их женская доля" (к тому же аборты в период с 1936 до 1955 гг. были официального запрещены). И так было до тех пор пока Хрущёв не начал развенчивать культ личности Сталина, приказал демонтировать посвящённые ему памятники, переименовать города, улицы и площади, вынести тело Сталина из мавзолея. Это было началом конца советской эпохи.

Когда Хрущёва сняли, мало кто жалел об этом. У репрессированных людей освобождённых из лагерей и у их родственников ещё сохранились к нему благодарные чувства, а у простого народа - нет. "Лысый дурак" так и остался в сознании большей части народа лысым дураком. Потерять идеологическую невинность можно очень быстро, а восстановить её по крайней мере, в сознании людей того же поколения нет. Китайцы поступили более мудро, постепенно избавляясь от культа личности Мао Цзе Дуна и, постепенно переводя свою экономику на рыночную основу, хотя там число жертв Гражданской войны и Культурной революции было не меньше, если не больше, чем в России.

При Леониде Брежневе - генсеке, сменившем Хрущёва получила распространение так называемая "Доктрина Брежнева" то есть политика ограниченного государственного суверенитета стран социалистического лагеря. В соответствие с ней СССР один или совместно с другими странами Варшавского пакта при необходимости мог удерживать в своей политической орбите страну, входящую в состав советского блока с помощью военной силы. (Прим: Военное вмешательство в дела социалистических стран применялось и при Сталине, но втихаря, как помощь братьям по классу. Например, установление коммунистического режима в Польше после введения туда Советских войск встретило ожесточённое сопротивление общества начиная с 1945 года. Активная фаза борьбы против коммунистов продолжалась с 1948 до 1952 год и вплоть до 1957 года, когда под Ломжей был уничтожен последний отряд Армии Крайовой. Всего погибло около 30 тысяч человек. [151])

Пользуясь этой доктриной, в ночь с 20 на 21 августа в Чехословакию было введено более 300 тыс. солдат и офицеров и около 7 тыс. танков стран Варшавского договора из Польши, Венгрии и Болгарии (операция "Дунай"). Чехословацкая армия сопротивления не оказала поскольку президент ЧССР Людвиг Свобода отдал приказ этого не делать. Хотя я слышал от своего хорошего знакомого, проходившего службу в составе группировки советских войск в ЧССР, что жертвы среди советских военнослужащих всё же были, хотя и немногочисленные. Он лично видел семь трупов, упакованных в мешки. Об этом партийная советская печать, как водится, умолчала.

Против ввода войск выступили немногочисленные в то время советские диссиденты. КГБ, который занимался выявлением лидеров протестного движения или людей несогласных с внутренней и внешней политикой КПСС, оперативно принял меры и большинство из диссидентов были отправлены в тюрьмы и психиатрические лечебницы на принудительное "лечение" от вялотекущей или параноидной шизофрении. Кое-кого из менее активных несогласных сослали "на поселение", "за 101-й километр" подальше от крупных городов. Эти "воспитательные" меры сопровождались выдачей им так называемого "волчьего билета" (так называлась отрицательная, компрометирующая характеристика, данная в официальном документе, в личном деле, трудовой книжке, в справке с места работы или учёбы, препятствующая устройству на хорошую работу или получению других благ).

Поддержание человеком диссидентов также могло привести к тюремному заключению или помещению в психиатрическую клинику. Большинство сотрудников советских организаций, поставленных следить за правильностью и нормативностью поведения населения по линии первых и третьих отделов на
предприятиях, в организациях и прочих режимных службах, относящихся к КГБ, были убеждены, что искореняют контрреволюционную, антисоветскую, вредную "заразу", когда преследуют инакомыслящих и инакодействующих советских людей.

Несомненным плюсом брежневского правления с точки зрения сохранения жизней советских солдат было то, что при нём СССР старался воевать чужими руками или небольшой кровью. Так было в войнах арабских стран (Египта, Сирии, Иордании, Ирака и Алжира) с Израилем, в конфликтах внутри азиатских, африканских и латиноамериканских стран - в Анголе, Эфиопии, Сомали, Мозамбике, Чили, во Вьетнаме, на Кубе и в других странах. Со стороны СССР привлекались в основном военные советники и инструкторы. И только с Афганистаном в 1979 году у советского руководства вышел конфуз.

Ослабление, а затем падение коммунистического режима и развал мировой системы социализма начались с войны в Афганистане, которую советские лидеры и генералы намеревались завершить в 3 месяца, а растянули на 10 лет - с 25 декабря 1979 до 15 февраля 1989 года и завершили выводом войск. Афганская кампания велась под предлогом поддержания просоветской Народно-демократической партии Афганистана и безопасности южных границ СССР. Результаты войны таковы: потери СССР - 15 тысяч 51 человек погибших, 53 тысячи 753 человек раненых, 417 человек пропавших без вести. Потери Афганистана были более значительны – по крайней мере 200 тыс. человек убитыми и около 2 млн человек стали беженцами. [6]

И опять виной всему явились огромные амбиции правителей советской сверхдержавы. Зачем им был этот Афганистан? Только для того, чтобы не пустить туда США, которая тоже посматривала на этот регион мира? Если бы престарелые советские лидеры получше знали историю, они бы открыли для себя, что эту страну за пять тысячелетий её существования оккупировали многие, а монголы вообще вырезали часть населения и уничтожили цивилизованное по тем временам земледелие этой страны, но результат завоеваний для победителей был не так велик, как они ожидали (ну, естественно, кроме "чувства глубокого удовлетворения" от завоевания страны с удобным геополитическим расположением - древнего центра торговли и миграции).

Только по официальным данным на содержание 40-й армии и ведение боевых действий из бюджета СССР ежегодно расходовалось около 3 млрд. долларов (а всего – 30 млрд. долларов). Однако эта цифра не отражает всех затрат на афганскую войну, которые советские власти даже не решились обнародовать. Кроме того, на поддержку просоветского кабульского правительства из бюджета СССР ежегодно расходовалось около 800 млн. долларов.

После вывода советских войск из Афганистана в 1989 году началась гражданская война между военными группировками этой страны и через три года в апреле 1992 года моджахеды свергли просоветское правительство во главе с Мохаммадом Наджибуллой, которое без финансовой поддержки со стороны России быстро пало. После этого начался новый этап гражданской войны -

теперь уже между различными группировками победивших моджахедов. В конце концов на юго-востоке страны верх взял Талибан, а на севере - Северный альянс.

Хотя официально СССР и не проиграл Афганскую кампанию, но политический, экономический и психологический эффект от войны был крайне негативен для страны. Ухудшилось также и восприятие СССР в глазах международного сообщества. Бойкот Московской Олимпиады 1980 года многими странами об этом в том числе свидетельствует.

Не имеет смысла писать про правление Юрия Андропова и Константина Черненко, поскольку оба они, став лидерами СССР, находились на последнем издыхании сами и весь советский строй находился на таком же последнем издыхании вместе с ними. Попытки ужесточения административно-командной системы, предпринятые Андроповым были для системы уже "как мёртвому припарки". Хотя в 1983-84 годах это было ещё неясно. Из-за тотальной секретности реальное политическое и экономическое положение дел в СССР не обсуждалось никем – даже самыми информированными людьми в стране. А эти "посвящённые" находились в плену ложных коммунистических представлений и в силу этого были уже неспособны изменить ход событий.

С уходом из жизни генсека Черненко время коммунистических фанатиков ушло в прошлое. А с ним вместе в небытие стала уходить и дискредитировавшая себя марксистско-ленинская идея. Низкие цены на нефть только подтолкнули коммунистическую телегу, катившуюся в пропасть. Обогнал-таки советский распределительный социализм "загнивающий" капитализм, долго "стоявший на краю пропасти" в соответствие с анекдотом советской эпохи: "Капитализм стоит на краю пропасти, а социализм его обгоняет."

В советские времена о моральной составляющей говорили редко поскольку считалось, что советский человек, который стоит на пороге коммунизма уже морален по определению. Зачем специально учить человека тому, что у него должно быть заложено советским воспитанием с рождения. Поэтому вслух о морали в 60-х - 80-х годах XX столетия в СССР говорили в основном в церкви, на философских семинарах и в пылу полемики. Однако, как только железная хватка административно-командой системы ослабла, страх начал уходить из советских людей, как вода из дырявой кастрюли. И тогда они, пусть очень медленно, но становились личностями.

Никто из зарубежных "друзей" - ни Маргарет Тэтчер, ни Рональд Рейган, ни Джордж Буш старший не захотели помочь Михаилу Горбачёву реанимировать агонизирующую милитаристскую экономику. Их можно понять - десятилетия они боролись с коммунизмом, тратили огромные средства на развитие своей военной промышленности, которая работала против СССР, а теперь, когда цель была близка и этот чудовищный советский монстр мог рухнуть, они должны ему помогать. Горбачёв просил у них взаймы по нескольку десятков миллиардов долларов постоянно, просил для того, чтобы поддержать на плаву советскую систему, которая вступила на путь перестройки. Но ему никто ничего не давал, а наоборот, снижая цены на энергоносители, подталкивая СССР к краю пропасти.

Вторая половина Горбачёвского правления подготовила переход к демократическим выборам и к свободной прессе. Из всех лет правления коммунистов этот период был самым гуманным из всех. Это проявилось в большей открытости прессы, прекращении работы радиостанций подавления в сочетании с некоторыми экономическими послаблениями конца перестроечного периода. Однако вместо возрождения эти меры привели Советский Союз к распаду.

Закон о кооперации принятый 26 мая 1988 года запустил процесс, который после НЭПа был под официальным запретом со стороны властей – процесс обогащения. В этом процессе приняли участие как бандиты, так и бывшие партийные и комсомольские работники. А поскольку вся собственность была сосредоточена в руках советского государства, то и обогащение пошло за счёт государства.

Самым мощным в СССР после КПСС было военное лобби. Его представители во многом и составляли ядро советского государства. При всём желании Михаил Горбачёв с его дипломатичным характером ничего не мог с этим лобби поделать. К 1985 году вопрос стоял просто: либо социалистическая система и Советский Союз, под угрозой банкротства надевает на себя новый жёсткий, тоталитарный корсет, как при Ленине-Сталине и граждане затягивают пояса, сохраняя централизованную экономику, либо Горбачёв разгоняет всю старую верхушку партии, КГБ и военно-промышленного комплекса и передаёт рычаги экономического управления на места, на предприятия и в НИИ, либерализует экономику и отпускает цены. Был ещё третий вариант – "кардинально не менять ничего".

Поскольку Горбачёв был сам из советского прошлого, то, надеясь на чудо, он тянул до последнего – то есть до 1990 года. Ещё в середине 1990 года у СССР ещё была пожалуй последняя возможность попытаться воплотить польский сценарий перевода социалистической плановой экономики на капиталистические рельсы. Сценарий для Польши был разработан министром экономики Лешеком Бальцеровичем и начал воплощаться в 1989 году. В случае немедленного начала радикальной экономической программы "500 дней", разработанной группой молодых экономистов под руководством академика Станислава Шаталина, у СССР появились хотя бы небольшие шансы на медленное выздоровление экономики. Программа предусматривала быструю приватизацию государственной собственности, децентрализацию управления экономикой и предоставление благоприятных условий для развития частного предпринимательства.

Но Горбачёв не захотел рисковать, идти на конфликт с "динозаврами" из своей компартии, со всемогущим военно-промышленным лобби и давать слишком много прав руководителям на местах. В 1990 году он утвердил более консервативную программу председателя Совета министров СССР Николая Рыжкова и его заместителя академика Леонида Абалкина, которая предполагала длительный процесс перехода от плановой к рыночной экономике с тем, чтобы совместить либерализацию и государственное регулирование цен на товары и продукты, "чтобы никого не обидеть" и сделать процесс реорганизации социалистического народного хозяйства менее болезненным для людей. Однако уже в начале 1991 года выяснилась порочность этого пути, но предпринимать что-либо в тот момент было уже поздно.

И всё пошло по третьему самому неблагоприятному для СССР сценарию. При недостатке нефтегазовых денег – вначале Варшавский пакт, а потом и СССР развалились. Целые моногорода, работавшие "на оборону" остались без государственного финансирования. Отощавший славянский Боливар уже не мог вынести раздутый бюджет военно-промышленного комплекса и тащить на себе всю мировую социалистическую систему. Собственно, когда рухнули мировые цены на нефть, Советский Союз, ориентированный на нефтегазовый экспорт уже встал на грань банкротства, а затем "покатился под откос" с тем, чтобы развалиться на самом дне пропасти. Во второй раз в XX веке в России повторился сценарий развала империи. В первый раз в 1917 году это было следствием военно-политического провала руководства царской империи, во-второй – следствием экономического дефицита и нежелания что-то радикально менять в 1990 году. И опять, как и в прошлый раз в 1917 году, желая сохранить целостность империи, не поступаясь ничем из имеющегося, не предпринимая радикальных шагов по реформированию политической и экономической ситуации в стране, Горбачёв потерял и страну, и власть. Некомпетентность, консерватизм мышления и нерешительность руководства, нежелание брать на себя ответственность за непопулярные решения привели распределительный социализм к краху.

К началу 90-х годов Варшавский договор, а вслед за ним и СССР развалились – причём развалились с большим шумом практически на пустом месте. Если бы встал из гроба (хотя не дай бог) какой-нибудь из основателей СССР, он бы смеялся до упада, глядя на беспомощных коммунистических партийных деятелей эпохи позднего застоя. К 1991 году ленинизм себя исчерпал, СССР оказался банкротом. А вместе с ним оказались духовными банкротами и те, кто усердно поклонялся марксистско-ленинскому богу.

Когда с Лубянской площади в Москве в 1991 году возмущённый народ снес памятник Дзержинскому, который находился напротив здания КГБ, то вскоре на опустевшем постаменте "железного Феликса" чья-то рука нарисовала свастику и серп с молотом со знаком равенства. Если вспомнить, что приказ о создании ВЧК был отдан Дзержинскому Лениным в декабре 1917 года, то станет понятно, что на мавзолее Ленина на Красной площади в Москве должно быть нарисовано то же самое, однако, чтобы художника не упрекнули в вандализме – нарисовано профессионально – как будто так изначально и задумано.

3.1.2. Последствия коммунистического эксперимента для России и для мира

Общая цена экспериментальной проверки правильности марксистско-ленинской теории для всего человечества составила не меньше 95 миллионов человеческих жизней. Народы опомнилось только в середине XX века после создания ядерного и других видов оружия массового поражения. Тут уже неважно – какой ты веры и идеологии придерживаешься. Под угрозой уничтожения оказались все. Не спасся бы никто. Вот тут-то и стали всерьёз задумываться политики – как предотвратить полное уничтожение стран и народов. И до сих пор не разум, а страх удерживает человечество у этой последней черты. Если сто лет назад несколько тысяч наглых беспардонных авантюристов-ленинцев могли изменить ход мировой истории, то сейчас это становится всё менее и менее возможно поскольку подобным террористам просто не дадут это сделать, их не пустят к власти, их выявят и обезвредят задолго до того, как они будут представлять реальную угрозу существованию своего государства, своего народа и, тем более, человечества. Появление таких аморальных диктаторов, как Ленин, Сталин и Гитлер во главе мощных государств стало маловероятно из-за многоэтапной системы политической блокировки кандидатов, из-за "мелкого ситечка", отсева, профилактики, которыми обрастают любые шаги политика, идущего к вершинам власти в ядерных странах.

Итак, что сделали большевики-коммунисты в России за 74 года своего правления?
- они полностью уничтожили зачатки демократии в России, которые возникли после февраля 1917 года,
- они ограбили царскую Россию до нитки и отобрали всю собственность у тех, кто её имел в пользу государства, а некоторые для себя лично,

- они вооружили Советский Союз до зубов, так, что его все другие государства до недавнего времени боялись,
- они сохранили и преумножили территорию бывшей российской империи, но в 1990-1991 годах, правда, всё потеряли и даже с лихвой (русским императорам, равно как и Сталину даже в кошмарном сне не могло присниться, что от России отделятся Украина и Белоруссия),
- при них Россия потеряла от половины до трёх четвертей потенциального населения, которое можно было бы ожидать при нормальном (демократическом или даже монархическом) развитии страны,
- они окончательно отучили народ думать, уничтожив на корню инициативу, отобрав у людей все рычаги управления страной,
- при них русская деревня не преобразовалась в колхозно-совхозную и не возродилась; к началу XXI века она просто спилась и вымерла,
- при них моногорода, которые создавались для обслуживания военно-промышленного комплекса сейчас влачат жалкое существование и целиком зависят от госбюджета,
- при них русский народ утратил свою национальную самость, даже ту скромную, которую имел до 1917 года; многие молодые жители России не ощущают внутренней связи со своей родиной, поэтому так легко с ней и расстаются при первой же подвернувшейся возможности,
- они так одурачили и запугали русский народ, что люди до сих пор не разуверились в распределительном социализме, хранят мумию Ленина в мавзолее в центре страны и прах другого тирана Сталина около кремлёвской стены, хотя эти двое принесли России столько вреда и горя, сколько ни один самый свирепый завоеватель России не приносил.

Конечно этим двум монстрам повезло с русским народом - послушным, терпеливым, и малообразованным. Хотя, впрочем, и более продвинутые цивилизованные народы Европы (поляки, восточные немцы, чехи, венгры и другие) после завоевания их Советским Союзом, уничтожения или изгнания "цвета наций" и соответствующей идеологической обработки, повели себя почти также, как русские. Рецепт и методы такого ленинско-сталинского внедрения коммунизма были уже отработаны и апробированы на практике в Советском Союзе в течение почти трети века. И работает эта людоедская модель, как альтернатива конкурентной экономической модели до сих пор, хотя после 1991 года число её сторонников сильно поубавилось. Главные причины краха коммунистической модели развития общества состоят в низкой экономической эффективности социалистической распределительной системы хозяйствования и в желании людей жить также хорошо, как живут люди в цивилизованных странах.

Безраздельное 74-х летнее господство марксистов-ленинцев в России привело к выработке:

-ложных морально-этических точек отсчёта, основанных на примате государства над личностью,

-ложной мотивации, когда люди живут не ради естественных человеческих радостей и ценностей, а ради иллюзорных, теоретических классовых ценностей,

-иллюзорных легенд и мифов о светлом коммунистическом будущем для страны и человечества,

-ложных экономических взаимоотношений, когда уничтожаются традиционные социальные институты (институт частной собственности, институт гражданского права и институт религии),

-механизмов неестественной адаптации, когда ради марксистско-ленинских ценностей, люди нарушали родовые, семейные и национальные ценности, адаптировались к идее, а не к человеку, природе и обществу,

-двойной классовой морали (одной для своих и другой для всех остальных).

Советскому диссиденту Владимиру Буковскому в начале 90-х годов живщему в Великобритании редакторы изданий говорили, что раз коммунизм рухнул, осуждение коммунистической идеологии и коммунистических палачей уже не актуально и не принимали его публикаций на эту тему. А то, что до сих пор находятся антифашисты, которые выискивают 90-летних стариков, которые причастны к Холокосту и об этом потом трубят средства массовой информации по всему миру – это актуально? К сожалению люди осуждают исключительно второе зло - нацизм и почти не касаются первого, которое явилось во многом первопричиной нацизма - зло коммунистического большевизма. А теперь, когда в мире появился новый "козёл отпущения" – исламский фундаментализм, про коммунизм и коммунистов вообще все забыли, хотя по своей лицемерной, подлой природе коммунистическая идеология значительно превосходит любое прямое неприкрытое зло.

Слишком много потомков коммунистов во всех странах испытывают страх за зло, совершённое их дедами и прадедам и поэтому предпочитают не замечать его, не обращать на него внимания, как страусы запихнувшие голову под крыло: "не замечаю - следовательно зло не существует". В крайнем случае, как говорят современные аналитики, это дело русских, украинцев, белорусов – они пострадали от коммунистов больше всех – пусть сами и разбираются. А вот они-то как раз сами разобраться со своими коммунистами оказались неспособны. Стоило украинцам начать процесс отмены своей компартии и создали комитет по люстрации лиц причастных к убийствам своего населения 23 февраля 2014 года, как Российская Федерация по-прежнему руководимая перекрасившимися коммунистами пытается поставить этим попыткам заслон, пользуясь своим финансовым и военным превосходством над Украиной и расколом украинского общества. А предлог используется самый простой, что якобы к власти на Украине пришли националистические фашиствующие правые силы, бендеровцы. Хотя и на Майдане и в новом украинском правительстве есть всякие люди – и правые, и левые, и центристы. Это нормально для демократии. Но у новоиспечённых украинских демократов на пути к счастливой жизни в составе Евросоюза есть существенное препятствие – у них почти нет денег и большие долги, а народ-то им кормить надо – вернее организовать экономику так, чтобы народ мог кормить сам себя и их заодно.

Только после Второй мировой войны человечество осознало опасность экстремистов (коммунистов, фашистов и террористов) и многие страны стали разрабатывать законы против геноцида, а затем и антитеррористические законы. На своей Первой сессии 11 декабря 1946 г. Генеральная Ассамблея ООН ввела понятие "геноцид" в международный правовой лексикон и приняла резолюцию о предупреждении геноцида, как преступления и наказании за него. С этого времени пошло добавление в международный лексикон всё новых и новых преступных действий, направленных против человечности. Таким образом, народы мира всё-таки начали бороться с экстремистским идеологическим злом XX века – с коммунизмом и фашизмом, и то потому, что заплатили за это очень высокую цену.

В статье II Конвенции Генеральной Ассамблеи ООН дано определение геноцида как любого из следующих действий, направленных на полное или частичное уничтожение национального, этнического, расового или религиозного сообщества:
1) физическое уничтожение членов сообщества;
2) причинение тяжелого физического или психического ущерба членам сообщества;
3) намеренное нанесение урона условиям жизни сообщества с целью его полного или частичного физического уничтожения;
4) применение мер, препятствующих деторождению в данном сообществе;
5) насильственное изъятие детей из одного сообщества и перемещение их в другое сообщество.
Жаль только в число этих действий не включили уничтожение людей по социальному признаку - стратоцид.

Процитирую два отрывка из заключительной речи главного обвинителя от СССР Романа Руденко произнесенной 29—30 июля 1946 г. на международном судебном процессе по делу бывших руководителей гитлеровской Германии, который проходил с 20 ноября 1945 по 1 октября 1946 года в Международном военном трибунале в городе Нюрнберге: "Господин Председатель! Господа судьи! ... Впервые в истории преступники против человечества несут ответственность за свои преступления перед Международным Уголовным Судом, впервые народы судят тех, кто обильно залил кровью обширнейшие пространства земли, кто уничтожил миллионы невинных людей, разрушал культурные ценности, ввел в систему убийства, истязания, истребление стариков, женщин и детей, кто заявлял дикую претензию на господство над миром и вверг мир в пучину невиданных бедствий. Да, такой судебный процесс впервые проводится в истории правосудия. Судит Суд, созданный миролюбивыми и свободолюбивыми странами, выражающими волю и защищающими интересы всего прогрессивного человечества, которое не хочет повторения бедствий, которое не допустит, чтобы шайка преступников безнаказанно готовила порабощение народов и истребление людей, а потом осуществляла свой изуверский план." [104, с. 617] И далее: "Я считаю доказанным обвинение подсудимых в том, что в 1933 году, когда гитлеровцы захватили власть в Германии, они разработали план, или заговор, включающий совершение преступлений против мира, военных преступлений и преступлений против человечности. Судебным следствием полностью доказано совершение преступлений подсудимыми против мира, заключающихся в планировании, подготовке, развязывании и ведении агрессивных войн, в нарушении международных договоров, соглашений и обязательств." [104, с.618]

И ещё один отрывок из заключительной речи обвинителя от США Томаса Додда на том же судебном процессе по делу нацистских преступных организаций СС и СД, а также тех организаций, которые были развращены нацистами (имперский кабинет, ОКВ, генеральный штаб и гестапо): "Путем объявления этих организаций преступными настоящий Трибунал сделает предупреждение не только германскому народу, но и народам всего мира. Человечество будет помнить, что ни одно преступление не может остаться безнаказанным лишь потому, что оно было совершено от имени политической партии или государства, что ни одно преступление не будет обойдено молчанием по той причине, что оно слишком велико и что преступники не избегнут наказания по той причине, что их слишком много." [104, с. 866]

Всё сказанное применимо и к советскому строю, и к коммунистической идеологии, и к коммунистам, и к их опричникам – чекистам. Просто вплоть до вторжения армии СССР в Афганистан и до прихода к власти Горбачёва коммунисты не проигрывали "вчистую" ни одной войны, ни одной военной кампании. Иногда проигрывали их союзники (Сирия, Египет), но не они сами. Поэтому судить их было некому – ведь победителей не судят. И только проигрыш СССР в холодной войне открыл дорогу к тому, чтобы организовать Московский трибунал для осуждения преступлений коммунизма и конкретных коммунистов. Но на это не пошли ни сами "перекрасившиеся" коммунисты ни "демократы", захватившие власть в России в 1991 году, ни, тем более, бывший заместитель заведующего идеологическим отделом ЦК КПСС коммунист Геннадий Зюганов, который зарегистрировал Коммунистическую партию Российской Федерации (КПРФ) в 1993 году, как наследницу распущенной в 1991 году КПСС. Ведь среди 10-миллионной армии советских коммунистов, приписанных к России, оставалось ещё много людей, которые подобно коммунистке Нине Андреевой не хотели "поступиться принципами". Не осуждать же всех их, а заодно и себя самого? Проще, как обычно делается в России, втихаря "спустить всё на тормозах".

У немецких национал-социалистов злодейство было явным, а у коммунистов оно было прикрыто фиговым листочком стремления к счастью рабочего класса и беднейших слоёв населения на всей земле. Этим они заманивали в свои ряды настроенных в их пользу людей на всём земном шаре. Однако, на практике средства и методы и у нацистов и коммунистов были одинаково бесчеловечными и количество уничтоженных невинных людей теми и другими было исключительно велико. Недаром гестапо училось у ЧК и НКВД. Недаром Гитлер говорил, что из социал-демократа не может получиться настоящий национал-социалист, а из коммуниста может. И недаром в цивилизованном мире обе партии считаются экстремистскими.

Большевики страшны не только тем, что они сделали с Россией, сколько последствиями своего правления для остального мира. Они растлили мир своими коммунистическими идеями о всеобщем счастье для всех, счастье через насилие над ближними – людьми более успешными, более богатыми, более способными, чем они сами. Когда в народе процент лентяев и жуликов невелик, - народ, государство это выдержать может. А когда грабителем и насильником становится каждый второй и весь народ оказывается вовлечён в противостояние тех, кто грабит и тех, кого грабят, причём побеждают первые, то моральная деградация этого народа неизбежна, что и произошло в России.

Перевоспитав русский народ в духе марксистско-ленинских идей, и, тем самым, сделав его заложником этих идей, большевики одновременно сделали его пугалом для всего нормального человечества. Поэтому, как только "объятия" коммунистической власти ослабли, почти все народы и государства, входившие в Варшавский блок и, в том числе, прибалтийские советские республики поспешили с Россией расстаться и уйти под крыло других сил (НАТО, ЕС), чтобы получить защиту от неумеренных аппетитов российско-советских лидеров, если они паче чаяния снова захотят вернуться. В принципе они и вернулись, но с такими "короткими руками", что им бы самим себя защитить, а не "разевать рот" на соседние независимые страны. Попортить нервы другим народам они ещё могут, но не более того, хотя аннексия Крыма и отторжение от Грузии Абхазии и Южной Осетии показало, что ещё жив имперский "курилка". И это несмотря на то, что к 2014 году Россия сама превратилась в сырьевой придаток, правда придаток с непомерными амбициями.

В России до сих пор многие вещи либо замалчиваются, либо искажаются. Объективности от коммунистов и от их последователей ждать не приходится, как и от недобросовестного кассира в советском продуктовом магазине, который ошибается только в свою пользу. Если признать хотя бы часть фактов, имевших место в Советским Союзе и в России, тогда всплывут тысячи подробностей связанных с совершёнными коммунистами преступлениями. Тут и захваты чужих территорий и чужой собственности, и уничтожение сотен тысяч людей ради призрачных утопических целей, и много чего другого неблаговидного, что легче не признавать, чем признать. Ведь признать - значит взять на себя вину, ответственность и быть готовым извиняться и платить. А этого-то как раз руководство страной делать ни в какую не хочет. Да и русский народ не созрел. Ведь только что этот народ "встаёт с колен", а тут надо каяться и платить по старым счетам. Несмотря на возросший уровень жизни при президенте Путине, большая часть населения России до сих пор живёт небогато. Впору виноватых и козлов отпущения на стороне искать, чтобы уровень жизни своих граждан повысить, а тут плати. Вон немцы свою вину за нацистские преступления признали и платить начали, но только когда на ноги встали сами.

Во многих странах мира, где коммунисты насаждали свою идеологию - идеологию классовой борьбы и ненависти - до сих пор царят нестабильность и неустойчивость (Ангола, Вьетнам, Конго, Лаос, Мозамбик, Сомали, Афганистан). Советское мышление, как раковая опухоль, распространялось в этих странах. Метастазы в сознании людей остались даже тогда, когда очаг опухоли был уже удалён.

Если коммунистическая идеология имеет право на существование в качестве одной из возможных философских или социально-экономических теорий развития человечества, то коммунистическая практика противна общечеловеческой морали в силу несовершенства человеческой природы. Власть коммунистов начинается и продолжается несправедливостями, террором, стратоцидом и геноцидом. Как только коммунисты, находящиеся у власти, пытаются быть нормальными людьми и жить по общечеловеческим законам, их страна загнивает и умирает. Что и случилось с Советским Союзом.

Уже теперь по происшествии почти ста лет, есть основания полагать, что произошедшее в России, а затем экспортированное во страны Восточной Европы, Азии, Африки и Латинской Америки было новым вариантом авторитарно-люмпенской диктатуры, каковых в обозримой истории человечества было много. Просто этот вариант диктатуры шёл под лозунгами равноправия, социальной справедливости, а поэтому оказался самым зловредным из всех более простых видов диктатуры, что и привело к таким трагическим для населения России последствиям. Получился как бы дьявол под маской святого.

Коммунистическому государству нет дела до конкретного человека с его проблемами, интересами, страданиями. Также как не было до этого человека дела большевикам с их гегемонистскими идеями доминирования абстрактного теоретического пролетариата на всём земном шаре. Прикрываясь интересами пролетариата вообще, они игнорировали нужды конкретного человека – Иванова, Петрова, в частности. Отсюда - их двойная мораль. Вот потому так высоко следует оценить вклад Горбачёва, который правда не сознавая, что делает, способствовал созданию таких условий, при которых Ельцин смог выбить из-под него президентское кресло. Развалив СССР, Ельцин попытался покончить и с коммунистической Лернейской гидрой. Но, видно, не судьба - не получилось. Головы у гидры всё растут и растут. Видно почва русская к этому располагает. Кстати, по данным социологического опроса "Левада-Центра", проведённого 19–22 апреля 2013 года среди 1,5 тысяч респондентов в 45 регионах России, из всех лидеров XX века жители современной России хуже всего относятся к Горбачёву и Ельцину – они лидеры антирейтинга. [92] Вот и делай после этого добро русским людям, избавляй их от социализма-коммунизма! Благодарности от народа не дождёшься. Но людей тоже можно понять - то, на что Россия потратила десятки миллионов жизней, эти двое "разбазарили" в течение нескольких лет.

В связи с этим хотелось бы отметить любопытную закономерность: весь XX век правители России своими действиями приносили больше пользы другим странам и народам, чем своему собственному. Например, Россия внесла большой вклад в победу Антанты над Германией и её союзниками в Первой мировой войне, а взамен получила кровавую Гражданскую войну и полное уничтожение всего "цвета" российского общества, который воспитывается поколениями, а все бенефиты от победы в войне достались Великобритании, Франции, США и другим победителям. Другой пример: своей "пролетарской революцией" Ленин и Троцкий помогли рабочим всего мира успешнее бороться за свои права, поскольку перед богатыми людьми и предпринимателями других стран нависла угроза уничтожения, как это случилось в России и они охотнее шли на уступки своим рабочим и служащим. Третий пример: ведущую роль в разгроме основных сил нацистской Германии во Второй мировой войне сыграл Советский Союз, который ценой нескольких десятков миллионов жизней "перемолол" главные вооружённые силы Третьего Рейха и тем самым свёл к минимуму людские потери от войны в цивилизованных странах антигитлеровской коалиции. Четвёртый пример: создав ядерное оружие ценой обнищания своего населения, Советский Союз сделал практически невозможной Третью мировую войну, которая бы положила конец существованию человечества. И, наконец, пятый пример: в 1991 году Советский

Союз без всякой войны добровольно и почти задаром отдал большую часть того, что получил в результате фантастических жертв среди своего населения: территорию, военные запасы, сломал свою экономику, продал своим и интернациональным мошенникам за бесценок государственную собственность и избавился от значительной части своего интеллектуального потенциала. После этого так и хочется воскликнуть: "Даааа, ронял вас аист по дороге!".

Меняющиеся страны как-то избавляются от памяти о своих тиранах, мучителях, угнетателях. Россия – нет. Ленин, Сталин, Дзержинский – они всё ещё здесь, рядышком – в соседней квартире, в соседней комнате, за пологом кровати. В небольших городах улицы носят ещё советские имена. Переименования частично коснулись только некоторых крупных городов типа Санкт-Петербурга, Екатеринбурга и Москвы. Однако даже эти изменения осуществляются частично и непоследовательно. Одна из главных причин – равнодушие и страх людей. Они привыкли бояться, привыкли, что от них ничего не зависит, привыкли, что за них всё решает Кремль, царь, генеральный секретарь, президент. Они давно отдали своё человеческое достоинство дяде, находящемуся в данный момент во власти и как желторотые птенцы только открывают клювы, чтобы получить очередную порцию корма и социальных благ сверху или послушно подставляют свою задницу, когда верховный барин говорит, что их пора выпороть.

О непригодности любых теорий, в частности марксистской к решению личностных проблем человека хорошо сказал американский исследователь событий происшедших в России в начале XX века Ричард Пайпс: "коммунистический эксперимент еще раз доказал, что человек не бездушный объект, а существо, наделенное собственными желаниями и волей, подчиняющееся не механическим, а скорее биологическим законам. И сколько ни вбивать в него те или иные умозрительные теории, он все равно не сможет передать их своим детям, которые являются на свет с незамутненным сознанием и задают вопросы, которые должны были быть решены раз и навсегда. Чтобы продемонстрировать справедливость этой общепризнанной истины, потребовалось принести в жертву десятки миллионов жизней, привести в упадок великую нацию и обречь на бесчисленные страдания тех, кому посчастливилось выжить." [109, с. 665-667]

Сейчас в России, да и во всём цивилизованном мире весьма распространено заблуждение, что главным злом в мире является фашизм, затем исламский фундаментализм. Ну а ленинский распределительный социализм – это так, мелкое заблуждение, нечто вроде детской болезни левизны в истории человечества. Типа, ну кто из нас в молодости не грешил? Судя по количеству человеческих жертв и по последствиям для человечества именно коммунизм в

XX веке являлся главным злом поскольку если первые два зла не скрываются под красивыми одеждами счастья для всех, то коммунизм действует предельно лицемерно, исподтишка и коверкает сознание людей, внедряя в их сознание идеологический вирус распределительного социализма. А тех, у кого есть иммунитет против этого вируса, коммунисты попросту уничтожают. Это самое опасное, коварное учение из всех, которое придумано и внедрено человеком за всё время его существования.

Судить идеологию по международным законам нельзя. Мало ли что Карл Маркс или Фридрих Ницше в своих теориях изобрели? Вот найти и осудить ответственных за внедрение их теорий в практику, за уничтожение людей, если убийцы ещё живы, дать нравственную оценку их преступлениям даже посмертно, если убийцы уже умерли, нужно обязательно. Для Германии американские, британские и советские юристы постарались. На Нюрнбергском процессе нацизм они осудили и конкретных виновников приговорили к наказаниям.

Теперь очередь за коммунизмом. Для этого необходимо создать если уж не международный, то хотя бы евроазиатский или общеславянский юридический трибунал. Ближе всего к осуждению коммунизма пока подошли прибалтийские страны в связи с депортациями и украинцы в связи с Голодомором. Но русские до этого ещё не дозрели. Для них это вопрос не нынешнего и, боюсь, даже не следующего поколения. Что касается международной общественности, то осуждение коммунизма для неё сейчас уже не актуально. Ведь нынешние осколки Советского Союза уже не представляют для других стран реальной военной или политической угрозы – ну разве что Россия ещё "петушится", да и то пока природные ресурсы ещё есть. На фоне того, что у человечества сейчас другие заботы, коммунистические палачи и изуверы от осуждения своих деяний, глядишь, и "отвертятся" в связи с истечением срока давности и беспамятством русского народа. А жаль. Потому что без осуждения коммунистических преступников и их преступлений русские люди никуда не продвинутся по пути цивилизованного развития своей страны. Они будут также тупо воспроизводить свою убогую вертикаль власти и воображать себя центром вселенной.

3.2. Цена возврата России к государственно-олигархическому капитализму. Шоковая терапия и приватизация

Итак, СССР распался потому, что проиграл самому себе. В то, что это случится мало кто верил – даже самые либерально мыслящие люди. Но пара антиподов (Горбачёв-Ельцин) сработали так, как будто заранее договорились, хотя на самом деле они просто не переносили друг друга. Причём, будь на месте Горбачёва Ельцин, СССР мог пойти по югославскому кровавому сценарию. Однако, случилось то, что случилось. СССР сравнительно мирно уменьшился до размеров нынешней России.

С 6 ноября 1991 года назначенный президентом Российской Федерации Борисом Ельциным министр финансов, Егор Гайдар без предварительной экономической и психологической подготовки для населения России начал преобразования в экономике. До 14 декабря 1992 года правительство Ельцина-Гайдара провело либерализацию розничных цен, внешней торговли, реорганизацию налоговой системы и другие реформы, радикально изменившие экономическую ситуацию в России. В 1992-1993 годах всё, что люди копили в течение жизни обесценилось. Курс рубля к доллару за первые два года после прихода Ельцина к власти в России вырос от 60 копеек до 38 рублей за доллар (в 63 раза). Как выразился известный режиссёр Станислав Говорухин в России происходила "Великая криминальная революция", главенствовали всеобщая анархия и произвол под директивно-либеральным управлением часто нетрезвого "царя". Переходя на рельсы рыночной экономики, ельцинское правительство вынуждено было сократить финансирование огромного числа потребителей государственных денег, что оказалось возможным из-за развала Военно-промышленного комплекса СССР и всего центрального бюрократического аппарата.

К началу распада СССР в 1991 году советские люди были уже развращены социалистическим распределительным социализмом и слишком привыкли полагаться на государство. После развала СССР всё население России как будто оказались в огромной ёмкости, наполненной самыми разными существами – хищниками, травоядными и так далее. Каждый был предоставлен самому себе и лейтмотивом к жизни человека в этих условиях могла стать фраза: "Каждый выбирается сам". Кто-то выбрался с грехом пополам, кого-то "затоптали", кого-то "съели". Впрочем, России не впервой терять народ. Люди же как обычно ничего не стоят. О них вспоминают только когда надо воевать или защищать очередных правителей, присосавшихся к власти. Как только надобность в русском народе отпадает, о нём тут же забывают. Хотя, казалось бы власть-то эта произошла из того же народа, могла бы относиться с большим пониманием к его правам и нуждам.

Из-за того, что властолюбивый президент Ельцин и парламент, возглавляемый спикером Русланом Хасбулатовым и вице-президентом Александром Руцким не сумели между собой по-хорошему договориться, 4 октября 1993 года ельцинский генерал Павел Грачёв расстрелял парламент из танков, а спецназ расстрелял многих защитников Белого дома и немалую часть тех, кто пришёл штурмовать Останкино. Было убито по крайней мере 147 человек (точная цифра до сих пор неизвестна). После этого Ельцин стал главным правителем, новым "царём" России, что было быстренько закреплено приближёнными к нему юристами в президентской Конституции, принятой в 12 декабря 1993 года на народном референдуме. Конституция в целом неплохая, но в ней изначально не заложен принцип баланса трёх ветвей власти – исполнительной, законодательной и судебной, их независимости друг от друга. Этот дисбаланс привёл к тому, что сейчас в России по сути доминирует одна ветвь власти – исполнительная, а точнее президентская, поскольку остальные ветви очень размыты и зависимы от исполнительной – по сути выбираются ей.

Ещё в 1989 году в качестве председателя Верховного Совета РСФСР, Ельцин приехал в Уфу и там громогласно объявил башкирам: "Берите суверинитета, сколько сможете". Если вспомнить историю, то за 72 года до этого события Ленин тоже выпустил декрет "О праве наций на самоопределение" – мол все нации имеют право на самоопределение вплоть до отделения. Ну и что, дал Ленин суверенитет нациям, входившим в состав Российской империи после прихода к власти? Дал Ельцин суверенитет республике Ичкерия? Они оба тут же забыли о своих обещаниях, как только их позиции во власти стали более прочными. Ленин тут же отвоевал большую часть российской империи кроме Польши, Финляндии, Бессарабии и прибалтийских стран, а Ельцин тут же стал помогать сепаратистам в Грузии и Молдове и через два года вторгся в объявившую себя независимой Чечню. Он быть может и на Украину бы полез для возвращения если не всего Крыма, то хотя бы Севастополя, но та уж больно велика. Население Украины составляет треть от населения Российской Федерации. Ослабевшей России в начале 90-х годов Украина была не по зубам. Таким образом, и Ленин и Ельцин, как и свойственно коммунистам (или бывшим коммунистам) лгали своему народу пока рвались к власти и тут же обманули людей, поверивших им, как только они эту власть получили.

В декабре 1994 года Ельцин начал войну в Чечне, которая попыталась взять обещанный им суверенитет и провозгласила независимость от Российской Федерации. Первая попытка вернуть Чечню провалилась поскольку русская армия того времени была деморализована в связи с распадом СССР, а экономика России была развалена национальными коммунистическими лидерами и элитами (самим Ельциным, Кравчуком и Шушкевичем). Боеспособными в Чечне были в основном специальные части, да и те несли большие потери из-за отсутствия координации в управлении российскими войсками и бездарного общего командования. Уже спустя несколько лет большой кровью и с привлечением значительных воинских сил и техники Путину удалось восстановить территориальную целостность России в отличие от Молдовы, которая потеряла Приднестровье, в отличие от Грузии, потерявшей Абхазию и Южную Осетию, в отличие от Азербайджана, от которого отделился Нагорный Карабах и в отличие от Украины, которая в конце концов потеряла Крым.

Начиная с 1994 года экономические дела в России шли всё хуже и хуже. Цены на продукты и товары внутри России стали шестизначными. Торжествовали бандитизм и беспредел. Бывшие партийные, комсомольские работники, кремлёвские чиновники, воры в законе, зарубежные авантюристы делили Россию по понятиям. За пустяковую взятку в несколько тысяч долларов можно было получить у государственного чиновника выгодный контракт или крупную государственную собственность. Те, кто имел родственников или контакты с Европейскими странами, США или Израилем имели больше возможностей скупать бывшую советскую собственность "за копейки". Простые люди, не имевшие возможности позаимствовать за рубежом начальный капитал и не обладавшие деловой хваткой, в очередной раз остались в дураках.

"Демократы" находившиеся во власти в 90-е годы для русского народа уже давно - политические трупы даже если сами лично в этот период не сильно разбогатели. Конечно, любой даже самый приличный "демократ", прилепившийся к ельцинской команде кое-что себе лично отхватить успел. Теперь это "кое-что" стоит минимум несколько миллионов долларов. А что ещё нужно, чтобы спокойно, не работая, встретить старость в России? Начальные дешёвые пакеты акций русских сырьевых компаний распределялись среди своих и нужных людей, находившихся в тот момент у власти или просто намертво присосавшихся к ней. Остатки акций отдавались широкой публике. Имея в середине девяностых годов какой-нибудь десяток-другой тысяч долларов, можно было обеспечить себя на всю оставшуюся жизнь. Принцип кремлёвских распределителей действовал и в процессе приватизации, хотя советская власть и "приказала долго жить". Сейчас обогатившиеся в то время люди составляют категорию русских рантье, которые делают всё, что им заблагорассудится – кто-то путешествует по заграницам, кто-то развлекается играя в оппозиционера, кто-то пописывает книжки или статейки про своё героическое "демократическое" прошлое, большинство молчит "в тряпочку", боясь, что за длинный язык их могут прихватить. А прихватить есть за что.

В 1994 году резко подскочило число самоубийств. Ещё те, кто был более молодым, оборотистым и оптимистичным смогли перестроиться и найти своё место в новой жизни. Большая часть из тех, кому было за 50 оказались выброшенными за борт. Рейтинг Ельцина скатился до нескольких процентов. Но это уже не имело никакого значения поскольку упал не только рейтинг власти, но и моральные ценности. Никто никому и ни в чём больше не верил.

После беспардонного отношения власти к людям и их обманутых ожиданий, началась повальная эмиграция уже среди славян – русских, украинцев, белорусов. Бегство из страны является важнейшим показателем упадка национального духа. "Чемоданное настроение" было у каждого второго. Только бы быть подальше от этой неблагодарной непредсказуемой страны с её жестокими, самовлюблёнными и властолюбивыми руководителями. Все, кто имел хоть малейшую возможность (деньги, родственников или знакомых за границей, сильные национальные или религиозные лобби в других странах) спешили уехать. Женщины продавали себя "в жёны" заграницу, мужчины ехали куда глаза глядят - в Австралию, Северную Америку, Европу. Странами наибольшего бегства бывших советских людей были (и до сих пор остаются) США, Германия, Израиль, Канада и Финляндия. Другие страны и континенты тоже не остались без внимания. У кого не было денег на билет или их удерживали в стране престарелые родители, пожилой возраст, незнание иностранных языков, мечтали об отъезде, но не могли себе этого позволить. Слово "мораль" окончательно исчезло из обихода и из сознания людей.

Только по официальным данным МВД с 1992 по 2000 годы из России за пределы бывшего СССР выехало:
1992 - 103.1 тысяча человек
1993 - 113.9 тысяч человек
1994 - 105.4 тысячи человек
1995 - 110.3 тысячи человек
1996 - 96.7 тысяч человек
1997 - 84.8 тысяч человек
1998 - 83.7 тысяч человек
1999 - 108.3 тысячи человек
2000 - 77.6 тысяч человек
Что составляет в среднем около 100 тысяч человек в год. [58]

При этом нельзя не отметить неофициальную эмиграцию, когда люди выезжали за рубеж, не имея никаких прав и перспектив. Реальные цифры уехавших за рубеж и оставшихся там по разным причинам за пределами срока действия визы было значительно больше, чем официальные. Информацию такого рода трудно верифицировать, однако по косвенным данным (число выданных гражданам России виз, число поданных заявлений на политическое убежище в других странах, количество тех, кто уехал учиться или работать за рубеж и там остался, число граждан России вышедших замуж или женившихся на подданных иностранных государств), общее число уехавших из России с 1992 по 1999 годы было минимум в 1.7, максимум – в 2.5 раза больше официальной цифры эмигрировавших. Затем число уехавших стало непрерывно убывать в "нулевые" годы. Другой вопрос, что некоторая часть русских соискателей зарубежного счастья вернулась (или была вынуждена вернуться) в страну базового проживания. Адаптация за рубежом во многом зависит от силы национального или религиозного лобби, наличия знакомых, родственников и друзей, знания языка и нужной на рынке занятости профессии.

В результате возврата России к капитализму в стране было "сломано" огромное количество людских судеб. Чтобы поддержать себя и свои семьи экономически неопытные советские люди пускались во все тяжкие. Ведь в советское время их не учили вести бизнес, личная деловая активность, направленная на обогащение, пресекалась на корню. О них с пелёнок до могилы заботилось государство. А тут, вдруг, государство "вильнуло хвостом и удрало в кусты".

Большим плюсом в ельцинские времена было то, что советский "винтик" стал ощущать себя человеком. Но многим это было уже не надо. Они спустились на самое дно жизни. И помочь им было некому. Если представители других наций помогают и поддерживают друг друга в трудных ситуациях, то русские всегда были разобщённым народом и вместе они очень слабы, а русская власть только ещё больше способствует их разобщению – ведь разобщёнными людьми легче управлять.

В конце 80-х – начале 90-х годов как власти, так и экономисты в России верили в то, что всё образуется само, что рынок всё расставит по своим местам, что русский народ двужильный, выдюжит и отпуск цен, и демократию по-ельцински, а русские бабы будут по-прежнему рожать солдат, чтобы воевать в Чечне и в других горячих точках. Выдюжить-то народ выдюжил - с помощью приусадебных участков, непрофильной подённой работы, живя, как он привык жить по понятиям, а не по закону. Вопрос "какой ценой?" Впрочем, на цену человеческой жизни и здоровья что советская, что российская власти никогда особого внимания не обращали.

Если большевики ценой 50 миллионов человеческих жизней превратили СССР в могучую военную империю, которую все боялись, то новая русская власть начиная с 1991 года вернула Россию на путь олигархического капитализма ценой ещё в 10 миллионов человек – не обязательно покойников - просто в России этих людей больше нет. Это прямые потери. А если учесть, что средний годовой прирост населения в нормальной 148 миллионной стране (данные 1991 года) должен составлять как минимум один миллион человек, то к 2013 году численность населения России должна была быть 170 миллионов. А по факту в 2013 году в России проживает чуть больше 143 миллионов человек, что на 27 миллионов меньше теоретически расчётной нормы. И процесс депопуляции ещё не завершён.

Логика у коммунистов времён Гражданской войны и у "реформаторов" 90-х годов была простая "пожертвуем частью населения, чтобы направить остальных по предначертанному нами правильному пути". А сомнений в правильности пути как тех, так и других даже не посещали, хотя те и другие двигались в прямо противоположных направлениях. Первые не думали о том, зачем нужна могучая советская империя оставшимся в живых покорным советским людям. Вторые, проводя свои преобразования, тоже ориентировались скорее на цифры и экономические показатели, чем на людей, которых они по советской привычке считали объектами управления.

Ельцин способствовал роспуску КПСС и дал народу больше экономической свободы, но реальный демократический процесс при нём начиная с 1993 года пошёл на спад. Он не захотел делиться властью с Верховным Советом России, как независимым законодательным органом и в соответствии с коммунистическими традициями его уничтожил. Ведь 29 лет членства в КПСС (партийный стаж Ельцина) в карман не спрячешь. На этом реальное народовластие в России и закончилось. Сфальсифицированные выборы 1996 года были последним гвоздём в крышку гроба демократической России. Свобода слова и печати, наличие разных партий и инакомыслящих людей уже ничего не могли изменить. Исполнительная власть как всегда традиционно, стала доминировать в стране. Кроме того, после 1996 года Ельцин стал делать одну ошибку за другой. Его хвалёная "звериная" политическая интуиция вдруг куда-то исчезла. При нём собственность страны была приватизирована кучкой людей, для многих из которых Россия – на поверку оказалась всего лишь временным местом для проживания и несметного обогащения.

Во всех бывших социалистических странах и республиках, расположенных к западу от России, процесс возвращения к капитализму прошёл меньшей человеческой ценой и грамотнее в экономическом и политическом отношении, чем в России. Граждане Польши, Восточной Германии, Прибалтийских республик живут лучше, чем в русской провинции. Разница в доходах русских олигархов и высокооплачиваемых бизнесменов, с одной стороны и дотационных слоёв населения (учителя, врачи, пенсионеры) несравненно больше, чем в упомянутых странах бывшего восточного блока. Несмотря на меньшие земельные и энергетические запасы, несмотря на отсутствие природных ресурсов, распределение национальных доходов в этих странах справедливее, чем в России.

Ельцина права россиян волновали только если это не мешало ему самодержавно править страной. Как только его избрали председателем Верховного Совета РСФСР 29 мая 1990 года и уж тем более став президентом России 10 июля 1991 года, он мог сам не вникать во многие детали экономики или политики, но для него было важно, чтобы его верховный авторитет и власть признавали все. Последующие годы для него были годами борьбы за сохранение власти. Запущенный конфликт с Верховным Советом РСФСР (советским парламентом), который кончился вооружённым подавлением "мятежа" парламентариев осенью 1993 года, неразумная чеченская война, начатая из-за ельцинской великодержавной спеси, подкуп избирателей и подтасовки на выборах во время предвыборной кампании 1996 года, политическая эквилибристика нового русского "царя" вплоть до конца 1999 года и, наконец, венец карьеры бывшего секретаря свердловского обкома КПСС, – назначение преемника, который дал ему и его семье гарантии безопасности и хорошую пенсию. Но за всё надо платить. И значительное большинство русских людей за пределами нескольких крупных городов вряд ли вспоминают его добрым словом. Ну разве что несколько тысяч приближённых, разбогатевших за счёт его разгильдяйства и безалаберности или получивших власть и права, которые они никогда бы не получили при честном развитии событий. Ну и, наверное дочь, Татьяна Дьяченко, которая вместе с мужем – Валентином Юмашевым после смерти папы Ельцина быстренько распродали нажитое во время созданного её отцом экономического беспредела имущество и стала гражданкой Австрии. Не позволяет себе говорить о нём лишнее и Владимир Путин, который обязан Ельцину президентством, хотя Путин вряд ли одобряет деятельность Ельцина по развалу СССР и приватизации государственного добра полутора тысячами самых богатых людей России.

3.3. Цена, которую Россия платит за беспечность своего населения в XXI веке

Президент Российской Федерации Владимир Путин как-то высказался о развале Советского Союза, как о глобальной катастрофе планетарного масштаба. Не правильнее было бы назвать большевистский переворот 1917 года глобальной катастрофой планетарного масштаба, практически уничтожившей русскую нацию и заменившей национальную систему ценностей классовой. А что развал русской империи в границах 1914 года был предрешён после вступления России в Первую мировую войну, так не надо быть провидцем, чтобы этого не понять.

От тоталитаризма к демократии нет короткого пути. По крайней мере для России. Советскую ментальность оказалось не так просто перестроить, объявив свободные цены, свободу печати и выезда за границу. Для демократического открытого общества в России ещё не сложилось подходящих условий. Ни государство, ни люди к этому не готовы. Социологические опросы и телефонные голосования это показывают. Процесс демократизации России можно было бы убыстрить, если бы руководить страной стали не амбициозные советские лидеры, маскирующиеся под суверенных демократов, а люди с европейским менталитетом.

Если Борис Ельцин при всех его недостатках ориентировался на мнение народа – по крайней мере в первую половину правления, а чиновников тасовал как колоду карт, то Владимир Путин опирается на приближённых к нему чиновников и на зависимые от него органы власти, во главе которых он этих людей поставил, а к мнению людей он относится, как добрый барин, который всегда готов помогать человеку, если тот его лично попросит, особенно под телекамеру. Меняет Путин своего чиновника лишь когда тот обнаглел, вконец проворовался, не выполняет его распоряжений или демонстрирует нелояльность. А для народа устраивают телевизионные спектакли и шоу с переодеванием, раздачей подарков и награждением отличившихся. Это два принципиально разных подхода к управлению страной. Правда при общей авторитарной схеме. Она неизменна, как "дважды два четыре" или как "Волга впадает в Каспийское море". В 90-е годы шансы выбиться, продвинуться, разбогатеть у активных предприимчивых людей были, и чем более беспринципен и нагл был человек, тем этих шансов было больше. Сейчас в политической сфере такие шансы сведены к минимуму. Отдельные исключения вроде выдвижения начальника сборочного цеха "Уралвагонзавода" Игоря Холманских полномочным представителем Президента Российской Федерации в Уральском федеральном округе за личную преданность Путину, только подтверждают правило. Россия вернулась во времена феодальной монархии. Только роль бояр теперь играют высокопоставленные чиновники, а власть передаётся не по наследству, а верным и исполнительным людям.

Любая небольшая динамичная страна, озабоченная сохранением своих граждан, время от времени перестраивается, иногда меняет политический и военный курс. Например, когда грузинская армия стала проигрывать русской в недавнем южноосетинском конфликте 2008 года, то просто разошлась по домам, потеряв 215 человек. При аварии самолёта иногда гибнет больше. А поскольку сейчас не прежние варварские времена, когда уничтожению и рабству подвергались целые страны и народы, то Грузия по сути немного и потеряла. Правда при этом сильно рисковала. Челночная политика президента Франции Николя Саркози могла и не привести к успеху будь тогдашний президент Медведев, не "перестроечным" коммунистом (он вступил в КПСС в 1985 году), а настоящим упёртым фанатиком Ленинского розлива. Ведь он мог и не остановить своих генералов от дальнейшего наступления и Грузия вновь была бы страной, зависимой от Москвы. А так Грузия, выиграв информационную войну, даже приобрела поддержку международного сообщества. Тот случай, когда проигравший приобрёл больше, чем выигравший.

В XXI веке власти России стали заботиться о проживающих в России людях больше, их финансовые доходы, равно как и ценность их жизни возросла. Недаром при Путине-Медведеве количество официально уехавших из России на ПМЖ за 12 лет с 1999 года по 2010 годы снизилось примерно в 10 раз. В 1999 году из России выехало 108.3 тысячи человек, в 2000 - 77.6 тысяч человек, в 2001 году 58,621 человек, в 2003 году – 47,059 человек, в 2005 году – 33,040 человек, в 2007 году – 14,857 человек, в 2009 году – 10,940 человек и, наконец в 2010 году – 11,415 человек. Это прогрессивное снижение количества отъезжающих несомненно связано с возросшим уровнем благосостояния жителей Российской Федерации. И хотя до сих пор согласно соцопросам, около 20% русских подумывают попытать счастья за границей, но массовый отъезд из страны уже закончился по крайней мере до следующего большого обвала экономики.

До сих пор в России широко распространена скрытая эмиграция. Люди временно уехавшие из России на постоянную работу или на случайные заработки, на учёбу, к родственникам, меняя свой матримониальный статус в поисках лучшей доли, в России не регистрируются как эмигранты, но по факту в стране и по месту регистрации их нет. В большинстве случаев люди, даже куда-то выезжая, сохраняют за собой жилплощадь, хотя по факту живут в других местах.

Сейчас главные человеческие потери у населения идут от недисциплинированности и неупорядоченности русского человека, его нежелания следовать закону, правилам, инструкциям и от его расчёта на "русский авось". Получается, что русский человек - главный враг самому себе. Как результат этой недисциплинированности и непривычки следовать правилам и закону наблюдается рост числа аварий и катастроф, необузданное пьянство, наркомания и венерические болезни, ухудшение демографической обстановки в стране.

3.3.1. Аварии, катастрофы и теракты в России

Главный редактор оппозиционной "Новой газеты" Дмитрий Муратов как-то сказал о том, что "Люди в России начинают задумываться, как устроена наша жизнь, только после того, как происходит очередное несчастье. ... Только тогда обнаруживается насколько всё в России запущено. .... Старую советскую систему сломали, а новой не создали." [99] Он не добавил только, что старая советская система держалась на насильственно насаждаемом и поддерживаемом порядке сверху, а нынешние власти воссоздают подобную же вертикальную схему управления в новых экономических условиях, которым она уже не отвечает, когда страх за свою жизнь уже не действует.

Люди, живущие в России с потрясающим равнодушием относятся не только к чужой, но и к собственной жизни и безопасности. Примеров огромное количество. Вот только самые громкие и известные из несчастий последних полутора десятков лет в России.

Известно немалое число аварий самолётов, главной причиной которых был человеческий фактор, элементарное нарушение инструкций, расхлябанность пилотов. По статистике больше половины аварий произошла по вине пилотов (47%) и наземных авиадиспетчеров (13%). На отказы авиатехники, погодные условия, терроризм, неустановленные факторы приходится (32-43) % авиа аварий. Например, в 2008 году произошло крушение "Боинга" под Пермью из-за того, что пилот был пьян и плохо знал устройство самолёта. В 2010 году произошло 28 авиакатастроф, 828 погибших. [2] 10 апреля 2010 года президентский самолёт "ТУ-154" с Лехом Качиньским и всей "головкой" польского правительства (всего 88 человек и 8 членов экипажа) потерпел крушение под Смоленском из-за плохих метеоусловий, ошибок экипажа и плохой оснащённости аэропорта современными техническими средствами, облегчающими посадку в условиях плохой видимости. В 2011 году было зафиксировано 32 авиационных происшествия, повлекшие смерть одного и более человек. В общей сложности в этих катастрофах погибло 514 чел. 20 июня 2011 года под Петрозаводском самолёт "ТУ-134" потерпел крушение из-за уменьшенного по приказу какого-то чиновника размера лётного поля и ошибок экипажа. Погибло 47, ранено 5 человек. 17 ноября 2013 года в Казани произошло крушение самолета "Боинг 737" (авиакомпания "Татарстан"), выполнявший рейс из Москвы в Казань. Погибли все 44 пассажира и 6 членов экипажа.

Большое число несчастных случаев произошло из-за алчности, безответственности и халатности собственников, которые стараются выжать как можно больше доходов из своих помещений и транспортных средств, давно находящихся в аварийном состоянии. Хозяева предпочитают за взятки откупаться от пожарных, санитарно-эпидемиологических и других служб, чтобы не ремонтировать свою собственность. Например, 5 декабря 2009 года произошёл пожар в Пермском танцевальном клубе "Хромая лошадь". Причиной гибели людей стало возгорание от фейерверков плит пенополистирола, которыми были отделаны стены и потолок зала, где танцевали люди. В результате пожара было 156 погибших, большая часть из которых задохнулась от дыма.

17 августа 2009 года произошла авария на Саяно-Шушенской гидроэлектростанции, которая произошла из-за того, что турбина, которую установили незадолго до аварии, была разбалансирована, а специалисты по балансировке турбин не привлекались. Результат - 75 погибших. Эта ГЭС, смонтирован-

ная ещё при коммунистах, произошла из-за некомпетентности и халатности технического персонала. Разбалансированная турбина в течение долгого времени эксплуатировалась на полную мощность. Непосредственной причиной большого числа жертв послужило то, что сотрудники гидростанции забыли закрыть верхнюю заслонку возле ротора и гигантский столб воды просто продавил перегородки.

8-9 мая 2010 года случился пожар на шахте Распадская в Кемеровской области, который произошёл оттого, что шахтеры накидывали мокрые тряпки на датчики, чтобы те не подавали аварийные сигналы о высокой концентрации метана в воздухе. Иначе шахтёры не имеют права работать и не смогут выполнить план, шахта будет экономически нерентабельной, а следовательно, у них не будет заработка. Зато у десятков тысяч пожарных инспекторов из Ростехнадзора заработок есть всегда, несмотря на то, что они как этот, так и подобные пожары не предотвратили.

10 июля 2011 года на теплоходе "Булгария", 1956 года выпуска, без водонепроницаемых переборок, совершавшем круизные рейсы по Куйбышевскому водохранилищу, из-за ужасного технического состояния судна и нарушения правил безопасности и инструкций, произошла авария. В течение 5 минут судно пошло ко дну. Глубина в месте аварии - 20 метров. До берега - 3 километра. Из 208 пассажиров погибло 122, спасти удалось 86. Среди пассажиров было много детей. Пассажиры – в основном из Казани – были не застрахованы. Зато туристическая фирма-владелец застраховала само судно. А надзорные службы выпустили теплоход в рейс, хотя не имели права этого делать.

6-7 июля 2012 года в Краснодарском крае произошло наводнение - стихийное бедствие, вызванное проливными дождями. За два дня в районе выпала более чем трёхмесячная норма осадков. В результате затопления домов погибли 172 человек (из них 160 человек в городе Крымске), пострадали более 34 тысяч человек. По словам главы МЧС Владимира Пучкова, система оповещения в городе Крымск не сработала должным образом. Из трех громкоговорителей сработал только один и то в течение пять минут. Ещё в 2002 году было предусмотрено строительство защитной дамбы в районе Крымска, на неё были выделены средства, но дамба так и не была построена. Администрация города оказалась неготовой к аварийной ситуации.

А сколько взрывов бытового газа ежемесячно происходит в России? С 1 января по 10 марта 2012 года из-за крайней запущенности газового оборудования, которое не обновлялось с советских времён, по данным МЧС, произошли 22 аварии. За этот период погиб 31 человек, 165 пострадали, 128 удалось спасти. [111]

В крайне экологически загрязнённых городах Чапаевске и Дзержинске, построенных ещё в советские годы, источниками диоксина и вообще химического заражения почвы и воды являются свалки. Население этих городов страдает от таких болезней, как рак, врождённые уродства детей. Количество заболеваний этого рода в процентном отношении значительно превышает средние показатели по стране.

Равнодушие к последствиям загрязнения окружающей среды для населения проявляются и в центре и на местах. Так 24 мая 2011 года в новостях на НТВ прошло сообщение о загрязнении окружающей среды в Красноярском крае. Полгода назад обанкротился химический завод. Несколько сот человек потеряли работу. Власти края огородили свалку рвом. На саркофаг денег нет. Свалка горит и тлеет. Тушат водой. Никакие меры не помогают. Ядовитые пары от сгорания ветер разносит на близлежащую деревню. У людей астматические явления. Они начали болеть. А местное и областное начальство к этому равнодушно, мол пусть болеют. Вот если бы кремлёвское начальство подышало этими ядовитыми испарениями недельку другую, решение было бы найдено быстро.

Люди старшего поколения, родившиеся ещё при Сталине, из тех, кто читал книгу А. Литвиненко и Ю. Фельдштинского: "ФСБ взрывает Россию" [90] или смотрел документальный фильм снятый по этой книге, не очень удивился событиям, описанным в ней. В этой книге высказывается версия о том, что в 1999 году для возвращения "беглой" Ичкерии (Чечни) в состав Российской Федерации сотрудники ФСБ спровоцировали Вторую чеченскую войну. Для этого они якобы взрывали свои собственные жилые многоквартирные дома в Москве, Буйнакске и Волгодонске, но выдавали эти взрывы за действия чеченских террористов. Однако, когда по словам авторов, ФСБ попыталась провести аналогичную операцию в Рязани по адресу 14/16 по улице Новоселов на окраине Рязани и в подвал одного из домов заложила взрывчатку – гексоген под видом сахара, то их "застукали" бдительные граждане и местная милиция. После этого операция спецслужб была свёрнута, все материалы, относящиеся к последнему случаю были засекречены, а издания книги были конфискованы.

Удивительны даже не официальные комментарии тогдашнего премьер-министра Владимира Путина, и директора ФСБ Николая Патрушева на эту книгу. Они, как и положено высокопоставленным чиновникам, возможность взрыва своих собственных домов отрицают (действительно, ну не бред ли взрывать своих граждан?), а удивительна реакция простых граждан России на это событие. Она никакая. Ни удивления, ни осуждения, никаких демонстраций протеста, депутатских запросов о расследовании - ничего. Разве что жильцы дома в Рязани радуются своему второму рождению. После тех "подвигов", которыми "прославилась" на весь мир секретная советская служба ЧК-ОГПУ-НКВД, расправляясь со своим собственным народом, начиная с 1917 года, это никого в России не удивило. Раз были тайные расстрелы и убийства сотен тысяч невинных людей в годы Ленинского и Сталинского террора, то и взрывы домов для провоцирования войны в Чечне вполне возможны. В конце концов, ну подумаешь, взорвали несколько сотен человек, ведь не меня же и не мою семью?

Такое равнодушие русских людей к тому, что происходит в их собственной стране с людьми, говорящими на том же языке, нежелание знать ничего кроме футбола, хоккея и последних сплетен о звёздах эстрады, заставляет в очередной раз усомниться в том, существует ли русская нация или она является выдумкой политтехнологов, обслуживающих власть? А что, если в России проживает обыкновенное эгоистическое население, каждый из которых думает только о себе?

С 23 по 26 октября 2002 года группа чеченских террористов снабжённых огнестрельным оружием, боеприпасами и взрывными устройствами во главе с Мовсаром Бараевым захватила 916 заложников из числа зрителей мюзикла "Норд-Ост" в здании Дома культуры ОАО "Московский подшипник" в Москве на Дубровке. В результате операции по освобождению заложников большая их часть была освобождена, а террористы уничтожены. При освобождении по официальным данным, погибли 130 заложников (по неофициальным - 174 человека). К спецназовцам претензий нет. Сработали хорошо. И тем не менее часть заложников погибла. Причём погибла не от террористов, не от нервно паралитического газа, а оттого, что в автобусах, куда перетащили находящихся без сознания людей, их положили (или посадили) лицом вверх и у них языки запали в гортань. И ещё оттого, что им не оказали первую помощь на месте. Что стоило, не разглашая никаких секретов о природе применяемого газа, раздать спасателям шприцы с антидотом и дать инструкцию о том, как транспортировать потерявших сознание людей в автотранспорте? [38] Если уж руководители спецоперации так боялись утечки информации перед началом операции, инструкции этим спецназовцам устно или по секретной связи можно было дать, когда операция по ликвидации террористов была завершена, а заложники всё ещё находились в помещении "Норд-Ост". Вот как отозвалась неоправданная секретность на всех уровнях и отсутствие взаимодействия подразделений, готовивших штурм здания с медицинскими работниками.

В 2004 году произошла серия терактов, осуществлённых чеченскими террористами и их пособниками, ответственность за которые взял на себя террорист Шамиль Басаев. Вот самые крупные из них: 6 февраля террорист-смертник привёл в действие взрывное устройство мощностью 4 кг, в тротиловом эквиваленте в вагоне поезда московского метро, на перегоне между станциями "Автозаводская" и "Павелецкая". Погиб 41 человек и более 250 получили ранения. 21-22 июня группа боевиков под руководством Шамиля Басаева напала на город Назрань - столицу Ингушетии. В ходе этой операции погибло 95 человек, в том числе 25 мирных жителей. 24 августа террористки-смертницы подорвали самолёты Ту-154 и Ту-134 в воздухе над Тульской и Ростовской областями. Погибли 90 человек. 1-3 сентября террористы захватили более 1100 заложников в средней школе № 1 города Беслана Республики Северная Осетия-Алания. Погибло 334, ранено более 800 человек.

Теракты продолжались и позднее. Так 27 ноября 2009 года террористы подорвали поезд "Невский экспресс" под Бологое. Погибло 28 и ранено 132 человека. 29 марта 2010 года две террористки-смертницы осуществили взрывы в московском метро на станциях "Лубянка" и "Парк культуры". Погибло 41 и ранено 88 человек. 31 марта 2010 года два террориста-смертника произвели взрывы в городе Кизляр. Погибло 12 человек и ранено около 30 человек. 24 января 2011 года террорист-смертник Магомед Евлоев подорвал себя в московском аэропорту "Домодедово". Погибло 37 человек и 170 человек ранено.

В последней трагической истории случайно обнаружился момент совершенно невероятный для цивилизованного государства. Тогда ещё президент Дмитрий Медведев потребовал установить владельца (владельцев) этого крупнейшего международного аэропорта "Домодедово" стоимостью несколько миллиардов долларов. Ещё раз подчёркиваю – главное лицо полуфеодального государства – по сути царь России. И ни звука в ответ. Одни догадки в СМИ. Только в сентябре 2013 года через два с половиной года после взрыва, когда аэропорт был выставлен на продажу, выяснилось, что конечным бенефициаром этой собственности является олигарх Дмитрий Каменщик.

Бизнесмены в России не верят своей власти. Они не осуществляют долгосрочных вложений в экономику в том числе и потому, что не верят обещаниям властей о сохранности капиталов. Судьи в России настолько ангажированы и смотрят в рот исполнительной власти (про коррупцию пока речи не идёт), что риск потерять инвестиционный капитал очень велик. Поэтому многие собственники уводят деньги из России в офшоры, а некоторые ведут операции из-за границы. Они готовы терять деньги за рубежом, но только не хранить их в русских банках. И это несмотря на то, что сохранность денег в офшоре далеко не гарантирована. Например, весной 2013 года на Кипре, значительная часть русских капиталов, а их там хранилось не менее 30 миллиардов долларов, была конфискована кипрскими властями в счёт погашения национального долга этой страны.

3.3.2. Русское пьянство, наркомания и табакокурение

"Ааа ... Ерунда. Вон сосед мой не помер ... и я не помру".
(Из разговора)

Алкоголь - наиважнейший элемент русской бытовой культуры. Без него почти невозможно никакое неформальное общение. Без него не мыслится ни одна официальная встреча, праздник, юбилей, поминки. Пьянство стало социально детерминированной национальной чертой, привычкой, особенностью. Поэтому без описания алкогольной зависимости русских людей обойтись в этой книге никак нельзя. Уж очень неполным, усечённым будет психологический и бытовой портрет усреднённого русского человека.

Россия никогда не отличалась трезвостью, но такого повального пьянства, как в период возврата к капитализму в ней не было никогда. Ещё в 1909 году специальная комиссия при Обществе охранения народного здравия отмечала, что среднедушевое потребление алкоголя в России исчисляется в 3,41 литра абсолютного алкоголя на человека, что было сравнимо с Францией, однако по числу пьяниц, умирающих ежегодно от опоя, по числу арестованных полицией в безобразно пьяном виде, по проценту алкоголиков, поступающих на излечение в психиатрические заведения, Россия в пять раз опережала Францию.

Царский указ о запрещении производства и продажи всех видов алкогольной продукции на всей территории Российской Империи был введён 19 июля 1914 г перед Первой мировой войной и продлён в конце августа на всё время войны. Алкоголь продавали только в ресторанах. После его введения официальное потребление алкоголя упало более, чем на порядок (с 4,7 литра на душу населения в 1913 году до 0,2 литра в 1915 году). Правда упали и поступления от продажи алкоголя в казну, что в условиях Второй мировой войны способствовало существенному увеличению государственного долга России.

Запрет на производство водки, действовал в СССР до августа 1924 года, когда большевистское государство выпустило так называемую "Русскую горькую" крепостью 20 градусов, прозванную в народе "рыковкой" по имени председателя Совета Народных Комиссаров Алексея Рыкова. За первый месяц было продано около 200 тысяч бутылок.

В 1925 году количество потребляемого алкоголя возросло до 0,88 литра чистого алкоголя на человека, а в 1940 году достигло 1,9 литра на человека и продолжало расти при Хрущёве и Брежневе. Михаил Горбачёв, у которого в молодости были проблемы с алкоголем, начиная с 1986 года ввёл ограничение на продажу алкоголя. Оно действовало в течение трёх лет после чего было фактически отменено. К настоящему времени среднедушевое потребление алкоголя дошло до 15 литров на человека.

Многие современные художественные произведения, фильмы выпускаемые в России в последние четверть века включают выпивку, как составной элемент межличностного общения. Чем ниже культурный, социальный, интеллектуальный уровень человека, группы, профессиональной категории, тем более распространена выпивка в их среде. Более того, социальная среда не приветствует и даже отторгает тех, кто отказывается выпивать, подчас устраивает обструкцию такому человеку, развивает психологическое давление на него, чтобы он был "как все".

Существуют сотни русских пословиц и поговорок посвящённых пьянству. В основном они введены в обиход крестьянами в царский период развития России. По самым скромным подсчётам в современном русском бытовом языке можно обнаружить несколько сотен глаголов, прилагательных, неологизмов, характеризующих потребление алкоголя. Не буду их перечислять, скажу лишь, что можно поразиться изобретательности русского, советского народа в этом плане. Подавляющее большинство из них переводу на другие языки не подлежит.

Почвой для русской алкогольной зависимости являются:
- неразвитый институт массовой частной собственности,
- несвободная социальная атмосфера,
- традиции, привычки укоренившиеся в русском социуме,
- генетическая предрасположенность,
- неудовлетворительные условия жизни,
- ощущение психологической зависимости от вышестоящих, от бюрократических организаций, от государства и от неблагоприятных условий жизни.

От алкоголизма у многих людей в России развивается безразличие, снижается ответственность, дети растут моральными и физическими уродами. На почве хронического алкоголизма развиваются психические заболевания, падает производительность труда. Правда сами русские от своего порока не страдают. Иногда на ранних фазах развития алкогольной зависимости кого-то мучают угрызения совести, но это ненадолго ("Вот последнюю допью и завяжу", "Чтоб я ещё каплю в рот взял... Да ни в жизнь"). Через короткое время всё возвращается на круги своя.

По данным национального фонда поддержки программы оздоровления алкогольной ситуации в стране (ОАС), за 10 лет с 1994 по 2004 годы жертвами прямого злоупотребления алкоголем стали более 900 тысяч жителей России. Причем почти 75% из них - граждане трудоспособного возраста. В феврале 2012 года глава Роспотребнадзора России Геннадий Онищенко сообщил, что количество алкоголиков в России уже превысило отметку в 5 миллионов человек. Именно эта пагубная привычка оказывается прямой или косвенной причиной смерти 15% женщин и трети всех мужчин. Установлено, что злоупотребление спиртным приводит к 60 видам заболеваний и разнообразным травмам. Наиболее распространены цирроз печени, отравление, сердечно-сосудистые заболевания, рак, а также дорожно-транспортные происшествия по вине пьяных водителей. [146]

В статье Александра Галушки и др.: "Ценностное измерение национальной безопасности России", опубликованной в 2010 году, авторы пишут, что "каждая четвертая смерть прямо или косвенно связана с чрезмерным употреблением алкоголя. В общественном сознании массово обесценивались такие понятия как "нравственность", "долг", "совесть". Падает уровень физического и нравственного здоровья молодежи. По данным Росстата при нынешнем уровне смертности примерно 40% из нынешних 20-летних юношей не доживет до 60 лет. Среди молодежи 55% готовы преступить через моральные нормы для того, чтобы добиться успеха, значительная часть молодежи (от 30% до 50%) не считают неприемлемыми проституцию, незаконное обогащение, пьянство и алкоголизм, аборты, супружескую измену." [37, с. 2]

За последние годы алкоголизм в России резко помолодел. По данным, представленным депутатом Тимченко, 39% школьников старших классов (16-18 лет) пьют минимум еженедельно. Московский медицинский центр неотложной наркологии и психотерапии приводит статистику, согласно которой "алкоголизация в 75% случаев начинается еще в возрасте до 20 лет, в том числе в 46% случаев – еще с подросткового возраста. ... 56% учащихся 8-10 классов употребляют алкоголь на постоянной основе." [146] В России насчитывается около 375 групп анонимных алкоголиков в 129 городах. За последние несколько лет средний возраст члена общества анонимных алкоголиков сократился с 43 до 28 лет.

Главной проблемой в России всегда было не столько количество употребляемого алкоголя, сколько культура пития. Как оказалось, многие русские не умеют себя ограничивать и начав пить, уже не могут остановиться пока не выпьют весь имеющийся запас алкоголя до конца и пока не заснут где-нибудь мертвецки пьяными (неважно в своей постели или в канаве).

В современной России правоохранительные органы перехватывают до 40% поступающего в страну героина. Оставшихся 60% хватает для того, чтобы добыть любой наркотик было достаточно легко. По данным многих авторов число наркоманов, состоящих на медицинском учёте в России за 10 лет с 1999 по 2009 годы увеличилось почти вдвое с 300 тыс. до 550 тыс. человек. В октябре 2010 года глава ФСКН (Федеральной службы РФ по контролю за оборотом наркотиков) В. П. Иванов сообщил, что наркоманами являются около 2% трудоспособного населения России репродуктивного возраста (от 15 до 64 лет). В 2012 году до трёх миллионов человек в стране употребляли разного рода наркотики регулярно. [101]

В распоряжении Агентства РИА Новости оказалась статистика по смертности от употребления наркотиков, подготовленная Бюро судмедэкспертизы (БСМЭ). Если верить данным этого бюро за 2010 год, то "в стране умерло 7728 человек наркоманов, в том числе 536 от психотропных веществ и 7192 – собственно от наркотических. Это несколько больше, чем в предыдущем 2009 году (7592 смерти), но заметно меньше, чем в пиковом 2006 году – 10027." [52] Комментируя эту информацию, руководитель фонда "Город без наркотиков" (Екатеринбург) Евгений Ройзман утверждает, что в статистику БСМЭ не входят ни случаи самоубийств наркоманов, ни заболевания, возникающие в результате сепсиса и ВИЧ, а только смерти от передозировки наркотиков. Действительно, зачем правоохранительным органам портить статистику? По мнению Ройзмана, реальная цифра смертности в результате употребления наркотиков примерно в 10 раз выше заявленной на 2006 год. То есть до 100 тысяч смертей в год.

По подсчётам директора наркологического центра Николая Ганнушкина на середину 2011 года в России насчитывалась 241 тысяча официально зарегистрированных наркоманов. На самом деле их количество в несколько раз больше. По словам тогда президента Медведева, выступившего в Иркутске 16 апреля 2011 года, на тот период времени в России было по крайней мере 2,5 млн. наркоманов. Медведев предложил ввести тесты на наркотики для студентов и поступающих на работу.

Точной статистики по России, связанной со смертностью от курения и заболеваний, вызванной этой привычкой, до сих пор нет. Примерно 25% регулярных курильщиков сигарет умирает преждевременно по причинам, первоисточником которых является курение. В 2009 году в процессе глобального опроса взрослого населения, проведённого сотрудниками "Рамочной конвенции ВОЗ по борьбе против табака, распространенность курения табака среди взрослого населения России составила 39,1%. На момент исследования ежедневно курили 55,0% мужчин и 16,3% женщин. По словам директора НИИ канцерогенеза Онкологического центра им. Блохина Давида Заридзе, из-за болезней, вызванных курением, ежегодно умирают 375 тысяч россиян. Эта статистика включает в себя рак гортани и легких, частично – хронический бронхит, сердечно-сосудистые и другие заболевания." [146]

Возраст курильщиков снижается год от года. Сейчас Россия занимает первое место в мире по числу курящих детей и подростков. По данным Всемирной организации здравоохранения, 33% детей и подростков в России являются постоянными курильщиками и к совершеннолетию уже страдают хроническими заболеваниями. [102] Недаром Государственная Дума недавно приняла ряд законов, ограничивающих курение в общественных местах и высокие штрафы вплоть до лишения свободы за продажу сигарет несовершеннолетним. Существуют законодательные ограничения и в отношении продажи и потребления алкоголя. Однако помимо законодательных мер требуется обстановка нетерпимости в обществе к этому злу, чего пока не наблюдается.

3.3.3. Плохая демографическая ситуация в России

В настоящее время самая большая проблема России – демографическая, в основном из-за бездумного, бездарного расходования властью народного потенциала в течение последних ста лет.

На основании данных первой переписи населения Российской империи 1897 года известный химик Дмитрий Менделеев составил долгосрочный прогноз демографического развития России, согласно которому к концу XX века население России должно было составлять около 0,6 миллиарда, а к середине XXI – более миллиарда человек. Уже к 1913 году население Российской империи составляло 7,8% от полуторамиллиардного населения земли. Однако началась Первая мировая война, власть в России захватили коммунистические террористы и все прогнозы учёного пошли прахом. Россия стала терять население. Приведу сравнительные данные изменения численности населения России и США за последние 112-115 лет

Численность населения России (в нынешних границах) на 1897 и 2012 годы:
1897 – 67 млн. 473 тыс. чел.
2012 – 143 млн. 56,383 тыс. чел.
Разница: 75 млн. 583,383 тыс. чел.

Численность населения США на 1900 и 2012 годы:
1900 – 76 млн. 212,168 тыс. чел.
2012 – 314 млн. 895 тыс. чел.
Разница: 238 млн. 682,832 тыс. чел.

Вывод: За последние 112-115 лет прирост населения США оказался в три раза выше, чем прирост населения России.

После Второй мировой войны, начиная с 1946 года и вплоть до 1989 года, происходил непрерывный рост населения РСФСР (без остального СССР), а за тридцать лет с 1959 до 1989 года прирост составлял в среднем около миллиона человек в год.

Однако, демографическая ситуация в России резко изменилась после развала СССР в конце 1991 года. Россия стала терять население и вступила в затяжной период депопуляции, а начиная с 1999 года по 2008 год, - с невиданной скоростью - в среднем по 580 тысяч человек в год. И это без глобальных войн, эпидемий, стихийных бедствий. Основная часть потерь - трудоспособное население. Причём сильнее всего убывает титульная русская нация, на протяжении всей истории России выполняющая цементирующую роль для её многонационального народа. На одном Дальнем Востоке население убывает со скоростью около 100 тысяч человек в год или 1,8 млн. человек за 20 лет. После распада СССР там осталось 6,5 млн. человек. Если эта тенденция сохранится, то к 2050 году население России составит уже менее 1% от населения земного шара.

В странах бывшего социалистического лагеря после развала социалистической системы тоже происходит депопуляция. Рождаемость стала ниже смертности. Кроме России "в минусе" оказались Украина, Белоруссия, Литва, Латвия, Эстония, Болгария, Венгрия, Румыния, Словения, Чехия, Германия, но не вся, а только восточная часть страны. Такое впечатление, что во время властвования коммунистов население социалистических стран пережило нравственную деградацию. Распределительный социализм исказил их отношение к жизни и к труду.

В основе людских потерь после развала СССР лежит существенный рост сердечно-сосудистых, раковых и другие болезней, преступность, алкоголизация и наркотизация населения, эмиграция. А, главное - ощущение неустойчивости, бесперспективности жизни. Вот при советской власти условия жизни были хуже, чем сейчас, а в будущее люди смотрели более оптимистично и люди видели перспективу, а сейчас уровень жизни вырос, а перспектива куда-то исчезла. Жить в мире коммунистических утопий и иллюзий, в мире недостатка объективной информации оказалось интереснее, чем в мире жёсткой реальности. И таких депрессивных граждан в России оказалось очень много. Женщины в больших городах не хотят рожать детей для обновлённой российской власти, выступающей под вывеской "суверенной демократии", работающей на коммерческих рельсах, хотя и с "обновлённым человеческим лицом". Хватит уже того, что коммунисты дурачили всю жизнь их советских родителей, а потом другие уже перекрасившиеся коммунисты их "кинули".

Многие эксперты убеждены: бедность, плохая экология, нездоровый образ жизни, плохое состояние здравоохранения не объясняют причину высокой смертности, особенно среди мужчин. Как говорится в исследовании, опубликованном в медицинском журнале "Lancet", основными причинами смертей в бывших странах Восточного блока являются пристрастие к алкоголю, курение и дорожно-транспортные происшествия. Правда, эти причины лежат на поверхности.

До 2007 года на 100 женщин детородного возраста в России приходилось 124 ребенка, тогда как для простого численного возмещения поколений необходимо 215 детей, то есть в 1,73 раза больше. Ситуация несколько улучшилась после введения с середины 2007 года материнского капитала, выплачиваемого матерям за рождение детей (национальный проект "Здоровье"). Но материнский капитал тут же стал мишенью для мошенников, которые подделывают документа, чтобы его получить (например, в Дагестане и в некоторых других кавказских республиках). На это чиновники нередко закрывают глаза поскольку улучшается статистика рождаемости по России, а московское начальство это одобряет. В 2007 году размер материнского капитала был 250 тысяч рублей (около 8 тысяч долларов). Сейчас уже 400 тысяч рублей (больше 12 тысяч долларов).

На 1 января 2013 года по данным Госкомстата в России было зарегистрировано 143,347,059 постоянных жителей. Несмотря на принятые президентом Путиным меры финансового поощрения (выдача государством материнского капитала за рождение каждого ребёнка) и согласно отчету Федеральной службы государственной статистики за весь год с января по декабрь, в 2012 году всё же произошла естественная убыль населения - умерло на 2,753 человека больше, чем родилось. [103] Эта убыль населения происходит не столько за счёт вновь родившихся граждан, сколько за счёт пожилых людей, умирающих значительно раньше чем их сверстники в цивилизованных странах Европы, Северной Америки и Японии.

В докладе президента Медведева перед Государственной Думой указано, что в 2012 году родилось 2 миллиона жителей. Однако, если сравнить с началом XX века, то видно, что тогда 75-80% населения Русской империи были люди моложе 34 лет. На данный момент только около 40% населения России, люди моложе 34 лет. За последнюю сотню лет из-за негативного коммунистического отбора страна постарела, обленилась и спилась, утратила моральные ценности.

В 1994 году в разгар перехода к рыночной экономике средняя продолжительность жизни в России составляла 62 года (58 лет у мужчин и 66 лет у женщин). С 1991 года началась катастрофическая депопуляция населения, которая продолжалась до 2012 года. В начале 2012 года президент Владимир Путин заявил, что наконец-то средняя продолжительность жизни в России для обоих полов превысила 70 лет. Однако, по статистике средний срок жизни мужчин всё равно всего 62.8 лет, а разрыв в продолжительности жизни мужчин и женщин составляет около 12 лет. На фоне таких стран, как Великобритания, США и Германия, где средняя продолжительность жизни приближается к 79 годам, а мужчины умирают приблизительно в 76 лет разрыв в продолжительности жизни мужчин и женщин составляет около 6 лет. И одним традиционным русским пьянством этого не объяснишь. Здесь и низкая культура заботы о своём здоровье и плохие условия жизни на основной территории страны. Но главное – моральные факторы, ощущение бесперспективности жизни, депрессивность. [45] Путин-то думает, что раз он обо всех заботится, то он выполняет свой долг, как президент. Вовсе нет. Лучше бы он поменьше думал о своём народе - и без него бы люди выжили - причём выжили бы гораздо быстрее и лучше – надо только дать им самостоятельность и не мешать со своей огромной централизованной московской бюрократией и наспех принимаемыми законами, ограничивающими их деятельность со всех сторон.

Врач и социолог Игорь Гундаров сопоставил динамику смертности и преступности. Практически полная идентичность двух кривых позволила ему сделать вывод о том, что динамика смертности обусловлена динамикой общественной нравственности. Более того, динамика преступности примерно на полгода-год опережает динамику смертности поскольку дух определяет жизнь материи, а не наоборот. Динамика смертности на 73% объясняется возросшей агрессивностью в обществе (убийства) и на 11% - безысходностью и потерей смысла жизни (самоубийства). В сумме два этих фактора составляют 84%. [48] В марте 2013 года психолог Михаил Виноградов привёл данные своего исследования, согласно которому около 15 миллионов жителей России в начале весны страдали повышенной формой возбудимости, а примерно половина из них были готовы применить насилие к своему оппоненту.

Немаловажным фактором, ухудшающим демографическую обстановку в стране является нездоровая обстановка во многих русских семьях. Бывшие советские люди с большим трудом перестраивают свою психологию на частнособственнические рельсы. Ведь только что до 1991 года официально все советские люди были равны по крайней мере в имущественном плане и вдруг ни с того ни с сего в России появились абсолютно незаслуженные миллиардеры и нищие. Великолепная основа для невротизации большинства населения, для агрессии и депрессии, для развала семей, наркотизации населения и суицидов, с одной стороны и неоправданной амбициозности тех, кто вылез из грязи в князи, с другой.

Несколько слов о беспризорности в России. После Гражданской войны в СССР было от 4 с половиной до 7 миллионов сирот. Как выразилась жена первого председателя Совнаркома Ленина - Надежда Крупская, "беспризорность - издержка революции". А что эта "издержка" возникла в большой мере из-за её мужа и её самой, посвятившей их общему "революционному бизнесу" всю жизнь, а также из-за других большевиков, обокравших русскую империю и не желавших упускать власть, а поэтому развязавших гражданскую войну, про это Крупская, конечно, умолчала. Она была фанатично предана своему мужу, какие бы свинства он в России не творил.

Усилиями педагогов преданных советской власти вроде Антона Макаренко и чекистов с "холодной головой, горячим сердцем и чистыми руками", как о них выразился первый председатель ВЧК Феликс Дзержинский, в течение почти 20 лет то есть к началу Второй мировой войны проблема беспризорных детей в СССР была решена. Кого-то из них перевоспитали, кого-то посадили в тюрьму, кто-то умер сам.

После очередного поворота колеса русской истории, в 1992 году в России родилось 1,6 миллиона детей. Родители отказались от 67,286 (4%) из них. В 1997 году отказ родителей от детей увеличился в два раза. Из 1,3 миллиона новорождённых детей от 113 тысяч из них отказались родители (это уже 9%). К концу 90-х годов во времена "разгула ельцинской демократии" по городам России бродяжничало около миллиона бездомных детей. [172, с. 184-185]

Несмотря на то, что в нулевые годы государство стало больше заботиться о таких брошенных и убежавших из дому детях и поместило многих из них в приюты, детские дома, психоневрологические диспансеры, но по официальным данным в середине нулевых годов в России всё ещё насчитывалось около 730 тысяч беспризорников. При этом только у 5% из них не было родителей. У остальных была зафиксирована неблагоприятная обстановка в семьях – родители не имели работы, пили, ругались, дрались, били своих детей, не занимались их воспитанием. Исследования, проведенные экспертами Института социологии РАН, свидетельствуют о том, что у 68,2 % беспризорников до бродяжничества был психологический конфликт в семье или детском доме. Дети убежали из семей потому, что взрослые кричали на них, оскорбляли, ругали их матом, попрекали (30,6 %), не любили, не понимали, не кормили, не одевали, выгоняли из дома (24,8 %), били, дрались (22,4 %). У 9,6 % детей была психологическая несовместимость с родителями, на сексуальные домогательства указывали 5,5 % опрошенных детей, в адрес 2,9 % из них звучали постоянные угрозы. [41]

Система отправки детей, оставшихся без родителей в детские дома и интернаты была разработана ещё в Советском Союзе в середине 70-х годов прошлого века. В отношении таких детей, после получасовой беседы с ними и тестирования, специальные комиссии ставят диагноз, например, "олигофрения в степени дебильности", то есть умственная отсталость. Часто это происходит в результате формальных тестов по типу "Что такое арбуз?" Если маленький ребёнок никогда в жизни не ел арбузов, то он не знает, что это такое. Первоначально поставленный диагноз другие комиссии, тестирующие такого ребёнка через несколько лет, как правило, не меняют из соображений профессиональной корпоративности с предыдущими экспертами и по инерции. Помещённый в интернат или детский дом ребёнок воспитывается в старой советской парадигме о том, что у него нет ничего своего, а всё общее. Его индивидуальность подавлена. Он не приспособлен к жизни в реальных условиях. Поэтому, попадая после интерната в большой мир, ребёнок, как правило, не может в нём адаптироваться. По статистике только 10% детей выходцев из детских домов и интернатов адаптируются в жизни, а 90% нет. 40% становятся алкоголиками и наркоманами, 40% совершают преступления, 10% совершают самоубийства. [113]

Из-за всё той же русской халатности и привычки полагаться на "русский авось" за последние двадцать лет в России резко возросло число венерических заболеваний (СПИД, сифилис). СПИД, который при коммунистах был в стране почти неизвестен из-за закрытости страны, стал теперь широко распространённой болезнью. По данным Федерального центра СПИД, официально зарегистрированное число ВИЧ инфицированных в Российской Федерации к 2012 году составляло 664,976 человек. [73] За эти же годы число заболевших сифилисом возросло в десятки раз.

Сейчас в России очень велико количество искусственных прерываний беременности. По официальным данным, приведённым социал-гигиенистом, научным сотрудником Сергеем Сошниковым, в последние три года оно постоянно и составляет примерно 2,750 абортов в день или около 1 миллиона в год. В частности, в 2010 году в России было проведено 1,054,820 абортов, в 2011 - 989,375. Про фактическое количество абортов трудно судить, но оно выше. Выводы Сошникова состоят в следующем: "уровень абортов выше в регионах с небольшими доходами населения, худшими условиями проживания, менее развитой образовательной инфраструктурой, более развитой государственной медицинской инфраструктурой и, конечно, более высоким уровнем потреблением алкоголя". [158]

Если во время войн, эпидемий, катастроф, террористических актов, население в странах уничтожается равномерно из всех слоёв населения, сословий, то, начиная с 1917 года большевики всячески травили русское национальное самосознание, уничтожали и изгоняли из страны лучших представителей бывшей русской империи. Политика стратоцида, как разновидности геноцида, проявляющегося в истреблении людей по признаку принадлежности их к определенному слою общества (страте), привела восточнославянские нации на грань генетической и нравственной деградации, что стало особенно ясно сейчас, когда Россия пытается вернуться на естественный путь экономического и политического развития. Массовая алкоголизация, наркотизация, вырождение населения являются естественным следствием коммунистического эксперимента, связанного с избавлением от лучших, наиболее трудоспособных людей и утратой русскими людьми национальных корней, ослаблением нравственных основ жизни общества.

По данным диспансеризации 16,7 миллиона человек в том числе 6,7 миллиона детей, проведённого на момент начала осени 2013 года только треть населения России практически здорова, о чём в разговоре с президентом Путиным 17 октября 2013 года сказала глава Минздрава Вероника Скворцова, а ещё 30% имеют шансы внезапно умереть в течение 10 лет. Причины - неправильный образ жизни, нездоровое питание и плохая наследственность. У каждого 15-го - артериальная гипертония, у каждого 50-го - ишемическая болезнь сердца, у каждого 200-го - подозрение на онкологическое заболевание.

В январе 2014 года в Екатеринбурге прошла конференция, на которой обсуждались демографические проблемы Российской Федерации. Выступивший на этой конференции демограф Игорь Белобородов считает, что к 2025 году женщин в наиболее репродуктивном возрасте 20-29 лет будет почти в два раза меньше, чем в настоящее время. Если сейчас таких насчитывается около 12 млн человек, то через одиннадцать лет женщин, способных дать стране здоровое потомство, будет всего 6 млн. (Информация Татьяны Руппель на ВЭБ сайте deti.mail.ru от 16 января 2014 года)

Сейчас крылатая фраза, приписываемая одному из русских военачальников XVIII века – генералу-фельдмаршалу Степану Апраксину: "Мужиков бабы еще нарожают" - работает всё хуже и хуже. И не только потому, что уровень жизни людей повысился и контрацептивы стали более доступны, а потому, что большая часть правды об отношении коммунистической власти к народу стала доступна массовому читателю в России. И теперешнее состояние русской демографии (несмотря на небольшой прирост после 2010 года) яркое свидетельство того, что русские бабы больше не хотят, а многие уже и не могут рожать стадных людей и пушечное мясо для авторитарных политиков, говорящих о новой роли России в современном глобальном мире и одновременно на всякий случай прикупающих недвижимость в благополучных странах Европы и Северной Америки, и обучающих там своих детей. Потенциал русского народа начала прошлого века уже израсходовали коммунисты за 74 года нерационального, варварского правления.

Глава 4

Особенности русского народа

"Если ваши предки не смогли преодолеть какое-то препятствие, то этим обязательно придётся заниматься вам. Не получится у вас - проблема останется в наследство вашим потомкам." [137]
Пётр Романов, писатель

4.1. Существует ли русская национальная идентичность?

Во Франции, в США на вопрос: "Какой ты национальности?" получаешь ответ: "Француз" или "Американец". В России – этническое происхождение – превалирует на общенациональной принадлежностью. Поэтому ответ звучит как "Татарин", "Чеченец", "Русский" и т.д. После развала СССР и выделения России, как самостоятельной единицы из его состава следует, видимо, говорить исключительно о русских, заменив им слово "россиянин", которое так любят употреблять теперешние политики и журналисты. Политически корректнее называть всех людей, проживающих в России, как это принято в цивилизованных странах русскими, добавляя к этому этническую или религиозную принадлежность: "русский украинец", "русский татарин", "русский чеченец". Это не просто новые лингвистические конструкции. Это средство объединения нации на единой платформе.

Нацию обычно определяют, как исторически сложившуюся общность людей, проживающих на одной территории, имеющих общий язык, экономический уклад, культуру и этническое сознание.

Главной характеристикой нации является её целостность. Целостность нации определяется тем, насколько её представители ощущают себя частями этого целого, зависят друг от друга и помогают друг другу. Сохраняющиеся в течение долгого времени нации имеют общую территорию проживания, общий язык, культурные и нравственные ценности. Сила и выживаемость нации, народа определяется также наличием общих национальных традиций и активной сплочённой борьбой против тех, кто пытается эти традиции разрушить. Отличительная особенность сильной живучей нации также является быстрая ассимиляция конструктивного опыта. В XX - XXI веках в связи с возросшим уровнем образования населения, наличие базовой религии, даже исторически вплетённой в национальную канву, уже не является обязательным свойством целостной нации.

Демограф Дмитрий Богоявленский пишет, что сейчас в Российской Федерации проживают 182 национальности (в том числе 40 этнических групп, входящих в состав других народов), несколько вероисповеданий. [20] Объединяющими их признаками являются русский язык и территория проживания.

Национальное, народное единство, ощущение принадлежности к своему народу, к своей нации это тонкая материя, которая развивается вместе с развитием личности, с мировоззрением. Единство нации спаянное изнутри, а не снаружи - силовыми методами - основа её выживания, адаптации и процветания. Это единство идёт от общих культурных традиций, осознания общей судьбы, понимания того, что если ты помогаешь жить и реализовать себя представителям своего народа, то тем самым ты помогаешь себе и своим близким. В качестве базового компонента национального единства выступает ощущение важности оказания помощи представителям своей нации.

В качестве примера того, как отсутствие народного единства и отсутствие монарха привело русских к потере своей нации и своей родины можно привести пассивность подавляющего большинства населения в 1917-1918 годах, когда экстремистские левые силы захватывали и власть и собственность в России.

Национальная идея – это группа устойчивых ценностей, присущих народу в течение длительного времени. В Западной Европе для описания того же феномена применяется термин "национальная идентичность". В основе идеологии Русской империи начиная с императора Николая I лежали три ценности: "Самодержавие", "Православие" и "Народность", которые были сформулированы графом Сергеем Уваровым в 1833 году. Сталин заменил старую царскую систему ценностей на новую, советскую. В частности, первый компонент этой триады "Самодержавие" заменил на "Правление коммунистической партии", "Православие" заменил на "Марксизм-ленинизм", а "Народность" заменил на "Советскость". Распад СССР привёл к новому изменению системы ценностей в составе национальной идеи. В настоящее время триада обрела почти первоначальный вид только "Самодержавие" заменено на "Централизованную вертикаль власти", "Православие" является базовой, но не единственной религией для жителей страны, а "Советскость" снова стала "Народностью".

Из-за того, что восточные славяне изначально не ощущали своей национальной тождественности, они были не столько нацией, сколько населением. Народом они стали в процессе христианизации Киевской Руси, обретения общего языка, письменности, и культуры. Но до осознания себя единой нацией им в то время было ещё далеко. Элементы нации появились у русских людей уже в рамках московского княжества при царе Иване Третьем. Но только элементы. С тех времён у русских по мнению Ивана Солоневича стремление к национальной идентичности подменялось стремлением к наднациональной или сверхнациональной идентичности. [155] Отсюда и непрекращающееся стремление русских к экспансии, к завоеванию других народов и захвату новых территорий.

Ещё в начале XX века по словам генерала Николая Головина "мужицкому сознанию была далека категория "русскости", и себя они воспринимали не столько как русские, а скорее, как вятские, тульские и т.п." [62, с. 297] В начале XXI века история повторяется. Обнаружив себя титульной нацией в своей собственной стране после распада СССР, русские не знают, что с этим делать. Вроде бы положено раз и навсегда определить свою национальную идентичность так, чтобы никому в России не было обидно называть себя русскими – ни калмыкам, ни башкирам, ни татарам - и больше об этом не думать. А для этого всего лишь нужно найти сходство между теми, кто проживает в России, а не выпячивать различия, отличие их от других народов, отличительные особенности русских людей. Так нет, русские (и не только националисты) начинают обособляться, показывать свою самость, чем они отличаются от других наций, выпячивают свою историю и свою роль в истории страны. Причём выпячивают только лучшее, замалчивая плохое, что тоже было. А многим другим малым нациям в составе Российской Федерации такое разделение, такое обособление не нравится. Ведь каких-нибудь сотни лет назад центральная власть завоёвывала окраины, покоряла другие народы, подавляла бунты. Вместе с тем она ассимилировала представителей других наций и народов в русскую нацию. Главным критерием для умной власти была полезность человека для России невзирая на его оригинальную этническую принадлежность или страну проживания его предков. А сколько представителей других наций – татар, немцев, французов, итальянцев внесли свою вклад в развитие России? Они составляют гордость для истории страны. Но это было давно. С тех пор народы в России много вместе пережили, выстрадали. Общего стало больше, чем различного. Так почему бы не делать акцент исключительно на это общее?

Слабость русской национальной идеи, акцент на различия, а не на сходство людей, живущих в России, определяют слабость действия законов и неустойчивость морально-этических опорных точек личности - таких, как свобода, справедливость, правда, равенство. Вместо них люди в России опираются на их суррогаты, используют заменители реальных жизненных ценностей – свобода, как воля, справедливость, как распределительная справедливость, правда, как соответствие представлениям человека о правде, равенство, как равенство по понятиям, а не по закону.

Основоположник теории этногенеза профессор Лев Гумилёв ввёл в обиход лингвистическую категорию, отражающую существование нематериальной энергетической субстанции, которую он назвал пассионарностью. [47] В России этот термин весьма популярен. Согласно теории Гумилёва, если народу не хватает собственной энергии, он ищет её в лидере, в мобилизационных сценариях, в глобальных проектах, способных двинуть народ к достижениям. Когда у народа есть эта энергия и имеется цель, то цена достижения цели пассионарных людей не интересует, как полчища термитов, неуклонно ползущих вперёд невзирая на препятствие не интересует сколько из них погибнет преодолевая это препятствие. Пассионарный, энергетический, духовный сценарий развития общества противоречит рациональному, формальному, прагматическому сценарию. Пассионариев интересует борьба сил, начал, преодоление препятствий, покорение всё новых вершин. Их не интересует такая психологическая субстанция, как человечность.

Между тем, человечность - это самая общая, универсальная, недифференцированная ценностная категория, отражающая положительное отношение человека к человеку вообще, к его здоровью, к его морали, к его сильным и слабым сторонам. Человечность составляла основу русской культуры с середины XVIII до начала XX века. С приходом большевиков человечность исчезла из русского обихода. Её заменили тонны, километры, проценты.

Когда я работал в СССР в области активного обучения руководителей методами социально-психологического тренинга (СПТ), мы в первый же день давали участникам группы задачу на "лабилизацию" ("размягчение" стереотипов поведения). Суть её заключалась в том, что каждый из участников группы становится перед дилеммой: либо он (она) выбирает помощь близкому человеку, находящемуся на грани жизни и смерти, которого может спасти только срочное переливание его (её) крови редкой группы, либо выбирает выполнение неотложного производственного задания, от которого зависит выполнение квартального плана, премия и даже сохранение должности. То есть либо участник группы действует гуманно по-человечески, либо формально, как большой начальник, носитель административной функции. На этом конфликте и строился процесс "очеловечивания" советских людей. И во времена горбачёвской перестройки это был правильный путь осознания человеком своей неадекватности, когда надо применить не коммунистический, формальный подход, а человеческий, жизненный. Участникам группы надо было совершить простой человеческий поступок вопреки инструкциям, вопреки необходимости выполнить план, вопреки указаниям сверху. В общем "перешагнуть" через то, к чему их подталкивала советская система.

Перед выбором такого рода часто стояли большевики сталинской формации. Например, министр иностранных дел СССР Вячеслав Молотов, который любил свою жену – Полину Жемчужину, узнав, что она выдала премьер-министру Израиля Голде Мейер план Сталина в отношении Израиля, развёлся с ней, поскольку это угрожало его карьере, а ей бы всё равно не помогло. И таких примеров не счесть в коммунистической стране. Ими переполнена вся новейшая история Советского Союза и России.

Человечность - это вообще категория нечёткая, расплывчатая, как впрочем и многие социальные категории. Проще всего её было бы определить, как гуманность. Например – эвтаназия по отношению к смертельно больному и страдающему человеку, который сам хочет уйти из жизни - это может быть и незаконно для какой-то страны, но зато в большинстве случаев, гуманно, хотя и противоречит постулатам многих религий. Ложь по отношению к человеку, который умирает и хочет от тебя услышать что-то хорошее – это нечестно, но человечно. Эмоциональное выплёскивание всего, что у тебя накипело по отношению к человеку - это может звучать глупо, но человечно. То есть когда в чём-то помогаешь кому-то здесь и сейчас, тем самым проявляешь человечность. Даже если потом тебя будут за это обвинять, презирать и пр. Человечность - это категория нерациональная, неидеологическая. Она жизненная. Кстати, то, что русские люди предпочитают жить по понятиям, а не по закону – является отчасти следствием их человечного подхода к жизни.

Например, Михаил Горбачёв был человечным. Поэтому и "проиграл" Советский Союз. Ни один из большевистских лидеров страны, ни Ленин, ни Сталин таких сантиментов, как Горбачёв бы не допустил. Для первоначальных монстров людские жизни, даже жизни близких людей было чем-то второстепенным, чем можно пожертвовать ради идеи. И вот в 1917 году Россия пошла по ленинскому бесчеловечному пути, а в 1985 году – по горбачёвскому человечному. И последнее случилось из-за того, что на тот момент у СССР был человечный лидер – "тряпка", как назвал его впоследствии бывший вице-президент Российской Федерации Александр Руцкой.

Вот сам Руцкой был не "тряпкой" и осенью 1993 года из-за его властных амбиций и нежелания искать компромисс с Ельциным было убито около полутора сотен человек его сторонников – защитников законно выбранного всем народом Верховного Совета Российской Федерации. А сам Руцкой через 3 года после расстрела Верховного Совета очень неплохо устроился для государственного изменника, став губернатором Курской области, полюбовно договорившись с тем же Ельциным. Он оказался не "тряпкой", но зато политической проституткой, из-за которого погибли поверившие ему люди. При этом здесь не рассматривается вопрос об исторической правильности, обоснованности и целесообразности самих решений Ельцина, с одной стороны, или Руцкого с Хасбулатовым, с другой, решений о том, чтобы начать вооружённое противостояние.

4.2. Чувство принадлежности к русской нации

Русский философ Николай Бердяев почти сто лет назад написал: "Германец чувствует, что его не спасёт Германия, он сам должен спасти Германию". [12, с. 65] У русских это не так. Как истинный индивидуалист он изначальна привык полагаться в основном на свои силы. Однако сотни лет зависимости от духовного или светского начальника, от обладателя собственности (царя, помещика, церкви), или от крестьянской общины, заставили его рассчитывать на их помощь и поддержку в трудных ситуациях. При коммунистах единственным собственником стало государство и вся надежда русского человека была на начальника или на партийного босса, как представителя государства. Мол он ему даст, обеспечит, выручит, позаботится, поможет. Получается забавный парадокс: индивидуалист попадает в полную зависимость от распорядителя собственности и поэтому вынужден быть коллективистом.

Так уж традиционно получалось, что народ в России "цементировался" не снизу – от людей, как это и должно быть, а сверху – от власти, через принудительно насаждаемую дисциплину и через образ врага. Так оно было при Петре Первом и других царях, так было в Советском Союзе при коммунистах, так оно сохранилось и сейчас при нынешних президентах. И всё потому, что общего положительного между людьми в России мало, а как только кто-то снизу пытается это общее создать, так его либо шельмуют, либо игнорируют, либо он сам ссорится со своими соратниками. Отсюда, кстати, слабость любой русской оппозиции.

Последние несколько сотен лет Россия непрерывно расширялась, как было присуще любой восточной империи прежних времён, но духовно плохо закрепляла достигнутые военным путём завоевания. К XX веку она оказалась лоскутным одеялом натянутым на одного человека – императора, потом на генсрального секретаря, теперь это одеяло натягивает на себя президент. Какие уж тут единые духовные ценности, какая национальная идентичность? Остаётся чисто формальное внешнее подчинение главному лидеру через вертикаль власти.

Ощущение принадлежности к своей нации у русских очень слабое. Поэтому главными врагами создания своей нации являются сами русские. В этом смысле русский народ не столько жертва своей власти, сколько жертва самого себя.

В качестве измерителя ощущения себя частью нации было бы полезно ввести в социальную психологию и социологию понятие этнической силы. Этническая сила – это интегральное социально-биологическое понятие, сродни гумилёвской пассионарности, но с национальным уклоном. Этническая сила включает в себя взаимную поддержку друг друга представителями одной нации, отстаивание национальных интересов от тех, кто покушается на самобытность нации, априорный позитивный подход в отношении своих. Для создания чувства общности внутри своей нации немалую роль играет общая религия, культурные и житейские традиции. Показателями этнической силы являются этническая совместимость, этническая выживаемость, устойчивость этнических характеристик во времени. У русских этническая сила очень слаба.

Слабое ощущение принадлежности к своей нации у жителей России подтверждалось неоднократно. Например, многие потомки эмигрантов конца XIX – начала XX веков, которые уехали из России а затем из Советского Союза достаточно быстро ассимилировались в другие нации – французскую, английскую, стали частью американского народа. Те немногие представители русской эмиграции, которые убежали от большевиков после 1917 года, а затем от Сталина во время второй мировой войны и объединялись в сообщества сохранились дольше. Однако вскоре и они стали напоминать саму Россию в уменьшенном варианте: конфликты, разобщение, нежелание идти на компромисс, искать консенсус. Довольно быстро ослабла православная церковь за рубежом, которая основала свои приходы в других странах. Без головной фигуры царя, императора русская эмиграция утратила свои национальные корни. Это произошло уже во втором-третьем поколении эмигрантов - настолько эти корни сидели неглубоко. Потомков эмигрантов связывал только общий русский язык и православная религия. Общей территории, как одного из базовых факторов объединения народа и объединяющей фигуры русского царя у них уже не осталось.

Слабость единого национального духа у русских происходит от разобщённости, отсутствия у них единых духовных формирующих нацию ценностей. Эклектическое смешение символов, стилей, идеологий, понятий преобладало в России во все времена. С русской национальной самобытностью в России сейчас по-прежнему проблемы. Нет последовательности, цельности ни в чём. Современный российский герб идёт с времён царя Алексея Михайловича (1667 год), короны на гербе символизируют три царства: Казанское, Астраханское, Сибирское, а скипетр и держава означают "Самодержавца и Обладателя". Современный российский гимн действует с некоторыми изменениями с времён Сталина (1943 год).

Если углубиться в русскую историю, то в ней вообще просматривается комбинации из зарубежных основоположников: варяги дали принципы объединения и взаимодействия племён, греки заложили основу православного христианства, от татаро-монголов идёт деспотическая самодержавная система управления беспрерывно расширяющимся государством, последователи немца Карла Маркса принесли в Россию коммунистические взгляды и так далее. И такое смешение в России никого особенно не смущает – мол все народы заимствуют друг у друга. Чем русские хуже?

Теперь вопрос о том, было ли когда-нибудь ощущение советской идентичности у людей в СССР? Видимо, всё-таки было, хотя каждая группа населения понимала под этим нечто своё. СССР был во многом искусственным межнациональным образованием, основанным на наднациональных ценностях. И то, с каким удовольствием и грохотом он развалился в 1991 году, лучше всяких слов говорит о природе этой межнациональной любви и о решённости межнациональных проблем в рамках СССР. Политес в отношении к другим нациям и народам соблюдался на весьма поверхностном уровне, в среде образованных людей больше, чем в среде простых, в центральных районах России больше, чем на периферии, в северных областях больше, чем в южных, в кавказских республиках и регионах национальные проблемы стояли острее, чем на Урале или на Дальнем Востоке.

Сейчас культура советского периода с её искусственными советскими ценностями: советскими пословицами, песнями про гражданскую войну, партию и комсомол, пролетарскими лозунгами уже сошла со сцены. Еще по некоторым телевизионным каналам демонстрируются фильмы советских лет, издаются советские литературные произведения, в музеях выставляются полотна советских художников, исполняются музыкальные произведения советских композиторов, но рассчитано это в основном на людей старших поколений. С их уходом из жизни всё это понемногу сойдёт на нет.

Летом 2013 года было проведено телефонное блиц-голосование в 5-й телевизионной студии Санкт-Петербурга. Тема: "Ощущаете ли вы себя частью нации?" Ответы распределились так: "Да" - ответили 37.8% позвонивших, "Нет" - 43.0%, "А что это такое?" - 19.2%. Оказалось, что через тысячу лет после образования русского государства только треть ответивших людей ощущают себя частью русской нации.

4.3. Слабость национальных исторических корней у русских

Начиная с 1918 года коммунисты, которым была безразлична судьба России и русского народа, захватив власть, уничтожили и выгнали за границу носителей русских исторических и культурных традиций, сделали частную собственность государственной и стали воспитывать своего советского человека. Они допускали к употреблению только те элементы русской истории, которые были нужны им для достижения классовых и партийных целей. Всё остальное игнорировалось и подавлялось. Это было тем легче сделать, что рабочие и крестьяне, на которых опирались коммунисты, в лучшем случае помнили своих предков после 1862 года, а историю российской империи знали плохо поскольку большинство из них только в ХХ веке научились читать и писать.

Внедрение коммунистической системы распределительного социализма шло через террор и насилие, что нормальным людям казалось неправильным. Недаром поначалу жителям России и эмигрантам за рубежом, советская власть представлялась недолговечной. Если бы не фанатики и апологеты этой системы (изначальные большевики), а также десятки тысяч распропагандированных ими малограмотных людей, то она и не прижилась бы, не вошла в жизнь народа так надолго. К несчастью, тем, кто хорошо знал настоящую историю России не нашлось места на пролетарской колеснице.

Оставшимся в живых русским людям, имевшим до переворота 1917 года собственность, безопаснее было уничтожить документы, относящиеся к царскому периоду, и не вспоминать о своей религии, о русских народных традициях, о предках, если они были не рабоче-крестьянского происхождения. Русскую историю можно было преподносить читателю только под определённым выгодным коммунистической власти углом. Всё остальное не пропускалось цензурой и оставалось в спецхранах библиотек. Источниками информации о семейной истории предков были рассказы, передаваемые из уст в уста и старые семейные фотографии.

Поскольку такое информационное ограничение продолжалось при советской власти в течение трёх поколений, русский национальный дух был подавлен и фактически уничтожен, а русская история сведена к классовой истории. От народа осталось одно название – "русские люди". С этнической точки зрения они и были русскими. Но этим их принадлежность к русской нации и исчерпывалась.

В результате в национальном плане средний русский человек стал напоминать манкурта – человека без исторической памяти, без предков, без национальных традиций. (Прим: Согласно роману киргизского писателя Чингиза Айтматова "Буранный полустанок" ("И дольше века длится день") [3], манкурт - это человек, превращённый в бездушное создание, который ничего не помнит из предыдущей жизни и полностью подчинён воле своего хозяина. Термин применяется по отношению к людям, потерявшим связь со своими национальными, религиозными и семейными корнями.) Были, конечно, профессиональные историки и эрудированные люди, которые о России знали больше, но таких в советском обществе было меньшинство.

Вторая мировая война, которая в России больше известна, как Великая отечественная, окончательно отсеяла колеблющихся внутри СССР, а также молчаливых оппозиционеров - тех, кто всё ещё испытывал антипатию к советской власти. После этого воспитательный эффект созданной марксистами-ленинцами коммунистической идеологии и системы распределительного социализма стал большим преимуществом для формирования мировоззрения новых поколений, которые уже и не мыслили по-другому, у которых уже не было альтернатив кроме советского варианта развития общества. Этот вариант насаждался в школах, на производстве и в науке. Поколение родившихся в 40-е годы людей уже ничего другого не знало. Жителей СССР уже изначально делали советскими людьми - даже тех, кто слышал критические замечания в семье, имел возможность читать "неправильную" литературу и имел достаточно сообразительности, чтобы переосмыслить увиденное и прочитанное.

В результате, за 74 года своего правления коммунисты практически начисто уничтожили русскую народную память, оставив только то, что им было выгодно или не мешало. Ну и, конечно, они оставили идеологизированную интерпретацию русской истории. После них история России была как будто написана про наших предков, а как будто про чьих-то ещё. Привкус искусственности оставался и после изучения многих "классово окрашенных" школьных предметов – русской литературы, обществоведения. Хорошо ещё, что идеология марксизма-ленинизма не проникла в такие точные науки, как математика, физика и химия. В противном случае вопрос о том сколько будет дважды два решался бы на расширенном пленуме ЦК КПСС и в соответствии с последними указаниями идеологов этой партии.

Журналист Леонид Млечин подметил одну особенность людей, живущих в современной России (даже тех из них, которые "раскапывают" своё генеалогическое древо). Они не ощущают эмоциональной связи со своей историей до 1917 года, со своими предками, со старыми русскими традициями, обычаями. Они живут, как будто до 1917 года не было тысячелетней истории русского государства. И уж тем более не ощущают они эмоциональной связи с современной Россией. Не они это государство создавали и оно от них практически не зависит. Скорее они сами зависят от государственного аппарата, от системы централизованного управления, от государственных дотаций. Откуда преемственности поколений и патриотизму-то взяться? [96]

Сейчас в 2014 году этнические русские составляют 82.6% населения России. Из-за плохой демографической обстановки, изменения национального состава населения, они чувствуют себя в опасности в своей стране, хотя на самом деле это воображаемое чувство присутствует только в их ощущениях. Для того, чтобы его скомпенсировать, некоторые поднимают на щит идеи: "Большого русского брата" и "Россия для русских". Обе идеи тупиковые для многонациональной страны. Только свободное и объективное обсуждение в обществе любых национальных проблем, соблюдение законов всеми жителями России и равенство всех перед законом способно помочь в создании здоровой национальной и межнациональной атмосферы в обществе.

Есть целый ряд профессиональных историков и просто любопытствующих людей, которые уже в наши времена раскапывают русскую историю, историю православной религии, историю предков, но знания, полученные в зрелом возрасте не могут заменить национальной атмосферы, воспитываемой в ребёнке родителями с ранних лет, которая собственно и даёт истинную национальную культуру и любовь к своей родине. Ребёнок в детстве вместе с языком, религией и любовью родителей усваивает историю своей семьи и страны. К моменту развала СССР национальные конструкты и историческая память у русских людей оказались аморфны и размыты. Впрочем, как и религиозные.

4.4. Особенности русского национализма

Национализм - это ориентация людей, проживающих в одной стране на приоритет национальных установок, ценностей над интернациональными, ощущение своей нации, как отличной от остальных, культивирование национального духа, определяющего взаимную поддержку, сплочённость, преданность и верность своей стране, отстаивание её интересов, патриотизм, стремление к национальной независимости, выделение достижений выдающихся представителей своей страны.

Национализм бывает положительным и отрицательным. Если представитель нации думает прежде всего о благополучии и процветании людей проживающих в своей стране причём благополучии, достигаемом с помощью граждан этой страны, опирающихся на закон и ведущих себя ответственно друг перед другом, уважающих права друг друга, то он является носителем "хорошего" национализма. Если граждане одной страны, нации пытаются достигнуть благополучия, утверждая себя за счёт граждан других стран, других национальностей, то они являются "плохими" националистами.

Другая грань "плохого" национализма состоит в разделении граждан своей страны на "чистых" и "нечистых", когда "чистые" решают свои проблемы за счёт "нечистых". Предельной формой плохого национализма были национал-социализм в Германии или фашизм в Италии. Эти формы национализма базируются на мнении о превосходстве представителей своей нации не на основе их способностей, характера и результатов деятельности, а исключительно на основе принадлежности к этой нации, на построении в сознании культа своей национальной личности, как великой по определению.

В СССР всякий национализм – "плохой" или "хороший" подавлялись с помощью проповедей интернационализма и нагана. Поначалу использовались также тюрьмы, концентрационные лагеря. Когда в 1917 году кучка международных террористов, прикрываясь марксизмом, захватила власть в России, первым делом они расстреляли русских и украинских националистов, патриотов и офицеров, выгнали за границу всех, кто на эти темы думал и писал по-другому, чем они. Остальные люди были вскоре превращены в бесправных, безгласных жителей страны, с которыми вождь (вначале Ленин, а потом Сталин) делали всё, что считали нужным. Особую мерзость этой системе придавало то, что прикрывали свои грязные делишки эти провозвестники новой эры насквозь фальшивой фразеологией о будущем всеобщем равенстве и счастье, а также лживыми легендами о своём интернациональном мессианском предназначении для всех народов земли.

На самом деле коммунизм и национал-социализм растут из одного корня – корня равнодушия к жизни конкретного человека. Они не близнецы. Это - двоюродные братья. Хотя, если судить по лозунгам, первый - за братство и счастье для всех, а второй – за счастье только для одной нации или одной расы. Но человеконенавистнические методы, которыми они действуют, очень похожи.

Нередко крайние проявления национализма, ксенофобии, расизма, антисемитизма и пр., которые иногда имеют место в России, широко освещаются в местных и мировых СМИ, как типичные, хотя на самом деле национальная нетерпимость была не характерна для культурных русских людей до большевистского переворота. После переворота такие настроения резко усилились поскольку власть узурпировали представители разных в том числе некоренных национальностей, которые привели с собой малообразованных нередко легко внушаемых людей из русского, украинского и других народов. Именно большевики-интернационалисты, начиная с 1917 года, подспудно способствовали разжиганию межнациональной неприязни даже у тех людей, которые раньше нейтрально относились к национальности тех, кто проживал в Российской империи. Достаточно вспомнить сколько невинных людей большевики убили под предлогом своей пролетарской революции, какую мощную империю они разграбили и, в конце концов, окончательно низвели до положения мирового сырьевого придатка. Более того, одной из причин того, что рациональные немцы допустили приход национал-социалистов к власти был страх перед тем, что тщеславные нечистоплотные людишки сделали с Российской империей, прикрываясь кабинетной марксистской теорией. Нынешние коммунисты об этом не любят вспоминать, но от фактов не спрячешься.

Естественным следствием коммунистических экспериментов стало фактическое "упразднение" русской нации, как духовного образования. Есть русский язык, есть территория, заселённая этническими русскими, есть в конце концов графа "национальность", используемая при разного рода социологических опросах. Только самой нации нет. Её уничтожили коммунисты под знаменем интернационализма, а сейчас русофобы всех мастей списывают проявления русскости на национализм и ксенофобию. Вроде бы русские националисты занимают далеко не первые позиции в политическом спектре России, а страх перед восстановлением русской нации, русской идентичности, русской ментальности у некоторых "интеллектуалов" остался. Об этом говорит и главный редактор Независимой газеты Константин Ремчуков: "русский мир он у нас в стране традиционно недоразвит. У нас любые высказывания о русскости, апелляции к русскому воспринимаются традиционно негативно и сразу видятся здесь националистические какие-то тенденции." [133] Все другие национальности и этносы имеют право говорить о себе, о своих национальных интересах, потребностях, а русские – нет.

За время коммунистической диктатуры русские окончательно забыли, откуда они родом, разучились гордиться своей нацией. Они превратились в жителей РСФСР - людей без нации, потому, что Советский Союз для них был не столько родиной, сколько местом обязательного проживания. Искусственность страны под названием СССР подтвердилась тем, с какой лёгкостью и без большой крови (в сравнении с Югославией) она распалась на 16 независимых государств (а могла бы и на большее число). Ностальгия, конечно, у некоторых людей старшего поколения осталась, но не настолько большая, чтобы ради этого жертвовать жизнью или идти на баррикады. Большинство русских людей к развалу СССР отнеслись достаточно равнодушно. Они привыкли к тому, что их роль в принятии государственных решений ничтожна и что все политические и экономические решения принимаются без их участи и согласия, что любое самостоятельное мнение и тем более выступление подавляется, что системе государственного принуждения можно противопоставить только фигу в кармане. Поэтому для большинства жителей кроме тех, кто верил в советские идеалы, развал СССР был не более, чем политическим ходом власть предержащих, которые таким образом в очередной раз разделили между собой власть и собственность. Распад СССР оказался для жителей скорее экономической, чем политической катастрофой. Разрушился созданный и налаженный десятилетиями военно-коммунистической диктатуры единый механизм экономических связей, кооперации, взаимоотношений и взаимодействий между республиками СССР. Кроме того, обесценились сбережения и накопления людей, многие потеряли работу.

Теперешняя Россия в национальном отношении это не то государство, в котором русские имеют свой духовный, культурный "кусок" как национальность. Эстонцы, литовцы, латыши, грузины, азербайджанцы, молдаване, украинцы, узбеки, таджики и другие отделившиеся от СССР нации свои национальные особенности, свою культуру восстанавливают, воскрешают, а русские – нет. Получается, что Россия копирует в национальном отношении Советский Союз, но уже без марксистско-ленинской идеологии и в сильно уменьшенном варианте.

Как люди, находящиеся у кормила русской власти (большей частью бывшие советские коммунисты), так и либеральные оппозиционеры едины в своём непринятии национализма в каком угодно виде. Они как чёрт ладана боятся и избегают всяческих националистических проявлений в любых самых невинных ипостасях. А ведь чтобы решить конкретный национальный вопрос, для этого приходится белоснежные перчатки интернациональной невинности снимать, отправляться на место, где межнациональный конфликт произошёл и помогать его если не разрешить, то хотя бы поработать с ним. А вот этого ни от власть предержащих, ни от либералов не дождётесь. Проще разогнать, посадить, припугнуть, осудить. Да и для многих журналистов проще вытащить на всеобщее медийное обозрение свеженький межнациональный конфликт, как пример неприязни, ненависти на национальной почве и смаковать его негативные подробности.

Вообще большинство жителей современной России – "коммунисты", "демократы", "националисты", "либералы" - выросли на соседних советских "грядках", а потому не умеют грамотно работать с национальными и межнациональными проблемами. Легче сделать вид, что проблемы нет либо объявить проявления национализма экстремизмом или ксенофобией, чем разобраться и принять грамотные меры. Когда в стране происходит конфликт на национальной почве или просто с национальным оттенком, на ковёр в правоохранительные органы вызывают "отвечающих" представителей националистических общественных организаций, допрашивают, заставляют их писать объяснительные. В свою очередь нижестоящие начальники отчитываются перед вышестоящими в том, что работа проведена, подозреваемые в национализме вызваны и допрошены, объяснительные записки с них собраны, "птички" в нужных графах нужного документа поставлены. Есть и другой вариант решения проблемы – вызвать на ковёр представителей администрации, в чьём районе произошло ЧП на национальной почве и как следует их "проработать" совсем в духе советских партийных традиций. Оба пути формальные, казённые и межнациональных проблем не решают, а скорее, загоняют их вглубь.

Русская нация одна из самых слабых в мире. Поэтому, когда кто-то заявляет про нацизм и даже фашизм русских людей, к нему смело можно применять фрейдистский механизм проекции. Или этот человек лицемер, или он сам ксенофоб и переносит свои убогие националистические чувства и рассуждения на русских, как титульную нацию в России (а жил бы этот человек в другой стране – нашёл бы нацистов, фашистов, расистов, антисемитов там – можно не сомневаться). Сказанное не отрицает наличия среди русских разного рода экстремистов, нетерпимых в национальном отношении, а чаще всего просто недалёких людей с неразвитой культурой межнационального взаимодействия.

У некоторых малых наций очень силён механизм этнической маниакальности и их представители склонны во всём, что делают представители других народов видеть оскорбление своих национальных чувств или умаление достоинства своей нации. Любую даже однократную обиду по отношению к себе лично или к своей нации, которую психически нормальный человек вскоре бы забыл, они помнят всю жизнь и тиражируют свою обиду так, как будто это случилось вчера.

В нормальной стране люди гордятся тем, что они её граждане, а не стыдятся её. У части русских интеллигентов развит комплекс национальной неполноценности. Связано это, в частности, с тем, что они свою страну по-настоящему не любят, не чувствуют органической связи со своим народом, со своим прошлым, плохо знакомы с основами национальной культуры – и особенно, русской культуры конца XV – начала XX веков.

Вот как о взаимоотношениях русских за границей в блоге написал молодой учёный, Александр Терехов, живший и работавший во многих странах, который обобщил своё мнение о поведении русских за границей следующим образом: "Я ученый (в смысле, человек занимающийся научной деятельностью), причем ученый нового поколения - мне 27. Мне приходилось ездить и жить в разных странах. Есть одна вещь, которая меня беспокоит. Когда иностранец приезжает в страну, будь он евреем, китайцем, армянином, итальянцем, индийцем, албанцем, - не важно, он практически мгновенно вливается в существующую общину своего народа, которая существенно помогает ему обосноваться в стране. Зачастую, люди находят работу и жильё (особенно в Нью Йорке) именно благодаря общине. Так вот, по моим наблюдениям единственная национальность, люди которой чураются друг друга - это русские. Я видел многих русских, которые предпринимают всяческие усилия, только бы скрыть свою национальную принадлежность. Это распространяется и на туристов. Вопрос: почему? Что в нас не так, что мы стыдимся быть русскими?" [162]

Главная причина этой национальной стыдливости состоит в том, что у советских властей (по крайней мере на бумаге) интернациональный формальный подход доминировал над национальным. Для реализации этого подхода советские власти превратили русскоязычное население в "Иванов, родства не помнящих". Продолжая эту советскую традицию, нынешние российские власти стараются игнорировать у жителей России остатки их национального самосознания, остатки национальной гордости вместо того, чтобы поддерживать эти вещи и заботиться о положительных русских националистах. Ведь это ж надо было умудриться довести русских людей до того, что им стыдно за свою нацию. Кому надо, чтобы русские люди ещё и несли по жизни своё клеймо "неприличной" нации и передавали детям по наследству этот стыд перед общением со своими же русскими людьми, это национальное беспамятство манкуртов.

В результате того, что русских запугали всякими "измами" и репрессиями ещё в советские времена, они либо молчат, либо покорно терпят, когда на них навешивают всяческие ярлыки недалёкие представители советской интернациональной "интеллигенции", для которых слова "ксенофоб", "черносотенец", "русский националист", "русский фашист", "русофил", "антисемит" являются почти синонимами. Простому человеку разобраться с этими понятиями не так легко. Некоторые просто чувствуют, когда унижают их национальное достоинство и выражают своё недовольство подчас неадекватными способами. А фокус здесь в культуре понимания и изложения своей позиции по национальному вопросу. А эта культура в России неразвита совершенно. О национальных вопросах если и говорят, то в осуждающем, негативном ключе.

О своей национальности не стесняются говорить либо представители других национальностей (на Кавказе, например), либо "отрицательные" русские националисты. Зато когда надо найти международного "козла отпущения" - тут русские подходят идеально. Всех собак можно на них повесить. Все преступления и грехи на них валить. А они всё терпят. На международном уровне прославились русская мафия в Америке, общеизвестно русское беспробудное пьянство, русская лень и бесхозяйственность вошли в учебники по социологии, преступления против человечности, совершённые русскими военнослужащими в Афганистане и Чечне обсуждало всё мировое сообщество, только ленивый не говорит о нарушении прав человека в России. При этом действительно позорные вещи, которые русские делали (а кто из больших наций их не делал?) переплетаются с лживыми приписываниями и фантазиями. Вместо того, чтобы грамотно выполнять свою работу и отделять "зёрна от плевел" русские чиновники, журналисты, политологи идут по лёгкому пути придумывания универсальных легенд и формальных объяснений, имеющих разную степень правдоподобия, или попросту утаивают действительное положение вещей, связанных с межнациональными отношениями.

4.5. Деградация русского патриотизма в советский период

> "На изгаженном, вытоптанном месте не вырастет любви к своему народу, своему прошлому, воинского мужества и гражданской доблести."
> Иван Ефремов, писатель (Таис Афинская)

Основой патриотизма является чувство национальной идентичности, чувство долга и ответственность перед своей страной, нацией, перед близкими людьми, национальная культура, основанная на истории своей страны. Патриотизм – это коллективное чувство причастности к своей стране, к своей родине. Патриотизм происходит от ощущения единства своего народа, как этнического, языкового и территориального целого, от стремления не отделять себя от своего народа, гордиться им, и переживать за него, быть готовым добровольно служить ему, сознательно делить с ним радости и невзгоды, знать историю своей страны и своего народа, быть честным в оценке достоинств и недостатков своего народа и своей страны, раскаиваться за совершённые твоими предками и современниками неблаговидные поступки, помнить о своей личной ответственности и о своих обязанностях перед самим собой, своей семьёй, как частью своего народа.

А вот замечательное высказывание классика русской поэзии Александра Пушкина на тему о патриотизме, относящееся к началу XIX века. "Клянусь честью, ни за что на свете я не хотел бы переменить отечество или иметь другую историю, кроме истории наших предков". Пушкинский патриотизм не кажется наигранным или искусственным. Он мог критиковать самодержавие, царя, оставаясь внутренне свободным человеком и патриотом России.

Если бы жители России к началу 1917 года имело бы хоть часть пушкинского патриотизма, то Ленина, который не чувствовал внутренней связи со своим народом, человека, ненавидевшего не только царя и православие, но и всё, что не вписывалось в его представления об устройстве общества, отправили бы назад в Швейцарию, где он в начале XX века распределял между соратниками добытые грабежами, убийствами и прочими жульническими махинациями русские деньги и пописывал свои полные грубого полемического задора книжки и статейки. К сожалению, к 1917 году патриотизм был уделом немногих культурных людей того времени независимо от их этнического происхождения. Да и тот сильно потускнел в результате недальновидного правления последнего русского императора, затянувшейся никому не нужной войны, бездарной политики Временного правительства и разрозненности русского общества.

Математик Игорь Шафаревич, в советское время диссидент, определил патриотизм как "ощущение ценности, необходимости для жизни каждого человека его включения в большую индивидуальность народа или, с другой стороны - инстинкт самосохранения народной индивидуальности. Это заряд энергии, двигатель, приводящий в действие те многочисленные средства, которыми поддерживается единство народа: язык, национальная культура, чувство исторической традиции, национальные черты его религии. Поэтому угасание патриотизма - самый верный признак начала конца народа: из живого существа он превращается в мертвую машину, отключенную от движущего ее источника энергии. А искусственное разрушение патриотизма - самый надежный путь уничтожения народа." [179]

Может показаться странным, но нечто похожее на советский патриотизм сформировалось у людей в СССР в результате хозяйничанья Сталина и его присных. Идейные коммунисты старой закваски, такие, как высшие чины советской иерархии - Михаил Суслов, Георгий Павлов, Андрей Громыко и многие другие были полноценными советскими гражданами и патриотами СССР. Они искренне верили в торжество советского строя. У них всё было казённое – дачи, машины, не было банковских счетов за границей.

У немалого числа современных российских политиков и бизнесменов имущественные и финансовые интересы за границей есть. Это и недвижимость, и деньги. Они живут на два дома. Их дети и внуки учатся в зарубежных школах, колледжах. У них как будто две души, двойные стандарты. И это неважно, что именно они говорят о себе и своём патриотизме. Специалист по Советскому Союзу и современной России американский политолог и социолог Збигнев Бжезинский, общаясь с русскими учеными по проблеме ПРО, сказал, что если русская элита хранит деньги в американских банках (а это около 500 миллиардов долларов) – это уже не столько русская сколько американская элита. В этом ничего страшного нет – пусть каждый живёт, как считает правильным и хранит деньги там, где он считает нужным, но при этом не надо маскироваться под безгрешных патриотов и осуждать кого бы то ни было.

Люди, проживающие в современной России, в большинстве своём потеряли свою историческую и культурную память. Поэтому мало кто из них способен ощущать патриотизм, как национальную реальность. Они не чувствуют, ради чего жил русский человек на протяжении последнего тысячелетия своей истории, какие ценности он защищал. Потеряв нравственные и культурные ориентиры, многие нынешние ушедшее советское считают русским. Для них русская история – это всего лишь факты об абстрактных сражениях, экспонаты в музеях, литературные произведения, которые описывают жизнь каких-то людей, когда-то проживавших на территории России – может скифов, может угро-финнов, может тюрков, может славян. Они как иностранцы, приехавшие в Россию по туристической визе поглядеть на другие здания, остатки другой культуры и вернуться к себе домой, поставив "птички" в мысленной таблице: посетил, послушал, поговорил. Их также можно сравнить с археологами, изучающими культуру, обычаи и привычки своей страны по дошедшим до них из глубины веков изданиям книг, музыкальным, архитектурным, живописным произведениям. Прервана связь времён. Откуда патриотизму-то взяться?

В последние 25 лет, как только люди в России пытаются объединиться под флагом патриотизма (например, выйти в Москве на Русский марш), они сразу становятся объектом пристального внимания со стороны правоохранительных органов и любопытствующей либеральной публики, представители которой тут же находят в них черты национализма, ксенофобии и русского фашизма. На самом деле эти люди с националистическими плакатиками представляют собой "сборную солянку" из разных возрастных и образовательных групп населения, многие из которых просто неспособны на проявления таких высоких чувств, как русский патриотизм. Патриотизм требует культуры. Считать их нацистами можно только при очень богатом, маниакально акцентуированном воображении. В результате давления со стороны властей, правоохранительных органов и неконструктивной критики со стороны либералов, вместе с "мыльной водой" оказывается выплеснут и зарождающийся патриотический ребёнок. Но власть в России никогда не любила работать со "скользкими" национальными темами. Это требует культуры и известной гибкости мышления. А для этого нужна объективная информация о каждой из 182 наций, проживающих в России и уважение к их обычаям, традициям и культуре.

5 октября 2010 г. правительство РФ одобрило и утвердило Государственную программу "Патриотическое воспитание граждан Российской Федерации на 2011–2015 годы". Она напоминает постановления ЦК КПСС о всемерном расширении и углублении того, сего, другого, третьего. Опять государство – впереди, а человек – на вторых вспомогательных ролях. Человек в соответствии с этой программой – это как бы приложение к государству. Он в очередной раз становится объектом патриотического воспитания и манипулирования. Между тем люди в России всё больше думают о личном и всё меньше об интересах государства, мол пусть власти пишут свои постановления и указы, пусть журналисты организуют ток-шоу, на которых люди с хорошо

подвешенными языками с пеной у рта отстаивают свои нехитрые мнения и истины, а я буду копать свой огородик и сажать на нём картошку и огурцы для дома, для семьи. Устали люди думать о всеобщем благе для государства и для всего "прогрессивного человечества". Хочется подумать о себе, о своих детях и внуках. Может рано или поздно у этих детей и внуков нечто вроде русского патриотизма и проявится ...

Патриотическое воспитание идёт от чувства сопричастности к своему народу, от гордости за свою страну, нацию. В больших городах патриотические чувства не в моде. Там сравнительно немного тех, кто по своей инициативе хочет служить срочную службу в армии и умирать за родину, что считается в последние годы глупостью. Хватит уже умирали деды и прадеды ради советских коммунистических мифов и идей, которые на поверку оказались блефом. Хватит уже коммунисты ради своих амбиций давили и уничтожали народы, жившие в России. Где теперь эти властные, амбициозные негодяи? Где эта советская империи, ради которой погибла немалая часть населения страны? В большой степени по-глупому погибла, без особого смысла.

И всё равно опять на обломках старых мифов и иллюзий воскрешается всё та же идея о величии России. Для чего, для кого? Для того, чтобы очередной лидер опять "порезал" дорогостоящие корабли, танки и ракеты на металлолом не посоветовавшись ни со своими подчинёнными, ни с армией, ни с народом? Для того, чтобы военнослужащие не знали, что делать со снарядами, штабелями, на жаре лежащими на складах по всей стране, а теперь вместо разумной утилизации их бездумно взрывают сотнями тысяч, разрушая окрестные дома? Для того, чтобы русские чиновники без обсуждения, без согласования с людьми проводили реформы пенсионной системы (Михаил Зурабов), армии (Анатолий Сердюков) и Академии наук (Дмитрий Ливанов). Эти реформы без сомнения назрели и их надо проводить, но кто мешает сделать обсуждение открытым, всенародным, а не частным делом узкого круга лиц, как будто это тайные операции спецслужб. Открытое обсуждение делает жителей страны сопричастными к принятию решений и даже активными сторонниками разумных начинаний. А закрытая спецоперация кроме раздражения, равнодушия и даже агрессии не способствует ничему. К ней и относятся в народе, как к очередной административной операции властей, которая только ущемляет интересы простых людей.

В реальности получается, что патриотизм в России напрямую связан с силой центральной власти и волевыми качествами главного лидера. Создаётся впечатление, что людям в России не хватает своей собственной национальной энергии, чтобы ощущать себя патриотами.

Пользуясь терминами "социал-патриотизм", "национал-патриотизм", "квасной патриотизм", умствующие "интеллигенты" таким образом навешивают ярлыки на всех, кто пытается честно разобраться в том, что произошло и происходит со страной под названием Россия, на тех, кто пытается воскресить это почти утраченное в народе ощущение любви к родине, а не к беспалому российскому государству и на тех, кто пытается разобраться в том, как страна дошла до жизни такой, что слово патриотизм вызывает кривые ухмылки у окружающих. Действуют при этом такие "интеллигенты" традиционно по-большевистски, вначале наклеивая звонкий негативный ярлык, с целью заклеймить, высмеять и смешать с грязью. Подобными методами действовали Ленин, Сталин и их подручные-коммунисты, вначале называя крестьян-середняков кулаками, а затем отбирая у них зерно, уничтожая их подчистую, на корню или ссылая в Сибирь, в тайгу, на пустое место, где не разрешали даже рубить деревья, чтобы они строили себе дома. Уничтожение русского народа в XX веке не прекращалось ни на минуту. А вместе с ним и уничтожение русского патриотизма.

Почитайте русские интернетовские блоги. Какой патриотизм? Немалое число блогеров - людей, у кого есть хоть какая-то профессия, которая востребована на мировом рынке труда и которые чувствуют в себе хоть какой-то потенциал, хотят из России уехать (официально около 20%, а на самом деле больше, просто у остальных нет шансов). И своим родственникам, знакомым, коллегам, студентам эти люди рекомендуют сделать то же самое. Как удержать людей, когда в стране жить им некомфортно? Грязные дворы, вонючие парадные, отношение к человеку, как к объекту воздействия и манипулирования, а не как к полноценной, ответственной личности с реальным правом голоса, с возможностью выбора власти и контроля за её деятельностью.

Чтобы удержать народ от эмиграции, властям надо заняться не созданием суперсовременных ракет и другого оружия для сохранения огромной неиспользуемой территории, не проблемами глобального потепления, которое для России не завтра наступит, а температурой в домах рядовых граждан, бытом и культурой повседневной жизни. Но такая повседневная работа мало кому видна и поэтому непрестижна. Вот глобальные проекты: внедрение нанотехнологий, чтобы делать вечные носки и сверхпрочный наноасфальт, строительство наукограда Сколково, строительство газопроводов типа "Северный поток" и "Южный поток" для обеспечения европейских стран газом, строительство объектов для Казанской Универсиады, Сочинской олимпиады и Красноярской Универсиады - вот это да! Это проекты достойные "великих" лидеров и их верноподданного, поддакивающего окружения. А создать условия, чтобы людям в провинции не хотелось напиваться по-чёрному каждый день, чтобы они мочились в писсуары, а не в парадных у соседей - это скучно и неинтересно. Ни пиара, ни имени на этом не сделаешь. Сами-то верховные чиновники, небось предпочитают справлять малую и большую нужду в чистых сортирах. А своему народу они в этом праве отказывают. А между тем благополучие страны начинается с чистых сортиров, а не с олимпиад, универсиад и нанопроектов.

И ещё несколько слов о патриотических символах России. Только народ, который утратил чувство своей нации, может хранить и лелеять кладбище со своими "знаменитыми" покойниками, уничтожившими Россию во имя Советского Союза, в центре столицы у стен Кремля. Причём не потому, что так уж город строился и не в специальных усыпальницах и в соборах, а потому, что покойники эти являются символами советского государства. Коммунистическая идея обанкротилась четверть века назад, СССР распался. А покойники всё лежат и лежат. Не в усыпальницах храмов и не в фамильных склепах, не на кладбищах в специально отведённых местах, а в центре столицы русского централизованного государства – городе Москве. Часть из этих покойников – преступники, убийцы собственного народа, часть честные люди, герои, оставшиеся – бюрократы, умершие в нужное время и в нужном месте, люди из страха или по глупости служившие коммунистическим вождям и обладавшие такой гибкой спиной, что за время своей службы умудрились не проштрафиться перед главными боссами. Из тысячелетней истории России отобрали только их. Безымянные и неухоженные кости миллионов простых русских людей, убитых чекистами, умерших от голода, отдавших жизнь за родину в войнах, до сих пор гниют по всей территории России и за рубежом незахороненными, или под заброшенными развалившимися памятниками, демонстрируя реальную роль народа в советском, а теперь в русском государстве.

4.6. Как межнациональные вопросы решаются в России?

Государственный распределительный социализм исказил сознание людей в тех странах, где был установлен военными усилиями СССР. Сколько негативных последействий осталось от него даже в странах и республиках, где он был введён на 45 лет? Паразитическая зависимость от государства, ослабление инициативы и чувства собственного достоинства, страх перед безжалостной карательной машиной коммунистической власти. Всё это было принесено на советских штыках. Всё это отравляло и ещё долго будут отравлять сознание людей в странах когда-то зависимых от Советского Союза.

Из-за отношения к человеку, как к исполнителю, у которого общечеловеческая мораль и права превращены в ничто, а на первый план в отношениях выдвинута классовая коммунистическая мораль, при которой человек - ничто, а идея - всё, народы и держатся подальше от России. И не надо ссылаться на отдельные перегибы на местах. Советская власть сама по себе была одним большим перегибом в истории человеческой цивилизации. И люди, которые её до сих пор защищают являются такими же моральными уродами или недальновидными идеалистами, как и те, кто эту власть устанавливал и укреплял в России и в других странах.

После развала СССР прибалтийские страны ушли от России сразу ещё в 1990-91 годах. Вслед им из России неслись слова по типу: "Неблагодарные, мы вас освободили от немецко-фашистских захватчиков, вы столько лет пользовались нашими вливаниями в вашу экономику, а теперь вы нас предаёте, удираете в НАТО, в Евросоюз, не цените того, что мы для вас сделали!" Но не обращают внимание на эти причитания русских бюрократов народы Эстонии, Литвы, Латвии и других стран, которые уже по горло сыты советской системой подавления любой инициативы кроме разрешённой в московском центре. Всё дальше и дальше убегают они от такого "счастья" и от "добрых" русских, "осчастлививших" их своим интернациональным патернализмом.

Зато после вступления в НАТО эти Прибалтийские страны ведут себя всё более и более самостоятельно - то памятник войнам-освободителям перенесут из центра Таллина на другое более подходящее для этого место, то памятник Ленину по согласованию со своим парламентом продадут за рубеж, если за него дают неплохую цену, то обяжут местных русских свой национальный язык учить для получения гражданства, то – о ужас – разрешат публичные марши своим бывшим "лесным братьям" и людям, воевавшим во время Второй мировой войны за независимость своих стран (русские читают – "на стороне немецко-фашистских оккупантов"). А сами русские при этом забыли, как в 1941 году перед самой Отечественной войной чекисты выслали в Сибирь более 40 тысяч наиболее перспективных и работящих людей из Прибалтийских стран. Эти люди не воевали против СССР, не делали советским людям ничего плохого. Их просто погрузили в вагоны по спискам и выслали, а часть позднее расстреляли. И если сами русские не чувствуют унижения оттого, что лысый картавый коротышка уничтожил цвет русской нации и до сих пор бережно хранят его мумию в мавзолее в центре своей столицы, то прибалтийские нации унижение от того, что с ними так обошлись, чувствуют до сих пор.

В отличие от русских чиновников, которые привыкли к командной манере общения, и к тому, чтобы "гнуть в бараний рог" экономически зависимых людей в других странах, многие другие нации этого не принимают. Да и кто любит прямое давление? Одно дело сделать общую линию обороны с Белоруссией или продать 50% акций белорусской компании "Белтрансгаз" госкомпании "Газпром" за 2,5 млрд. долларов в обмен на поставки газа в Белоруссию по льготной цене, а другое – признать Абхазию и Южную Осетию, которые по сути пока являются не самостоятельными странами, а зонами российского влияния. Последняя ситуация с арестом генерального директора компании "Уралкалий" Владислава Баумгертнер показывает, что батька Лукашенко ещё своё достоинство не продал России на корню и финансовые интересы своего народа блюдёт.

Несмотря на весьма лояльные отношения между Украиной и Россией по многим вопросам и безвизовый режим прохождения границы (всё-таки Украина была важнейшей частью экономического пространства СССР), есть между странами и несколько существенных разногласий. Долгое время они касались статуса русского черноморского флота, базирующегося в городе Севастополь в Крыму. Кроме того, это постоянный спор по поводу цен на газ, проходящий по газопроводам в Европу через Украину. В-третьих – разногласия по поводу статуса русского языка на Украине и в-четвёртых, это желание Украины вступить в Евросоюз и в НАТО. Поэтому отношения между странами сложные независимо от того, кто находится во власти на Украине – неутомимые "национал-демократы" по типу Виктора Ющенко и Юлии Тимошенко или "пророссийский" политик Виктор Янукович. И хотя на Украине до недавнего времени шли телевизионные передачи на русском языке, выходят русские и московские газеты, но страны уже сильно разошлись и не понимают друг друга по многим вопросам.

Особенно ситуация обострилась после отказа президента Украины Виктора Януковича и его правительства подписать протокол о намерении вступить в Европейский Союз, а вместо этого принять помощь от России в размере 15 млрд долларов в обмен на укрепление военно-промышленных связей между странами. Янукович исходил из того, что внешний долг Украины на 31 декабря 2013 года составлял 73 млрд долларов и скоро платить долги, зарплаты и пенсии людям будет нечем. С другой стороны Янукович не пошёл на болезненные для страны экономические реформы (увеличение цены на газ для населения и сокращение численности госслужащих), которые было необходимо провести для предоставления кредитов Украине со стороны МВФ. После первого транша от России в 3 млрд долларов, Януковича отстранили от власти. Новое правительство премьер-министра Арсения Яценюка и и.о. президента Украины Александра Турчинова отказалось от соглашений с Россией, которые Янукович заключил. То есть Путина по сути "кинули". А он не такой человек, чтобы это терпеть. Тем более, что появилась хорошая возможность надолго решить проблему Черноморского флота и до зубов вооружённого Крымского полуострова – избавиться от постоянной головной боли для российских военных (а вдруг там НАТО свои ракеты поставит?).

Объявление независимости Крыма и народные протесты в Юго-восточных городах Украины – следствие прямого вмешательства России во внутренние дела Украины. За то, что историк и религиовед Андрей Зубов, профессор кафедры философии в МГИМО, ответственный редактор двухтомника "История России. XX век", провел аналогию между действиями РФ в отношении Крыма и аншлюсом Гитлером Австрии в марте 1938 года, его уволили из МГИМО (ВУЗ традиционно готовит кадры для российского дипломатического ведомства и находится под присмотром российских спецслужб). США, Канада и страны Евросоюза ввели против России дипломатические и экономические санкции. Отток капитала из России только за первый квартал 2014 года оценивается в сумму более 50 млрд долларов, почти столько же, сколько выведено за весь предыдущий год (62 млрд).

Понемногу русские теряют свои позиции в Средней Азии, в Закавказье – и это несмотря на путинскую политику интеграции. И всё из-за того же глобального подхода к представителям других народов, как к зависимым от России и отсутствия миссионерской деятельности, из-за формального подхода к людям. Чтобы добиться расположения другого народа и оказывать на него постоянное устойчивое воздействие, культура метрополии должна быть притягательной для этого народа. А сухой формальный подход, основанный на экономической и политической формуле: "ты–мне, я–тебе" или "помни, чем ты мне обязан" вряд ли конструктивен в долгосрочной перспективе.

Стереотип старшего и младшего брата в отношении стран, вошедших в Союз Независимых государств (СНГ) в 90-х годах XX века, всё ещё сильно довлеет над отношением к ним русских чиновников. Результатом такой амбициозной имперской политики оказалось то, что сегодня только в Белоруссии и в Казахстане русский язык используется в качестве государственного. В качестве официального он применяется в Киргизии, а притесняют по мнению Кремля русский язык на Украине, в бывших прибалтийских республиках и в Таджикистане.

Россия – заложница своей многонациональности и многоконфессионности, поскольку мало объединить под единой властью народы разных национальностей и религий, живущие на одной территории. Нужно ещё и удержать их. А в России и тем более в Советском Союзе удержание это традиционно осуществлялось прежде всего силовыми, административными и идеологическими, а лишь затем экономическими методами.

Национальный узел в России оказывается затянутым так туго, что разрубить его прямолинейными методами, к которым так привыкли в России, невозможно. Принуждение и директивное управление в национальных вопросах не решает проблему, а только загоняет болезнь вглубь. Чеченский народ тому пример. Если вспомнить историю покорения Кавказа Россией в середине XIX века то жестокостей с обоих сторон было много. Горцы убивали казаков, казаки убивали горцев. Методы войны применявшиеся русским генералом Алексеем Ермоловым на Кавказе в 1825 году были варварскими, но эффективными в войне против народа, находившегося на родоплеменном уровне развития. В ответ на одного похищенного чеченцами русского солдата, Ермолов брал в заложники несколько десятков чеченцев или окружал чеченское село с требованием вернуть солдата. Если солдата в установленный срок не возвращали Ермолов приказывал расстрелять заложников или сжечь село.

Чеченцы тоже никогда не были "белым и пушистым" народом. Во время Второй мировой войны в 1942 году, когда немецкие войска заняли Северный Кавказ, представители чеченской диаспоры пришли к немецкому командованию и предложили отдать им город Кисловодск, что в Ставропольском крае, граничащем с Чечнёй. Взамен они обещали вырезать всех русских жителей города. Когда советские войска отбили Кавказ у немцев назад, в 1944 году Лаврентий Берия депортировал почти всех чеченцев, ингушей, карачаевцев и балкарцев из северо-восточного Кавказа в казахские степи и в Среднюю Азию мотивируя это тем, что они сотрудничали с немецко-фашистскими захватчиками, хотя многие чеченцы и другие жители Северного Кавказа честно воевали в рядах Красной армии.

В 1957-58 годах с подачи Никиты Хрущёва были восстановлены национальные автономии и большинство депортированных народов и в том числе многие чеченцы вернулись на старое место. В те времена в Чечне мирно уживались и русские и чеченцы и представители других наций. После крушения СССР в 1991 году, Чечня объявила себя независимым государством под названием "Ичкерия" и вскоре чеченцы выгнали из города Грозного и вырезали немалую часть русского населения. В 1994 году Ельцин начал против Чечни войну. Действия генерала Владимира Шаманова были такими же варварскими, как и действия чеченцев после объявления независимости. С другой стороны, Шаманов как умел решал задачи, которые перед ним ставило руководство России – вначале Ельцин, потом Путин.

Первую чеченскую войну Россия фактически проиграла, вторую выиграла. С тех пор Путину удалось притушить этот очаг межнациональной напряжённости большими финансовыми вливаниями в экономику Чечни, но как долго этот мир продлится не может предсказать никто. Стоит России ослабнуть или прекратить финансирование, как восточные кавказские республики (Дагестан, Чечня) могут взять курс на отделение от России, тем более, что у них есть собственные запасы нефти. Когда речь идёт о Кавказе предсказать чтолибо очень трудно также как трудно найти кто прав, а кто виноват. В этом регионе часто говорят одно, а делают другое.

Некоторые учёные, писатели, историки (доктор исторических наук Тамара Красовицкая [78], писатель Дмитрий Быков [27]), говоря о плюсах СССР, отмечают, что уж если чего и удалось достичь в Советском Союзе, так это гармонизации национальных отношений. Действительно, открытой дискриминации и острых межнациональных конфликтов в СССР не было. Правда, многие из тех, кто при первой же возможности эмигрировал из СССР в США, Канаду, Германию и другие страны в 70-80-е годы вряд ли с ними согласятся. Фактически советская власть тщательно следила за пропорциональностью распределения социальных благ, приёмом на работу и в учебные заведения в соответствие с численностью той или иной нации в составе СССР. Это было не всегда справедливо по объективным академическим показателям успешности учёбы и успешности работы представителей той или иной нации, но зато в соответствии с концепцией равноправия всех наций широко рекламируемой коммунистами и интернационалистами.

Что касается межнациональных конфликтов, то в СССР их подавляли на корню. Для этого советские спецслужбы своевременно выявляли зачинщиков и отправляли их на нары. То есть на самом деле при советской власти представители разных национальностей "любили" друг друга не естественным образом по своей миролюбивой и гуманной природе, а из страха перед властью, поскольку "не любить" было чревато суровыми, часто фатальными наказаниями. Пламя межнациональных конфликтов тут же гасилось милицией и органами госбезопасности, а советские суды "списывали" все происшествия такого рода на уголовные статьи.

В советский период любые националистические действия подвергались жестоким преследованиям. Сколько людей было отправлено в советские концлагеря и в психиатрические лечебницы только потому, что пытались вспомнить свои национальные и религиозные корни. Например, русский националист, Владимир Осипов был арестован 6 октября 1961 за организацию молодёжных собраний у памятника Маяковскому в Москве и 6 лет отбывал заключение в Дубравлаге (Мордовия), а затем издавал православный патриотический машинописный журнал "Вече" за что был осуждён ещё на 8 лет. На фоне других диссидентов тех лет (например, тех, кто протестовал против ввода советских войск в Чехословакию в 1968 году) его фамилия почти не упоминалась в печати. Его и ему подобных просто замалчивали, хотя они боролись за права русских и православных людей так, как умели и как считали правильным.

То, что межнациональные отношения в России ещё далеки от разрешения демонстрируют данные социологического опроса проведённого Левада-центром в августе 2005 г. Оказалось, что 50% жителей России выступают за ограничение проживания на территории России выходцев с Кавказа, китайцев - 46%, вьетнамцев - 42%, выходцев их бывших среднеазиатских республик СССР - 31%, цыган - 30%, евреев - 18%, украинцев - 8%. 37% опрошенных согласились с суждением "во многих бедах России виновны люди "нерусских" национальностей". 45% считали, что национальные меньшинства имеют слишком много власти в России, а 44% находили полезным ограничить влияние евреев в политике, бизнесе, образовании, шоу-бизнесе и т.д.

Наиболее "нелюбимые" народы, согласно ноябрьскому опросу Левада-центра в 2005 году, выстраиваются в следующем порядке. Наибольшее количество отрицательных эмоций - 51% - у опрашиваемых вызывали чеченцы и цыгане. За ними следуют азербайджанцы - 32% и арабы - 22%. Дальше идут американцы - 19%, эстонцы и евреи - по 13%, немцы и японцы - по 9%. [Цит. по: 176, с. 1-2] Хотя, если по большому счёту работать с национальными проблемами, то занялись бы эти ребята из Левада-Центра не констатацией того, кто кого любит или не любит – любовь штука изменчивая, - а национальным просвещением народа в Российской Федерации. Пользы бы больше было. Но, занимаясь этим, легко попасть впросак. Легче опрашивать, критиковать, обобщать, строить гипотезы и изрекать другие «умные» вещи для интеллигентной публики, оставаясь "в белых перчатках".

И хотя Советский Союз канул в лету, но в России и до сих пор национальные права русских сильно ущемлены. Единственное, на что они имеют право в национальном аспекте, это, выпив бутылку водки, бить себя кулаком в грудь и надрывно спрашивать у такого же пьяного собутыльника: "Ты меня уважаешь?" Русским дано ещё одно право - право умирать за чужие интересы. Подавление национальных прав наиболее культурной и трудолюбивой части русской нации, начатый Лениным в ноябре 1917 года продолжается до сих пор в форме игнорирования национальных прав русских. Сейчас русский народ – самый многочисленный и самый бесправный народ в России. Из русских, как из теста власти лепят всё, что хотят. Справедливости ради надо сказать, что большинство русских против этого не сильно возражает.

В современной России национальный дух и традиции можно было бы возродить пусть и в сильно изменённом современном виде, если бы власть этим направленно занималась. Однако бывшие советские люди, находящиеся сейчас у власти способны только копировать СССР в масштабах России – воссоздавать национально-административное устройство по советскому типу, советский военно-промышленный комплекс, перераспределять финансовые потоки между регионами-территориями, передавать лояльной центру местной элите контроль над этими территориями. Тогда как более грамотная национальная политика обычно ориентируется не только на финансовые и административные вопросы, но и на национальный состав, на самобытность каждой нации и народа, входящего в состав страны на юридическое и факти-

ческое равноправие наций, равенство людей перед законом, на честное и открытое обсуждение возникающих межнациональных проблем. Если законы
для всех одни и действуют неотвратимо, то не всё ли равно какое этническое
происхождение у того или иного человека, проживающего в России. Лишь бы
он сам чувствовал себя комфортно. Он сам почтёт за честь называть себя русским. Естественно, что при обновлении национальной политики роль центра
сильно уменьшится и контроль его над людьми и регионами ослабнет. А этого бывшие советские коммунисты, сторонники сильного государства, находящиеся сейчас у власти в России, никак допустить не хотят.

Только за последние годы в России произошло несколько крупных ставших известными на всю страну межнациональных конфликтов. Например, в
городе Кондопога (Карелия) в 2006 году, в городе Удомля (Тверская область)
в июне 2013 года, в городе Пугачёв (Саратовская область) в июле 2013 года. А
сколько конфликтов такого рода не попало на страницы печати? В России,
как и в СССР межнациональные проблемы, как правило, замалчиваются или
списываются на уголовные статьи. Руководство страной публично их осуждает и предлагает сурово наказать зачинщиков, а практически ничего не делает, чтобы улучшить обстановку в мультикультурных, мультинациональных,
потенциально взрывоопасных регионах. Разве что дотирует проблемные регионы больше, чем спокойные. Поэтому межнациональные конфликты в России имеют тенденцию повторяться подобно летним пожарам в жаркую погоду – только спичку брось.

Так чисто межнациональную проблему между чеченцами и карелами в городе Кондопоге (Карелия), когда произошли драки и убийства на национальной почве, власти попытались свести к криминальным разборкам и переделу
сфер влияния между бандитскими группировками. Когда эта легенда у властей не сработала, это объяснение не устроило общественность, власти при-
менили другой расхожий штамп – "ксенофобия". Хотя на самом деле у карелов
было унижено чувство национального и просто человеческого достоинства.
Чеченцы – содержатели торговых точек - демонстрировали своё презрение к
местным обычаям и традициям, нагло их попирали, вели себя вызывающе,
раскатывали на мерседесах без номеров, когда местные жители едва сводили
концы с концами. Хотелось бы посмотреть, что бы было с этими карелами в
Чечне, если бы они попытались также вызывающе вести себя там, как вели
себя чеченцы в Кондопоге. Журналист Нелли Гореславская об этом пишет,
что дело оказалось не в криминальных разборках и не в ксенофобии, а в унижении чувства национального достоинства - в унижении, которому русских и
представителей других наций, входящих в русское государство, подвергают
уже очень давно и безнаказанно. [43, с. 248-249]

Ещё один случай произошёл в городе Пугачев Саратовской области. Молодой 16-летний уроженец Чечни Али Назиров ударил несколько раз ножом 21-летнего десантника Руслана Маржанова возле кафе "Золотая бочка". По словам следователей, друзья Али Назирова, сами отвезли пострадавшего в больницу, а затем поймали убийцу и сдали его в полицию. После убийства Маржанова местные жители вышли на стихийный митинг в центре города, а потом перекрыли трассу Волгоград-Самара. Требования у протестующих было одно - выселить всех чеченцев с территории региона. [164]

Негативным фактором обострения межнациональных отношений является и бездарная централизованная административно-командная практика назначений своих людей из партия "Единая Россия", которые может быть и являются специалистами в своём деле (механик, медсестра, учитель) и неплохими людьми, но вряд ли научены проводить грамотную национальную политику у себя в городе, на селе и пр. В результате они не занимаются профилактикой такого рода конфликтов. Они ждут указаний от своего районного, областного партийного начальства. Поскольку администраторы на местах выбраны не народом, а руководством своей партии, то они и отвечают не перед народом, а перед своим партийным начальством. Большей частью эти послушные, исполнительные люди не годятся для решения межнациональных проблем. А настоящую выборность и народовластие, когда выбранные люди отвечают только перед своим избирателем и перед законом, руководство "Единой России" не допускает. Практика административного руководства идёт сверху донизу – с уровня президента России, до мэра маленького городка в русской глубинке.

Итак, перестройка и развал Советского Союза воскресили забытые и подавленные страхом перед коммунистическими репрессиями образы национальной независимости, традиции и существовавшие сотнями лет до пришествия большевиков стереотипы национального поведения. Наднациональное интернациональное сознание, насаждённое сверху оказалось нестойким и при ослаблении давления сверху, "дружба народов под знаменем пролетарского интернационализма" рассыпалась очень быстро. "Единая сплочённая общность" – названная коммунистами советским народом в России быстро превратилась в население. Советский народ, как единый конгломерат, скреплённый чуждыми ему марксистско-ленинскими интернациональными конструкциями, оказался идеологически неустойчив к изменениям, происшедшим в стране после 1991 года.

Глава 5

Свобода, ответственность и собственность в России

5.1. Свобода и русская воля

"Раззудись, плечо! Размахнись, рука!"
Алексей Кольцов, поэт

Один из основателей современной либеральной политической философии английский философ Исайя Берлин описал две концепции свободы - негативную и позитивную. Негативная свобода - это личная свобода, от которой человек не может отказаться, не идя против существа своей человеческой природы, тогда как позитивная свобода предполагает свободу вести предписанный обществом образ жизни. Негативная свобода идёт от индивида и определяет область его неприкосновенности, тогда как позитивная свобода определяется обществом и требует соблюдения принятых обществом представлений о нормальном человеке и о том, как ему достойно и разумно действовать. Позитивная концепция свободы предполагает не свободу "от", а свободу "для" - свободу вести какой-то предписанный образ жизни. [17, с. 7] Водораздел между негативной и позитивной свободой проводится либо с помощью юридических законов, либо с помощью социальных норм разрешённого-запрещённого или одобряемого-неодобряемого поведения.

Разное понимание этих двух видов свободы лежит в основе культурных различий между русским и западными обществами. В России свобода понимается, как воля. Воля сводится к личному желанию и нередко превалирует над законом и моралью. Поэтому любое вмешательство государства в частную жизнь человека рассматривается, как посягательство на его волю. В развитых цивилизованных обществах, государство рассматривается, как общественный механизм и регулятор общественной свободы и личной воли.

Если спросить десяток людей, живущих в России на выбор, что лучше – свобода или несвобода, то получишь одинаковый ответ. Можно даже не писать – какой. Всё и так понятно. Понятно-то понятно. Да только на словах. А на практике этой реальной свободы в её западном понимании что-то в России не наблюдается. Причём как снизу, так и сверху. Воля-то вроде имеется – воля разбрасывать мешки с мусором в окрестностях дачи, воля придумывать убедительные отговорки для оправдания своих жульнических махинаций на рынке или для неуплаты налогов, а свободы как не было при коммунистах, так и до сих пор нет. Потому, что свобода – это когда ты сам себе говоришь, что вот конкретно этого, или того делать нельзя – и не делаешь. Не прикрываешься за лукавое: "Все так делают", не закрываешься присказкой: "Моё дело сторона", или формулой: "Это я в первый и последний раз нарушаю закон", а просто этот закон соблюдаешь. Соблюдаешь потому, что это закон.

Человек, проживающий в России в последние несколько сотен лет, не был по настоящему свободным. И не потому, что не хотел, а потому что не мог в силу традиций, воспитания и зависимости от централизованной власти и государства. Поэтому и заменил в своих взглядах, мировоззрении понятие "свобода" на понятие "воля". Например, "хочу на волю", "привольное житьё", "бескрайние просторы". В русском языке существует большое количество поговорок, пословиц, обозначений подобного рода. Однако, на деле они обозначают всего лишь желание делать то, что русский человек хочет, к чему лежит его душа, а не то, что не запрещено законом и не то, к чему призывает его долг гражданина. Да и не гражданин он вовсе, а человек, проживающий на территории России и говорящий на русском языке.

Для свободного гражданина воля, желание - это начальная точка отсчета, после которой начинается размышление, регулирование, планирование своей деятельности таким образом, чтобы она не противоречила закону и нормам общества. Для русского человека желание - это нередко конечная точка. "Я теперь вольная птица – что хочу, то и делаю и никто мне не указ". Или, если он добрался до позиции начальника, то: "Ну, теперь вы у меня попляшете". То есть всё последующее поведение русского человека иногда определяется не столько требованиями закона и морально-этическими обязательствами перед семьей, обществом, сколько импульсивным желанием. И всё потому, что перед тем, как стать вольным в русском значении этого слова, он был подневольным, зависимым и, преодолев формально-юридическую зависимость от хозяина, других людей, государства, он остался подневольным в душе. У него остались стереотипы зависимого поведения, рабские предрассудки. Поэтому воля так и не стала для него свободой.

Из-за того, что русский человек понимал по-своему суть понятия "свобода" и всем своим существом не принимал реальной позитивной свободы, он подменял понятие "свобода" понятием "воля" или "самовластие". Многие русские бунтари (Емельян Пугачёв, Иван Болотников, Степан Разин, да и Ленин тоже) были монархистами и диктаторами по своей сути. Бунтуя, свергая и уничтожая представителей старой власти, они не претендовали на реальное освобождение духа людей от рабства (разве что на словах). Они не хотели смены монархического, диктаторского, деспотического правления на другое - демократическое. Они претендовали только на смену правящей верхушки, оставив нетронутой самодержавную суть правления. Поскольку в душе они оставались такими же зависимыми людьми, как их воспитали. Даже если допустить, что их планы по смене царской власти сбылись бы, они всего лишь стали бы новыми русскими самодержцами (а у Ленина они сбылись в форме коллективного коммунистического деспота), оставаясь закрепощёнными людьми в душе своей. Та форма правления, к которой они стремились, сводилась к воле для себя, частичной воле для ближайших сподвижников, соратников и исполнителей, но ко всё той же неволе или рабству для остальных подданных, сиречь обитателей земли русской. Поэтому во время русских бунтов, восстаний и революций совершалось всего лишь истребление старших (воевод, помещиков, аристократов, офицеров, царских чиновников, иногда даже интеллигенции) и перераспределение собственности и должностей без изменения сути монархического правления, без освобождения зависимого, закрепощённого духа русского человека.

Стихийный народный коммунизм ("кто был ничем - тот станет всем") появился на Руси уже давно, но сводился к насильственному захвату и перераспределению власти, земли и собственности, попыткам отстоять свою волю, мстя обидчикам и утверждая своё рабское "Я" через власть. Но от захватов чужого добра, от убийств и отмщения угнетателям, психология русского человека ни на йоту не изменялась, свободы у него не прибавлялось, форма правления так и оставалась авторитарной, диктаторской, а уклад жизни в семье и в крестьянской общине - домостроевским. Уж на что, казалось бы Ленин в своих публикациях боролся с рабством, холопством и т.д., а стоило ему взять власть в свои руки, как он воссоздал по сути такое-же деспотическое государство, как было при самых жестоких крепостнических временах. Марксизм был лишь фиговым листиком, который Ленин прикрыл коммунистическую деспотию. Про Сталина вообще разговора нет – он был в чистом виде восточным деспотом из первобытных времён и для него марксизм-ленинизм был пулемётом, с помощью которого он избавлялся от неугодных и лишних людей, реализуя свою личную рабски-деспотическую параноидную волю.

Основным компонентом свободы для русского человека является дозволенность. А дозволенность - это возможность делать то, что хочешь, это поведение в соответствии с субъективными понятиями о свободе, понимаемой, как воля. Сюда входят и культурная невоздержанность, возможность потакать своим слабостям, отступать от норм морали, осуществлять произвольное, спонтанное поведение по своему желанию. Ему, видите ли, лично хочется весело и свободно жить. Ну и чтобы лица весёлые его окружали. В таком духе выразился импульсивно мыслящий радиоведущий Артёмий Троицкий в передаче "Особое мнение" на Эхе Москвы: "Я хочу, чтобы людям жилось весело и свободно - вот чего я хочу. У нас в стране и не весело, и несвободно." [165] Ещё бы – два раза за ХХ век сменилась форма собственности, была уничтожена и загнана в молчаливое подполье думающая часть населения, две чудовищных войны, репрессии, а он хочет, чтоб в России было весело и свободно? Так не бывает. И кроме того есть сильное подозрение, что московское понимание веселья и свободы Артёмия Троицкого сильно отличается от такового у мужчины его возраста, живущего в какой-нибудь русской глуши, где ни хороших дорог, ни работы, ни газа, ни тем более интернета нет, где лампы на фонарях разбиты и алкоголь вместе с федеральным телевидением являются единственными развлечениями по вечерам.

Многие жители России рассматривают свободу как игрушку, которая принадлежит только им: захотел – сломал, захотел – выбросил. Свобода – это инструмент, механизм, который принадлежит не только одному человеку, но равно и всем остальным, и, которым надо уметь пользоваться, чтобы он служил не только ему, но и другим людям. Существуют правила пользования этим инструментом – единые для всех граждан страны и свобода не виновата в том, что люди в России не умеют ей пользоваться.

В чём, собственно разница между человеком, мыслящим категориями общественной и личной свободы? Первый их не разделяет. Вернее, они гармонично сочетаются в его сознании и личности. Для второго общественная свобода – это свобода для начальников, государственных служащих, та свобода которой он не имеет. Потому, что государство – это его могучий враг, с одной стороны, и "дойная корова", с другой. Враг, который так и норовит его ограбить, уличить, наказать, издать законы, которые ему не нравятся, ограничить его, подавить его личную свободу. У государства в руках для этого есть все средства и механизмы ограничения и подавления, а у него – почти ничего, что он может противопоставить всемогущему государству. "Дойная корова" потому, что от государства зависит его благополучие. Что оно даст со своего "барского плеча" – и на том спасибо, хотя, конечно, мало.

Не может быть свободы без нравственности. Свобода совести, слова, печати, собраний, выборов основана на нравственности граждан демократической страны. Существуют разные морально-этические нормы, связанные с жизнью по закону и по понятиям, которые либо принимаются либо отвергаются жителями России и жителями США. Например, в США считается нормальным добровольно сообщать в правоохранительные органы (полицию, администрацию и т.д.) о нарушении закона другим человеком - соседом, коллегой, знакомым и даже родственником (например, превышение скорости, езда на красный свет, нетрезвое вождение, сексуальные приставания на работе, финансовые нарушения, вовлечение детей до 21 года в употребление алкоголя и т.д.). Принято сообщать на таможне при въезде в США, о том, что везёшь запрещённые к ввозу мясные изделия или фрукты, или сообщать перед посадкой в самолёт о том, что имеешь вещи, переданные другими людьми, что в анкете указал недостоверные сведения о себе, во время интервью перед приёмом на работу сообщать о себе нелицеприятные сведения, например, что ты состоял в обществе анонимных алкоголиков и т.д.

Для жителя России, следовать изложенным выше правилам - это нонсенс. Многие не просто не будут этого делать, но и сочтут глупцом того человека, который эти правила выполняет. Потому что для большинства жителей России власть и государство - это нечто не моё, существующее помимо меня, моей воли и моих желаний, а русская власть - это не моя власть, а посаженная кем-то сверху мне на шею. Это власть президентов, депутатов, губернаторов, которых кто-то наверху назначил (неважно, что их перед этим провели через формальную выборную процедуру). Простой человек в России субъективно ощущает, что власть и государство подавляют его личность, ограничивают его свободу, препятствуют исполнению его желаний, стремятся отнять у него деньги, собственность и пр. И вся история последних девяноста семи лет жизни в России подкрепляет такие опасения рядового жителя России: "Раз со мной государство в лице конкретных чиновников не считается, то с какой стати я буду считаться с ним?".

Сообщать представителям власти и в НКВД о действительных или мнимых прегрешениях человека было принято в 30-е годы в Советском Союзе. Интенсивное доносительство друг на друга поощрялся и приветствовался. Недаром в советское время ходил анекдот: На двери КГБ висит плакат: "Стучите". Но причиной этого "стука" было не ощущение принадлежности к своему государству, которое плоть от плоти моё и представляет собой продолжение меня самого, а элементарный страх за свою жизнь или благополучие, или желание убрать конкурента, чтобы занять его место или желание кому-то за что-то отомстить. Согласитесь – первое – явление, мотив более высокого социального порядка по сравнению с более частным личностным вторым.

В основе разного понимания свободы у жителей западных стран и эмигрантов из СССР или России лежит несоответствие представлений о том "что такое хорошо, и что такое плохо". Немалое число русских эмигрантов начинают свою жизнь в новой стране, применяя свои прежние представления о том, что такое свобода. А свобода в СССР и в современной России сводилась и сводится к формуле: "Хочешь жить, умей вертеться". И как эти ребята пользовались "глупостью" советского социалистического государства в своих корыстных целях, так они пользуются "глупостью" и "доверчивостью" государства, в которое они эмигрировали.

Чтобы позитивная свобода работала, в обществе создаётся атмосфера доверия к государственным институтам и чиновникам, а также открытая публичная система контроля и информирования о нарушении человеком закона.

Контроль за гражданином со стороны государственных и частных организаций, а также частных лиц вообще является важнейшим индикатором и фактором позитивной свободы в демократических странах. Даже если человек сам основал компанию и является её владельцем, он не может себе позволить в ней делать всё, что ему заблагорассудится. Он всё время находится под бдительным оком сослуживцев и окружающих.

Защита себя, своей личности, собственности от "посягательств" со стороны государства и общества требует от жителя России большой изощрённости ума и энергетических затрат, в отличие например, от американца, который делегирует часть своих полномочий обществу и государству. В России многие вещи стараются делать втайне от власти и от общества. Недоверие к государству и чиновникам у советских, а теперь и российских жителей впиталось почти с молоком матери.

Граждане Российской Федерации в большинстве своём не верят ни одному властному институту страны. Рейтинги судебной, законодательной (Государственная Дума), исполнительной (Правительство РФ) власти в 2011 году не превышали 10%. Уровень доверия правоохранительным органам в США превышает 80%, а в России едва дотягивает до 10%. А всё потому, что в России не работают механизмы взаимного контроля и сдерживания. Скорее все ветви власти в России действуют по принципу "рука руку моет", чем проверяют деятельность друг друга и ограничивают неадекватные поступки друг друга. Функция граждан в России сводится к подчинению и выполнению вышестоящих указаний. Отсюда и недоверие институтам власти. Взаимное доверие и нравственное отношение к власти и людей друг к другу вырастает из добросовестного выполнения ветвями власти и людьми своих обязанностей, которые любой гражданин снизу доверху может проконтролировать, и через свободные выборы повлиять на поведение чиновников.

Политолог Иван Цветков полагает, что "на пути всех усилий американских властей улучшить собственный имидж в России ... стоит мощнейшее препятствие – национальные представления о должном характере взаимодействия индивида и социума. Вряд ли их можно изменить, воздействуя на сознание с помощью прямой или косвенной пропаганды." [173, с.11] Единственно, чему может способствовать такая пропаганда - это пробуждению протестных настроений у части русского общества. Но никакого отношения к свободе и демократии эти протестные настроения и действия не имеют.

В современной России свобода остаётся не более, чем словесной лингвистической конструкцией - чем-то вроде шаманского заклинания: "Берите суверенитета сколько сможете" (Ельцин), "Свобода лучше несвободы" (Медведев) и т.д. На самом деле жители России в подавляющем большинстве своём психологически, нравственно и даже материально ещё не готовы к позитивной свободе. Это относится и к тем, кто "выбился" в "новые русские" богатеи в лихие 90-е годы равно, как и к тем, кто остался на средних и нижних ступенях имущественной лестницы.

Немалое число людей в России до сих пор лучше понимают, когда с ними обращаются по-советски – через приказ, распоряжение, указание, когда "ставят их на место". Пусть знают, кто в доме хозяин. Если хозяин, начальник проявляет слабость, даёт слишком много воли подчинённым, то он расписывается в своём бессилии и в том, что он не контролирует ситуацию и свою территорию. Ведь подчинённые ему "на голову сядут и ножки свесят". А рассчитывать на индивидуальную зрелость подчинённого, на его сознательность и ответственность является слишком большой роскошью.

Путин и Медведев, особенно на первых этапах своего самоутверждения в должности, не больно-то много воли давали своим подчинённым на совещаниях и заседаниях. Например, "Слушать сюда, а кому не интересно - выход рядом" (Путин), "Мои слова надо воспринимать как приговор, на который реплики не нужны, приговор, который отливают в гранит" (Медведев). Сейчас оба свои формулировки по крайней мере на людях под телекамеры смягчили, но от этого суть обращения с несвободными зажатыми подчинёнными не меняется. Впрочем, и их подчинённые, видимо, поступают также со своими сотрудниками.

5.2. История закрепощения сознания людей в России

Расширение Московского государства, закрепощение всё новых и новых подданных, и подчинение православной церкви верховной власти происходило при многих князьях, царях и императорах. Наиболее резкое расширение и закрепощение случилось при Иване Четвёртом (Грозном) – жестоком самодуре и параноике - через большие человеческие жертвы. Залив кровью Тверь, Клин, Торжок, Новгород и Псков, он уничтожил европейские зачатки свободы и вольности на северо-западе России, вольности, которые, несмотря на зависимость от татаро-монгольских завоевателей, там ещё сохранялись.

Историк ещё царской формации Георгий Федотов писал, что при Иване Грозном "все сословия были прикреплены к государству службой или тяглом. Человек свободной профессии был явлением немыслимым в Москве, - если не считать разбойников. Древняя Русь знала свободных купцов и ремесленников. Теперь все посадские люди были обязаны государству натуральными повинностями, жили в принудительной организации, перебрасываемые с места на место в зависимости от государственных нужд. Крепостная неволя крестьянства на Руси сделалась повсеместной в то самое время, когда она отмирала на Западе, и не переставала отягощаться до конца XVIII столетия, превратившись в чистое рабство. Весь процесс исторического развития на Руси стал обратным западноевропейскому: это было развитие от свободы к рабству. Рабство диктовалось не капризом властителей, а новым национальным заданием: создания Империи на скудном экономическом базисе. Только крайним и всеобщим напряжением, железной дисциплиной, страшными жертвами могло существовать это нищее, варварское, бесконечно разрастающееся государство." [170, с. 284-285]

Император Пётр Первый – реформатор-западник окончательно утвердил царское "вольное самодержавство" ("как хочу, так и правлю") на всей территории Российской империи. При нём западные правила и нормы жизни были включены в русские традиционные правила. Своеобразный сплав западных и восточных правил, и традиций так повлиял на ментальность жителей России, что это до сих пор определяет поведение людей. Сейчас Россия похожа на двуликого Януса с одним лицом обращённым к Востоку, а другим – к Западу.

На противоречие реформ Петра Первого указал историк Василий Ключевский в начале XX века: "Он надеялся грозою власти вызвать самодеятельность в порабощенном обществе и через рабовладельческое дворянство водворить в России европейскую науку, народное просвещение как необходимое условие общественной самодеятельности, хотел, чтобы раб, оставаясь рабом, действовал сознательно и свободно. Совместное действие деспотизма и свободы, просвещения и рабства - это политическая квадратура круга, загадка, разрешавшаяся у нас со времени Петра два века и доселе неразрешенная." [71, с. 890]

Екатерина Великая несмотря на европейское воспитание и разумное правление с помощью многочисленных реформ, так и не тронула институт крепостничества. Только через 38 лет после смерти Петра Первого в 1762 году император Пётр III издал манифест, дарующий только дворянам (!) право поступать на службу к иностранным государям и возможность увольняться с русской службы. Помимо всего прочего там была формулировка "Жалуем всему благородному русскому дворянству вольность и свободу". Так дворяне получили права. Но благородное сословие составляло незначительную часть русских жителей. 85% населения России составляли крестьяне, которые как не имели никаких прав, так и не получили их ещё 100 лет после манифеста Петра Третьего.

Всё, что делалось впоследствии русскими императорами (например, Александром Вторым, отменившим крепостное право в 1862 году), не смогло кардинально затронуть ментальность русского человека. В частности, даже при самых либеральных царях особо больших свобод у крестьян в России не было, а если им эти права и давали, как в том же 1862 году, то многие крестьяне не хотели ими пользоваться – хлопотно очень.

Слабохарактерный император Николай Второй не годился ни в самодержцы, ни в самодуры, ни в военачальники, ни в реформаторы. Он был неплохим человеком, но "плыл по течению" подхлёстываемый своими императорскими амбициями, приспосабливаясь к людям, обстоятельствам и сменам настроения своей супруги - Александры Фёдоровны. К сожалению, быть просто неплохим человеком на русском престоле оказалось недостаточно. И он свою партию проиграл. И вместе с ним проиграл весь многочисленный императорский род Романовых, который за небольшими исключениями был уничтожен большевиками в 1918 году. Ну и, конечно, проиграл весь русский народ.

Большевикам сравнительно легко удалось захватить и удержать власть в 1917-1920 годах именно из-за многосотлетней рабской ментальности русского человека, отсутствия у него привычки к независимости, самостоятельности и к позитивной свободе. Свержение Временного правительства привело к ленинской однопартийной большевистской диктатуре. При Сталине народ вообще забыл о демократических, политических свободах. Произошло очередное пожалуй самое жестокое духовное и физическое закрепощение жителей России, и жителей присоединённых к ней земель.

Иосиф Джугашвили (Сталин) был, пожалуй, самым безжалостным диктатором в русской истории. Его "подвиги" сравнимы только с таковыми у Ивана Грозного. Но масштаб злодеяний у Сталина был значительно больше, чем у Ивана Грозного. Оба они, несмотря на идеологические различия, признавали только три состояния живого человеческого существа - или ты хозяин и делаешь с людьми, как со своими рабами то, что хочешь, или ты - раб и с тобой делают то, что хотят. Третьим состоянием человека является смерть. Только с переносом твоего тела на кладбище, твой дух может считать себя свободным (если сумеет).

Трудовые армии начала 20-х годов были укомплектованы по военному принципу из крестьян мобилизованных в Красную Армию во время Гражданской войны. Трудовые армии 30-х годов, создавались на основе крестьян, у которых отняли землю в пользу колхозов и совхозов, а вместе с ней возможность кормить себя и свои семьи с помощью традиционного крестьянского труда. Аргумент: "А как их ещё заставишь работать?" типичный для рабовладельческого строя хорош только когда у тебя много рабов и взамен умершего ты тут же можешь поставить другого, "свежего" раба. У коммунистических вождей рабов было много.

Из-за чудовищного террора 30-х годов потребности в политических свободах у советских людей даже не возникало. Уже цитированный выше историк Георгий Федотов, живший после своей эмиграции в Европе, в 30-х-40-х годах встречался с представителями советской технической интеллигенции, приехавшими из СССР на Запад, за границу. По результатам этих встреч он написал: "По мере убыли свободы прекращается и борьба за нее. С тех пор как замерли отголоски Гражданской войны, свобода исчезла из программы оппозиционных движений - пока эти движения еще существовали. Немало советских людей повидали мы за границей - студентов, военных, эмигрантов новой формации. Почти ни у кого мы не замечаем тоски по свободе, радости дышать ею. Большинство даже болезненно ощущает свободу западного мира как беспорядок, хаос, анархию. Их неприятно удивляет хаос мнений на столбцах прессы: разве истина не одна? Их шокирует свобода рабочих, стачки, легкий темп труда. "У нас мы прогнали миллионы через концлагеря, чтобы научить их работать" - такова реакция советского инженера при знакомстве с беспорядками на американских заводах; а ведь он сам от станка - сын рабочего или крестьянина. В России ценят дисциплину и принуждение и не верят в значение личного почина - не только партия не верит, но и вся огромная ею созданная новая интеллигенция." [170, с. 298-299] Оценивая мнение Федотова, нужно учитывать, кого в 30-е годы выпускали за границу и какие инструкции им давали. Если бы цитируемый им советский инженер попробовал сказать что-то отличное от официальной точки зрения, на следующий день его бы отправили назад в СССР и там нквдшники занялись бы его "воспитанием" по серьёзному.

И несмотря на немалое количество вновь испечённых из рабочих и крестьян советских технических "интеллигентов", СССР покупал на Западе технологии и даже целые заводы. Например, был куплен завод Генри Форда по изготовлению автомобилей ГАЗ, как копия автомобиля "Форд". Пока российские инженеры работали по фордовским технологиям - всё было нормально. Как только они разобрали по винтикам сконструированный на его заводе трактор "Фордзон" и наладили выпуск своих тракторов на своей технологической базе, эти трактора почему-то всё время ломались. Из-за низкой квалификации новой советской технической интеллигенции, инженеры даже скопировать трактор как следует не смогли. Дело дошло до того, что Форд подарил им документацию на свой трактор и выучил 50 советских инженеров у себя в университете в США. А ведь сам Генри Форд, который свои автомобили и тракторы, равно как и конвейерные линии по их изготовлению придумал сам, был сыном обыкновенного американского фермера, как и большинство тех крестьян, кого "перевоспитывала" советская власть на великих стройках коммунизма, заставляя их по колено в ледяной воде строить каналы и плотины. Если бы Форд попал в такие же условия, то вряд ли он что-нибудь изобрёл в своей жизни.

В силу той же несвободной ментальности советских людей, Сталину удалось создать жесточайшую деспотическую диктатуру из всех, когда-либо существовавших на земле. Нацистские партии Европейских государств училась у партии большевиков, гестапо училось у НКВД. Но всем им было далеко до них хотя бы потому, что самый безжалостный нацист заинтересован прежде всего в том, чтобы получить максимум от представителя "неполноценной" нации или расы, а только затем его уничтожить, а большевики уничтожали своих собственных людей вообще без всяких рациональных оснований – просто потому, что надо было выполнить план по расстрелам и посадкам и отрапортовать о выполнении своему начальству.

Коммунистические словесные игры или лицемерные лозунги советских времён по типу: "Союз нерушимый республик свободных", "Я другой такой страны не знаю, где так вольно дышит человек", "От колхозного вольного края мы привет и любовь принесли", "Свободный труд свободно собравшихся людей", "Славься, отечество наше свободное" заменяли для советского человека истинную свободу со всеми её противоречиями и сложностями. Правда, от повторения словесных заклинаний о свободе, в жизни советских людей ничего не менялось. Они по-прежнему оставались в положении закрепощённых людей, думающих, что истинная свобода - это личная воля делать то, что тебе хочется. В результате свобода для такого раба становилась "познанной необходимостью", мол, а куда денешься?

С самого рождения каждый советский гражданин должен был усвоить железное правило: "у кого сила, тот и прав". А коммунисты, как и положено надсмотрщикам в советском лагере, особо тщательно следили за тем, чтобы сила всегда была на их стороне. Жителям страны Советов оставалось "прогибаться" перед любым партийным начальством и "колебаться" вместе с генеральной линией партии. А генеральная линия у партии была подчас весьма извилистая. Кроме того, сегодняшний друг завтра мог оказаться врагом. Да что там друг – отец и мать, которые нянчили тебя и учили уму-разуму могли в любой момент быть объявлены врагами народа. Однако признавать правильность этой извилистой линии партии приходилось всем и каждому жителю советской страны поскольку альтернатив у них не было. Вернее, выбор был, но небогатый: либо беспрекословное подчинение вождю и его присным, либо наказание в виде тюрьмы, Гулага или расстрела. Места у стенки и пули для "врага народа" или человека, обречённого на "заклание", у большевистской власти всегда хватало. Были и те, кому везло и они занимались интеллектуальным трудом, но и они из чувства самосохранения были обязаны следовать за извилистой линией коммунистической партии и никогда не обременять себя излишними морально-этическими принципами или спонтанно возникшими идейными соображениями.

Политические и экономические свободы провозглашались в сталинской Конституции 1936 года на бумаге, но на практике не выполнялись. При большевиках понятие "свобода" вошло в бытовой и политический лексиконы, но оставалось пустым словом. Из-за въевшегося в кровь и плоть страха перед жестоким наказанием русский народ легко, без большого внутреннего сопротивления покорялся очередной власти, очередному правителю и позволял этой власти, этому правителю делать с собой всё, что угодно. Новое закрепощение русского народа уже под пролетарским "соусом" и последовавшая за этим сталинская диктатура, сделали многих жителей России боязливыми и послушными особенно в общественно-политическом плане. В результате Россия и на сегодняшний день имеет то, что имеет – несвободный, недемократический народ и авторитарных правителей. И боюсь, что в ближайшее время эту тенденцию не переломить. Разговоры о демократии с телевизионных экранов, нравоучительные беседы о том, что надо бы сделать в той или другой ситуации, ничего не изменят в ментальности и жизни русских людей.

Та небольшая свобода (воля), которая пришла к советскому человеку, когда умер жесточайший из диктаторов XX века - Сталин, сразу привела к частичному освобождению его духа, отравленного марксистско-ленинским идеологическим дурманом. У многих представителей русской нации сразу проявились худшие национальные черты – недисциплинированность и пьянство. Люди, лишённые страха за свою жизнь, но ещё не умеющие жить так, как живут свободные люди, стали быстро отходить от заветов отцов-основателей коммунистической идеологии и "разлагаться" вместе с партийной верхушкой, которая делала это с особым удовольствием. Процесс этот набрал особую силу уже в 80-е годы.

5.3. Сочетание насилия и произвола с зависимостью и низкопоклонством в России

"И я особенно подозрительно, особенно недоверчиво отношусь к русскому человеку у власти, - недавний раб, он становится самым разнузданным деспотом, как только приобретает возможность быть владыкой ближнего своего".
Максим Горький, писатель [44]

Люди, жившие в Советском Союзе и живущие в современной России не осознают своей глубокой психологической зависимости от государства и от его представителей – вождей и чиновников, а если и осознают, то этим не очень тяготятся. В противном случае они что-то попытались бы предпринять, чтобы от этой зависимости избавиться.

Независимого, самодостаточного, свободного духом человека волею судеб можно сделать рабом - физически поработив его, но до самой своей смерти он будет мыслить, как независимый, самодостаточный, свободный духом человек. И обратно, люди, выросшие и воспитанные в рабстве, уже никогда независимыми, самодостаточными не станут. Даже если проведут остаток жизни в демократическом свободном обществе.

Частично избавиться от духовной закрепощенности, скомпенсировать её можно, но до конца от неё избавиться – не удаётся никому. Это пожизненный социальный и психический дефект. Например, русский писатель Антон Чехов говорил, что всю жизнь "по капле выдавливал из себя раба".

Психология раба не только неизлечима, но и возвращается к человеку вместе с языком и окружением. Интересны впечатления бывшего русского эмигранта, кинорежиссёра Андрея Кончаловского, вернувшегося на склоне лет в Россию. Казалось бы, и на Западе человек пожил (во Франции и в США) и прекрасно понимает цену всем этим амбициозным русским начальникам, которые только и умеют, что "надувать щёки" от сознания собственной значимости, но стоит ему вернуться в Россию, как сразу рабские стереотипы молодости берут в нём верх над позднейшими культурными наслоениями. Он начинает заискивающе улыбаться, встаёт при появлении начальства и пр. "Должен сказать вам, что во мне много "раба". – пишет он про себя в своём блоге, - Я это знаю потому, что чувствую, что во мне "творится", как я меняюсь, когда я разговариваю с начальством, понимаете... Поэтому в такие моменты я сам себе, честно говоря, бываю противен. Но это сложная вещь, с которой надо жить и бороться." [75, с. 4] То же самое могут сказать про себя многие люди, живущие в России и даже самые махровые оппозиционеры, которые на всех углах хором вопят: "Путина в отставку!" Справьтесь вначале с рабом в самом себе и попробуйте жить, как свободные люди. Тогда и "вечный" президент Владимир Путин испарится и исчезнет, как утренний сон без следа. Его сила – в вашей слабости.

Почему русский человек преклоняется перед жестокой, бескомпромиссной властью, которая не оставляет ему ни одной степени реальной демократической свободы (не воли, а свободы)? Он согласен с тем, чтобы его вместе с другими такими же слабыми духом, зависимыми и покорными людьми "строили в ряды и колонны" и направляли куда угодно: на раскулачивание своих-же крестьян, на подрыв подмосковных плотин в 1941 году и убийство десятков тысяч своих-же сограждан водами взорванных водохранилищ под Москвой, на расстрел рабочей демонстрации в Новочеркасске в 1962 году. И он не задаёт себе вопрос: "А имею ли я право по преступному приказу убивать других людей?" Выходит, он ничем не лучше тех, кто эти приказы издаёт.

Доминирование верховной власти и государства над народом имело место в России всегда. Но после установления власти большевиков оно было "возведено в абсолют". Вождь или лидер государства был носителем верховной власти и одновременно его деспотическим собственником, владыкой народа в нём проживающего (в том смысле, что он делал с этим государством и с этим народом всё, что считал нужным). Кроме всего прочего этот вождь был одновременно носителем "самой передовой в мире марксистско-ленинской идеологии". При вожде люди из индивидов, уникальных личностей, одушевлённых богом существ, превращались в части государственной машины - части, которые не могли постичь тайные мысли и мотивы поведения вождя, но под страхом сурового наказания обязаны были выполнять его указания и распоряжения. В противном случае "человека-винтика" постигала кара, его заменяли другим "винтиком" с подходящей, "правильной резьбой".

Вождь был очеловеченным символом государства, посредником между "единственно правильной" марксистско-ленинской идеологией и "человеком-винтиком". Иногда "винтику" тоже хотелось побыть вольным человеком. Тогда он напивался, шёл в загул и совершал другие необдуманные поступки. Независимой личностью, подчиняющейся только закону здесь и не пахло. Ленинская формулировка свободы, как познанной необходимости сводилась к подчинению тому, у кого в данный момент была сила. В созданном им террористическом советском государстве сила была в руках у него и его партии, представляющей государственную власть. Все, кто жил в СССР должны были подчиняться его личному произволу, равно как и произволу представителей его коммунистической партии, подчиняться под страхом фатального наказания. Неизбежность этого подчинения гарантировалась государственным террором.

Будучи сам от рождения рабом-бунтовщиком, хотя и очень волевым, Ленин и советское государство создал рабским, основанным не на осознанном выборе людей и сознательном выполнении ими общечеловеческих законов, правил, морально-этических заповедей приемлемых для большинства, а на насилии, подавлении, страхе, которые ничего общего не имели со свободой личности, совести, слова и прочего буржуазного демократического арсенала. Сталин оказался всего лишь деспотическим продолжателем заветов "отца-основателя", которые он довёл до логического конца.

Система труда, основанная не на экономических, а на принудительных стимулах, по инерции продолжала действовать и после смерти Сталина, но уже без такой жестокости и неотвратимости, как при "вожде всех народов". Инерции страха и привычки к полувоенной дисциплине хватило жителям СССР на несколько лет после 1953 года. Потом личность стала "всплывать" из-под сковывающих государственных цепей страха и насилия, которыми коммунисты опутали Россию. Человек стал проступать из-под раба. Но это был уже другой человек - советский – хитрый, приспосабливающийся, "себе на уме" вроде Ивана Денисовича из повести Александра Солженицына. Этот советский человек в силу своего воспитания уже не мог стать свободным, высокоморальным, творческим. Он привык вести двойную игру по типу "Один пишем, два в уме", "Если есть возможность не работать и сачкануть – почему бы не сделать этого", "Дураков работа любит" и так далее.

С упразднением Гулага система подневольного труда стала постепенно загнивать. С приходом "кремлёвских старцев" к власти, застой стал необратимым. Тот же Хрущёв мог осуждать Сталина и его методы, но отказаться от наследия отцов-основателей советского государства он был не в силах поскольку сам был "вскормлен молоком этой коммунистической коровы" и ими же вознесён на вершину советского Олимпа. Поэтому убить раба в самом себе и обрести человеческое достоинство присущее свободному человеку никто из родившихся в условиях советской системы так и не смог.

Одной из главных психологических потерь русского, советского человека за время правления коммунистов была утрата им личного достоинства. Поэтому классическая ситуация по типу: "лучше быть живой собакой, чем мёртвым львом", в СССР, а теперь и в современной России решается в пользу живой собаки.

Достоинство - это индивидуальная, нравственная характеристика самоуважения человека. Хороший профессионал обретает чувство собственного достоинства в своей работе. Его компетентность является порукой его ценности как личности и как человека. Советская система не предполагает наличия этого качества. Если какие-то категории и присутствовали в советском лексиконе, так это классовые и государственные интересы. Можно, конечно, говорить о коллективном достоинстве, коллективной нравственности, коллективной совести, коллективном равенстве, коллективной справедливости, коллективном счастье, коллективной правде, коллективном патриотизме, коллективной гордости, коллективном самоуважении и так далее, но эти философские категории не имеют ничего общего с достоинством конкретного частного человека.

Люди творческих профессий, работавшие с конца 50-х до конца 80-х годов, не могли избежать двойных стандартов и приспособления к вышестоящим, хотя отцы-основатели советского государства уже давно были на том свете. Можно вспомнить к каким ухищрениям прибегали советские кинорежиссёры, издатели журналов, живописцы, писатели для того, чтобы "протолкнуть" свой кинофильм, повесть, живописное полотно, выполненное за рамками социалистического реализма. Поражаешься изощрённой изобретательности их мышления. До нас дошли рассказы о том, как именитые режиссёры, художники, писатели и композиторы 60-х – 70-х годов изворачивались перед тогдашним министром культуры в правительстве Хрущёва, а потом Брежнева - Екатериной Фурцевой, чтобы она разрешила им выпустить на экраны фильм или чтобы получить добро на публикацию книги, организацию выставки картин или презентацию музыкального произведения. Создатели подобных фильмов, картин и книг были умны и изворотливы, но человеческим достоинством здесь и не пахло.

Слабая выраженность чувства собственного достоинства, готовность терпеть унижения – это наследство нескольких сотен лет зависимости русских людей от самодержавного произвола властей умноженное на практику советского "народовластия". Они и являются главными препятствиями на пути продвижения демократии в России. А власть предержащих такой покорный, забитый, разобщённый народ вполне устраивает. С ним легче иметь дело, навязывать ему свою волю, "протаскивать" через преданных власти парламентариев любые законы, даже такие, как изменение Конституции России.

Сейчас в XXI веке страх перед "лидером нации" у людей уже не так силён, как раньше, но угодливые привычки за одно-два поколения не забываются и не выветриваются. Поэтому лизоблюдством до сих пор пронизана вся чиновная, властолюбивая Россия. Ещё философ Николай Бердяев отмечал "беспредельную приспособляемость русской бюрократии, её рабью готовность служить чему угодно". [13, с. 51]

В современной российской власти широко распространён армейский принцип: "делай как я". Если президент Ельцин любил играть в большой теннис, то и многие его подчинённые учились этому, если мэр Лужков любил играть в футбол, то и большинство его подчинённых демонстрировали готовность делать то же самое. Дзюдо просто очень сложный вид спорта, требующий высокой самодисциплины и огромного трудолюбия для того, чтобы подчинённые могли подражать Путину. Разве что они демонстрируют общефизическую подготовку на уровне советского ГТО. Видимо, поэтому Путин и решил воскресить советскую систему ГТО в нынешней России.

А теперь обратите внимание на то, как разговаривают с президентом Путиным его заместители и подчинённые: "В соответствии с вашими указаниями ...", "Выполняя ваше распоряжение ..." и т.д. Разве так ведут себя свободные люди? Свободный человек – даже подчинённый, обращается с любым начальником на равных, спорит с ним, не соглашается. И это не мешает ему выполнять распоряжения и указания своего начальника, когда тот их подписывает. В крайнем случае он пишет заявление об уходе. Разве этого дождёшься от подавляющего большинства нынешних российских чиновников?

Журналист и телеведущий Владимир Соловьёв в своей книге, посвящённой Владимиру Путину пишет о своих собратьях по перу следующее: "я видел, как настраивались на подход к Президенту мои коллеги, старательно проговаривая то, что они собирались сказать. И как уже после они мучительно долго анализировали каждое сказанное им слово и сделанный жест, малейшее движение мимических мышц и возникшие смысловые паузы." [152, с. 8] Угодливость до сих пор пронизывает все сферы русского общества. В таких условиях любой начальник хочет чувствовать себя носителем непогрешимой истины в последней инстанции. Чтобы ловили и анализировали каждое его слово, как драгоценную жемчужину. А других слов он не произносит.

Почему самодурство так живуче в России? Потому что для этого есть подходящие условия. Если есть самодур, то есть и жертвы, которые согласны это самодурство терпеть, а не бороться против самодура доступными средствами. Баланс во взаимоотношениях власти и народа основан не только на толерантности последнего, но и на его сопротивляемости. А если народ, то есть жертва, не осознаёт своего унижения и не сопротивляется, то насильник, то есть власть, этим пользуется. Пассивность и страх людей делают власть самодурской и деспотической.

Император Николай Второй мыслил в категориях тезиса, что "я - хозяин земли Русской и делаю в российской империи то, что считаю нужным". Генеральный секретарь Сталин мыслил в терминах жизни и смерти жителей Советского Союза в зависимости от того, соответствуют или не соответствуют эти жители новому коммунистическому порядку и его воле. Владимир Путин мыслит в терминах свой-чужой, управляемый-не управляемый, можно ли на человека положиться-нельзя, предаст он его в случае чего или не предаст, из моей он "обоймы" или не из моей. В такой ситуации в сконструированной Путиным вертикали власти пересаживать людей действительно бессмысленно, они и так свои, они и так обязаны выполнять те функции, которые он на них возложил. [121] Однако, без страха за свою жизнь такая система работает только до тех пор, пока у лидера есть финансовые или карьерные ресурсы, с помощью которых он воздействует на своих чиновников и держит их "у ноги".

Бесконтрольная абсолютная власть – такая сладкая штука. Испытав её однажды, многие уже не могут от неё отказаться и пользуются любыми способами для того, чтобы длить и длить это удовольствие, как крыса с электродом, вживлённым в центр удовольствия в мозге. Она готова нажимать на рычаг удовольствия бесконечное количество раз, лишь бы только испытать это удовольствие ещё и ещё раз. Лидер, который обладает бесконтрольной властью понимает, что уйдя от власти, он станет обычным человеком и любой может сделать с ними всё, что угодно. И предчувствие этой будущей беспомощности – самое невыносимое ощущение, которое он переживает в своей жизни.

С другой стороны абсолютная бесконтрольная власть становится смертельно опасной для диктаторов в случае экономических или военных катаклизмов, когда положение народа резко ухудшается. Достаточно посмотреть на расправу большевиков с бывшим императором Николаем Вторым и его семьёй, на расстрел недовольными военными главы Румынии Николае Чаушеску с женой, на казнь через повешение президента Ирака Саддама Хусейна, на убийство повстанцами и недовольными некогда всесильного диктатора Ливии Муаммара Каддафи. История пестрит такими примерами. Поэтому и президент России будет держаться в Кремле до последнего, а потом постарается передать власть очередному преемнику. Так оно спокойнее, чтобы спокойно встретить старость, а не ждать, что за тобой придёт "человек с ружьём", одураченный болтовнёй какого-нибудь Ленина или Троцкого.

Когда в прежние времена американский президент лично выходил на советского генсека с конкретной проблемой (например, освобождение заключённого Имярек), то для лидеров советского государства, которые привыкли управлять судьбами миллионов их не спрашивая, это выглядело странно (ведь заключённый не был братом или родственником американского президента) и они, считая такие запросы чудачествами лидера большой страны, мимоходом удовлетворяли их просьбу, если при этом не было других более высоких политических соображений. Таким же образом мог поступить король какой-нибудь африканской страны - почему не подарить красивое животное (леопарда, породистую лошадь или другую диковинку) для поддержания добрососедских дипломатических отношений. Ведь они были облечёнными властью небожителями, а тут какая-то лагерная пыль вроде Владимира Буковского или Александра Солженицына.

Власть из русского народа вытекает, но назад туда уже не возвращается, разве что в виде покойника на кладбище. Раньше помню даже такая фраза у партийных и советских руководителей была: "Что скажем народу (людям)?" Всегда были "мы" и "они", "субъект управления" и "объект управления", "правда для своих" и "правда для остальных".

Примеров барского самодурства, пренебрежения чиновниками мнения населения и издевательств над человеком в России не счесть. Причём любой русский бюрократ, начальник, лидер партии показывает свою власть над другими людьми используя широкий спектр способов.

Пример 1. Лидер созданной им при поддержке КГБ СССР Либерально-демократической партии – ЛДПР Владимир Жириновский сказал как-то бывшему вице-премьеру в правительстве Черномырдина, а потом председателю партии "Союз Правых сил" Борису Немцову, который "играет на поле" демократов: "Ваш избиратель - там, в Силиконовой долине. А мой - здесь, под забором!". "Чужаки нам не нужны". Тем самым он показал, что ориентируется на худшее, что есть в русском человеке и по сути презирает его. Действительно, что с русских алкашей взять кроме голоса в пользу ЛДПР. Отдай такому алкашу часть своей депутатской зарплаты на улице, как это одно время делал Жириновский, повышая свой рейтинг под телекамеры – и он твой. Правда ненадолго. Пока водка не кончится. Жириновский и свои выступления и избирательные кампании строит с опорой на эмоции избирателя, а не на его интеллект, опирается на самые примитивные, националистические предрассудки аудитории. Его партию следовало бы назвать не либерально-демократической поскольку она ни к либерализму, ни к демократии отношения не имеет, а национал-популистской поскольку её лидер апеллирует и защищает интересы русского народа в вызывающей, рекламной, эпатажной форме.

Пример 2. Приведённый случай произвола петербургского чиновника стал широко известен благодаря существующим видеозаписям на Петербургской телестудии. В начале 2009 года председатель комитета экономического развития промышленности, политики и торговли Санкт-Петербурга Сергей Бодрунов пришёл на Пятый канал и когда ему не понравились вопросы телезрителей, назвал их быдлом и пригрозил, что все ведущие передачи, в которой он принимал участие будут уволены, а саму программу закроют.

Пример 3. Самодурство и самодовольное поведение нередко проявлялось у когда-то всемогущего московского мэра – главы исполнительной власти и одного из создателей московского отделения правящей партии "Единая Россия" Юрия Лужкова. Будучи ещё в полной силе он "подмял" под себя весь столичный административный аппарат, Московскую думу и московское отделение партии "Единая Россия". Он мог в Москве делать почти всё, если, конечно не посягал на функции президента России. Льготные кредиты компании его жены банком Москвы выдавались почти в неограниченных количествах. Но своё будущее с Россией его жена и дочери не связывали. К своей отставке он и его жена – Елена Батурина заранее подготовились. Капиталы переведены за границу. Скуплена необходимая для спокойной старости собственность в Австрии. Батурина договорилась о продаже своей компании "Интеко" совладельцу Бинбанка предпринимателю Михаилу Шишханову. Дочери Лужкова учились в Великобритании. Только после этого он мог позволить себе провокационные высказывания в адрес тогдашнего президента страны – Дмитрия

Медведева. Видя такую наглость мэра, президент его, конечно, уволил, но дальше этой точки пойти не мог. Слишком они все во власти связаны друг с другом взаимными неформальными договорённостями и обязательствами. Почти без скандала уволив Лужкова, Медведев показал всем, что весовая категория мэра Москвы настолько велика, что под суд его отдавать нельзя. Нельзя нарушать "пацанские" договорённости между высшими лицами государства – иначе рушится вся система взаимоотношений в верховной власти страны. Нельзя показывать "дурной пример" другим чиновникам.

Как известно, успешные политики ломятся только в открытые двери. А в России даже делать вид, что пытаешься открыть дверь не нужно. Верноподданные люди услужливо распахивают любую дверь перед тобой, если ты главное лицо страны или даже близок к нему. Вот поэтому такими иллюзорными являются отдельные попытки сделать из современной России нормальное цивилизованное государство.

Нынешние руководители России видимо не понимают, что их вертикальная модель управления государством – промежуточная, временная, неустойчивая. Настоящего насилия и настоящего животного страха у жителей России уже нет и настоящей духовной независимости тоже. Чтобы быть устойчивой, государственная система обычно базируется на личности гражданина, как сознательного самостоятельного субъекта действия. Гражданин рассматривает и принимает государство, как часть себя, как продолжение своей личности. В противном случае, он становится объектом управления и манипулирования со стороны лидера государства и его чиновников.

5.4. Свобода слова, собраний и выборов в органы русской власти

Классические гражданские свободы в демократическом обществе включают:
1) Свободу высказываний, изложения своей позиции, обсуждения идей и предложений.
2) Свободу подачи и обмена информацией через прессу, радио, телевидение, интернет.
3) Свободу собраний для публичного высказывания, обсуждения, донесения до общества идей, позиций и предложений, для воздействия на власть прямым и открытым образом.
4) Свободу предлагать и избирать своих представителей, включая самого себя, в органы законодательной, исполнительной и судебной власти.
Всё это справедливо, если человек или группа людей реализует свои свободы, поименованные в пунктах 1-4, не нарушая закон, а также права и свободы

других граждан и групп населения, имеющих такие же права и обязанности, как сам этот человек или группа людей. Поименованные свободы в России и в СССР в полной мере не действовали никогда – традиции не те.

Не могу не начать изложение раздела с небольшого экскурса в историю. Иначе будет непонятно, как Россия дошла сегодня до жизни такой, когда в XXI веке даже самые элементарные вопросы по реализации гражданами своих законных конституционных прав (создание независимых, оппозиционных СМИ, свободы собраний, шествий и митингов, создание оппозиционных политических партий, равный доступ всех претендентов на официальные должности к федеральным телеканалам), решаются в стране с большим скрипом или не решаются вообще.

Цензура появилась в России уже давно, с времён Киевской Руси во второй половине XI века и существовала вначале как религиозная, а потом как светская. Свобода собраний и митингов, свобода выбора народных представителей в России всегда были под запретом или осуществлялась с большими ограничениями. Однако, начиная с 1907 года после Первой русской революции ситуация стала понемногу меняться к лучшему и перед Первой мировой войной в России печаталась даже большевистская газета "Правда", которая вообще отрицала самодержавную форму правления. Период после отречения императора от престола с февраля по октябрь 1917 года можно считать самым демократическим за всё время существования России. Но власть захватил маньяк пролетарской идеи Ленин и всё не только вернулось на круги своя, как сотни лет назад, но и ужесточилось: никаких свобод у народа вскоре не стало совсем.

Ленин в первую очередь закрыл все средства массовой информации, имевшие позицию отличную от его собственной и публиковавшие материалы отличные от тех, которые он хотел бы видеть и читать. Сделать это было нетрудно с помощью вооружённых революционных солдат, матросов и других отбросов общества, которым было всё равно кого разгонять, арестовывать и убивать – большевики их только направляли, пользуясь агитацией с трибун, слухами распространяемыми через верных людей и своей печатью. Почта, телеграф и телефон тоже были ими захвачены. Телевидения, интернета и радио в начале XX века не существовало. Очень быстро в политической печати центральной части России, находившейся под властью большевиков, воцарилась одна точка зрения - большевистская. Остальные были неправильными по определению. Критиковать действия новой власти было негде, а скоро и некому.

А вот сами большевики стали использовать свою партийную прессу для шельмования всех, кого они считали врагами в том числе бывших союзников, а также мешавших им людей и группировок. Они приписывали своим врагам свои собственные пороки, обманывали людей на каждом шагу, оправдывали свои подтасовки и беззакония классовой необходимостью, сделали свои газеты и плакаты рупором красного террора, не стесняясь говорили о том, как они грабят и убивают людей, которых они считали классовыми врагами. И эта аморальная точка зрения, как единственно возможная и правильная существовала в течение последующих 70-ти с лишним лет на всей территории Советского Союза. Менялись только формы подачи такого рода лживой, односторонней информации.

Второе, что сделал Ленин, был разгон демократически выбранного Учредительного собрания и расстрел мирных демонстраций в поддержку собрания. Ещё через два года были запрещены все собрания и демонстрации против большевистской власти – даже мирные. Причём с окончанием Гражданской войны запрет на оппозиционные демонстрации не был отменён. Демократия в России закончилась едва начавшись. Всё это действо сопровождалось чудовищным террором – провозвестником большого сталинского террора середины 30-х годов.

Те экстремистские левые деятели (имеются в виду главные организаторы и идеологи коммунистического движения), которые в октябре 1917 года совершили переворот в России, имели возможность читать разных авторов - философов, экономистов прежде, чем остановиться на марксизме. У подавляющего большинства жителей России, чьё детство пришлось на эпоху военного коммунизма и даже позднее, такой возможности практически не было. Разве что читать книги в спецхранах библиотек с разрешения властей или на чердаках у бабушек. Официально сравнивать другие концепции, идеологии с марксизмом-ленинизмом допускалось только в пользу последнего. Поле для независимых самостоятельных размышлений было практически выкошено. Оставалось только зазубривать догматические идеи официально разрешённых классиков, осваивать разрешённые наверху идеологически проверенные истины и те литературные источники, с которыми предварительно поработали идеологически правильные авторы. В СССР цензура приобрела тотальный характер и существовала в таком виде до 1988 года.

С наступлением сталинского правления даже сама форма, манера изложения материала, имевшего отношение к общественной жизни, стала грубой, примитивной, бичующей, не допускающей сомнений и возражений. Вся пресса, а потом и радио стали копировать параноидное сталинское мышление. И это неважно, что писали инструкции, указания, статьи, излагали материалы съездов другие люди. Писали сталинские клоны поскольку другим в созданной им системе власти места не было.

Когда появилось радио и коротковолновая связь, утаивать объективную информацию от советских людей стало труднее. Но и здесь работники НКВД нашли выход. На большей части территории страны они поставили устройства для подавления и создания шумовых помех для радиочастот, на которых работали радиостанции "Голос Америки", "Би-би-си", "Радио Свобода" и др. – так называемые "глушилки". Эти устройства работали в СССР с небольшими перерывами с 1931 до 1988 год. Во время Великой Отечественной войны советские власти изъяли у населения все коротковолновые приемники, чтобы даже искушения читать и слушать информацию помимо официально разрешённой у людей не было. [80]

Про свободу собраний, митингов и манифестаций при советской власти можно даже не говорить. Были только разрешённые и организованные партийными властями. Остальные объявлялись незаконными и даже вражескими даже если люди выходили на них с портретами Ленина. Их коммунистическая пресса либо замалчивала, либо объявляла происками врагов советской власти. По официальному мнению в стране победившего социализма, где трудящимся и так даны все права, иного и быть не может. А потому все протесты крестьян, рабочих, интеллигенции жестоко подавлялись, а их зачинщики расстреливались. Так было при Ленине, при Сталине и при Хрущёве. При Брежневе обходились выявлением лидеров, их изоляцией или ссылкой на 101-й километр подальше от крупных населённых пунктов, "на химию", "в места не столь отдалённые". Некоторых помещали в психиатрические лечебницы.

На мнение простого человека в СССР не ориентировались вообще. От народа ничего не зависело. Кучка людей наверху или даже один человек решали за них, прикрываясь их мнением. Власть организовывала нужные ей выборы по своим установленным правилам. Партийные лидеры договаривались между собой о передаче власти своему человеку, а если не могли договориться, то совершали дворцовые перевороты. Простой народ к этому настолько привык, что даже не сопротивлялся.

Достойна вниманию читателя похожая на анекдот история, которую я слышал от своего хорошего знакомого Зафара Душабаева – сына репрессированного узбекского партийного работника - о том, что в Узбекистане самый высокий калым даже в советские времена давали за девушку, которая не выезжала за пределы своего кишлака (аула). Если девушка ездила в Ташкент – столицу Узбекской республики, то она уже была подпорчена городской культурой и калым был меньше. Если же девушка жила некоторое время в Москве или в Ленинграде, то она вообще шла по бросовой цене. Это смешно звучит, но все жители Советского Союза, проживавшие за "железным занавесом", находились в положении этой узбекской девушки. Они ничего не знали помимо той пропагандистской "развесистой клюквы", которой их потчевали коммунистические власти, а потом они сами потчевали этой "клюквой" других. И что самое поразительное – многие и не хотели знать об истинном положении дел и не верили тем, кто приоткрывал хотя бы часть фактов о том, что творилось в мире. И этот феномен советского человека оказался живуч до сих пор.

Придя к власти, президент Ельцин не ограничивал свободу печати. В этом был один из самых больших его плюсов, как руководителя государства, чем, надо сказать люди пользовались как во благо, так и во зло. Все быстро поняли, что существует полно продажных журналистов, которые за хорошие деньги напишут что угодно и скажут, что надо, тем более, что штрафы за клевету и враньё были в то время ничтожными. Профессионалами многие из них были хорошими, а вот с журналистской этикой и порядочностью некоторые были не в ладах. Однако, если за клевету и за тенденциозное изложение фактов или за их сокрытие журналисту платят в десятки раз больше, чем за объективную информацию, то убеждать читателей и зрителей в нужной кому-то точке зрения становится гораздо выгоднее. Ведь деньги не пахнут.

Например, журналист на телевизионном канале ОРТ, находившемся под контролем Бориса Березовского - Сергей Доренко пользовался весьма сомнительными и даже грязными средствами для того, чтобы показывать в неприглядном свете тогдашнего мэра Москвы – Юрия Лужкова, журналисты на канале НТВ, контролируемом Владимиром Гусинским, осуществляли небескорыстную одностороннюю информационную поддержку чеченским сепаратистам и давали очень выборочную, даже тенденциозную информацию своим зрителям. Про журналистов из жёлтой прессы вообще разговора нет. В конце 90-х годов доходы в многие десятки тысяч долларов в год стали для журналистов, работавших на богатых людей нередким явлением. Это при том, что пенсии и зарплаты у тех, кто честно всю жизнь отработал на Советский Союз опустились до 100-200 долларов в месяц, да и те выдавались нерегулярно. Немалые деньги и информационные технологии были использованы в 1996 году для перевыборов больного, редко трезвого человека, Бориса Ельцина, любившего власть до умопомрачения.

Из духовного рабства к свободе совести быстрого пути нет. Власть коммунистов в 1991 году партийный отступник Борис Ельцин в России скинул, хотя 10 миллионов советских коммунистов "в карман не спрячешь". Кто-то из них "перекрасился" в демократа, кто-то ушёл в религию, кто-то стал аполитичным, кто-то подался в компартию России, возглавляемую Геннадием Зюгановым, большинство разбежались по партиям власти (Гайдаровская партия "Выбор России" (из Первой Думы), Черномырдинская партия - "Наш Дом - Россия" (из Второй Думы), партия Сергея Шойгу - "Единство"). При Владими-

ре Путине партия "Единство" слилась с партией Юрия Лужкова, Евгения При-
макова и Минтимера Шаймиева "Отечество" и образовалась правящая ныне
партия "Единая Россия"). Но закрепощённый дух у всех, кто воспитывался в
советские времена, остался. И это неважно, что эти люди спрятали свои партийные билеты членов КПСС в дальний ящик письменного стола или в коро-
бочку для документов (а вдруг пригодится) и что после этого назвали себя
демократами или либералами, правыми или левыми, православными или му-
сульманами. Они прежде всего остались советскими людьми и бывшими
коммунистами. Со всеми вытекающими последствиями, то есть с ментальностью советского, духовно закрепощённого человека.

В настоящее время при Путине официальной цензуры в печатной прессе и
в Интернете нет. Однако есть ограничения, которые каждый журналист, телеведущий, печатное издание, телеканал в целом устанавливает для себя сам.
Эти ограничения понемногу ужесточаются. Недавно принятые Государственной Думой без обсуждения с народом законы ограничивают права и свободы
граждан, прописанные в Конституции. Новые законы предусматривают деся-
тикратное повышение штрафов за клевету, ограничивают права некоммерческих организаций, получающих финансовую помощь из-за рубежа, позволяют
контролирующим организациям создавать списки "чёрных" интернет-сайтов
без санкции суда и даже блокировать их на основе решения Роскомнадзора.
Всё это вновь отбрасывает Россию назад от построения демократического
гражданского общества.

Сейчас в стране основные общенациональные каналы находятся либо в
прямом, либо в частичном владении государства. Чиновники осуществляют
негласный контроль над большинством теле- и радиоканалов, а также над
главными информагентствами и неофициально определяют редакционную
политику СМИ в стране. Представители власти еженедельно составляют пе-
речни рекомендуемых для освещения тем и списки лидеров несистемной оппозиции, независимых экспертов и журналистов, у которых ни в коем случае
не следует брать интервью или приглашать для участия в телепередачах.

Об ограничениях на допуск некоторых людей на федеральные телевизионные каналы как-то сказал телеведущий Владимир Познер. В интервью
журналисту Дмитрию Губину на канале "Совершенно Секретно" от 8 января
2013 года в программа "Наше время" он заявил, что при заключении с ним
контракта – директор первого канала - Константин Эрнст поставил условие,
что в авторской программе на первом канале ЦТ, выходящей под названием
"Познер", он не должен приглашать семерых людей. Один из них – адвокат и
блогер - Алексей Навальный. Когда Познер согласился на это, с ним был за-
ключён контракт. Существование персон нон-грата для руководителей федеральных телеканалов подтверждает и главный редактор и гендиректор "Не-

зависимой газеты" Константин Ремчуков: "Никто непосредственно не говорит кому-то: "Вот этого не приглашай в конкретную программу". Но в целом, конечно, поведение людей рассматривается. И поэтому годами ты можешь никогда не попадать на этот федеральный канал." [134]

Руководители телеканалов отлично понимают с чьей руки они кормятся и "резких телодвижений" обычно не делают. Впрочем, журналисты и сами ограничивают себя по содержанию подаваемого материала. Все они сами надели новое ярмо на шею, которая у многих всё ещё является советской. А может быть с советских времён они это ярмо с себя и не снимали. Только видимость создали на короткое время пока новый хозяин России не дал понять, кто и за что платит им зарплату. Для большинства сытая спокойная жизнь и престижная работа дороже резких революционных движений. Тем более, что история России наглядно показывает, чем такие движения заканчиваются.

В январе 2014 года на телеканале "Дождь" ведущие и редактор задали телезрителям бестактный вопрос о блокаде Ленинграда: "Нужно ли было сдать Ленинград, чтобы сберечь сотни тысяч жизней?" (Ответы распределились так: 54% - ответили "Да", 46% – "Нет"). И с тех пор этот кабельный телеканал лихорадит. 85% операторов кабельного телевидения ("Триколор ТВ" и другие) отключили его от сети. Совладельцу, издателю и медиаменеджеру Наталье Синдеевой приходится прилагать недюжинные усилия, чтобы сохранить канал "на плаву" и неизвестно удастся ли ей это, хотя канал не является в чистом виде оппозиционным – скорее он подаёт события под своим углом зрения отличным от того, который принят на федеральных каналах.

Нынешнее российское руководство видимо полагает, что полная свобода прессы, митингов, телевидения в России пока не очень-то нужны народу. Желудок важнее свободы. А воспитывать у жителей России эту свободу выбора никто не собирается. Это слишком сложно и хлопотно. Да и последствия непредсказуемы. Любому лидеру удобнее управлять и общаться с послушным народом. Со свободными людьми уж больно хлопот много. Мнение каждого учитывать надо, с каждым считаться надо. А так президент является главным источником хороших новостей и обычно выдаёт на-гора позитивные популярные в народе решения. Например: выдавать материнский капитал немедленно, а не ждать 3 года, отстроить новые дома погорельцам от летних пожаров, выдать по миллиону рублей пострадавшим в теракте и т.д. И действительно, если встать на позицию обывателя, то лучше иметь деньги в кармане, чем какую-то свободу, которой ещё не знаешь, как пользоваться.

5.5. Ответственность людей в России

Узловым звеном свободного нравственного поведения человека в обществе является ощущение ответственности перед самим собой и перед обществом, выражающееся в выполнении социальных обязательств. Существует юридическая и социально-психологическая ответственность, которые различаются тем, что в первом случае человек ощущает ответственность перед законом, а во втором – перед своей совестью, перед богом и родителями, которые дали ему способности и талант.

В сталинском Советском Союзе ответственность перед собой и своей семьёй считалась явлением более низкого порядка по сравнению с ответственностью перед вождём, государством, партией и коллективом. По умолчанию считалось, что раз человек родился, то он уже по определению должен обществу и государству, обязан им всем, что имеет - собственностью, образованием, свободой, жизнью. В этом суть коммунистической ответственности.

Сейчас в России распространены четыре позиции, возлагающие ответственность за то, что происходило с русским-советским народом в XX веке на кого-то или на что-то.

Согласно первой позиции – "антисталинской" - за все ужасы военного коммунизма и все потери народа во время Гражданской войны, Коллективизации, Большого Террора, Второй мировой войны отвечает Сталин. Остальные советские люди были мол хорошие, но у них не хватило духовных и нравственных сил, чтобы противостоять преступным приказам вождя и его присных тем более, что эти приказы подкреплялись террором, которому простой человек не мог противостоять. Советское общество было организовано таким образом, что оно работало на хозяина, на государство и на монопольно правящую коммунистическую партию. При этом Ленин остаётся за кадром, мол был такой идеалист-теоретик, но, к сожалению, рано умер и не успел вывести народ на столбовую дорогу к счастью.

Другая позиция – "прокоммунистическая, русофобская", основана на том, что значительная часть народа, который проживал в Российской империи, оказалась такой завистливой и ленивой, что не хотела работать и, воспользовавшись ситуацией Первой мировой войны, занялась грабежами, убийствами и вообще насилием над более преуспевающими и образованными согражданами. Эти люди с удовольствием принимала участие во всяческих экспроприациях, раскулачиваниях, крушении церквей. Сын пошёл на отца, брат на брата. В результате страна погрузилась в хаос и разруху, из которой её с большим трудом вытащили большевики-коммунисты, которые на счастье народа оказались в нужное время и в нужном месте. То есть народ сам и виноват в том, что с ним случилось.

Согласно третьей позиции – "экзистенциальной" - раз русское государство и русский народ к началу XX века были такими отсталыми, то им была предписана "свыше" такая участь, такой коммунистический путь - путь через уничтожение наиболее образованной части населения России, через тоталитаризм, через колоссальные жертвы и страдания.

Если исходить из четвёртой, "реалистической" позиции, то ответственность за втягивание России в войну несёт царь и его правительство. Социалисты революционеры и большевики всего лишь воспользовались трагической ситуацией войны наилучшим для себя образом. Они и стали творцами и конечными бенефициарами октябрьского переворота и ответственными за всё, что произошло с народом и с Россией в дальнейшем. Вроде и они хотели, как лучше. Что же делать, если получилось так, как бывает в России всегда то есть не лучшим образом. То есть ответственность за произошедшее и происходящее в последнее столетие в России возлагается либо на вождя, либо на народ, либо на обстоятельства.

Как коммунистическая власть, так и народ в России склонны приписывать ответственность за свои собственные неполадки, неурядицы, проблемы проискам враждебных сил – как внутренних, так и внешних. Коммунисты искали и находили врагов и виноватых повсюду, но только не в себе, не в своей идеологии. У них антагонизм, противоборство с буржуазией, с империализмом, с заговорами, со шпионами стали альфой и омегой любых дел. Не любовь к конкретному человеку, а подавление его личности, его веры, его инициативы ради высших целей счастья для абстрактного рабочего класса и абстрактного народного блага. И это неважно, что люди, для которых всё это якобы делалось, не могли до конца осознать это счастье, это благо в силу своего личностного несовершенства. Для советских руководителей имело значение только то, что красивая классовая теория (марксизм-ленинизм) воплощается в жизнь. Эту власть, впрочем, как и теоретиков этой власти не интересовала цена воплощения теории.

После 1917 года ответственность стала размытой, работа на себя стала всё больше утрачивать смысл. Но большевики, увлечённые своей марксистской идеей вели себя так, как будто этого не понимали. Они организовывали всякие трудовые коммуны, товарищества по совместной обработке земли, трудовые армии, потом - колхозы и совхозы. По факту оказалось, что такая распределённая ответственность для русского человека работает плохо. Плохо работает такое управление государственной собственностью, когда разрешения, инициатива, дотации идут в основном сверху, а человек от всех становится зависимым. Вот и остаётся ему либо тупо подчиняться приказам любого начальника, либо обманывать, втирать очки начальству и вообще всем тем, от кого зависит его благополучие. Поэтому финал коммунистического эксперимента был предсказуем с самого начала.

Когда СССР развалился, коммунисты для вида ушли, ушли с тем, чтобы остаться. Так метастазы раковой опухоли после некачественно проведённой хирургической операции остаются в поражённом болезнью организме. До сих пор авторитарный подход, поиск врагов и виноватых, игнорирование средств ради достижения цели являются неотъемлемой частью поведения представителей российской власти. И их советские методы управления находят понимание у немалого числа людей из народа. Люди-то по-прежнему советские, хотя и слегка модифицированные, с поправкой на новые экономические условия России.

Тем, что российские лидеры, начиная с Ельцина, объявили Россию правопреемницей СССР, они возложили на себя не только власть – такую сладкую и притягательную, а ещё и весь груз проблем, скопившихся в СССР. Ельцин-то полагал, что надевает на свою голову "шапку Мономаха". Отнюдь! Он брал на себя ответственность за те безобразия и свинство, которое в течение 74-х лет творили со страной коммунисты. Однако, неограниченная власть и личный коммунизм, в котором традиционно живёт главное лицо России, позволяло ему мириться с необходимостью выслушивать просьбы и жалобы, которые на него обрушивали с утра до вечера подчинённые и недовольные граждане.

Посмотрите современные комментарии людей на события, статьи и блоги в русском интернете. Складывается впечатление, что пишут в основном агрессивные неудачники или закомплексованные люди. Комментарии прямо кишат агрессией и ненавистью, как старый диван клопами. У комментаторов все в чём-то виноваты: "Горбачёв виноват за развал СССР", "Ельцин виноват за обнищание народа", "Путин в ответе за коррупцию". Про Гайдара и Чубайса можно вообще не говорить. Одни их имена заставляют ноздри русского человека трепетать от негодования. Я называю только известные фамилии, но то же касается многих других политиков, журналистов, богатых людей. Один он – этот негодующий человек ни в чём не виноват, мол мне приказали, меня поставили в такие условия, что выхода другого не оставалось, я очень доверчив и так далее. Так или иначе он склонен в самой агрессивной раздражительной форме переносить вину, ответственность с себя на кого-то или на что-то и отгораживать себя от ответственности за то, что произошло и происходит в стране. Он склонен персонифицировать не на себе, а на ком-то другом ответственность за такие глобальные русские недостатки, присущие в течение многих столетий всему народу, как несвобода, зажатость мышления, духовная зависимость. В своё время Николай Бердяев говорил, что чувство вины, это чувство свободного человека. Добавлю – чувство личной ответственности и сопричастности к хорошему и плохому – тоже.

Впрочем, не только рядовые интернет-пользователи грешат агрессией и обвинениями. Вполне эрудированные люди тоже себе позволяют обличения, резкие, негативные оценки, почти Ленинский большевистский задор в оскорблениях. И ведь какими терминами пользуются при возложении ответственности на других людей и снятии её с себя: "охлос", "быдло", "клинический идиотизм народа" и пр. Они выплёскивают свои негативные эмоции, выливают на других своё бессилие, ощущение безысходности, неумение решать проблемы конструктивным путём. Ведь гораздо легче обругать и пнуть стул, стоящий у тебя на пути, о который ты споткнулся, чем передвинуть этот стул на то место, где он тебе не мешает. Гораздо легче поддаться первому импульсу и обвинить, заклеймить человека, чем разобраться в причинах, которые его привели к действию, которое тебе не нравится или, тем более, пытаться ему помочь.

5.6. Частная собственность в России

Не может быть нравственности без закона, основанного на частной собственности.
(Из основ западноевропейской этики)

Есть несколько критериев измерения человеческой энергии – власть, слава, деньги и собственность. Однако обладание любой из этих вещей здесь и сейчас ещё не гарантирует её сохранения в будущем. Каждую надо постоянно подтверждать и закреплять. Иначе утекут.

Две с половиной тысячи лет тому назад римский философ Луций Анней Сенека сформулировал основу свободной личности в виде утверждения: "Царям принадлежит власть, а гражданам - собственность". И это разделение прав, обязанностей и ответственности является основой западноевропейского мировоззрения, которое действует и сейчас.

Частная собственность – основа жизни по закону. Закон основан на праве человека владеть своим имуществом, и передавать его по наследству. А раз владеть, значит защищать. Самому защищать накладно. В нормальной цивилизованной стране собственник нанимает государство, чтобы оно выполняло функцию защиты его собственности. Собственник платит государству налоги за то, что оно защищает его и его собственность издавая нужные ему и всему обществу законы и организуя структуры, осуществляющие эту защиту. Тогда собственнику не надо жить по понятиям. Ему достаточно выполнять законы принятые в его государстве для него и таких, как он.

Мировоззрение людей, живущих в России в отношении собственности складывалось по-другому. Историк Карамзин пишет, что древние славяне не ценили собственность. Они строили хижины среди болот и лесов и легко могли менять место жительства. С развитием земледелия члены родовой общины подчинялись старшему, которому принадлежало решающее слово при принятии решений, связанных с родовой собственностью. Совершая военные набеги на более богатых соседей (например, Византийскую империю), "Славяне свирепствовали в Империи и не щадили собственной крови для приобретения драгоценностей, им ненужных: ибо они - вместо того, чтобы пользоваться ими, - обыкновенно зарывали их в землю." [68, с. 28]

Утрата частной собственности людьми в России началась во второй половине IX века с приглашения на княжение двумя финно-угорскими и двумя славянскими племенами пирата и авантюриста, варяга Рюрика с его дружиной под названием "Русь". С тех пор процесс централизации России продолжался несколько столетий. Вместе с этим шёл процесс утраты населением частной собственности и личной свободы. За три века, количество наследников Рюрика многократно увеличилось. Из-за отсутствия салического закона на Руси каждый из них претендовал на княжение. На всех наследников уделов и городов не хватало. В борьбе за власть и за собственность князья всё время друг с другом воевали. Доходило до того, что они приглашали иноземные войска (половцев, печенегов, поляков и венгров), чтобы разграбить уделы своих родственников из рода Рюрика и угнать в рабство непокорных горожан. Атмосфера нестабильности и неуверенности в завтрашнем дне побуждала крестьян уходить со своих земель и искать счастья у других правителей в Прикарпатье или в Суздальскую землю. При этом крестьяне из собственников превращались в арендаторов чужой земли. А отсюда уже рукой подать до утраты личной свободы и полной крепостной зависимости, что и стало происходить начиная с XV века. Постепенно русские обрели централизованный порядок в своём государстве, но большинство из них утратило собственность.

Модель "власть равна собственности" была создана на Руси при Иване III и Василии III во второй половине XV и первой трети XVI века. Для России категории власти и собственности оказались соединены. Тот, в чьих руках была власть – тот владел и собственностью. Начиная с Московского князя Ивана Третьего, это единство проявилось в виде формулы: "государство - это собственность государя. Для власти государя нет границ – ни правовых, ни имущественных". В этом сущность русского самодержавия. Может быть кто-то из русских императоров и хотел бы впоследствии изменить это соотношение между властью и собственностью, но традиции царского рода, семьи не позволяли ему (ей) это сделать. Цари и императоры сами стали заложниками созданной ими централизованной государственной системы.

Постепенно на основании царских указов значительную часть крестьян прикрепили к земле – царской, монастырской, помещичьей. Только на периферии Московского царства (на севере в Мурманске и Архангельске, на юге в Запорожской Сечи на Кубани и в Сибири) ещё сохранились земельные собственники. Основная часть людей, населявших Россию осталась без принадлежавшей им лично земли. И это при бескрайних русских просторах. Без земли, без собственности русские перестали быть свободными людьми. В царской России императоры владели огромной собственностью, были крупнейшими феодалами и землевладельцами, оказывали огромное влияние на распределение государственного имущества. Немалое число людей занимались обслуживанием этой собственности и августейших персон.

Сотни лет собственность в России была прерогативой царя, церкви, и тонкого слоя помещиков. Только в 1862 году крестьяне были освобождены от крепостной зависимости и получили право выкупать эту землю у помещиков, взяв кредиты в банке. Процесс массового обретения собственности в России начался с реформ Александра Второго (Освободителя). Процесс этот набирал обороты и при естественном течении событий к 1930 году стал бы необратимым. Россия должна была обрести реальных собственников и стать нормальной евроазиатской страной. Но этот короткий промежуток времени в последней трети XIX – в начале XX века, когда значительная часть крестьян и крестьянских артелей России владела полностью или частично выкупленной у помещиков землёй, которую они могли передавать по наследству детям и внукам продолжался недолго. России не хватило буквально полутора-двух десятков лет, чтобы встать в один ряд с другими европейскими странами.

В переходный период с середины XIX до начала XX века в стране стали появляться народники, анархисты, эсеры и социал-демократы (большевики и меньшевики), которые хотели убыстрить политические процессы, а то и вообще всё перевернуть с ног на голову. Они подрывали самодержавный порядок в Российской империи, поднимали на щит только недостатки, которых было с избытком в стране, организовывали забастовки, устраивали террористические акты – в общем, раскачивали самодержавную "лодку", как могли. И одна из этих попыток к несчастью оказалась успешной.

В конце февраля 1917 года социалисты-революционеры, вначале организовали забастовки рабочих и выступления солдат в Петрограде, затем создали Советы рабочих и солдатских депутатов, а потом генералы армии и депутаты Думы вынудили Николая Второго отречься от престола, пользуясь его стремлением продолжать войну с Германией. Вначале возглавили революцию хотя бы грамотные, разумные люди. Однако постепенно их в Советах депутатов вытеснили большевики. Эти в большинстве своём были марксисты и каторжники, которые опирались на всё самое аморальное и тёмное, что было в русском обществе того времени, то есть на солдат не желавших воевать, недовольных рабочих, малограмотных людей и бездельников, которых к концу войны было много в Российской империи, то есть на худшее, что было в народе. И это худшее возобладало над честным, совестливым, моральным. Опираясь на тотальный террор, большевики захватили в свои руки всю частную собственность в России.

Сделав всю собственность государственной, большевики подменили собой верховную власть и стали распорядителями предприятий, земли и природных ресурсов. Царя заменил вождь, а его резиденция переместилась из Санкт-Петербурга в Москву. С этого момента началось новое закрепощение народов, входивших в состав российской империи - закрепощение под знаменем марксизма-ленинизма. Рабочие и крестьяне утратили даже ту ограниченную политическую и экономическую свободу, которую они имели при царе.

В своём многотомном труде "Красное Колесо" Александр Солженицын так описывает процесс закрепления собственности за советским государством: "XI съезд РКП. Ленин: Отступление окончено. – Сталин как доверенный человек Ленина избран генеральным секретарём РКП (впрочем, "временно", до выздоровления Ленина); сдал РКИ; его власть пошла в быстрый рост. – С 1918 удвоился правительственный аппарат, бюрократия растёт неудержимо. Под Сталиным одно РКИ выросло до 12 тыс. человек. Закрепление грабежа революционных лет, постановлено: тогда "сама обстановка изъятия не нуждалась в юридическом обосновании", отнятые с 1917 по 1 января 1922 квартиры, движимое имущество, мебель и предметы домашнего обихода возврату не подлежат. Майская сессия ВЦИК. – НЭП возбудил надежды на мнимый возврат частной собственности на землю? ВЦИК утверждает закон "о трудовом землепользовании", никакого "владения" землёй. Верховный собственник и распорядитель земли – Государство (Уступка Ленина в октябре 1917 взята назад, земля у крестьян отобрана вся.) – ВЦИК обсуждает и принимает новый уголовный кодекс. Ленин успевает к нему с настоянием "расширить применение расстрела" и ввести разветвлённую политическую статью (будущую Пятьдесят Восьмую)." [150, с. 515-516]

Достаточно прочесть эту краткую выжимку из ненаписанных глав эпопеи Солженицына, чтобы окончательно отпали иллюзии, которые долгое время питали сторонников гипотезы о том, какой хороший был дедушка Ленин и если бы не плохой Сталин, то Россия непременно обогнала бы все страны Европы и Америки в экономическом отношении и построила свой самый красный пролетарский коммунизм на всей земле. Так что и большевики-ленинцы, и сторонники разоблачителя сталинского культа личности Никиты Хрущёва, и современные наследники большевиков, которые умиляются до слёз, вспоминая ленинский НЭП, могут помолчать. Ленин никогда не собирался отдавать землю крестьянам, а фабрики рабочим в собственность. Наделение крестьян землёй было временной вынужденной мерой, связанной с голодом и разрухой после развязанной самими же коммунистами Гражданской войны и нежеланием их самих на этой земле работать.

В 1921 году земля была передана в бесплатное пользование крестьянам, которые на ней жили с условием уплаты налогов за её использование. Но крестьянским детям по наследству эта земля уже не переходила и при любых экономических и политических изменениях оставалась во владении государства. Крестьяне по наивности считали её своей собственностью, а большевистские комиссары и пропагандисты эту иллюзию до поры до времени не рассеивали. "Пусть пока поработают лапотные на земельке, пока мы не разберёмся со всей остальной Россией" – полагали вожди большевизма.

Контролируемый государством НЭП лишь на короткое время восстановил деловую активность в стране, да и то частично и ненадолго. Начиная с 1926 по 1930 годы все каналы частной активности постепенно были перекрыты. С этого времени идёт отсчёт умирания русского крестьянства и русской деревни. Постепенно большевики отучили русских людей работать на себя. Конечно, работать на государство тоже можно, но эффективность такой работы на земле значительно ниже, что и показало последующее отставание сельского хозяйства СССР от такового в других странах.

В 1929-30 годах очередной большевистской сказке пришёл конец. Если до 1930 года у крестьян ещё сохранялись в пользовании небольшие земельные наделы, выделенные им земельными товариществами, то после раскулачивания и Коллективизации, крестьян вынудили отдать в коллективное (колхозное, совхозное) пользование даже эти клочки земли. А кроме того обобществили лошадей, коров нажитых тяжёлым трудом за десяток лет советской власти. Всё, ради чего русские рабочие и крестьяне пошли за большевиками и выступили на их стороне в развязанной ими гражданской войне было у них отнято, а точнее всё это так и не стало их собственностью. Это только туповатые марксистские пропагандисты утверждали, что "государство – это мы" и что "государственное – значит моё". На самом деле очередной этап деятельности большевиков по огосударствлению земельной собственности был завершён в начале 30-х годов XX века. С этих пор только суровые неотвратимо действующие законы введённые при Сталине (например, "закон о трёх колосках") ограничивали присвоение частными лицами государственного добра. Осталось только искоренить сам дух собственности из сознания людей, превратить их в государственных рабочих, государственных колхозников, государственную трудовую интеллигенцию и государственных солдат, что и было сделано в последующие годы.

Сделав труд общим, безымянным, обезличив его, советских людей постепенно развратили. Если у советского человека была возможность возложить ответственность за невыполнение работы на кого-то (например, на начальника), или на что-то (например, на обстоятельства: солярка кончилась, запчасти не подвезли и т.д.), то он это делал. Его трудно за это осуждать. Вопреки распространённому мифу, усердно насаждавшемуся советской пропагандой, русский человек не коллективист, а индивидуалист. Поэтому работать на колхоз-совхоз с полной отдачей он не может. Лучше всего он работает на себя. Этого-то коммунисты так и не захотели понять. Они предпочли пойти своим любимым путём – путём создания мифа о коллективизме русского человека. Мол этот человек под созданный нами миф глядишь и изменится. Ну что делать, если не изменился, а вконец развратился на государственном иждивении. И сделать что-либо сейчас уже невозможно.

Как известно, главное условие цивилизованного труда - постоянное совершенствование методов, инструментов, достигаемое через интенсификацию труда и использование современной техники. А это лучше получается у собственника. Сейчас давай бывшему советскому колхознику собственность - не давай, это ситуации с сельским хозяйством в России не улучшит и на уровень XXI века сельскохозяйственное производство страны не выведет. Ментальность уже не та. Банкротства многих бывших совхозов и колхозов, которым банки дали деньги взаймы уже в наше время, это показали. Приходится приглашать людей со стороны, у которых чувство собственника и умение работать ещё не вытравлено. Они за бесценок покупают у банков колхозную землю, привозят с собой свою технику и нанимают только тех, кого считают нужным для работы на этой земле.

Крупная частная собственность появилась в современной России во многом незаконно, несправедливо. Люди, которые её получили, действовали не по честным правилам, не по совести, а часто и не по закону. Государство способствовало их неправедному обогащению, законы были несовершенны и к тому же не выполнялись на всех уровнях государственной иерархии, частично действовали ещё советские законы. Государственные чиновники за взятки, откаты, доли в акциях предприятий, прикрывали воровство и прочие нарушения закона. "Новые русские" богачи физически уничтожали и разоряли конкурентов без всяких правоохранительных органов и судов. Люди, получившие в свои руки большие куски государственной собственности были не столько умными, сколько наглыми и циничными и имели связи на самом верху. Об их беспринципности и аморальности можно даже не говорить - она включена имплицитно в деятельность любого разбогатевшего в России человека той поры. Честные люди мультимиллионерами и миллиардерами на пустом месте не становятся. Богатые люди из тех, кто поумнее сами не занимались грязной работой по зачистке тех, кто им мешал богатеть. Для этого их подчинённые нанимали уголовников и представителей спецслужб, милиции, спецназа, потерявших работу.

В 90-е годы собственность приобреталась по дешёвке, значительно ниже себестоимости (иногда в сто раз ниже). Люди приобретали её, чтобы при случае или при более благоприятной деловой обстановке продать или хищнически использовать её, выжать из неё максимум, а потом обанкротить (пример - авиаперевозчики). Деньги, вырученные от такой приватизации, большей частью оседали в офшорах и потом на Россию не работали. Некоторые новые русские предпочитали на украденные таким образом деньги покупать особняки, яхты и клубы за рубежом. Ведь мало кто из них мог грамотно управлять, распоряжаться собственностью - заводами, банками, пароходами и уж, тем более развивать промышленное производство. Не сами ведь всё это создавали. Вот и оказалась экономика России за исключением торговли, лёгкой промышленности, сферы услуг и сырьевых отраслей в упадке. На маниакальной жажде обогащения, без современных знаний производство и экономику не построишь.

После того, как Владимир Путин увидел, что при Ельцине вместо нормальной современной экономики в России развивается сырьевая, паразитическая и что сырьевые олигархи давят другие отрасли экономики своими несметными халявными деньгами, он осуществил частичный возврат к государственному социалистическому устройству общества. Целый ряд сырьевых компаний был выкуплен (Сибнефть) или отнят у прежних владельцев под благовидными предлогами (ЮКОС). Теперь эти компании стали преимущественно государственными. Управляют ими чиновники. Доходы от их эксплуатации идут частично в государственную казну, частично в их карманы. Это сразу почувствовали беднейшие, плохо защищённые и средние слои общества, которые при Путине стали жить лучше, чем при Ельцине. В этом главная разница между частным и государственным капитализмом. Первый более эффективен. Зато второй более социально ориентирован. Таким образом, после краха коммунистической идеи в 1991 году и краткого периода зарождения института частной собственности в России, Кремль снова взял под своё управление значительную долю сырьевой российской собственности, приносящей реальный доход. Кроме того, Кремль разрешает одним быть богатыми, а другим нет. Одно хорошо – любой гражданин России теперь может послать Кремль куда подальше и уехать куда глаза глядят как внутри России, так и за её пределы. Однако от себя далеко не уедешь.

В результате неразумного перераспределения государственной собственности, по данным русскоязычной версии журнала "Форбс", в 2012 году в России насчитывалось 96 долларовых миллиардеров. Совокупное богатство 200 богатейших русских бизнесменов в 2012 году составило 446,3 млрд. долларов, а в 2013 году превысило 488 млрд. долларов. [1] Русские богачи платят самые низкие в мире налоги (13%), которые и не снились их коллегам во Франции и Швеции (до 75%), в Дании (61%) или Италии (66%). 1,5% населения РФ владеют 50% национальных богатств. С другой стороны поднять налоги государство не может поскольку деньги тут же уйдут "в тень". Они и сейчас при таких благоприятных экономических условиях находятся на грани между светом и тенью. Без амнистии капитала они так на Россию работать и не будут. Большое число компаний в России до сих пор работают по "серой схеме", то есть декларируют только часть своих доходов, а часть зарплаты сотрудникам выплачивают "чёрным налом", в конвертах. Немалая доля русских финансов перекачана в офшоры. Налоговым раем до недавнего времени считался Кипр, находящийся в Еврозоне. Однако из-за краха банковской системы Кипра, этот офшор стал ненадёжным. Постепенно могут утратить свою привлекательность другие привлекательные с налоговой точки зрения места - например Каймановы острова. Это связано с тем, что мировая банковская система идёт по пути всё большей информационной прозрачности финансовых вложений, а для "тёмных", многократно "отмытых" капиталов из России - открытость смерти подобна.

Новые русские олигархи – это люди, которые большей частью приобрели свои богатства незаслуженно, почти случайно, как игроки в казино или как те, кто сорвал крупный куш в лотерею. Они плоть от плоти советских людей. Никто из них не начал свой бизнес в гараже собственного дома. Состояния многих начались со спекуляций и удачного вложения средств в построенные кем-то здания, в разработанные кем-то технологии, в созданные кем-то предприятия, в земельные участки и т.д. В перспективе эти люди мало что могут сделать для промышленного развития России. Они большей частью не создатели оригинального продукта, а финансовые комбинаторы и заурядные спекулянты. Как легко они заработали свои деньги, также легко они их и тратят. Траты идут на мускулы спортсменов, на свой пиар, на яхты, виллы и удовольствия.

В нулевые годы в России особенно заметен стал перекос на континууме "свобода-богатство" в сторону богатства. Большинство из богатых и просто обеспеченных людей выросли в СССР и до сих пор имеют все проблемы, присущие советскому человеку – духовную зажатость, разобщённость, низкую ответственность перед обществом и т.д. Свободными они не стали несмотря на 20-летие жизни в относительно свободном российском обществе. Естественно - свободном по сравнению с тоталитарной советской диктатурой. Но гарантий неприкосновенности своей собственности пока не имеет никто. Собственники в России всё время находятся от кого-то в зависимости – от государства, от конкретных чиновников, и даже от уголовников. Получить такие гарантии можно только в свободном демократическом обществе. Но за свободу надо бороться, принимать демократические законы, воспитывать детей и внуков более свободными, чем они сами, а это трудный неблагодарный процесс с непредсказуемым финалом.

Бизнесмен в России уязвим перед лицом государственной машины. Собственность вроде принадлежит ему, а вроде и нет. Законы об охране собственности вроде есть, но они работают плохо. Поэтому чувства истинного хозяина у бизнесмена не возникает. Он всё время балансирует в состоянии неопределённости, иногда действует на грани закона, а иногда рискует своей свободой. Примером может послужить недавний арест в Белоруссии генерального директора компании "Уралкалий" Владислава Баумгертнера, который якобы нанёс Белорусской калийной компании "Беларуськалий" ущерб в 100 млн. долларов. Отсюда желание многих перевести свою собственность в наличные деньги, в твёрдую валюту, управлять собственностью из офшоров, вложить свободные деньги в недвижимость за рубежом и пр.

Журналист Владимир Соловьёв как-то написал, что истинная стоимость бизнеса в современной России определяется не его рыночной капитализацией и не стоимостью акций и даже не тем сколько денег за него готовы отдать другие бизнесмены. Стоимость бизнеса в России равна тому, сколько стоит этот бизнес отобрать. [152] Например, оформить бумаги на чужую собственность, провести нужное решение через суд, нанять ОМОН, который отнимет собственность у действующего владельца. Поэтому бизнесмены не заинтересованы в том, чтобы развивать своё производство, делать свой бизнес прозрачным. Это делает российский бизнес неконкурентоспособным на мировом рынке, особенно в высокотехнологичных областях.

Защитой частной собственности в России не занимается ни одна официальная государственная организация. Существующие государственные институты, включая полицию, госбезопасность, прокуратуру и суд достались России в наследство от СССР. Эти институты защищали государственную собственность от посягательств частных лиц в советские времена. Теперь к списку тех, кого эти организации защищают добавились главные лица государства, чьи интересы приоритетны над интересами всех остальных граждан. Перестроиться эти организации могут только по спецзаказу со стороны высокостоящего чиновника, да и то не всякого. В этом неформальном деловом поле "спасение утопающих есть дело рук самих утопающих" - выплыл, так выплыл, утонул, так утонул. Частная инициатива и свободное предпринимательство существуют для очень богатых, очень пробивных или очень приближенных к верховной власти людей. Если что-то положительное и делается на этом поле, то скорее вопреки, чем благодаря существующей вертикальной государственной системе.

В последние годы в российском бизнесе в ходу такие понятия, как номенклатурный капитализм и номенклатурная приватизация. Они состоят в том, что:

1. чиновники составляют основу класса крупных собственников в России;
2. положение чиновника во власти является эквивалентом собственности;
3. немалая часть официальных лиц используют своё служебное положение для ведения бизнеса с помощью своих родственников (жён, детей и пр.), для сокрытия своих доходов, для помощи знакомым в получении выгодных государственных заказов за откаты, достигающие 70% от величины заказа.

Нынешние русские верховные начальники (президент, премьер, ближайшие заместители, министры, главы законодательной власти), хотя формально не владеют ничем и зарплаты имеют не выше, чем чиновники в других европейских странах, но широко пользуются казённым имуществом. Обслуживают всё это имущество (самолёты, резиденции, автомобили, отели) огромное количество людей – многие тысячи человек, которым государство платит зарплату. По сути, как и в Советском Союзе пока человек имеет власть, он всемогущ. Как только он её теряет, он теряет многое, иногда почти всё.

В конце января 2013 года Россия вышла из соглашения с США о борьбе с преступностью. А это ведь не только пресечение деятельности наркоторговцев и борьба с детской порнографией. Это ещё отказ от отслеживания российских преступников, которые занимаются отмыванием денег, это отказ от расследования источников незаконного обогащения чиновников, купивших недвижимость за рубежом и тех, кто нанёс ущерб экономике России, переведя свои активы в офшоры. Если раньше, к примеру, ФБР могла сделать запрос по поводу сомнительной с точки зрения американского закона деятельности русского частного лица, то теперь российская прокуратура всегда может отказаться реагировать на этот запрос, сославшись на то, что с точки зрения российских законов этот человек "чистый" и её не интересует.

В этой связи можно вспомнить отказ Ельцинского правительства в 1992 году от принятия статьи 20 Конвенции ООН против коррупции ("незаконное обогащение"), в которой сказано о том, что государственный служащий автоматически лишается своего поста, если не может объяснить источники своих доходов. Это говорит о том, как много жуликов среди влиятельных чиновников в России было уже тогда, у истоков образования нового государства – Российской Федерации. К настоящему времени это число настолько возросло, что угрожает его существованию.

Собственность пока не принесла людям в России свободы. Те, кто её приобрёл после распада СССР, в большинстве случаев приобрели её в ущерб совести и морали. Культуры пользования собственностью до сих пор нет. Чтобы грамотно пользоваться землёй, предприятиями, другой собственностью нужно уметь ухаживать за ней - мусор убирать за собой, вкладывать средства в развитие. Например, участки Байкальского побережья продали частным владельцам, думая, что те заставят туристов убирать мусор за собой или сами займутся уборкой мусора на регулярной основе. В реальности получилось, что собственники выстроили дома, обнесли их заборами, а убирать примыкающие к их заборам мусорные кучи не желают. Пусть этим местные посёлковые советы и администрация занимаются. Налицо советское потребительское отношение ко всему, что не моё, как к чужому, государственному.

В качестве примера того, как предприниматели в России "качают" деньги откуда могут, совершенно не задумываясь о будущем приватизированных предприятий, можно привести следующий. В конце 2011 года мэр Москвы - Сергей Собянин заявил о том, что руководство автомобильного завода ЗИЛ в последние годы показывало миллиардные убытки, а задолженность по зарплате для рабочих и служащих достигла 200 млн. рублей. И добавил: "При этом руководитель предприятия ежегодно получал заработную плату 250 млн. рублей. Этих денег хватило бы с лихвой, чтобы покрыть всю задолженность по заработной плате." [141] Разве так ведёт себя настоящий собственник?

Бизнесмены в России не осуществляют долгосрочных вложений даже в свой собственный бизнес. Латают сиюминутные дыры и всё. Так, например, бизнесмены, эксплуатирующие самолёты не хотят закупать посадочные радиолокационные станции и вкладывать деньги в развитие своего самолётного парка, а предпочитают выжимать все резервы из старых советских самолётов или покупать за бесценок отлетавшие много километров самолёты за рубежом.

В передаче "Полный Альбац" от 22 августа 2011 г. ведущая подняла вопрос: "Почему демократы проиграли, придя к власти в 1991 году? И через 20 лет мы имеем почти тот же совок с элементами капиталистической собственности?" И сама же ответила на этот вопрос так, что мол аморальными типами эти демократы были, а аморальный тип ничего хорошего построить не может. И в этом несомненно главная причина проигрыша демократов и краха попыток построить демократическое общество и нормальную экономику в России. [55]

Дефицит морали – это, конечно, правильно, но не всё. Ведь он, этот дефицит, тоже не на пустом месте вырос. А объяснение провала демократических попыток Ельцина и его команды простое. Демократы проиграли потому, что они строили свою экономическую конструкцию на ворованной большевиками в 1917 году собственности - собственности впоследствии преумноженной коллективными усилиями всего народа. Они не разобрались с фундаментом: на чём строить новый демократический дом – на ворованных "кирпичах" или сначала разобраться с происхождением и надёжностью этих "кирпичей", провести реституцию (Прим: Понятие "реституция", от латинского слова restitutio – восстановление, применяется в международном праве, как форма материального возмещения ущерба в результате незаконного отъёма собственности у владельца.), а только потом возводить здание?

Никто не требовал от российской власти мгновенного возврата потомкам бывших собственников, украденного большевиками у их предков добра. Тем более, что выживших наследников осталось не так много, а документы на собственность сохранились вообще у единиц. В настоящее время вопрос о реституции в России скорее морально-этический, чем имущественный. Но хотя бы обозначить, что реституция будет проведена в обозримые сроки и публично объявить об этом на весь мир было необходимо. Но для этого большую работу проводить надо, а потомки бывших будённовцев, махавших шашками в гражданскую войну работать и тогда не стремились, и сейчас предпочитают этого не делать. Ведь изменения, произошедшие в течение почти 100 последних лет в России слишком велики. Поэтому каждый случай реституции надо рассматривать особо, а не чохом – отвергнул все иски и точка. Впрочем, русские на том и проигрывают, что ленятся копаться в мелочах и деталях. Очень хлопотно. А так, шашкой махнул - и решил проблему. Она исчезла вместе с человеком, которого ты только что разрубил до седла. В результате история России в XX столетии покоится на разрубленных до седла людях.

В 1996 году вступая в Парламентскую ассамблею Совета Европы (ПАСЕ), Россия подписала договор и протоколы взяв на себя обязательства разработать Закон о Реституции то есть о возврате бывшим законным владельцам собственности, незаконно отнятой у них с марта 1917 года по декабрь 1993 года. И ничего не сделано! Наоборот, обсуждается закон об узаконивании украденной в ходе нечестной приватизации 90-х годов собственности. Получается, что не разобравшись с украденным большевиками добром, русское правительство уже больше двадцати лет распродаёт его.

Объявление о начале реституции было бы поступком сильного, самодостаточного, нравственного государства. А без этого оно продолжает оставаться вульгарным вором мало чем отличающемся от заурядного грабителя с большой дороги. В принятии закона о реституции сейчас мало кто заинтересован. Власть в России оккупировали потомки тех, "кто был ничем", но "всем" они так и не стали. (Прим: "Кто был ничем, тот станет всем" - слова французского анархиста и революционера Эжена Потье из стихотворения "Интернационал", который был официальным гимном СССР с 1918 по 1943 год. И хотя давно стало трюизмом выражение, что "на чужом несчастье своего счастья не построишь" и "ворованный кусок не идёт впрок", но правительство не хочет расчищать завалы грязного белья в своём собственном доме.)

Если период сталинских репрессий изучен достаточно полно и многие люди репрессированные в тот период уже реабилитированы государственными комиссиями 50-х и 90-х годов (кроме самых отъявленных негодяев и преступников вроде Генриха Ягоды, Николая Ежова и Лаврентия Берии), то оценка большевистского периода в целом не завершена ни с юридической, ни с общечеловеческой точки зрения. Пока этого не произошло, нравственного возрождения России ждать не приходится. И зря нынешнее руководство России считает, что достаточно вернуть православной церкви утраченные позиции и собственность, дать русским людям право владеть собственностью, разрешить им путешествовать по миру, создать подобие современного демократического государства, как все проблемы легитимности нынешнего государственного строя в России будут разрешены. Пока официально не будут осуждены большевистские лидеры, создавшие административно-командную систему уничтожения собственного народа, ничего хорошего Россию не ожидает. Замолчать эти преступления, также, как преступления гитлеровских палачей нельзя. Страна вновь и вновь будет спотыкаться о те же самые грабли. И о реальной демократизации государственного строя в России, о выздоровлении экономики, о создании своих инновационных технологий можно забыть.

Глава 6

Нравственность и Православие

6.1. Мораль и совесть в православной религии.

Большинство монотеистических религий, доживших до наших дней, носят наднациональный характер. Они так серьёзно, глубоко и надолго укореняются в сознании людей потому, что проповедуют общечеловеческие ценности, внедряют в обиход нормы морали, приемлемые для большинства людей.

Долговечная, выдержавшая проверку временем религия даёт человеку нравственную опору, морально-этические точки отсчёта - понимание того, где духовный свет, а где тьма, что есть добро, а что есть зло, что справедливо, а что - нет. В этом одно из её главных предназначений. Устойчивые нравственные ценности и принципы обеспечивают человеку баланс с самим собой, с родственниками, друзьями, коллегами и с богом. Такую религию отличают человечность, гуманность принципов, лежащих в её основе, целостность, непротиворечивость. Религия даёт человеку то и столько, что и сколько человек даёт религии. Когда человек осознаёт, что нельзя только получать, а нужно ещё и отдавать, то он делает шаг к балансу с миром и с самим собой.

Внешняя сторона религии - это религиозные храмы, древние книги, процедуры, ритуалы, религиозная символика и т.д. Внутренняя сторона – это соблюдение морально-этических норм, правил поведения в обществе, правил совместного проживания и взаимодействия с себе подобными, помощь людям.

Что обычно понимается под моралью и совестью?

Мораль (от лат. Moralitas) или нравственность - это универсальная категория, выступающая как один из основных способов нормативной регуляции поведения человека в обществе. Она регулирует взаимоотношения и взаимоприемлемое поведение людей. Аморальность и безнравственность определяются в терминах оппозиции к моральности или как несоблюдение, неразвитость или неверие в установленные в данном обществе моральные нормы и принципы.

Совесть - это внутреннее чувство, ощущение человека, помогающее различать правильные и неправильные намерения и действия. Угрызения совести возникают, когда человек делает вещи не сочетающиеся с его моральным ценностям и нарушающие его ощущение личностной целостности. Немалое число людей субъективно ощущают бога, как совесть. Совесть позволяет человеку провести границы между морально-этическими понятиями: хорошо-плохо, честно-нечестно, морально-аморально, справедливо-несправедливо.

Если проанализировать заповеди для христианина из Нагорной проповеди Иисуса Христа, которые легли в основу нравственного кодекса православных христиан, то видно, что любви, прощению и кооперативному поведению в ней уделяется гораздо больше внимания, чем другим качествам и образцам поведения, а запреты носят рекомендательный характер. Наказания в случаях нарушения заповедей отдаются на откуп мирской власти.

Именно русскому православию по мысли русского православного философа первой половины XX века Николая Бердяева русский народ был обязан своим нравственным воспитанием. [15, с. 74] Рекомендательный характер морально-этических постулатов (инструкций) православной религии даёт самую общую основу морали как верующим, так и самой православной церкви и, тем самым, делает их аморфными, приспосабливающимися к любой власти. Далеко не все монотеистические религии такое всепрощение позволяют. Более простые, однозначные, категоричные и полярные категории по типу рай-ад, прощение-проклятие, добро-зло работают лучше.

Православие - весьма удобная религия поскольку позволяет "списать" грехи человека на Господа – Иисуса Христа. Раз он уже пострадал за наши грехи, то тем самым искупил их. Николай Бердяев назвал цену греха, как сделку между богом и человеком осуществляемую с помощью православной церкви: от русского человека требовалось смирение. В награду за это ему разрешалось грешить. [15, с. 74]

Православное христианство – очень снисходительная религия по сравнению с мусульманством, например. В православии нет понятия смертного греха. После совершения греха нужно покаяться. Покаялся – и снова чистый перед богом, снова можешь грешить. Православная религия идёт по пути наименьшего сопротивления сама и позволяет так же вести себя своим прихожанам. "Живи сам и давай жить другим". "Согрешил – покайся и бог тебя простит". "Не предъявляй завышенных требований к другим и к тебе будут также снисходительны окружающие". Ориентируясь на добрую снисходительную волю человека и на любовь, как средство спасения, такая религия расслабляет русского человека и снижает его способность к сопротивлению, к совершенствованию и к выживанию.

Ни одна католическая страна не лишилась своей национальной или духовной самобытности поскольку католическая церковь была сильна и неза-
висима от государства и от монарших особ. Про избранных глав государств
уже речи нет – независимость от них была само собой разумеющейся. У Ватикана, у рыцарских орденов были свои войска. А Русская Православная церковь из-за своей постоянной зависимости от диктаторской власти князей,
царей, императоров, генеральных секретарей КПСС, президентов, не раз
утрачивала свою самостоятельность и шла в кильватере государственной политики.

Между современной православной и католической церквями существует
много различий. Католическая церковь допускает дискуссии и обсуждения.
Она всё время меняется в зависимости от изменения мира, от технического
прогресса. Католическая церковь не вмешивается в политику в отличие от
православной церкви, которая официально поддерживала ведение боевых
действий в Чечне, кандидатуру Путина на должность премьер-министра, президента, осуждает "уклонистов" от несения срочной службы в русской армии
и пр. Католические иерархи ведут себя значительно скромнее, чем их православные "коллеги" – не носят дорогих часов, не ездят на дорогих автомоби-
лях, не живут в дорогих домах. Католические священники не позволяют себе
посредничество в торговле нефтью, табаком и водкой, как это делали православные отцы церкви.

Кроме того, на Западе верующие люди свои проблемы решают сами, не
пытаясь переложить ответственность за решение на кого-то (бога, церковь,
президента). Делая других ответственными за решение своих проблем, русский человек снова превращается из полноценного гражданина в зависимого
человека советских времён.

К сожалению, из-за своей аморфности и готовности всех понять и простить за почти тысячелетие своего существования русская православная церковь "трижды отреклась … от своего древнего идеала святости, каждый раз
обедняя и уродуя свою христианскую личность. Первое отступничество - с
поколением Филофея, второе - с Петром, третье - с Лениным" [170, с. 48-49] –
писал историк Георгий Федотов. Отречься от того, во что веришь, что вы-
страдал, переосмыслил, видоизменил, принял, как часть самого себя и своей
культуры гораздо труднее, чем от того, что тебе подарили или тем более
навязали. Скорее примешь мученическую смерть, чем отречение. Некоторые
священники так и делали, особенно при большевиках, но православная церковь в целом в конце концов возвращалась на кооперативный, конформист-
ский, компрадорский путь соглашательства с любой властью даже той, которая её отрицала. Причём она делала это под благовидными предлогами и с

"убедительными" оправданиями. Как легко РПЦ прощает грехи своим прихожанам, также легко она прощает грехи самой себе.

Перекликается с этими соображениями мнение американского историка Ричарда Пайпса, глубоко изучившего Россию и Советский Союз. По его мнению "Русская церковь не выработала правил практического поведения и не умела поэтому приноравливаться к обстоятельствам и хранить, пусть и в ущемленной, несовершенной форме, свои основополагающие духовные ценности. Вследствие этого она послушней, чем любая другая церковь, отдала себя в распоряжение государства и помогала ему эксплуатировать и подавлять. В конце концов она перестала быть полнокровным самостоятельным учреждением и позволила превратить себя в обыкновенный отросток государственной бюрократии. Все это сделало ее необыкновенно уязвимой перед лицом перемен в расстановке политических сил и - направлениях общественного мнения. В отличие от других церквей, она не смогла отгородить для себя автономной сферы деятельности. У нее не было ничего своего, и она до такой степени отождествила себя с монархией, что, когда последняя рухнула, церковь пала вместе с нею." [108, с. 182]

В православной религии принцип допустимости греха выглядит как: "Грешить нельзя, но если уж согрешил, но искренне покаялся, то бог тебя простит". И вот эта дилемма между личной волей, как правом человека при определённых условиях делать то, чего делать нельзя и свободой, как осознанной на государственном рациональном уровне необходимостью жить по закону, отличает русских православных людей от западных христиан, для которых "если нельзя, то нельзя".

При коммунистах христианская мораль в Советском Союзе была подменена вначале классовыми постулатами, а потом моральным кодексом строителя коммунизма, который в чём-то и неплохой, но проигрывает по сравнению с христианскими заповедями из-за своего демагогического, декларативного характера. С другой стороны, откуда ещё коммунистам после отмены твердолобого сталинского социализма было взять "дровишек" для поддержания советского нравственного "костра"?

Официальных уроков нравственности в советской школе не было. Имплицитно подразумевалось, что советский человек должен быть нравственным по определению. И тем не менее в советские времена многим русским людям не хватало возможности исповедоваться. Когда большевики отняли у них бога, они оставили эту часть их личности незаполненной. Ведь не всем же, подобно Ленину, достаточно было пропускать через свой акцентуированный фанатичный мозг огромное количество политико-экономической информации, чтобы испытывать удовлетворение от жизни. Не всем же подобно Сталину, ученику иезуитов, достаточно было ощущать наслаждение от тайной абсолютной власти над людьми, над их жизнями и судьбами. Получилось так, что когда церковь и священники в России были частью русской православной культуры, их не ценили, а "революционеры" вроде Ленина их даже ненавидели и преследовали. Зато когда значительную часть священнослужителей и церквей большевики уничтожили, русскому человеку чего-то стало не хватать. Вот и началась компенсация дефицита духовного начала в виде откровенных пьяных разговоров "за жизнь". И пьют-то мужики на Руси отчасти от нехватки духовной составляющей в жизни. Душа-то вроде и при советской власти у них осталась, но была она какая-то недоразвитая, нереализованная. Даже перед смертью русскому человеку покаяться в грехах было не перед кем. Разве что пригласить сотрудника спецслужбы с магнитофоном.

Карьеры и состояния немалого числа современных русских чиновников, депутатов, бизнесменов, журналистов, ну и, конечно, представителей криминальных структур, начинались со сделок с совестью. Рост их состояния шёл по линии взяток, мошенничества, рэкета, мздоимства, с убийств, голосования за нужные законопроекты, с заведомой предвзятости при написании статей и изготовлении телевизионных репортажей. Разбогатев, или просто "встав на ноги", эти люди могут позволить себе облегчить свою совесть покаянием.

6.2. История адаптации православной церкви к центральной власти

Язычество и идолопоклонство традиционное в периоды родоплеменных отношений, в продолжение многих веков существовали на территориях занятых славянскими племенами вплоть до конца X века. И только в 988 году киевский князь, варяг Вольдемар крестился сам и способствовал крещению Руси через своих наместников. До своего крещения этот князь, которого называли Владимир Святославич или Владимир Красное Солнышко согласно легенде вёл весьма распутную жизнь. Кстати, весьма вероятно, что именно терпимость византийской ветви христианства к таким грехам, как гордыня, гнев, ярость, ненависть, блуд, любовь к наслаждениям, уныние, печаль, алчность, тщеславие, чревоугодие, которая не ограничивала его желания и волю слишком сильно, побудили князя Вольдемара выбрать христианскую религию среди других (иудаизма и ислама) в конце X века. Ведь князь был большим жизнелюбом. Ну и торговля с Европой через Византию его тоже привлекала.

С тех пор и поныне христианство является базовой религией в России. Однако в сознание славян православие вросло некритически, как догма, в отличие от древних евреев, у которых, начиная с IX века до нашей эры иудаизм формировался в течение нескольких столетий. В Ветхом Завете описано, как евреи накоротке беседовали с богом, тогда как для славян бог был чем-то далёким и непостижимым, какой-то мистической силой, субстанцией близкой к солнцу, небу, молнии. Также некритически, как данность были славянами восприняты основные положения христианской морали, постулаты веры, концепты справедливости, добра-зла, греха и пр.

Духовная жизнь киевских славян до крещения не отличалась упорядоченностью свойственной монотеистическим религиям. Это определяло необязательность выполнения морально-этического кодекса поведения в обществе. Кроме того, славяне вообще довольно спокойно без больших внутренних конфликтов, как данность воспринимали и адаптировались к инородным словам, понятиям, концепциям, частично ассимилировали их в свой язык. В этом эклектическом некритическом заимствовании чужого можно видеть корни того, что с ними произошло в дальнейшем.

Татаро-монгольские владыки в течение почти четверти тысячелетия назначавшие князей на русские престолы и собиравшие дань с покорённой Руси, были чрезвычайно терпимы к религиозному инакомыслию. Это отметил во время пребывания в Орде у великого хана итальянский путешественник Джованни Плано Карпини. Другой западный путешественник, францисканский монах Рубуквис записал, что "По уставу Чингисхана и Октая, подтверждённому впоследствии, служители всех религий были освобождены от платежа дани." [154, с. 102] Начиная с 1270 года священнослужители православной церкви были освобождены от рекрутских наборов. Главным условием, которое при этом поставили завоеватели для православной церкви было их прославление. Так они обеспечили лояльность к себе русской церкви.

В это тяжелое для народа время (XIII-XV век), когда помимо своих господ-князей, его ещё обирали иноземные завоеватели, церковь процветала. Количество монахов и церковных владений быстро росло. Постепенно монастыри стали крупнейшими собственниками и землевладельцами. Им принадлежало до трети русских земель и множество крестьян, работавших на них. По мере того, как отцы православной церкви усваивали дурные мирские привычки – снобизм, стремление к роскоши, независимая от официальной правящей власти духовность всё более уходила на задний план и заменялась формальными обрядами и чинопочитанием. Немудрено, что простой русский народ испытывал двойственные чувства по отношению к попам и церкви особенно в этот период её истории.

XV век – век развала татаро-монгольских княжеств и обретения полной независимости Московским княжеством, вплоть до середины XVI века стал последним веком свободных дискуссий, диспутов в православной церкви и даже на церковных соборах. После этого православная церковь далеко не была лояльной, "нежной и пушистой" к своим оппонентам (как были лояльны татаро-монгольские завоеватели к ней самой). Уже значительно позднее в XX веке большевики расправлялись с идеологическим конкурентом - православной церковью и христианством в СССР похожими методами – Гулагом, пытками и расстрелами - также, как она сама расправлялась с православными реформаторами и инакомыслящими в XVI веке. Разница была только в масштабах расправ. Большевики репрессировали священников десятками тысяч, а средневековые церковники персонально.

Русская Православная церковь всегда шла рука об руку с княжеской, а затем царской властью, помогала ей, как и чем могла. И от этой помощи имела свою немалую долю. Она, хотя и была в разное время отделена и не отделена от государства, но в основном поддерживала верховную власть за редкими исключениями, которые почти все относятся к временам до установления абсолютной монархии в стране. В истории России РПЦ почти всегда играла роль "духовной" руки власти или второй скрипки в монархическом оркестре. Она, как правило, не отделяла себя от княжеской, царской, императорской, а потом в какой-то степени от коммунистической, и, наконец, теперь от президентской власти.

При Иване Третьем (Великом) (1440-1505) после завоевания Турцией Константинополя – столицы Византийской империи в 1453 году, когда византийско-греческая церковная епархия утратила свою самостоятельность, Московское царство объявило себя единственным православным государством, осаждённой крепостью истинной веры, а русский правитель провозгласил себя единственным хранителем святыни православия. Князь московский стал главой русской православной церкви. Церковь стала частью государства и самым большим помещиком на Руси, получив от царя большие имущественные и карательные функции. Постепенно она обрела крепостных крестьян. Тогда же внутри русской церкви расцвела пышным цветом нетерпимость к инакомыслию в вопросах веры, к другим религиям и ответвлениям христианства. Как следствие РПЦ старалась принизить значение других религий, обособить себя от них, противопоставляла себя другим христианским направлениям как внутри России (нестяжатели, стригольники), так и вовне её (католики, протестанты, баптисты), считая их еретиками. Иногда РПЦ преследовала представителей других религий (жидовствующие) и даже казнила их и заключала в тюрьмы. Став частью власти, разбогатевшая православная церковь искала и находила своих врагов.

В XIII-XVI веках вольными городами европейского типа, куда не добрались татаро-монгольские завоеватели на Руси оставались Псков и Новгород. Именно там появились первые русские протестанты - стригольники. Они отрицали институт церкви, считали церковное сословие ненужным и считали, что священникам не подобает тратить душевные силы на приобретение имущества и богатства. Кроме того, если священник дурной и порочный человек, то совершаемые им обряды ничего не стоят. В конце XV - начале XVI веков духовным лидером нового реформационного движения нестяжателей стал Нил Сорский – настоятель одного из Заволжских монастырей. Суть учения нестяжателей заключалась в преобладании духовно-нравственных мотивов жизненного поведения над материальными интересами. Человек не должен стремится ни к богатству, ни к накопительству, а должен довольствоваться малым. Вскоре, однако, сторонникам игумена Иосифа Волоцкого и старца Филофея, которые проповедовали необходимость сильной централизованной светско-духовной московской власти удалось взять верх над всеми остальными религиями и ответвлениями христианства в России и объявить их ересями.

После Ивана Грозного РПЦ никогда не была в оппозиции к власти, какая бы власть в России не была, даже если власть издевалась над ней и её обрядами (как Пётр Первый), преследовала и подавляла её (как большевики - Ленин, Сталин, Хрущёв и их присные). Так оно проще и даже выгоднее. Поэтому священнослужитель в России до сих пор воспринимается людьми не как психотерапевт, врачеватель душ, моральный, духовный помощник в жизни, а скорее, как служитель культа, посредник между небом и землёй, представитель бога на Руси, дидактический наставник.

Русским не везёт с национальной идентичностью. Только-только она появляется, как тут же эти ростки национального самосознания выкорчёвываются. Причём выкорчёвываются изнутри самими русскими. Например, ещё в XVII веке патриарх Никон уговорил второго русского царя из династии Романовых - Алексея Михайловича объявить старообрядцев раскольниками. И это несмотря на то, что основу раскола заложил он сам, предложив православным людям после пятисот с лишним лет следования своим религиозным канонам перейти к греческим процедурам и ритуалам богослужений (пользоваться греческими книгами, креститься тремя перстами вместо двух, петь по-другому и т.д.). В знак несогласия десятки тысяч староверов сожгли себя сами. А царевна Софья в дополнение к новшествам Никона ввела в уголовный кодекс России статьи, карающие староверов за следование старым обрядам. Тех, кто не соглашался отказаться от своих исконных русских обрядов, пытали и сжигали. Затем Пётр Первый, младший брат Софьи, превратил церковь в зависимую от себя и царской власти прислужницу. Ну а уж после того, как Пётр обязал священников разглашать тайну исповеди в случаях нарушения прихожанином государственных законов, репутация церкви ещё больше упала. Чего уж тут удивляться, что народ не вступился за свою церковь и за свою веру, когда большевики начали громить её после прихода к власти?

Начиная с Ивана Третьего русские князья, цари и императоры постоянно ставили церковь в зависимость от себя, своих желаний, своей самодержавной власти. Иван Четвёртый (Грозный) (1530-1584) несмотря на свою религиозность ни от кого не терпел возражений и подрыва своего единовластия. Пётр Первый (Великий) (1672 - 1725) тоже вёл себя по отношению к церкви, как хозяин. Он поставил материальную и духовную деятельность церкви под своё полное подчинение. Владимир Ульянов (Ленин) (1870-1924) вообще отрицал православие, полностью ограбил церкви и конфисковал имущество РПЦ, хотя сам был крещёный, православный и венчался с Надеждой Крупской церковным браком, Иосиф Джугашвили (Сталин) (1879-1953), имевший почти законченное духовное христианское образование, вначале уничтожил и сослал в Гулаг многих священников, разгромил церкви и монастыри и лишь затем с 1943 по 1948 годы вернул православной церкви часть отнятого имущества и разрешил отправление религиозного культа. Все последующие генеральные секретари кроме, пожалуй, Горбачёва, стремились поставить РПЦ под свой полный контроль.

РПЦ никогда не была независимым духовным пастырем для людей, а всегда примыкала к власти. Тем самым православная церковь усиливала позиции власти и ослабляла позиции народа. Народ находился в полном фактическом, юридическом и духовном подчинении у светской и духовной власти. Эта законченная вертикальная схема административно-духовного управления нарушалась, когда царь под натиском недовольной общественности уменьшал свою власть сам путём передачи части собственности и властных полномочий своим подданным – помещикам, капиталистам, чиновникам, губернаторам или иерархам РПЦ. Но, как правило, через некоторое время под благовидным предлогом, а иногда и без оного забирал эти полномочия назад.

Среди русских правителей были как люди глубоко верующие, так и те, которым верить полагалось по должности, но при любых правителях независимой от верховной светской власти РПЦ не была никогда. Никакой независимости мнения, никакого влияния на политику и принятие решений, никакого ограничения власти и прав самодержцев не поощрялось. Священники всегда знали своё место у трона. Те из священнослужителей, которые нарушали это правило, как правило, плохо кончали. Политический нейтралитет – это максимум, что священник мог себе позволить. Ну и, конечно, держать язык за зубами, если он со светской или духовной властью был в чём-то не согласен.

Скептическое, критическое отношение простых русских людей по отношению к православным священникам отражалось в народных пословицах и поговорках, имевших хождение до 1917 года: "Боек, каналья: весь в поповский род пошел", "Перед попом утаишь, а перед богом не утаишь". К этому-же можно пристегнуть обилие анекдотов, сатирических стихотворений, сказок насчёт православных священнослужителей, например, сказку русского поэта Александра Пушкина: "Сказка о попе и работнике его Балде", где жадному попу противопоставляется смекалистый работник Балда.

Избегание ответственности за принятие решений или совершение действий и уход от ответственности из-за страха перед последствиями или по другой причине - большой минус православия и православных. Даже если православный принимает на себя ответственность, то вынуждено, реактивно или фаталистично по типу "А что остаётся делать?", "Двум смертям не бывать, одной не миновать", "Была не была", "Семь бед, один ответ", "Где наша не пропадала".

И всё-таки, несмотря на зависимость духовной власти от светской, до Октябрьского переворота 1917 года Россия была гораздо больше похожа на нормальную живую страну с развитым духовным началом. Многие творцы (поэты, писатели, живописцы, композиторы, учёные) были истинно верующими людьми. Их вера во многом помогала им творить, обеспечивала душевный баланс, патриотизм и любовь к своей родине. Особенно глубоко вера проникала в души людей обеспеченных, состоятельных, которым было за что благодарить бога. Всё это было безжалостно уничтожено большевиками, которые в сфере идеологии вели себя бескомпромиссно и жестоко, как слоны в посудной лавке. Для них непререкаемыми авторитетами были лишь бородатый основоположник, а кроме него лысый и усатый воплотители его идей в России.

С утраты нравственных ценностей начинается деградация любого общества. С приходом к власти большевиков православная страна Россия погрузилась в пучину безнравственности, а русские, как нация по сути перестали существовать. Из-за атмосферы моральной неопределённости и догматического следования заповедям пролетарского интернационализма страна стала платить огромную цену за любое самое малое достижение.

6.3. Причины проигрыша православной церкви коммунистам

"Если бога нет, то всё дозволено"
Фёдор Достоевский, писатель

Ненависть в какие бы белые одежды справедливости она не рядилась, порождает только ненависть. В долгосрочной перспективе любая ненависть и нетерпимость к инакомыслию обречены. Причём плата за ненависть наступает не обязательно в форме ответной ненависти и уничтожения. Следствием ненависти могут быть болезнь, распад личности, потеря смысла жизни.

"Коммунисты любят подчёркивать, что они противники христианской, евангельской морали, морали любви, жалости, сострадания. И это может быть и есть самое страшное в коммунизме." - писал русский эмигрант, философ Николай Бердяев в 1937 году. [16, с. 98]

Для того, чтобы борьба за души людей была успешной, большевикам нужно было поначалу лишить церковь имущества. Организация без собственности и без средств её защиты – это уже слабая организация. Поэтому практически сразу после захвата власти 26 октября 1917 г. большевики приняли декрет о земле, согласно которому все земли русской империи и в том числе земли, принадлежащие церкви, провозглашались народным достоянием. 2 ноября 1917 г. были отменены любые религиозные привилегии и ограничения. 20 января 1918 года принят декрет "Об отделении церкви от государства и школы от церкви". 23 февраля 1922 года вышел декрет ВЦИК об изъятии церковных ценностей, находящихся в пользовании групп верующих.

По форме декрет об отделении церкви от государства и школы, принятый Советом Народных Комиссаров (СНК) РСФСР 5 февраля 1918 г. был за равенство всех религий, за их равную удалённость от государства. По факту закон был в основном направлен против православной религии, которая доминировала в русской империи. Особого внимания заслуживают два последних пункта этого декрета – под номерами 12 и 13: "12. Никакие церковные и религиозные общества не имеют права владеть собственностью. Прав юридического лица они не имеют. 13. Все имущества существующих в России церковных и религиозных обществ объявляются народным достоянием. Здания и предметы, предназначенные специально для богослужебных целей, отдаются, по особым постановлениям местной или центральной государственной власти, в бесплатное пользование соответственных религиозных обществ". Что это означает? Всё имущество православной церкви передаётся государству и его местным административным отделениям, а уж они решают давать в пользование (в аренду) часть этого имущества (помещения церквей, монастырей, предметы религиозного культа) священникам и закреплённым за ними приходам или не давать.

По сути получается, что первые 11 пунктов (положений) декрета мало что значат по сравнению с этими последними пунктами о собственности. Это означает, что всё, что церковь приобрела и построила в течение нескольких сотен лет, стало принадлежать государству, а точнее поступает в распоряжение власти, которую только что силой захватили большевики. А так как у власти было оружие и организации, которые могли его применить по их приказу (ВЧК, Красная армия), а у церкви никаких средств защиты не было, то вернуть назад свою собственность церковь не могла поскольку если бы она попыталась это сделать, то власть объявила бы её вне закона уже официально. РПЦ и так была лишена почти всех прав. После октября 1917 года на священников не давали продуктовых карточек, их могли в любой момент посадить в тюрьму или расстрелять, отнять любую церковную собственность просто предъявив мандат, подписанный чиновником, находившимся в тот момент у власти.

Большевики были не только против царской власти, против власти Временного правительства, против кадетов, правых эсеров, учредительного собрания, то есть против любых организаций, в которых они не доминировали, но и вообще против любой власти кроме своей собственной. Они прикрывались интересами рабочего класса и беднейшего крестьянства, но когда им мешали рабочие, надоедая своими забастовками, они расстреливали рабочих. Когда им мешали крестьяне недовольные их властью, они расстреливали крестьян, включая женщин, стариков и детей. Когда им мешала РПЦ, чью собственность они хотели забрать себе и чьё влияние на русских людей они хотели уменьшить, они отнимали собственность и расстреливали священников. Причём всё это с бесчеловечной жестокостью, уничтожая в сотни раз больше людей, чем это было необходимо для удержания власти.

При царе русская либеральная интеллигенция боролась за свободу слова, печати, собраний, совести, за демократию. Она их получила в короткие месяцы между февралём и октябрём 1917 года, а затем быстро утратила. Поскольку большая часть народа оказалась к этим свободам неготовой, то она легко примирилась с этой потерей. На волне народного недовольства войной большевики провозгласили лозунги: "долой империалистическую войну", "долой угнетателей трудового народа" и "да здравствует власть рабочих, крестьян, солдат и матросов" и всё ценное, что был в Русской империи прибрали к рукам – власть, деньги, собственность. А поскольку РПЦ никогда не была полностью независимой организацией, а всегда была "при монархической власти", которая рухнула в одночасье, то в этой трудной для себя ситуации, она вначале проиграла борьбу за веками накопленную церковную собственность, а потом и за души русских людей. Если бы РПЦ не вела себя так беспомощно в этой критической ситуации, попыталась возродить монархическую власть и провозгласила крестовый поход против большевиков, опираясь на народ в крупных городах, то неизвестно, как повернулась бы история России в 1917-1918 годах. Ведь верных последовательных большевиков в начале 1917 года в России была ничтожная кучка. Остальные примкнули позже. Но поддержка православной церкви в массах носила пассивный характер, чем и воспользовался Ленин. Да, чуть не забыл главное. Верный своей тактике разжигания гражданской войны везде, где только можно и натравливания одной части людей на другую, Ленин использовал расколы и в православной церкви тоже, натравив одних священников на других, а также безбожников на священников.

Не надо кроме того забывать, что хотя войну против православной церкви объявил Ленин, но выполняли-то его приказы простые люди – пусть чекисты, пусть коммунисты, пусть рабочие, пусть неграмотные крестьяне, но многие из них были крещёными, православными и сызмальства ходили в церковь. Это говорит о том, насколько неглубоко сидели в них заповеди православной религии. Достаточно было простого приказа какого-нибудь комиссара и вот, пожалуйста – русские люди вместе с интернациональным сбродом шли громить церкви, убивать священников, издеваться над ними в концентрационных лагерях. Вот что несколько десятков тысяч объединённых общей идеей мошенников смогли сотворить с разобщённым русским народом и его религией. И ведь грустно то, что с тех пор в России мало что изменилось.

Православная церковь в лице патриарха Тихона, верная своей политике невмешательства в дела светской власти, хотя и высказывалась против большевистских зверств и беззакония, но не призвала православных христиан силой бороться против атеистической безбожной власти, как это сделали священнослужители других религиозных конфессий мира. Иерархи РПЦ сознавали деструктивную античеловеческую антинациональную сущность большевизма, но активно большевикам не препятствовали. Правда целый ряд священнослужителей примкнул к Белой армии в Гражданскую войну. Но не более того. Никаких крестовых походов против коммунистов РПЦ объявлять не стала. И за это поплатилась. А вместе с ней поплатился и весь русский народ. А всё потому, что с времён Иосифа Волоцкого русские отцы церкви слишком часто шли в кильватере власти, шли на сделку с властью в том числе ради сохранения церковной собственности. Эта готовность к компромиссу с любой властью даже с той, которая отрицает и уничтожает твою веру также не способствовала авторитету православной церкви в народе. Впрочем, каков народ, такова и церковь.

Давление на церковь со стороны большевиков сразу после захвата власти не было сильным. Тем более, что иерархи РПЦ им активно не сопротивлялись. Однако, как только большевики разобрались с первоочередными врагами: офицерами, дворянами, помещиками, банкирами, капиталистами, промышленниками и теми рабочими, матросами и крестьянами, которые имели свою точку зрения на устройство жизни в России, победоносно завершив гражданскую войну со своим собственным народом, они тут же принялись уничтожать очередных врагов – уже духовных и, в первую очередь, православную церковь и религию. Для большевиков с их марксизмом-ленинизмом, как "единственно верной и всепобеждающей теорией", религия стала в один ряд с главными идеологическими конкурентами. Ну и, конечно, большевики никогда не забывали об огромной собственности, накопленной церковью за многосотлетнюю историю её существования. Присвоить чужое – то, что они не заработали, то, во что не вложили свой труд, было главным приоритетом большевиков наряду с насильственным насаждением марксистско-ленинской идеологии.

Приведу некоторые высказывания коммунистов о религии и церкви: "религия - опиум народа", Карл Маркс. "Все современные религии и церкви, - писал Ленин в статье "Об отношении рабочей партии к религии", - все и всяческие религиозные организации марксизм рассматривает всегда, как органы буржуазной реакции, служащие защите эксплуатации и одурманиванию рабочего класса". На 2-м съезде атеистов Николай Бухарин заявил, что религию нужно "уничтожать штыками". Правда за такую "верную службу" своей партии его самого расстреляли в 1938 году.

Большевистская власть, избавляясь от всех религий, остервенело разрушала церкви, синагоги, мечети и буддистские храмы, уничтожала служителей всех вер. Поэтому ущерб, нанесённый нравственному сознанию людей в те годы, не поддаётся даже примерной оценке и полному восстановлению, видимо, не подлежит. По крайней мере в России.

После "зачистки идеологического поля" большевики стали усиленно "насаждать в массы" свою "материалистическую религию" - марксизм-ленинизм. Насаждали грубо, прямо, в лоб – через отрицание традиционных общечеловеческих ценностей (добра, любви, преданности, чести, порядочности), через преследование инакомыслящих, уничтожение их в концентрационных лагерях – вначале троцкистско-ленинских (1918-1922 годы), потом в сталинских и через массовые расстрелы. В результате такого "перевоспитания" на свет "вылупился" советский человек – недалёкий, категоричный и прямолинейный, доживший до наших дней.

Поскольку антирелигиозная политика первых лет советской власти не увенчалась полным и безоговорочным успехом, то в 1921-1922 годах практически одновременно с введением НЭПа в городах началось частичное возрождение религии. Несмотря на репрессии по отношению к церкви и большевистскую антицерковную агитацию, народ не спешил принимать марксизм, как свою единственно правильную новую религию. Для того, чтобы понять умствования бородатого пророка, начального образования было недостаточно. Даже подавляющее число новоиспечённых коммунистов в Советском Союзе его не читали. Естественно кроме первых нескольких страниц его Манифеста Коммунистической партии. О "Капитале" уже и речи не может быть. Лозунгов и призывов по типу "Долой" и "Да здравствует" новым малограмотным лидерам было достаточно, чтобы держаться на коммунистическом плаву.

Экспроприация церковных ценностей пополнила копилку большевиков. Украденная ими у церкви утварь и кресты переплавлялись и шли по цене драгметаллов на "чёрном рынке" у европейских перекупщиков краденого, которых большевики хорошо знали лично ещё с времён своей подпольной работы до 1917 года. Правда после 1924 года официально продавать многие всемирно известные шедевры стало невозможно поскольку они были поимённо указаны в каталогах коллекционеров, да и выжившие собственники, которые перебрались в Европу, предъявляли свои права. Ведь не всех же владельцев этих ценностей большевики сумели вовремя расстрелять или отправить в концлагеря, хотя и очень старались.

На похороны патриарха Тихона, который не пошёл на сговор с большевиками, и который по слухам был ими отравлен, добровольно пришли около миллиона человек. Питерские фабрики гудели в знак одобрения мужеству патриарха до последнего вздоха сопротивлявшегося большевикам. Это было в 1925 году. Но в условиях большевистского террора это была одна из немногих форм одобрения-протеста, которую могли себе позволить рабочие, во имя которых революция вроде бы и делалась.

Довольно быстро многим людям в России стало ясно, что в основе марксистско-ленинской идеологии лежит агрессия и ненависть, а не любовь. Уничтожая дворян, помещиков, священнослужителей, просто зажиточных людей, большевики использовали такие скрытые качества одних русских людей против других, как властолюбие, зависть и ожесточённость, опирались на их неграмотность и низкую сопротивляемость злу. Большевики сняли моральные ограничения на убийство себе подобных и использовали одних одураченных большевистскими комиссарами людей, как орудия уничтожения других людей. Поскольку православная церковь хотя бы и молчаливо, но мешала нарушать общечеловеческие нравственные принципы, то всех священников, кто не шёл на сделку с большевиками, они пытали, отправляли в Гулаг или уничтожали.

С 1918 года пока действовало Постановление ВЦИК и СНК РСФСР о религиозных объединениях – постановление, которое определяло правовой статус православной и других религий в СССР, борьба коммунистов с РПЦ не прекращалось. Однако после смерти Ленина в репрессиях против священнослужителей наступило временное затишье. И только начиная с 8 апреля 1929 года гонения на церковь возобновились и продолжались вплоть до сентября 1943 года.

По отчету обер-прокурора Священного Синода "в пределах царской России на 1 января 1915 года насчитывалось 3,246 протоиереев, 47,859 священников и 15,035 диаконов, общим числом 66,140 человек". К 1916-му году перед Февральской революцией количество священнослужителей оставалось примерно таким же. [161, с. 2] В 20-е годы были убиты более 30 епископов, более полутора тысяч священников и более 7 тысяч монахов. 6 августа 1935 года Женевская Международная лига против Третьего Интернационала опубликовала данные, которые говорят о том, что в России было арестовано, сослано или убито 40 тысяч священников. Подавляющее большинство православных церквей и часовен было либо разрушено, либо закрыто для богослужений. Их использовали в качестве кинотеатров, клубов, складов и амбаров.

В своём эссе: "Имя бога должно быть забыто на всей территории СССР" журналист "Эха Москвы" Алексей Голубев писал: "После двух провальных безбожных пятилеток в истории страны начался период, который дал Русской Церкви больше мучеников, чем вся история христианства на Земле. Власть перешла к массовому физическому уничтожению церквей, духовенства и простых верующих. .... К началу Великой Отечественной войны в Советском Союзе оставалось всего чуть больше пяти с половиной тысяч священнослужителей, большинство из которых находились на присоединённых к СССР в 1939-1940 гг. территориях." [40, с. 8] По данным создателя электронной базы данных по новомученикам и исповедникам российским профессора Николая Емельянова к 1939 г. по всей стране оставалось незакрытыми около 100 храмов из 60,000 действовавших в 1917 году. [54]

Не было ни одной христианской заповеди, которую коммунисты бы не нарушили. Более того нашлось немало коммунистических пропагандистов, которые теоретически обосновывали отмену нравственных законов (нарком юстиции И. З. Штейнберг, заведующий отделом законодательных предложений Наркомюста Михаил Рейснер, глава антирелигиозного секретного отдела ОГПУ Евгений Тучков, идеолог и руководитель антирелигиозной политики в СССР Емельян Ярославский). Таким образом, первым, кто начал избавлять жителей Советского Союза от "химеры, называемой совестью" (Адольф Гитлер) были Ленин и его большевики, а затем Сталин, его нквдшники и партийные деятели.

И запуганный, бесправный народ в России всё это терпел - терпел молча и покорно. Ведь равные гражданские права ему дала только февральская революция 1917 года, произошедшая в самое неподходящее время - на исходе Первой мировой войны – права, которыми он так и не сумел воспользоваться и которыми, пользуясь его пассивностью, воспользовались другие. Конечно терпел, будучи "себе на уме". И православных верующих в России всё равно оставалось очень много. Так в 1937 году всесоюзный опрос показал, что одна треть городского и две трети сельского населения считали себя православными. И это несмотря на 20 лет борьбы с религией, которую большевики вели на уничтожение. Недовольный результатами опроса, Сталин репрессировал почти всех его организаторов.

Православная церковь оказала Сталину большие услуги, встав на сторону большевиков в схватке с Гитлером в годы Второй мировой войны. После 5 сентября 1943 года Сталин отблагодарил церковь, вернув ей часть храмов и церковного имущества и освободив из мест заключения тех из священнослужителей, которые остались живы на тот момент, а также существенно расширив полномочия православной церкви. Кроме того, уже тогда было ясно, что ряд стран христианской Европы будут захвачены большевиками и Сталин отводил Православной церкви роль переходного примирителя народов захваченных стран с большевистской властью. Однако, обрести былую силу при коммунистах РПЦ уже не смогла. Всё больше и больше молодёжи воспитывались в духе атеистической пропаганды и верующими себя не считали. Дух православия со временем почти исчез в народе. И только бабушки, родившиеся ещё в конце XIX – начале XX века, продолжали втайне крестить своих внучат так, чтобы их партийные сыновья и дочери об этом не узнали.

Как вообще оказалось возможным сравнительно быстрый (в течение 30 лет) отход русского народа от православия? Как оказалось, возможным сотрудничество некоторых иерархов православной церкви: Сергия (Страгородского), Алексия (Симанского) и Николая (Ярушевича) с марксистом и "антихристом" Сталиным в сентябре 1943 года? Выбор "вера или жизнь" – жестокий выбор. Тотальный государственный террор лишал людей остатков личной воли. К тому же шла Великая отечественная война, в которой русский народ был главной силой, сопротивлявшейся захватчикам. И неизвестно, как каждый из нас бы в этой ситуации себя повёл.

Самыми последовательными критиками коммунистов, как известно, являлись немецкие национал-социалисты. Большевистский и нацистский тоталитарные режимы были как близнецы-братья и один стоил другого, но поскольку коммунисты победили национал-социалистов во Второй мировой войне, заручившись поддержкой союзников - ведущих демократических стран мира (США, Великобритании и Франции), то коммунисты как бы обелили этим себя в глазах цивилизованного мира. Да и сейчас львиная доля критики в современных мировых СМИ идёт против побеждённых национал-социалистов – их ещё называют на итальянский манер фашистами, а коммунисты по умолчанию являются хотя и нежелательными, но допустимыми политическими деятелями, хотя кто из них был хуже – это большой вопрос. По своим последствиям для человечества коммунисты несомненно хуже любых фашистов.

При Никите Хрущёве с 16 октября 1958 года началась очередная волна борьбы с религией, хотя и не такая жестокая и кровавая, как в 20-е - 30-е годы. Вновь возобновилось массовое закрытие и снос храмов всех вероисповеданий. Ежегодно (вплоть до 1964 г.) сносилось более тысячи храмов, примерно столько же закрывалось. К концу своего правления "великий реформатор коммунизма" Хрущёв закрыл и снёс более половины из десяти тысяч церквей, действовавших в стране в 1953 году. [54]

Параллельно шёл процесс ползучей конвергенции коммунизма с православием и шёл он особенно активно, когда коммунисты провозгласили создание общенародного государства вместо государства пролетарской диктатуры. Дело дошло до того, что кандидатуры священников и высших иерархов РПЦ согласовывались с партийной верхушкой и идеологическими отделами ЦК КПСС. Отцы церкви сотрудничали с КГБ – и некоторые из них были даже информаторами этой организации, хотя все знают, что бывает с душой священнослужителя на том свете за разглашение тайны исповеди.

Сразу после 1917 года делами церкви от власти занималось 6-е управление ОГПУ. Впоследствии уже ближе к закату советской власти по словам бывшего генерала КГБ Олега Калугина "самой могучей фигурой в церкви был не патриарх всея Руси, а полковники КГБ Романов, а затем Тимашевский, возглавлявшие специальный отдел в 5-м управлении КГБ. Последний - выходец из Днепропетровска, по слухам близкий к тогдашнему зампреду КГБ Виктору Чебрикову, отличался особой лютостью, расставлял через Совет по делам религии кадры в епархии и имел своих агентов чуть не во всех приходах. Святая братия ненавидела его, но боялась пуще огня и вслух свои мысли старалась не высказывать." [65, с. 192]

Физический развал СССР в 1991 году был лишь следствием духовного развала советской власти и морального разложения коммунистической партии. Коммунисты, как впрочем и нацисты не терпят конкуренции. В соревнованиях можно проиграть. А проигравший коммунист – это уже не коммунист вовсе, а скорее социалист. КПРФ Геннадия Зюганова является яркой иллюстрацией этого положения. Даже в случае прихода к власти его партии в 1996 году, когда у него были очень хорошие шансы на победу в президентских выборах, он вряд ли стал бы объявлять новую национализацию общенародной собственности в руках государства по ленинскому сценарию. Именно этого больше всего боялись "демократы" 90-х годов. Так, один из архитекторов перевода советской экономики на рыночные рельсы - Анатолий Чубайс до сих пор оправдывает грабительскую приватизацию, залоговые аукционы 1995 года и массовые подтасовки на президентских выборах 1996 года страхом возврата России к советской распределительной системе.

В СССР атеизм слишком долго был государственной религией. Православие играло роль падчерицы при злой атеистической мачехе. Советская система классовых ценностей исказила ментальность народа настолько, что вернуться к общечеловеческим моральным ценностям оказалось труднее, чем эти ценности разрушить. За это смещение ориентиров и искажение моральных ценностей современная Россия до сих пор расплачивается по полному счёту. Слабость морали ощущают в России все - и представители власти и оппозиции. Но мораль – это не такая вещь, которую можно вернуть людям по приказу сверху.

6.4. Государство и православная церковь на континууме зла и добра

В американских фильмах "Ученик дьявола" и "Конец дней" зло абсолютно. Оно основано на человеческих пороках. Дьявол не может быть объективен. Он олицетворяет всё плохое, что есть в человеческой природе. А противостоит ему не бог, а слабый человек, который, чтобы победить дьявола должен стать сильным. Пошёл человек на сделку с дьяволом – назад ему ходу нет. Вернее – есть, но только ценой собственной жизни и через жестокую, мучительную смерть. В этих фильмах бог, как доброе начало живёт в каждом из нас, борется с дьяволом-злом, который вселяется в некоторых людей.

Получается, что если бог присутствует в человеке скрыто, имплицитно, то дьявол – вполне конкретен. Дьявол похож на всемогущее чудовище из другого американского фильма "Alien" или бездушного Агента из фильма "Matrix". С ним можно бороться и даже изгнать из себя при условии, что победишь зло и другие недостатки в себе самом. Эти фильмы иллюстрируют американский подход к человеку, как самостоятельной личности, которая находится в центре борьбы добра и зла, в которой есть всё – и хорошее, и плохое. И когда человек работает над собой, в нём побеждает хорошее, божеское начало, а когда проявляет малодушие, в нём побеждает плохое, дьявольское начало. Но эти два начала несовместимы друг с другом, они антагонисты.

Совсем другой подход к добру и злу можно наблюдать в романе русского писателя Михаила Булгакова: "Мастер и Маргарита", который, как известно, был православным человеком. У Булгакова дьявол и бог – это внешние по отношению к человеку существа, которые управляют людьми. Эти силы разделяются по сферам действия на два ведомства - ведомство добра и ведомства зла. Дьявол, как глава второго ведомства координирует свои действия с богом и частично заменяет его в его отсутствие, одновременно прислушиваясь к его пожеланиям. Он представляет собой другую сторону одной и той же медали "добра-зла" в одной и той же верховной по отношению к человеку епархии.

Однако дьявол-зло по Булгакову – не значит ненависть. Он по-своему объективен и беспристрастен. Он действует по принципу: "заслужил – получи". Но получи только наказание за то злое, плохое, что ты сделал. У Булгакова дьявол, обманывая, поджигая, убивая, карает порок своими методами и, в конечном счёте, творит справедливость. Человек выступает как игрушка в руках бога и дьявола – как объект влияния и воздействия. Наиболее талантливые из людей (как тот же Мастер) хотя бы в своём воображении могут подойти к познанию и пониманию тех сил, которые людьми управляют.

Впрочем, заканчивается сотрудничество человека с нечистой силой для человека печально, как для талантливого, так и для бездарного, поскольку и тот, и другой греховны и слабы. Наибольшее, на что человек способен – это максимально приблизиться по своим деяниям к злу, как это сделали Ленин, Сталин и их присные чекисты или добру, как это делают люди, бескорыстно отдавшие самих себя служению обществу и человеку.

Ленин поставил свою партию и государство во главе новой веры на место бога, а Сталин поставил себя как главу коммунистической партии и государства на место непогрешимого вождя. Всё это оказалось близко к традиционному русскому сознанию и к традиционной русской модели бога-царя, государства-отечества и народа-богоносца. Лозунг: "За веру, царя и отечество" Сталин преобразовал в лозунг: "За пролетарскую веру, вездесущего вождя и советское государство". А о том, что вождь, государство, отечество и они сами превратились в зло вместе со своими вождями и чекистами, русские люди, которые только что сменили лапти на ботинки, не задумывались.

Конечно, в созданном такими людьми советском государстве получилась труба пониже и дым пожиже, чем в прежней русской монархии, но вполне в русском национальном духе. Поэтому и вписалась эта схема, эти лозунги в русскую ментальность. То есть дело оказалось не только в традиционном "большевизме русского народа" (Н. Бердяев), на который якобы опирался Сталин. Дело было в грамотно выстроенной схеме взаимоотношений между значимыми силами в ментальности русского человека, на которые Ленин со Сталиным опирались.

Идя рука об руку с государством, как министерство религии, церковь защищает государственные интересы, интересы очередного царя, президента, а не души конкретных людей. Тем самым она теряет свою объективность, беспристрастность, уходит от своих прямых обязанностей – духовного, а не светского пастыря для души каждого прихожанина. Получается, что РПЦ берёт на себя функции носителей добра и зла одновременно.

Народы, нации, государства, которые выжили в борьбе за существование и дожили до наших дней, как правило, не отличаются высокой нравственностью и добродетелью. Русский народ – не исключение. Добро побеждает зло только в русских народных сказках с хорошим концом. История русского народа полна таких же кровавых событий, как и история многих других народов, выживших в процессе естественного отбора. Однако даже на фоне этой далёкой от волшебной сказки русской истории, то злое, плохое, что случилось с русским народом и с другими народами, втянутыми в коммунистический эксперимент XX века превосходит всяческое воображение. Этот эксперимент оказался тем более опасным, что прикрывался заманчивыми лозунгами о справедливости и счастье для всех, счастье за чей-то счёт.

"В поте лица твоего будешь есть хлеб" - сказал Господь Адаму, когда тот согрешил. [18] А вот когда человек пытается проскочить стадию честного труда и сразу получить многое, не вложив ничего, это плохо кончается для него и для людей, которые ему помогают. Сказка-триллер с большими халявными деньгами в конце, как награда победившему герою - это всего лишь мечта, которую человеку опасно воплощать в жизнь. Рано или поздно, будучи воплощённой в жизнь эта сказка плохо кончается для него и/или для его близких.

Ждать, когда русские православные люди сами осудят коммунизм, как страшное зло – этого волка в овечьей шкуре - или хотя бы дадут ему взвешенную оценку бесполезно – по крайней мере пока Россию не постигнет очередной системный политико-экономический кризис и пока народ для этого не дозреет. Оценку теории и практике коммунизма уже дали религиозные философы и историки из-за рубежа (Николай Бердяев, Роберт Пайпс и другие). Для себя они поставили точку в этой тупиковой ветке в развитии человечества. Они сделали то, что должна была сделать Русская Православная церковь, как организация претендующая на роль духовного наставника православного народа. Но, видимо, ни народу, ни церкви всё это пока не надо. Они до сих пор "добру и злу внимают равнодушно". До осуждения зла и воплощения добра надо дозреть. И сделать это нужно хотя бы для того, чтобы зло в России не продолжало доминировать над добром.

6.5. Современное состояние православной церкви в России

После тихого почти "подковёрного" роспуска КПСС в конце 1991 года, марксизм-ленинизм как главная государственная атеистическая религия в

России перестал существовать. А поскольку "свято место" у русского трона пусто не бывает, то русское православие быстро стало набирать силу и заняло его место, практически превратившись в государственную религию, как и в прежние царские времена. Однако, после 74-х летнего господства атеистов у подавляющего большинства людей, воспитанных в СССР, не осталось за душой истинно христианской морали, которая впитывается "с молоком матери" и вместе с религиозной традицией. Поэтому весьма странно, что сейчас более двух третей населения современной России признают себя православными верующими. Правда регулярно ходят в церковь из них только около 10%.

В зрелом возрасте проникаться религиозными идеями уже поздно, хотя бывают исключения. К тому же марксистско-ленинскую философию и научный атеизм советские люди, а их всё ещё большинство в России, в той или иной форме изучали, экзамены на эту тему сдавали – карьеру в СССР без этого построить было невозможно. Сейчас эти люди уже мобильниками пользуются, а тут легенды и сказания древних времён - пусть и придуманные очень умными людьми. Вот и заняла РПЦ в современной России роль хотя и важную, но всё равно второстепенную – роль ведомства религии при государстве.

Не стоит также брать в расчёт выраженных конформистов, которых около 6% в любом обществе. Авторитетные люди могут легко убедить их, что чёрное – это белое. Сегодня такой конформист подал заявление на приём в КПСС, завтра пришёл в церковь. И всё это делается по виду достаточно искренне и добровольно с его стороны. Про чиновников-карьеристов вообще речи нет. У этих вера и принципы в большой мере зависят от таковых у их боссов и определяется их положением в вертикали власти. Они будут верить в то, во что надо верить в соответствии с их должностями и зарплатами. Когда смотришь на хитрые рожи некоторых нынешних чиновников, эта мысль первой приходит в голову.

Если в коммунистические времена цена, которую платили православные верующие за принадлежность к религиозной конфессии была значительна (провалы в карьере, отгороженность от "сливок" советского общества), то теперь принадлежность к православию считается престижным фактом биографии и неформально поощряется, хотя религия от государства отделена. Патриарх Московский и всея Руси бывает приглашён на все важные государственные мероприятия. Ему отводится место в первом ряду рядом с главными лицами государства в отличие от лидеров других конфессий, которые сидят в середине зала.

РПЦ в современной России честно старается выполнять объединяющую роль, нести интегральную функцию. Она стремится сплотить православный народ вокруг центральной власти, участвовать во многих общественно значимых мероприятиях - будь то освящение спускаемого на воду корабля или помощь солдатам в несении службы. Однако инноваций в плане совершенствования основ православия или проведения независимой от власти самостоятельной линии ждать от РПЦ не приходится.

Конечно, роль религии в настоящее время не так велика, как сто и более лет назад. За это время повысился уровень образования прихожан. Если раньше для неграмотного крестьянина достаточно было затвердить несколько молитв, то теперь человеку нужно скорее психологическое, духовное утешение, непосредственное общение со священником, как с умудрённым жизнью человеком. Быть формальным служителем культа, отбарабанивающим затверженные молитвы и выполняющим необходимые по каноническим процедурам действия уже недостаточно. Хорошему священнослужителю приходится постоянно совершенствовать, менять содержание и формы работы, общения и взаимодействия с прихожанами. Одновременно ему приходится выполнять некоторые функции государства – лечить наркоманов и алкоголиков, заботиться о беспризорных детях и детях из неблагополучных семей, возвращать опустившихся и потерявших смысл жизни людей к нормальной жизни, быть советчиком, поводырём и наставником, а иногда и судьёй между людьми в морально-этических вопросах.

Работа православного священнослужителя во многом похожа на работу психолога или психотерапевта гуманистического направления, идущего от Карла Роджерса (1942). Состоит работа и того, и другого в том, чтобы выслушать человека, помочь ему найти в себе силы для того, чтобы справиться со своими проблемами. Священник в своей работе опирается на помощь божественного начала в человеке, тогда как психолог опирается на врожденное или воспитанное положительное начало в нём независимо от того, кто или что является его источником (бог, общество или сам человек). Кроме того, как психолог, так и психотерапевт опираются на способность человека изменять себя под воздействием общества. Отличия между священником и психологом состоит в том, что священник работает персонально с каждым прихожанином и использует образ бога, в помощь прихожанину в работе над собой, а психолог в своей работе опирается на положительное начало в человеке, а также на мнения и отношения к нему других людей. Недаром в соответствие со средними нормативными данными 16-ти факторного личностного вопросника Рэймонда Кэттелла, факторный профиль священника ближе всего к профилю психолога и учителя.

И всё-таки РПЦ сегодня - это прежде всего форма (обряды, ритуалы и процедуры) и информирование населения об истории и теперешнем состоянии церковных дел в мире. Во-вторую очередь, это помощь центральной власти в её светских начинаниях - забота о брошенных детях, работа с бомжами, наркоманами, алкоголиками, помощь обездоленным. И только в третью, последнюю - это работа с душами верующих, утешение страждущих, облегчение жизни людям. А по идее третье - самое сложное - желательно поставить на первое место поскольку человек, его нравственность для народа России и будущего церкви важнее, чем всё остальное. Без заботы о душе каждого прихожанина религия превращается в формальную культовую процедуру. Пустоту души не заполнить никакими пышными обрядами.

В православии до настоящего времени применяются формулировки: "крещается раб божий", "исповедуется раб божий", "причащается раб божий", "венчается раб божий", "отпевается раб божий" - не человек божий, а раб. Значение слова "раб" в XXI веке носит уничижительный оттенок. Особенно в свете русского тоталитарного крепостнического, а затем коммунистического прошлого. Поэтому церкви время от времени некоторые слова надо бы пересматривать и менять поскольку ситуация мире и в отдельных странах меняется постоянно. Не бог весть какая сложная вещь - смена терминологии, но РПЦ, будучи консервативной организацией, этим даже не занимается.

РПЦ – слепок с любой другой русской властной структуры, в которой решения принимаются на самом верху (хорошо если не одним человеком), а затем спускаются гражданам, прихожанам. Она (как впрочем и вся верховная исполнительная власть в стране) не привыкла обсуждать свои проблемы на широкой публике и обнародовать свои скандалы кроме тех, которые уже "на глаза лезут" (например совершение ДТП в нетрезвом состоянии игуменом церкви Ильи Пророка Тимофеем в июне 2012 года в Москве). Традиции не те. Как и при светской власти большинство решений РПЦ принимается в тайне без широкого обсуждения народа, а конфликты решаются "под ковром". РПЦ превратилась в закрытое министерство религии с централизованным управлением, безусловным вертикальным подчинением и с полувоенной дисциплиной. В этом смысле она похожа на государственную спецслужбу при исполнительной власти. Там тоже не принято выносить сор из избы. Например, протодиакон Андрей Кураев вынес гомосексуальный скандал в Казанской семинарии на всеобщее обозрение, так его отстранили от преподавания в Московской Духовной Академии. На инакомыслящих в церковной среде оказывается серьёзное давление. Складывается впечатление, что РПЦ служит патриарху тогда как она должна служить Христу.

Эти соображения перекликаются с мнением публициста Леонида Радзиховского, который как-то сказал, что такая христианская организация по связи между богом и народом, как Русская Православная церковь должна руководствоваться, выражаясь бюрократическим языком, базовой инструкцией, которая называется "Нагорная проповедь". А в ней сказано, что надо любить всех в том числе врагов своих, надо искать бревно в своем глазу, а не сучок в глазу другого человека. Поскольку РПЦ эту инструкцию не выполняет, она превращается в обыкновенное министерство по делам религии в России – формализованную бюрократическую организацию, которая эксплуатирует образ Христа. [129] И чему такие священнослужители могут научить своих прихожан кроме молитв, ритуалов и формальных процедур?

С времён большого большевистского грабежа собственности в России в 1917-1924 годах прошло много лет. Многое из украденного у РПЦ растрачено, разрушено, снесено, не подлежит восстановлению. Закон о реституции для всех организаций и частных лиц, ограбленных коммунистами в России, не принят и вряд ли это случится в обозримом будущем. А репутация вора, бандита и грабителя советское, а теперь российское руководство не смущает, как не смущала такая репутация каторжников-большевиков. За верную службу отечеству и верховной власти в 2007 году православный президент Владимир Путин выборочно применил к РПЦ закон о реституции, то есть возвратил ей часть конфискованной большевиками собственности – церкви, монастыри, часть принадлежавших церкви земель, немалую часть украденного у неё большевиками недвижимого имущества. Путин понимает, что церкви эта собственность нужнее, чем государству, поскольку храмы, монастыри "привязаны" к прихожанам, говорящим на русском языке.

Вернуть-то ценности церкви можно, также, как обучить нужное число священников, а вот восстановить духовность народа значительно сложнее. Разрушение её в СССР происходило в течение семи десятилетий. Воссоздание духовности – процесс длительный, если вообще возможный в XXI веке. Современные люди понимают, что многое из того, что было написано много веков назад в святых книгах, сейчас в XXI веке уже не актуально. Уровень технологического развития другой. Поэтому церкви недостаточно вернуть утраченную собственность. Нужно вернуть позиции в душах людей. И не через формальное изучение закона божьего, а через осознанное понимание важности морально-этических точек отсчёта для людей, которые в этом нуждаются. Только тогда религия оправдает свою нужность и полезность в современном обществе.

РПЦ в отличие от светских общественных организаций, не отчитывается о своих доходах, не подлежит контролю со стороны антимонопольных и других государственных органов. Она освобождена от уплаты налога на прибыль со средств, полученных от культовой деятельности, производства и реализации предметов культа и предметов религиозного назначения и от налога для пользователей автомобильными дорогами. Кроме того, она имеет бесплатную недвижимость и землю. Многие проекты РПЦ финансируются за счет госбюджетных средств. Принимая во внимание, сколько несправедливостей РПЦ натерпелась от советской власти, которая ограбила и обескровила её, все эти послабления и уступки со стороны государства, конечно справедливы, но в нормальной демократической стране они публично обсуждаются, а не прячутся в тиши правительственных кабинетов.

Православные священнослужители активно проникают во все сферы жизни государства и устанавливают прочные контакты со всеми ветвями государственной власти. Принцип "рука руку моет" сейчас главный в политике руководства РПЦ и государства. Взаимные договорённости с чиновниками, поддержки и услуги с их стороны лежат в основе восстановления былой мощи церкви. К сожалению "мощи" – ещё не значит восстановления духовного авторитета. Истинный духовный авторитет церковной организации определяется совестью священнослужителей, их скромностью в быту и служением вечным моральным ценностям, а не пышностью ритуалов и богатым убранством церквей.

Одной из причин почему русский православный народ после Октябрьского переворота 1917 года не встал грудью на защиту РПЦ было то, что церковь в продолжение многих веков воспринималась как часть власти. Молчаливо осуждали вандалов и большевиков за разрушение церквей и разворовывание ценностей многие, но не более того. А что если политическая ситуация в России опять резко изменится? Ведь опять не заступятся русские люди за свою церковь. Только та вера является искренней и устойчивой, которая вошла в человека с младенчества, выстрадана им или усвоена в процессе анализа и обсуждения, когда родители, священник являются одновременно и носителями морали, и носителями веры, и воспитателями души ребёнка. Священник-рокер, священник-актёр – это может быть и неплохо для пиара, но к морально-этическим ценностям это отношения не имеет.

Семидесятилетняя необходимость приспосабливаться к атеистической коммунистической власти не прошла для православной церкви и священнослужителей даром. Ведь они плоть от плоти народа. Выживал и приспосабливался народ, выживала и приспосабливалась церковь. Теперь трудно найти бессребреников среди иерархов РПЦ. Обслуживая бандитов, беспринципных богатеев, жуликов и воров, людей не обременённых моральными принципами, как это было в 90-е годы, сам становишься чем-то похожим на них и невольно потакаешь их аморальному поведению. Торговля алкоголем и табаком, участие в продаже природных ископаемых не могут не влиять на православную церковь разлагающим образом. Из нравственного образца для прихожан, священнослужитель становится "своим" парнем, с которым эти прихожане себя идентифицируют.

Как и всему русскому народу, РПЦ присущи склонность плыть по течению, половинчатость принятия и исполнения решений, не доведение дел до конца, неумение честно расставить точки над "i" в принципиальных вопросах таких, как осуждение преступлений большевиков против своего народа, покаяние за сотрудничество с богоборческой "дьявольской" властью. Без этого нравственное возрождение народа и православия в России невозможно.

Никогда у представителей церкви не было столько неприятностей и проблем после крушения СССР, как с середины 2011 до середины 2012 года, когда люди в России начали осознавать, что Кремль их "разводит", подменяя народовластие политическими технологиями и ловкими манипуляциями. Священникам тоже вспомнили многое – их непоследовательность в вопросах веры, их склонность к стяжательству, их снисходительность к тем, кто нарушает закон.

Даже сейчас, когда по телеканалу TVCI идут религиозные православные передачи из цикла "Православная энциклопедия" в них больше обсуждаются вопросы о том, кто, когда и какую церковь построил, кто какую икону кому подарил. Вопросы морали остаются в стороне. Может быть потому, что святые отцы сами чувствуют себя в этой сфере неуютно. Материальное не может подменять моральное. Вопросы церковных обрядов и богослужений, красоты церквей - это форма служения богу, вопросы церковной собственности - это дело управляющего церковным хозяйством, а вот вопросы честности, порядочности, верности долгу - это и есть главное при воспитания духовной основы человека. И это последнее гораздо важнее, чем деньги, карьера и собственность. Статус и благосостояние без духовной составляющей сильно проигрывают особенно когда человек подводит жизненные итоги.

В своём декабрьском послании Федеральному собранию Путин заговорил о моральной составляющей взаимоотношений в России, о моральных ценностях. Вообще-то такие заявления являются прерогативой церкви, а не светской власти. Без объективной и публичной оценки того, что произошло в трагическом XX столетии с Россией и с её народом нельзя говорить о росте моральных ценностей людей. В частности, и церкви, и государству, и первым лицам государства прежде чем давать рекомендации своему народу неплохо бы вначале разобраться со своей собственной совестью и моралью. Например, морально ли вначале быть членом КПСС и клясться в верности атеистическому учению Маркса-Ленина, а потом спустя пару лет стать истинно верующим и делать карьеру уже как чиновник новой православной России? Глядишь после этого и граждане (пусть не все) задумаются об этих вопросах и смогут оценить своё место на шкале общечеловеческих моральных ценностей.

Почему общечеловеческие ценности так медленно прививаются в современной России? Ответ состоит в том, что мало кто из проживающих в России людей пропустили их через себя. Православная церковь предпочитает не вести религиозные диспуты с времён Нила Сорского. Ведь все последующие споры на религиозные темы кончались дыбой или ямой, костром или плахой, осуждением или отвержением. Как инакомыслие подавлялось в советской политике, так было и в религии. Между тем, только в спорах, в обсуждениях рождается полноценная личность, которая вообще чего-то стоит на идеологическом поле. Только если человек пропустил через себя философские и религиозные понятия и ценности, включил их в свою личностную систему понятий, он становится человеком искренне убеждённым в правильности своего поведения способным отстаивать свои взгляды.

И хотя православная патриархия и церковь занимают в рейтингах популярности среди населения России первые места, потребуется не один десяток лет, чтобы помочь людям вновь обрести нравственные ценности и ориентиры, утраченные за годы советской власти.

Глава 7

Происхождение, формирование и особенности советского человека

"Дело не в дорогах, которые мы выбираем, а в том, что внутри нас заставляет выбирать наши дороги."
О'Генри, писатель

7.1. Идеологические основы советского государства. Воспитание и "огосударствление" личности советского человека, его типовые особенности

Селекционеры выводят сорта яблок, цветов, животных, обладающих заданными качествами и свойствами. За 74 года правления коммунисты тоже вывели нового советского человека. Советский человек – это как клеймо, которое не отмыть в течение жизни. Он может на некоторое время замаскироваться под нормального, но рано или поздно его сущность проявится всё равно. Это как неизлечимая болезнь. "Рожки" советского человека каждый раз вылезают из-под любой шляпы, которую он на себя надевает.

С тех пор, как большевики поставили всё с ног на голову – возвели идею обобществления всего, что было в государстве в культ, люди, живущие в советском государстве, стали жить и воспитываться "вверх ногами". И так продолжалось в течение трёх поколений. Поэтому несмотря на то, что с момента краха практических приложений к марксистско-ленинской идеологии прошло уже более 20 лет стереотипы поры научного коммунизма всё ещё довлеют над людьми, проживающими в России. Краткий курс истории ВКП(б), впервые изданный под присмотром диктатора Сталина в 1938 году [79] и положенный в основу советского понимания жизни всё ещё живее всех живых. Русские никак не могут преодолеть мавзолей Ленина внутри себя. Для потомков и историков будет полезно изучить феномен советского человека. В этой главе предпринята попытка такого рода.

Для начала нужно разобраться с тем, что советский человек собой представляет, какие типичные социальные и психические отклонения имеются у представителей этой породы людей. Это не праздное любопытство, а необходимость для того, чтобы помочь вновь рождающимся в России людям адаптироваться к новым условиям жизни и не допустить клонирования Гомо Советикусов в дальнейшем. Ведь что бы там не говорили, а советские люди до сих пор управляют Россией и способствуют воспитанию других советских людей – может быть не таких ограниченных максималистов, как при Сталине, но с изрядной долей паразитического советизма. Они до сих пор думают, что являются людьми настоящего и даже будущего. Вовсе нет. Они люди советского прошлого. И место таких людей не в Кремле, Доме правительства, Государственной Думе, Совете Федерации или Верховном Суде - среди всеобщего телевизионного пиара и поклонения, а в мусорной корзине истории.

Но ни они, ни окружающие их люди, ни даже оппозиционеры, которые их ругают на всех углах этого не понимают, хотя бы потому, что эти оппозиционеры сами недалеко от советских людей ушли. При этом не имеет значения, кто из оппозиционеров громче кричит: "Я - самый главный демократ", или "Долой Путина", или "Я знаю, как надо". Все они, получив верховную власть в России, будут вести себя примерно одинаково - то есть разделят всех на своих и чужих, установят для своих режим максимального благоприятствования во всех сферах, как уже было в 90-е годы, постепенно будут наглеть, возвеличивать себя и свои заслуги и, в конце концов, рано или поздно установят директивное правление, а если не они, то их ставленники. Дополнительным фактором, усиливающим "советскость" любой оппозиции в современной России является то, что дедушки и бабушки немалого числа нынешних оппозиционеров сами поддержали Ленина в его стремлении перевернуть всё в Российской империи с ног на голову и теперь пусть подсознательно, но оправдывают своих революционных предков, сваливая все перегибы советской власти на одного Сталина. Поэтому если допустить гипотетически, что им дадут "порулить" Россией сейчас, они будут строить свой Российский дом на этом же гнилом фундаменте, как и нынешние власти. А, скорее всего более хитрые люди их используют, а потом отодвинут и выбросят хорошо если с небольшим выходным пособием. Так что при любом раскладе будущее России в тумане и этот туман вряд ли демократический.

В России условия делают лидера, а не наоборот. А условия пока ещё недалеко ушли от советских благодаря сложившейся системе государственного капитализма. И когда ситуация изменится к лучшему – никому не известно. Даже самый честный правозащитник, оказавшись в русских властных структурах на любом месте вплоть до президентского, сделать ничего не сможет и вынужден будет либо покориться обстоятельствам под напором услужливых подданных, либо уйти с поста, либо его свергнут в результате дворцового переворота его же подчинённые за "профессиональную непригодность".

Об идейных основах советского государства писали и другие авторы [9; 207; 210] Немудрено, что советская система просуществовала целых три четверти века и оказалась такой живучей. Как и всякая устойчивая система она базировалась не только на теоретических положениях Карла Маркса и тактических приложениях Ленина. В её основе, как и в основе любой религии – неважно принимающей бога или отвергающей его - лежит система идеологических ценностей. Классикой идеологического жанра всегда является несколько положений, которые в случае СССР выглядели так:

1) Сотворение мира начинается с первоначального толчка. В иудохристианской религии - это сотворение богом всего сущего и человека, как венца природы. В советской идеологии - это Великая Октябрьская Социалистическая революция, которая отделила мир социалистического порядка и света от мира капиталистического хаоса и тьмы.

2) Наличие двух альтернативных миров: светлого и тёмного, хорошего и плохого, социалистического и капиталистического, интернационалистического и националистического, рая и ада.

3) Борьба между этими мирами: добра со злом, светлых ангелов с тёмными, правильных с неправильными. Классовая борьба не на жизнь, а на смерть, до победного конца.

4) Наличие границы между хорошим и плохим мирами, которую можно переходить только с оружием в руках, чтобы сокрушить зло. А переходить границу без оружия можно только правильным, верным, преданным хорошему, правильному миру людям, которых не посещают сомнения в том, что социалистический мир всегда лучше капиталистического и представители хорошего мира всегда и во всём правы. Советские идеологи считали потенциально опасными для советской страны всех граждан, имевших предков из буржуазного и дворянского сословий.

5) Недопущение в сознание людей из хорошего советского мира информации о том, что советский мир может быть в чём-то хуже буржуазного мира. Если советский человек сомневается в преимуществах социалистического строя и его правоте, значит он - враг и должен быть своевременно выявлен и обезврежен. Необходимыми условиями для этого должны быть обстановка нетерпимости к инакомыслию и наличие карательных органов, которые своевременно выявляют чужеродные идеи, потенциальных шпионов и диверсантов и изолируют их от основного общества.

6) Культивирование в сознании советских людей системы положительных образов, присущих советской стране и советскому строю (отсутствие безработицы, дружба народов, плановая экономика, равные возможности для всех, уверенность людей в завтрашнем дне, справедливые законы, рост благосостояния народа, подлинная советская демократия) и противопоставление им

системы отрицательных образов, присущих странам капиталистического мира (произвол и беззаконие властей и капиталистов-работодателей, бесправие простых людей, их неуверенность в завтрашнем дне, всеохватывающая власть денег). Причём и положительные и отрицательные образы были придуманы советскими идеологами и пропагандистами как для внутреннего, так и для внешнего употребления. Люди, живущие в социалистической стране, обязаны гордиться великими стройками коммунизма, сооружением огромных плотин гидроэлектростанций, строительством водоканалов и водохранилищ. По мнению советских идеологов, именно западные политики создают ложные образы об СССР, как о стране "железного занавеса", инициаторе холодной войны и ядерного противостояния двух миров.

Система советских идеологических ценностей и мифов сложилась не враз, не одномоментно в 1917 году. Понадобилось более 10 лет, чтобы она стала доминирующей в советской идеологии и не менее четверти века, чтобы она "овладела массами" советских людей. В первый из этих переходных периодов советские пропагандисты вынуждены были лавировать между разными противоборствующими течениями, которых было немало несмотря на запрет всех партий кроме коммунистической. Большевики только вначале делали вид, что ориентируются на мнение простых людей, агитировали и убеждали их особенно во время Гражданской войны. Это уже потом, когда они "подмяли" под себя всю власть, всю собственность, все средства массовой информации и распространили свой карательный аппарат на всю Россию, они стали имитировать мнение народа, а отражало ли это поддельное мнение действительное состояние умов – это их уже не интересовало. Да и попробовал бы кто-нибудь усомниться в их мнении?

Создавая свою советскую империю – империю диктатуры пролетариата, большевики сразу стали менять природу человека, делая из отдельных личностей единую массу - советский народ. Для этого использовались самые варварские методы вроде пыток и расстрелов, но обязательно с идеологическим прикрытием. Например, загоняя иголки под ногти священнику, чекисты заставляли его сказать, что Христос учит в Евангелии тому же самому, к чему призывают большевики, а именно, чтобы не было бедных и богатых и чтобы все были равны. Экзекуции и репрессии применялись невзирая на цену воплощения идеологических постулатов большевиков и психологию людей. Коммунистические вожди вообще относились к людям, как к экспериментальным червям в банке.

Деятельность большевиков начиная с 1917 года была направлена на подрыв национальной идентичности русских и была сродни диверсионной работе внутри страны. Меньшинство стало перевоспитывать большинство – перевоспитывать, естественно не из научного любопытства, а для того, чтобы сделать из русских людей манкуртов – людей без исторического прошлого, послушных исполнителей их воли по распространению марксистско-ленинской идеологии в форме распределительного социализма по всему миру.

Поскольку в течение десятилетий советское общество было изолировано от остального мира с помощью "железного занавеса", уникальная человеческая личность в СССР была подавлена и сведена к положению "винтика" в государственной машине. "Счастливый" советский человек жил как в вольере, в загончике, который ему отвели его новые коммунистические хозяева. Правда сами эти хозяева так и не сумели избавиться от простых человеческих слабостей – гордыни, амбиций, карьеризма, лживости, лицемерия, двойной морали. Они и сами были простыми исполнителями, жившими под дамокловым мечом главного хозяина. Просто их загончик был немного побольше. Поэтому и создаваемый советский человек получился весьма ограниченным, несовершенным.

Для воспитания нового человека коммунисты решили следующие задачи:
1) выстроили пирамиду (вертикаль) власти, чтобы только группа лидеров-единомышленников (как при Ленине) или один лидер (хозяин, вождь вроде Сталина) могли принимать окончательное решение по любому вопросу,
2) повязали многих жителей СССР кровью как своих соотечественников - буржуев, помещиков, капиталистов, интеллигенции, зажиточных крестьян, так и своих завоёванных соседей, чтобы они долго не могли "отмыться" от пролитой крови,
3) сделали наличие частной собственности постыдной для советского человека, поставили её вне закона,
4) сделали всех людей, живущих в СССР, заложниками государства,
5) отняли христианского, иудейского, мусульманского и других богов у проживающих в СССР людей и заменить их новыми богами - Марксом, Лениным и их наместником на земле – товарищем Сталиным, который для выполнения конкретных "мокрых" дел привлекал своих подчинённых рангом пониже,
6) заставили всех живущих в СССР людей, как попугаев повторять сказки дядюшки Маркса, и дедушки Ленина, выдавая эти сказки за свои внутренние убеждения,
7) на постоянной основе стали распределять остатки (после обязательных расходов на войну) государственного "общака" между всеми жителями СССР так, чтобы все жили бедно, но ровненько и "по справедливости" (кроме главных "слуг народа", конечно, которые жили более "ровно", чем остальные),
8) изолировали жителей СССР от вредоносных влияний буржуазной идеологии и буржуазного образа жизни большим "железным занавесом",
9) ещё больше разобщили людей так, чтобы ими было легче управлять сверху, из единого центра,

10) сделали из СССР интернациональный "плавильный котёл", в котором нации постепенно утрачивали свою специфичность, уникальность постепенно превращаясь в сообщество советских людей,

11) сделали из СССР осаждённую крепость, обречённую победить или умереть.

Сопутствующие приведённым задачам преобразования и изменения осуществлялись с помощью следующих методов воздействия:

-постановка перед народом завораживающих, глобальных целей,

-выстраивание людей в ряды и колонны по указке хозяина,

-опора на послушных и зависимых людей,

-централизованная выдача нужной информации порциями,

-устройство "потёмкинских деревень",

-победоносные зажигательные рапорты о показательных свершениях и победах, идущие через государственные средства массовой информации (печатные издания, радио) и штатных пропагандистов,

-замалчивание или преуменьшение неудач, сокрытие истинных причин неудач, истинных потерь и цены достижения результатов.

Советских людей с детства воспитывали в духе марксистско-ленинской догматики, которую насаждали в неокрепшие головы октябрят, пионеров, комсомольцев, не считаясь с их желаниями. А если какие-то общечеловеческие гуманистические мысли и проникали в детские искривлённые коммунистической идеологией души, то полуподпольным, странным образом уживаясь с концепциями бородатого пророка, а также инструкциями лысого и усатого советских вождей.

Перекликается с этими соображениями мнение сотрудника Института мировой культуры при МГУ филолога и этнографа Ольги Седаковой, которая в своём интервью журналисту Елене Кудрявцевой утверждала, что весь Советский Союз был своего рода воспитательным домом, что сразу же замечали приезжие, не привыкшие, чтобы их везде и всегда воспитывали. "Советского "нового человека" растили не на голой, а на специально подготовленной почве и под колпаком. Кроме того, проводилась самая жесткая селекция "семян". Сначала на генетической, классовой основе: из всех сословий дореволюционной России для продолжения рода в советском государстве были допущены только сельская беднота и неквалифицированные рабочие ... В следующих поколениях селекция проходила по другим признакам: изымались из жизни (или из гражданской жизни, из профессии) самые независимые, одаренные, информированные. Так и создавалась "новая историческая общность - советский народ". Что касается почвы, то почвой было единственно верное учение, которое объясняло все: и природу, и историю, и искусство, и науку и т.п. Вырасти на другой почве возможности не представлялось." [144, с.5]

Начиная с первого дня прихода большевиков к власти обычные человеческие понятия в России стали искажаться: честь, совесть, дружба, порядочность, нравственность, достоинство, патриотизм, верность слову и пр. Этим понятиям придавался государственный, общественный смысл. Персональная, частная составляющая этих понятий нивелировалась и подавлялась, а общественная составляющая личности и взаимоотношений выпячивалась и выдвигалась на первый план. Эта тенденция всё усиливалась и дошла до своего максимума в 30-х годах XX века. Не во имя и на благо Васи Иванова, а во имя и на благо советского человека. Не Коля Петров – гордый человек, а человек – это звучит гордо. Не честь Маши Сидоровой, а честь класса, в котором Маша учится.

Советская система ценностей приводила к искажениям во взаимоотношениях между родителями и детьми. Когда растишь в советском обществе ребёнка, то нет никакой гарантии, что он будут относиться к тебе и друг к другу по-человечески, а не как по официальной легенде относился пионер Павлик Морозов к отцу или как дети, уехавшие из деревни в большой город относились к своим родителям, не навещая их до самой смерти. Впрочем, как и большинство легенд советского периода, легенда о Павлике Морозове была ложью от первого до последнего слова. Официальная версия гласила, что советский пионер донёс на своего отца-кулака, который хотел совершить диверсию против советской власти. За это отец убил своего сына. На самом деле всё было не так. Павлик Морозов никогда не был пионером поскольку в их селе вообще не было пионерской организации. Его отец - Трофим Морозов был председателем сельсовета, а не кулаком. Трофим ушёл к другой женщине от матери Павлика. Та написала на бывшего мужа клеветнический донос, чтобы отомстить. Трофима посадили на 10 лет. А Павлика и его младшего брата Федю заколол штыком агент ГПУ Карташов. Затем в убийстве обвинили и расстреляли дедушку и бабушку, дядю и двоюродного брата Павлика. Тем не менее, Павлик Морозов был провозглашен героем – символом беззаветной верности "делу Ленина-Сталина". [184] Так создавались практически все мифы в советской стране.

О советском равнодушии к близким людям, как устойчивом способе взаимоотношения между людьми в советском государстве между членами семей и родственниками в эпоху военного коммунизма певица Галина Вишневская написала так: "Это всё-таки удивительно, как быстро сумела наша власть морально развратить людей, разрушить кровное отношение детей к родителям, родителей - к детям, уничтожить вековые семейные традиции. Насильственно оторванные от понятия "моё", "своё", люди легко сходились и также расходились; уходя, всё бросали, разучившись придавать значение словам "моя семья", "мои дети", "мои родители". Когда тебе долго повторяют, что всё принадлежит партии и государству - твоя душа, равно как и стул, на котором ты сидишь, - ты в конце концов начинаешь постигать науку равнодушия, непринадлежности своей ни к кому и ни к чему." [32, с. 61-62]

В России личность поглощалась государством, служила не столько себе, сколько государственным интересам, государственной имперской машине. Кстати цари, императоры, а потом генсеки и президенты тоже были заложниками этой машины. Принимая на себя фактически абсолютную власть над страной, они во многом уже не принадлежали себе и были так же закрепощены, как и их подданные. С установлением и укреплением советской власти зависимость человека от государства усилилась. Роль личности была нивелирована. Практически каждый превратился в исполнителя, обслуживающего государство и полностью зависящего от планов своего вождя. А этот вождь особенно не переживал, если одного исполнителя заменяли другим. Главными для него были количественные показатели деятельности - проценты, километры, тонны, киловатт-часы. А цена достижения результата не так важна – исполнителей много.

Важнейшим элементом воспитания советского человека было безусловное, безоговорочное подчинение хозяину – то есть вождю или генеральному секретарю КПСС. Он же был носителем верховной власти, который сам для всех закон. По сравнению с царским самодержавием в советском государстве появилась новая установка: "Приказы, советы и предложения хозяина не обсуждаются, они выполняются, независимо от того, что он сказал, предложил или даже посоветовал". Сомнения запрещены. Кто сомневается – тот враг.

Людей, оставшихся в живых после коммунистического террора большевики рассортировали. Часть превратили в рабочих трудовых милитаризированных лагерей, состоящих из крестьян, лишённых земли, из заключённых и других бесправных людей, которые строили каналы, плотины, железные дороги, оборонные объекты и др. Другим дали возможность учиться, чтобы сделать из них новую интеллектуальную прослойку страны, используемую в основном для разработки оружия для армии. Были выделены и те категории населения, которые должны были воевать, охранять, следить за порядком и идейным воспитанием трудящихся. Так насаждался новый советский порядок сначала в СССР, а потом и в других захваченных странах. К счастью процедуру перевоспитания населения всего мира коммунистам, как и их "двоюродным братьям" – национал-социалистам, завершить не удалось. Хотя испортили они многим жизнь изрядно.

Новая гуманитарная "интеллигенция" должна была обслуживать этот милитаризованный советский трудовой лагерь – писать стихи, сочинять хвалебную прозу во славу советского социалистического строя и показывать преимущества этого строя немногочисленным иностранцам, которых по специально утверждённому "наверху" списку пускали в СССР посмотреть на счастливую жизнь людей в стране победившего социализма. Другая часть интеллигенции (в основном технической) после бесед или допросов с пристрастием в НКВД, работала в "шарашках" над созданием вооружений.

Естественно, что всё это преподносилось жителям страны так, что СССР вооружался для обороны от агрессивного внешнего противника, каковым согласно марксистской теории считалась мировая буржуазия, а по факту, на практике были все, кто был не за коммунистов и имел собственное мнение отличное от их мнения или те, кто проводил политику, несогласованную с политикой СССР и его хозяина. Командовали этими советскими трудовыми лагерями одуревшие от страха бывшие "революционеры", которые для того, чтобы выслужиться перед Сталиным и остаться в живых, гнали на смерть десятки тысяч бывших крестьян, а также людей в чём-нибудь обвинённых и осуждённых. И всё это ради пустякового рапорта вождю, сидевшему, как паук в Кремле в центре огромной паутины.

Как уже было сказано, с момента прихода большевиков к власти оппозиционная пресса была запрещена. Коммунистические пропагандисты давали людям только ограниченные порции информации – как правило, односторонней, классовой, выгодной для тех, кто узурпировал власть в стране в 1917 году. Рядовой советский обыватель, а таких становилось всё больше и больше по мере того, как большевики становились информационными монополистами в стране, получал от власти только нужную информацию. В конце концов каждый житель страны Советов становился или зомбированным фанатиком, или конформистом-соглашателем, или пассивным наблюдателем, не смевшим рта раскрыть из страха, что на него донесут соседи или сослуживцы. За идеологическую оппозиционность при Сталине разговор был короткий – к стенке или в Гулаг.

Дети, воспитанные в СССР, не имели возможность познакомиться с разными точками зрения, почитать зарубежные источники информации и оценить отношение людей в других странах к тому, что происходит в СССР. Не могли они заглянуть в архивы, объективно сопоставить факты, сделать собственные выводы. Поэтому они читали, говорили и писали только о том, чему их учили коммунисты и их приспешники. Дальнейшее обучение и воспитание зависело от внушаемости, исполнительности детей, от обстановки в семье и искренности родителей, которые помнили или слышали про жизнь до 1917 года больше, чем их дети и имели смелость рассказать об этом своим детям.

Частью идеологического воспитания советского человека было шельмование того, что было до прихода большевиков к власти и превозношение себя и своих деяний. Тенденциозные фильмы о деградации царского режима, иконописные портреты творцов Октябрьской революции – всё это тенденциозное враньё советскому народу выдавалось для того, чтобы оправдать криминальный большевистский переворот, уничтоживший общечеловеческую мораль и национальное достоинство людей, населявших страну до 1917 года.

Насильственными методами советская власть переделывала "штучного" уникального человека в массового стандартного среднестатистического советского человека. Актуализация личности и её творческого потенциала при Сталине разрешалась только в рамках заданной наверху установки, приказа или распоряжения, например, при разработке вооружений, добыче полезных ископаемых, проектировании актуальных для народного хозяйства зданий и сооружений, создания художественных произведений на заданную классово выдержанную тему. Творить по своей инициативе было чревато обвинениями в отступлении от классовых постулатов или от социалистического реализма.

В результате направленной идеологической обработки населения в СССР выработался тип толстокожего советского человека без глубоких нравственных устоев, но с большими амбициями и чувством своего превосходства над другими людьми и народами, которые - тупые и недалёкие - не знают, куда надо идти и что надо делать. И только некоторые из тех, кто выезжал за рубеж начинали понемногу "прозревать" и понимать истинное положение советского человека в своей стране и Советского Союза в окружающем мире. Хотя от этого понимания до практических шагов по изменению себя и других – дистанция была весьма большой и нередко трагической.

После Второй мировой войны уже бесполезно было рассчитывать на свободолюбие людей, являющихся частью советской системы. В социально-политическом плане вновь "изготавливаемые" этой системой люди были похожи на муравьёв, которые умеют строить только один тип муравейника – иерархический, вертикальный с одним главным муравьём наверху. Когда люди служат только коммунистическому государству, то об их личности и бессмертной душе, имеющей гуманистическое предназначение можно забыть.

К моменту смерти Сталина в 1953 году из людей, выживших после войн, Коллективизации, депортаций, чисток и направленной обработки сознания, получился особый тип человека, который называется Гомо Советикусом. Всем набором желательных для коммунистов свойств эти люди может быть и не обладали, но и обычными человеческими существами они уже не были. В идеале советский человек должен был получиться, как агрессивный фанатик готовый на уничтожение людей – неважно, своих или чужих - ради реализации коммунистических планов. Целенаправленная селекция и социальное зомбирование сильно изменили сознание, ценностные ориентации, взаимоотношения и личность тех, которые в СССР жили.

По мнению уже цитированного филолога и этнографа Ольги Седаковой люди старой закваски отличались от советских тем, что "у них была душа, и они с ней общались. Советский человек свою душу сдал в какую-то инстанцию, делегировал. У них ("бывших") были свои взгляды, неожиданные слова, реакции и суждения, ставящие в тупик "нового" человека, – и какое-то спокойствие, которое "советским" не давалось. Точка опоры была у них внутри. А в "новых" всегда было что-то шальное." [144]

После освобождения из Гулага в 1954 году инженер Игорь Кривошеин – сын бывшего министра земледелия Российской Империи в разговоре с писателем Бенедиктом Сарновым на вопрос: "Есть ли что-нибудь общее между прежней Россией и Советским Союзом?" коротко ответил: "Только снег". К этому времени Россия перестала быть православной страной с сильной духовной нравственной жизнью. Связь и преемственность поколений была не просто нарушена, но и утрачена полностью. Культура России трансформировалась в непонятный советский гибрид. Недаром Игорь Кривошеин, который всю жизнь был патриотом своей страны, где бы он ни жил, сражался за неё во Франции, сидел в гитлеровском концлагере, работал в Советском Союзе, сидел в Сталинском концлагере, в конце концов не смог в такой России жить и уехал умирать во Францию. То, во что коммунисты превратили его Родину, его никак не устраивало.

От советского человека практически ничего не зависело. От него не требовались творческая переработка и глубокое осмысление марксистско-ленинского учения. Это учение было совершенным по определению. Все положения и выводы этого учения были истиной в последней инстанции. Упаси боже было исказить, изменить или извратить хоть строчку из бессмертных творений классиков. Новоиспечённый, выращенный из вчерашнего рабочего или крестьянина советский "интеллигент" привыкал к догматическому, формальному, схематическому подходу во всём и, особенно, в гуманитарной сфере. Для него любая вещь, явление, понятие, с которыми он сталкивался, могли быть "препарированы" в терминах этих классических учений по пунктам: "во-первых", "во-вторых", "в-третьих".

Ведущим подходом в мышлении типичного советского человека стал формализованный подход ко всему, что его окружало. В частности, такой подход широко применялся в гуманитарной сфере. Как известно, формализация - это сведение содержания к форме, то есть словесных или образных представлений об объектах и процессах к моделям, формулам, схемам и обозначениям.

Типовыми вопросами, задаваемыми в рамках начётнических полемик были следующие: "Ты за или против?". "Ты враг или друг?". "Ты принимаешь или отвергаешь?". Грубость, примитивность выражения мыслей и чувств доходящая до убожества, отличала советского человека от русского человека предыдущей досоветской эпохи. Достаточно посмотреть практически любые политические статьи, опубликованные в советских газетах конца двадцатых – начала пятидесятых годов ("Правда", "Известия" и других), чтобы понять до какого примитивного уровня может довести людей начётническое, некритическое внедрение марксистско-ленинской идеологии в практическую жизнь. Всё ограничивалось отбором подходящих случаю цитат, применением устоявшихся штампов, обязательному присутствию врага, ссылками на авторитеты, партийные постановления и пр.

Воспитанные в Советском Союзе советские люди создали свой особый советский мир. Они могли этот мир критиковать, ругать, даже ненавидеть, но это был их мир. И отказаться от него они уже были неспособны поскольку имели своё особое советское сознание. В чём это сознание состоит? Во-первых, в неопределённости морально-этических точек отсчёта, хотя эта неопределённость самого советского человека нисколько не волновала. Во-вторых, в зависимости от советского государства, то есть в надежде на то, что в любой ситуации государство выручит, поможет, защитит, не даст пропасть. И в-третьих, в иррациональной, утопической вере в возможность реализации своего личностного потенциала в советской стране.

Можно выделить существенные психологические особенности советского человека, сложившиеся или усилившиеся во время коммунистической диктатуры. Часть из них идёт из глубины веков и отражает исконно русские национальные черты, другая часть является прямым следствием правления коммунистов. Приведённые ниже типовые особенности личности не означают обязательного присутствия именно этих черт характера у конкретного советского человека, однако эти психологические качества были достаточно широко распространены. В список включены шесть качеств, хотя его можно расширить:
- Избегание персональной ответственности (см. раздел 5.5.),
- Неустойчивая нравственная позиция (см. раздел 7.2.),
- Недоверие к людям и презумпция их виновности (см. раздел 9.4.),
- Равнодушие к людям и разобщённость (см. раздел 9.1.)
- Подмена реального воображаемым (см. раздел 10.2.),
- Страх перед изменениями (см. раздел 12.3.).

Образцом советского человека для писателя, радио и телеведущей Ирины Хакамада был её отец – коммунист японской национальности, живший в СССР. Описывая отца, Ирина даёт его портрет в лаконичном советском стиле по пунктам (я позволю себе этот портрет очень сжато воспроизвести, стараясь не нарушить содержание):

-он не сомневался в том, что живет в великой стране и гордился этим,

-его удовлетворяла такая идеология, такая система, при которой государство определяет его личную жизнь,

-он верил в мечту, которую ему предлагали коммунистические власти и жил в стране своей мечты,

-он надеялся на патернализм со стороны государства,

-его вполне удовлетворяло равенство, которое существовало в СССР,

-он не был индивидуалистом,

-он ощущал себя частью коллектива и неким "винтиком" в огромной империи,

-он ассоциировал себя с межнациональным единством,

-он не был критично настроен к коммунистической идеологии и к тому обществу, в котором живет,

-он чувствовал себя в СССР психологически очень комфортно,

-он был абсолютно равнодушен к деньгам и даже презирал их,

-он испытывал глубокое презрение к буржуазному образу жизни. [171]

Отец Хакамады был, видимо, близок к идеальному советскому человеку. Таких людей и "выковывала" советская власть из всех, кто волею судеб оказался в советской империи после Октябрьского переворота. Нет нужды говорить, что к такому идеалу могли приблизиться далеко не все.

Каждый советский человек сам по себе не представлял для советской системы уникальной ценности. Все, включая вождя, были взаимозаменяемыми. Вождь оставался только портретом на стене или бюстом в центре зала или в углу комнаты. Вождём можно было сделать любого человека, например, лысого картавого коротышку или косноязычного усатого параноика или кого угодно ещё. Дописать его портрет, снабдить портрет человеческими чертами было уже нетрудно. Социалистических реалистов в СССР было хоть отбавляй. Очеловечивать портрет лидера, вождя - это ведь не мёрзлую землю в советском концентрационном лагере копать.

Какое тут может быть взаимопонимание между людьми в советской системе? Какая общность людей на основе личных привязанностей, духовного родства, национальных и религиозных ценностей? Даже семейные отношения нередко были перемешаны с правилами партийного функционирования. Официально предполагалось, что любить надо прежде всего социалистическое государство и коммунистическую партию, как руководящую и направляющую силу движения советских людей по пути социализма и коммунизма. Всё остальное должно игнорироваться или даже на корню пресекаться. Если между людьми вспыхивали более глубокие отношения, чем положено по со-

ветской схеме, то их надо было вписать в общую идеологическую канву. В 30-
х – 50-х годах человеческую индивидуальность окончательно убрали из рассмотрения в философских и психологических трудах советских учёных.

После 1953 года формирование и шлифовка Гомо Советикуса замедлились.
Однако система, созданная большевиками всё ещё работала. Правда постепенно повышался средний уровень образования и общей культуры людей в
СССР. В 1972-м году на XXIV съезде КПСС всему миру было официально объ-
явлено, что через 55 года после Октябрьской революции в СССР сложилась
новая историческая общность людей - советский народ. Ну ещё бы - два поколения успели родиться после Октябрьского переворота. Официальное рождение нового доселе невиданного советского человека состоялось. И ещё целых
20 лет после этого объявления Новый Советский Человек топтал своими са-
погами просторы земли и ближнего космоса. В плане идеологии этот человек
был "прост, как лопата и незатейлив, как грабли". Вооружённый "самой передовой марксистско-ленинской общественно-экономической теорией", он
точно знал, кто есть кто и кто чего стоит в этом подлунном мире. Если после
первой четвертинки водки сомнения и посещали Нового Советского Человека, то после второй они рассеивались.

К моменту развала СССР в 1991 году в результате социально-
экономических экспериментов инициированных коммунистами оказалось,
что у русских людей забрали их бессмертную душу, ничего кроме примитив-
ных марксистско-ленинских суррогатов не дав им взамен. Бог надолго, если
не навсегда, ушёл из сознания советских людей. Новому советскому человеку
может быть и прививали хорошие черты (национальную толерантность, веру
в светлое будущее), но он был плохо приспособлен к реальной жизни в естественных рыночных условиях, что и показали события после 1991 года, когда
советским людям пришлось выживать на ранних этапах возврата к полуфео-
дальному олигархическому капитализму.

Счастье и одновременно несчастье людей, которых воспитывали в советской системе, состоит в том, что они слабо понимали, а некоторые до сих пор
не понимают, что больны советизмом, как не понимают животные, родившиеся кроликами, каково быть слоном или как не понимают многие пациенты в
психиатрических клиниках всей глубины своих проблем. Ну, положим, с кроликом уже ничего не поделаешь. Если генерация кроликов всё же выживает в
течение многих поколений, значит они хорошо адаптировались в биоценозе
Земли. Для пациентов в клинике тоже существуют психотропные препараты,
психотерапевтические процедуры и пр. А вот что делать с советским человеком, который заполонил собой пространство бывшего СССР? Ведь условия
жизни в России и бывших союзных республиках после 1991 года изменились,
а он остался всё тем же. Кто-то стал бандитом, кто-то воспользовался знаком-

ствами в верхних эшелонах власти и благоприятной экономической конъюнктурой, чтобы несметно обогатиться и стать олигархом, кто-то стал чиновником при власти, кто-то эмигрировал, большинство советских людей доживают свой век в России, пытаясь приспособиться к тому, что от СССР осталось.

Примечательны в этом смысле слова 58-летнего главного редактора "Независимой газеты" Константина Ремчукова, молодые годы и становление которого пришлись на поздний коммунистический период: "Хочу сказать, что всегда в жизни я жил неплохо, я был энергичным, студентом, аспирантом, очень рано, в 22 года уехал за границу, что было редкостью, в 1976-77 годах. Приехал, купил квартиру в Ясенево, был в аспирантуре, были деньги, чтобы одевать жену, ребенка. Но всегда жили от зарплаты до зарплаты, вот, после того, как таким разовым куском заработаешь. Но было ощущение того, что будущее очень хорошее будет обязательно. И, вроде бы, анализируя экономику, знали и понимали, какие недостатки советской экономики. Но не было ощущения, что нужно уезжать из страны, что эта страна тупиковая. ... Ну, никогда не было такого, чтобы на фоне вот этой, как бы, объективной по параметрам нормальной жизни не было такого пессимизма, который фиксирует и социология, и фокус-группы в отношении собственного будущего." [135] Видимо, система советских мифов всё ещё неплохо работала в 60-х – 70-х годах. С тех пор прошло много лет, а новой системы идеологических ценностей нынешняя российская власть не придумала и пользуется старой с поправкой на рыночные отношения. Вначале Ельцин, теперь Путин и иже с ними пытаются вернуться к старой имперской идеологической триаде: "православие, самодержавие, народность", сохранив при этом часть советских принципов, категорий, идеологем, но это им плохо удаётся – всё же XXI век на дворе. А без системы идейных основ, без национальной идеи - какой уж оптимизм у русских людей?

7.2. Неустойчивость нравственных основ личности советского человека

Конечно, в царской России было много недостатков, о которых с большим удовольствием писали русские критики, писатели и поэты XIX века, обличавшие существовавшие в России порядки (Пётр Чаадаев, Виссарион Белинский, Александр Герцен, Николай Чернышевский, Николай Некрасов и др.). Однако, эти отклонения от европейской нормы не носили такого всеохватывающего характера и не были неотъемлемой частью жизни русского народа, как это изображали в своих произведениях критически настроенные ко всему, что связано с царизмом авторы. Всё-таки люди труда были в массе своей честными, порядочными, боялись владыку небесного и владыку земного, соблюдали общечеловеческие моральные нормы. К счастью для этих критически настроенных писателей и поэтов они сами не дожили до большевизма и до уничтожения большевистской чернью их детей и внуков. Но зато дожили другие, такие, как Михаил Булгаков, Алексей Толстой, которые увидели последствия этой коммунистической победы.

Идеологическая некомпетентность простого русского человека помогла большевикам склонить простого русского мужика на поддержку своей придуманной в кабинетах теоретиков пролетарской социалистической революции. Что касается людей незаурядных, то их выживание в 30-е годы было возможно, только если эти люди держали язык за зубами и сотрудничали с новой властью. Да и то не всегда. Чтобы выжить писатели и поэты той поры сочиняли стихи для детей, переводили классическую литературу и поэзию с иностранных языков (Корней Чуковский, Самуил Маршак), занимались историческими исследованиями (Дмитрий Лихачёв). Другие работали с темами, имеющими отношение к литературным критикам XIX века или к октябрьской "революции" и борьбе рабочего класса за свои права. Кино- и театральные режиссёры (Георгий и Сергей Васильевы, Михаил Ромм, Всеволод Мейерхольд, Иван Пырьев и другие) использовали свой талант для создания конъюнктурных фильмов и театральных постановок на заданную тему или в заданном коммунистической партией ключе.

Никанор Савич, государственный деятель Русской империи и Белого движения на Юге России в своих воспоминаниях писал: "Революция смыла всё честное, светлое и прогрессивное, что было накоплено в несчастной России за века Петербургского периода её истории." [142, с. 59] Смыла она преимущественно весь верхний культурный, духовный слой, который определял морально-этические нормы и точки отсчёта людей, задавал нравственный тон в России, как культурной европейской стране.

Основой нравственности является религия, закон и собственность. В СССР работал только уголовный закон и страх наказания. После Октябрьского переворота население России оказалось отброшенным на столетия назад в морально-этическом и культурном планах и стало создавать новую советскую мораль и культуру практически с нуля под руководством всё той-же коммунистической партии. В общем "лепили" из того, что было. В результате получилась своеобразная эклектическая смесь из кусочков, отходов старого и надежд на новое. Но зато эта смесь была очень притягательна для мирового рабочего класса и либеральной интеллигенции многих зарубежных стран, которые восторгались от одной мысли о первой стране рабочих и крестьян, где власть и собственность принадлежали народу. Правда оставшаяся в живых после Гражданской войны в России немногочисленная русская интеллигенция, вынужденная служить новой власти, интеллигенция ещё царской закваски, не была столь оптимистично настроена в отношении государства под названием Советский Союз. Из чувства самосохранения эти люди "держали язык за зубами", предоставляя право зарубежным идеалистам социалистического толка фантазировать по поводу будущего СССР.

Русский религиозный мыслитель, историк и публицист Георгий Федотов в 1942 году написал о последствиях Октябрьского переворота для создания нового советского человека так: "не будет преувеличением сказать, что вся созданная за двести лет Империи свободолюбивая формация русской интеллигенции исчезла без остатка. И вот тогда-то под нею проступила московская тоталитарная целина. Новый советский человек не столько вылеплен в марксистской школе, сколько вылез на свет Божий из Московского царства, слегка приобретя марксистский лоск. Посмотрите на поколение Октября. Их деды жили в крепостном праве, их отцы пороли самих себя в волостных судах. Сами они ходили 9 января к Зимнему дворцу и перенесли весь комплекс врожденных монархических чувств на новых красных вождей. Вглядимся в черты советского человека - конечно, того, который строит жизнь, а не смят под ногами, на дне колхозов и фабрик, в черте концлагерей. Он очень крепок, физически и душевно, очень целен и прост, ценит практический опыт и знания. Он предан власти, которая подняла его из грязи и сделала ответственным хозяином над жизнью сограждан. Он очень честолюбив и довольно черств к страданиям ближнего - необходимое условие советской карьеры. Но он готов заморить себя за работой, и его высшее честолюбие - отдать свою жизнь за коллектив: партию или родину, смотря по временам." [170, с. 276-303] Блестящая характеристика советского человека 30-х годов.

Советская система вообще имела линейную определённость. Подавляющее большинство людей, родившихся в ней или волею судеб оказавшихся в ней становились советскими людьми, обладавшими целым "букетом" качеств: от приспособляемости, страха перед всесильными чекистами до утери собственного достоинства. Все эти качества обеспечивали простому человеку лучшее выживание в рамках системы, которой после 1922 года не было альтернативы. Русский народ и так не отличающийся социальной смелостью и сплочённостью при отстаивании своих прав, был раздавлен и смят репрессивной карательной большевистской машиной. Ложные классовые моральные ценности были поставлены во главу угла общественной жизни. Люди жили как в условиях чёрно-белой компьютерной игры. Варианты ходов, правила перемещения, перечень наказаний и поощрений, ограничения на свободную мысль – всё было задано разработчиками этой системы сверху. Кроме того, по мере продвижения к вершинам власти цена ошибки возрастала, за ошибки приходилось платить свободой, жизнью, достоинством (у тех, у кого это достоинство оставалось). Всё это до такой степени въелось в сознание каждого, кто родился в Советском Союзе, что даже люди, чьи молодые годы прошли на закате коммунистической эпохи, усвоили её ценности.

Большевистские апологеты переписали историю России так ловко, что многие лживые интерпретации сохранилось до сих пор. В сталинский период придумыванию всяческих мифов, легенд, подтасовкам, замалчиванию исторических фактов уделялось особое внимание. Изымались целые пласты исторических свидетельств. Вся история России и Советского Союза преподносилась населению под нужным коммунистам углом зрения. Краткий курс истории ВКП(б) 1938 года был образцом такого рода тенденциозного изложения истории. (Прим: Книга "Краткий курс истории ВКП(б)" издавалась до 1953 года 301 раз на 67 языках в количестве 42 миллиона 816 тысяч экземпляров. После смерти И. В. Сталина эта переработанная книга издавалась под названием "Краткий курс истории КПСС". Несмотря на развал СССР и прекращение деятельности КПСС основные положения книги оказывают большое влияние на современное изложение истории России и на жизнь людей.) В результате Россия практически потеряла свою национальную историю. И теперь требуются немалые усилия для её восстановления.

Уничтожив и выгнав за рубеж живых свидетелей преступлений коммунистов или заткнув им рот страхом за свою жизнь и жизнь их семей, "подмяв" под себя прессу, уничтожив исторические документы или спрятав их в спецхраны, наложив на оставшиеся документы гриф секретности или "для служебного пользования", поставив малообразованных людей ещё недавно читавших по складам, во главе исторической науки, коммунисты получили полную возможность творить историю по своему велению, по коммунистическому хотению. Многие зарубежные источники и архивы из-за "железного занавеса" были рядовому населению недоступны. Подрастающие поколения советских людей слушали и читали в основном то, что им предлагали пропагандисты и агитаторы. Таким образом, коммунисты "вбили гвоздь в крышку гроба" уничтоженных ими сословий дворян, помещиков, священников и капиталистов, а также почти всей русской культуры. После этого советские писатли, поэты, историки, кинематографисты могли врать, сколько им было угодно. Если в тех новых советских культурных произведениях, которые появились в 30-е годы и были элементы правды, то касались они вещей, которые невозможно скрыть.

В ленинско-сталинском государстве обманщиками постепенно стали все – каждый по-своему - кто-то экспроприировал, кто-то убивал, кто-то проповедовал необходимость классового подхода, кто-то использовал отнятые у буржуев и помещиков деньги для помощи "интернациональным братьям по классу" во всём мире, кто-то просто закрывал глаза на всё это безобразие и угодливо поддакивал коммунистическим правителям потому что боялся за свою жизнь. Многие жители России, если не участвовали в безобразиях Гражданской войны, то по крайней мере не сопротивлялись, когда эти безобразия творили другие на их глазах. И эта гибкая, хитрая мораль замалчивания и невмешательства оказалась настолько живучей, настолько въелась в души людей, что и до сих пор составляет основу ментальности современных жителей России. То, что русские люди имеют сейчас в XXI веке, они "посеяли" после Октября 1917 года.

В советские времена писатели, продюсеры фильмов, постановщики спектаклей, обозреватели в СМИ, политики осуждали и критиковали многое из того, что было до Октябрьского переворота и замалчивали многое из хорошего. Так они не упоминали о честности русских купцов, о больших финансовых и материальных пожертвованиях не только богатых, но и простых людей России на общественные нужды (строительство школ, театров, церквей), об офицерской чести широко распространённой в среде русского офицерства, о многочисленных случаях жертвования своей жизнью за родину. А сколько в XIX начале XX века было всего построено - железных дорог, зданий, которые до сих пор стоят. Получается, что даже то, что было достойно подражания и развития, в произведениях советского "искусства" замалчивалось или представлялось как плохое или глупое, хотя беспринципными конъюнктурщиками были именно эти советские "творческие" вруны.

А чего стоили произведения советских "классиков" 20-х – 30-х годов, поднятые на щит советской пропагандой. Аморальные явления, когда дети отказываются от своих родителей – "врагов народа", производственные и колхозные повести и романы, которые не имели ничего общего с реальной жизнью. Всякие стихи о Советском Паспорте и мистере Твистере. Зато ни слова в этих советских произведениях не было сказано об истинной цене Гражданской войны, Коллективизации и Индустриализаций, Гулаге и Большом Терроре. Вместо этого на экраны и в печать выпускались пропагандистские фильмы типа "Свинарка и пастух", "Депутат Балтики", "Мы из Кронштадта", "Щорс" и многие другие, не имевшие ничего общего с действительностью.

Зато сатира на прежнюю русскую жизнь в пьесах Александра Островского (например, "Гроза", "Бесприданница", "Без вины виноватые", "Волки и овцы" и пр.), Антона Чехова ("Чины и люди", "Маска", "Человек в футляре", "Анна на шее") приветствовались в театрах и на съёмочных площадках. В это же самое время немногие сатирические произведения, отражавшие парадоксы и лицемерие новой советской жизни по типу романов Михаила Булгакова ("Собачье сердце", "Мастер и Маргарита") не публиковались и были запрещены к постановке. Сатира позволялась только при условии, если высмеивали представителей исторически обречённых классов (священников, дворян и пр.). Например, в талантливом романе Ильи Ильфа и Евгения Петрова "Двенадцать стульев" жулик и авантюрист Остап Бендер выглядит куда умнее и симпатичнее дворянина Кисы Воробьянинова и священника Фёдора Вострикова. Роман до сих пор считается классикой советского сатирического жанра, хотя не хочется даже представлять, в какой концлагерь отправили бы этих писателей, если бы они вывели дворянина и священника в качестве симпатичных, положительных героев. Скорее всего об Ильфе и Петрове мы бы никогда не услышали. В общем коммунистическая власть одурачивала советского человека, как умела и как могла. Объективностью, исторической правдой здесь и не пахло.

Вспомним, что и как проходили дети в школах в советские времена: стихотворную поэму Николая Некрасова "Кому на Руси жить хорошо", сатирические пьесы драматурга Александра Островского, сатиру писателя Михаила Салтыкова-Щедрина, выборочные стихи поэта Александра Пушкина вроде "Прощай немытая Россия", прозу Максима Горького по типу "На дне", литературных критиков и писателей вроде Белинского, и Герцена которые давали обзор недостатков и описывали в основном плохое, что было в царской России. В общем коммунисты вытащили на всеобщее обозрение все нелицеприятные вещи о России, которые смогли найти в литературе и истории.

Зато они почти не трогали лучшее, что было. А было немало. Русский народ в XIX - начале XX века в плане живописи, музыки, литературы был одним из наиболее видных и значимых народов того времени. Часто было непонятно откуда появились гениальные произведения русского культурного возрождения, шедевры русской музыки и зодчества, великолепные стихи поэтов серебряного века. Ведь не на пустом месте всё это родилось.

Из зарубежных писателей и поэтов публиковали в основном коммунистов, певцов рабочего класса и критиков капиталистического строя вроде Пабло Неруды, Назыма Хикмета. Аккредитованные в капиталистических странах корреспонденты вроде Валентина Зорина описывали только "тёмные пятна" капитализма. Они "вывернули все мусорные бачки" на задворках Нью-Йорка и городов других капиталистических стран, хотя вышибить этих критиков с теплых корреспондентских мест за рубежом можно было разве что из пушки.

В течение всего периода коммунистического правления в советской прессе искажались реальные данные о войнах и воинских операциях, которые вёл Советский Союз по всему миру. Например, про жертвы в войсках и среди мирного населения во время второй мировой войны правдивые данные долгое время не публиковались. Сразу после войны речь шла о 8 миллионах погибших. Потом эта цифра возросла до 20 миллионов. И только в Брежневские времена появилась цифра в 26 с половиной миллионов погибших. Она является более или менее правдоподобной. Про покалеченных, инвалидов и их судьбе вообще разговора не велось. Также в советские времена никто не упоминал про не родившихся детей из-за того, что целые возрастные группы мужчин в СССР были практически "выбиты" из демографической статистики (например, мужчины 1921-1923 годов рождения), про сосланных в Гулаг так называемых "предателей родины", про тех, кто не вернулся по разным причинам после войны в СССР. Это ещё более 10 миллионов человек. Всё это замазывалось, покрывалось толстым слоем лжи – мол "мы за ценой не постояли", победили не обращая внимания на человеческие и материальные потери и теперь "война всё списала". А что за этими потерями, утаиваниями, искажениями и списаниями стояли фальсификации и ложь, которые пронизывали всё, что делало руководства страной, начиная с 1917 года, так в те времена правда для своего народа была опаснее термоядерной бомбы.

После Второй мировой войны СССР вёл войны в основном на чужой территории и помогал установлению прокоммунистических режимов по всему земному шару. Если исходить из концепции, что распределительный социализм в советском исполнении – это политически неизбежная система, то все эти войны правительству СССР надо было признать исторически закономерными и справедливыми. Непонятно в таком случае, чего стеснялись советские руководители? Почему они всё время вели двойную игру? Почему всё делала втихаря, втайне? Зачем придумывали прикрытия, отговорки, легенды? Только для того, чтобы не прослыть агрессором? Чтобы оправдать свой лозунг: "Мы – за мир!"?

Почти все войны и воинские операции, которые вёл Советский Союз и Россия после Второй мировой войны в Корее, Венгрии, Вьетнаме, Афганистане, многочисленные вооружённые конфликты на Ближнем Востоке, в Африке, на Советско-Китайской границе, на Кубе и пр. были малоизвестными для своего собственного народа. Там не было известных на всю страну героев. Всё делалось тихо, в обстановке строжайшей секретности, прикрываясь словами руководства о борьбе за мир и подписками о неразглашении государственной тайны со стороны военнослужащих и привлечённых к воинским операциям гражданских лиц. Получалось, что СССР вроде бы ведёт войну, а вроде бы и нет поскольку война неофициальная. Между тем ощущение своей правоты очень важно для солдата. Ведь он идёт умирать за свою страну. Посылая своих солдат в горячие точки, советское руководство меньше всего думало о психологическом самочувствии своих солдат и "выезжало" в основном за счёт их исполнительности, к которой оно их приучило за долгие годы советской власти. А о том, что психологически подготовленный к войне за свою страну солдат воюет значительно лучше солдата, который воюет втёмную (так называемый "расходный солдат" или "солдат-пустышка") – об этом руководство страной думало меньше всего. Советский солдат рассматривался руководством СССР без уважения к нему, как к личности.

Любая военная операция или война, которую ведёт страна – справедливая или несправедливая, захватническая или оборонная, в современном мире при современных средствах космической разведки является открытой для остального мира. Раз уж утаить её нельзя, надо хотя бы сделать так, чтобы цели такой операции или войны были открыты и понятны как для своего народа (прежде всего!), так и для всего остального мира. Хотя бы для того, чтобы солдаты чувствовали себя честными людьми, выполняющими свой воинский долг перед родиной. В таком случае правительство официально защищает своих солдат, награждает их, хоронит с почестями, выплачивать компенсации и пенсии семьям погибших. Ну и конечно, ругает и дискредитирует противника на внутреннем и международном уровнях в информационных войнах. Конечно, в таких случаях приходится соблюдать подписанные международные договора, конвенции, официально через Красный Крест ходатайствовать о хорошем отношении к своим пленным и пр. И хотя любая война является аморальной и бесчеловечной, раз там убивают людей, но эта аморальность поставлена в относительно моральные, договорные рамки.

Руководство СССР, а теперь России слово "война" старается не употреблять. Оно применяло и применяет термины: миротворческая миссия в виде военной помощи братским коммунистическим партиям (при введении своих войск в Венгрию и Чехословакия), интернациональная поддержка народно-освободительным движениям в их борьбе с колониализмом (при вооружении дружественных СССР режимов в африканских странах), борьба с империализмом и сионизмом (поставки вооружения Сирии и Египту в войнах против Израиля), вооружённые операции против боевиков и террористических бандформирований на территории России (операции в Чечне), операция по принуждению к миру (защита русского воинского контингента в Южной Осетии в войне с Грузией).

В Советские времена лгали не только чиновники, предоставляя липовые данные своему начальству, которое само было радо обманываться, но рабочие и колхозники, которые давали завышенные, искажённые цифры своему начальству, приписывая добавочную продукцию к сделанному, чтобы получить премию. Лгала и обслуживающая советскую власть интеллигенция, представители которой "втирали очки" зарубежным коллегам о том, какой справедливой и прогрессивной является советская страна и какие в ней мудрые законы. Так журналист Николай Сванидзе, который в Советские времена сам был коммунистом и пропагандистом советских идей для внешнего мира, искренне глядя в глаза слушателям, рассказывал американским студентам-политологам о наличии полного набора демократических свобод в СССР. Всё это говорилось, опираясь на "самую лучшую в мире" Брежневскую Конституцию. [143] Теперь он с таким же жаром и полемическим задором защищает другие ценности.

Пока были живы люди, родившиеся до 1917 года и страх перед всесильной карательной машиной НКВД ещё не стал всеобщим, многие жители СССР ещё не могли переступить через установки и традиции своего семейного воспитания. Но понемногу в СССР стала торжествовать двойная мораль. Особенно эта тенденция усилилась после разоблачения Хрущёвым культа личности Сталина. Ведь рухнул идол. Это не проходит бесследно для народного сознания. И если либеральная интеллигенция за это разоблачение и за последовавшую за этим реабилитацию репрессированных и амнистию заключённых Гулага многое Хрущёву готова простить, то значительная часть простого народа после XX съезда партии почувствовала себя жестоко обманутой. В народе появились стишки, частушки, анекдоты о Хрущёве и примкнувших к нему "перевёртышах" из партийной верхушки, которые подточили веру в правильность советского пути развития. С этого момента народная вера в коммунизм в СССР покатилась под горку со всё возрастающей скоростью и даже обещания Хрущёва догнать и перегнать Америку и построить коммунизм к 1980 году не спасли положения.

При Сталине был создан немалый бюрократический аппарат, но советские чиновники, боялись наказания и вели себя сравнительно прилично (специальные продуктовые пайки, санатории, дома отдыха и спецдачи для избранных – можно считать пусть и несправедливой, но мелочью). При коммунистах второй волны КПСС ещё держала нравственность людей в своих крепких, партийных руках. Тем не менее, предательство, подсиживания, "пристраивание своих" на "тёплые" руководящие местечки были частью повседневной жизни в советской империи. Однако, худшие черты советского человека стали вылезать наружу уже при Ельцине, когда неприспособленных к рыночной экономике людей всю жизнь работавших на государство и рассчитывавших на скромную, но гарантированную старость, "кинуло" само это государство.

Категория морали в СССР была спрятана где-то между страницами Большой Советской энциклопедии. Она имплицитно существовала только как дополнение к статьям уголовного кодекса, в которых квалифицировались уголовные преступления и наказания. В советские времена было не принято говорить о моральной стороне дела в любом практическом деловом вопросе, при решении любой реальной проблемы. Мол, моральные аспекты всего этого оставим в стороне, а сейчас поговорим о деле. С одной стороны, такая постановка вопроса экономила время, уводила от казавшихся праздными, лишними, ненужными разговоров. Но с другой, она не давала обсудить гуманную, этическую составляющую дела и, в конечном счёте, приводила к воспитанию моральных уродов, для которых было всё равно - что атомную бомбу или химическое и бактериологическое оружие разрабатывать, что кастрюли делать. Они не задумывались над тем, сколько человеческих жизней унесёт создаваемое ими оружие массового поражения. Ведь что бы там не говорили, а советская наука и промышленность на 60% работала "на оборону" то есть на уничтожение себе подобных – тех, кто может покуситься на советское государство и на страны Варшавского пакта.

У советского человека была своя система ценностей, своя мораль. Правда мораль эта не имела религиозного начала, но в эту мораль включались имплицитно некоторые виды общечеловеческой морали. В конце концов всё кончилось, как и должно было кончиться – произошла конвергенция этих двух видов морали. Положения морального кодекса строителя коммунизма принятые 22 съездом КПСС в 1961 году стали включать в себя элементы иудохристианских заповедей. То, что верхушка коммунистической партии пропустила их, как официальные инструкции поведения советского человека и, более того, подняла их на щит, говорит о том, что стало происходить медленное очеловечение советской системы и КПСС не могла больше игнорировать веяния времени и изменения в народном сознании.

Когда в 70-х годах я заговаривал с людьми, жившими в Советском Союзе о проблемах совести, морали, справедливости, на меня смотрели, как на человека, который пришёл покупать туфли в парикмахерскую. Однако, как бы там ни было, но у советского человека была своя классовая мораль, воспитанная поколениями туповатых и прямолинейных советских пропагандистов на базе коллективистических уравнительных ценностей советского социалистического государства. Мораль была сухая, безыскусная, как высохшая мумия фараона, но была. И эту мораль, опиравшуюся на уголовный кодекс и классовые ценности, поддерживала коммунистическая партия. С виду всё было, как у обычных людей в приличных странах. И даже в чём-то более гуманно в плане того, что официальная советская пропаганда постоянно твердила об интернациональном равенстве, пролетарском братстве и будущем счастье всех народов на земле и, особенно, "народов нашей великой социалистической родины - надежды всего прогрессивного человечества".

При Горбачёве развитие модифицированного советского человека остановилось совсем. Гомо Советикус всё больше стал напоминать Гомо Сапиенса. Но процесс очеловечивания оказался весьма долгим и болезненным. Ведь трансформация происходила внутри советской системы. А лечить самого себя очень непросто. Сейчас в XXI веке, спустя четверть века после начала перестройки ментальность советского человека всё ещё пронизывает сознание жителей России. Вот насколько устойчивой оказалась психическая организация советского человека, выжившего в результате войн, чисток и репрессий, сформировавшаяся в результате направленной селекции и идеологической обработки сознания.

Развалы империй - вещь обыденная. В этом плане вначале российская, а потом советская империя повторили судьбу других империй – Александра Македонского, Золотой Орды, империи Наполеона, Третьего рейха. Отличие того, что произошло с Россией состоит в том, что помимо территориально-государственного развала в XX веке в Российской империи и в СССР наблюдалось два "разрыва нравственности", когда моральные принципы, накопленные народом объявлялись ложными, неправильными на официальном уровне. Это случилось в 1917-18 годах и в 1991-92 годах. После таких "разрывов" в сознании народа наступало состояние моральной неопределённости. Моральные табу нарушались, торжествовала вседозволенность, аморальная накипь из человека вылезала наружу подобно клопам из старого дивана. В конце концов этическую базу морали и взаимоотношений приходилось строить заново.

Про разрушение общечеловеческой, религиозной морали после Октябрьского переворота уже говорилось. После 1991 года уже во второй раз за XX-е столетие стала рушиться на этот раз советская мораль. Какая-никакая, но она всё-таки у советского человека была. Причём в каждой бывшей союзной республике она стала рушиться по-своему в соответствии с местными национальными традициями и обычаями, которые очень быстро захлестнули тонкий налёт интернациональных традиций. Представители разных наций и народов сразу вспомнили старые обиды, а их было немало. В некоторых бывших союзных республиках сразу вспыхнули межнациональные конфликты, ранее приглушённые страхом перед всесильной коммунистической властью и КГБ. Их обострение привело к кровавым разборкам и даже войнам в основном, правда - локальным (Нагорный Карабах, Узбекистан, Чечня, Абхазия, Приднестровье).

Неопределённость морально-этических норм, точек отсчёта - это психическое состояние, возникающее у человека в результате нехватки знаний, неуверенности в своей правоте, необходимости принятия решения в ситуации морально-этического выбора. У советского человека эта неопределённость связана с тем, что ему не на что опереться внутри себя. Русская культура была либо уничтожена, либо трансформирована в угоду классовой идеологии, православная религия была сведена к роли приживалки в коммунистическом доме, экономические принципы, нормы хозяйствования и законы рынка у тех, кто родился в Советском Союзе специально не воспитывались за ненадобностью. К этому времени у советских людей осталась только теоретическая марксистско-ленинская конструкция, основанная на пролетарском интернационализме и историческом материализме. Но с этой конструкции была содрана красивая упаковка и морально-этические ценности советского человека стали "ржаветь" прямо на глазах.

Ещё в начале 80-х годов, когда генерация старых большевистских "динозавров" сходила с политической сцены, многие советские комсомольские, профсоюзные и даже партийные работники, соблюдали только внешнюю оболочку, форму лояльности и покорности по отношению к КПСС и к органам советской власти. Комсомольские функционеры времён Горбачёва легко шли на сделку с совестью, особенно когда вокруг не было тех, кто мог на них донести или проконтролировать их деятельность. К этому времени страх сталинских времён и другие советские меры контроля и подавления перестали работать так неотвратимо, как раньше. На первый план вышли ловкость и умение обмануть советскую систему. Среди комсомольских деятелей были популярны закрытые развратные вечеринки, провоз дефицитных товаров через границу и др. Стоило таким комсомольским деятелям оказаться за границей (даже только пройдя таможню), они начинали неумеренно пить коньяк, рассказывали похабные анекдоты иностранцам, покупали запрещённые в СССР порнографические журналы и фильмы - то есть вели себя в соответствии со своими понятиями о западной свободе – свободе вне советских классово-партийных рамок, забыв про моральный кодекс строителя коммунизма. И пока эти люди на чём-то не попадались (например, провоз через границу порнографии или запрещённой в СССР литературы), они продолжали вести себя в соответствии со своими понятиями о воле, спущенной с поводка.

Именно комсомольские работники 80-х годов, имевшие партийные билеты в кармане, стали основным источником кадров, из которых "вылупились" нынешние высокопоставленные чиновники, "новые русские" и даже олигархи, которые присваивали общенародную собственность без меры, без стыда и без совести. Они всеми правдами и неправдами сколачивали себе многомиллионные состояния, "заказывали" конкурентов, покупали лояльность политиков и журналистов, щедро оплачивая их услуги. Поскольку в комсомол и в партию они шли для карьеры, а их духовные запросы оставляли желать лучшего, то безмерная роскошь стала для них нормой жизни. Вот скажите, зачем одному человеку иметь по несколько дорогих шуб, часов, яхт, дворцов, автомобилей? Всё это от убогости потребностей и невысокой морали, когда дозволено многое и нет ограничивающих морально-этических барьеров. Уже в 1990 году вступить в КПСС для человека с высшим образованием и занимающего хотя бы небольшой руководящий пост стало достаточно легко. Секретари парткомов на местах предлагали это многим, видимо интуитивно чувствуя закат коммунистической эпохи и желая сохранить привычный советский уклад "на плаву" хотя бы за счёт интеллигенции.

Публицист Леонид Радзиховский как-то сказал, что понятие "честная репутация" в современной России не существует. Никого не интересует - правду говорят о человеке, или лгут. Также не интересуют народ поддельные документы, сокрытие налогов, а вот кто стоит за тем или иным действием, сколько

человек за это заплатил и кто какие коммерческие интересы преследует вызывает интерес. [127] Это смещение акцента с самого факта нарушения закона, жульничества, как аморального явления недопустимого в здоровом обществе, на тайную составляющую нелегальной операции, само по себе неесте-
ственно и показывает невысокую мораль самих любопытствующих людей.

О морали русского человека очень образно сказал писатель Виктор Ерофеев: "Смесь веселья и тоски – это национальный коктейль язычества и христианства, вакханалии и покаяния. Левая рука хватает девок за задницу, правая
не забывает, в конце концов, перекреститься. Веселье и тоска - это не прими-
рение религиозных противоречий, а их волнующее душу столкновение. ... Мы
никогда не нашли в своей жизни золотой середины – она нам кажется мещан-
ской отрыжкой. Олигархи, политики, режиссёры, музыканты, правозащитни-
ки, силовики – все слои нашего общества охвачены языческой волей к удо-
вольствию. ... Христианство часто оказывается только скорлупой, которую
разрывает наш ненасытный дух бесшабашной радости. ... Мы живём в стране
удивительно подвижной морали, которой нет ни на запад, ни на восток от
нас. Мы глубоко аморальны, готовы к кромешному самооправданию, и наша
тоска – тоска по идеалу, которого мы не достигли. ... У нас нет терпения и сил
себя перестроить. Нам страшно, когда совесть спит, нам страшно, когда она
проснется." [56] Если не забывать о существовании фрейдовского механизма
проекции, когда Виктор Ерофеев приписывает свои собственные чувства и
ассоциации другим людям, то характеристика весьма объёмная. Как известно
проекция - это механизм психологической защиты личности, в результате
которого внутреннее состояние ошибочно воспринимается как приходящее
извне.

Показательна судьба Пола Хлебникова - американского журналиста - по-
томка эмигрантов, уехавших из России в 1918 году - это судьба интеллигента,
воспитанного в рациональном американском обществе и пытавшегося с позиций общечеловеческих моральных ценностей освещать то, что делалось на
"переломе эпох" - бывшей советской и нарождающейся русской. Пол применил свои православные морально-этические принципы, на которых был воспитан с детства к тому, что он видел в России в 90-е годы. Для Пола плохо -
это плохо, а хорошо - это хорошо. И по-другому быть никак не может. И вот 9
июля 2004 года его убили – убили вскоре после публикации книги "Разговор с
варваром" – чеченским полевым командиром и через 2 месяца после публикации списка 100 самых богатых людей России в русской версии журнала
"Форбс", в котором он был редактором.

Своими книгами и статьями Пол нажил себе много врагов. Ведь большая
часть крупных капиталов в России была получена нечестным путём. До сих
пор неизвестно, кто убил Пола. Власти об этом не особенно беспокоятся. По-

думаешь, какой-то американский журналист. Его родственники за границей каждодневно не "теребят" следователей, расследующих это дело в отличие от родственников и коллег Галины Старовойтовой и Анны Политковской, для которых найти и осудить преступников было делом чести и справедливого возмездия. Убийство Пола Хлебникова знаменует естественный логичный конец его деятельности в России, всё ещё состоящей из советских людей. Иначе и быть не могло. И всё потому, что Пол пришёл со своим нравственным "уставом" - уставом порядочного человека в чужой монастырь, где мораль совсем другая. Даже странно, что Пол сумел прожить в России так долго прежде, чем его застрелили.

Пока в России будут убивать людей, которые имеют искреннее желание помочь своей стране (императора Александра Второго (Освободителя), премьер-министра Петра Столыпина (Реформатора) и огромного числа других, работающих на благо своей страны), Россия не имеет перспектив развития потому, что не бережёт лучшее, что у неё есть. Между тем, бывшие советские люди с гибкой моралью, которые грамотно воспользовались ситуацией беззакония и неопределённости 90-х годов и своей близостью к верховной власти, покупают многомиллионные дворцы и яхты, футбольные и баскетбольные команды, ходят с тройной охраной и живут припеваючи за границей на украденные у русского народа денежки. А русский народ весь XX век ходит в дураках. Может и правильно ходит?

В Послании Федеральному собранию 12 декабря 2012 года президент Путин сказал: "На протяжении только одного XX века Россия прошла через две мировые и гражданскую войны, через революции, дважды испытала катастрофу распада единого государства. В нашей стране несколько раз коренным образом менялась вся система жизнеустройства. В результате в начале XXI века мы столкнулись с настоящей демографической и ценностной катастрофой, с настоящим демографическим и ценностным кризисом. А если нация не способна себя сберегать и воспроизводить, если она утрачивает жизненные ориентиры и идеалы, ей и внешний враг не нужен, всё и так развалится само по себе." [122] Не знаю, писал ли Путин эти слова сам или за него поработали консультанты и спичрайтеры, но сказано хорошо. Также как можно было согласиться со многим, что написал тогда ещё президент Медведев в статье: "Россия, вперёд!" опубликованной 10 сентября 2009 года. [94] Хотя почему-то все эти правильные вещи никак не хотят воплощаться в жизнь. Воз и ныне там. Осознать справедливость и правильность чего-то хорошего - это одно, а воплотить это хорошее в русскую жизнь – совсем другое. Теми темпами, которыми Россия воплощает пожелания своих лидеров, ей ещё долго придётся этим заниматься.

В связи с вышесказанным, я нашёл весьма интересное замечание о влиянии моральных сентенций и оценок на изменение сознания жителей России в интернет-дискуссии на тему: "Сталин и русская душа", проведённой в рубрике "Круглый стол" Вестника аналитики, №1, 2009. Русское "травмированное общество не приемлет моральных оценок. Попытка апеллировать к морали, что было характерно для дискуссий об истории на рубеже 1980–1990-х годов, ныне – глас вопиющего в пустыне. Подобного рода апелляции вызывают лишь нарастающее раздражение. Ибо таков социокультурный материал, из которого состоит современное русское общество. Есть существенное различие в морально-ценностных основаниях советского общества и современного. Ценностная иерархия современной молодежи не имеет ничего общего с той ценностной рамкой, в которой выросли люди советского общества." [159]

Итак, если подвести итог сказанному, то видно, что на первом этапе построения коммунизма (1917-1953 годы) большевистской верхушке удалось создать советского человека со своей особой советской моралью. На втором этапе (1953-1991 годы), когда в природу этого человека стало вмешиваться славянское разгильдяйское начало, всё стало понемногу возвращаться на круги своя и классикам марксизма-ленинизма пришлось потесниться и занять своё место на пыльных полках исторической и философской литературы. Процесс создания человека коммунистического будущего в СССР так и не был доведён до конца. Третий этап отмирания и трансформации советского человека продолжается до сих пор. Процесс идёт настолько медленно, что восстановить морально-этические основы личности у людей, проживающих в России в обозримой перспективе вряд ли удастся, особенно в условиях централизованного бюрократического управления.

7.3. Почему советизм в России не осуждают официально?

Трудно справиться с дьяволом в себе, особенно, если его не ощущаешь.
(Основы психологии морали)

С момента большевистского переворота прошло почти сто лет. Однако, большевистский период в истории России до сих пор институционально не завершен. На государственном уровне в России, да и во всём мире никто не осудил стратоцид своего народа или уничтожение людей другого социального происхождения, которое осуществляли большевики, хотя этот вид геноцида ничем не отличается от геноцида по расовому, национальному и религиозному признакам официально осуждённого мировым сообществом, как преступный. Ведь фактически большевики осуществляли в России массовое убийство целых социальных слоёв, групп населения. "Ничего личного – мы убиваем за идею" – говорили они. Причём самые фанатичные и упёртые из них вроде Ленина, Троцкого, Дзержинского и Лациса вероятно искренне считали, что делают благо для человечества. Про приспособленцев, примкнувших к коммунистическому движению из карьеристских побуждений, надеясь урвать своё из послеоктябрьской заварушки, можно не говорить – таких всегда полно; можно также не говорить про тех, кто мстил за погромы, унижения, которые им и их родственникам пришлось претерпеть – а тут такой великолепный случай представился – уничтожить обидчиков под лозунгом борьбы за коммунистическую идею; можно также не говорить про солдат удачи, психопатов и бандитов, которым было всё равно, кого грабить и убивать. Из последних Дзержинский комплектовал отряды карателей для ВЧК, которые свирепствовали в Киеве, в Николаевске, в Астрахани, в Крыму и во многих других местах.

Большевистская власть была криминальной с самого начала и стала медленно "смягчаться" только после смерти Сталина. Процесс смягчения, очеловечивания системы был одновременно процессом её разложения и краха. Советская система в России работала только в ленинско-сталинском варианте, либо начинала загнивать.

В продолжение долгих 74 лет огромная страна жила по правилам, придуманным фанатиком-интернационалистом Лениным и воплощённым в жизнь другим фанатиком – Сталиным. Людей помельче вроде Хрущёва, которому Сталин в любой момент мог приказать: "А ну, Никитка, спляши!" - и тот плясал, можно даже в расчёт не брать – эти без возражений шли след в след за главным вождём, пока тот был у власти, а потом гадили на его могилу, когда вождь умирал. Своё правление эти недалёкие люди начинали с отмывания, отбеливания своей биографии, а заодно и совести, с уничтожения компромата на самих себя. А среди большевиков чистеньких не было вообще.

Краткий итог того, что произошло с Россией в XX столетии приводится в книге по истории России под редакцией профессора МГИМО А.Б Зубова: "В 1917-1954 гг. самими русскими людьми были убиты десятки миллионов лучших граждан России, изгнаны из страны миллионы других. Невыносимые условия жизни, голод, нищета и репрессии привели к тому, что многие люди предпочитали не создавать семьи, не рождать детей. В 1939 г. народ России оказался втянутым в страшную мировую войну, стоившую нам новые десятки миллионов жизней. В XX в. Страна потеряла, по нашим оценкам, 95 процентов своих культурных сокровищ, множество природных богатств и, наконец, в 1991 г. распалась на части." [62, с. 7]

Распалась советская империя прежде всего потому, что не могла существовать дальше в таком виде – в виде упёртого зацикленного на марксизме-ленинизме застойного государственного монстра. Только гениальный реформатор, обладающий одновременно умной командой, железной волей и большой гибкостью и к тому же не обременённый коммунистическими пред- рассудками, с помощью "ювелирно точных" экономических и политических действий мог выправить положение. Но таких в руководство страны не до- пускали. В результате в конце 80-х – начале 90-х годов в СССР, а затем в Рос- сии оказалось два реформатора – Горбачёв и Ельцин – оба не осенённые ге- ниальностью. Каждый из них по отдельности сработал примерно на троечку с минусом в пятибалльной шкале, но вместе у них получилось нечто - то, что сейчас именуется Российской Федерацией. И пока непонятно – очередная ли это тупиковая ветка в развитии страны или варианты в рамках действующей вертикальной модели управления всё же возможны.

Начиная с конца 1991 года Борис Ельцин вместе с Егором Гайдаром и его командой стали переводить страну из распределительного социализма к олигархическому капитализму. При этом люди, которых Ельцин поставил у власти в этот переходный период – почти все бывшие коммунисты - даже не покаялись за преступления предшественников и свои собственные прегре- шения – ни перед своим народом, ни перед народами других стран, в которых их предшественники насильственно внедрили распределительный социа- лизм. А раз не покаялись – значит не осознали этих преступлений, не осудили себя, а следовательно, могли продолжать безнравственно вести себя дальше. Более того, правительство России объявило себя юридическим преемником СССР, а следовательно продолжателем и последователем большевистской, кровавой ленинско-сталинской власти. Ведь в отличие от гитлеровской Гер- мании, которая проиграла войну на всех фронтах, СССР проиграл холодную войну только на экономическом фронте, сохранив немалую часть своего во- енного потенциала, территорию и природные ресурсы.

Никто из ельцинских чиновников не осудил тех, кто участвовал в ленин- ских и сталинских преступлениях подобно тому, как победители во Второй мировой войне осудили организаторов и исполнителей геноцида за нацист- ские преступления. Есть вещи в иерархии человеческих ценностей, по отно- шению к которым никаких "но" не может существовать. Если большевики убивали своих собственных граждан по религиозному, национальному, соци- альному, идеологическому признакам, то те, кто убивал и те, кто приказы от- давал - преступники. И никакие ссылки на анархию и разруху в стране, на "Белый террор", на необходимость сохранения целостности страны (кстати, где она теперь эта целостность, а десятки миллионов людей поубивали всё равно), на необходимость её Индустриализации и Коллективизации ("потому, что иначе нас сомнут" - Сталин), уже не "проходят" особенно после того, как советская империя приказала долго жить. К сожалению, в России время не расставило всё и всех на свои места. Интерпретаторы исторических событий по-прежнему идут от одной недоговорённости к другой, лакируют исторические события в зависимости от ценных указаний очередного российского лидера и базовых установок очередного интерпретатора истории.

В 1991-92 годах бывший диссидент Владимир Буковский и народный депутат РФ Галина Старовойтова пытались инициировать суд над коммунистической партией и КГБ. Но российское руководство отказалось. [67] Ни в России, ни на Западе не хотят судить свои коммунистические партии и самих коммунистов (кроме случаев доказанных преступлений, попадающих под статьи Уголовного кодекса). Слишком многие из тех, кто были в то время и сейчас у власти в России одобряли деятельность коммунистов и закрывали глаза на их преступления против народа. Все эти люди вросли корнями в советское прошлое, были воспитаны на советских ценностях, усвоили советские правила поведения.

Осуждение коммунистов оказалось затруднено и с совершенно неожиданной стороны. Предки многих политиков и влиятельных людей, владельцев СМИ за рубежом симпатизировали коммунистам и социал-демократам. Зачем ворошить старое и вытаскивать скелеты предков из шкафов? А отдельных излишне усердных коммунистов вроде Сталина всегда можно заклеймить персонально. Хотя на этих усердствующих людях и держался советский строй и вся коммунистическая идея. Без них и распределительного социализма бы не было. Ну а после того, как КПСС была распущена Ельциным и Горбачёвым и перестала оказывать политическое влияние на мировое сообщество, борьба с ней потеряла актуальность. Стоит ли колотить палками по мешку, из которого вышел воздух?

И даже после того, как окончательно стала ясна порочность пути, по которому пошла Россия в 1917 году - пути, на который Россию толкнула группа большевиков-отморозков, возглавляемых Лениным, после того, как выяснилось истинное число потерь, истинная цена достижений, полученных во время движения этим путём, неэффективность советской социалистической экономики, русские тем не менее отказываются публично признать порочность этого пути, признать свои ошибки. А ведь вынудили же победители во Второй мировой войне немецкий народ признать свои ошибки после нацистского правления, провести люстрацию нацистов и через несколько десятков лет после осуждения нацизма Германия стала цивилизованной, процветающей страной, которая сама живёт хорошо и помогает другим членам Европейского союза. Почему русские не хотят сделать то же самое по отношению к коммунистам и коммунизму, на котором они "погорели" и "горят" до сих пор? Ведь преступления, связанные с геноцидом народа не имеют срока давности.

Совсем недавно один из лидеров правящей партии страны - "Единая Россия" Андрей Исаев отказалась принести извинения тем, кто отсидел в лагерях при советской власти, отказался признать ответственность за расстрелянных и замученных людей в период советской власти. Хотя, как можно гордиться и уважать государство, которое своими успехами – действительными или мнимыми - обязано убитым и замученным людям. Отказался – значит не осознал. Отказался – значит по-прежнему считает, что государство всегда право, что бы оно не делало. Отказался – значит он всё ещё советский человек. Ни модернизация, ни прогресс в экономике при таких законодателях Россию не ожидают, у них слабый уровень морально-этической ответственности.

Сейчас в России происходит постепенный возврат к дореволюционным ценностям, правда не трогая Ленина и большевиков, спуская "на тормозах" многое, что связано со Сталиным, мол это было так давно – ну что с этим поделаешь – не вешаться же из-за этого, ведь жизнь продолжается. А как она продолжается – дело второе.

Из-за того, что всё плохое, что было при Советской власти не было публично названо плохим, а убийцы, жулики и мошенники, начиная с Ленина не были названы преступниками и не осуждены хотя бы заочно, русские люди в очередной раз не получили нравственных точек отсчёта, которые бы дали им силы жить дальше с чистой совестью. В результате русская экономика, политика и правоохранительные органы до сих пор изъедены коррупцией и противоправной деятельностью, как гниющее мясо червями. И борись с этим злом - не борись толку никакого – ведь морально-этические точки, на которые бы могли опираться честные порядочные люди так и не восстановлены.

Россия - одна из немногих стран, в которых до сих пор возможно почитание такого человека, как Ленин, который способствовал истреблению и вышвыриванию за рубеж цвета русской нации, созданию однопартийного диктаторского режима и возведению на диктаторский пьедестал такого человека, как Сталин, из-за которого пострадали многие миллионы людей. Сейчас их обоих оправдывают результатами их деятельности – сохранением значительной части российской империи, выигрышем во Второй мировой войне и созданием ядерного оружия, независимо от чудовищно высокой цены этих "успехов". То, что осталось от народа после их правления ещё долгое время не оправятся от урона, который нанесли ему эти двое.

Многое плохое из того, что произошло с Россией и её населением после переворота 1917 года является прямым следствием внедрения большевистской идеологии в русские народные массы. Первые 35 лет "марксистско-ленинский излучатель" действовал безотказно поскольку его действие подкреплялось физическим уничтожением несогласных, сопровождаемым их общественной дискредитацией. Потом по мере очеловечения советской системы этот "излучатель" начал давать сбои. В конце концов количество этих сбоев превысило критическую величину и "излучатель" сломался. Коммунистическая империя развалилась. Однако за 74 года психика советского человека оказалась настолько искривлённой, что для её восстановления двадцати с лишним лет жизни оказалось недостаточно. К сожалению люди, управляющие Россией в настоящее время, этого не понимают. С упорством достойным лучшего применения они воскрешают и поддерживают старые советские символы, стереотипы, методы воздействия на людей, безоговорочно одобряют действия верховной исполнительной власти и пр. И всё это под предлогом того, что надо хранить собственные традиции, какими бы они не были. Мол не всё было плохо в СССР и если это подкорректировать слегка под реалии XXI века, то и так сойдёт.

Сейчас "интеллигентская" пишущая братия России "пеняет" жителям страны сверху донизу на то, что в стране нет ни духовности, ни нравственности, не действуют моральные запреты, мало положительных примеров. Так причина этого лежит на поверхности. Раз в России не провели до конца десталинизацию после XX съезда партии в 1956-1961 годах, деленинизацию после роспуска КПСС в 1991 году, люстрацию по отношению к бывшим членам КПСС и КГБ, и реституцию по отношению к потомкам собственников, уничтоженных во время Гражданской войны и вообще ни власти, ни народ ничего не доводят до конца, так люди нравственными и не будут.

Из 96-ти лет, прошедших после 1917 года, последние 60 лет Россия пытается, но так и не может прожевать и проглотить большевизм. Процесс этот двусторонний, идущий с переменным успехом. То русский человек вытесняет из своего сознания большевика, то большевик снова одерживает в нём верх. А тем временем русский дух из национального сознания практически исчез. Те националистические партии, которые сейчас кричат: "Мы за русских", "Россия для русских" и так далее, лишь имитируют прежний народный дух и спекулируют на отживших народных чувствах. Ничего этого уже не осталось. К возрождению национального духа эти вопли не имеют отношения.

Чем дольше в стране коммунисты приучали людей к коллективистскому образу жизни, тем труднее идёт переход к капитализму. Теперь в России вроде бы капитализм и наступил, но уж с больно похожим на коммунистическое лицом. А всё потому, что народ в России и по сей день пусть подсознательно, но стремится вернуться в старую безответственную жизнь. А правительство во главе с Путиным эту тенденцию, это направление в умах поддерживает. Оно постоянно ориентировано на левый социально незащищённый электорат (бюджетников, пенсионеров, членов многодетных семей), хотя уже почти четверть века с момента развала СССР прошло и за это время можно бы создать экономику более похожую на современную. Левый электорат даёт высокий рейтинг лидеру государства, но не даёт продвинутой экономики.

Только сейчас, живя в другой стране, я понимаю, какими счастливыми идиотами мы были, живя в Советском Союзе особенно после того, как Сталин отошёл в мир иной. Мы жили как животные в вольере. Нас учили, лечили, давали почти бесплатные жилища, нас защищали, о нас заботились, за нас думали специально поставленные и облечённые полномочиями люди. За нами ухаживали, подкармливали, иногда пускали погулять за рубеж (естественно под присмотром человека из органов или после подписания бумаги о сотрудничестве с КГБ). Единственной нашей обязанностью было полное, безоговорочное подчинение существующей власти и принятие коммунистической идеологии, как неотвратимой данности.

Деньги не играли в СССР такой большой роли, как в современной России. Никто не голодал. Зарплата рабочего была существенно выше зарплаты инженера. Зарплаты выдавались регулярно независимо от того сколько и с каким качеством человек работал или даже вовсе не приносил пользы. Не было беспризорных детей. Коммунистическая партия Советского Союза совместно с другими организациями следила за всем – за порядком, за трудовой дисциплиной, за выполнением плана на производстве и в стране, за моральным обликом человека в семье, за проявлениями спонтанной несанкционированной активности. Советские люди были от многого отгорожены: от внешнего мира "железным занавесом", от реальной необходимости выживать ценами на нефть, газ и полезные ископаемые, от желания путешествовать по заграницам - просторами огромной страны. Информацию людям давали строго дозированную. Те, кто слушал радиостанции "Би-Би-Си" и "Голос Америки", читал седьмые копии произведений Александра Солженицына считали себя жуткими вольнодумцами. Большинство держали язык за зубами особенно когда дело касалось идеологии, деятельности высших чинов государства, государственных секретов или работы спецслужб.

Ну, конечно, бывали у советских людей военные столкновения с теми, кто не хотел жить в условиях такого социализма. Тогда советская армия вторгалась на территорию взбунтовавшейся страны и с помощью оружия подавляла выступления людей недовольных местной просоветской властью (в Венгрии, Чехословакии). Но подавляли ведь людей, говорящих на другом языке и не понимавших своего счастья – того, что их страны принадлежала к мировой системе социализма - "высшей стадии в развитии человеческой цивилизации". Таких надо было вразумлять с помощью танков и автоматов. Что победоносная Красная Армия с успехом и делала. Ей не привыкать – тренировалась ведь вначале на своём народе.

Это был тот развитой социализм, о котором, вряд ли мечтали творцы и апологеты марксизма в середине XIX века и приходится сильно сомневаться, что Маркс, Энгельс, Каутский и Плеханов сами хотели бы в таком распределительном социализме жить.

В 90-е – нулевые годы после краха СССР значительная часть русского общества всё ещё живет в представлениях, мифах, легендах, предрассудках, стереотипах, предубеждениях, сформированных в советские годы. Люди из советского прошлого продолжают мыслить в советских категориях ("враги-друзья", "уравнительная справедливость-несправедливость", уверенность в том, что государство должно заботиться о своих гражданах и обеспечивать им достойные условия жизни и пр.). Правда эти вещи не всегда соответствуют новой рыночной реальности, но старое, как камень на шее тянет Россию на советское дно.

То, что Сталина, создавшего новую более изощрённую и совершенную систему деспотического, советского рабства под названием административно-командный социализм, многие жители России до сих пор не могут забыть, перечисляя достоинства и преимущества его системы правления по сравнению с правлением последующих советских и даже нынешних лидеров и описывая выгодные отличия того времени от нынешнего - это следствие русских консервативных уравнительных традиций. Недаром достаточно высокий процент жителей России (10-15%) до сих пор голосуют за КПРФ. Ещё бы – такая страна была. У всего мира поджилки тряслись от грозного взгляда советских лидеров. Но главное – у рядового человека была хоть и скромная, но спокойная жизнь. Недаром после первого "отката" к капитализму в некоторых странах народной демократии и бывших прибалтийских союзных республиках, народ вновь "бросился в объятия" коммунистов и добровольно голосовал за них (за Александра Квасьневского в Польше, за Альгирдаса Бразаускаса в Литве, за Владимира Воронина в Молдове). Это была понятная реакция обывателя на суровую жизнь переходного периода к капитализму. Если общество больно, то ему надо дать возможность до конца переболеть коммунистической заразой. После ремиссии и рецидива оно само выберет свой путь развития.

В России обществу этой возможности не дали. Путём легенд, отговорок и мошенничества, с помощью финансовых вливаний в ельцинскую избирательную кампанию, людей в России организовали так, что в 1996 году они проголосовали за Ельцина. Хотя уже тогда было ясно, что ничего нового он предложить не мог. Все три с половиной последних года правления он только что и делал, что переставлял людей с места на место и плыл по течению. Он делал ошибку за ошибкой, ему постоянно изменяла его звериная политическая интуиция. Алкоголь без меры до добра не доводит даже при Ельцинской богатырской сибирской натуре. В результате был назначен молодой дисциплинированный человек - Владимир Путин, который, как и положено бывшему сотруднику внешней разведки (профессиональные навыки со временем никуда не исчезают), живёт скорее по понятиям, чем по закону. Это не значит, что он нарушает закон, но, будучи главным лицом в государстве, он создаёт такие условия в созданной им вертикали власти, что зависимые люди добровольно меняют закон под его нужды. Помните известное изречение: "не изменяй правде – изменяй правду"? В результате российское общество до сих пор находится в подвешенном состоянии – то ли в социализме, то ли в капитализме, но уж больно с имперским лицом.

Советский человек не бывает бывшим. В его сознании и подсознании мирно уживаются многие противоречия непонятные более рациональным представителям западных цивилизованных стран. Эти противоречия особенно проявлялись при смене страны проживания, например, при эмиграции в капиталистическую страну, спасаясь от советской власти, которая человека дискриминировала, как меньшинство. Казалось бы, он должен эту советскую власть ненавидеть, а он долгое время после приезда по старой привычке праздновал день Октябрьской революции 7 ноября, искренне ругал капиталистические порядки и хвалил всё советское, от которого он только что уехал. Причём не обязательно этот человек в СССР был членом КПСС. Хотя, когда такому предлагали вернуться в свою страну назад, если ему в новой стране так не нравится, он тут же давал "задний ход".

Про попытку избавиться от советского человека, сидящего в ней, романистка Елена Бочоршвили написала так: "Закончив писать первый роман в конце 1990-х годов, я думала, что Советский Союз выйдет из меня, как пуля из раны. Этого не случилось. Похоже, что пуля засела глубоко." [70] И засела она глубоко в каждом из тех, кто родился в СССР до 1980 года. Самим не вытащить.

Итак, причин того, почему жители России так и не осудили большевиков-коммунистов несколько, но главная состоит в том, что распределительный социализм мало-по-малу настолько внедрился в сознание восточнославянских народов и настолько стал соответствовать духу и традициям этих народов, заложенных ещё во времена становления московского княжества XV века, что эти старые дух и традиции пересилили все последующие европейские веяния, возникшие в результате правления Петра Первого и последующих императоров-западников.

Глава 8

Законы и понятия в России

8.1. Правовой нигилизм, как результат русских традиций и неравного отношения к людям

Правовой нигилизм - это юридический термин, обозначающий отрицание права как социального института. Отражает установку человека на неверие в то, что законы, определяющие правила поведения и регулирующие взаимоотношения людей, действуют для всех одинаково. Раз кто-то безнаказанно не соблюдает писаные для всех законы, то почему это должен делать я? – думает человек. Те, кто не выполняет хотя бы некоторые законы, тем самым показывают отрицательный пример другим гражданам. Невыполнение законов даже отдельными гражданами создаёт обстановку правового неравноправия в обществе и неверия в законы.

В других странах к выполнению законов людей подчас приучали весьма жестокими методами. Например, в конце X века на территории Минусинской котловины в Сибири (Средняя Азия) образовалось Енисейское государство, созданное кыргызами (осколок каганата). В нём существовал закон, согласно которому "человеку, уличённому в воровстве, мало того, что отсекали голову – эту голову его отец всю оставшуюся жизнь должен был носить на шее." [28, с. 147] В Европе в XV-XVII веках и вплоть до XVIII века людей целенаправленно дисциплинировали методами жесточайшего социального принуждения через публичные пытки, тюрьмы, показательные казни через сожжение или повешение. В Финляндии в средние века за воровство отрубали руку – вначале правую, а потом левую. Кстати для современной России - страны, ментальность жителей которой медленно выбирается из XVI века, отрубание руки было бы неплохим вариантом. Вроде смертной казни удаётся избежать в соответствие с европейскими нормами и человека наказали. Наказали без всякого тюремного срока, без всяких хлопот об амнистии осуждённого. А какая экономия на содержание пенитенциарной системы? Представляете сколько одноруких и безруких воров, и взяточников ходило бы сейчас по России – ходило, а не ездило в "мерседесах" последней марки? Придётся некоторое время игнорировать протесты правозащитников. Ну, ничего, России не привыкать. Очень строгие санкции за нарушение законов существуют в ряде стран восточных Азии – Сингапуре, Китае. Полезно бы перенять их хотя бы частично и тогда сознание граждан России быстро окажется в нужном веке.

Правда в средние века наказания на Руси тоже не отличалась гуманностью. Были и пытки, и колесования, и виселицы, и отрубание голов, но чаще наказывали за другое: за неподчинение верховной власти, за бунты, за вольнодумство. Что касаемо взяток, корпоративного сговора, воровства государственного имущества, то здесь наказания в России были мягче, чем в странах, где уважение к частной собственности выше. Это штрафы, ссылка в собственную деревню или на поселение, публичная порка. Да и сейчас наказания за коррупцию ненамного жёстче. Создаётся впечатление, что методами, которыми власти действуют до сих пор в России ни коррупцию не изживёшь, ни гражданского общества не построишь. Изобретательность людей направлена не на то, чтобы жить честно, по закону, а на то, чтобы половчее обойти этот закон и не попасться в руки Фемиды. То же касается многих российских эмигрантов, выехавших на ПМЖ в другие страны. А декларации и благие пожелания сверху о борьбе с коррупцией и преодолении правового нигилизма остаются не более, чем пожеланиями.

Вертикальная, директивная, автократическая схема правления (монархия, деспотия, диктатура), которая вот уже много сотен лет действует в России, по внешнему виду более линейна и однозначна, чем демократическая. Эту схему используют народы, находящиеся на более низкой ступени социального развития, чем народы в демократических странах. Вне зависимости от числа законов, предписанных к исполнению в условиях такой вертикальной схемы, число неформальных отклонений от этих законов гораздо больше, чем в демократической. Наиболее характерными вербальными выразителями неформальных отклонений от российских законов могут служить следующие уходы, оправдания, отговорки: "это как посмотреть", "надо сделать так, чтобы человека не обидеть", "и вашим и нашим", "а почему бы и нет", "он тоже человек, ему жить надо" и т.д.

В русском языке есть много высказываний и пословиц о роли законов в жизни русского человека и общества, чего они стоят, равно как и о тех, кто следит за их соблюдением: "Закон – что дышло: куда повернёшь, туда и вышло", "Не бойся закона, бойся законника", "Хоть бы все законы пропали, только бы люди правдой жили", "Что мне законы, коли судьи знакомы". Когда их читаешь, то не создаётся впечатления о большом уважении, которое испытывали русские люди к своим законам, судьям и адвокатам ещё в царские времена, хотя в те времена суды были не в пример нынешним более независимы. Если бы они могли вообразить, во что превратится российская судебная система в последнюю сотню лет и какими станут судьи и законодатели, которые смотрят не столько в Уголовный кодекс, сколько в рот исполнительной власти?

Одним из первых правителей современной России, который обратил внимание на правовой нигилизм, как существенное препятствие на пути развития страны, был тогдашний первый вице-премьер, юрист Дмитрий Медведев. 22 января 2008 года на II Гражданском форуме в Москве он заявил: "Россия - страна правового нигилизма, таким уровнем пренебрежения к праву не может похвастаться ни одна европейская страна." [81] Любой правозащитник мог бы подписаться под этими словами. Тем не менее он начал своё президентское правление с того, что пользуясь ловко организованным (фактически подтасованным) исполнительной властью конституционным большинством партии "Единая Россия" в Государственной Думе и полностью подконтрольным этой власти Советом Федерации, изменил Конституцию Российской Федерации по-своему (и путинскому) усмотрению. Это прежде всего касается увеличения срока президентских полномочий с 4 до 6 лет. Хотя букву закона он не нарушил, но принимая во внимание отягощённую диктатурой историю России и Советского Союза, которые многократно страдали от несменяемого руководства, он не имел морального права делать такие серьёзные изменения в Конституции без всенародного обсуждения на референдуме. Подчёркиваю - не голосования в послушной Думе и не менее послушном Совете Федерации, а гласного публичного обсуждения в прессе и на телевидении. С одной стороны, Медведев всё сделал по закону, а с другой – ловко обвёл вокруг пальца собственный народ.

А так получилось, что с помощью подконтрольных людей из нижней палаты русского парламента, которых тогдашний председатель партии "Единая Россия" Борис Грызлов проводил в Думу списком, не спрашивая мнение народа, Медведев изменил главный закон страны. Так называемая Верхняя палата (Совет Федерации) и так называемый Конституционный суд, комплектуемые по такому же верноподданническому принципу, как и Дума, естественно возражать исполнительной власти не стали. Тем самым Медведев сразу показал, что он сам относится к главному документу страны - Конституции, как к обычной бюрократической бумажке, которую и переписать можно, когда ему (или им с Путиным) угодно. После этого рассуждать о правовом нигилизме русского народа на месте юриста Медведева я бы постеснялся. Для сравнения за более чем 200 лет в американскую Конституцию было внесено всего 27 поправок поскольку в США правители уважают свой народ, а народ уважает сам себя и каждая поправка проходила перед её принятием такое обсуждение и жёсткий отбор, что они являются действительно народными, а не исключительно президентскими.

В конце сентября 2010 года меня шокировал комментарий тогдашнего премьер-министра Владимира Путина на отставку мэра Москвы Юрия Лужкова: мол тому надо было с Медведевым договариваться. Какое право имел Путин ссылаться на возможность персонального договора между официаль-

ными лицами, получающими зарплату от государства? Если мэр Москвы использовал служебное положение в личных целях, то пусть идёт под суд. В любом случае президент Медведев был обязан его снять с должности не "в связи
с утратой доверия", а по более жёсткой статье.

Подобный же комментарий широкий зритель мог слышать из уст Владимира Путина уже не в первый раз. Годом ранее на вопрос корреспондента о
том, кто будет баллотироваться на следующий срок в президенты Российской
Федерации - он или Медведев, Путин ответил: "договоримся". Это значит, что
даже главные люди страны живут не по закону, а по понятиям. Как после этого можно увещевать свой народ следовать закону, если сам подменяешь закон личными договорённостями?

Закон и мораль – вот два "кита" современного демократического общества. В России не работают как следует ни то, ни другое. Власть закона - крае-
угольный камень демократии и международного порядка. В России власть
закона не является всеобщей. Граждане также снисходительно относятся к
нарушениям норм морали, как к нарушениям закона. Сама атмосфера в русском обществе располагает к этому из-за всеобщего попустительства. Зарплата "чёрным налом", откаты, распил государственных средств, неформальные договорённости – вот далеко не полный перечень нарушений закона допускаемых в российских государственных и коммерческих структурах.

Демократическая система правления и поведения граждан предполагает
большую неотвратимость действия законов. Если кто-то нарушил закон и это
нарушение зафиксировано или доказано следствием, то изволь понести наказание независимо от знакомств, богатства, должностного статуса и т.д. А если
доказать преступление следствие не может, то надо выпустить подозревае-
мого человека из-под стражи, а не собирать улики всякими незаконными способами. Жить по закону и проще, и труднее, чем по понятиям. Проще, поскольку гражданин делегирует часть своих общественных функций государству и доверяет ему следить за их выполнением и соблюдением закона.
Сложнее потому, что такие общественные обязанности, как выборы судьи,
мэра, президента за гражданина никто выполнять не будет. Плохого выбрал –
сам от него и наплачется. Не сообщил в полицию о криминальной активности
в своём микрорайоне, в следующий раз ограбят тебя самого.

Конечно, степень личной "негативной" свободы у граждан демократической страны меньше, но зато меньше и хлопот, связанных с выполнением
несвойственных, ненужных функций. В частности, бизнесмену не надо нанимать себе личную охрану.

В России более 90% судей - выходцы из силовых ведомств. Судьи, прокуроры, милиционеры друг с другом повязаны неформальными договорённостями и обязательствами. В российской правоохранительной системе доминируют коррупция и телефонное право. Поэтому обвинительный характер этой системы присутствует на всех этапах её работы. Приведу примеры неравного отношения к людям разного должностного статуса в России.

Первый пример. Если излишне радикальное и оппозиционное высказывание рядового гражданина, который по глупости или по некомпетентности позволили себе написать что-то "лишнее" в Интернете, вступает в противоречие с понятиями вышестоящих властей о "правильном" поведении, то этих людей могут наказать по полной программе, особенно если у них нет "крыши" или денег. Так недавно незаконно осудили человека за то, что он в интернет-издании рекомендовал сжигать милиционеров на площади. Осудили не за конкретный план действий, не за поступок, не за организацию группы, которая будет это делать, а за легкомыслие, за дурацкие слова, изложенные в комментариях на ВЭБ-сайте. Однако власть предержащим, в аналогичной ситуации всё "сходит с рук". Дипломированный юрист Путин может себе позволить сказать "давайте взяточникам руки отрубать", или предложить делать обрезание террористам в Москве, или "мочить террористов в сортире". Для него это только фигуры речи. А за фигуры речи судить нельзя. Это же не конкретные призывы свергнуть существующий строй, развязать гражданскую войну, развязать беспощадный террор против помещиков, попов и кулаков, чем в своё время грешил Ленин. Получается: "что дозволено Юпитеру, то не дозволено быку" и что "каждый сверчок знай свой шесток". Закон тут не при чём.

Ещё один пример неравноправного отношения к людям в России. 9 января 2009 года разбился вертолет Ми-8 компании "Газпромавиа" перевозивший руководителей администрации алтайского края. Эти люди занимались незаконной охотой на занесённых в Красную книгу архаров. На борту находилось 11 человек - трое членов экипажа и восемь пассажиров. В результате крушения выжили четыре человека, погибли семеро, включая полпреда президента РФ в Госдуме Александра Косопкина. Стоимость вертолёта 300 миллионов рублей (около 10 млн. долларов). Спасательная операция обошлась в 25 миллионов рублей (почти восемьсот тысяч долларов). Семьям погибших при крушении начальников выплатили по 10 млн. рублей компенсации (330 тысяч долларов на человека). С другой стороны, семьям жертв терактов погибших при взрывах самолётов Ту-154 и Ту-134 террористками-смертницами 24 августа 2004 года выплатили компенсацию по 150 тысяч рублей (5 тысяч долларов). Конечно, всегда можно сказать: "Спасибо, что хоть это выплатили", но разное отношение к людям разного должностного статуса опять налицо.

Третий пример. 8 июня 2011 г. губернатор Иркутской области Дмитрий Мезенцев опаздывал в аэропорт и лизоблюды из руководства Иркутского аэропорта дали указание задержать вылет регулярного рейса "Аэрофлота" №748 (вылет должен был произойти в 13:00). Командир корабля, действуя по инструкции, дал команду начать движение на взлетную полосу, однако службы аэропорта блокировали действия экипажа и заставили самолет дождаться губернатора. В итоге, рейс был задержан более чем на час и прибыл в Москву с задержкой. И если бы не широкое освещение этого случая в СМИ, у пилота могли быть неприятности.

И ещё один пример. 2 декабря 2009 года в Иркутске Анна Шавенкова, дочь главы иркутского Центризбиркома и консультанта правящей партии "Единая Россия", ехала по скользкой дороге, превышая скорость. Машину занесло и она "впечатала" в стену двух женщин - Елену и Юлию Пятковых. Елена от полученных травм скончалась. Юлия получила тяжёлые повреждения ног и бёдер, полгода провела в больнице и на всю жизнь осталась инвалидом. Позорно поведение Шавенковой после убийства. Она вышла из машины, даже не посмотрела на свои жертвы и не попыталась вызвать скорую помощь. Она сразу стала звонить знакомым, чтобы у них узнать, как ей поступить. Об этом имеется видео, размещённое в Интернете. Налицо чёрствое преступное равнодушие Шавенковой к жизни других людей. Приговор суда был - три года колонии с 14 летней отсрочкой для воспитания ребёнка в домашних условиях. И кого Шавенкова с такой моралью сможет воспитать? Скорее всего, такое же чёрствое бездушное существо, как она сама.

Это только резонансные случаи, которые стали известны благодаря активной деятельности блогеров и журналистов. А сколько было случаев, о которых не пишут СМИ из-за их заурядности. Показательны равнодушные реакции нарушителей закона и их родственников, стремящихся только к тому, чтобы избавить виновных от наказания. И после всего этого руководители страны сетуют на правовой нигилизм граждан в России!

8.2. Роль законов и понятий в русской жизни

В идеале закон должен действовать одинаково для всех, то есть защищать законопослушных граждан и карать нарушителей не взирая на лица. Однако, в России закон применяется выборочно в зависимости от статуса человека, размеров его кошелька и его лояльности к власти или к влиятельным группировкам. Поэтому неотвратимости действия закона для всех без исключения граждан в России нет. И это связано с фактором субъективности, произвольности трактовки и применения закона. Большая часть населения России считает, что закон не писан для хороших людей, а только для плохих. Нередко закон в России применяют как дубинку, когда нужно кого-то наказать, а иногда его не применяют по отношению к своим людям, которые его нарушили. Поэтому рядовые граждане к власти относятся не как к носительнице, хранительнице и защитнице закона, которая следит за его соблюдением во всех случаях и применительно ко всем членам общества невзирая на лица, а как к носительнице силы. Представители власти, наоборот, рассматривают свой должностной статус, как привилегированное положение по отношению к закону и используют его для реализации своих целей, не считаясь с интересами граждан и, тем более, со справедливостью. В отдельных исключительных случаях добиться соблюдения закона и нарушения неформальных корпоративных договорённостей в России может очень настойчивый и последовательный человек, который посвятит этому часть жизни.

В сентябре-ноябре 1999 года в городе Петрозаводске (Карелия) был проведён опрос об отношении к законным и незаконным способам действий в России. Опрошено 840 осужденных преступников, содержащихся в исправительных колониях Карелии, 630 законопослушных граждан, взятых в случайном порядке и 270 сотрудников милиции, проходящих службу в органах МВД. В результате анкетирования выяснилось, что от 52% до 66% опрошенных полагают, что большинство проблем решаются с помощью неформальных договорённостей по типу: "ты - мне, я - тебе". [160] Суждения подобные "так все делают", "ну это общеизвестно", "ну это общепринято", "не будь белой вороной", "хочешь чистеньким быть?" являются обычными сентенциями в практике повседневного общения людей, которые хотят утвердить своё право жить по понятиям - то есть - не всегда в соответствие с законом.

Понятия (неформальные правила и соглашения) – это неписаные договорённости, действующие между людьми внутри социальных и профессиональных групп, определяющие поведение членов этих групп и подталкивающие их к тому, чтобы жить не только по закону, но и по неформальным правилам, установленным в этих группах. Таких групп в обществе очень много: политики, врачи, психологи, преподаватели вузов, правоохранители, преступники и т.д. Любое современное общество состоит из таких групп.

В основе жизни по понятиям лежит разное понимание своих интересов, правильности, справедливости, свободы поведения разными группами населения. То, что для одной группы кажется правильным, естественным и справедливым, не кажется таковым для других групп. Например, оплата труда не кажется справедливой шахтёрам, в отличие от предпринимателей и руководителей шахты, которые считают, что и так переплачивают шахтёрам за их труд. Или когда ученик подложил кнопку острым концом вверх на стул нелюбимому учителю, то это вызывает негативные эмоции у учителя и смех у детей. Налицо разное понимание справедливости.

Назначение понятий состоит в обособлении каждой группы от других. Понятия также упрощают общение членов группы между собой. В большинстве случаев понятия не вступают в противоречие с законом, а существуют как бы параллельно с ним. Однако, в асоциальных группах (преступники) они нередко противоречат закону. Жить по понятиям было бы вовсе не так уж плохо, если бы не то, что некоторые понятия подчас входят в противоречие с законами, принятыми на уровне целого государства. Также особо можно рассматривать вопрос о силе действия понятий на поведение членов группы по сравнения с силой действия принятых на государственном уровне законов. Например, корпоративный сговор может противоречить закону о демонополизации рынка, однако для финансистов и бизнесменов неформальные договорённости могут работать сильнее, чем закон.

Жизнь по понятиям – ключевое явление для всей социальной, экономической и политической жизни российского обществе. Свою систему понятий вырабатывают члены практически всех социальных групп в общества – от уголовников до политиков, от представителей неформальных объединений до представителей профессиональных сообществ. Однако у понятий, принятых в этих группах имеется много общего. Например:
- Контроль своей территории принадлежащей группе.
- Безопасность членов собственной группы, поддержка и защита их в сложных ситуациях.
- Сохранение идей и выводов внутри группы и обсуждение этих идеи в основном с членами группы.
- Отрицательное отношение к нарушению правил и понятий, принятых в группе.
- Запрет на вынос "сора из избы".
- Применение санкций в отношении тех, кто нарушает правила группы.
- Избавление от ненадежных членов группы.
- Применение определенного стиля в одежде и поведении, как показатель статуса и положения членов в группе и обществе.

Жизнь по понятиям, правовой нигилизм стали просто расхожими штампами в современной России. Однако, пока жизнь по понятиям не подменяет собой жизнь по закону, эти две реальности находятся в равновесии. Как только члены какой-то группы договариваются друг с другом о чём-то незаконном, они нарушают этот баланс. Поскольку вступает в противоречие с законом уже не один человек, а целая группа, то они как бы частично снимают с себя ответственность за свои незаконные действия – действия в соответствии с групповыми понятиями и договорённостями. А подтекст при этом такой: мол мы понимаем, что этого делать нельзя, но таковы правила игры, не мы их придумали. Но от простого понимания незаконности своих действий, суть их незаконного поведения не меняется. Члены группы просто уходят от личной ответственности за нарушение закона хотя бы в глазах таких же нарушителей, как они сами.

Да и как можно ожидать уважения к закону в России, если только за последние сто лет всё, что составляет основу ментальности народа менялось несколько раз. Например:
-Форма собственности сменилась два раза.
-Наиболее образованные, умные, работящие люди страны были уничтожены выгнаны за границу и запуганы до смерти после 1917 года.
-Конституция СССР и России менялась в 1936 (под Сталина), в 1977 (под Брежнева) и в 1993 (под Ельцина) годах. А сколько коррекций "сверху" она перенесла? Складывается впечатление, что она каждый раз пишется и изменяется не для народа, а для правящей верхушки. Про изменение других символов государства (гимна, флага, герба и пр.) уже и речи нет.
-Всё, что составляет основу культуры и морали нации (религия, народные традиции, основы национальной культуры) не раз выкорчёвывалось и подменялось суррогатами.

Фактически большинство жителей России стали безразличны к изменениям Конституции, к переименованиям своих городов, улиц, к установке новых и разрушению старых памятников и религиозных святынь. Ведь святое из их жизни и обихода исчезло с приходом большевиков: вера в бога, в незыблемость института собственности, исчезло уважение народа к важнейшим символам государства российского – гимну, флагу, гербу. Остались только государственные служащие без конца разглагольствующие о чём угодно на телевизионном экране и оппозиционеры, которые не имея позитивной программы, выступают против любых действий власти и то только до тех пор, пока власть им не "прищемит хвост". После чего они тут-же прячут свои политические убеждения в задний карман брюк между визитной карточкой и денежными банкнотами и во все лопатки удирают из России, чтобы просить политического убежища в цивилизованной стране. Этим они отличаются от патриотов России начала века (писателя Ивана Бунина, пионера телевидения Владимира Зворыкина, писателя Ивана Шмелёва, писателя Александра Куприна и многих других), которые держались за Россию до последнего и только, когда угроза жизни становилась неминуемой, эмигрировали за рубеж. Да и находясь за рубежом, они до последнего надеялись на то, что этот дьявольский большевистский режим скоро падёт и можно будет вернуться на родину.

Неформальные отношения начинаются в России на самом верху и пронизывают всю вертикаль власти. Конечно после Ленина, Троцкого и Сталина нынешние русские лидеры кажутся почти ангелами, но переступить через свою советскую природу они тоже не могут. Ведь почти все были членами КПСС (Путин, Медведев, Миронов, Грызлов, Матвиенко и даже половина русских олигархов). Все ей изменили. Все оказались достаточно адаптивны, чтобы приспособиться к кому угодно и к чему угодно – к новым лидерам, к новым соратникам, к новым условиям, к новым работодателям, к букве любого закона – хоть советского, хоть российского. Это не какие-то идейные догматики начала XX века. Но что осталось прежним – это авторитарный способ мышления и направленное применение законов – одно для своих и другое для всех прочих ("для друзей – всё, для остальных – закон").

Впрочем, и для других граждан понятие "торжество закона" - это вомногом пустая фраза, которая не несёт смысловой нагрузки. Складывается впечатление, что Россия ещё долго не будет законопослушной цивилизованной страной. И кто бы не стал во главе государства российского, это ничего не изменит. Что ни говори, а ситуация с жизнью не по закону, а по понятиям в России возможна при молчаливом попустительстве основной массы населения этому злу. В стране слепых и одноглазый может стать королём.

Типичной схемой поведения немалого числа людей в России является схема жизни по понятиям, обходя закон где только можно, в таких областях и сферах деятельности, где нарушителя закона скорее всего не поймают, не уличат, не осудят. Вообще нарушения закона ну, кроме быть может похищения детей, педофилии, убийств и ряда других из ряда вон выходящих асоциальных явлений, не вызывают у большинства людей в России внутреннего протеста. Наоборот, добровольное, осознанное выполнение законов часто вызывает кривые улыбки: "Ишь ты, какой праведный выискался!" Личное, произвольное желание является более мощной движущей силой поведения, не вызывающей активного неприятия и протеста, чем закон, мол "если нельзя, но очень хочется, то можно".

Власть в России может закрывать глаза на нарушения закона, но по согласованию с ней и если человек проявляет лояльность и кооперативность. Такой избирательный подход, деление на своих и не своих присутствует в СССР и в России вот уже почти сто лет с октября 1917 года.

Если цивилизованному европейцу или североамериканцу сказать, что Конституция России об увеличении срока президентских полномочий была изменена по желанию только одного человека – Владимира Путина по согласованию с другим человеком – Дмитрием Медведевым, с которым он заранее договорился о рокировке позиций через четыре года, то он хотя бы мысленно, но покрутит пальцем около виска. И этот фокус со всей страной проделали два юриста, которых в течение пяти лет учили быть на службе закона в ленинградском университете. Дума, Совет Федерации, Конституционный суд страны, да и весь народ России сработали в качестве "подтанцовки" у одного человека или, если хотите, были прикрытием его личной спецоперации. Тени всех русских царей, императоров и генеральных секретарей стояли за спиной Владимира Путина в тот момент, когда он принимал это решение. Видимо главным психологическим оправданием для него было сознание того, что он работает "как раб на галерах" на благо России и своего народа, то, что он повысил уровень благосостояния своего народа, имеет высокий рейтинг, что все остальные потенциальные претенденты ему "в подмётки не годятся", а следовательно, он вправе проводить эту спецоперацию. Видимо, Путин верит в свою незаменимость и высокое предназначение. Эта иллюзия весьма устойчива во времени.

Когда в удачу верят игроки в казино – это их личное дело и дело их семейного бюджета. Но строить долгосрочную политику государства, основываясь на ценах на энергоносители – по меньшей мере легкомысленно. В принципе Путин действительно лучше многих из существующих в России бюрократов – спортивный, не пьющий, умный, осторожный – всё при нём. Кроме одного. Он человек из советского прошлого и делает всё так, как его учили в советские времена. А учили его, как и всех нас – советских людей, с опорой на распространённые в те времена установки, стереотипы и предрассудки. Трудно поверить в очередную легенду, которую Путин придумал для западных политологов таких, например, как пророссийский политолог Александр Рар о том, что ему не дадут спокойно уйти и поэтому он держится за президентское кресло. В конце концов в 2008 году он передал верховную власть Медведеву и с ним ничего не случилось и не только потому, что он остался на ключевой позиции премьер-министра.

Путину, конечно нелегко. Мало того, что надо с внешними недоброжелателями сражаться, а тут ещё своих дураков полно. И коммунисты со своим Лениным, и либералы со своим извечным критиканством, и националисты, которые изображают из себя главных представителей русского народа, и услужливые дураки, которые опаснее врага, и прочие лизоблюды, которые готовы "задушить его в объятиях". Правда эту ситуацию он создал сам, восстановив такую же вертикаль управления, как во времена советских генеральных секретарей, вертикаль, которая с грехом пополам работает только при неусыпном ручном авторитарном правлении и высочайшей информированности, и оперативности реагирования главного лидера на все значимые события, происходящие в государстве и вне его.

Когда я увидел состояние Путина после того, как он гладил молодого тигрёнка в клетке, то сразу понял, что ему ощущение опасности необходимо, как наркотик. Аналогичное состояние у Путина было, когда он впервые после долгого перерыва отвечал на вопросы журналистов 4 марта 2014 года после фактического захвата Россией Крыма. У него понижено чувство опасности у самого и в критической ситуации он может в какую-нибудь авантюру втянуть весь народ.

А с простым народом, как раньше власть не особенно считалась, так и до сих пор не считается. И это было при всех правителях. Поговорить о роли многострадального русского народа правитель страны может, даже слезу при этом пустит, но дальше разговоров дело не идёт. Ведь это так удобно для любого правителя иметь "карманный" народ.

После поездки в США в 2011 году журналист Юлия Латынина в своей авторской программе "Код доступа" на радиостанции "Эхо Москвы" сказала: "американца очень долго надо убеждать, что в России суды могут что-то решать по звонку, а русского, особенно в Кремле, очень долго надо убеждать, что в Америке суды по звонку ничего не решают." [88] Даже если то, что она сказала, верно лишь отчасти - это уже свидетельствует о ненормальной работе государственной машины, о раковой опухоли, которая разъедает механизм управления страной. И сказанное относится не только к судам, но и ко всей системе управления в целом. На этом фоне разговоры о приоритете законов в Российской Федерации выглядят как первоапрельские шутки.

Чем заканчивается в Российском обществе стремление некоторых людей жить по закону, когда часть людей живёт по понятиям видно на примере банкира Александра Лебедева. Как рассказал в своём особом мнении на радиостанции "Эхо Москвы" главный редактор Новой газеты, 20% которой финансируется Лебедевым, Дмитрий Муратов, государство поручило Лебедеву, как успешному банкиру руководство Национальным Резервным банком по своим активам и по размеру собственного капитала входящему в элиту русской и европейской банковской системы. Ему также было поручено санирование нескольких банков после кризиса 2008 года. Так вот в банке "Русский капитал" Лебедев нашел счета генералов спецслужб, которые хотели оттуда срочно снять значительные средства. Да еще нашел прорехи, которые, якобы, шли из этого банка на финансирование оперативных нужд этих спецслужб. И написал об этом докладные записки в вышестоящие органы. Это сочли предательством интересов тех спецслужб, в которых Лебедев раньше работал. Ему предложили отказаться от бизнеса. Он отверг это предложение поскольку полагал, что вести себя по закону – значит, иметь определенный иммунитет. Оказалось, что для сохранения иммунитета в России нужно вести себя по понятиям. 30 октября 2010 года в офис Национального Резервного банка и Национальной Резервной корпорации приехали сотрудники ФСБ с коротко-ствольными автоматами, проводящие операцию по делу о якобы хищениях государственных средств в ходе санации НРБ банка "Роскапитал", и провели обыски и изъятие документов. С тех пор давление на Лебедева не прекращалось. [100]

Жизнь по понятиям и по житейской бытовой справедливости отличает общество России от развитого цивилизованного общества. Это не значит, что в цивилизованных обществах нет жизни по понятиям - есть сколько угодно, но там эти житейские правила не подменяют закон. И если есть возможность выбора, то гражданин, живущий в цивилизованном обществе сознательно выбирает жизнь по закону даже, если конкретное приложение закона применительно к нему самому ему и не нравится. Те же, кто выбирает жизнь по понятиям, знают на что они идут, знают, что могут вступить в конфликт с законом и чем это может для них закончиться.

Пока значительное большинство жителей России не примут "нутром" такие правовые нормативные документы, как Конституция, международное уголовное право, свод законов собственной страны, гражданское право в качестве регуляторов взаимоотношений и не будут их соблюдать, общество не станет гражданским. На уровне отдельных людей и в отдельных ситуациях законы не работают. Уже избитым стало любимое изречение журналистов и политологов о том, что в России строгость законов компенсируется необязательностью их выполнения. Впрочем, так было в России довольно часто. И если всё-таки в стране находятся люди, тщательно и во всех ситуациях следующие букве закона, то они скорее воспринимаются, не как норма, а как отклонение от нормы, как чудики, с которыми лучше не иметь дело, которых надо обходить, а то и устранять, если уж они начинают сильно досаждать "нормальным" людям. Такая вот парадоксальная мораль!

В российском обществе нет атмосферы нетерпимости к экономическим преступлениям. Когда человек живет в атмосфере попустительства, когда нарушения закона – обыденная повседневная реальность и многие граждане смотрят на это сквозь пальцы, то большого воспитательного воздействия, наказание отдельных нарушителей закона на остальных не имеет. В России незаконное поведение имеет тенденцию к воспроизводству. Русское общество нездорово и его государственные институты неподготовлены к реальному воспитанию своих нарушающих закон сограждан. Поэтому и борьба с нарушителями ведётся на уровне лозунгов и благих пожеланий. А воз и ныне там. Только вязнет в коррупционном болоте всё глубже и глубже.

Те из бывших советских людей, которые ведут бизнес в России и за рубежом, нередко нарушают законы. Но подходят они к этим нарушениям не с юридической ("законно-незаконно") или с морально-этической ("хорошо-плохо", "морально-аморально") точки зрения, а с точки зрения "решить-не решить проблему". Для того, чтобы проблему не только решить, но ещё получить на этом выгоду, им приходится нарушать законы своего государства, равно как и законы других государств, где они ведут бизнес. Про своё государство – Россию и разговора нет – это первобытный "коррупционный лес", где начиная с 1917 года и до сих пор господствуют полукриминальные понятия. А вот в других особенно западных странах их нередко поджидают неприятные сюрпризы.

Например, рисковые оружейные посредники вроде Виктора Бута, пользуясь связями в русском оружейном лобби, выходят на международный рынок оружия и продают его тому, кто платит. А охотнее всего платят террористы, криминальные мафиозные кланы, левые революционеры-марксисты и религиозные экстремисты, которые не могут легально купить современное оружие у государств, связанных международными договорами, запретами, эмбарго на поставки и пр. Естественно, что такие посредники сильно рискуют. Причём риски идут со всех сторон, как со стороны поставщиков, так и со стороны заказчиков. Международные соглашения и законы, а также законы стран, где они ведут свой бизнес тоже лучше не нарушать. Никого из тех, с кем приходится иметь дело тоже нельзя "закладывать" или "кидать". Поэтому, попавшись в руки спецслужб той или иной страны, такие посредники держат язык за зубами. В этом их единственное спасение. Иначе убьют – свои, чужие неважно – от этого не легче. Уж лучше отсидеть свой срок в приличной тюрьме и ждать пока тебе повезёт и тебя обменяют или выпустят за хорошее поведение.

Политики и государственные чиновники России доверяют не своему государству, которое они сами же и представляют, а лично известным и хорошо знакомым им людям. Человеку со стороны без репутации "надёжного", "проверенного", проникнуть в эту среду непросто, будь он хоть "о семи пядей во лбу". Ещё более непросто просочиться в эту среду людям моральным, с принципами. От таких неприятностей не оберёшься.

Русские бизнесмены доверяют в основном знакомым людям, которые "не продадут", "не подведут". К таковым относятся прежде всего близкие родственники, а также люди, с которыми бизнесмен долгое время работал. Пока сохраняется взаимный интерес, сохраняются и нормальные отношения. Триумвират Борис Березовский, Бадри Патрикацишвили, Роман Абрамович успешно делал деньги, пользуясь русской снисходительностью, недисциплинированностью, нежеланием соблюдать законы, недальновидностью, слабой информированностью, а также разгильдяйством и нежеланием вникать в детали. Как только путинская власть вынудила Березовского уехать за границу, в Великобританию, где вскоре оказался и Патрикацишвили, дружба кончилась, а после смерти последнего начался судебный процесс за "недоплаченные деньги" между Березовским и Абрамовичем в октябре 2011 года уже в лондонском суде.

Этот процесс продемонстрировал всему миру в чём состояла суть бандитской приватизации по-русски и как пришедшие к власти в Кремле и в Белом Доме "демократы" опекали банкиров и богачей, которые грабили Россию по понятиям. Впрочем, то, что стало новостью для британской публики, для русского обывателя уже давно новостью не являлось. Беспредел 90-х годов до сих пор даёт морально неустойчивым людям, а таких советская власть наплодила великое множество, оправдание для того, чтобы не платить налоги, "пилить" бюджетные средства, "откатывать" добытчику заказа долю за услуги, платить бандитам или госчиновникам-правоохранителям за "крышу", брать взятки и воровать чужое добро. Всё ради чего Ленин пустил под нож цвет русской нации было забыто во имя очередных мифических целей возврата к более "естественному" экономическому строю. Да и ради бога – пускай, раз без этого никак не обойтись, но скажите об этом честно народу, поставьте точку на прежнем коммунистическом периоде. Куда там! Привычка всё утаивать от народа в очередной раз победила честное развитие событий.

Можно предположить, какие негативные эмоции у простых русских людей этот процесс вызвал бы в Москве. А в Лондоне этим двоим судиться было не стыдно – примерно, как на другой планете. Весь процесс шёл на английском – неродном для обоих, языке. Березовский проиграл и, якобы от отчаяния, повесился в ванной комнате своего огромного британского дворца. Вот таких людей воспитывала советская система созданная большевиками в результате Октябрьского переворота и такие люди оказались у руля, около кормушки и на плаву в условиях дикого русского олигархического капитализма. Впрочем, на их месте могли бы оказаться многие жители России – будь они понахальнее и пооборотистее, а главное, поддерживай они друг друга. Но предпринимательским качествам и сплочённости советская система своих граждан не учила.

Когда обозреватели и аналитики говоря о санкциях США и ЕС в ответ на аннексию Россией Крыма, подчёркивают их экономические последствия для России, они реже говорят о психологических последствиях. Для Владимира Путина они не менее важны, чем экономические. Объявив второй этап санкций против России (запрещён въезд в США и заморожены счета людей из близкого окружения Путина - совладельца банка "Россия" Юрия Ковальчука, бизнесменов Аркадия и Бориса Ротенбергов, Геннадия Тимченко, главы РЖД Владимира Якунина, председателя Совета Федерации Валентины Матвиенко, председателя Госдумы Сергея Нарышкина, лидера партии "Справедливая Россия" Сергея Миронова и др.) США показали, что Путин не может защитить финансы своих друзей и обеспечить гарантии комфортной жизни им самим.

И это для них очень болезненный удар. Ведь Путин известен тем, что он своих не бросает, защищает, поддерживает и пр. А сейчас не Сталинские фанатичные времена, чтобы всё делать на одном энтузиазме и под страхом неминуемой расправы. И члены его команды ожидали от Путина такой защиты и поддержки, но не смогли их получить. Со стороны президента США Барака Обамы это был очень сильный психологический ход. Он "вбил клин" в путинскую команду, живущую по понятиям.

8.3. Клептократия и коррупция в России

Жизнь по понятиям и правовой нигилизм - вот два столпа, обеспечивающие жизнеспособность новой Российской империи. Эти вещи народу в России ближе, чем жизнь по закону. Согласно мысли журналиста Владимира Соловьёва "коррупция - это смазка российской экономики, без которой экономика встанет". Разговоры про борьбу с коррупцией большей частью уходят в гудок или правоохранительные органы находят какого-нибудь взяточника - врача, полицейского, преподавателя вуза и сажают его в тюрьму. А коррупционеров высокого уровня трогать нельзя. Судебные решения зависят не от закона, а от статуса чиновника, бизнесмена, от его связей и места в вертикальной бюрократической системе, высоты "крыши" и силы административного ресурса.

Клептократия (от древнегреческих слов, означающих "власть воров") - это термин, обозначающий расхищение мошенниками, пробравшимися в верховную власть, государственных денег и природных ресурсов для личного обогащения, и политического влияния. Клептократия обычно связана с диктатурой, олигархией и разного рода военными хунтами, то есть с людьми, которые имеют возможность персонально контролировать использование государственных средств, тратой их по своему усмотрению. Ленин и его ближайшее окружение – типичный пример клептократов, захвативших верховную власть и использовавших чужую собственность по своему усмотрению (причём не обязательно лично для себя). Современные клептократы скрытно передают бюджетные деньги родственникам и знакомым, переводят их на тайные банковские счета за рубеж. Клептократия напрямую связана с лоббизмом и коррупцией.

Коррупция – это незаконное использование должностным лицом своих властных полномочий и доверенных ему прав в целях личной выгоды. Коррупция во времена Сталина жёстко пресекалась, но обрела силу при коммунистах последней волны. Правда с середины 50-х годов и до развала СССР партбилет члена КПСС ещё хоть как-то держал мораль руководящего работника на пристойном уровне. Коррупция резко усилилась и буквально взвинтилась при Ельцине. Безмерное и нечестное обогащение бизнесменов аффилированных с ельцинской "семьёй" и вообще с властью началось в середине 90-х годов. Народное достояние за десятую, сотую, а иногда и тысячную часть истинной стоимости продавали только "своим" - активным и беспринципным людям, у которых была возможность достать даже эти сравнительно небольшие по мировым меркам деньги для покупки бывшей советской государственной собственности. Эти люди покупали политиков, которые лоббировали их интересы в Думе, журналистов, которые писали заказные статьи в печатных изданиях и в Интернете, делали нужные репортажи на радио и на телевидении. Иногда, впрочем, богачи платили за то, чтобы неугодные статьи не публиковали.

За несколько лет люди аффилированные с коррумпированной российской властью сколачивали миллиардные состояния. Имущество России фактически пошло с молотка. Плата за страх и за риск была высокой. Ряд бизнесменов не дожил до момента, когда он мог насладиться спокойной старостью в своём дворце на лазурном берегу или плавая с любовницей на большой красивой яхте по Средиземному морю. Ни один из крупных бизнесменов не ходил без многочисленной охраны. У них везде – в правительстве в правоохранительных органах (милиции, прокуратуре, ФСБ) и в судебных органах были оплачиваемые стукачи-доносчики за деньги информировавшие их о возможных опасностях и покушениях на их жизнь.

В те времена убивали не только бизнесменов и уголовников, но и журналистов, политиков. Не щадили и тех, кто мешал бизнесменам и бандитам увеличивать неправедно наживаемые богатства. Некоторые богатые люди в 90-е годы имели команды ликвидаторов, устранявших неугодных или мешавших им людей. Другие обзаводились надёжной "крышей", которая охраняла их собственность и их самих. Имена этих ликвидаторов и бандитов в нулевые годы стали широко известны, хотя даже сейчас оставшиеся в живых свидетели их "подвигов" не согласятся выступить в суде против них, опасаясь за свою жизнь. Впрочем, к настоящему времени значительная часть участников тех кровавых событий умерли или были ликвидированы. Это время накопления начальных капиталов сейчас называют "лихими девяностыми". Для кого-то эти годы были лихими. Для подавляющего большинства русских людей, у которых преступное коммунистическое правление уничтожило остатки предпринимательской инициативы и у которых сохранилась хоть какая-то совесть, эти годы были годами личных и семейных трагедий.

В России в 90-е годы установился режим бандитского капитализма в своей самой неприглядной форме. Всё продавалось, покупалось и "объезжалось по кривой": совесть, принципы, законы. И самое скверное даже не это. Скверно то, что жители России даже не понимали насколько искажена у них в сознании естественная, идущая от века картина мира и естественные морально-этические принципы, лежащие в основе нормального человеческого общества.

Если при коммунистах частная собственность, деловая предприимчивость считались чем-то плохим, преступным, а анонимная работа на безликое советское государство считалось хорошим, то вдруг в одночасье всё поменялось. Начиная с 1991 года советское альтруистическое начало – одно из немногих положительных достижений коммунистического правления - стало признаком глупости, а деньги любой ценой – ценой предательства, убийства, обмана - стали единственным мерилом успеха. И всё это случилось без подготовки общественного мнения, без обучения советских людей с использованием радио, телевидения, через газеты, тех людей, которым предстояло лично, на себе пережить этот болезненный переход от распределительного социализма к капитализму. При тогдашнем катастрофическом состоянии русской экономики изменения были необходимы. Но поскольку не была проведена подготовка своего народа заранее, загодя, никто не знал, что его ожидает. Советский человек не успел приспособиться к новым правилам игры и учился "плавать" по бурному морю капитализма, захлёбываясь и пуская пузыри, живя по криминальным понятиям.

В начале 90-х годов во второй раз после прихода большевиков к власти люди в России получили шоковую терапию, но с обратным знаком. Ленин сделал государственной украденную им частную собственность, а Ельцин объявил её приватизацию. При этом и тот и другой обращались с русскими людьми, как с бессловесной рудой, которую в очередной раз пускают на переплавку – грубо, прямо, "в лоб". И не имело значения, что первый вариант осуществили коммунисты, второй - коммунистические отступники. Вторые оказались достойными наследниками первых. И отношение к первым и вторым в народе не самое лучшее. Общая закономерность однако прослеживается чётко: те, кто получил от того или другого из упомянутых лидеров власть, деньги, собственность или возможность ими распоряжаться, относятся к ним положительно, а те, кто был "растоптан копытами их безжалостных коней" – в своей массе отрицательно, хотя есть и парадоксальные исключения. Например, некоторые коммунисты честно служили советской власти, их репрессировали, а они всё равно, даже находясь в Гулаге, продолжал верить в её справедливость. Другой пример, некоторые люди, разбогатевшие жульническим образом в 90-е годы, последними словами ругали тогдашнее беспомощное правительство, которое бездарно разбазарило собственность страны, а сейчас ругают такими же словами нынешнюю власть за подавление частной инициативы.

"Борьба с коррупцией" вообще, а не с конкретными преступлениями и преступниками, в частности, не имеет перспектив в России при существующей централизованной схеме экономического и политического управления. Бороться с коррупцией в России можно "до посинения", но искоренить ее при существующих вертикали власти и полусоциалистическом распределении доходов просто невозможно. И многие лидеры, а из недавних – бывший президент Медведев в этом уже убедились или убеждаются. Это похоже на борьбу с пороками советского общества, которую вёл со сцены сатирик Аркадий Райкин ещё в советские времена. Скорее создаётся иллюзия, имитация борьбы с коррупцией и проводится "показательная порка" отдельных проштрафившихся. Чтобы реально уменьшить коррупцию в стране власти меняют политические и экономические условия, делают так, чтобы брать и давать взятки было невыгодно, а авторитарная вертикаль власти располагает к коррупции поскольку использует в основном традиционный неэкономический механизм страха и наказания.

В обществе не создана атмосфера, когда невыгодно быть плохим, нечестным, а выгодно быть хорошим и честным. А для регулирования экономики экономическими методами прежде всего придётся многократно уменьшить число бюрократов – лишних звеньев в системе организации и управления. А главное – поумерить амбиции, не изображать из себя великую державу пока в стране такие плохие дороги и столько дураков, ставить выполнимые приземлённые задачи (не думать о выращивании яблонь на Марсе, а вырастить их вначале в своём саду) и, главное - жить по средствам. Но это требует времени и труда причём труда ежедневного, неблагодарного. И никто из современников тебе за этот труд при жизни спасибо не скажет. Русским людям больше нравятся красивые сказки, красивая ложь и сиюминутный успех. Зачем им в очередной раз ждать счастья и процветания для внуков в будущем русском раю, в наступление которого большинство уже не верит. Ведь обманывала людей советская власть, и обманывала не раз. Помните: "Коммунизм уже на горизонте", "Верной дорогой идёте, товарищи", "Ещё нынешнее поколение советских людей будет жить при коммунизме", "Мы наш, мы новый мир построим". И что – дошли ..., построили ...? Опять ведь обманут уже нынешние и ни у кого при этом совесть не проснётся.

В России миллион чиновников. Если считать со всякими ГУПами (Государственными унитарными предприятиями), МУПами (Муниципальными унитарными предприятиями), то 6 миллионов, а людей в погонах чуть ли не 5 млн. [77] (Эти два множества частично пересекаются) Резкий рост числа чиновников в России в нулевые годы, отражает сущность той формации бюрократического монополистического капитализма, которая укреплялась в России в последние два с лишним десятка лет. Коррупция шире, чем взятки и откаты. Находящиеся при власти люди абсолютно легально запускают обе руки в казну, через выделение бюджетных средств самим себе или своим родственникам через подставные фирмы. Себе они устраивают шикарную жизнь с государственными домами, дачами, машинами, частными самолетами, офи-сами. В этом залог их лояльности к другим чиновникам властной вертикали и к "своим" бизнесменам, которым они дают возможность "пилить" государ-ственную казну, зарабатывать на государственных поставках и заказах.

Если убрать выдающегося учёного, то его лаборатория перестанет быть такой продуктивной, если убрать выдающегося инженера-организатора, то эффективность его организации снизится, но убери из вертикали (паутины) власти 90% бюрократов и в России не изменится ничего. Разве что спешным порядком начнётся восстановление нарушенной паутины. И уже через не-сколько лет будут незаметны даже те места, которые были порушены и изъ-яты из этой паутины власти. Паутина власти – это самовосстанавливающаяся конструкция – главная паразитическая структура русского государства, ко-торая имеет тенденцию к самовосстановлению. Единственный бюрократ, ко-торый оказывает существенное влияние на российскую экономику и полити-ку – это президент.

Многие ругают Сталина за чистки и репрессии. Сейчас массовых чисток практически нет, разве что отдельные "разносы" и увольнения проштрафив-шихся чиновников. И вот во что это выродилось в условиях централизован-ной вертикальной системы. Коррупция напоминает сказочного змея – отру-бают ему одну голову, на её месте вырастают несколько других. Видно ны-нешняя Россия иначе жить не умеет: или зарвавшихся людей сажают в тюрь-му и расстреливают, или эти люди наглеют от избытка финансовой свободы и от недостатка морально-этических принципов.

Есть правда третий путь – демократический – путь уважения к частной собственности и человеку, его правам, путь реальной конкуренции и выбор-ности, но этот путь долгий и хлопотливый, не даёт немедленных результа-тов, требует большого терпения и ежедневной работы, профессионализма и честности перед собой, людьми и законом. А самое главное этот путь требует отказа от авторитарной модели государства. А вот на это ни один из прави-телей России пойти не хочет. "Царь я или не царь?" – думает он. Отягчающим ситуацию фактором является нетерпеливость бывших советских и нынешних русских людей, которые хотят иметь всё сразу и немедленно без особого тру-да, не вкладывая больших средств, усилий и размышлений и по возможности заплатить за всё по минимуму или даже получить всё бесплатно.

В статье писателя Юрия Полякова "Россия в откате" приводятся следую-щие данные на основе подсчетов Transparency International за 2009 год. Еже-годный совокупный доход русских коррупционеров составляет около $300 млрд, что близко к четверти ВВП. В мировом рейтинге восприятия коррупции Россия занимает 154 место из 178. В начале нулевых годов в строительстве норма отката (kickback margin) составляла 15-20%, а к середине десятилетия, по сведениям Ассоциации застройщиков, норма отката увеличилась вдвое и к концу нулевых годов доходит до 50-70% от стоимости проекта. Об этом сообщила в интервью "Русской газете" директор русского отделения Transparency International Елена Панфилова. Контрольное управление президента России подсчитало, что на государственных закупках воруют более 1 триллиона рублей (30 миллиардов долларов) в год. [138]

В статье журналиста Дмитрия Булина "Коррупция в России: "Берут, как в последний раз", написанной им для Би-би-си 15 июня 2011 года, приводятся результаты полученные в 2010 году социологами из фонда "Общественное мнение". Опрос проведён по заказу министерства экономического развития в 70 регионах России. Опрошено 17,5 тысяч человек. Социологи посчитали, что размер средней "бытовой" взятки в России за последние пять лет удвоился в абсолютном значении и превысил пять тысяч рублей (180 долларов). Больше всего взяток берут врачи, полицейские и преподаватели вузов. Примерный объем "рынка бытовой коррупции" в стране за 2010 год составляет порядка 164 млрд рублей (5,8 млрд долларов). Пять лет назад аналогичный показатель составлял 129 млрд рублей (4,6 млрд долларов). "Коррупционный рынок" в Здравоохранении составляет 35,2 млрд рублей (1.24 млрд. долларов), в ГИБДД - 24,2 млрд (855 млн. долларов), в вузах - 20,7 млрд (732 млн. долларов), в полиции - 16,2 млрд (573 млн. долларов), в детсадах - 13,8 млрд. рублей (488 млн. долларов). [23]

В отношении ряда компаний Минэнерго уже провело проверку, согласно которой руководители половины крупнейших энергокомпаний страны замешаны в отмывании денег через офшоры и выстраивании коррупционных схем через подставные организации. По данным, приведённым тогда премьер-министром России Владимиром Путиным "из практически 352 руководителей энергокомпаний 162 должностных лица - то есть практически каждый второй - оказался аффилированным с 385 коммерческими организациями". По его словам "установлены неединичные случаи, когда энергетические комплексы целых регионов России (на Северном Кавказе, Урале и Западной Сибири) оказываются подконтрольны семейным кланам". [124]

Не только бизнесмены и чиновники, но и депутаты замешаны в коррупционной деятельности. Криминолог генерал-майор милиции в отставке Владимир Овчинский сказал, что Следственный комитет при генпрокуратуре России недавно опубликовал следующие данные: за 2010 г. за совершение коррупционных преступлений особый порядок привлечения к уголовной ответственности применялся в отношении 214 депутатов органов местного самоуправления, 217 выбранных должностных лиц органов местного самоуправления, 11 депутатов органов законодательной власти, одного депутата Гос-

думы. Получается, что в стране было почти 450 людей, которые должны были
проходить фильтр спецслужб при выдвижении их на должности депутата,
мэра, вице-мэра, и они этот фильтр прошли. Прошли и работают там, будучи
судимыми, будучи на оперативном учете тех же спецслужб, будучи активными членами ОПГ. [46]

Таких мест, как станица Кущевская, город Гусь-Хрустальный в России много. Местная администрация срастается с бандитской средой и с правоохранительными органами и все они друг друга покрывают. Проверяющие комиссии
из Москвы возвращаются ни с чем. Местные люди об этом знают, это разлито
в воздухе и поэтому даже кажется нормальным делом. Таково русское общество в настоящее время.

Полицейские участки Российской Федерации не так красивы, как укра-
шенное мрамором здание Генеральной прокуратуры, но там тоже правды не
найдёшь. Такие дела, как угон машин, насилие в семьях, редко доводятся до
конца. Большей частью они глохнут на первом этапе следствия. Опытные ав-
томобилисты предпочитают нанимать частных сыщиков для поиска своих
угнанных машин, опытные жёны предпочитают не жаловаться на насилие в
семьях.

В качестве примера правового беспредела в полиции хочу привести процесс над полицейскими (милиционерами) в Казани, которые для того, чтобы
выбить признательные показания у подозреваемых, подвергали их пыткам.
На все жалобы потерпевших полицейское начальство не реагировало. И только когда одного из подозреваемых в краже эти полицейские убили, изнасило-
вав его бутылкой из-под шампанского и порвав ему прямую кишку, делу был
дан ход.

Созданная в России коррупционная система развращает даже человека с
неплохими задатками и родившегося в демократической стране. Некоторые
представители цивилизованных демократических стран, которые приезжают
в Россию делать бизнес быстро привыкают к жизни по понятиям и даже неплохо к этому относятся. Остаться "совсем чистеньким" в коррупционной
русской системе практически невозможно. Раз человек попал в коррупцион-
ную обойму, у него только два выхода – либо своевременно уволится оттуда,
либо принять участи в незаконных операциях.

Журналист Леонид Млечин в своём Особом мнении радиостанции "Эхо
Москвы" поделился своими наблюдениями относительно непобедимости
коррупции в России. Несмотря на то, что недавно Государственной Думой
принят очередной закон о борьбе со взятками, на практике он работает очень
плохо поскольку проблема не столько во взятках, сколько в коррупционной

системе, принятой на уровне целого государства. Типовая коррупционная схема такова: несколько человек захватывают какой-то регион или какую-то отрасль, расставляют там своих людей, создают предприятия, из бюджета качают колоссальные деньги. Речь идёт о сотнях миллионов долларах. Разогнать такое сращивание бандитской среды, правоохранительных органов и местной администрации можно только при условии, что у инициатора разгона есть поддержка на всех уровнях административной лестницы, включая председателя Следственного комитета, генпрокурора, и президента, либо премьер-министра. Иначе инициатора самого посадят в тюрьму или переведут куда-нибудь подальше. Даже если информация с документами, фотографиями приобретенной собственности вывешена в интернете (ВЭБ сайт Алексея Навального, например, который каждый день рассказывает, кто, где, сколько и зачем) – из этого не следует, что на это отреагирует прокуратура или милицейские органы и будет возбуждаться уголовное дело. [97]

Пример. В 2008 году из России на личном самолете бежал бывший первого заместителя председателя правительства Московской области, а до этого министр финансов - Алексей Кузнецов. Объем выявленных нарушений по итогам проверки Счетной палаты около 92 миллиардов рублей (больше 3 миллиардов долларов). В течение 5 лет находился в розыске. Задержан в 2013 году во французском городе Тулон. Хищения осуществлял не один. Однако до сих пор арестован только один подельник Кузнецова – его бывший заместитель – Носов.

Два года назад тогда ещё президент России Дмитрий Медведев уволил своего спецпредставителя по международному энергетическому сотрудничеству Игоря Юсуфова за тайную сделку с "Банком Москвы". Вместо того, чтобы провести переговоры в интересах государственного банка ВТБ, чиновник приобрел акции для своего сына, пишет газета "Твой день". Почти 20 % акций, купленных по дешёвке у тогдашнего президента Банка Москвы Андрея Бородина, достались не ВТБ, а немецкой судостроительной компании, которая принадлежит сыну Юсуфова Виталию. [95] Президент Банка Москвы Андрей Бородин, который в результате мошеннической сделки по продаже своих акций, которые в тот момент почти ничего не стоили, приобрёл около 800 миллионов долларов, бежал в Лондон, откуда его, конечно, никто не выдаст. Пусть тратит свои денежки в Великобритании. Богатые люди всем нужны.

Кроме этой финансовой махинации в России Бородина подозревают в мошенничестве с кредитами, в результате которого в 2009 году 12,76 миллиардов рублей (более 400 миллионов долларов) было незаконно выделено компании ЗАО "Премьер-Эстейт", аффилированной с супругой бывшего мэра Москвы, главой компании "Интеко" Еленой Батуриной. Вскоре эти деньги оказались на её счетах. Но тогда она находилась под прикрытием своего мужа

- всесильного мэра Москвы Юрия Лужкова, входившего в десятку самых могущественных политиков России и могла делать всё, что хотела. [21]

Многие запросы русских властей о выдаче людей, замешанных в коррупционных схемах и разыскиваемых Русской Фемидой через Интерпол, признаются зарубежными судами политически мотивированными и поэтому стираются из памяти компьютеров Интерпола (например запрос Генеральной прокуратуры России через русский Интерпол по делу британского бизнесмена Уильяма Браудера). Доказать преступление в экономике бывает очень сложно, особенно когда применяются многоступенчатые схемы увода денег в офшоры, отмывания денег через подставные компании, договорённости между мошенниками, простите, бизнесменами, нигде не фиксируются, кроме как на словах. Кроме того, если дело доводится до суда, часть свидетелей оказываются в могиле, часть в бегах, а деньги давно и многократно отмыты и пущены в оборот через солидные зарубежные фирмы.

В России действуют механизмы бюрократического перераспределения власти и коррупционного перераспределения денег. Даже, когда 6 ноября 2012 года президент Путин в связи с делом Оборонсервиса уволил министра обороны Анатолия Сердюкова - своего протеже, от которого правда стонали и которого ругали последними словами многие генералы, это по распространённому в интернет-сообществе мнению произошло не из-за проклятий этих генералов и не из-за каких-то многомиллиардных взяток и откатов, которые в армейском снабжении любой полуфеодальной страны имеют место, а потому, что Сердюков повел себя неэтично по отношению к семье другого близкого Путину человека Виктора Зубкова и тот "ударился в ноги царю", пожаловался на непутёвого зятя. Дело Оборонсервиса было только предлогом.

19 ноября 2011 года тогдашний президент Медведев как-то сказал о современном русском бизнес-парадоксе: "Инфляция в России низкая, а инвесторы деньги в страну не вкладывают". Интересно, почему? А дело в том, что очень многое в России делается "под ковром", нелегально, по понятиям, "один пишем два в уме". Мало того, что о своём бизнесе надо думать, так ещё и участвовать в бюрократических играх, "крышах", безопасности бизнеса. Зачем нормальному западному бизнесмену эта головная боль? Недаром такие компании, как шведская торговая компания Ikea, шведская строительная компания Skanska, шведская инвестиционная компания Vostok Nafta, целый ряд иностранных банкиров ушли с русского рынка. [187; 166; 180; 175] В нездоровой коррупционной и правовой атмосфере России честному западному бизнесмену работать очень трудно даже если его доходы превышают средние по остальному миру. Кстати азиатские, в первую очередь китайские бизнесмены ведут себя более гибко и готовы платить откаты русским чиновникам. [212]

В качестве примеров незаконного поведения должностных лиц приведу два.

В 2011 году программист Виктор Симак проанализировал с помощью компьютерной программы списки из 20 тысяч абитуриентов медицинских вузов Москвы и пришел к выводу, что во Втором Медицинском институте (университете) имени Пирогова в Москве на бюджетные места принимаются несуществующие абитуриенты с высокими баллами по ЕГЭ. Всего бюджетных мест в вузе - 1200, а заявок на поступление было более 9700. Фактически 75% бюджетных мест оказались заняты "мёртвыми душами". Потом эти места продавали за 400,000 тысяч рублей (13 тыс. долларов) тем, кто набрал меньшие баллы. Из 709 человек, рекомендованных к зачислению, в федеральной базе сдававших ЕГЭ отсутствует информация по 536 из них. Это значит, что три четверти абитуриентов не сдавали ЕГЭ. Приемная комиссия Пироговки не смогла предоставить проверяющим личные дела 626 абитуриентов, рекомендованных к зачислению. Рособрнадзор провел мониторинг списков абитуриентов, рекомендованных к зачислению на бюджетные места, после скандала в прессе. Несмотря на выявленные нарушения ректор этого вуза Николай Володин сам не хотел подавать в отставку. Всё же 10 августа 2011 года его уволили. [132]

Второй пример. Начиная с прихода Ельцина к власти в России происходит сращивание криминала с правоохранительными органами. Посему сделать что-либо в стране почти невозможно из-за того, что все друг друга покрывают. Получило широкое освещение в печати громкое судебное дело в Санкт-Петербурге над руководителями местного управления системы отбывания наказаний, которое ведет заключенными. Эти руководители ради денег пытали осужденных, отсиживающих свой срок. Они снимали на пленку процесс пыток, потом приглашали родственников, показывали, и просили переписать машину, дом, квартиру на их имя. Это вскрылось совершенно случайно. Они многие годы работали в пенитенциарной системе, были на отличном счету.

Глава 9

Культура взаимоотношений в России

"Если вам дали хорошее образование, это еще не значит, что вы его получили."
(Жемчужины мысли - #226695 на сайте: http://www.inpearls.ru/)

9.1. Тотальная разобщенность русских

Существуют географические, природные, национальные, конфессиональные, экономические и политические предпосылки русской национальной разобщённости, а именно:
- большой размер территории,
- многонациональный и многоконфессиональный состав населения,
- неразвитость инфраструктуры,
- неравномерность экономического развития регионов,
- засилье центральной власти,
- жизнь не столько по закону, сколько по понятиям на всех уровнях иерархической лестницы.

Риск появления межнациональных проблем возрастает в многоязыкой, многокультурной, многоконфессиональной стране, когда люди с трудом понимают друг друга. Это основной фактор разобщённости населения. Для обеспечения порядка в стране граждане обычно договариваются об одном или более языках общения, о единых законах действующих на территории страны и об обязательности соблюдения законов для всех. И не только договариваются, но и выполняют.

Многие проблемы, которые возникали и возникают у русских на протяжении их тысячелетней истории и, особенно в XX столетии, происходили из-за равнодушного, безразличного, индифферентного отношения одного русского человека к другим русским, из-за слабого ощущения принадлежности к собственной нации и слабой национальной сплочённости. Поэтому и варягов на царство в IX веке славянские племена приглашали, и объединялись русские только при наличии внешней угрозы, и позволяли вначале царям, а потом большевикам садиться себе на голову, и мирились с собственным унижением и уничтожением.

Русские постоянно проявляют себя, как индивидуалисты, которые плохо умеют объединяться для решения совместных задач на горизонтальном уровне. Вот противопоставляют себя кому угодно русские охотно и с удовольствием. Причём всё равно кому – другому человеку, группировке или даже власти. Желание выяснить отношения с другим человеком, с группировкой, пойти "в кулаки", "стенка на стенку" – вот в чём истинная "прелесть" взаимоотношений в России. Вся русская политическая культура построена на двух положениях – "либо я тебя, либо ты меня" или – "или мы вас, или вы нас".

Сильным разобщающим русских людей фактором является то, что до сих пор не существует одной России – единой и неделимой. Есть несколько Россий:
-Россия чиновничья, состоящая из миллионов людей, обслуживающих вертикаль власти,
-Россия провинциальная, зависимая от центра по большинству экономических вопросов и финансирования,
-Россия либеральная, оппозиционная по отношению к любой власти в стране - чрезвычайно активная, локализованная в нескольких крупных городах,
-Россия выжидающая, которая никуда не стремится и плывёт по течению.

Разобщённость гражданского общества в России особенно ярко проявилась во время Октябрьского переворота. Воспользовавшись недовольством солдат, матросов и рабочих затянувшейся бесперспективной войной, Ленин с его большевиками использовал самое уязвимое место русских, заключающееся в стремлении одних русских взять верх над другими, показать им "кузькину мать", самоутвердиться за их счёт. Ленин расколол и так уже разобщённое русское общество по имущественному и социальному признакам на тех, кто чувствовал себя ущемлёнными и тех, кто ущемлял, на тех, кто был готов грабить других и тех, кого грабят.

С матросами и солдатами руководимыми большевиками сражались только немногочисленные офицеры и юнкера – преимущественно представители имущих классов. Население не подержало своих реальных защитников, которые были за законную власть Учредительного собрания, не поддержало ни в Петрограде, ни в Москве, ни в Туле, ни в Нижнем Новгороде, ни в Калуге. Выступления здоровых сил общества против большевиков, как это было в Венгрии, Германии и Финляндии, в России не было. Из-за своей пассивности и привычки подчиняться авторитарной власти, а при отсутствия царя чувствующих себя беспомощными (вот уж действительно "без царя в голове"), население России не оказывало большевикам массового организованного сопротивления (кроме "Белых армий") и, тем самым, обрекло себя на частичное уничтожение и мрак советской диктатуры, а в долгосрочной перспективе привело русских к окончательной потере своей национальной идентичности.

Показательно поведение тех, кто почувствовал угрозу своей жизни в результате прихода большевиков к власти – дворян, помещиков, собственников, представителей зажиточного среднего класса и чиновничества. Вместо того, чтобы сразу без лишних разговоров сплотиться против большевиков, захвативших власть в нескольких крупных городах в 1917-1918 годах, большинство из них продолжали пассивно наблюдать за происходящим в стране, а некоторые сразу уехали за границу, оставив свою страну на растерзание интернациональным нравственным уродам. Эту "неспособность русских к плодотворной совместной работе, даже когда на карту поставлена судьба их страны, - писал английский посол в России в 1918 году Джордж Бьюкенен, - можно считать национальным пороком. Как говорил мне один русский государственный деятель, если десять русских соберутся за круглым столом, чтобы обсудить те или иные важные вопросы, они будут говорить часами, не приходя к какому-либо решению, а кончат тем, что перессорятся между собой." [28]

Инженер Игорь Кривошеин – сын министра земледелия Русской Империи в своей книге о русской эмиграции сложившейся после октября 1917 года пишет, что эмиграция за рубежом разбилась на группы, как мозаичное полотно – на монархистов, социалистов, и прочих, повторяя то, что было в прежней русской империи. В итоге за несколько десятков лет своего существования за рубежом русская эмиграция выродилась и ассимилировалась в те культуры и этносы, где она волею судеб оказалась. Как только исчезла территория, ослабело влияние русского языка, православие перестало играть базовую роль в воспитании молодого поколения, растворились в других культурах русские национальные традиции, русская нация за рубежом утратила свою самобытность. Сейчас только небольшие очаги русской культуры в США, Франции, Канаде сохранились за рубежом. Это вас не наводит на размышление о судьбе нынешней России?

Долгое время русские сохранялись как народ и выживали за счет значительного количества людей, проживающих на территории страны и за счёт обилия природных ресурсов. Мало какой народ мог себе позволить такую бесхозяйственность, такое неэкономичное расходование природных ресурсов, как они. Поскольку способы выживания русского этноса крайне нерациональны и идут в основном за счет индивидуальной, а не групповой адаптации, многое в России определяется разумностью действий центральной власти. А центральная власть традиционно предпочитает управлять разобщёнными людьми.

Разобщённость русских, как нации выгодна всем – и власть имущим (царям, коммунистам и теперешнему руководству России), и активным группировкам внутри страны. Первым – поскольку управлять разобщённым народом легче, вторым – поскольку легче ловить идеологическую и финансовую рыбку в мутной разобщённой русской среде. К русскому народу даже не нужно специально применять тактики по типу: "разделяй и властвуй". Русские люди и так разделены, и так разобщены. Русский народ и так готов для политического и экономического манипулирования со стороны властей и со стороны представителей нечистоплотных группировок. Естественно, что любая власть в России никогда ничего специально не делала для объединения своего народа по другому основанию, чем наличие внешнего врага или "козла отпущения". А резонёрствующие интеллигенты, если что-то и делают, то только на словах.

Трагедия народов, населявших Советский Союз, состояла в том, что им таки удалось построить интернациональную классовую социалистическую Вавилонскую башню – пусть на бесчисленных костях, пусть кривую-косую, но башню они построили. И она простояла 74 года. А теперь из осколков этой рухнувшей башни люди, живущие и жившие в России – потомки советских людей, пытаются построить что-нибудь лично для себя – кто несколько многомиллионных дворцов с яхтами и охраной, кто крохотный домик в садоводстве на участке размером в 4 сотки, выданном ещё советским предприятием, а кто доживает свои дни в старой "хрущёвке" с дыркой в полу туалетованной комнаты, сквозь которую видна комната нижних соседей. Главное – каждый по-прежнему строит свою жизнь и свой быт только для себя – и не особенно обращает внимание на остальных. Русская разобщённость никуда не делась, русских ничему не научила высокая цена их достижений. В начале XXI века они такие же разобщённые, как в начале XX века. И пока каждый тянет одеяло только на себя, позволяя императору, вождю, президенту натягивать общероссийское одеяло на одного себя, России трудно быть эффективной страной.

Люди представляют собой целостную общность, единый народ, когда они интересны друг другу, сопереживают друг другу, чувствуют боль другого человека, как свою собственную. Но в России пока мало людей подобных Чулпан Хаматовой, которая организовала и поддерживает фонд помощи детям больным раком. Схема взаимоотношений у большинства русских такова: "если ты ко мне равнодушен, то с какой стати я буду проявлять к тебе участие". Или "если деньги в фонд помощи людям пострадавшим в результате пожара, наводнения, теракта идут неизвестно куда, а тут ещё какие-то тёмные слухи просочились о нецелевом расходовании этих денег, то с какой стати я буду жертвовать в этот фонд".

Русские иногда добиваются чего хотят, но неоправданно высокой ценой, через большие жертвы или "из-под палки", когда над ними стоит "надсмотрщик с плёткой". А чтобы друг друга поддерживать, помогать, защищать и совместно на равных внедрить какое-то начинание – так этого не дождётесь. Вот это слабое чувство локтя, недальновидность, думание только о себе, являются главными препятствиями на пути осознания русскими людьми себя, как целостной нации.

Слабость позитивного и доминирование негативного характера взаимоотношений у русских людей проявляется в том, что они объединяются скорее не "за", а "против". Всплески положительного энтузиазма у них бывают весьма кратковременными (вроде победы русских хоккеистов на Чемпионате мира в Финляндии и Швеции в 2012 году, или победы "Зенита" в 2008 году в Манчестере в кубке УЕФА, или по случаю похорон убитого кавказцем болельщика Егора Свиридова). После этого все опять разбегаются по своим углам.

В рамках традиционных для России разнообразных теорий заговоров имплицитно присутствующих и даже доминирующих в сознании многих русских людей, они делят окружающих на своих и чужих, на друзей и врагов. Чиновники, националисты и регионалы тоже делят Россию и проживающих в ней людей по сферам влияния. Например, жители Москвы, жители Ростова-на-Дону, "кавказцы-быки", приезжающие на Ставрополье, чтобы "оттянуться" - все эти группы людей имеют свои сферы влияния и линии размежевания. И пока это так, как бы строго президент не призывал силовиков к пресечению националистической розни в многонациональной, многоконфессиональной стране, это деление при нынешней политике властей сохранится и будет вновь и вновь неоднократно проявляться и тем больше, чем больше будет слабеть центральная власть. А она будет слабеть по мере того, как будет слабеть российская сырьевая экономика.

В XX веке гуманность и милосердие сильно потускнели в сознании советских, а затем русских людей. Им легче осознавать, что страдают не они одни. "Раз издеваются надо мной, то пусть поиздеваются над теми, кого я не люблю, кого считаю причиной моих бед и несчастий." Милосердие не стучится в сердца таких людей, особенно когда речь идёт о жуликах, ворах, взяточниках, начальниках, новых русских и людях, которые им служат (адвокаты, охранники и пр.). Простые люди готовы даже мириться с тем, что на одного наказанного из вышеупомянутых категорий приходится несколько невиновных людей. Равнодушие порождает равнодушие, а кроме того осуждение, нетерпимость и отвержение, что лучше всего отражено в библейском анекдоте: Человек оказал услугу господу. Тот сказал: "Проси, что хочешь, но твоему соседу я дам вдвое больше". "Господи, вырви мне один глаз" – сказал человек.

Если Православная церковь, бизнесмены, некоторые простые люди в России ещё проявляют милосердие по отношению к падшим и утратившим своё место в новой жизни, то интеллигенция, которая одно-два поколения назад сама вышла "из простых", это делает крайне редко, проявляя безразличное, немилосердное, почти злорадное отношение к тем, кто поскользнулся, "выпал из обоймы". Отговорки при этом такие: "Я ведь работаю. Я полезный член общества. А о бомжах, беспризорных детях и наркоманах пусть заботится государство".

Либеральные интеллигенты в своих речах, статьях и книгах умеют талантливо ненавидеть русскую власть, русский беспорядок, русскую коррупцию. Но по-настоящему любить свою страну, своих людей они не умеют, не могут, да и не хотят. Гораздо труднее быть Чулпан Хаматовой, помогать больным детям, собирать для них деньги, чем Валерией Новодворской и считать русский народ быдлом, который только и заслуживает той участи, которую имеет.

Настороженное, недоверчивое, и даже враждебное отношение русских к другим русским проявляется в том, что в России каждый воюет против каждого. Слово "воюет" можно заменить словами: "не доверяет", "боится", "страдает от", "не любит", "равнодушен" и др. И это будет правдой. Слабость позитивного и доминирование негативного характера взаимоотношений у русских людей проявляется в том, что они объединяются скорее не "за", а "против".

13 марта 2011 года корреспондент НТВ Роман Соболь сделал репортаж о равнодушии к бомжам в России. Он рассказал, что в России сейчас 4 млн. бомжей. Умирают 1 млн. в год. На их место приходит новый миллион в год. Средний возраст бомжа 40-50 лет. Армия бомжей пополняется из-за жуликов и родственников, которые лишают их жилплощади, а также после отсидки в местах заключений. В Санкт-Петербурге зимой 2009-2010 годов замёрзли насмерть 80 бомжей. Около 30% бомжей ещё могут вернуться к нормальной жизни. Вот если человек "сломался", то обратного пути для него нет. Помогать бездомным у населения России не принято. Отношение к бомжам у большинства жителей России брезгливое и равнодушное. Бомжей бьют до полусмерти все, кому не лень, в основном агрессивные пьяные подростки.

В июле-августе 2004 году пенсионеры России объединились против закона о монетизации пенсионных льгот, инициированного тогдашним министром здравоохранения и социального развития Михаилом Зурабовым и заместителем председателя правительства России Александром Жуковым и вышли на массовые протестные демонстрации по всей России. В январе 2005 года, когда закон вступил в силу, пенсионеры перекрыли Невский и Московский проспекты в Санкт-Петербурге. По всей стране прокатились демонстрации. В феврале 2005 года вышли на митинг офицеры вооружённых сил России. Даже русский патриарх Алексий II встал на сторону пенсионеров.

В этот раз дело было не в том, что монетизация – это плохо, а в том, что людей заранее никто не готовил к реформе, не информировал. Власть традиционно полагала, что об предстоящих изменениях надо просто объявить, издать закон, поставить людей перед фактом и всё встанет в привычную для России колею и традиционно послушный русский народ всё "съест". Отдельным недовольным можно быстренько заткнуть рот дополнительными подачками, а против особо упёртых применить запугивания и репрессии. В общем, если всё сделать, как обычно делается в России, то вопрос будет решён.

Но на этот раз традиционные методы не сработали. Пока наверху в 90-е годы делили собственность, власть и деньги – простого народа это не больно-то касалось и он помалкивал. А когда власть захотела упразднить натуральные льготы, точнее заменить их денежными компенсациями, она наступила на слишком больную народную мозоль – можно сказать – на последнее завоевание распределительного социализма, ради которого одна часть русского народа истребляла другую в течение многих лет. В результате монетизации произошло резкое падение рейтинга президента Путина с 84 % в начале 2004 года, до 48 % в начале 2005 года.

И тут Путин видимо, впервые если не испугался, то всерьёз ощутил дискомфорт и, наконец, обратил внимание на свой послушный долготерпеливый народ, который он до этого использовал только в целях пиара и для голосования. И обратил он на людей внимание не потому, что решил впредь считаться со своими подданными, а потому, что понял, что впредь людей надо готовить к нововведениям и заранее "обрабатывать" их через подконтрольные средства массовой информации. Кроме того, необходимо достроить вертикаль власти до конца так, чтобы все ветви власти подчинялись ему лично, как в армии. Он осознал, что иметь дело с недовольным левым протестным движением значительно сложнее, чем выгонять из страны или сажать в тюрьму всеми ненавидимых олигархов. Если с разобщённой вечно со всеми конфликтующей русской интеллигенцией можно поступить как обычно – ограничить, урезать, выгнать, припугнуть и она сразу испугается и "пойдёт на попятный", то с пролетариями и обездоленными пенсионерами – своим главным электоратом - такие методы могут не сработать. А если уж к ним присоединиться армия, то часы Путина будут сочтены. Поэтому власть быстро "отыграла" назад и часть льгот вернула. С тех пор пенсионеры сидят тихо и властная верхушка опять делает в стране, что хочет. Забота о пенсионерах, армии и полиции в последние годы превратилась в первоочередную задачу исполнительной власти в России.

9.2. Слабость общественного мнения и общественной активности

Когда каждый за себя, то проигрывают все. Из-за своего индивидуализма русские не умеют воплощать в жизнь общие политические проекты на демократической основе. Вот объединиться вокруг верховной власти или вокруг лидера – это они могут. Поэтому так долго в России держалась монархия, поэтому так долго хозяйничали в СССР коммунисты, возглавляемые вождём или генеральным секретарём КПСС, поэтому Сталин делал с разобщённым советским народом всё, что хотел. Он мог бы положить на кровавый коммунистический алтарь ещё десяток миллионов человек, а остальные вслед за изображающим из себя ура-патриота писателем Александром Прохановым всё равно вопили бы сейчас об утрате имперского величия матушки России и о новом мобилизационном сценарии её развития – неважно какой ценой. Потому что когда отдельный человек, его мнение, его достоинство, его жизнь мало что значат в России, а все законы вплоть до Конституции можно менять в любой момент по желанию одного человека, то и все остальные последствия неминуемы. Гражданин исчезает. Остаётся безликий объект управления – разобщённый народ, с которым исполнительная власть может делать всё, что угодно. Люди в таком обществе способны только на бессмысленный бунт или на бессловесную покорность. А воспитывать сознательного полноправного гражданина "на свою голову" уж очень накладно для власти, да и ни к чему.

В современном русском обществе количество и значение вертикальных связей значительно превосходит количество горизонтальных. А именно последние определяют возможности самоорганизации и сотрудничества людей и бизнесов на низовом практическом уровне, их способность развиваться. Существующая практика в России такова, что президент, его администрация через свою вертикаль власти инициируют, а все остальные люди и организации выполняют их указания или делают вид, что выполняют. По сравнению с обществом власть в России выглядит гораздо более организованной и монолитной. И это неважно, что монолитной она кажется только за счёт первого лица и опирается на зависимых от государства людей, чья верность исполнительной власти обусловлена размером дотаций, пенсий и льгот.

В маленьких городках и деревнях России люди большей частью ни в какой общественно-полезной деятельности не участвуют. Многие из них от безысходности и оттого, что от них ничего не зависит, попросту спиваются. А объединиться для того, чтобы что-то вместе сделать или изменить жизнь их посёлка или города у них не получается, не хватает демократической культуры, политической сплочённости, инициативы и последовательности. Кроме того, печальная практика идущая с советских времён о том, что инициатива наказуема, начисто отрезала у жителей русской провинции, бывших советских людей эту способность самим, своими силами что-то пытаться изменить в своей жизни. Очень редко можно читать о случаях, когда жители посёлка или города объединяют личные и финансовые усилия, чтобы построить мост через местную речку или содержать в чистоте общественный парк.

Жители России как бы снимают с себя персональную гражданскую ответственность за судьбу и будущее своих посёлков, деревень и, тем более, за будущее своей страны, за принятие политических решений и за их последствия, полагая видимо, что раз от них ничего не зависит, то стоит ли предпринимать какие-то усилия, всё равно решают другие. В крупных городах ситуация лучше и политическая активность граждан выше, но только до первых репрессий.

Между тем, именно общественное мнение создаёт нравственную атмосферу в обществе. Оно есть там, где есть свободный обмен информацией, активное отношение к тому, что происходит вокруг, где независимые местные СМИ влияют на это общественное мнение. В противном случае базой для общественного мнения являются слухи, домыслы, недостоверная информация и решения, навязываемые людям представителями правящей верхушки на местах. Без общественного мнения люди равнодушны к асоциальным явлениям: к курению мам на детских площадках, к распитию ими пива во время гуляния с детьми, к курению учащихся младших классов. В России опросы общественного мнения по политическим вопросам носят ограниченно правдоподобный характер, поскольку во-первых, общественное мнение на всей территории страны должно существовать, а не быть привилегией только крупных городов, во-вторых, у всех людей должен быть доступ к любой информации через телевидение и высокоскоростной интернет, а не только через федеральные финансируемые государством телеканалы, информация на которых отражает официальную точку зрения Кремля и, в третьих, у них должны быть реальные альтернативы выдвижения людей на выборах, а не только те, которые им подсовывают шустрые политтехнологи из разрешённых и финансируемых исполнительной властью политических партий.

По информации фонда "Общественное мнение" на зиму 2012 - 2013 годов, интернетом ежедневно пользовалось 50,1 миллиона человек, или 43 процента совершеннолетних жителей России. [157] Уже весной 2013 года показатель проникновения интернета среди взрослого населения России составил 57% или 66,0 млн человек. [118] ВЦИОМ сообщил, что в 2012 году Интернетом пользовалось 58% жителей России, причем 38% - ежедневно. Euromonitor International опубликовал данные, согласно которым проникновение Интернета в России на 2012 год все еще значительно ниже западноевропейского уровня - 49% по сравнению с 78% в среднем по Европе. [188]

Общественное мнение в России формируется в нескольких больших городах – Москве, Санкт-Петербурге, Екатеринбурге, Казани, Ростове-на-Дону и в некоторых других областных центрах. Эти города – многонациональные, многоконфессиональные мегаполисы - представляют широкий спектр мнений, установок, предубеждений, мифов. Но поскольку равнодоступного для всех информационного пространства в России нет, в ней действует принцип радиального информационного воздействия. Главным источником информационного влияния была и остаётся Москва. Другие центры общественного мнения слишком разбросаны по России и сравнительно бедно живут, чтобы представлять серьёзную основу для возникновения и распространения независимых взглядов, и мнений так, чтобы живущие в этих центрах люди всерьёз озаботились о таких материях, как выборность, произвол власти, неравноправие, избыточная централизация страны.

Согласно социологическим опросам общественного мнения, проведённым институтом Левады, в нулевые годы 60-70% жителей России не чувствовали себя членами русского общества и членами государства. И только представители интеллигенции ощущают себя частью русского социума, имеют своё мнение по многим вопросам, спорят, ссорятся, куда-то стремятся. По данным этого опроса социологи сделали вывод: чем ниже уровень образования, тем ниже ощущение принадлежности к своему народу. Впрочем, так было и при царе. Дворяне, помещики, купцы, священники, интеллигентные люди и собственники в гораздо большей степени ощущали себя патриотами и гордились принадлежностью к русской нации, чем общинные крестьяне (бывшие крепостные) и рабочие из недавних крестьян.

В феврале 2008 года корреспондент Би-Би-Си Георгий Степанов беседовал с Анатолием Мудриком, членом-корреспондентом Российской Академии образования, Виктором Соколовым, директором Института социальных технологий, Михаилом Виноградовым, директором Центра политической конъюнктуры России, Павлом Данилиным, политологом, шеф-редактором интернет-портала "kreml.org", Георгием Сатаровым, политологом, президентом фонда "Индем". [98] Тремя годами позднее социолог Елена Баева, сотрудник отдела исследования рынков ежедневной деловой газеты "РБК daily" провела изучение отношения среднего класса России к политике правительства. [7] Все они отмечают аполитичность большинства людей в России.

Верхние чиновники в Кремле и в доме правительства полагают, что местные, региональные жители слишком стратегически недальновидны, чтобы правильно выбрать для себя мэра или губернатора. Естественно, что мнение местного населения при принятии значимых административных решений практически не учитывается. Выборы становятся всего лишь способом легитимации решения, принятого в Москве. Видя такое недоверие к нему сверху, местное население само впадает в безверие и проявляет безразличие к выборам. Поэтому региональных жителей России давно охватил паралич народного политического сознания. Как и при советской власти люди не несут ответственность ни за что, не влияют ни на какие процессы в обществе – в своём городе, в районе. У них остаётся удовлетворение сиюминутных потребностей, гонка за комфортом и деньгами. Влиять на своё политическое будущее они не могут. Кремль решает за них. К концу 2011 - середине 2012 года ситуация с политической активностью жителей больших городов России несколько улучшилась, но о массовых проявлениях активности особенно в провинции пока говорить нельзя.

В политическом плане годы президентства Владимира Путина даже нейтральные к Кремлю социологи и психологи характеризуют, как эпоху апатии. Нельзя же считать общественно-политической активностью специально организованные митинги в его поддержку на Воробьёвых горах в Москве или сборы молодёжи на озере Селигер. Это скорее напоминает первомайские демонстрации или хорошо организованные слёты комсомольского актива в коммунистическую эпоху. В оправдание Путину можно сказать, что он сам был так воспитан и просто не способен предложить людям ничего поновее. Работа в службе внешней разведки дала ему внешний лоск, хорошую информированность и знание языков, но кардинальные изменения в своей стране этот пусть и продвинутый, но всё же советский человек, совершить вряд ли сможет. Плохо ещё то, что он этого не понимает, а если понимает, то видимо, так любит себя в роли президента, что никак не может расстаться со своей сладкой ношей.

Резкий спад политической активности в России начался после 1996 года, когда народу стало ясно, что главное кресло в Кремле занимает сильно пьющий властолюбивый человек, которому не такой огромной сложной страной руководить, а строительным участком советских времён командовать. Интуитивно Ельцин это чувствовал, но ничего с собой поделать уже не мог. Как следствие своего властолюбия и слабого стратегического видения перспектив развития России, он загнал и самого себя и всю страну в очередной тупик, из которого выход был только один – назначить достойного преемника. Его выбор пал на Владимира Путина – волевого человека, умеющего держать себя в руках и скрывать свои мысли и намерения.

Если в 1995-1996 годах до 80% граждан участвовали в борьбе партий, митингах, выборах, то после 1998 года интерес к политике стал спадать, а к моменту избрания Путина в 2000 году он превратился в казённый, формальный интерес, поскольку люди все больше убеждались в бесполезности своих политических усилий. Путин просто завершил процесс, который начался при позднем Ельцине. Явка избирателей при выборы мэра Москвы в сентябре 2013 года была всего около 30%.

Обобщая политические процессы в посткоммунистическую эпоху, директор Центра политической конъюнктуры России Михаил Виноградов сказал: "Электоральная апатия сегодня, безусловно, существует, и она колоссальная. Она нарастала последние 15 лет, и здесь я бы выделил несколько рубежных точек. Первая "точка" - это первая половина 90-х годов, экономические реформы, которые породили огромное разочарование у части населения. Вторая "точка" - дефолт 1998 года, событие, почти убившее интерес граждан к политике. Третий этап - это путинское президентство, когда государство целенаправленно стремилось деполитизировать избирателей. В результате граждане живут скорее в пространстве телевизионных сериалов, глянцевых журналов, информации, не связанной с текущей жизнью. Они слабо следят за новостями и не очень понимают, каким образом эти новости могут касаться их самих." [98]

Впрочем, в последние два года некоторые положительные изменения в России всё же наблюдаются. Как только в России или в конкретном городе, районе возникает событие, затрагивающее интересы или национальные чувства людей, событие, нарушающее их представления о справедливости, оно быстро обрастает сетью заинтересованных лиц через социальные сети в Интернете или через слухи. Люди выходят на улицы, хотя такая спонтанная активность происходит скорее вопреки, чем благодаря воле властей, которых устраивает практически полная бесконтрольность и безнаказанность любых своих действий.

Декабрьские 2011 года митинги в Москве, когда на них добровольно пришли от 25 до 80 тысяч человек показали, что даже у долготерпеливых народов, населяющих Россию, есть предел терпения, и власти не имеют права делать с ними всё, что угодно. Пока полунищий народ, как ощипанная курица жался к ногам хозяина, ему было не до политики. Сейчас люди в крупных городах "подкопили жирок" и им хочется разнообразия впечатлений, участия в политике, публичного высказывания своего мнения. Возросший материальный уровень жизни людей, более высокая информированность населения через интернет и социальные сети и умеренные репрессивные меры властей способствуют пробуждению политической и экономической активности населения. Но политической культуры даже у лидеров протестного движения не хватает. У большинства кроме лозунгов "Долой" и "Да здравствует" за душой больше ничего нет, никакой позитивной программы. А им противостоит огромная государственная машина России – миллионы бюрократов с обслуживающим персоналом. И каждый бюрократ формально за что-то отвечает, даже если в действительности он лишь "протирает штаны" на своём рабочем месте.

Лозунг недовольных: "Верните народу выборы, гады", который развевался на Болотной площади в декабре 2011 года и разговоры о том, что пора вернуть себе страну, а не позволять кучке людей распоряжаться голосами народа и принадлежащими ему богатствами так, как им заблагорассудится, создание новых политических партий - это первые шаги на пути преодоления разобщённости населения, его активизации и вместе с этим демократизации России. Однако, этого запала надолго не хватило. Начиная с 6 мая 2012 года начался очередной откат к усилению вертикальной модели развития общества, к ужесточению ограничений на народное волеизъявление и протесты опять стали сводиться к нескольким тысячам разобщённых людей. С начала 2014 года была усилена зачистка информационного пространства в России, пропаганда стала носить прямолинейный, грубый характер особенно с времени аннексии Крыма. Эпоха ловкого сурковского манипулирования общественным мнением ушла в прошлое.

9.3. Необоснованная секретность

> "Тайну можно сделать из любой глупости, если придать ей государственное значение."
> Михаил Мамчич, журналист

С времён большевиков-подпольщиков, захвативших власть в России в октябре 1917 года, секретность стала неотъемлемой составной частью советской жизни. Будучи сами людьми, многие из которых прошли через царские тюрьмы, ссылки и каторгу, эти люди впитали традиции русского уголовного мира, усвоили уголовную культуру секретности, келейности и скрытности в переписке и личном общении. У них была правда для своих и правда для всех остальных. Они сообщали народу только то, что им было выгодно и утаивали всё остальное. Но до уровня тотальной секретности – секретности на всех уровнях и буквально на каждом рабочем месте, секретности граничившей с государственной паранойей, процесс был доведён уже при Сталине.

Особенно секретной считалась информация на уровне организаций типа ВЧК, НКВД, а также Специальных Конструкторских Бюро ("шарашек") и вообще любых учреждений, имеющих дело с обороной и безопасностью страны. Режим секретности стал таким обыденным, повседневным, будничным явлением, что об этом даже не говорили, считая недоверие к любому человеку естественной частью жизни. Невысокий культурный уровень людей, которых большевики привели к власти, способствовал поддержанию и упрочению режима секретности в стране.

Сталин никому не доверял - даже своему ближайшему окружению. У него не было друзей или близких людей. Все были под подозрением. Никто - ни жена, ни дети, ни соратники не знали пределов компетентности Сталина. Например, Троцкий, который работал бок о бок со Сталиным в течение 11 лет и впоследствии писал о нём, как о гениальной посредственности, в одном из интервью утверждал, что Сталин не знает иностранных языков тогда как Сталин владел грузинским, русским, древнегреческим и церковнославянским языками, понимал английский, немецкий, армянский и осетинский языки, читая книги, оставлял пометки на венгерском и французском языках.

Многие организации и предприятия при Сталине работали в режиме недоверия и строгой секретности даже по отношению к своим собственным служащим и друг к другу. Документы и материалы почти независимо от их истинной ценности облагались грифами секретности и "для служебного пользования". Все комнаты с секретными материалами закрывались на ключ и опечатывались. Вводилось несколько ступеней охраны и несколько видов пропусков. Каждый человек в советском обществе должен был знать только то, что ему положено знать по должности, положению и исполнять работу только в рамках своей сферы профессиональной компетентности и круга обязанностей. Сталин внёс решающий вклад в организацию советской государственной системы секретности. Это, несомненно, сталинское ноу-хау, которое с послаблениями действует в России до сих пор.

Вышестоящие партийные организации и специальные органы при них (НКВД, ГПУ, КГБ) утаивали всё – участие советских военнослужащих в корейской, вьетнамской, афганской компаниях, количество солдат, погибших во время подавления венгерского восстания, потери во время военных испытаний вроде учений на Тоцком полигоне, стихийные бедствия и катастрофы вроде Кыштымской трагедии, и поначалу даже Чернобыльской аварии. Из-за пресловутой секретности нельзя было сказать правду о том, где и как погиб человек, похоронить его по человечески, поставить человеку правильный диагноз в случае, к примеру, радиационного поражения. После того, как в 90-е годы вскрылась большая часть засекреченной информации, жители России увидели аморальное отношение малограмотных амбициозных коммунистических выскочек и карьеристов к своим солдатам и к простым людям, которых они использовали, как расходный материал.

Например, чего стоили обманы, которыми пользовались спецслужбы СССР для того, чтобы засекретить преступные учения на Тоцком полигоне в 1954 году? Военнослужащим, которые остались в живых после прохода через эпицентр ядерного взрыва, под страхом смертной казни было запрещено об этих испытаниях рассказывать в течение 25 лет (истечение срока действия подписки о неразглашении секретной информации в Советском Союзе). Поскольку им всем были выписаны фальшивые командировочные удостоверения совсем в другие места нежели Тоцкий полигон, они не могли даже получать правильное лечение от лучевой болезни в течение многих лет и массово погибали от "неустановленных причин" с диагнозами "рак", "инфаркт", "сосудистые поражения", "гормональные нарушения", "пневмония" и пр. Они не могли требовать финансовой компенсации или пенсий по инвалидности за утраченное здоровье. Им оставили только право умирать. Даже врачи не имели права ставить им правильный диагноз. Кто жертвам ядерного эксперимента поверит, если в документах их участие в ядерных военно-полевых учениях все равно не зафиксировано?

Такая же участь ждала участников ликвидации последствий аварии на химическом комбинате "Маяк", расположенном в закрытом городе "Челябинск-40" (теперь – Озерск). "Кыштымская авария" произошла 29 сентября 1957 года. Из-за выхода из строя системы охлаждения, взорвалась ёмкость объёмом 300 кубических метров, где содержалось около 80 м^3 радиоактивных ядерных отходов. В атмосферу было выброшено около 20 млн кюри радиоактивных веществ. На высоте до двух километров радиоактивное облако накрыло территорию площадью 23 тысячи км^2 с населением 270 тысяч человек. Для ликвидации последствий аварии были привлечены сотни тысяч военнослужащих и гражданских лиц. Многие из них получили большие дозы облучения. Об этой техногенной катастрофе власти не сообщили ни им, ни населению заражённых радиацией населённых пунктов. Все привлечённые к ликвидации аварии люди давали подписку о неразглашении государственной тайны. Перед ними был выбор – либо идти в тюрьму за нарушение подписки, либо умирать от лучевой болезни и её последствий поскольку рассказать врачам о действительной причине болезни они не имели права, да никто бы и не дал им этого сделать.

Советская практика утаивания информации даже от своих сотрудников, которым по должности положено знать о том, что случилось в действительности, продолжалась практически до развала СССР. Про взрыв четвёртого энергоблока Чернобыльской атомной станции вскоре стало известно всему миру – слишком многие страны оказались в зоне радиоактивного заражения. Однако те, кто был уполномочен отвечать за ликвидацию последствий этой аварии, сами вели себя, как "слепые котята". Сама мысль о подобной аварии была настолько невероятна в обстановке тотального советского вранья, что большинство ответственных работников не знали, что делать в подобных случаях. В течение многих лет частью государственной политики было умалчивание подобных происшествий от народа, мол не надо людям ничего говорить, чтобы не вызвать панику, не их это ума дело. Кроме того, "меньше зна-ешь – спокойнее спишь". А что кто-то из спящих может и не проснуться, это коммунистов никогда не волновало. Народу-то в СССР было много. В связи с такой установкой власти СССР утаивали от ликвидаторов аварии (пожарни-ков, геологов, пилотов вертолётов, военнослужащих) правду так долго, как только могли. Данные о радиоактивности района и площади поражения в те-чение первых месяцев держались в тайне. Рассекреченные документы полит-бюро ЦК КПСС свидетельствуют о том, что никто не знал о масштабах проис-шедшей трагедии – ни украинские чекисты, ни многие ответственные за эту часть атомной программы руководящие работники. Это только потом, когда весь мир заговорил о Чернобыле, кое-какая информация стала просачиваться и в советские СМИ.

Известно, что любая информация является секретной только ограничен-ное время (три, пять, максимум семь лет). Потом она становится достоянием спецслужб других государств, от которых она собственно и утаивается. Одна-ко, процесс рассекречивания информации через разумные обоснованные промежутки времени в Советском Союзе хотя бы для своих всё равно не про-исходил, хотя реальной тайны информация уже не составляла. В результате многие старые секреты долгое время оставалось секретами только для свое-го народа, но не являлось секретами для остального мира.

Секретность предполагает разветвлённую бюрократическую организаци-онную структуру со своими секретными помещениями, сейфами, журналами регистрации, охраной, правилами поведения и взаимоотношениями между чиновниками спецотделов и носителями секретной информации. И всё это для ограничения доступа и распространения информации, на которую нало-жены грифы секретности разного уровня. Теперь уже стало ясно, что во мно-гих случаях излишняя секретность на всех уровнях была неоправданной из-за обилия инструкций, предписаний и разбухшего бюрократического аппара-та. Она порождала дублирование, непроизводительные затраты, дополни-тельные расходы времени на доступ к секретным материалам, обмен инфор-мацией и пр. Она тормозила разработку и внедрение технических новинок.

А что стоило просто доверять людям, которые работали в закрытых пред-приятиях и организациях, доверять их честности и порядочности? Компе-тентный, информированный человек всегда более адекватен, самодостато-чен, менее подвержен влияниям, внушению, менее уязвим, живёт в мире ре-альных фактов. Его труднее одурачить, повести за собой. Он хуже поддаётся идеологической обработке со стороны внешних сил. Впрочем, зачем он такой власти нужен? Ей предпочтительнее иметь внушаемое человеческое суще-ство, которое за бутылку водки, за болтовню о счастливом коммунистиче-ском будущем пойдёт за ней на край света и там же умрёт за её интересы.

Что касается нынешних кремлёвских политиков, то у них секретность создаёт интригу политической жизни. В отсутствии внятной конкуренции конфиденциальность стала необходимым средством для того, чтобы держаться у власти, а информированность чиновника помогает ему держать в подчинении своих подчинённых. Современная путинская команда унаследовала многие черты, присущие высшим чиновникам в СССР. Она очень устойчива к внешним возмущающим факторам. Утечек оттуда практически не бывает. А если бывают, то в виде направленной дезинформации или касаются частных вопросов. Люди, вхожие в узкий круг посвящённых лиц, изначально отбираются по принципу "короткого языка" или умения себя контролировать.

Почему многие российские бюрократы так боятся открытия своих планов? Причин как всегда несколько. Тут и неуверенность в себе, своих силах, боязнь показаться смешными. Тут и некомпетентность в своём деле недоверие к тем, кто человека во власти окружает. Тут и тайная мысль о том, что подставят, подведут, обманут, предадут. Тут и привычка самому обманывать других и даже самого себя, выдавать желаемое за действительное или недоговаривать всей правды. У кого-то причиной может быть даже суеверие.

Предыдущий зам. председателя правительства РФ, а до этого первый зам. руководителя администрации президента РФ Владислав Сурков очень ловко манипулировал общественным мнением России, скрыто проводя нужные власти решения с учётом психологии людей. Его недаром называли "гений политических манипуляций". Теперь с приходом нового человека - Вячеслава Володина на должность Суркова, политическая работа информационного ведомства стала более прямолинейной. Однако, в обоих случаях подтекст работы ведомства остаётся скрытым от глаз народа. Зачем людям много знать? Пусть спокойно спят по ночам.

А чего стоила секретность в вопросе о том, кто будет баллотироваться на должность президента России. Так было в 2008, потом в 2012 и теперь опять будет в 2018 году? О договорённостях между претендентами народ узнаёт в последний момент. Например, о договорённости между Путиным и Медведевым насчёт того, кто из них будет баллотироваться в президенты в 2012 году, по словам помощника Медведева – Аркадия Дворковича, не знали даже ближайшие заместители обоих. Раз уж они об этом не знали, то доверия в командах нет, а следовательно, и команд нет. Есть группы лиц, чей статус в управленческой иерархии, зарплаты и доходы зависят от главных лиц страны. Из-за отсутствия доверия и неумения честно разговаривать со своей командой и с собственным народом, атмосфера секретности, недоговорённостей, умолчания сохраняется практически по любым значимым вопросам.

Журналист и телеведущий Владимир Соловьёв пишет, что "близость к Путину определяет действительный вес человека в Российской власти. Но эта близость засекречена, представляет собой тайну за семью печатями. Даже самые влиятельные, могущественные из чиновников держаться скромно, внимания СМИ и общественной популярности избегают." [152, с. 17-18] Рейтинги чиновников остаются на хорошем уровне вплоть до самой их отставки. Только тогда могут выясниться неприглядные подробности их жизни, их проколы и провалы или проколы их родственников (например, мэра Москвы Юрия Лужкова, министра обороны Анатолия Сердюкова). Также непонятны принципы выдвижения чиновников на высшие должности в государстве, их перемещения с места на место или попадания к кадровый резерв. Вместо открытой и честной конкуренции, когда люди могут сравнить профессиональные и личностные качества кандидатов, наверх поднимают верных Путину людей и понижают или снимают тех, кто нарушил какие-то правила.

Интернет является главным возмущающим фактором в вертикальной схеме управления современной Россией. Интернет более открыт, анонимен, а поэтому располагает к большей честности и искренности с собой и с другими. В виртуальном пространстве человек может почувствовать, что он не один. И это может подвигнуть его к действиям, на которые он в противном случае никогда бы не пошёл. Правда сейчас и Интернет всё больше попадает в сферу внимания спецслужб.

Любопытство простого народа переводится на гламурные рельсы: с кем живёт та, или иная поп-звезда, какая сексуальная ориентация у того или иного артиста, какова стоимость и размер дворца, который себе построил в России или купил за границей тот или иной российский богач, сколько отсудила у него денег при разводе жена. Что касается достоверной информации о жизни и политических планах властителей России, то она, как правило хранится "за семью печатями" и узнать её простому смертному или журналисту чрезвычайно трудно, а иногда и невозможно. Людям в России остаётся только гадать, какие конкретные шаги предпримут нынешние властители завтра, через месяц, год и что будет со страной в том или другом случае.

Многие документы в России до сих пор не рассекречиваются, хотя срок давности для этого давно прошёл или никакой тайны эти документы уже не составляют. За этим стоят как ведомственные, так и личные интересы. Например, потомки палачей ленинского и сталинского периода не хотят раскрывать неблаговидные делишки своих предков.

Русский историк Борис Соколов пишет, что секретность на историческую информацию продолжается и поныне. Это часть политики власти в отношении своего народа опирается на 137-ю статью Уголовного кодекса, позволя-

ющую карать за "незаконное собирание сведений о частной жизни лица, составляющих его личную, семейную тайну, без его согласия". Действия ФСБ по
запугиванию историков, в частности, изъятие документов и компьютеров у
архангельского историка профессора Михаила Супруна и его коллег, участвовавших в совместном русско-германском проекте "Этнические русские
немцы, репрессированные в 40-е годы". Возбуждение против Супруна уголовного дела, опирается на положение, согласно которому разглашать сведения о частной жизни людей, содержащиеся в военных архивах, без согласия
тех лиц, кого эти сведения затрагивают в течение 75 лет нельзя. [148]

А чего стоят изменения внесённые законодателями в 275-ю статью Уголовного кодекса о том, что шпионаж и выдача государственной тайны теперь
рассматриваются не как форма государственной измены, а как разновид-
ность оказания помощи иностранному адресанту. Раньше закон касался
только лиц, которые допущены к государственной тайне. Сейчас закон включает в себя лиц, которым государственная тайна не была доверена, но стала
известна по службе или работе.

Широко известны также дела, возбуждённые против двух профессоров из
Балтийского технического университета "Военмех" из Санкт-Петербурга Евгения Афанасьева и Святослава Бобышева, дело возбуждённое против физика
из Красноярска - Валентина Данилова, а также дело против военного журналиста Григория Пасько, которых ФСБ обвинила в разглашении государственной тайны и измене Родине. И хотя убедительных доказательств виновности
этих людей не было представлено, а они говорили, что пользовались несек-
ретными данными, находящимися в открытом доступе, их отправили за ре-
шётку. Как сказал позднее Григорий Пасько: "В России опасно для жизни и
здоровья пользоваться головой".

Неоправданно утаивается военная информация из министерства обороны
России - особенно информация о неудачах в испытаниях разного рода новинок военной техники. Так, 9 декабря 2011 года из акватории Белого моря был
проведен 12-й испытательный пуск морской стратегической ракеты "Булава",
который закончился неудачей. Почему честно и своевременно не рассказать
об этом своему народу и всему миру? Ведь не технические параметры ракеты
разглашаются и не технология её изготовления. Или чиновники министерства обороны опасаются уронить престиж русской военной техники? Ведь
при современных средствах спутникового и даже прямого видео обнаруже-
ния всё тут же становится известно. Случай с "Булавой" мгновенно стал известен норвежцам и американцам, а от них – всему миру. Только свой собственный "Ванька" не имеет права ничего знать. При советской власти он узнавал
новости от "вражьих голосов", а сейчас из Интернета.

Соблюдение правил игры по понятиям - главное условие процветания бизнесмена, служащего, сотрудника любой государственной правоохранительной или военной организации в России (ФСБ, армии, полиции, следственного комитета, прокуратуры). Не дай бог кому-нибудь "вынести сор из избы", раскрыть сведения, составляющие тайну государства или просто раскрыть информацию, которая бросает тень на деятельность упомянутых организаций. "Виновного" в лучшем случае ждут служебные проверки и расследования, увольнение из системы – это минимальное наказание за такой "грех", а в худшем - неожиданная смерть в автоаварии, самоубийство через повешение, отравление ядом, который почти невозможно обнаружить или случайное "выпадение" из окна.

Нужно сразу сказать, что есть "закрытая" информация двух типов: за неразглашение первой сотрудник организации расписывается и получает зарплату от государства, неразглашение второй – это дело его совести и порядочности. Иллюстрацией нарушителей первого типа неразглашения служат американские разоблачители - Брэдли Меннинг и Эдвард Сноуден, а также перебежчики из советских и российских спецслужб (НКВД, КГБ, ФСБ). Информация о методах работы секретной службы, о сослуживцах, их психологические портреты тоже нежелательна к разглашению, однако под уголовную статью она не попадает. И тем не менее в России разоблачителей такого рода тоже не одобряют. В частности, бывший генерал КГБ Олег Калугин в своей книге "Прощай, Лубянка!" дал психологические портреты некоторых своих сослуживцев и сейчас он подлежит суду в случае, если окажется в зоне действия российских спецслужб (у него, правда, были и другие "грехи").

Хотя, если отвлечься от морально-этической стороны деятельности сотрудников спецслужб, нарушивших внутренние неписаные правила, то многое в этих режимных закрытых организациях нуждается в улучшении. Они крайне неэкономично и неэффективно работают до сих пор. И оказывается, что разглашение сведений о неудовлетворительных методах работы и о вопиющих нарушениях закона, допускаемых сотрудниками спецслужб (пусть даже "на благо государства") является единственным средством для того, чтобы работу подобных организаций хоть как-то улучшить. Иначе пресловутая армейская вертикаль в очередной раз задавит ростки нового и пресечёт возможности улучшения их работы. Рекомендации и предложения "по инстанции" не всегда приводят к изменениям в работе этих организаций и конкретных людей. В результате, следование корпоративным порядкам вступает в противоречие не только с законом и моральными нормами, но и с интересами страны. И тем не менее разглашение любой служебной даже несекретной информации – расценивается как предательство. Кара за разглашение должна быть неотвратимой, как считают те, кто в таких конторах работает.

Иногда русская секретность при подписании международных договорен-
ностей больно бьёт по самой России (как, например, долгое время было в
случаях с ценой на газ, транспортируемый через Украину), но тем не менее
отказываться от неё власти не собираются. Секретные протоколы, персональные договорённости в задней комнате являются необходимой частью
российской дипломатии. Понятно, что без них часто никак не обойтись, но
должна быть разумная мера между публичной и непубличной составляющей
международных соглашений. По крайней мере русские страдают от своей
склонности договариваться на персональном уровне гораздо больше, чем от
разглашения хотя бы части информации для широкой публики. Некоторые
российские политические обозреватели [8] считают, что Москва проигрывает
многие внешнеполитические партии из-за своей половинчатой закулисной
секретной политики (успех с Сирией в 2013 году и с Крымом в 1914 году являются практически единичными случаями).

Ну, допустим, есть секретные операции, которые бросают тень на государство и поэтому должны оставаться под грифом "секретно" какое-то количество времени. Однако, скольким вещам официальные лица ставят гриф секретности без оснований? Про тёмные финансовые делишки официальных
вышестоящих лиц вообще речи нет. Однако, когда речь идёт о таких всемирно известных вещах, как обмен русского и эстонского лётчиков Владимира
Садовничего и Алексея Руденко на Рустама Хукумова – родственника президента Таджикистана или о защите МИДом России русского торговца оружием
Виктора Бута, или о вытаскивании из Катарской тюрьмы убийц бывшего
президента Чечни Зелимхана Яндарбиева, то надо вести себя разумнее. И это
только то, что обсуждается в открытых источниках. А сколько остаётся за
кадром? Спору нет, если человек работает на Россию – его надо защищать, но
лучше делать это в открытую, как делают спецслужбы цивилизованных
стран - США, Израиля, Великобритании. Ведь защищать людей с сомнительной преступной репутацией – обходится дороже для репутации самого государства. Всякая сомнительная сделка, порочащая честь государства, приводит к тому, что потом официальным лицам приходится оправдываться, журналистам "затыкать рты" и т.д.

Немалая доля современного бизнеса в России связана с "теневой" экономикой. Поэтому главные причины секретности в русском бизнесе определяются сомнительными источниками доходов, коррупционными схемами, уво-
дом денег за рубеж в офшоры, их отмыванием, утайкой доходов от государства для того, чтобы избежать налогов. Таинственность ведения операций
распространяется на большинство российских компаний. У каждой олигархической группировки есть своя область тайн.

Кто в первую очередь страдает от неоправданной секретности в России? Да сами русские и страдают. А всё потому, что находятся на прокрустовом ложе устарелых советских стереотипов и медленно меняют методы своей работы в этой сфере. Хотя XXI век на дворе, пора бы ускориться.

9.4. Презумпция виновности и недоверие к людям

Презумпция невиновности человека - это априорное мнение о нём, как законопослушном, гражданине и соответственное отношение к нему, как к честному человеку, поскольку не доказана его вина перед законом. Важным дополнением к принципу презумпции невиновности служит принцип: "Можно всё, что не запрещено". Это значит отсутствие ограничений и давления со стороны властей на любую не противоречащую закону деятельность. В России презумпция невиновности часто игнорируется. Наоборот на первый план выступает презумпция виновности человека, а именно: если есть подозрение, что человек виноват, то надо во что бы то ни стало эти подозрения подтвердить, обосновать фактами или свидетельскими показаниями, а в крайнем случае подозреваемый в совершении преступления сам должен себя изобличить чистосердечным признанием. Вот уже 20 лет действует статья 51 Конституции РФ о том, что никто не обязан свидетельствовать против себя самого, своего супруга и близких родственников. Но этой статьёй пользуются далеко не все.

Презумпция виновности у русских имеет давнюю традицию. Но особенно она расцвела во времена военного коммунизма. У "изначальных" коммунистов весь мир делился на "своих" и "не своих". "Свои" – это члены коммунистической партии, ближайшие соратники Ленина. "Не свои" – это все остальные. Если на "своих" презумпция невиновности распространялась, то на "не своих" – нет. Она отменялась, как буржуазный пережиток. "Не свои" вообще рассматривались, как руда для переплавки или человеческий материал, который соответствовал или не соответствовал целям партийной "головки". Закон для "не своих" подменялся классовой целесообразностью. Сталин усовершенствовал эту схему. В категорию "своих" он с уверенностью включил одного себя. Остальные "свои" были временными. Они в любой момент могли стать "не своими".

Стало общим местом говорить об обвинительном крене в современной российской правоохранительной и судебной системе. Причём презумпция виновности в этой системе является основной, а презумпцией невиновности играет роль надоедливой мухи, от которой следователи и судьи всё время отмахиваются. Это совпадает с настроением не слишком гуманных людей в современном русском обществе - постоянно недовольных и агрессивных, Поэтому обвинительные вердикты не шокируют русскую общественность, хотя их не меньше 99% от общего числа приговоров.

Суд цивилизованного государства если не может доказать вину, оправдывает. Даже компенсацию выплатят. В России принято относиться к людям, которые попали в поле зрения правоохранительных органов, опираясь на презумпцию виновности. Если человек под подозрением, то Полиция, Следственный комитет, Прокуратура, ФСБ могут собирать на него доказательства вины любыми способами – с помощью несанкционированного прослушивания его телефонных разговоров, вскрытия его электронной почты, постановки жучков в его офисе, видеокомпромата и пр. Разрешения на прослушку, на вскрытие почты нередко оформляются задним числом. Слова капитана милиции Глеба Жеглова из фильма "Место встречи изменить нельзя": "Если Кирпич вор, то он должен сидеть в тюрьме. И людей не беспокоит каким способом я его туда упрячу" - стали руководством к действию для многих правоохранителей в России, которые видимо полагают, что они ещё до суда имеют право определять степень виновности человека, "выбивать" из него показания на самого себя и даже подкладывать ему улики. Даже с закоренелым преступником этого лучше не делать, а когда следователь "роет материал" на невиновного перед законом человека, то это пахнет злоупотреблением закона и уголовно наказуемо. Тем не менее полицейские, следователи в России полагают, что до суда имеют право решать вопрос о виновности человека, особенно если у их руководства уже сложилось мнение насчёт этого человека. Про нарушения закона со стороны дорожной полиции (ГИБДД) в России, как постоянную практику для извлечения доходов с граждан уже и разговоров нет. Недаром граждане полицейских боятся больше, чем преступников и обращаются в полицию только если нет другого выхода.

После того, как страна пошла по "лёгкому" коммунистическому пути, доверие стало редкой разменной монетой между советскими людьми. При этом недоверие к людям могло сочетаться с необоснованной доверчивостью в отношении глобальных целей строительства великих строек коммунизма и веры в непогрешимость вождей. Социальная паранойя стала всеобщей национальной болезнью людей в СССР. К этому же времени относится появление разнообразных теорий заговоров. Например, заговора империалистических держав против СССР или заговора внутренних врагов против строителей социализма. После этого многие советские люди как на государственном, так и на персональном уровнях стали искать чёрную кошку в тёмной комнате, вне зависимости от того есть ли она там или является плодом воображения искателей.

Из-за этой въевшейся в подсознание ещё с советских времён подозрительности и недоверия, жители России нередко увязывают в единую цепочку вещи несвязанные друг с другом. Например, 18 сентября 2013 года российские пограничники задержали активистов международной организации Гринпис, пытавшихся повесить баннер на нефтяной платформе "Приразломная", расположенной в Печорском море, а затем арестовали и отвели их судно "Arctic Sunrise" в порт города Мурманска. Поскольку судно Гринписа шло под голландским флагом, то Голландия подала иск к России в Международный трибунал за неправомерное задержание судна в международных водах. Вскоре после этого события 5 октября 2013 года жена русского дипломата Дмитрия Бородина будучи в нетрезвом состоянии, во время парковки повредила в своём дворе соседские машины. Она была задержана голландской полицией. В тот же день соседи Бородина позвонили в полицию и пожаловались на то, что слышали плач детей в его квартире. Полиция попыталась войти в квартиру дипломата, чтобы разобраться в ситуации. Он не пускал, оказал сопротивление и, будучи пьяным, ввязался с ними в драку. Его самого и двух его детей задержали и отвезли в полицию.

Так вот, эти два события никак друг с другом не связанные, параноидное сознание некоторых русских политических деятелей и журналистов (в частности, главы комитета Госдумы по международным делам Алексея Пушкова и главы Совета по внешней и оборонной политике России Фёдора Лукьянова) привязало одно к другому, как факт того, что голландцы таким образом мстили за арест голландского судна. Ну ладно бы упомянутые официальные лица имели такое мнение и держали его при себе, но зачем выносить его на всероссийский уровень без проверки фактов? И вот это стремление видеть даже несуществующую связь в разных явлениях, стремление искусственно подтягивать факты под априорную концепцию и является неотъемлемой частью советской ментальности, воспитанной у упомянутых людей ещё в коммунистические времена.

Современная политическая атмосфера в Кремле предполагает борьбу с заговорами, тайными умыслами, плетение интриг. Журналист Владимир Соловьёв об этом пишет так: "Кремль - вообще место, где постоянно борются с заговором, постоянно ожидают каких-то интриг. Любая информация, которая туда доходит никогда не воспринимается с позиции "правда это или нет". Всегда смотрят, кто написал." [152, с.160] Такие византийские придворные игры включают подтекст, подставы, скрытую борьбу, применение условных символических языков общения. Каждый чиновник постоянно озабочен такими вещами, как: "Почему человек это сказал?", "Чем он руководствовался?", "Что это на самом деле обозначает?", "Кто за этим стоит?" и так далее.

В настоящее время в России сложилась такая ситуация, что никто никому не доверяет: государство не верит гражданам, те, в свою очередь, не верят государству и заодно друг другу. Какая там презумпция невиновности? В соответствии с этой логикой все, кто человека окружают - нечестные люди, все его могут обмануть, и при первой же удобной возможности предать. Даже если находится человек, который вопреки ожиданиям не обманул сегодня, то он обязательно обманет завтра или послезавтра, а если не этот, то обманет другой.

Недоверие превратилось в одну из главных социальных болезней современного русского общества. Оно пронизывает всё общество – сверху донизу. Оно стало частью менталитета и традиции. В России на государственном уровне существует 160 проверяющих и контролирующих организаций и один миллион людей, которые занимаются контролем. Большинство из них просто лишние, но зато они органично вписываются в существующую параноидную вертикаль власти.

В цивилизованных странах контроль и проверки бизнесов и конкретных людей не осуществляются без обоснованных претензий к ним. Государство и его структуры стоят на страже интересов каждого гражданина и охраняют его от несправедливостей. Государству выгоднее регулярно и в разумных пределах "стричь шерсть" с развивающегося бизнеса в виде налога на прибыль, чем недоверием и подозрительностью подрубать этот бизнес на корню, как это нередко делается в России. Поэтому бизнесмены в развитых странах больше доверяют государству и друг к другу и больше заинтересованы в честном, грамотном ведении бизнеса. Принцип презумпции невиновности со стороны правоохранителей предполагает, что выгоднее поверить человеку, чем не поверить. В книге Стивена Кови "Скорость доверия", выдвигается тезис о том, что чем выше доверие, тем выше скорость принятия любых решений. [72] В выигрыше оказываются все – и государство и частный бизнес. А главное, в выигрыше оказывается всё общество. От "паршивых овец" в любой стране никто не застрахован, но не они "делают погоду" в бизнесе.

Центр макроэкономических исследований "Сбербанка" и "Левада-центр" изучили, как на финансовое поведение россиян влияют неэкономические факторы: доверие друг другу, контроль и ответственность за условия собственной жизни, взаимодействие в обществе. Оказалось, что "межличностное доверие россиян очень низко, и, если сравнить с данными прежних опросов, оно быстро уменьшается: 74% испытывали дефицит доверия в 2008 году, 81% - в 2011-м. В 2012 году уверенно о доверии к другим сообщили всего 5%, еще 27% сочли себя склонными к нему." [185]

Не только представители власти, но и сами граждане не доверяют бизнесменам и методам ведения бизнеса в России. Так, опрос телезрителей на тему о том в чём нуждается русский бизнес больше всего, проведённый во время передачи НТВ "Честный понедельник" с ведущим Сергеем Минаевым в сентябре 2009 года, показал, что по мнению простых людей русский бизнес нуждается в контроле (57%), в поддержке (23%) и ни в чём не нуждается (20%). Власть в России, как "плоть от плоти народа" также априорно считает, что бизнесмены в России это прежде всего жулики, а поэтому их надо всё время контролировать. При такой негативной установке, при таком предвзятом отношении трудно ожидать от бизнесменов в России заинтересованности в развитии экономики страны.

Если бизнесмен всё время ожидает подвоха, проверки, штрафа со стороны вышестоящих контролирующих организаций, то его мозг заполнен придумыванием методов ухода, уклонения, а не работой по совершенствованию бизнеса. А если к этому добавляется необходимость хотя бы внешнего соблюдения законов, уплаты налогов, открытости финансовой и деловой документации для любого проверяющего и следственного работника, то он ощущает психологическое давление постоянно. Этот пресс делает его мозг изощрённым, подозрительным. Получается, что русская государственная система устроена так, что она способствует пробуждению худшего, а не лучшего в человеке.

Большой проблемой в России из-за того же недоверия является заключение контрактов и получение займов в банке. Проверка надёжности человека, организации подчас отнимает 35-45% от всего затраченного на оформление контракта или займа времени и требует уйму денег. И это всё прямые затраты на преодоление презумпции виновности и недоверия к людям.

О том, насколько общество и власть не доверяют друг другу свидетельствует установка ВЭБ-камер на избирательных участках перед 5 марта 2012 года - днём выборов президента России. Это значит, что недоверие избирателей к власти достигло такого уровня, что независимо от того, говорят ли власти правду или нет, подсчитывают ли они голоса правильно или жульничают, доверия к ним у избирателей всё равно нет. А это уже ненормально для здорового общества.

Когда Владимир Путин говорит: "Доверие между людьми складывается только тогда, когда общество скреплено общими ценностями" это не так. Ценности у людей могут быть разными. Общим должен быть только закон, который действует одинаково для всех и для каждого и неотвратимо для президента и для уборщика мусора. А когда закон выполняется по-разному для разных граждан, то и доверия между людьми в обществе быть не может несмотря на общность ценностей.

О возрастающем недоверии к людям говорит и тот факт, что компетенция присяжных заседателей в судах в последнее время сокращается. Верховный суд России подготовил ряд поправок в Уголовно-процессуальный кодекс, которые существенно ограничивают полномочия заседателей. Из сферы их рассмотрения изымаются дела, связанные с военными и террористическими преступлениями. Взяточничество, изнасилование, похищение человека, терроризм, захват заложников, бандитизм без отягчающих обстоятельств остаются профессиональным судьям. И только если обвиняемому грозит пожизненный срок, суды привлекают присяжных заседателей. [42]

Представители правоохранительных, судебных и законодательных органов полагают, что гражданам России ничего важного доверить нельзя по причине их некомпетентности в юридических и политических вопросах. И постепенно под благовидными предлогами, а иногда и без оных, отбирают у граждан их права. А поскольку это делается постепенно, поэтапно, то неизбалованное гражданскими правами и свободами население России всё это "кушает". А если власть что-то из отнятого и возвращает назад (например, выборы губернаторов), то обставляет это таким количеством условий и ограничений, что роль каждого гражданина в российской политике всё равно ничтожна.

9.5. Значение образа внутреннего врага и "козла отпущения" для разъединения народа. Гражданская война в России не закончилась

> "Если крокодил съел вашего врага, то это ещё не значит, что он стал вашим другом."
> (Из блога)

В любом народе существуют линии потенциального размежевания, раскола – межнациональная (используется нацистами и фашистами), межконфессиональная (используется религиозными фанатиками), классовая (используется марксистами), имущественная (используется бездельниками всех мастей, прикрывающимися демократическими лозунгами) и территориальная (используется захватчиками для перераспределения территории – чужих земель и жилищ). Гибрид из трёх последних (классовой, имущественной и территориальной) был использован Лениным в качестве "ключа" для провоцирования гражданской войны в стране, охваченной смутой, для захвата и удержания власти в России, присвоения имущества целой страны (так называемое огосударствление частной собственности), переселения людей с мест постоянного проживания на необжитые места, где всё надо строить с нуля (депортации) или уплотнение проживания прежних жильцов и владельцев в городских квартирах через подселение к ним сотен тысяч приезжих людей из провинции. Ленин первый в истории человечества использовал этот комбинированный классово-имущественно-территориальный подход в практических целях. За это Ленина так любят халявщики во всём мире.

Нащупав эти линии размежевания или психологические трещины в душе русского человека, Ленин "вбил клинья" в эти трещины, которые разделяли людей внутри страны. Он натравил бедных (рабочих, солдат, матросов, крестьян), которых в России было большинство на богатых (банкиров, промышленников, помещиков, купцов, зажиточных крестьян), которых было меньшинство. Поскольку в руках у бедных было оружие, которое им дало в руки царское правительство в связи с Первой мировой войной, Ленину достаточно было снять запрет на убийство себе подобных, что он и сделал с помощью подконтрольных ему большевистских комиссаров и чекистов. Таким образом, на волне недовольства людей Первой мировой войны Ленин спровоцировал гражданскую междоусобицу и вернул Россию во времена предшествующие временам Рюрика, когда ничем не оправданные военные конфликты без всякой пользы губили славянские роды и племена. В этом главное ленинское "ноу хау" - метод который с тех пор был использован коммунистами во многих странах, куда они приходили с целью захвата власти и присвоения национальных богатств под предлогом насаждения своей идеологии.

Во время Гражданской войны одна часть народа выплеснула на другую своё недовольство войной, неравенством, бесперспективностью жизни, а другая на эту агрессию соответственно отреагировала. В результате была уничтожена и выгнана за границу тонкая прослойка просвещённых, интеллигентных людей, которые жили в соответствие с морально-этическими категориями чести, порядочности, совести, воспитываемыми в каждом народе поколениями.

Гражданская война извлекла всё худшее, что копилось в русском народе. С виду каждая из сторон воевала за справедливость, как она её понимала, за разумное устройство общества, а фактически каждый боролся со своими собственными проблемами и комплексами, с предрассудками и установками, с негативом таящимся в человеке. Развязав гражданскую войну, большевики заложили бомбу замедленного действия под естественную природу русского человека. Каждому из нас свойственно заботиться прежде всего о себе и своей семье, о своей собственности, её сохранении и преумножении, затем во вторую очередь о благополучии своей общины, народа, нации и только в третью очередь – о счастье всего человечества и о сохранении и развитии жизни на нашей планете. Для большевиков счастье и процветание человечества сводилось к так называемой диктатуре пролетариата. Своей Гражданской войной они окончательно раскололи русский народ, который и в мирное-то время не отличался сплочённостью.

Некоторые из тех, кто попроще поверили в коммунистические сказки и
пошли за большевиками воевать с так называемыми контрреволюционера-
ми. А со "сложными", культурными людьми, большевики не церемонились. Ну
а когда в России после Гражданской войны осталась в основном подконтрольная большевикам чернь и одураченные их красивыми речами о все-
мирном интернациональном братстве, равенстве и счастье малограмотные
представители рабочих, крестьян, солдат и матросов, на первый план в общественной жизни из своих щелей вылезли Шариковы и Швондеры, которые
стали проводить чистки, расселения и уничтожение оставшихся порядочных,
трудоспособных людей из среднего класса и трудового крестьянства. Этот
процесс превращения России в агрессивного военного монстра, направленно-
го на завоевание других стран, уничтожение лучших людей в этих странах и
превращение этих других стран в таких-же агрессивных коммунистических
монстров, каким стал Советский Союз, начался ещё при Ленине, и продол-
жился при Сталине. Процесс этот привёл к нравственной деградации русского народа и окончательной утрате им национальной идентичности.

Впрочем, ничего удивительного не произошло. Вся история России подталкивала к этому несчастью. В той или иной форме оно было неизбежно.
Разобщённость русских, их равнодушие ко всему, что их лично не затрагивает
и привычка к централизованному управлению, стремление во что бы то ни
стало сохранить Россию – единую и неделимую, стали главными причинами
поражения Белой армии в Гражданской войне. В отличие от своих противников лидеры большевиков могли дискутировать о стратегии и тактике внутри
своего руководящего органа, но выступала единым фронтом против тех, кого
они считали своими врагами. А врагами они считали всех, но ... поочерёдно. С
каждым временным союзником они доходили до очередного поворота, а потом объявляли врагом и расставались или избавлялись от него.

Последователь Ленина - Сталин тоже разделил советских людей, но уже на
своих и чужих, используя тезис о возрастании классовой борьбы по мере
движения к социализму. В качестве внутренних врагов он по очереди назна-
чал недобитых буржуев, кулаков, "вредителей", обвиняемых по "Шахтинско-
му делу", по "делу Промпартии", по "делу троцкистско-зиновьевского блока".
Последовавший за воплощением этого тезиса Большой террор (уже второй за
полтора десятка лет) так подкосил дух советского народа к 1941 году, что это
определило успех немецкой армии в первый период Великой отечественной
войны.

Правительству Советского Союза, возглавляемому коммунистической
партией, как и всякому плохому танцору всегда кто-то или что-то мешало хорошо танцевать. Однако признаться в этом они не хотели – ведь это было бы
ударом по их престижу, а вместе с тем по престижу первого в мире государ-

ства рабочих и крестьян, и по престижу "самой передовой в мире" марксистско-ленинской идеологии. Кто ещё может мешать СССР перегнать всех на свете по всем экономическим показателям? Ну конечно же враги.

Придумывать врагов и виноватых легче, чем адекватно оценивать и исправлять свои недостатки. Создание народного единства на позитивном фундаменте, на базе общих рациональных целей, положительных установок, моральных общечеловеческих ценностей - задача гораздо более трудная, чем науськивать свой народ на другой или одну часть своего народа на другую: бедных на богатых, лентяев на трудолюбивых, атеистов на тех, кто верит в бога, отморозков на нормальных людей, армию на крестьян, чекистов на всех, на кого укажут партийные власти и так далее.

Для постоянного поддержания атмосферы гражданской войны руководство страны по очереди назначало врагов, ответственных за собственные провалы в экономике, во внутренней и внешней политике, да и вообще за все несчастья, которые в изобилии сыпались на советский народ в основном из-за глупости и низкой компетентности его коммунистического руководства. Поскольку провалов было много, то и врагов, виноватых соответственно было полно. Поощрялось и приветствовалось только то, что разрешено сверху. Другие инициативы вынуждены были проходить строжайший контроль на лояльность. Заметьте, не на обоснованность и техническую перспективность разработок и идей, а на лояльность по отношению к коммунистической власти самих разработчиков и новаторов. К примеру, инициатор ракетостроения в России – Сергей Королёв был отправлен в концентрационный лагерь на Колыму из-за надуманного обвинения в том, что он собирался своими ракетами бомбардировать Кремль. Королёв остался жив лишь по счастливой случайности. Иначе первый искусственный спутник и человека в космос первыми бы запустили Соединённые штаты Америки. То же касается авиаконструкторов Туполева, Поликарпова и других.

В России до сих пор в сознании русских людей возникают всё новые и новые враги. Механизм взаимного недовольства и агрессии, запущенный большевиками так глубоко проник в народное сознание, что работает автоматически, хотя времена "охоты на ведьм" и "обострения классовой борьбы при движении к социализму" давно закончились. Однако озлобленность, агрессия, которые были незаметны у людей в период развитого распределительного социализма, постепенно стали доминирующими эмоциями в их поведении после 1991 года.

Журналист Ольга Ольховская написала в комментариях к статье Николая Нарокова, что уникальность России состоит в том, что она всегда ищет врагов даже там, где их не может быть в принципе. [105] Создаётся такое впечатление, что любой враг – неважно какой – внешний (США, НАТО), внутренний (гастарбайтеры, инородцы, якобы объедающие Россию, чиновники во власти, берущие взятки, родственник, который отобрал у человека наследство, жил-площадь и пр.) русскому человеку необходимы, как воздух. Раздражение, неприязнь и даже ненависть живут в нём, подпитываются и расцветают независимо от повода. Причём объект приложения этих негативных чувств неважен.

В статье "Чего же ты хочешь?" журналист и главный редактор интернет сайта "Интернет-Пресса" Сергей Шаргунов, описывает некоторые социальные феномены, которые присутствуют у людей в современном русском обществе. Это прежде всего "возгонка нетерпимости", то есть возрастание ненависти, вражды между людьми, проявляющееся во "взаимном ожесточении", "бешенстве и упёртости", как поведенческом следствии из максимы: "кто не с нами – тот против нас". Сейчас люди в России не выдерживают искушения свободой и ускользают из открытого публичного пространства, пытаясь решить свои проблемы сами или в близком кругу. С времён СССР многие привыкли к однотонному контексту. Для них важно, не ЧТО написано, а ГДЕ. Сложность картины вызывает у них растерянность, которую сменяет слепая ярость. Люди истосковались по реальным, а не вымышленным событиям. Общество больше десяти лет "буксует в нулевом безвременье". [178]

Важной причиной этой пробуксовки "в нулевом безвременье" является то, что русское общество управляется прежними советскими людьми, которые не способны выйти за пределы своих советских представлений о том, как надо вести себя в современном цивилизованном обществе и как этим обществом управлять. Современная Россия – это всё ещё Советский Союз, территориально урезанный и всем недовольный, населённый потомками победивших в 1917 году рабочих и крестьян, унаследовавших многие социальные проблемы этих неискушённых людей прошлого.

В русском обществе слабо развита установка на самоуважение, равно как и на уважение личности другого человека, его прав, мнений, интересов. Отсюда склонность приписывать своё неуважение и негативное отношение другим людям как будто человек сомневается в том, что уважают его самого. Очень возможно, что корни "пьяной" фразы: "Ты меня уважаешь?" идут, как компенсация дефицита уважения к себе. У людей из недавнего советского прошлого слабо выражена негативная реакция на унижение их достоинства, попрание их гражданских прав и свобод. Это равнодушие к унижению своего достоинства ведёт к превращению человека в существо, потребляющее блага цивилизации в обмен на выполняемую им работу.

На стихийные митинги протеста всё ещё выходит мало людей и в основном в больших городах. Гораздо острее реакция населения на выходки людей с Кавказа (например, убийства местных граждан или игнорирование местных обычаев). Только в этих вопроса симпатии местных властей на стороне протестующих. Да и федеральная власть понимает, что в этих вопросах "перегибать палку интернационализма" нельзя – главный электорат для неё – это местные граждане, которые скорее тяготеют к национальному, чем интернациональному.

В современном русском сленге широкое распространение получило слово – хейтер. Оно происходит от английского слова hate - ненавидеть. Употребляется в значении завистник, злопыхатель, ненавистник, клеветник. Причиной ненависти может быть чужой успех, деньги, признание и популярность. Интернет – любимое поле деятельности хейтеров, когда человек, оставаясь практически безнаказанным, может обижать и оскорблять других.

Русские интернетовские блоги завалены слухами, спекуляциями, негативными оценками, отрицательными эмоциями. Люди предпочитают высказываться на любую тему – разбираются они в предмете или нет, выплёскивать свою агрессию на кого-то или на что-то, вместо того, чтобы реально помогать друг другу в общих социально значимых делах. Своё негативное отношение они оправдывают как действительными (взяточничеством, бюрократией, засильем исполнительной власти), так и мифическими проблемами русского общества (некомпетентностью, глупостью, психическими расстройствами и пр.). И чем лучше люди в России начинают жить, тем больше в них проявляется негатив. А главная причина негативного отношения к себе самому и друг к другу состоит в том, что от человека в России мало что зависит. Он не пользуется своими конституционными правами, да ему и не больно-то и дают это делать.

Из-за того, что сами русские не поставили точку над своим XX столетием и, в частности, над советским периодом своей истории, не дали правовой и нравственной оценки произошедшего при советской власти, не провели ни люстрацию, ни реституцию, Гражданская война начатая большевиками ещё в 1917 году в России до сих пор по инерции продолжается правда, в основном, на полемическом уровне. Из-за этого народы и люди, втянутые в коммунистический эксперимент, по-прежнему неприязненно относятся друг к другу несмотря на публичные декларации о взаимной дружбе и братстве.

Тем, кто живёт в XXI веке уже трудно понять, были ли жертвы принесенные на алтарь распределительного социализма оправданными или напрасными. Недаром страна до сих пор делится на тех, кто "за красных" и тех, кто "за белых". Для обоснования своей правоты, современные оценщики и аналитики привлекают преимущественно выгодные им факты и цифры, а остальные стараются не замечать. Главное, что разделяет оппонентов – отношение к государству и к человеку. Те, для кого государство главнее человека – полностью или частично оправдывают всё произошедшее с Россией. Те, для кого человек, его жизнь, его благополучие стоят во главе угла - осуждают. Как следствие, главной точкой противоборства в современной виртуальной гражданской войне является жизнь за счёт себя - своего труда, интеллекта или жизнь за счёт кого-то (государства) или чего-то (природных ресурсов).

Современные сторонники "белого" движения начала века, а их число начиная с 1991 года увеличивается с каждым годом [24], склонны идеализировать всё, что было до 1917 года и описывать в чёрных тонах деятельность большевиков и их личности. Сторонники победивших в гражданской войне красных, а это дожившие до наших дней коммунистические пропагандисты и потомки победителей в гражданской войне, которые имели возможность навязывать народу свою трактовку исторических событий в течение 74 лет, склонны считать красных спасителями отечества, неважно какой ценой это спасение достигалось. [91] Обе эти трактовки крайне тенденциозны. Даже те авторы - историки, исследователи, публицисты, просто любители-дилетанты, кто пытается придерживаться более взвешенного подхода [120], не могут скрыть своих симпатий одной из противоборствующих сторон. Разжечь пламя Гражданской войны друг к другу Ленину оказалось нетрудно, а погасить его нынешние лидеры не могут или не хотят до сих пор.

По мнению члена правления Международного общества "Мемориал" Яна Рачинского именно отсутствие ясной политической оценки преступлений коммунистического режима в России "приводит к абсурдному положению, когда в городе одновременно есть проспект Андропова и улица Косыгина - и улица Солженицына, хотя Косыгин и Андропов были как раз главными инициаторами высылки Солженицына из страны. Вот это безумие, когда в городе до сих пор у нас есть улица Менжинского, человека, который организовывал раскулачивание и высылку миллионов российских крестьян, и гибели многих из них." [131]

Сейчас кажется странным, что в XXI веке в России, в одной из самых пострадавших от коммунизма стран находятся люди, которые испытывают ностальгию по советской власти и хотят назад в Советский Союз. Существует даже телевизионный канал "Ностальгия", на котором с утра до вечера демонстрируются прошлые новости, которые шли до сентября 1991 года, старые советские фильмы, песни и передачи советских лет. И находится, видимо, достаточно людей, которые смотрят этот канал. Такое впечатление, что время для этих людей затормозилось и даже остановилось. Впрочем, советские фильмы идут и по многим другим русским телеканалам. А скучают-то о прошлом те, чья молодость прошла до развала СССР потому, что советская система давала перспективу в жизни и не требовала бороться за выживание здесь и сейчас.

Русские в силу своей слабой национальной сплочённости и неумения договариваться до сих пор являются подходящим народом для разжигания гражданской войны. Новая гражданская война в России возобновилась после возврата страны к капитализму поскольку капитализм знаменует собой имущественное неравенство. И властям даже не требуется специально, как это делали Ленин и Сталин, провоцировать в народе междоусобную вражду и войну. Люди уже настроены на противостояние, на борьбу на страницах печатных изданий и на телевидении, в интернете и во время ток-шоу: простые люди против олигархов, русские против кавказцев, непримиримая оппозиция против авторитарной власти и так далее.

Создатель известного советского кинофильма "Белорусский вокзал" - кинорежиссёр и актёр Андрей Смирнов, после 30-летнего перерыва в 2011 году поставил фильм про восстание крестьян Тамбовской губернии против большевиков - "Жила-была одна баба". Впервые на художественном уровне сделана попытка сказать правду о событиях столетней давности, в частности, о Гражданской войне. Так этот фильм сразу вызвал нападки как коммунистов, так и националистов поскольку ломал сложившиеся стереотипы. А пока в течение многих десятков лет на экранах шла откровенная лживая пропаганда – романтизация и героизация "подвигов" ленинских комиссаров времён Гражданской войне, все либеральные "художники" молчали, проливая крокодиловы слёзы только по поводу жертв сталинского режима, который пожрал "невинных овечек", совершивших Великую Октябрьскую Социалистическую Революцию – во как!

Приведу пример с войной, которая разгорелась в интернет-сообществе в связи с темой о Красном терроре в России. Как известно, в отличие от других печатных изданий и телевизионных репортажей, где есть существенные ограничения на тематику и содержание подаваемой информации, где многое зависит от главного редактора и владельца издания, в русском варианте народной ВИКИ-энциклопедии пока таких ограничений весьма мало - пиши, что хочешь – в случае чего тебя поправят более компетентные в этом вопросе люди. Ограничений на содержание написанного практически никаких, только соблюдай положенную стандартную интернетовскую форму, уголовный кодекс не нарушай, ксенофобию не разжигай, педофилию не пропагандируй и от террористов держись подальше. И за этим следят как программа, заложенная в ВЭБ-сайте, так и системные администраторы русского варианта сайта – wikipedia.org. Очень демократичная форма коллективной работы. Так вот меня поразил факт антагонизма между людьми, пишущими и исправляющими статью о Красном терроре в России - антагонизма на грани ненависти и полного отрицания позиции друг друга. Системный администратор сайта даже вынужден был закрыть изменения по этой теме поскольку дополнения и исправления сыпались, как из рога изобилия - причём одно противоречило другому. Тема, связанная с гражданской войной в России, которая была почти сто лет назад до сих пор трогает русскоязычных людей за живое и лишает их объективности.

Чем более беспомощен, слаб, зависим человек, тем больше он склонен возлагать ответственность за свои проблемы и неудачи на кого-то или на что-то. Поэтому поиск врагов и виноватых, из которых можно сделать козлов отпущения - любимая русская игра. Русского человека "хлебом не корми", только помоги ответить на два извечных "русских" вопроса: "Кто виноват?" и "Что делать?". Известно, что социально-психологический роман "Кто виноват?" был написан русским журналистом Александром Герценом в 1846 году. С тех пор вопрос, вынесенный в заголовок романа вошёл в русскую разговорную речь, как основополагающий, типично русский вопрос. Несмотря на то, что виноватых с незапамятных времён искали люди многих национальностей во всём мире, но именно в России начиная с середины XIX века этот вопрос приобрёл особую актуальность. Как будто от того, что этого виноватого удастся найти, проблема сразу решится.

Отвечать за свои ошибки не любит никто - даже если ошибки очевидны и лежат на поверхности. А если ещё за ошибку надо платить из своего кармана и, тем более, своей свободой или жизнью, так многие люди не успокоятся пока не докажут, что они тут не при чём. Вот здесь-то как воздух нужен "козёл отпущения", чтобы списать свои ошибки на кого-то другого или на что-то другое: на неудачные, неблагоприятные обстоятельства, на неосведомлённость, на злопыхателей, на заговор - в общем, тем или иным способом избавить себя и свой карман от посягательств. И, наоборот, когда человек или группа людей присвоили чужое - то что им не принадлежит, они стараются изобрести такую отговорку, оправдание, теорию, которая бы обеляла их преступные деяния. Например, когда группа большевиков присвоила себе все богатства российской империи, они прикрылись марксистской теорией, чтобы обелить себя и оправдать свои преступления.

В основе поиска виноватого или "козла отпущения" на персональном уровне лежит вторичный механизм психологической защиты, названый Анной Фрейд в рамках психоаналитической теории вымещением, замещением или смещением. Вначале у человека возникает чувство неудовлетворённости, досады, ощущение вины за то, что что-то пошло не так, как хотелось или планировалось. Потом он ищет объект возложения вины для компенсации чувства личностной неудовлетворённости. При этом компенсаторные механизмы кажущегося самоочищения вырабатываются на фоне "плохого" или просто чужого человека, группы людей, неудачных обстоятельств, условий. Роль виноватого, врага или "козла отпущения" состоит в том, что он выступает как средство для снятия с себя ответственности за собственные недостатки, проколы, провалы и перекладывания её на других. Кроме механизма самоутверждения за чужой счёт, в основе поиска "козла отпущения" лежит социальный групповой механизм децентрализации, как средство смещения ответственности и вины со своей референтной группы, нации, политической партии на других.

Для поиска и наказания виноватого существует процедура, которая называется поиск и изгнание "козла отпущения". Игра придумана в Иудее около двух с половиной тысяч лет назад. Теперь в неё играют и русские - от простых людей до первых лиц государства. "Козлом отпущения" может стать как конкретный человек, кому-то мешающий, на кого-то непохожий, несогласный с чьей-то позицией, так и этническая группа, другая религия или другое государство. С врагами или с человеком, которого заклеймили, объявили ответственным, виноватым значительно быстрее и психологически проще расправиться. Расправился ... и сразу появилась иллюзия решения проблемы: "Нет человека, нет проблемы".

Находят виноватых, как правило среди тех, на ком легко сорвать злобу, агрессию, причём сделать это без особых последствий для себя. К сожалению такое поведение стало частью русской житейской и политической культуры. У людей как будто не хватает реальных деловых, финансовых проблем на работе и дома, так они себе придумывают воображаемые конфликты, чтобы сместить ответственность за решение реальных проблем на кого-то или что-то ещё.

В России принято ругать всё и вся: власть, начальство, олигархов, демократов, коррупционеров, грязь, дороги, дураков и так далее и тому подобное – всего не перечесть. При этом в мозгу у русского человека сразу искрой вспыхивает вопрос: кто виноват в том, что все эти безобразия имеют место? То ли другие народы, которые живут лучше, чем русские, то ли внутренние враги, то ли внешние недоброжелатели. А может виновато главное лицо государства? ...

Рефлексирующие русские интеллигенты такие, как режиссёр Андрей Кончаловский, склонны отвечать на эти вопросы так: "Прежде всего и в конечном счёте виноват Я и только Я." [76] Может быть в самом общем виде ответ этот правилен, но дальше-то что делать? Работать над собой? Делать себя более совершенным? Улучшать взаимоотношения с окружающими? А может просто попытаться вначале исправить допущенную лично тобой конкретную ошибку? А дальше выйти на людей, которые тоже причастны к совершению этой ошибки, чтобы они тоже исправили свою часть. В общем, фигурально выражаясь, надо начинать с уборки своего туалета, а затем проследить, чтобы соседи, сослуживцы сделали то же самое со своими местами общего пользования.

Как власть, так и оппозиция в России и в СССР с давних времён использовала недовольство людей, неудовлетворённость их своим имущественным положением, статусом, условиями жизни, неспособность их самим улучшить свою жизнь, развивая у них не позитивные чувства, мысли, намерения, а негативные - зависть к более успешным, нелюбовь к тем, кто на них не похож - мигрантам, инородцам, представителям других религиозных конфессий. Некоторые привычные к пустым разговорам российские политики привыкли "списывать" ответственность за собственные промахи на кого-то (козни врагов, жадность олигархов, неблагоприятные обстоятельства, плохого лидера, засевшего во власти). Но нельзя же "списывать" всё время. Рано или поздно за происходящее приходится отвечать самому. А поскольку мало, кто хочет это делать, то они и ищут виноватого или "козла отпущения". Нашёл ответственного, виноватого, выругал его и как будто облегчился после долгого воздержания. А что проблема при этом не решена, так это и не так важно. Винный магазин рядом.

Например, типичной в ремонтно-дорожном строительстве является отговорка: "Проведению ремонтных работ мешает непогода". Для сложных сборочных проектов (строительство судов, подводных лодок, космических аппаратов и пр.) одной из главных причин неудач выступает объяснение: "Подвели смежники". Ещё одна причина: "Прекратилось государственное финансирование". Получается, что русскому человеку часто что-то или кто-то мешает. Главное, что ответственность за срыв, за сбой несёт не он, а кто-то другой или что-то другое (обстоятельства, природа, чья-то злая воля, случайность, начальник, подчинённый и пр.). В крайнем случае ему просто не повезло - удача от него отвернулась в самый неподходящий момент.

Большинство советских, а теперь русских лидеров после добровольной или принудительной отставки, или смерти, выставлены как главные источники неудач в стране. Все они кроме тех, кто правил недолго, в какие-то периоды времени играли роль "козлов отпущения", ответственных за внешне- и внутриполитические неудачи Советского Союза и России, за проблемы в экономике, за снижение уровня жизни и пр. Такова судьба лидеров в малоцивилизованных и развивающихся недемократических государствах. Они имеют многое, находясь у власти, но потом, как правило, теряют почти всё, когда уходят (или "их уходят"). Поэтому они так остервенело за свою безграничную власть и цепляются.

При мирной политической ситуации и благополучной экономике, при улучшении условий жизни трудящихся в России все дискуссии так и останутся на бумаге или в интернете, иногда выплёскиваясь на радио и телеэкраны. Если не дай бог случится большая война или произойдут другие социальные катаклизмы, то всё возможно. Поэтому русская власть как огня, или как чёрт ладана боится всяких социальных конфликтов вроде недовольства пенсионеров монетарной реформой, недовольства шахтёров условиями оплаты труда или внутринациональных трений и конфликтов и старается вовремя их гасить. Пока цена на нефть и газ приличная – им это удаётся.

Самое плохое, что оставила в наследство людям советская система – это путаница в головах. До сих пор существуют несколько демаркационных линий, разделяющих людей в России.
- Первая линия разделяет тех, кто поддерживает и гордится Лениным и Сталиным (или только одним из них), достижениями и завоеваниями "красных", но не любит "белых" и тех, кто считает "красных" бандитами, а "белых" спасителями отечества.
- Вторая линия противостояния в русских умах проходит между теми, кто за имущественное равенство и теми, кто за неравенство, то есть тех, кто считает, что ловкие, пробивные, трудоспособные, умные люди должны иметь значительно больше, чем остальные.
- Третья линия разделяет тех, кто за централизованную назначаемую сверху власть и тех, кто за выборную власть снизу доверху.
- Четвёртая "националистическая" линия водораздела проходит между теми, кто за "Россию для русских" желательно с объединением всех славянских народов (Украины, Белоруссии) и с отделением от России "балласта" и "нахлебников" (в частности, Кавказа, как главного возмутителя спокойствия в стране и главного дотационного района Российской Федерации) и теми, кто за "плавильный котёл" из представителей разных национальностей.
Существуют ещё несколько линий разделяющих население России, но они носят более частный характер. По первым четырём линиям противостояние острое, почти антагонистическое. Эти линии потенциального размежевания служат основой для возникновения очагов напряжённости внутри страны.

Недавно в 2012 году президент Путин в своём послании Федеральному Собранию поднял вопрос о единстве русской нации, о единстве русской истории, о патриотизме, о роли "белых" в гражданской войне, о важности постановки памятника героям Первой мировой войны. Но пока его слова несмотря на путинский авторитет не вызвали всеобщего энтузиазма. Это говорит о том, что дух гражданского противостояния, которое имело место в России всегда, а большевики разожгли и культивировали в народе десятилетиями, до сих пор имеет место и что печальный опыт последних ста лет мало чему русских людей научил. Может быть потому что выжили не лучшие, а самые приспосабливающиеся? Русские пока не умеют быть снисходительными к бывшим и мёртвым противникам даже если те были достойными людьми и любили свою родину.

9.6. Значение образа внешнего врага для объединения и управления народом

Для разобщённой многонациональной России образ внешнего врага является важным фактором объединения людей, у которых слабо присутствуют общие политические и духовные ценности. Образ внешнего врага бывает также полезен, когда нужно удержать людей от социального взрыва во времена экономических кризисов, реформ и обнищания трудящихся.

Если исходить из лаконической формулы императора Александра Третьего о том, что "у России только два союзника – армия и флот", то все остальные страны, народы, нации, которые не входят в сферу влияния России подразумеваются как враги. Образ врага - это палочка-выручалочка советских и российских властей. Этот образ работает до сих пор при отсутствии других более позитивных идей. Врагов искали и находили практически все руководители России и СССР, ну, может быть, за исключением Горбачёва. Ну и что, принесла борьба со всё новыми врагами русскому народу счастье и процветание?

Страны, которые по очереди играли для России роль внешнего врага в XIX-XXI веках были: Турция, Франция, Великобритания, Япония, Германия, Австро-Венгрия, Польша, Финляндия, США и некоторые другие. Причём чаще всего это были враги не столько экономические, сколько политические и идеологические, а также враги ради поддержания амбиций и самоутверждения руководителей России, ради ложно понимаемых ценностей, ради финансовых и виртуальных обязательств.

Для большинства приземлённых, рациональных стран и наций захваты чужих территорий были средством экономической выгоды в виде сбора дани с населения, выкачивания материальных и интеллектуальных ценностей покорённого народа, захвата природных запасов сырья, морских и лесных угодий, расширения рынков сбыта своих товаров. Если захваты чужих территорий и были проявлением политической экспансии, то большей частью это делалось во взаимосвязи с экономической экспансией. Иногда целью покорения народа, страны было обращение её населения в свою веру, но религиозные войны в Европе и Азии велись в основном в VI-XVI веках нашей эры.

За 74 года советской власти основным предметом экспорта в другие страны была марксистско-ленинская идеология и распределительный социализм.

В этом плане СССР был похож на страны, которые экспортировали свою религию задолго до XX века. Сколько денег, природных ресурсов и человеческих жизней на эту экспансию было истрачено - не поддаётся рациональному исчислению. Причём большей частью зря. Стоило какой-нибудь стране третьего мира или бывшей колонии европейской страны проявить интерес к распределительному социализму, как туда сразу устремлялся десант из советских пропагандистов, направлялись военные советники, вслед за которыми следовало практически бесплатное оружие. Советские "посланцы доброй воли" – марксистско-ленинские идеологи, дипломаты, шпионы, военные специалисты видимо нутром чувствовали родственные социалистические души у народов, которые, как и русский предпочитали сначала бесплатно получить, а потом поработать. Поэтому и вбрасывали в эти страны свой десант искусителей, чтобы повернуть сознание того или иного народа на рельсы распределительного социализма.

Иногда политические режимы этих стран были на первобытнообщинной, родоплеменной ступени развития, а диктаторы вставали из-за стола пообедав свежей человечиной, но для настоящего коммуниста это было не так важно по сравнению с тем, что людоед собирался вечерком заняться изучением марксизма. И где сейчас эти режимы? Что осталось от "бессмертных" ленинских идей в головах у жителей этих стран?

Проявлением имперской политики является то, что друзьями российской власти до сих пор являются государства и страны, которые "легли" под твёрдую самодержавную руку Москвы, не пытаются проводить слишком самостоятельную политику, идущую вразрез с политикой России и постоянно выражают российским чиновникам всяческие знаки уважения и почтения, хотя при этом беззастенчиво используют Россию, как дойную корову. В общем, если страна или организация никому в мире не нужна, у неё сомнительный международный имидж, мало денег и она готова на многое, чтобы всё это получить – она запросто может стать московским другом. Если у страны или организации есть чувство собственного достоинства и она пытается проводить самостоятельную, независимую политику, то она либо враг Москвы, либо ей неинтересна.

Холодная война в сознании многих людей, чьё становление, как личностей прошло в советскую эпоху до сих пор не закончилась. Такой консерватизм сознания, подкрепляется лояльными Кремлю средствами массовой информации и подпитывается всей ужасной для России историей XX века. В качестве базового внешнего врага для России в течение последних 65 лет выступает Запад в целом и лидер западного мира – США, в частности. Это одновременно предмет зависти и неприязненного отношения. Ведь США удалось построить экономически успешную, развитую страну, интернациональный "плавильный котёл", не уничтожая своих буржуев и не подавляя творческую инициативу своих граждан.

Тезис о "проклятом американском империализме" виновном во всех проблемах СССР, а теперь России въелся в сознание некоторых чиновников и части народа почти на генетическом уровне поскольку по своей природе и воспитанию они всё ещё советские люди. Однако у теперешних российских чиновников этот негативный образ США является скорее проявлением двойных стандартов для того, чтобы удержаться на хорошей должности, чем их реальным отношением к этой стране. Так российский чиновник, работавший в США, глава Нью-Йоркского отделения института демократии и сотрудничества Андраник Меграбян в интервью каналу RTVI (программа "Персона грата") в конце ноября 2008 года сказал следующее: "В Америке существует определённая подозрительность в отношении России". Налицо психологическая проекция закомплексованного сознания этого парня на взаимоотношения между странами: мол если в России существует определённая подозрительность в отношении США, то зеркально обязательно должна существовать обратная подозрительность США в отношении к России. Опять сталинская параноидная проекция в действии. Как известно Сталин тоже подозревал, что Запад засылает к нему шпионов, поскольку шпионы подконтрольного ему Коминтерна работали на самого Сталина во всех западных странах.

Правда, слово "подозрительность" в отношении американцев не совсем уместно. Скорее можно говорить об их желании использовать сложившуюся экономическую и политическую ситуацию к своей выгоде. Действительно, если противник (то есть СССР) ослабел и не в силах удержать своих сателлитов в сфере своего влияния, то почему бы этим не воспользоваться и не прибрать этих бывших сателлитов к рукам - тем более они сами "плывут" в эти руки. В конце концов в политике выживает сильнейший. Но при этом ничего личного, никаких проекций параноидного сознания, только финансовый интерес, прикрываемый верой в демократические ценности.

Директор русских и азиатских программ Института мировой безопасности США Николай Злобин подметил интересную закономерность: каждый советско-русский лидер, начиная от Горбачёва, приходил в Кремль с надеждой наладить отношения с США, как проамериканский лидер. И уходил как антиамериканский. Так, Михаил Горбачёв наладил отношения с Рональдом Рейганом, а тот способствовал банкротству и распаду СССР, договорившись с Саудовской Аравией о снижении цен на нефть в обмен на поставку ей новых видов вооружения, причём в самый неподходящий для СССР момент. Борис Ельцин отдал американцам карту подслушивающих устройств в посольстве США в Москве, затем проникновенно выступал в конгрессе США о прекращении для Запада коммунистической угрозы со стороны России, а потом когда

НАТО начало бомбардировки Сербии и проигнорировало мнение Ельцина в отношении Косово, распорядился сделать марш-бросок своего спецназа на аэродром в городе Приштине – видно его возмутили джентльмены, которые тебя обнимают, улыбаются и хвалят, а потом игнорируют твоё мнение и "гнут" ту линию, которая им выгодна. Владимир Путин первым выразил поддержку Джорджу Бушу-младшему 11 сентября 2000 года после нападения террористов на Всемирный торговый центр и помог с перевалочной базой для Афганистана во время войны с талибами, а закончил антиамериканской Мюнхенской речью и посланием к Федеральному Собранию РФ в марте 2014 года после аннексии Россией Крыма. Дмитрий Медведев в начале правления много ссылался на передовой американский опыт демократии, а закончил предостережениями о размещении ракет в Калининградской области в качестве ассиметричного ответа на инициативу США и НАТО по развёртыванию ракет средней дальности в рамках программы ПРО в Восточной Европе.

Чтобы понять эти парадоксы в изменении взаимоотношений России и США, нужно понять различия в концепциях национальной безопасности двух стран. Согласно базовой американской концепции, "наша безопасность только в наших руках и неважно, если кто-то с этим не согласен" и базовой российской концепции, согласно которой "нужен паритет в вооружениях между ядерными сверхдержавами". Важно ещё и то, что США меняет своих врагов в зависимости от международной обстановки и новых угроз, а Россия после Фултонской речи Черчилля в 1947 году "упёрлась" в одного главного врага и не меняет его вот уже более 65 лет. Кроме того, если поиск материальной и финансовой выгоды является основой капиталистической экономики, чем и руководствуется США и другие развитые страны, то для России важнее распространение своего политического влияния на как можно большее число стран даже себе в финансовый убыток или с сомнительными перспективами на возврат денежных вложений (например, Египет, Сирия и Ливия, а сейчас - Украина).

Как-то публицист Леонид Радзиховский не без ехидства заметил: "Америка выполняет главную государственную функцию в России - это враг, против которого объединен наш русский народ. И если этот стержень вынуть, то простите, с чем же мы останемся? Если вдруг оказывается, что не Америка во всем виновата, то встаёт удивительный вопрос - а кто виноват-то?" [126] Считать, что русские виноваты в своих неприятностях сами – слишком обидно для самолюбия. Уж лучше пусть другие народы побаиваются русских.

Президент Владимир Путин, судя по его высказываниям, полагает, что для России главный враг – деструктивные политические и военные силы США, НАТО, иностранные агенты влияния государств, заинтересованных, чтобы дестабилизировать ситуацию и обстановку в России. Он всё время ссылается на них как на главную угрозу безопасности и благополучию России. Достаточно было кандидату в президенты США Митту Ромни сказать в ходе предвыборной кампании, что Россия мол главный враг США, Путин тут же этим воспользовался, чтобы обосновать резкое увеличение военных расходов России до 2020 года, как альтернативу плану ПРО в Европе. А что потом лет через 20-30 эти новые ракеты типа "Булава" или РС-26 придётся "пилить" на металлолом, как "распилили" Горбачёв с Ельциным прежние ракеты С-300 – об этом он сегодня не думает. Нефтяные сверхприбыли освоены, галочка поставлена, покорный народ как всегда одобряет то, что сказал лидер нации – чего ещё надо для того, чтобы достойно встретить политическую старость? А через 20-30 лет пусть болит голова у других российских лидеров за то, что он сделал в начале XXI века.

Однако, такая настороженная линия поведения в отношении США и НАТО присутствует не только в высказываниях Путина. Немалая часть народа России (около 40%) высказываются нелицеприятно о США и о некоторых других западных странах. Жители России испытывают к передовым западным странам смешанные чувства: с одной стороны, неприязнь, идущую от ощущения своей зависимости, а с другой, преклонение поскольку эти страны в целом превосходят Россию в техническом и бытовом отношении.

Финансист Джордж Сорос, вложивший в Россию немалые средства в 90-е годы и знающий эту страну не понаслышке, пишет об этом русском феномене "преклонения-неприязни" так: "За сильной геополитической позицией России по отношению к Европе скрываются ее серьезные слабости в других областях. Авторитарная политическая система душит частный бизнес и инновации. Отсутствует власть закона, на вымогательство и сбор ренты тратится куда больше сил, чем на производство." [156] В результате экономический прогресс в России сильно отстаёт от скорости накопления нефтяных доходов.

Когда руководители регионального уровня в России не могут решить проблему сами, они тоже ищут врага или виноватого на стороне где-нибудь подальше от себя, чтобы на него "списать" свою недостаточную компетентность и слабые экономические и политические успехи. Например, 9 февраля 2009 года в "Новой газете" и в журнале "Коммерсант-власть" появилось интервью президента Ингушетии Юнус-бек Евкурова, который утверждал, что за терактами и похищениями людей в Ингушетии стоят западные спецслужбы по чьей указке некие арабы создают военные базы для хранения оружия и взрывчатки, оплачивают боевиков. Вот он нашёл своих врагов далеко от Ингушетии – попробуй докажи, что это не так, а уж тем более – попробуй до этих спецслужб дотянись. Зато большой начальник нашёл виноватого в проблемах своей республики.

Инерция мышления у бывших советских людей, находящихся сейчас у власти в России, настолько сильна, что никто из них думая о США и НАТО даже не мыслит в отношении к ним в категориях "друг", "партнёр", "союзник", хотя через слово говорят об этом. Они мыслят о США, о НАТО, как о потенциальных, злокозненных недоброжелателях. И это несмотря на то, что в течение последних 15 лет танковые соединения НАТО выводятся с европейской территории, другие виды вооружений консервируются, а боевых американских войск на территории Европы уже нет.

Чтобы поддержать в народе образ врага, власти в России идут на многие ухищрения по типу "вы нам так, а мы вам этак". "Вы законодательно проводите через конгресс и сенат список не въездных в США русских чиновников (список Магнитского), мы выставляем вам в ответ список лиц, которым запрещён въезд в Россию плюс закон Димы Яковлева о невозможности усыновления американцами детей из России. Вы даёте политическое убежище нашему сотруднику ГРУ полковнику Александру Потееву, мы даём убежище вашему сотруднику ЦРУ Эдварду Сноудену". Повторяются всё те же элементы стратегии "холодной войны". Нет чтобы соревноваться в технических и экономических достижениях?

Помимо больших врагов Россия имеет несколько врагов помельче. В 2008 году Грузия пыталась восстановить свою территориальную целостность с помощью военной силы. Абхазия и Южная Осетия не бог весть, как значимы для России, но Грузии труднее вступить в НАТО с неурегулированными территориальными притязаниями. И Россия за них вступилась. И сколько бы не стоили эти начинания русской казне, они будут поддерживаться ради реального или мнимого имперского могущества страны.

По мнению писателя Михаила Веллера "поиск внешнего врага - это ловкий психологический приём, с помощью которого власть предержащие пытаются прикрыть свои неблаговидные делишки ... экономическая, идеологическая экспансия окружающих стран на Россию (Китая, стран Европы, США), чудесно продолжается мирным путём. Зачем воевать, если можно получить так?" [29] Если вспомнить, что большинство российских богачей хранят немалую часть своих капиталов за рубежом и, в том числе в США (а это сотни миллиардов долларов), то нельзя не согласится с полемически задорным мнением Веллера.

Глава 10

Подмена реальных действий разговорами о них и имитация деятельности

"Русский человек любит вспоминать, но не любит жить."
Антон Чехов, писатель

10.1. Особая роль слова для русского человека. Слово и дело

Тех, кто приезжает в Россию из стран с более рациональной технократической культурой, поражает неоправданно высокая роль слов, образов, красивых, но нереальных планов и их слабое практическое осуществление. Беспочвенные фантазии и нереальные цели заменяют практические действия. Эта обломовская тенденция то усиливается, то ослабевает в зависимости от эпохи и правителя.

О высокой роли слова и языка в жизни славянских племён писал романтический писатель Валентин Иванов: "Не речные дороги, а общее слово-глагол сотворило единство славянского племени." [61, с. 8] И далее: "Русская речь вольная - как хочу, так и расставлю слова, и слова обязаны быть легче пуха: мысль станет уродом, если слова тяжелы, если на речь надето заранее изготовленное ярмо непреложного закона. ... Русский глагол разрастался, менялся, как всё живущее, был и землёй, и охраной границы, и народом." [Там же, с. 9]

Ещё в начале XX века русский философ Николай Бердяев отмечал особую магическую власть слова над русским человеком. "Слова имеют огромную власть над нашей жизнью, власть магическую. Мы заколдованы словами и в значительной степени живём в их царстве. Слова действуют как самостоятельные силы, независимые от их содержания. ... Мы принимаем слова на веру и оказываем им безграничный кредит" [14, с. 220]

Слова - для русского человека с одной стороны - манящие звуки свирели, издаваемые дудочником, а с другой – источник информации – неважно насколько достоверной. В отличие от западного человека русский пытается увидеть за словами нечто большее, чем то, что за ними стоит - не прямое рациональное, а образное значение, тайный смысл, глубину и пр. Слова применяются русским человеком не для облегчения, а для усложнения общения. В словах для него заключается некоторое таинство, скрытый смысл, душа.

Велико значение слова для русских людей - гораздо больше, чем значение дела. "Слово - полководец человечьей силы" (Владимир Маяковский). "Словом можно убить, словом можно спасти, \ Словом можно полки за собой повести. \ Словом можно продать, и предать, и купить, \ Слово можно в разящий свинец перелить" (Вадим Шефнер).

Гипноз слова для русского человека огромен. Удачные уместные слова застревают в его сознании надолго. При таком скромном уровне жизни, какой всегда был в России, со словами-фикциями в душе жить легче. Слова заменяют реальность – вещи, действия, события. Слова-ярлыки действуют на русского человека либо убийственно, либо маняще. Подчас он забывает, что это просто слова. Он боится некоторых слов и ярлыков, как чёрт ладана. С другой стороны, немалое число русских реагируют на слова, как на действия. Они приняла на веру слова и категории, выработанные марксистско-ленинскими ловцами человеческих душ и в течение долгого времени фактически жили чужим опытом, воплощали чужие идеи, уверовав в них, как будто они были их собственными. Ну а кто не понимал умствования Карла Маркса, просто жонглировали терминологией к месту и не к месту. При рабоче-крестьянской власти говорить о выращивании зерна, добыче угля стало выгоднее, чем выращивать зерно и добывать уголь в реальности.

За несколько лет до своей смерти в 1936 году русский физиолог, лауреат Нобелевской премии Иван Павлов написал, что повышенная управляемость словом является наиболее характерной особенностью русского народа. И действительно слабость рациональной организующей инициативы, слепая вера в действенность законов при одновременном игнорировании тех из них, которые русского человека не устраивают, непонимание того, что только объединившись вместе русские сильнее, чем поодиночке, даёт то состояние русского народа, который и способен к чему-то только тогда, когда им управляют – и неважно кто управляет – аморальные диктаторы вроде Ленина и Сталина или приличные люди. К сожалению, безжалостных диктаторов и демагогов русские уважают, и чтят больше, чем грамотных управленцев вроде Петра Столыпина. Поэтому снова и снова чинят, и обновляют мавзолей злейшего своего врага Ленина, позволяя останкам действительных патриотов России гнить незахороненными, в полном забвении.

В сознании русских людей обещание лёгкой счастливой жизни часто перевешивает трезвый практический расчёт, который предполагает необходимость вначале поработать, а потом делить деньги и блага. И Ленина-то простые люди поддержали за его разговоры о перспективах будущей счастливой жизни при социализме и коммунизме в государстве всеобщего благоденствия. Это был дьявольский выбор, но они поддержали не тех, кто предлагал сначала поработать, а потом получить причитающиеся за работу дивиденды, а тех, кто предлагал сначала отнять и поделить, а потом и работать будет необязательно, то есть сулили много, без труда и быстро. И, главное - всё за чужой счёт.

Начиная с 1917 года русский человек стал усваивать психологию нахлебника государства. За 74 года советской власти и повсеместного подавления деловой инициативы снизу, русские люди, стали рассчитывать на государство больше, чем на себя. Для них перестало иметь значение то, что всякое присвоение и обобществление чужой собственности, любое распределение по так называемой классовой справедливости является паразитическим. В частности, распределительный социализм, коммунизм и его различные формы основаны на психологии лентяя, который хочет жить за счёт кого-то или чего-то – за счёт природы, за счёт общества или заниматься тем, что ему нравится безотносительно к тому, есть у него к этому способности или нет. Главное – делать поменьше, а получать побольше.

Со второй половины XX века времена коммунистических диктаторов и вампиров стали постепенно проходить и наганом во внутренней Российской политике пользуются всё реже и реже. После смерти Сталина характер воздействия властей на советских людей заметно смягчился. Руководители стали пользоваться преимущественно приказами, выволочками, разносами, бранью, выговорами, исключением из партии, публичными осуждениями, в крайнем случае психиатрическими лечебницами. Ну а уж после развала СССР верховные правители стали куда как дипломатичнее. Но это только по форме. Содержание осталось таким же авторитарно-волевым, напоминающим приказ или распоряжение.

Уж на что красивой была Сталинская Конституция 1936 года. Её главный дефект был в том, что она не выполнялась. Особенно там, где касалось прав граждан: свободы слова, свободы печати, свободы собраний и митингов, свободы уличных шествий и демонстраций, неприкосновенности личности, жилища граждан и тайны переписки. Не менее симпатично выглядела и Брежневская Конституция 1977 года. Все положенные свободы гарантировались народу по полной международной программе. Кстати Ельцинская Конституция 1993 года выглядит тоже неплохо, хотя и с акцентом на приоритет президентской исполнительной власти. Однако, права граждан в ней остаются только на бумаге. А без гарантий безопасности личности, без постоянного влияния граждан на свою власть, без баланса сил во власти, все эти положения основного закона страны – не более, чем пустые слова. Тем не менее, они производят на русских людей этакое успокаивающее действие, мол, и у нас Конституция есть, и мы не хуже других народов.

Однако фокус в том, что люди в России не дозрели до своей Конституции, которая, как и многое другое в России списана с конституций других стран. Чтобы конституция работала, её надо выстрадать, пережить и каждое положение, тезис проверить на практике. Положения этого основного документа страны, которые власть даровала людям сверху, как незаслуженный, незаработанный подарок, многие не понимают, не ценят и не умеют применить на практике.

Советская, классовая, социально-экономическая модель мира и концепция его развития была красива, но насквозь теоретична и утопична. В отличие от точных наук, где совпадение теории с практикой и экспериментальное подтверждение законов и формул являются критерием их правильности, в гуманитарных дисциплинах, как правило, слишком много переменных, чтобы красивая теория воплотилась в жизнь, тем более в длительной перспективе. Авантюрно было строить социализм и коммунизм в крестьянской, феодальной стране, нереалистично было рассчитывать на то, что феодально-крепостническое, крестьянское сознание вдруг в одночасье станет социалистическим и коммунистическим. И самой большой фантазией было считать, что очень несовершенные люди, с массой личностных психологических проблем и комплексов, не имевшие должной управленческой и технической подготовки, которые сами родились в условиях консервативного, авторитарного русского общества, поведут народ правильной дорогой к коммунизму.

Несмотря на постоянные провалы, срывы планов и намерений русские до сих пор излишне верят во всепобеждающую роль слова. Преодолеть гипноз слова многим трудно до сих пор. Мол достаточно сказать слова "справедливость", "честность" или "коммунизм" и эти вещи появятся сами собой без особого труда прямо, как в сказке, материализуются из воздуха; люди станут жить по справедливости, не обманывая друг друга, в готовом коммунистическом обществе. Что касается заклинаний нынешних российских лидеров по типу: "давайте бороться с коррупцией", "давайте модернизировать Россию" и пр., то создаётся впечатление, что эти лидеры живут где-то на небесах и оттуда произносят свои заклинания, оттуда верят, что и коррупцию победим и Россию модернизируем. И со своих небес пытаются убедить в этом жителей России. Ну, если не через 10, так через 20 лет. В крайнем случае, лет через сто, но победим, модернизируем - куда они денутся? Посмотрите, как управляет своими подчинёнными премьер-министр Медведев. Он очень напоминает бывшего секретаря ЦК КПСС: "России нужно ...", "Это должно быть сделано ...", "Надо выполнить ...", "Должно произойти перерождение ...". По форме вроде

бы пожелания, но он хочет, чтобы эти пожелание воспринимались, как руководство к действию.

Поскольку слова в России значат больше чем дела, страна разрывается от
какофонии мнений и суждений. Правда эти слова, пожелания, идеи, предложения, моральные сентенции редко кончаются чем-то реальным. В России
много разных, в том числе правильных мнений, но мало правильных дел.
Этим русские в массе своей отличаются от более прагматических западных
людей. Известный историк религии Карен Армстронг пишет про последних,
что у них "Взгляды меняются, как только перестают приносить пользу, - и
меняются порой до неузнаваемости." [5] Для русского человека прагматиче-
ская полезность взглядов не так важна по сравнению с возможностью красиво изложить свои взгляды, пофантазировать, покрасоваться, похвастать, показать всем, какой он умный. А что рациональной основы под его словами
немного - так что ж? Главное, что он сам верит в свои слова и испытывает
удовлетворение оттого, что их произнёс. А дальше "хоть трава не расти".

Типичный русский интеллигент с гуманитарным складом ума и с постоянной склонностью к политическому краснобайству - это человек, который
вместо того, чтобы заниматься практическими делами по улучшению своей
жизни и жизни своей семьи (починить текущий унитаз, смазать скрипящую
дверь и т.д.) поглощён размышлениями о том, как ему улучшить жизнь человечества или по меньшей мере – жизнь русского народа.

Русские интеллигенты думают, что правильным словом, умной пропове-
дью можно изменить что-то в России. Эту умозрительную русскую веру в
значение слова для решения проблем многократно подчёркивали сами русские спорщики и переговорщики, мол без конца обсуждаем кого-то или что-
то, а затем либо ссоримся, либо расходимся, не решив ни одной из собственных проблем. К этому можно добавить, что даже если собрать тысячу людей с
хорошо подвешенным языком, они своими языками не подметут пол в комнате.

Сейчас Россия дошла до такого состояния, что гуманным словом в России
можно сделать гораздо меньше, чем конкретным человеческим поступком.
Те, кто помогает конкретным людям, нужнее, чем тысяча болтунов в телевизионных ток-шоу, которыми переполнены телевизионные экраны России. А
уж если кого будить, подхлёстывать словом, то надо не "чувства добрые" в
народе "лирой пробуждать", а побуждать конкретных людей делать конкретные добрые поступки (усыновить сироту, пожертвовать деньги на хирурги-
ческую операцию и пр.). А то как осуждать закон Димы Яковлева о запрете
усыновления российских детей в США, так тонны ядовитой слюны вылито

российскими либералами, а как самому усыновить детдомовского ребёнка – это пусть кто-нибудь другой делает.

Россия живёт словами, а делать простые непрестижные вещи мало кто хочет: например, убирать мусор хотя бы в своей зоне ответственности – личной или общественной, строить клубы для молодёжи в маленьких городках, чтобы новое поколение не спивалось от безделья. Власти не хотят этим заниматься, ссылаясь на что угодно только не на своё собственное неумение управлять без помощи больших денег. Кроме того, в силу возросших амбиций в XXI веке уже несолидно для высокопоставленного начальника ставить простые приземлённые цели: например, построить хорошую дорогу от одного провинциального русского города до другого. Цели такой чиновник ставит глобальные: "побороть коррупцию", "улучшить судебную систему", "запустить модернизацию". И всё это в масштабе целого государства. Чего уж тут мелочиться. В результате в России мало что меняется, поскольку все перечисленные глобальные задачи относятся к высшему уровню сложности. Это комплексные задачи, выполнение которых является следствием решения огромного числа более простых задач, а скорее даже пересмотра всей системы политико-экономических отношений в государстве. Без тотальной чистки советских и российских "Авгиевых конюшен" не обойтись. Страна к их решению ещё не готова и если так всё будет продолжаться, то не будет готова никогда.

Нормальное государство строится не "сверху", опираясь на красивые лозунги и теоретические схемы вроде марксистско-ленинской, а "снизу", опираясь на нужды работающих граждан. Как только человек перестаёт работать, очень разумно ограничить некоторые его гражданские права, в частности, право голоса. Это выглядит недемократично, но интересы работающего члена общества, как правило, не совпадают с интересами человека, живущего за счёт этого общества. Но такой путь опоры на своих работающих граждан, властолюбивые и амбициозные лидеры России, изображающие из себя спасителей отечества, начисто отвергают. Для них народ России – это объект воздействия и манипулирования, а манипулировать легче зависимыми от государственного бюджета людьми.

Если опираться на работающих и приносящих пользу граждан, то с ними придётся считаться, а следовательно, к ним приспосабливаться. Кто же тогда щёки надувать будет на внутреннем и международном уровнях, хвастаясь тем, что разработали не они, а кто-то другой перед ними (например, остатками советских баллистических ракет или зарубежными технологиями, которые были закуплены на нефтегазовые деньги вроде технологии производства пылесосов), кто будет учить свой "неразумный" народ, как правильно жить. Не нужны они будут вместе со своими кортежами охраны, задраенными и заасфальтированными к их приезду люками на проезжей части дорог, закрашенными вместе с заборами окнами домов и покрашенной к их приезду травой. А вместе с ними не нужны будут сотни тысяч "государевых" людей, толпами ползающих у трона, от большинства из которых пользы, "как от козла молока", многочисленные чиновники-коррупционеры, которым не за что будет давать взятки, олигархи, "сколотившие" свои состояния не с помощью своего делового таланта, а с помощью знакомств во властных структурах и на украденном у государства добре.

10.2. Использование формализованных легенд, мифов и штампов в качестве образов желаемого будущего

"Мы сдвигаем и горы и реки, время сказок пришло наяву"
Василий Лебедев-Кумач, поэт (Песня о Волге)

Кто из нас в детстве не любил сказки, не увлекался ими. Есть великие мастера по сочинению сказок, придумыванию мифов и легенд. Чем красивее, фантастичнее сказка по форме или по содержанию, тем более она популярна (см. "Гадкий Утёнок" Ганса Андерсона, "Алиса в стране чудес" Льюиса Кэрролла, "Гарри Поттер" Джоан Роулинг). Легенды и сказания разных народов такие как "Легенды и мифы Древней Греции", Ветхий и Новый Заветы, финский эпос "Калевала", "Песнь о Гайавате" Генри Лонгфелло, "Манифест Коммунистической партии" Карла Маркса и Фридриха Энгельса более приближены к реальности. В этих последних на первый план выходят - идея, смысл, правдоподобность изложения и оформления авторских идей. Собственно, фантастических допущений в таких произведениях не так много. Они очень похожи на правду своими подробностями и деталями. Это обеспечивает их долговечность на протяжение десятилетий и даже столетий.

Советский человек воспитывался не столько на опыте реальной жизни сколько на эталонах, на идеальных положительных образцах, которым надо следовать. Эти образцы были вычищены, приглажены, избавлены от нежелательных подробностей и канонизированы. Из них было выхолощено человеческое психологическое содержание. И только после этого коммунисты их выставляли на всеобщее обозрение для любования, подражания и как руководство к действию. Их не смущало, что это руководство сильно запретами, ограничениями и уничтожением прежнего "отжившего" опыта прежних царских поколений и слабо конкретными рекомендациями, инструкциями на будущее, на создание нового.

Метод создания образа желаемого будущего с помощью лозунгов, заманчивых социально значимых целей в Советском Союзе был широко распространён и вовсю пропагандировался. Такой образ или значимая цель действовали на советских людей маняще, как линия горизонта или свет в конце тоннеля. Например, "Выполним пятилетку в четыре года", или "Увеличим добычу и переработку нефти в два раза". Подобный же образ лежал в основе целеполагающего оптимистического сценария развития социалистического общества ("Наша цель – коммунизм").

Помимо общих положительных целей и образцов поведения каждый советский гражданин придумывал для себя личные персональные цели и образцы. К примеру, в художественном фильме Андрея Кончаловского "Сибириада" есть персонаж, дед, который один по своей инициативе всю жизнь рубил в тайге просеку и строил дорогу к звезде, а по сути в никуда. Как-то в процессе строительства он напился и головой в муравейник упал. Так и помер. Но он был счастлив поскольку всю жизнь имел цель, к которой стремился. Другой пример относится уже к современной России. Бизнесмен из Архангельска Николай Сутягин в 90-х годах на свои деньги построил самое высокое деревянное здание в городе. Но денег на завершение проекта не хватило и строительство было заброшено. В 2008 году здание снесли поскольку своим обшарпанным видом оно портило общую архитектурную картину города. У Сутягина тоже была цель в жизни и она согревала его пока он строил это здание. Ну что тут поделаешь, если не получилось.

Во многих странах люди срывают холмы и при необходимости меняют русла рек, но никому не приходит в голову об этом так поэтично говорить, как писали советские поэты и писатели. Это рутинная инженерно-техническая работа. Она рутинная, когда человек срывает холмы и прокапывает новые русла рек с помощью бульдозеров и экскаваторов. А если он работает вручную – киркой и лопатой? Наверное, остаётся поэзия, чтобы вдохновить его на этот однообразный труд. А если и поэзия не помогает? Значит приходится создавать трудовой лагерь, где людей заставляют работать под страхом смерти. Каторжный рабский бесправный труд под дулами винтовок для одних (узников Гулага) и источник поэтического вдохновения для других – тех, кто вне трудового лагеря восхищались успехами и достижениями страны советов (Максим Горький, Владимир Маяковский и другие обласканные советской властью "поэты" и "писатели"). Эти "творцы" за хорошие условия жизни, за возможность вкусно есть и сладко спать, путешествовать по заграницам, отдавали свой талант на службу коммунистическому режиму. В этом и состояла классическая модель советской жизни – жизни на грани утопии и реальности.

Советские поэты, писателе, режиссёры, актёры внутри страны Советов отрабатывали свои дачи, квартиры, пайки, членство в союзе писателей, композиторов, прославляя ударный труд в счастливой советской стране. За идею или за возможность проводить часть жизни за границей советские разведчики вроде Арнольда Дейча вербовали идеалистически настроенных юношей и девушек из благополучных буржуазных и интеллигентных семей за рубежом для вступления в коммунистическую партию и шпионаж в пользу Советского Союза, страны, которой эти молодые люди совсем не знали, но заочно восхищались (например, члены Кембриджской пятёрки в Великобритании). Творческие работники и шпионы, наивные идеалисты и люди разочаровавшиеся в капиталистическом образе жизни, жили утопиями и мифами, сказками и легендами, которыми в изобилии снабжали их партийные коммунистические вруны. И только те, кто "понюхал" жизни в советском раю (например, инженер Игорь Кривошеин – русский патриот, который отсидел ни за что в советском концлагере) или те, кто столкнулся с коммунистами и методами их работы поближе (например, британский писатель Джордж Оруэлл, который воевал на стороне прокоммунистических республиканцев во время гражданской войны в Испании), начинали понемногу прозревать.

Вот и получалось: либо ты добровольно восхваляешь и идеализируешь существующее положение вещей, врёшь во имя красивой сказки о коммунистическом будущем, либо тебя стирают в лагерную пыль. Есть ещё третий путь – тихо стоять, как телёнок в стойле и ждать, когда тобой распорядятся, а потом выполнять то, что тебе прикажут – позовут в комсомол, на демонстрацию, на голосование, в армию, на целину, на "великие стройки коммунизма", на войну и т.д. и ты идёшь, куда прикажут. Твоя личная сопротивляемость навязываемым сверху мифам и приказам минимальна. Даже находясь на свободе, ты - раб у коммунистических идеологов, находящихся у власти. Многие, правда, своего рабства не понимали и не ощущали. Большинство советских людей "плыли по течению" – тюремщики в лагерях, военные, подавлявшие выступления недовольных в других странах (в Польше, Венгрии, Чехословакии), а также те, кто воевал по всему миру во имя и во славу "немеркнущих идей социализма".

Формализованное восприятие и понимание мира является одним из следствий советской системы воспитания, когда человек доходил до культурных и моральных ценностей как с помощью родителей, так и с помощью марксистско-ленинского начётчика, который учил готовой правильной схеме жизни, учил готовой классовой морали по пунктам "А", "Б", "В" или во-первых, во-вторых, в-третьих, или из А следует Б с такой же неизбежностью и неотвратимостью, как из Б следует В.

Избегнуть воздействия советских штампов и ограничения сознания до известной степени могли люди, получавшие с детства заряд духовности, интеллигентности от своих родителей, знакомых, то есть людей, не прошедших советизации, "промывания мозгов" с помощью марксистско-ленинской идеологии. Таких после 35-летней эпохи жёсткого коммунистического одурачивания в советской стране оставалось мало. Так что большевикам удалось переродить, советизировать русский народ через выборочное уничтожение думающих, честных, не вписывающихся в советскую схему людей и через систематическое "промывание мозгов" остальным. Как следствие этого все, кто родился в стране в советские годы - это люди с искривлённой психикой, даже если они сами этого не понимают и не признают. Кстати, то, как консервативно по-советски реагируют уже современные люди в России на телевизионные политические опросы, говорит о том, что многие недалеко ушли от советских стереотипов и образа мышления.

В области идеологии воспитанные большевиками советские люди представляли собой нетерпимых к мнению других агрессивных максималистов, для которых существуют только "да" и "нет", "ты с нами или ты против нас". Эти люди легко попадали под влияние коммунистических пропагандистов и подвергались идеологической обработке. Они могли проявить известную гибкость только в областях, не связанных с их идеологическими установками. Для них существовала своя советская мораль. Остальные виды общечеловеческой морали были второстепенными. Для них обмануть неприятеля, противника, врага, или человека, не разделяющего их идеологии было не обманом, а оправданной хитростью во благо будущего. Они везде искали врагов, козлов отпущения, отделяли своих от не своих. Их советскость сопровождала их всюду, где бы они не жили и куда бы они не эмигрировали. С виду они могут выглядеть нормальными людьми, но это только с виду.

Конечно, люди талантливые, информированные были меньше подвержены воздействию такого оглупления, такой схематизации, такой "интеллектуальной идеологической кастрации", но даже на них советская идеологическая обработка и советский способ мышления, проникнувший во все потаённые уголки психики, оказывал своё упрощённое, схематическое действие. И дело здесь даже не в том, что кто-то из советских людей этого хотел, а кто-то нет. Воспитание и воздействие в СССР было всеобщим. Спрятаться от него было невозможно.

Те из советских людей, которые с детства воспитывались на чтении русской классической литературы, хорошо знали и любили эту литературу частично избегали интеллектуальной советизации. Они лучше понимали и чувствовали русский язык, образцы религии, морали и культуры проникали в их сознание опосредовано. В своём духовном развитии они больше напоминали прежних людей досоветской закалки. Но у них, правда, формировались другие комплексы, связанные с их непохожестью на типовых советских людей зомбированных официальной пропагандой, советским образом жизни и воспитанием.

Хорошим образцом обучения русской литературе в соответствие с советскими казёнными шаблонами является моя бывшая учительница литературы в старших классах в 213 средней школе г. Ленинграда Людмила Ратникова. Вот кто, будучи хорошо одарённым в литературном отношении человеком, давала русскую литературу по советским официальным схемам – так, как было нужно в соответствии с партийными установками и рекомендациями. В её программе всегда было место для некрасовских крестьян-правдоискателей, для тургеневского "лишнего" человека - Базарова, для социал-демократов из рабочей среды Максима Горького, для классовой партийной лирики Владимира Маяковского.

В советской школе изучали, в основном, тех авторов и их произведения, которые имели отношение к борьбе с самодержавием, бичеванию пороков самодержавного, крепостнического и буржуазного общества. Другие писатели (Александр Куприн, Иван Бунин) и поэты серебряного века, если и существовали в школьной литературе, то как необязательные для чтения и изучения – ведь они не описывали передовых революционеров и рабочих. В счастливом коммунистическом будущем их место было на свалке истории. Из всего стихотворного наследия поэта Александра Блока – автора сотен великолепных стихов, мы проходили в школе только две его вещи, навеянные революцией 1917 года – "Двенадцать" и "Скифы". А красота, богатство русского языка при изучении литературных произведений уходили на второй и даже третий план.

По Ратниковой литературу нельзя было любить. Её можно было только изучать, как изучают препарированного жука, как изучают теоремы геометрии. Такой формализованный классовый подход к вершинам русского художественного творчества отвращал нас от литературы скорее, чем привлекал. Литература превращалась в скучную почти точную науку, где каждому герою было своё место на ступеньках классового дерева, выращенного усилиями гениев пролетарского интернационализма - Маркса, Энгельса, Ленина.

Прагматических людей от идеалистов отличают позитивное, деловое отношение к жизни, к профессии, к учёбе, к тому, чтобы не ставить перед собой нереальных целей. У хорошо скомпенсированного человека идеальное "Я" не доминирует над реальным "Я". Легенды легендами, мифы мифами, образы образами, а начинать-то нужно с мытья полов в своём доме, избавления от клопов в своём диване и уборки своего туалета. А поскольку туалеты победившие в 1917 году коммунисты убирать не торопились, они занялись более приятным делом – фантазировать о будущем устройстве коммунистического общества и своём достойном месте в нём. Пофантазировать об идеальном будущем можно и сидя в коммунальной квартире на грязном стульчаке общего туалета. Вот из-за грязных туалетов коммунизм и проиграл в конце концов. И дело не только в экономике и низких ценах на энергоносители в конце 80-х – начале 90-х годов. И даже не в войне в Афганистане, где советские войска "завязли" вместе со своей самой передовой марксистско-ленинской идеологией. Всё дело в грязных туалетах. На неубранных экскрементах и поскользнулся советский человек. Там и упал. А вместе с ним в грязи оказался и весь ленинизм.

А всё так хорошо начиналось. Всех богатых и знатных, купцов и буржуев пустили "в расход", услали "куда Макар телят не гонял" или выгнали из страны. Собственность у них отобрали. Думали пожить, как в раю. Но обещанного ленинцами рая не получилось поскольку на себя любой человек работает лучше, чем на самое что ни на есть распрекрасное советское социалистическое государство. Кроме того, естественного отбора живых существ на земле никто не отменял – выживают наиболее сильные, умные, трудолюбивые и приспособленные. А если выживают слабые, глупые и ленивые, то такая цивилизация быстро деградирует. Что и получилось в СССР.

Один из парадоксов советской идеологии состоит в том, что догмы советской поры мирно уживались с гегелевской диалектикой, которая вообще отрицает догмы. Выразителями советской догматики были мобилизующие лозунги. Например: "Учение Маркса всесильно, потому что оно верно", "Нет таких крепостей, которые не смогут взять большевики". Вот на этих и других подобных им догматических положениях и законсервировалось, застряло сознание советского человека. Он остановился в своём политическом развитии, зациклившись на насильно втиснутых в его сознание "истинах", которые он под страхом наказания не имел право критиковать и менять.

"Нет ничего практичнее хорошей теории" – сказал выдающийся немецкий физик XIX века Густав Роберт Кирхгоф. Правда Кирхгоф имел в виду прежде всего теории в точных и экспериментальных науках. Большевики тоже руководствовались хорошей, как им казалось, социально-экономической теорией Карла Маркса и это привело к ужасным, если не сказать больше - катастрофическим для страны и народа последствиям. И не только для русского народа, но и для народов, попавших в сферу коммунистического влияния. 95 миллионов человеческих жизней была платой за этот эксперимент. Естественно, что ни одна теория не может быть ответственна за упрямство, фанатизм, гордыню, глупость, психологические комплексы тех, кто эту теорию проводит в жизнь. Система советского государства была устроена так, что теория управляла практикой, желаемое подменяло действительность, а если практика не сочеталась с теорией, а желаемое с действительным - то тем хуже было для практики и для действительности.

Политики марксистского фанатичного толка вроде Ленина или Троцкого использовали только те факты и экономические данные, которые укладывались в русло их теоретических концепций, чтобы практика сходилось с теорией. Остальные факты для них просто не существовали. Кроме того, Ленин, одержимый своей идеей мировой пролетарской революции, совершенно не принял во внимание, что имеет дело с неподготовленными к социализму крестьянами в России. Недаром Сталин про него сказал: "Ильич недопонял, недооценил русского мужика". Зато Сталин этого мужика понял и оценил. А главное он понял, что этот мужик "вынесет всё" (Некрасов). Русский мужик и вынес всё, что на него навесили коммунисты, но почему-то после этого вымер в своей собственной стране. Поэтому уже не может сказать "большое спасибо" упомянутым вождям. Разве что духи вымерших русских мужиков придут к ленинскому мавзолею и к кремлёвской стене, чтобы "поблагодарить" тех, кто его уничтожил, пользуясь его долготерпением и недальновидностью.

Неспособность советских людей уйти от идеального мира марксистско-ленинских иллюзий проявилась при развале Советской империи - причём проявилась на всех уровнях - от генерального секретаря коммунистической партии Советского Союза Михаила Горбачёва до простого советского человека. Эта особенность мышления более присуща маленьким детям, чем взрослым. У взрослых реализм, адекватная оценка своих сил и возможностей, пусть на конкретном упрощённом уровне, но преобладает над абстрактными теоретическими рассуждениями и соображениями. Дети более склонны предаваться иллюзиям. Они менее адекватны в своих мечтах, в оценке своих сил и способностей. В общественно-политическом плане советская система воспитывала таких наивных, плохо приспособленных к самостоятельной практической жизни детей.

Главным признаком неблагополучного состояния нации, народа в трудные для них периоды является уход людей в мир мифов, грёз и фантазий, страх перед реальными действиями. Желаемое выдаётся за действительное. Происходит идеализация желаемого. Это случилось с многими жителями России в трудные 90-е годы XX века во время обратного варварского перехода от социализма к капитализму. В этот период экономического, политического и духовного кризиса ясновидцы, знахари, гадалки, парапсихологи вышли на первые роли в России. На сеансы и представления Алана Чумака и Анатолия Кашпировского народ валил валом, им платили деньги, им верили. Уход из мира реальности в мир иллюзий и фантазий является важнейшим симптомом упадка народного духа, потери людьми смысла жизни и перспектив развития. В период перестройки народного сознания старые советские мифы и легенды оказались дискредитированы, а новые ещё не появились.

Для компенсации чувства зажатости, подавленности, несвободы русского человека до сих пор служат всевозможные мифы и мифологемы, которые для него придуманы разного рода идеологами. Их выделил в своих работах Юрий Левада – основатель русской социологической службы. Например, "умом Россию не понять", "русский человек коллективист по своей природе", "русские - простые и открытые", "у русских высокая духовность". [186] В основе этих мифов в соответствии со схемой Левады лежит образ русского, как невзыскательного, нетребовательного, терпеливого и адаптивного человека. Простодушие и бесхитростность русских является одной их главных черт, лежащих в основе их поведения. Коллективизм в русском понимании - это когда один отвечает за всех, а все за одного. Каждый "делает как все", "не высовывается", без внутреннего напряжения, протеста подчиняется хозяину, лидеру особенно если этот хозяин свой мужик, пусть крутой и суровый, но справедливый. Якобы "духовность" русских определяется их близостью к природе, непосредственностью восприятия реальности, одухотворением словесных конструктов, трудностью следования придуманным властью законам.

Помимо вышеупомянутых в русском народе популярны и другие мифы и предрассудки, например:
- У России свой особый ни на что не похожий европейско-азиатский путь.
- Русские к свободе и демократии не готовы поскольку слишком долго жили в условиях тоталитаризма.
- Существует мировой международный заговор, направленный против России причём главной "пружиной" заговора является США.
- Во всём виноваты внутренние оппозиционные силы, поддерживаемые мировой "закулисой", заинтересованной в ослаблении позиций и даже развале России.
- Русские любят выпить, но настоящих пьяниц и алкоголиков в стране немного. Представители некоторых других наций тоже выпивают немало и уж, по крайней мере, не меньше русских.
- Говорят о том, что русские ленивы. Вздор всё это. Кто тогда сделал Россию супердержавой в XX веке?

И это неважно, что перечисленные мифы или неправильны или устарели. Однако, в народном сознании эти мифы прочно отпечатались в качестве базовых, народных, основополагающих, а многие насаждаются и поддерживаются власть предержащими до сих пор потому, что они им выгодны. Например, миф об общинности и артельности русских, которые им якобы исконно присущи. На самом деле общинность была навязана русским крестьянам земствами в 60-е годы XIX века. Земства, видя полезность кооперативных объединений для крестьян, стали инициаторами и финансовыми спонсорами их создания. Но настоящую силу кооперативы приобрели при Петре Столыпине, когда крестьяне сами поняли их выгодность. Другие мифы о внешнем забугорном враге и о "пятой колонне" внутри России стали общим местом в ментальности русских почвенников и патриотов.

Мифы и мифологемы облегчают восприятие и трактовку жизни и объясняют мотивы поведения людей. Но не более того. Как и всякие упрощённые, лаконические, обобщающие сентенции и формулировки вроде пословиц и поговорок они имеют свои ограничения. Погрешность измерения с помощью такого упрощённого социологического инструмента оказывается слишком велика. А ведь так легко отделаться одной фразой, объяснить на пальцах сложные вещи, подменив их простыми объяснениями или тривиальными сентенциями по типу: "Кто нам устроил кризис 2008 года? - Американцы", "Нужно ли нам вступать в ВТО? – бесспорно нет поскольку это ничего не даёт", "Вся "Единая России" - это партия жуликов и воров – А кто бы сомневался". Из-за лёгкости восприятия и усвоения в русском народе до сих пор рождаются, приживаются и поддерживаются многочисленные расхожие формулировки вроде: "вокруг враги", "не обманешь - не проживёшь", составляющие нездоровую основу русской деловой и общественной морали.

Всё новые и новые правдоподобные объяснения, мифы продолжают появляться и насаждаться в сознание людей, живущих в России. Особенно эта тенденция была видна на телеэкранах ведущих телеканалов в 2008 году, когда Путин рекомендовал Медведева на должность президента. Такое впечатление, что власти было особенно важно показать своему народу успехи и достижения за 8 лет путинского правления, его неиссякаемую энергию, его решительность (разговоры о третьем сроке были неспроста), образ сильного, деятельного лидера на федеральных телеканалах был создан блестяще. Мол Россия "встаёт с колен", экономика развивается, ВВП растет, также, как и доходы населения. Попутно возрастает и роль России в мире, и ее авторитет. На самом-то деле дома старой досоветской постройки разваливались, дороги по-прежнему были в ухабах, устаревшие модели самолётов ещё советской поры терпели крушения без должного ухода и выполнения лётчиками пилотажных инструкций, народ спивался, по взяткам, наркотикам и венерическим заболеваниям Россия на всех парах приближалась к мировым лидерам, женщины не хотели рожать детей.

Ещё одной иллюзией, мифом, который усиленно пропагандировал в свою бытность президентом Дмитрий Медведев, являлся миф о реальности модернизации и кардинального улучшения экономики страны, хотя при старой советской ментальности и отжившей вертикали власти, при изношенном оборудовании и невысокой квалификации инженерно-технического персонала совершенствование экономики было попросту невозможно. Недаром разговоры об этом утихли как только Путин сменил Медведева в президентском кресле.

Теоретичность подхода ко многим вещам до сих пор пронизывает русскую ментальность. И хотя творцы "умных" социально-экономических теорий уже давно умерли, их дух незримо витает над Россией, не давая возможности развиться предприимчивому практическому началу в русском народе. Сейчас мало желающих признать реальный расклад сил, свои реальные возможности, осознать своё место в меняющемся мире. Это слишком болезненно для амбиций. Проще с остервенением достойным лучшего применения цепляться за прошлое, забалтывать любые хорошие начинания. Ведь советских людей так учили, воспитывали, в семье, в школе, в ВУЗе. Иначе они уже не могут. Этот умозрительный способ мышления и обобщённый теоретический подход ко всему на свете въелся в сознание русских людей. На самом деле это форма самообмана. Недаром так популярны в России сейчас всевозможные телевизионные дискуссии и ток-шоу. Пофантазировали, пыль в глаза пустили, отрапортовали, а там хоть трава не расти, пусть медведь разгребает их умствования. Хотя по сути эти разговоры ничего не решают, а только временно снимают напряжение в обществе.

В настоящее время у русских чиновников существуют мистические представления о наличии "заветных слов" по типу "хорошая судебная система", "прозрачные процедуры принятия решений", "предсказуемость решений", "чёткая государственная политика относительно отраслей, которые мы будем развивать", "конкуренция", "привлекательность инвестиционного климата", "антикоррупционное законодательство". По их мнению, эти слова и выражения должны работать, как волшебные палочки-выручалочки. И кажется, что достаточно чиновнику их произнести, как всё сразу исполнится, сбудется. Экономика наладится, коррупция уменьшится, судьи будут судить по закону. Всё, как в русских народных сказках в мечтах у Иванушки: "Хочу полцарства и жениться на принцессе" - и вот она тут у тебя в койке лежит эта принцесса, а под окном толпится челядь, слуги, которые только и ждут, пока Иванушка проснётся, чтобы побежать выполнять его приказания.

Главный редактор газеты "Завтра" писатель Александр Проханов подметил, что интеллигент Дмитрий Медведев, как юрист, очень любит нравоучения. У него, как у адвоката, есть такое лингвистическое ощущение, что правильно сформулированная фраза меняет мир. [119] Такое впечатление, что Медведеву важнее убедить самого себя, а не других в том, о чём он говорит. Не только оппозиционеры и критики существующего в России режима, но и юмористы типа Михаила Задорнова отмечают этот отрыв Медведева от реальной жизни. Те планы, задачи, которые ставил бывший русский президент, а теперь премьер-министр Дмитрий Медведев перед подчинёнными очень похожи на выступления секретаря ЦК КПСС советских времён: "Чтобы заниматься вопросами, нужно врубаться в проблему, а значит, быть в тонусе - ездить, проводить мероприятия, быть в контакте с регионами. Федеральное руководство, руководство правительства, ведомств и министерств, все те, от кого зависит принятие решений, обязаны бывать на Дальнем Востоке регулярно." И далее: "Важным является также корректива федеральной целевой программы "Экономическое и социальное развитие Дальнего Востока и Забайкалья до 2013 года". В неё следует включить ряд социальных и производственно-инфраструктурных объектов национальных посёлков. Я имею в виду реконструкцию котельных, жилых домов, другой инфраструктуры, школ, детских домов, лечебных учреждений." [114] В словах Медведева просматривается теоретический, умозрительный, профессорский подход к управлению государством. Его слова большей частью не превращаются в дела по обстоятельствам самым разным и вроде бы от него не зависящим.

Вера в неизменность существующей экономической и политической ситуации в стране, является основной движущей силой русской политики. Эта вера присутствует необходимой составляющей во всех действиях властей. Вроде бы с одной стороны они прагматики и мыслят конкретными категориями – цифрами, процентами, решают конкретные проблемы, а с другой, они идеалисты, творцы мифов, которые ставят задачи похожие на мечты Иванушки-дурачка из сказки. Они излишне верят в устойчивость высоких цен на нефть и строят планы в соответствии с благоприятным прогнозом на эти цены, выкупают бывшую государственную собственность, которую по дешёвке "разбазарили" в 90-е годы ельцинские "демократы". Высокие цены на нефть обеспечивают русской номенклатуре возможность тратить деньги на разные ненужные для хозяйства России, но амбициозные проекты вроде Сколковского проекта или Сочинской олимпиады, фактически являющиеся пиар-акциями на государственном уровне.

У немалой части современных жителей России, личные хотения, страсть к удовольствиям, жизнь для себя, заслоняет высшие человеческие ценности, обязанности перед родителями, обществом, ответственность за будущее страны. Мол, один раз живём, ребята! Выжмем из жизни максимум, чтобы не быть похожими на наших родителей, которые всю жизнь работали на Советский Союз, а сейчас едва сводят концы с концами на небольшую пенсию в 7,500 рублей (250 долларов) в месяц, доживая остаток жизни в своих прохудившихся "хрущёвках", в покосившихся избах, около загаженных химическими отходами топей и свалок.

10.3. Показуха и очковтирательство в современной русской жизни

У русского народа есть интересное качество. Если его раз "кинули" по важному для него вопросу, то он этого долго забыть не может. Если вспомнить начало XX века, то на лозунгах: "власть – Советам", "мир – народам", "фабрики – рабочим", "земля – крестьянам" Ленин сделал свою Октябрьскую "революцию" и посадил русскому народу на шею свою большевистскую партию обманщиков и убийц. Понадобились десятки лет тотального сталинского вранья, тотальные репрессии и смена обманутых поколений, чтобы выветрить из народной памяти это ленинское жульничество и чтобы в народной памяти он остался "добрым дедушкой Лениным".

К числу тотальных обманов русского народа можно отнести и жульническое разделение собственности советского государства, после 1993 года. Команда "демократов" заложила основы того необоснованного имущественного неравенства между людьми, которое существует в России до сих пор и только возрастает от года к году. И сегодня эти ребята (Альфред Кох, Анатолий Чубайс, Борис Немцов и другие) могут хоть "на уши встать" - всё равно им доверия уже нету, хотя в 90-х годах в их действиях была своя логика – ну как ещё можно было быстро оттащить Россию от распределительного социализма? Раздав (продав) госсобственность тем, кто был рядом с ними – знакомым, родственникам, нужным людям и пр., они дискредитировали идею распределительной справедливости, ради которой была уничтожена половина России, а такие вещи консервативный русский народ не забывает и не прощает.

В современной России полного доверие нет никому – ни партийному боссу, ни чиновнику, ни правоохранителю, ни бизнесмену, ни организации. Каждый ведёт свою игру, что-то недоговаривает, а то и даёт искажённую информацию. На памяти у многих слова президента Ельцина, которые он в своей обычной басисто-гнусавой манере публично изрёк в 1998 году о том, что девальвации рубля не будет. И через несколько дней начался августовский кризис 1998 года, когда разорились многие бизнесы. В приличных странах за такую дезинформацию и обман вкладчиков источник дезинформации привлекают к суду. А в России Ельцину всё сошло с рук. Царь всё-таки, хоть и врун.

Немудрено, что когда кризис 2008-2009 годов "постучался в окошки" многих стран мира, жители России бросились менять рубли на доллары невзирая на заверения проправительственных СМИ, что в России всё будет в порядке. Опросы ВЦИОМ выявили резкое снижение доверия граждан к государственным СМИ в этот период. К концу декабря 2008 года почти половина жителей России пришла к выводу, что освещение прессой ситуации в экономике необъективно и преуменьшает существующие проблемы; примерно треть людей считали, что власти не разрешают журналистам говорить правду о реальной экономической ситуации в России.

Самый честный период в плане изложения русской и советской истории
наступил при позднем Горбачёве и раннем Ельцине. Так, например, Владимир
Буковский смог скопировать часть закрытых ранее советских архивов и раз-
местил эти документы в интернете. [22] Анатолий Латышев – историк-
лениновед, получил возможность прочесть документы о Ленине из секретного фонда Ленина и закрытых архивов КГБ. Член КПРФ – Виктор Илюхин,
вскрыл подделку архивов Катынского расстрела польских военнослужащих.
Но этот период быстро закончился. Россия вновь погрузилась в пучину секретности, недоговорённостей, лжи и фальсификаций. А объяснение у власть
предержащих простое: народ мол до правды не дозрел. Так ведь никогда и не
дозреет.

Меня, откровенно говоря, удивила смерть депутата от фракции КПРФ,
Виктора Илюхина. Как-то очень вовремя происходят смерти тех, кто рассле-
дует грязные дела советского и российского периода. Дмитрий Холодов,
Юрий Щекочихин, Пол Хлебников, Анна Политковская, Наталья Эстемирова и
другие были убиты поскольку занимались расследованиями, которые очень
не нравились некоторым людям во власти или при больших деньгах, или даже боевикам. Всего за 17 лет с 1993 по 2009 годы в России было убито 365
журналистов. Также загадочными являются смерти Управляющих делами ЦК
КПСС – тех, кто знал о размещении около 10 млрд долларов партийных
средств в Западных банках (Николая Кручины 26 августа 1991 года и Георгия
Павлова – 6 октября 1991 года) и фамилии людей, которым эти деньги выдавались. Оба выпали из своих окон вскоре после провала путча ГКЧП 21 августа 1991 года. Эти деньги – так называемое "золото партии" - исчезли без
следа.

Как бывший военный человек президент Владимир Путин никогда не
одобрял и не одобряет полной свободы СМИ, а поэтому с самого начала своего правления вернул государству финансовый контроль над большей их частью. Московские телеканалы: ОРТ, который контролировал Борис Березовский, НТВ, принадлежавший на паях с Газпром-Медиа Владимиру Гусинскому,
при Путине практически стали государственными. Теперь уже государство
через конкретных чиновников стало "заказывать музыку", хотя и действует
при этом политически грамотнее, чем при советской власти. Да и сами журналисты "на рожон" стараются не лезть. Все хотят прилично жить, используя
свои профессиональные навыки. Информационная политика современной
русской власти стала более осторожной, аккуратной и предусмотрительной.
В интеллекте чиновникам, которые в правительстве отвечают за работу государственных СМИ не откажешь. По крайней мере так было до начала 2014
года, когда телевидение на ведущих федеральных каналах и на НТВ стало
скорее пропагандистским, чем объективным.

Ложь вошла в повседневную практику сотрудников правоохранительных органов. Сопротивление сотрудникам правоохранительных органов выполнять свой служебный долг - самая беспроигрышная статья для русских судов. Поэтому даже в малореальных ситуациях сотрудники УВД применяют именно её. Имеются случаи, когда по докладам полицейских (милиционеров) хрупкая женщина избивает нескольких из них, или 19-летний мальчишка Святослав Речкалов, находясь в центре задержания УВД "Сокольники", применяет силу к милиционерам (полицейским) и они в ответ его избивают, или артист Владислав Галкин (ныне покойный) укладывает сотрудника милиции (полиции) на больничную койку с сотрясением мозга. В перечисленных случаях полицейских надо увольнять либо за низкую профессиональную и физическую подготовку, либо за враньё и подтасовку фактов.

Верховная власть в России, а раньше в СССР - это "вещь в себе" или закрытая корпорация, состоящая из своих людей. У них свои правила игры, свои законы, свои цели и методы. Иногда эти цели направлены на благо народа России, иногда во вред. Иногда цели совпадают с цивилизационным процессом, иногда – нет. Большей частью народ России имеет к выработке этих целей весьма отдалённое отношение. Степень полезности своего поведения определяют только сами члены правящей корпорации. Её деятельность мало зависит от положения дел в стране. Нужны два условия, чтобы власть в России и её рейтинг зашатались: резкое ухудшение жизни людей или внешнеполитическая катастрофа, затрагивающая большую часть населения России.

Роль очковтирательства в политике советских коммунистических, партийных властей простыми людьми воспринималась как само собой разумеющееся явление. Все чиновники сверху донизу делали для своих начальников и для зарубежных гостей красивый вид. Идеальная советская модель построения социализма в стране предполагала ложь, надувательство и обман, как часть коммунистической сказки. Ложь была смазочным материалом работы советской партийной машины. В Советском Союзе (особенно в поздний "застойный" период) репетировали почти всё: речи ораторов на партийных съездах, пленумах и партконференциях, начиная с областного масштаба, военные парады и так далее. Решения, которые принимаются делегатами этих съездов, пленумов и партконференций были заготовлены и известны участникам заранее. Были специальные люди, которые отвечали за грамотную постановку спектаклей такого рода. Когда мы видим сейчас, что людей на митинги в поддержку Путина организованно привозят на автобусах – это напомнило положение дел в СССР. Никто не отрицает полезность репетиции во время учений по гражданской обороне или учений по спасению во время пожара в условиях стеснённых помещений – это важно для выживания. Но репетировать энтузиазм масс – это явное очковтирательство. Или энтузиазм есть, или его нет. Правда в России, как и в прежнем СССР энтузиазм масс власти создают – так оно надёжнее.

По легенде, первые "потёмкинские" или бутафорские деревни были выстроены по указанию князя Потёмкина вдоль маршрута Екатерины II, когда она инспектировала свои новые владения в 1787 году в северном Причерноморье - Новороссии и Тавриде, незадолго до этого завоёванных у Османской империи. Дома и места каждодневной работы в этих деревнях выглядели значительно лучше, чем дома русских крестьян в центральной России. Эти деревни вместе с крепостной прислугой перевозились с места на место по ночам по маршруту движения кортежа Екатерины II. Легенду впоследствии поставили под сомнение, но термин "потёмкинские деревни" остался.

Очковтирательство было в России во все времена и не только по отношению к иностранцам, но и по отношению к своим вышестоящим лицам - царям, генеральным секретарям, президентам. Мол дороги, по которым поедет начальство заасфальтировать, заборы покрасить, встречающих детей умыть и причесать, речи заготовить. В русском языке существует много терминов, которые описывают это явление: "потёмкинские деревни", "не ударить в грязь лицом", "пустить пыль в глаза" - всё это называется одним словом "показуха". И этим всегда отличалась Россия. Не имея возможности похвастаться тем, что в стране делается в реальности, чиновники создают лубочные картинки, красивые схемы, макеты, отражающие идеализированное настоящее или обозримое будущее. А что макет потом покроется пылью и паутиной и о нём после единичного показа никто вспоминать не будет, чиновников особенно не заботит.

Последнее время в России заговорили о застое и возврате к Брежневским временам. Это происходит прежде всего потому, что показуха, построение "потёмкинских деревень" опять набирает обороты. Проводятся бесконечные совещания, конференции, съезды, форумы (Байкальский, Питерский, Пермский, Сочинский и пр.). И всё это для того, чтобы занять распухшую бюрократию, дать работу новым службам и людям, а первым лицам государства покрасоваться перед почтеннейшей публикой. Даже разговоры о необходимости проведения модернизации – это уже признак застоя. Когда созданы надлежащие условия, о модернизации и изобретательстве не надо говорить, новаторов не надо подхлёстывать. Они всё делают сами, опираясь на свои способности, рассчитывая на хорошее финансовое вознаграждение, а не по приказу сверху, не по спущенной разнарядке на освоение бюджетных средств.

Особенности русской ярмарки тщеславия состоят в том, чтобы показать, какие мы крутые, независимо от реального состояния дел с экономикой, политикой, правами и свободами человека. Причём это делается как на международном, так и на внутрироссийском уровнях. Один из примеров того, насколько дорого стоят русские амбиции - это майские парады, посвящённые дню Победы 9 мая 1945 года. Никто не спорит, это действительно знаменательный день. Но зачем празднование его сопровождать таким пафосом, помпой, показухой. Как будто нынешние чиновники сами одержали победу во Второй мировой войне. Любой праздник, а этот тем более, идёт от потребностей человека-гражданина, а не навязывается ему сверху.

Ради пыли, которую руководство страны пускает людям в глаза, во время военных парадов тратятся большие деньги налогоплательщиков, ежегодно бряцают оружием и танками, устраивая парад в честь дня Победы и его дубли-репетиции (до четырёх), перекрывая центр Москвы. Впрочем, власть предержащие считают, что бюджетные средства - это подконтрольные им деньги – куда хотят, туда и тратят. Хотят тратить на строительство Олимпийской деревни и подготовке к зимним олимпийским играм в Сочи-2014 – потратят. Хотя нужна ли эта олимпиада спившемуся населению русской деревни или нескольким миллионам наркоманов России, живущих от дозы до дозы – вопрос сомнительный.

Истинная цена любого "потёмкинского" проекта, остаётся за кадром. В реальности она, как правило, непропорционально результатам велика. Сколько в России построено таких "потёмкинских деревень", сколько сил и средств в это строительство вложено, какой низкий коэффициент полезного действия от такого очковтирательства, сколько разочарований, спившихся людей, ранних смертей, нереализованных планов, сломанных судеб... И всё равно строят, и строят чиновники "потёмкинские деревни" без конца. Среди них и внедрение нанотехнологий, и строительство научного центра Сколково. Кому это надо, когда дороги в европейской части России в ужасном состоянии? Люди-то эмигрируют не от того, будет ли построен этот центр, а от плохих дорог и плохих жилищ, оттого, что им некомфортно жить в стране особенно теперь, когда они имеют возможность видеть, как живут в цивилизованных странах, которые не были промолоты через коммунистические жернова.

Посмотрите на совещания, которые в XXI веке проводят первые лица страны. Огромные длинные столы, за которыми часами сидят первые лица государства (иногда в два и в три ряда). Зарплата и другие доходы этих людей не ниже, а то и выше, чем у их зарубежных коллег в развитых странах часто не менее 100 тысяч долларов в год. И всё это сидение делается для того, чтобы выслушать последние указания, заботливо написанные спичрайтерами для первых лиц государства или отчитаться о проделанной работе лично первому-второму лицу или даже выслушать от него нагоняй. Иногда на таких совещаниях проводятся обсуждения, но пользы от них немного. Всё равно "главный" всегда прав и возражать ему нельзя. Зато куча чиновников заняты обслуживанием таких совещаний и народ через телевизионный экран может убедиться в том, что власть не зря ест свой хлеб. Хотя на самом деле лояльность первому лицу важнее информации, которую эти министры, полпреды, вице-президенты получат на таком совещании. Попробуй не прояви лояльности без уважительной причины. Тут же попадёшь в "чёрный список". Как-то губернатор Кировской области, бывший председатель партии Союз правых сил" Никита Белых попробовал не явиться на совещание в его области, организованное с участием и под руководством Путина (тогда премьер-министра). После этого у Белых был сложный карьерный период.

"Потёмкинские деревни" были сделаны перед приездом тогда ещё президента Медведева в районе станции Сколково Киевской железной дороги (бывшее Востряково). Журналист Юлия Латынина побывала в том районе сразу после его приезда и видела, как по всей длине Сколковского шоссе, в ста метрах друг от друга стояли гаишники. Надолбы были сняты, дорога вычищена, а там, где они раньше стояли был сделан павильончик с только что положенным асфальтом. Президент проехал - надолбы тут же поставили на место, а павильон убрали на следующий день. [87] В настоящее время этот участок дороги опять весь в рытвинах и ухабах. А ведь строили за огромные деньги. Самое интересное, что Медведев о вещах подобного рода, подготовленных к его приезду знает – ведь доступ к интернету имеет. Но сделать ничего не может. Ведь тогда придётся перестраивать всю систему бюрократического обслуживания его деятельности. А это тысячи человек, подкармливающихся у подножья "трона". То есть первые лица государства сами являются заложниками той вертикальной бюрократической системы, которую сами же и выстроили.

Перед приездом Медведева в Кировскую область, где губернаторствовал его ставленник Никита Белых, загодя приехали представители Федеральной службы охраны президента (ФСО) и порекомендовали Белых заасфальтировать все канализационные люки по пути следования кортежа Медведева, чтобы исключить возможность террористических актов. Белых распорядился это сделать, а когда президент уехал, люки вскрывали, ломая асфальт. [11] Хотя в отличие от времён Александра Второго и Петра Столыпина, когда каждый, кто пытался что-то сделать для своей страны, был на прицеле у тогдашних революционеров, вероятность покушения на Медведева исчезающе мала, да и охрана у нынешних в сотни раз больше, чем у царей и премьер-министров сто-сто пятьдесят лет назад.

Общаясь с работницами одной из фабрик в Смоленске 10 апреля 2011 года, президент Медведев, задавая вопрос о зарплате работниц, сказал им: "Скажите честно. Президенту врать нельзя" (а прозвучало это как "священнику на исповеди врать нельзя"). Тем самым он поставил их в трудное положение (особенно, если часть зарплаты работницам фабрики выдаётся в конвертах так называемым "чёрным налом"). Скажешь честно, ты подставишь своих руководителей и тебя могут уволить, скажешь про официальные заработки, которые выдают в фабричной кассе по ведомости – сама соврёшь. Спокойнее промолчать. По этому принципу, видимо, работниц и отбирали на встречу с президентом. Чтобы не было сюрпризов и держали язык за зубами. Меня удивил Медведев. Под телекамеру такое сказать. Это или фантастическая наивность, или он просто "ляпнул" не подумав. Когда с утра до вечера находишься под телекамерами – проколы составляют неизбежную часть работы.

На прямой линии тогда премьер-министра Путина ему задал вопрос врач Иван Хренов из Ивановской области, рассказав о показухе с зарплатой, с больными, с привезённой аппаратурой, которая была организована администрацией одной из больниц области к его приезду. Путин обещал разобраться, прислать комиссию. Так этого врача сразу вызвали в местную прокуратуру, чтобы припугнуть и посмотреть: если парень окажется слаб "в поджилках", то надо раскрутить его на признание во лжи или спровоцировать на ошибку, которую можно использовать против него же, а если какой-нибудь компромат на него прокуроры "нароют", то и дело против него можно возбудить. Путин врачу обещал личную защиту. Впрочем, полной гарантии от преследований - это правдоискателям не даёт тем более, что все, на кого он жалуется, остались на своих должностях.

Отбить у человека охоту к чему-то очень просто – надо заставлять его заниматься любимым делом или делом, которым он занимается по велению души. Ещё в царские времена купцы платили большие деньги за то, чтобы управлять тройкой лошадей прокатившись по улицам Москвы. Однако если бы они работали ямщиками каждый день, это бы им быстро разонравилось. Как сообщали СМИ, года три назад руководство московского метрополитена распорядилось, чтобы все работники в праздничные дни надели Георгиевские ленточки. А распорядиться всегда проще всего. Не нужно изощряться и проявлять слишком много изобретательности. Раздал георгиевские ленточки в положенный день, рекомендовал подчинённым её надеть и поставил "птичку" в графе "Выполнено. Работа проведена". А подчинённого даже не спрашивают – хочет он носить такую ленточку или нет.

Сейчас идёт частичный возврат России к СССР, но уже в других условиях, когда человек ориентируется не на интересы советского, социалистического государства, а на личный успех, на зарабатывание денег любой ценой. Путин, Медведев и ещё несколько чиновников рангом пониже представляют собой презентабельный фасад искривлённого здания современного русского государства, выстроенного на трупах и костях жертв ленинско-сталинского коммунистического режима, на усилиях людей более гуманного общенародного государства 60-х – 80-х годов и на жульнически приватизированной в Ельцинском государстве собственности. Своими хорошо пошитыми костюмами, модными сорочками, осторожными дипломатичными речами, современные лидеры прикрывают то, что творится за фасадом сегодняшней России – за восстановленным храмом Христа Спасителя, за перестроенным зданием Большого театра в Москве, Мариинского театра в Санкт-Петербурге, за нанотехнологическими выставками и за торговыми центрами крупных городов: а именно, значительное расслоение жизни "высших" и "низших" жителей России, утрату моральных устоев, толстокожесть людей по отношению к чужим страданиям и вообще к личности другого человека – страданиям не какой-нибудь поп-звезды, а просто человека с улицы.

Глава 11

Русская сопротивляемость и оппозиция

"Избавление России будет делом русских; и того, чего мы сами не сделаем, того не сделает за нас никто."
Иван Ильин, философ

11.1. Индивидуальная и групповая сопротивляемость людей в России

Психологическая сопротивляемость – это черта характера, предполагающая отторжение того, что человека не устраивает. Возникает при попытках навязать человеку мнение, настроение или поведение, которое ему не нравится. Психологическая сопротивляемость коррелирует с неконформностью поведения и несклонностью идти на поводу у других людей.

В основе психологической сопротивляемости русского человека нередко лежат не столько рационально обоснованная личностная позиция сколько импульсивное непринятие чужого мнения, критиканский дух, "поперечность" характера, стремление хотя бы как-то о себе заявить, личностное отторжение кого-то или чего-то. Психологическая сопротивляемость во многом определяет неумение русских людей договариваться между собой и держаться вместе без наличия безусловного лидера.

Если индивидуальная сопротивляемость русского человека подчас очень высока, при условии, если она не направлена против главного лидера, то групповая, коллективная сопротивляемость русских людей как целостной общины чрезвычайно слаба поскольку, если первая основана на личных желаниях, личной воле человека, то вторая требует осознанного подчинения групповым интересам и требованиям.

Возникшее в России деспотичное, самодержавное правление является прямым следствием этого неумения русских подчиняться групповым интересам и требованиям во имя создания противовесов самодурской власти. Необходимость русских людей приспосабливаться к властным, деспотичным лидерам определяется традиционными качествами восточных славян – разобщённостью, индивидуализмом, неумением договариваться между собой даже ради общественно значимых целей.

Единственный человек в России, в отношении которого индивидуальное сопротивление не работает традиционным для русских образом - это лидер страны. Следствием низкой индивидуальной сопротивляемости к этому человеку является феномен безоговорочного подчинения-безусловного отвержения главного лидера (царя, генсека КПСС, президента). Люди, которые остаются у трона "вылизывают" все места у этого человека, тогда как те, кто был отлучён от власти и те, кто не имеют шансов быть ближе к трону, вовсю критикуют лидера или, по крайней мере, испытывают не самые лучшие чувства по отношению к нему.

В продолжение нескольких сотен лет главное лицо в русском государстве – царь определял в стране если не всё, то многое. Народ к этому привык. И вдруг царя в России не стало, он отрёкся от престола. И это в условиях тяжелейшей затяжной Первой мировой войны, в условиях полной неопределённости и безвластия, к которым ни вышестоящие, ни нижестоящие в России не были готовы. Ленин незаметно прокрался в центральную власть с заднего хода, откуда никто не ожидал предательства и ударил "в спину" Временному правительству, Учредительному собранию и Русской армии. А затем развязал гражданскую войну, что было несложно в империи, потерявшей ориентиры, без царя в голове.

С учётом того, что русский человек не был к этому предательству и к такому наглому обману готов, в силу своей инерционности, запоздалого реагирования и низкой групповой сопротивляемости насилию ВЧК, преступным декретам и приказам большевиков, он упустил самое важное время для свержения советской власти. А потом было уже поздно. Большевистская власть выиграла самые важные для себя первые месяцы после переворота. Выиграла за счёт своей беспардонности, оперативности реагирования и сплочённости вокруг единого большевистского центра. Ну и, конечно, за счёт того, что Ленин заранее подготовил и обдумал свой план захвата власти и разработал техники и методики для этого (см. его книгу: "Государство и революция"). И за это предвидение аморального "политического шахматиста" его почитают социалистические бездельники и халявщики во всём мире, а большевистские власти положили его забальзамированный труп в центре Москвы "на вечное хранение".

Только террором ВЧК и низкой групповой сопротивляемостью русских людей всему, что идёт из центра страны можно объяснить тот факт, что Ленину с его экстремистскими взглядами удалось захватить и удержать власть в России. Те дворяне, купцы, офицеры, которых пьяная солдатня, матросня и чекисты убивали без разбора, как баранов вели на заклание - не сопротивлялись, покорно по одиночке отправлялись на тот свет, держась за свои индивидуальные нравственные принципы и ценности – честность, порядочность, верность слову, от которых с самого начала отказались беспардонные боль-шевики. Этот поразительный феномен в русской истории показывает, что за годы монархического правления русских людей отучили думать самостоя-тельно в политическом плане и объединяться для сопротивления злу. Они хорошо умели только подчиняться, выполнять приказы и распоряжения. Во всём остальном каждый был сам за себя. Поэтому они были обречены. Их и истребили более живучие, наглые, бесчеловечные носители новой религии – марксизма-ленинизма.

Ну, а уж когда лучшие люди в России были истреблены на корню, выбро-шены за границу, гнили в Гулаге или замолчали из страха за свою жизнь и жизни своих близких, сталинские пропагандисты в 30-е годы стали работать совсем грубо и примитивно. Они даже не считали нужным изощрённо врать своему народу, как это делали "исходные" коммунисты в 1917-1922 годах.

Главными эмоциями людей при Сталине стали рабская покорность и страх. При нём диссидентов не было. Вернее, они быстренько стали покойни-ками или пребывали в концлагерях. Появились они уже при Хрущёве. Тот же будущий правозащитник, Андрей Сахаров в сталинские времена тихо корпел над своими формулами с расчётами параметров термоядерной бомбы, пред-назначенной для уничтожения "неправильной" части человечества и получал за это академические звания и сталинские премии. Поэты, писатели и компо-зиторы писали стихи, прозу и музыку во славу вождя и великой социалисти-ческой родины. Вот как сумели зачистить русскую поляну от сопротивляю-щихся и несогласных маленький картавый маньяк пролетарской идеи и уса-тый параноик - достойный ученик своего "великого" учителя.

С параметром низкой групповой сопротивляемости перед властью в Рос-сии неразрывно связана зависимость русского человека от всесильных властных государственных структур, панический страх и раболепие перед этими структурами, с одной стороны, и стремление полагаться на эти струк-туры в поисках справедливости и защиты, с другой. Лояльность к централь-ной власти основана у русского человека не на любви к ней и не на желании ей помочь, а на восприятии этой власти, как источника силы, порядка и ста-бильности. В дополнение к этому у него всегда есть возможность возложить на эту власть ответственность за всё происходящее вокруг в том числе и за решение его собственных проблем. Советский, а теперь русский народ при-вык верить и подчиняться власти и главному человеку во власти. А кому ещё им прикажете верить и подчиняться кроме представителей всесильного гос-ударства? Естественно, у людей не вырабатывается устойчивого группового сопротивления по отношению к тем приказам и распоряжениям, которые представители власти спускают им сверху вниз для исполнения.

Жизненные успехи тех из советских людей, кто при советской власти "плыл по течению" при прочих равных условиях немногим отличались от успехов тех, кто проявлял повышенную активность. В этом смысле советское общество было справедливее многих других. Но это была справедливость для бедных и ленивых. Что касается тех, кто был приближен к власти, то они, как правило, позволяли себе в советской стране значительно больше, чем рядовые люди. Речь идёт о специальных распределителях дефицитных продуктов и товаров, персональных дачах, более удобных квартирах и пр. Однако дачи и квартиры не принадлежали чиновникам при власти на условиях собственности и вышестоящие начальники могли эти привилегии в любой момент отнять, да и блага были не такими большими на фоне среднего уровня жизни по стране.

Идентификация с официально принятыми нормами и образцами поведения являлась для советского человека сталинской эпохи важнейшим средством выживания. Чем лучше он усваивал советские ценности, чем больше он идентифицировал себя с существовавшими социальными нормами, стандартами и предпочтениями, тем более высокую награду для себя он ожидал и тем большее удовлетворение он от соблюдения советских норм получал. Эта уверенность в своей правоте, в правильности идеологии, по которой жили люди в СССР, являлась для них моральным основанием для насильственного навязывания советской социалистической схемы жизни, своих норм поведения людям в других, завоёванных Советским Союзом странах Европы и Азии.

Для оправдания своей общественной пассивности и низкой групповой сопротивляемости официальной точке зрения, люди в СССР придумывали для себя утешения, оправдания, уходы, отговорки, легенды, которые выглядели приблизительно так:
- "Те, кто во власти не сделали того, что обещали. Пусть сначала выполнят обещанное, а потом я приму в этом участие".
- "Всё само собой образуется. Зачем тратить энергию попусту".
- "Кто сделал ошибку, тот пусть её и исправляет".
- "Раз мне положено по закону - значит дай и обеспечь".
- "Почему я должен заботиться о ком-то или чём-то?"
- "Пусть голова болит у тех, кому за это деньги платят, кто за это отвечает".
- "Вас много, а я один".

В те времена выживали в основном те, кто отличался эмоциональной тупостью, душевной чёрствостью, равнодушием к страданиям окружающих и те, кто не "выпрыгивал" за пределы круга, очерченного советскими идеологами – верными солдатами коммунистической партии, которые строили только то, что им приказывали строить - коровник, так коровник, коммунизм, так коммунизм. Думали о том, что именно надо строить в данный момент за них другие. Каждый советский гражданин гулял внутри собственного загончика, отмеренного и выстроенного для него коммунистической властью.

Пациентам психиатрических клиник давалось больше свободы, чем остальным. Находившийся там человек мог быть Цезарем или Наполеоном - это не возбранялось, правда Сталиным было быть даже там нельзя, посягать на устои даже в психиатрической лечебнице было не позволено, за этим уже сами врачи следили в целях самосохранения, Сталин в сумасшедшем доме - это крамола для персонала, в такого неблагонадёжного сумасшедшего надо закачать такие психотропные препараты, чтобы "рубил сук по плечу", не мнил о себе лишнее. В Сталины ему видите ли захотелось?

Начиная с середины 30-х и до начала 50-х годов в судебной психиатрии всё большую роль стали играть верные советской власти "красные" психиатры, которые подписывали любое заключение о болезни по команде коммунистического чиновника или под нажимом офицера НКВД. Такие психиатры, как Д. Лунц и Г. Морозов, работая психиатрами в московском Центре социальной и судебной психиатрии им. В.П. Сербского, сами одновременно служили в НКВД.

Генсек Никита Хрущёв из поколения сталинских выдвиженцев полагал, что раз "плетью обуха не перешибёшь", то нормальный человек должен быть адаптивным. Раз вся страна состоит из советских людей, мыслящих советскими представлениями и категориями, то любой, кто не способен адаптироваться к этому стереотипу – психически ненормальный. Сам-то он был очень нормален, когда плясал гопака по малейшему кивку Сталина или Берии поскольку знал, что с ним будет, если ослушается.

Психиатрические клиники были важнейшими инструментами в руках власти для усмирения инакомыслящих. В середине 50-х годов академик Андрей Снежневский основал новое направление в советской психиатрии, названное за рубежом - карательная психиатрия. Достаточно было психиатрическому консилиуму советских психиатров из 4-го отделения Центра В.П. Сербского поставить инакомыслящему человеку впечатляющий диагноз (например "вялотекущая шизофрения"), чтобы надолго упрятать диссидента или несогласного с коммунистической политикой в психиатрическую клинику и там с помощью целенаправленных инъекций психотропными препаратами постепенно превратить его в "овощ". Так диагноз "вялотекущая шизофрения" был поставлен диссидентам Петру Григоренко, Жоресу Медведеву, Леониду Плющу, Владимиру Буковскому и многим другим совершенно нормальным людям. Просто упомянутые люди были широко известны мировой правозащитной общественности и к ним если и применяли медикаментозное лечение, то не полными дозами и не по полному циклу. Если за человека некому было вступиться или замолвить словечко его запросто могли "залечить". За применение "карательной психиатрии" по свидетельству академика Натальи Бехтеревой советских психиатров как-то выгнали из мирового сообщества психиатров. Потом, правда приняли назад.

Хрущёв и Брежнев хотя и были убеждёнными коммунистами, но не акцентуированными апологетами марксистской идеи, как Ленин со Сталиным. Ничто человеческое им самим было не чуждо. Главной их заслугой было уменьшение страха в народе. Кроме того, они дали возможность советским людям наконец подумать о себе. Горбачёву в наследство оставались ещё традиционная покорность и низкая политическая активность людей, которые хорошо воспринимали только команды сверху. В сочетании с дипломатичностью самого Горбачёва и его неспособностью предпринять радикальные шаги по реформированию застойной советской экономики, это в конечном счёте и привело систему социализма к развалу, впоследствии названному Путиным "величайшей катастрофой 20-го века". Эта "катастрофа" была заложена недальновидностью императора Николая Второго, а затем усилиями революционеров Ленина, Троцкого, Дзержинского, Сталина и иже с ними. Вопрос был только в том, сколько жизней она с собой унесёт. Оказалось, что катастрофа эта почти уполовинила население России. Ещё по-божески. Глобальная термоядерная война вообще никого бы в живых не оставила. Но по счастью лихой плясун гопака Никита Хрущёв и человечный Леонид Брежнев на такие "подвиги" были не способны. Остался ещё кое-какой народишко в России после них. 143 миллиона человек вместо миллиарда предсказанного Дмитрием Менделеевым для Российской империи в прежних границах в конце XIX века. Могло быть и меньше.

В силу всё той же низкой групповой сопротивляемости людей в России мало кто из парламентариев, членов Совета Федерации, членов Верховного суда отваживается промолвить хотя бы словечко против главного лица страны. Как будто человек, находящийся на вершине правящего олимпа вылеплен из другого божественного теста, как будто на него не распространяются законы Российской Федерации. Ни губернаторы, ни министры не возражают президенту России (разве что перед увольнением), а отчитываются, поддакивают и просят дополнительного финансирования, поскольку понимают, что другой паттерн поведения не приветствуется. Нынешними русскими людьми можно только командовать и контролировать каждый их шаг. А они будут смотреть главному человеку в рот и ждать новых "ценных указаний" и распоряжений. Радикальные оппозиционеры будут, напротив, остервенело осуждать каждый его шаг – независимо от того полезный он для России или нет.

Какова цена, которую платит русский человек, русский народ и русское общество в целом за проявления неспособности отстаивать свои интересы, равно как и интересы общества? Цена - это застывшее в своём развитии русское общество, имеющее директивную структуру с привычной схемой – "барин и холопы". Ничего не изменилось по сравнению с временем монархического правления. Просто называется всё другими именами: президент вместо императора, Администрация президента вместо Императорского двора, Президентская охрана вместо Охраны императорского двора, Кабинет министров вместо Совета министров, Двухпалатная Государственная Дума (Нижняя палата и Совет Федерации) вместо однопалатной Государственной Думы, Верховный и Конституционный суды вместо Государственного Совета, Следственный комитет и Прокуратура вместо Сената. А самодержавная авторитарная суть власти осталась прежней. Разве что монархия не наследуется, а верховная власть передаётся по договорённости своему человеку. Ну и национальная русская культура превратилась в интернациональную культуру ширпотреба. Впрочем, раз людей в России это устраивает, то так им и надо.

Испытания мобилизуют человека и общество. Чем более сплочённым является общество, народ, тем выше степень мобилизации и сопротивления изменениям. Уж на что пассивным был советский народ при советской власти и то, когда речь зашла об индивидуальном выживании после отпуска цен в 1992 году, нашли же люди источники добывания средств и продуктов для пропитания семьи в условиях, когда "демократическая" власть послала в тартарары принципы социальной справедливости, неприкосновенности общенародной собственности, которую в течение 74 лет перед этим насмерть защищали коммунисты, и приняла новые законы, разрешающие почти бесплатную раздачу государственной собственности своим людям. Если бы не это, может быть новейшая история России развивалась бы по более благоприятному сценарию, но ... в очередной раз не судьба. В 20-м веке, начиная с правления Ленина, русским людям суждено быть растопкой для костров фанатиков, мошенников и авантюристов, которые в наглую паразитируют на теле России.

Как только "демократы" разрешили легально грабить Россию, из Москвы на окраины, где водились природные ископаемые налетело комсомольское, партийное, бандитское воронье, заручившееся нужными бумагами и подписями на самом верху и приватизировали самое ценное, что в России было. Помимо бумаг они получили право на отстрел местных бандитов и бизнесменов, которые уже разделили местную собственность по понятиям. Москвичи эти ничего не понимали в местном производстве, в современном управлении, но зато очень любили деньги и жизнь за чужой счёт впрочем, как и большевики, разграбившие российскую империю перед этим.

А как подскочил процент самоубийств, увеличилось количество наркоманов, уголовных преступников, начиная с 1994 года? Сколько бомжей, беспризорных детей стало ютиться по подвалам и канализационным люкам после перехода от тоталитарного советского к более экономически оправданному хотя и несправедливому олигархическому обществу? Сколько людей эмигрировало и просто уехало за границу без всяких прав и надежд в поисках лучшей доли? Уехали, но бороться за свои права внутри России не стали. Бороться без надежды на успех могут только фанатики или самоотверженные глупцы.

Думаете с тех пор что-то изменилось? Нынешние чиновники, депутаты – такие же послушные исполнители, как были и раньше. Взять хотя бы быстро и почти без обсуждения принимаемые Государственной думой законы об изменении часового времени, о нулевом уровне алкоголя в крови в процессе автовождения, о повышении отчислений в фонд пенсионного накопления со всех бизнесов невзирая на их размер и рентабельность. В первом случае (закон об изменении часового времени) по опросам большая часть населения была недовольны этим новшеством, но Медведев упёрся – это одно из немногих его детищ, которое пока не отменили (хотя, говорят, скоро отменят). Во-втором случае (закон о нулевом уровне алкоголя в крови в процессе автовождения), представители государственной автоинспекции имели возможность брать повышенные взятки с водителей даже если водитель не пил, а прибор показал хотя бы 0.25% промилле алкоголя в крови (этот закон недавно тоже скорректировали). В третьем случае (закон о повышении отчислений в фонд пенсионного накопления со всех бизнесов невзирая на их размеры и рентабельность), с момента принятия закона в России закрылось уже несколько сотен тысяч малых бизнесов, многими из которых владели пенсионеры. Потери от закрытия бизнесов и от прекращения налогов соизмеримы с выгодами от обложения бизнесов налогами. И всё равно дискуссий в народе не проводилось, сопротивления снизу тоже нет, есть только угодливая покорность. Про тех, кто по должности подчиняется президенту уже и речи нет – они бегут выполнять его распоряжение, указание или предложение по первому кивку головы.

Низкая групповая сопротивляемость всему агрессивному: беззаконию, наглости, агрессии, произволу и не только со стороны властей, а и со стороны других людей до сих пор широко распространены в России. Посмотрим, кто стал в России так называемым олигархом, и вообще "выбился в люди". Это, как правило, люди не столько умные и талантливые, сколько наглые, беспринципные и близкие к власти. Среднестатистический русский человек, как правило, никуда не "выбился" и теперь доживает свои дни в условиях минимального достатка, доставшегося ему "по наследству" с советских времён.

Вообще непобедимые супермены-одиночки американского типа присутствуют в России только на телеэкранах. Перед государством и его лидерами беспомощны все - даже миллиардеры. Когда борешься с конкретными людьми - у тебя есть шанс хотя бы на ничью, но когда вступаешь в борьбу с целой системой бюрократического государства, состоящей из чиновников, которые сильны только в "стае", то обязательно проиграешь. Уж больно чиновников много и сильны они только под защитой властной вертикали. У них в руках вся мощь государственного аппарата и стоят они якобы на страже закона, а на самом деле на страже интересов государственной элиты и попутно своих собственных.

Правящая элита в России не терпит реального сопротивления равно как не любит людей, пытающих "плыть против течения", отстаивающих свои позиции отличные от тех, которые она предлагает. Это всегда чревато для сопротивляющегося человека. Раз он сопротивляется власти, предпринимает какие-то действия без согласования с ней, его надо нейтрализовать или даже наказать. И сделать это по следующим причинам: во-первых, чтобы не подрывал авторитет начальника и власти - единой, нерушимой и неделимой, во-вторых, чтобы другим неповадно было возражать и противодействовать и, в третьих, среди тех, кто чего-то добился, после краха СССР совсем "чистых" людей нет, а следовательно каждый, у кого "рыльце в пушку", должен сидеть тихо и не "чирикать". Те "наглецы", которые осмеливаются возражать и протестовать против действий исполнительной власти и её лидера, несомненно являются врагами русского государства, ну и естественно должны преследоваться по законам, разработанным верными "псами" современной русской элиты. Элита "гуманна" и на немедленном и неотвратимом физическом уничтожении оппозиционеров не настаивает, как это делали Ленин, Дзержинский, Свердлов, Сталин и иже с ними – всё-таки не те времена, но примерно наказать таких несогласных просто необходимо, хотя бы для того, чтобы другим неповадно было. Наказывать сопротивляющихся и вообще всего того, что в русском обществе ещё "шевелится", власть в России, а тем более в СССР умела всегда. Вот думать о том, как этих сопротивляющихся использовать во благо, а не во вред России – на это у неё ни ума, ни желания не хватает. Негативный отбор, начавшийся с приходом во власть Ленина и его присных продолжается до сих пор.

Практика показала, что любого бизнесмена в России можно "прижать", разорить или даже посадить в тюрьму тем более, что происхождение его богатства, как правило, далеко не безоблачное. Так, например, жёсткое, бескомпромиссное поведение создателя сети магазинов по продаже мобильных телефонов, бизнесмена Евгения Чичваркина, игнорирование им стадных правил игры при отстаивании своих финансовых интересов в России привело к тому, что представители силовых ведомств его прижали настолько, что он эмигрировал в Великобританию, хотя мог бы ещё долго работать на пользу России. Ещё пример, Михаил Ходорковский, став самым богатым человеком в

России, решил, что ему можно вмешиваться в политику, продавать части своей нефтяной империи бизнесменам в США и вообще вести свою самостоятельную игру на русском законодательном и экономическом поле. Владимир Путин показал ему, насколько глубоко он заблуждается и тот десять лет отсидел в тюрьме. Прошли домашние обыски у экспертов, которые давали заключение по делу ЮКОСА в результате чего весьма толковый экономист Сергей Гуриев в мае 2013 года выехал из России во Францию. Кому хочется жить под дамокловым мечом ежеминутного ареста? Правда потом оказалось, что третье дело ЮКОСА – это липа, но это было потом.

Возбуждено несколько уголовных дел в отношении блогера Алексея Навального, который в течение нескольких лет вскрывает факты о коррупции в России, не взирая на лица. В качестве личной мести за обиду и по наущению людей из правящей партии "Единая Россия", которых Навальный регулярно уличает в сокрытии собственности от налогов, использовании служебного положения для личного обогащения и пр., председатель Следственного Комитета России генерал Александр Бастрыкин уже в который раз инициировал закрытое дело, связанное с потерей денежных средств в компании "Кировлес", которую консультировал Навальный будучи советником губернатора Кировской области Никиты Белых. На этот раз давление со стороны Бастрыкина было настолько сильным, что судебный процесс закончился осуждением Навального на 5 лет, правда после его политического триумфа в выборной гонке за кресло мэра Москвы и его поддержания московской общественностью, срок был заменён на условный.

24 февраля 2014 года закончился процесс по "Болотному" делу о так называемых массовых беспорядках на Болотной площади 6 мая 2012 года, когда люди фактически протестовали против третьего президентского срока Путина во власти, как незаконного. Семь человек были осуждены к реальным срокам наказания от двух с половиной до четырёх лет, что меньше, чем просили прокуроры. Многие более адаптивные и конформные бизнесмены и жители России понимают, что бороться с государством и его структурами бесполезно и судьба тех, кто это делает плачевна. Только фатальная экономическая ситуация в стране или системный кризис могут повернуть политическую ситуацию в России в другом направлении.

Самого Путина всё ещё завораживает высокий рейтинг и картины подобострастия, которым его окутывают со всех сторон верные люди, что бы он ни сказал и не сделал. Он, видимо, полагает, что если у него высокий уровень самоиронии, он неплохо ловит обратную связь, в курсе всех основных событий в России и за рубежом, то этого достаточно, чтобы руководить страной четверть века до 1924 года (а к этому дело идёт). Человеку с советским менталитетом вряд ли следует возглавлять европейское государство в XXI веке так долго. И дело здесь не в уме, не в работоспособности и не в волевых качествах его личности, а в отжившей советской ментальности. Но поскольку закон о люстрации по отношению к бывшим коммунистам и сотрудникам КГБ не был принят, Галина Старовойтова, инициировавшая этот закон была убита, то Россия к настоящему времени всё больше превращается в откорректированный Советский Союз дубль два.

Когда денег на еду не хватает, то люди выходят на забастовки против дирекции и администрации. Однако, подчас препятствуют организованному забастовочному движению не хозяева предприятий, а государственные служащие из органов ФСБ (Федеральная служба безопасности - наследница КГБ). Эти люди должны по идее работать на русское государство, на его безопасность. Однако в приведённом ниже примере они работали на администрацию частного предприятия. В частности, на русском филиале завода Форд рабочие организовали забастовки. До забастовок зарплата на главном конвейере завода в Тольятти была 8-10 тыс. рублей в месяц (270-330 долларов), после – 10-12 тыс. рублей (330-400 долларов) в месяц. И это при ценах на продукты, товары и услуги в среднем всего в два раза ниже европейских и американских. Против рабочих, которые стали бастовать, пытаясь сопротивляться финансовой политике администрации предприятия, активнейшим образом действовала ФСБ, причем не только в Тольятти, на заводе Форд, но и по всей стране, блокируя все проявления солидарности с забастовщиками. (См. статью директора Института проблем глобализации, доктора экономических наук Михаила Делягина [50]). Хотя, если разобраться, то какое отношение ФСБ имеет к забастовщикам? Пусть занимаются террористами, распространителями наркотиков и подобными им правонарушителями.

Есть, правда, положительные примеры конструктивной сопротивляемости людей в России. Например, случай с пробуждением достоинства, собственного мнения у некоторых людей в русской глубинке. Так фермер Ампилогов (Ярославская область), прочтя книгу о жестоком подавлении большевиками Антоновского крестьянского восстания на Тамбовщине в 1921 году, инициатором которого выступил лично Ленин, нанял рабочего, чтобы тот разбил металлической бабой памятник Ленину у себя в селе. Однако такие случаи проявления своей гражданской позиции единичны.

Впрочем, потомки выживших жертв репрессий не забыли того, как с их предками обращалась советская власть и не упускают случая показать своё негативное отношение к революционным палачам прошлого. Примерами служат 22 августа 1991 года после попытки "путча" ГКЧП памятник Дзержинскому (Москва) был свергнут с постамента на Лубянской площади. Тогда же в 1991 году, был снят и памятник Свердлову на площади его имени у Большого театра. 1 апреля 2009 года был взорван памятник Ленину около Финляндского вокзала в Санкт-Петербурге, 28 сентября 2010 года был взорван памятник Ленину в Махачкале, 6 декабря 2010 года был взорван памятник Ленину в Пушкине, 8 декабря 2013 года был публично сброшен с постамента памятник Ленину на Бессарабской площади в Киеве. Демонтируются и другие памятники и символы коммунистической эпохи на Западной Украине. Были и другие акты вандализма по отношению к памятникам упомянутых коммунистических "металлургов человеческой руды".

То, как обращаются с памятниками и названиями в разных странах во многом зависит от культуры народа. Чем она ниже – тем больше разрушительная энергия потомков тех, кто пострадал от советской власти. Однако, случай с памятниками Ленину – особый. По разным оценкам в России до сих пор существуют от 3 до 6 тысяч бюстов, памятников Ленину – практически во всех городах, посёлках России и бывшего СССР. Я уже не говорю про названия улиц, площадей, государственных учреждений и учебных заведений. В этом просматривается какая-то ненормальность похожая на религиозное безумие. Каждый народ, каждая нация имеют своих выдающихся представителей, людей, которые внесли большой вклад в культуру, управление, военные завоевания, отстаивание независимости страны. Но даже если встать на точку зрения российских коммунистов, которые до сих пор молятся на Ленина, как на икону, его вклад в развитие России не был достоин многих тысяч памятников и переименований. Тем более, что ленинская модель построения общества себя не оправдала. Бывшие социалистические страны постепенно возвращаются к естественному цивилизованному состоянию. В этом конкретном случае решение принимается исходя из рациональных соображений на государственном уровне с учётом мнения людей. И главное – своевременно, а не тогда, когда потерявшие надежду на справедливость люди начинают взрывать и сносить эти памятники.

11.2. Отсутствие реальных противовесов во власти и дефицит альтернатив при выборах

"Один человек - один голос. ОДИН РАЗ!"
(Принцип выбора лидера в ряде стран Африки, равно как и в России)

Как правило, смена власти в России происходит следующими способами:
-в результате естественной причины (смерти главного человека в стране) и передачи власти по наследству, как это было при царях, или наиболее влиятельному человеку, как было при коммунистах,
-передача власти преемнику или верному человеку (Ельцин - Путину, Путин – Медведеву, Медведев – снова Путину),

-свержение прежнего правителя с помощью дворцового переворота (Елизавета Первая, Екатерина Вторая, Леонид Брежнев), при этом каждый следующий руководитель государства сам подготавливает почву для того или иного способа передачи (или захвата) власти.

Император Николай Второй своим упрямством и стремлением к победе во Второй мировой войне подготовил почву для двоевластия Временного правительства и Совета рабочих и солдатских депутатов, что для империи было смертельно опасно. Каждый из этих органов обладал в лучшем случае половиной реальной исполнительной власти. Своей беспомощностью Временное правительство открыло дорогу к власти Ленину, Троцкому и большевикам. Ленин в свою очередь, избавился от других партий и тем самым подготовил почву для тоталитарной диктатуры своего идеологического последователя Сталина. Сталин со своей восточной жестокостью и полным игнорированием человеческой личности подготовил почву для прихода своего отрицателя Никиты Хрущёва. Хрущёв своим волюнтаризмом и авантюризмом сделал неизбежным приход к власти основательного и надёжного Леонида Брежнева, который звёзд с неба не хватал, жил сам и давал жить другим. Никита Хрущёв и Леонид Брежнев подготовили почву для либерализации коммунистического курса в СССР. Эту смену курса провозгласил Михаил Горбачёв, объявив перестройку.

Переход к более разумному устройству государства и общества мог быть более плавным и рациональным. Однако Горбачёв из-за недостатка экономической культуры и своей дипломатичной нерешительности не использовал плюсы плановой экономики в сочетании с рыночной и потерял Советский Союз в результате чего был вынужден уступить главный пост в России властолюбцу и коммунистическому отступнику Ельцину, который развалил всё, что можно было развалить и почти задаром раздал приближённым к власти людям то, что представляло хоть какую-то ценность в России, то есть нефть и природные ресурсы. Затем Ельцин добровольно отдал президентство одному из немногих казавшихся ему приличными людей вокруг себя – Владимиру Путину, который умеет себя вести и держит себя в руках. Всех названных лидеров объединяло то, что они сохраняли и сохраняют авторитарную, самодержавную русскую традицию, благодаря которой страна не распадается на более мелкие государства, но и не может нормальными темпами идти вперёд по цивилизованному пути.

Выборы в нормальной стране - это способ разрешения и предупреждения кризисов, социальных конфликтов, изменение направления движения общества в ответ на вызовы времени. В России выборы сводятся к пиар-акциям и демонстрации лояльности существующей власти. Те, кто с ней не согласен или считает своё участие в выборах пустой тратой времени, на выборы просто не ходят. Тем более, что голосовать не за кого – реальная оппозиция в Думе не представлена, порог явки отменён ещё в декабре 2006 года [125], все звенья властной вертикали находятся под контролем исполнительной власти, основные телевизионные каналы финансируются государством или компаниями, работающими на государство (например, Газпромом), а это то же самое. Практически любой расклад политических сил на результаты выборов не влияет. Иллюстрацией этому положению служит следующий анекдот.

Сидит ворона на дереве держит в клюве сыр, мимо пробегает лиса.
- Эй, ворона, ты за Путина голосовать будешь?
Ворона молчит.
- Ворона, ты что, оглохла? Ты за Путина голосовать будешь?
Ворона молчит.
- Ты, глухая дура! Последний раз спрашиваю: ты за Путина голосовать будешь?
Ворона:
- Ну, ДА! ДА! Чтоб тебя!
Сыр выпал, лиса его подобрала и скрылась.
Ворона сидит на дереве и рассуждает:
- Ну, сказала бы я "нет", а что бы изменилось?

Политолог Дмитрий Орешкин как-то сказал, что "если вы не пользуетесь своими правами, не защищаете своих прав – ими воспользуются другие." [106] Впрочем, если кролик пытается защищать свои права, попав в пасть к крокодилу, то это у него вряд ли получится. А объединяться русские кролики так и не научились. Хотя объединение – признак силы народа. Даже общенациональную забастовку по поводу кулуарного изменения Конституции в 2008 году народ в России не попытался объявить. А так сами посадили себе на шею очередного директивного правителя на четыре-пять сроков. И это несмотря на отсутствие большой войны, которая одна и оправдывает такое длительное нахождение одного человека у власти.

Почему население России устойчиво голосует за существующего лидера и за тех людей, которых он и подконтрольная ему партия предлагают? Большинству людей просто всё равно. К тому же они привыкли к тому, что как бы они не проголосовали, выберут всё равно человека угодного власти. А без перспектив на выигрыш кто же играть станет? Многие даже не лукавят, когда голосуют за Владимира Путина. Просто в существующих условиях остальные выглядят ещё хуже или на голову ниже. Ну и, конечно, телевизионный пиар – непрерывный и направленный, льющийся с экранов телевизоров, который проплачивается государством. Небольшая кучка оппозиционеров в нескольких крупных городах, которые почитывают иностранные газеты и журналы, просматривают интернетовские сайты и смотрят оппозиционные телеканалы, не в счёт.

Теоретически в России существует выборность на альтернативной основе. Однако, почему-то так получается, что за редким исключением побеждает кандидат назначенный, рекомендованный действующей властью или выдвинутый правящей партией "Единая Россия". Остальные отбраковываются на разных этапах выборного процесса с помощью системы избирательных органов, зависимых от центра. Все замечания и отбраковки подписей идут против кандидатов "с улицы" и не касаются кандидатов от правящей партии. Таким образом, сначала "выстригаются" все реальные оппоненты, как цветы на газоне, а потом избирателю ничего другого не остаётся, как голосовать за единственного оставшегося кандидата или не ходить на выборы вообще. При отмене порога явки отсутствие альтернатив не имеет значения. В 2012 году процесс выборов власти сделали более честным и прозрачным, но шансы у кандидатов тем не менее не равны. Государственная машина финансирования, пиара, информационной обработки избирателей действует безотказно в нужном для власти направлении.

В принципе в условиях централизованной власти выборы в России не нужны, но демократия пусть имитационная, требует стандартной демократической процедуры. Кроме того, если выбранный властью "верный" правящей верхушке человек оказался взяточником или никудышным работником и не соответствует минимально приличным требованиям, всегда можно сказать народу: "сами выбирали", хотя правильнее было бы сказать; "сами голосовали". В результате в России сейчас очень низкая явка на избирательные участки при любых выборах (где-то чуть больше 30%). Чего тут голосовать, когда за редким исключением результат известен заранее. И не надо властям жаловаться на пассивность, равнодушие, пессимистический настрой народа в отношении выборов раз от каждого избирателя и от выборов в целом всё равно мало что зависит.

Честно получить конституционное большинство в Государственной Думе в 2007 году и парламентское большинство в 2011 году правящая партия "Единая Россия" никогда бы не смогла. Это же больше двух третей голосов в 2007 и половина голосов в 2011 годах. Здравому человеку трудно поверить, что население в России так единодушно любит "Единую Россию". Просто в условиях общего политического безразличия народа и отсутствия альтернатив, партия власти "рисует" себе такие результаты, какие ей надо. Тем более, что у неё самые большие финансовые возможности для организационно-политического воздействия на людей (первичные, региональные ячейки, пресса, телевидение, штат персонала обслуживающего выборы). Ну и конечно, дисциплинированный человек, бывший председатель партии, Борис

Грызлов, который в условиях "голосования списком" набрал для Думы таких же послушных дисциплинированных людей, как он сам. Вот что значит, когда у преданного президенту главы правящей партии хорошие организаторские способности - правда к демократии его таланты не имеют ни малейшего отношения.

Нажиму исполнительной власти трудно сопротивляться. А попробуешь – тебя тут же лишают денег, или источников их зарабатывания, возбуждают против тебя уголовные дела по надуманным поводам. Остаётся малотиражная пресса и интернет, некоторые радиостанции, но аудитория читателей и слушателей здесь невелика – десятки тысяч человек и то в основном в крупных городах. Если действуешь слишком решительно и противопоставляешь себя руководству страны или влиятельным чиновникам, то тебя увольняют и удаляют из всех значимых организаций, в которых ты участвуешь. Это произошло, например, с банкиром и бывшим сотрудником службы внешней разведки Александром Лебедевым, с бывшим сотрудником КГБ экс-депутатом Геннадием Гудковым.

Про многочисленных мэров городов и губернаторов областей вообще речи нет. Только лояльность существующей власти является гарантией сохранения должности и даже свободы. Есть много свидетельств повышенного внимания со стороны правоохранительных органов в отношении лиц, противопоставляющих себя правящей партии "Единая Россия" или верховным московским чиновникам, внимания несовместимого со статусом демократического государства. Конечно, не всегда дело доходит до тюрьмы. "Пуганая русская ворона" и так каждого куста боится. Только намекнули сверху, что им недовольны, а человек уже готов "идти на попятный", отказаться от своей позиции, в общем не связываться с властью. На этом демократия для него заканчивается.

В реальности во власть пускают только нужных, проверенных людей, от которых сюрпризов ожидать не приходится. Если народ всё же выбирает неугодного власти человека, то его быстро "ломают" или привлекают к уголовной ответственности. И это при том, что назначенные президентом или с его согласия чиновники высшего уровня оказываются также замешаны в коррупции, как и выбранные в эпоху Ельцина народом. Только в 2012 году привлечены к уголовной ответственности 260 депутатов и мэров. Свыше 60 руководителей высшей региональной иерархии из 34 субъектов Федерации были замешаны в различных махинациях с бюджетными средствами, уличены в фактах коррупции, в экономических преступлениях. Среди них вице-губернатор Сахалинской области Виктор Нагорный, вице-губернатор Новосибирской области Виктор Гергерт, мэр Рязани Федор Провоторов, мэр Ярославля Евгений Урлашов. Стоило ли в таком случае огород городить и отменять выборы губернаторов?

Свободный осознанный политический выбор – это сложная вещь, требующая политической культуры. Весь фокус состоит не в том, чтобы поставить "птичку" против фамилии кандидата, который тебе симпатичен, а в том, чтобы почувствовать на самом себе последствия своего выбора. Плохого выбрал, сам за это и расплачиваешься: работы нет, дороги не построены, жилищные условия людей ужасные, люди вокруг злые оттого, что плохо живут и так далее.

При нормальной демократии на муниципальном уровне люди выбирают не только администрацию, но и судей, полицейских. Своих защитников народ обязан знать в лицо. Но и выбранные лица несут ответственность прежде всего перед избирателями, а не перед начальством. Регулярные встречи с избирателями, рассказы о своей работе по телевидению это часть их работы. Если плохо работают, то по представлению большинства избирателей или их представителей включается механизм отзыва выбранных людей. Всё делается по закону, а не потому, что у кого-то в Москве настроение изменилось.

Современный русский избиратель, как пациент в реанимационном отделении "скорее мёртв, чем жив". Фактически сейчас в России один избиратель и зовут его Владимир Путин. Он выбирает не только заместителей, но и все ключевые фигуры в руководстве страной. Конечно до полицейских и судей муниципального уровня у него руки не доходят. За этим следят верные люди на всех уровнях вертикали власти. Такая практика назначения получила распространение ещё в годы советской власти. С тех пор что у Сталина, что у последующих генеральных секретарей процент тех, кто голосовал "за" предложенные КПСС кандидатуры редко опускался ниже 99%. Так что традиции назначения (с последующими выборами) нужных людей в России богатые. И Путин не считает нужным их сильно менять. Правда в настоящее время 51-70% процентов, проголосовавших "за" нужного человека достигается уже не такими прямолинейными методами, как в годы советской власти. Всё обставляется с помощью политтехнологов, манипулирующих общественным мнением, и выглядит, как добровольное голосование.

Впрочем, реальное значение таких выборов невелико. Если политическая конъюнктура в стране меняется, то рейтинг практически любого кандидата в мгновение ока падает с 60-70% до нескольких процентов, а то и до долей процента. Так это было в 1996 году у Горбачёва на президентских выборах (0.51%) и так это было у Ельцина перед самыми президентскими выборами 1996 года (6%). В условиях вертикальной назначаемой власти выборы в России из альтернативной процедуры с элементами неопределённости превращаются в практически однозначную процедуру фиксации принятых наверху решений. По сути российские выборы до сих пор являются не способом поменять власть, а способом сделать существующую власть легитимной.

В цивилизованных демократических государствах понимают опасность, которую таит в себе несменяемая власть причём не только для народа, но и для самой себя. Даже в коммунистическом Китае срок занимать высший пост в стране ограничен десятью годами. Любая несменяемая власть рано или поздно "матереет", наглеет и её меняют уже не "по-хорошему", а "по-плохому". Николае Чаушеску в Румынии, Саддам Хусейн в Ираке и Муамар Каддафи в Ливии об этом могли бы рассказать подробнее, если бы могли говорить. А чудовищная кровь проливаемая в Сирии только оттого, что президент Башар Асад занимает свой пост слишком долго и не хочет добровольно уйти со своего поста?

В России "выборных качелей", как в нормальных демократических странах не было никогда. Отсутствие передачи власти другой политической силе мирным законным, выборным путём в России является закономерным следствием всей истории страны.
Было два периода в ХХ веке, когда выборы несмотря на грязь, подтасовки и ограничения хотя бы напоминали демократические – в 1917-1918 годах (выборы в Учредительное собрание России) и с 1990 по 1993 годы (выборы в Верховный совет РСФСР, выборы президента России и выборы в Государственную Думу), но их можно расценивать скорее как исключение, чем как правило. Традиционная русская политическая система не приемлет ни демократические выборы, ни саму демократию, как народное волеизъявление поскольку люди не понимают, что это такое. За тысячу лет существования России только два раза верховные правители были выбраны народом - царь Михаил Романов в 1596 году и президент Борис Ельцин в 1991 году. Дальше процесс назначения-избрания шёл по наследству, по протекции или в результате обсуждения в узком кругу.

Демократические игры в современной России продолжались до 1993 года, когда вместо того, чтобы договариваться с Верховным Советом Российской Федерации, Ельцин распустил его своим указом, на что не имел права и даже приказал расстрелять Белый дом, где засели отказавшиеся подчиниться его незаконному указу депутаты. Это была первая пуля в нарождающуюся в стране демократию. Вторую пулю в тело Российской демократии вогнали люди, приближенные к тому же Ельцину, которые, используя жульнические политические технологии, организовали нужные для Ельцина результаты голосования в 1996 году. Передачу власти преемнику в 2000 году тоже вряд ли можно считать волеизъявлением проживающего в России народа. Это было волеизъявление только самого Ельцина. Конец реальной выборности в

России наступил уже при Путине, который создал свою пресловутую властную вертикаль после 2000 года. Эта вертикаль и оказалась контрольным выстрелом в голову умирающей русской демократии. Сейчас демократия в России мертва. Власти имитируют её функционирование, как некрофил имитирует любовь с покойницей, но не более того.

Поскольку в России всё находится под контролем исполнительной власти, а полномочия президента практически не ограничены ничем, кроме его личного здравого смысла и порядочности, плавная легитимная смена лидеров в рамках существующей избирательной системы практически невозможна. Значит, остается дворцовый переворот. Недаром президент Путин так держится за своих помощников, сторонников и ставленников, с которыми он уже давно знаком и которые неоднократно демонстрировали ему свою лояльность и преданность. При такой системе взаимных обязательств, есть некоторая гарантия того, что его не предадут свои же при первом же удобном случае.

Пока лидер держит власть в "крепкой руке", у русской оппозиции шансов нет, что бы она о себе не воображала, какими бы иллюзиями она себя не тешила. В России традиционной является покорность подданных в отношении центральной власти. Эта покорность основана на силе власти. Слабеет власть, слабеет государство, начинаются разброд и шатания в народе. Недаром, в смутные времена в России не оппозиция, бунтари, заговорщики выигрывали, а власть проигрывала. Когда русский (советский) лидер (царь, генсек) начинал играть против себя самого, демонстрировать сомнения в своём праве расправляться со своими подданными так, как он считает нужным, он совершал самоубийство сам и приговаривал к тому же своё царство, империю, государство, обрекал на частичное уничтожение свой народ. Поэтому народ интуитивно за центральную власть и держится какая бы никудышная она не была.

В качестве примера слабого лидера можно привести императора Николая Второго, который ввязался в Первую мировую войну, не просчитав последствий и не рассчитав своих персональных возможностей. Из этой ситуации он не смог выбраться, в результате чего его вынудили отречься от престола. Восстанавливать империю жуткой кровью пришлось уже Ленину, который правда преследовал свои идеологические цели.

Другой пример связан с деятельностью генерального секретаря КПСС – Горбачёва, затеявшего перестройку, а затем начавшего "играть" против своей коммунистической партии, которая его выдвинула и против своего государства, создав условия, при которых они развалились. Восстанавливать урезанное Горбачёвым и Ельциным государство в XXI веке приходится уже Владимиру Путину. Однако, политические и финансовые издержки восстановления империи в XXI веке настолько велики, что вряд ли это имеет смысл делать вообще.

11.3. Особенности русской оппозиции

"Русские плохо объединяются "за", но зато хорошо объединяются "против"." [110]
Григорий Пасько, журналист.

"Оппозиция напоминает мне тыкву на Хэллоуин. Горит, в темноте светится, прорисованы страшные зубы, но все это тыква по большому счету." [181]
Максим Шевченко, журналист.

Обычно выразителями альтернативных точек зрения в цивилизованной стране являются представители оппозиции. Рассмотрим, каковы роль и место оппозиции в современной России?

У практически бесконтрольной верховной исполнительной власти в России нет противовесов. Исполнительная власть настолько доминирует над всеми остальными, что о возражении ей можно забыть. Ни Верховный суд, ни Конституционный суд, ни Совет Федерации, ни Государственная Дума и помыслить не смеют о том, чтобы возразить президенту. Его слово – закон. Его решение окончательное. Форма изложения приказа, распоряжения, указания с его стороны может быть очень осторожной, дипломатичной, но суть распоряжения от этого не меняется.

Власть в России "играет" и за себя и за оппозицию, она сама себе оппозиция. Её поведение опирается не столько на закон, сколько на здравый смысл и на личную преданность. А преданность, как известно, категория не юридическая, а нравственная. К сожалению, в России так было всегда и русский народ к этому привык. Люди сами больше пользуются здравым смыслом, чем законом. Поскольку реального самоуправления на местах нет, то чиновники на все должности назначаются и одобряются наверху по критерию лояльности существующей власти. Выбор низовых органов власти народом используется как демократическое прикрытие системы назначений сверху донизу. Мол у нас тоже есть демократия. Можете полюбоваться, если не жалко тратить деньги на посылку наблюдателей на избирательные участки.

Политическая "оппозиция" в России делится на официально разрешённую (системную) и неформальную (несистемную). Первая ещё может "поднимать хвост" (коммунисты, либеральные демократы, эсеры), но не выше определённого уровня. Второй позволено больше, но за собственный счёт или за деньги частных спонсоров лучше если не из-за рубежа. Правда спрос со вторых больше, чем с простых "говорунов" на каком-нибудь "отвязанном" "Эхе Москвы", особенно если их призывы, лозунги и действия приводят к негативным последствиям вроде столкновения демонстрантов с полицией 6 мая 2012 года ("Болотное" дело). Преследованию могут подвергаться и те, кто предпринимает активные действия, направленные против влиятельных чиновников во власти (например, адвокат Алексей Навальный). Прокуратура, следственный комитет и полиция подключаются при расследовании дел таких несистемных оппозиционеров. Гениталии у оппозиционеров не вырезают и иголки под ногти не загоняют, как делали чекисты при Ленине и Сталине, но приятного в обысках квартир и жилищ родственников, подписках о невыезде, домашних арестах, заключениях под стражу и условных сроках наказания тоже мало.

Партии в современной России – это очень условные образования. Идеологическая платформа есть только у коммунистов и та стопятидесятилетней давности. Остальные партии объединяются на карьерной, имущественной или денежной основе. Те принципы, которые партийные лидеры провозглашают в качестве своих политических платформ легко меняются при смене политических условий и обстоятельств, а также при смене лидера партии.

В России 4 основных партии, представленные в Государственной Думе: ЕР (правящая), КПРФ, ЛДПР и СР. Единая Россия (ЕР) – это бюрократическая правящая партия власти похожая на КПСС, пока не такая структурированная и жёсткая и то из-за отсутствия идеологии. Эта партия представляет интересы чиновников из исполнительной власти. Она публично объявляет, что хочет народу только добра и ничего кроме добра. До недавнего времени партия имела зашкаливающие рейтинги (около 70%) за счёт полувоенной дисциплины, больших финансовых вливаний со стороны государства и антидемократических законов избирательной системы принятых в середине нулевых годов. Сейчас поддержка этой партии упала более, чем на треть – слишком грубо они стали работать - подтасовывать результаты голосований и навязывать людям нужных им кандидатов.

Три других партии "приклеены" к конкретным людям, которые своевременно сумели "подсуетиться" в условиях распада СССР и экономических реформ, проводимых в обновлённой России. Либерально-демократическая партия (ЛДПР) – партия Владимира Жириновского (была создана, как проект КГБ в 1989 году), Коммунистическая партия Российской Федерации (КПРФ) - партия Геннадия Зюганова, действует с 1992 года (в партию вошли многие высокопоставленные советские коммунисты, ещё не утратившие своего влияния в народе) и Справедливая Россия (СР) - партия бывшего спикера Совета Федерации Сергея Миронова, создавалась в 2003 году из нескольких партий помельче. По сути эти четыре партии образуют крылья всё того-же державного монстра с одной большой и несколькими маленькими головами, которые едва различимы друг от друга – разве что своей риторикой.

Коммунистическая партия (КПРФ) пользуется поддержкой 10-15% населения (20.4% мест в парламенте), партия Справедливая Россия (СР) пользуется поддержкой 3-6% населения (14.2% мест в парламенте) и Либерально-демократическую партию (ЛДПР) поддерживает не более 5% населения и она имеет 12.4% мест в парламенте. У опоры власти – партии "Единая Россия" (ЕР) - 52.9% мест в парламенте.

Системную или официальную оппозицию оппозицией можно назвать чисто условно. С небольшими вариациями она поддерживает исполнительную власть. Сами лидеры "оппозиционных" партий - Зюганов, Жириновский и Миронов пока держатся на плаву из-за того, что они яркие харизматические личности, лидеры, умеющие говорить с народом простым языком. Ну и, конечно, на рожон все трое сильно не лезут, знают, когда надо отступить, а когда прогнуться перед исполнительной властью.

Сейчас легальная русская оппозиция понемногу отмирает. Об этом говорят итоги голосования при выборах на должность мэра Москвы 8 сентября 2013 года. Все "оппозиционные" партии вместе взятые набрали меньше голосов, чем один реальный оппозиционер – Алексей Навальный. Кроме того, Зюганову 69 лет, Жириновскому 67 лет, Миронову 64 года. Все они старше Путина и Медведева. Эти "старики" свой резерв почти исчерпали. Скоро им придётся уступить место молодым. А молодые вряд ли захотят повторять "грехи и ошибки молодости" этих стариков с советским прошлым.

Верховная авторитарная власть в России (а другой она никогда не была) терпит только те проявления оппозиционности, которые реально не угрожают её сменить даже мирным путём. С удовольствием терпит власть оппозиционеров по типу оригиналов и неплохо информированных шутов, потешающих одновременно и народ и власть вроде лидера ЛДПР Владимира Жириновского. Как известно, придворный шут – это древняя и почтенная профессия при дворах королей, императоров и знатных людей в Европе и в России. Шутам дозволялось многое, чего монарх не потерпел бы от других приближённых. Сродни шутам для простого народа считались клоуны и скоморохи. Самые известные шуты в России были при императоре Петре Первом – Иван Балакирев и Ян д'Акоста. В настоящее время профессия шута считается устаревшей во всём цивилизованном мире, но не в России.

Терпит власть и коммунистов, которые в 1991 году утратили значительную часть народного доверия, но по инерции пользуются поддержкой 8-10% населения (тем более, что многие из тех, кто сейчас во власти, сами когда-то были коммунистами). Нынешние российские коммунисты тоже являются коммунистами только на словах. Это не аморальные, свирепые, безжалостные палачи-большевики времён Октябрьского переворота и Гражданской войны. На деле нынешнюю партию КПРФ можно назвать партией старческих воспоминаний о всенародном счастье.

Терпит власть и подконтрольных политиков вроде лидера новых эсеров - Сергея Миронова. (Прим: Давая название своей партии – эсеры (народные социалисты-революционеры) – руководство партии, видимо плохо знакомилось с печальной историей своей партии в первой четверти XX века. Эта некогда самая популярная в народе партия (в 1917 году) на деле поддерживала большевиков, а на словах вела с ними политическую борьбу. Попытки усидеть на двух стульях одновременно привели членов партии эсеров к бесславному концу. Большевики их сначала использовали в своих целях, а затем обманывали и расстреливали, отправляли в тюрьмы, ссылали в концлагеря или вынуждали уехать за границу. В 1925 году был арестован последний состав Центрального бюро этой партии.) Однако реальной популярностью в народе нынешняя партия эсеров не пользуется особенно после того, как они исключили из своего депутатского списка наиболее активных критиков власти – Геннадия и Дмитрия Гудковых.

Власть терпела и терпит эти так называемые оппозиционные партии и их критику посмеиваясь, мол "мели Емеля, твоя неделя" и "брань на вороту не виснет" тем более, что голосуют эти "оппозиционеры" по принципиальным для власти вопросам так, как власти надо. По мелким вопросам по типу возврата в бюллетени для голосования графы "Против всех" партии ещё могут проявлять самостоятельность.

Остальные легальные партии и отдельные политики в современной России играют весьма скромную роль и при самом лучшем раскладе могут рассчитывать на несколько процентов голосов избирателей, как в крупных городах, так и в регионах. Партия "Яблоко" балансирует в районе 3%-ной популярности и то в память о былых заслугах Григория Явлинского, который было "вынырнул" из политического забвения на политическую поверхность в канун парламентских выборов 2012 года и опять "залёг на дно" после провала на президентских выборах, к которым партия плохо подготовилась. Партия "Союз Правых Сил" после чехарды лидеров превратилась в общероссийское общественное движение и имеет низкий рейтинг. Партия "Правое дело" Андрея Дунаева также имеет рейтинг менее 1%. Партия Михаила Прохорова "Гражданская платформа" держится на финансах этого олигарха, либеральных ценностях и осторожной позиции, которую он занимает по отношению к главным лицам в российской власти. Теперь у партии новый лидер - сестра Михаила - Ирина. Лидеры Республиканской партии "РПР-Парнас" много шумят, но значимой поддержкой населения пока не пользуются, а после раскола партии и выхода из её рядов соучредителя – Владимира Рыжкова в январе 2014 года партия вряд ли воскреснет подобно птице Феникс. Перечисленные партии всё больше напоминают не народные, а элитарные клубы по интересам. Русская интеллигенция всегда грешила "кухонной оппозиционностью" как внутри страны, так и оказавшись за рубеж. Ни Сергей Митрохин ("Яблоко"), ни Геннадий Семигин ("Патриоты России"), ни Михаил Прохоров ("Гражданская платформа"), ни другие совсем крохотные партии на политическую обстановку в стране при всём желании их лидеров не влияют. Если к началу 2012 года в России было всего 7 партий, то после либерализации российского законодательства на начало января 2014 года в РФ официально зарегистрировано 78 политических партий и их число будет в ближайшем будущем расти.

Кроме упомянутых партий, существует часть несогласных с властью людей в России, которых называют "либералами" или "демократами". После 90-х годов XX века со словом "демократ" у жителей России ассоциируются такие вещи, как распад Советского Союза, разрушение экономики, разгул преступности, нищета, коррупция, возвышение олигархов, распространённость роскошного образа жизни у новых русских богачей с их убогими интеллектуальными запросами, но зашкаливающими амбициями. Большая часть народа полагает, что распад государства был обусловлен именно деятельностью демократов, философия которых была высказана Егором Гайдаром и Анатолием Чубайсом, мол нам нужно разрушить как можно больше планового, советского, чтоб нельзя было это восстановить, и чем меньше влияния государства на жизнь людей - тем лучше для России. Позиция, кстати, сходная с максималистской позицией большевиков в начале века - только с обратным знаком. Те разрушали частнособственнические отношения и уничтожали собственников, которые сами своим трудом заработали то, что имели, эти раздали государственную собственность совершенно неподготовленным для её владения людям, которые эту собственность не заработали и с самого начала рассматривали её, как вложение капитала для последующего обогащения и роскошной жизни в старости. И эти взаимоисключающие друг друга экономические преобразования произошли в одной стране за какие-то три четверти века.

Как правило, любая русская оппозиция начинается и сосредотачивается в столичных городах - в Москве и в Санкт-Петербурге у подножья императорского трона или президентского кресла и отчасти в других крупных городах. Формально протесты этой "оппозиции" направлены против авторитарной власти и наместников этой власти на местах, которые "подавляют политическую активность", поощряют коррупцию и т.д.

Сам абсолютистский характер власти в России определяет и характер несистемной оппозиции - радикальной, неконструктивной, отрицающей исполнительную власть. Негативная настроенность типична для любой русской оппозиции во все времена. Однако из-за слабости воли и позитивной платформы у оппозиционеров, их эмоции и оппозиционная риторика, как правило, редко воплощаются в конструктивные действия. Если всё же оппозиционные демонстрации, митинги против власти в России и происходят, то они редко заканчиваются мирным цивилизованным образом. В лучшем случае власть их не приветствует, в худшем - разгоняет силой. Я уже не говорю о том, что согласование времени и места проведения такого митинга с властями уже представляет собой проблему.

Об отсутствии реального потенциала у оппозиции публицист Леонид Радзиховский написал так: "Реальная проблема оппозиции не в источниках денег. Не в отсутствии капитала. Проблема оппозиции в отсутствии морального капитала. Нет кредита морального доверия в обществе. Его за деньги не купишь и горлом не возьмёшь. Тут нужно что-то иное, чего нет и в помине. ... Можно сколько угодно зубоскалить по поводу Путина и до посинения рассказывать друг другу, какая бяка власть. Все это мертво, до тех пор пока вам нечего противопоставить Кремлю, кроме рассказов о том, какой он плохой." [130]

Писатель Михаил Веллер в своём особом мнении радиостанции "Эхо Москвы" как-то охарактеризовал русскую оппозицию следующим образом: «Когда говоришь с человеком по отдельности – умница. Работаешь по отдельности – трудяга. Собираешь вместе – ходячие удобрения.» [30]

Правда в июле-сентябре 2013 года политическая ситуация в России стала меняться. Впервые за много лет прошли в целом честные выборы чиновников крупных русских городов (Москвы, Екатеринбурга и других), когда деньги на избирательную кампанию некоторым кандидатам (например, Алексею Навальному) давал народ и агитировали за своего кандидата волонтёры, а не проплаченные из государственного кармана люди из официальных партий.

Смена главного человека в стране и вместе с ним всей властной верхушки – казалось бы рутинная процедура для нормальной демократической страны, а в авторитарной России эта смена редко проходит естественным образом и мирно. И в 1917 и в 1991 годах такая смена шла через кровь, анархию, спад экономики и разрушение страны. Но мало кого из максималистов-оппозиционеров, нигилистов-ниспровергателей, аморальных властолюбцев это останавливало. Главным для них было получить верховную власть, собственность и природные ресурсы страны, а что делать с этой властью, собственностью и ресурсами, как им казалось, они разберутся. Хотя, как показала история России, у "новеньких" получалось ещё хуже, чем у "стареньких". Фокус неудач состоял в том, что все эти революционеры-ниспровергатели работали не над собой, а над другими, меняли мир не за счёт себя, а за счёт других, совершенствовались не сами, а пытались совершенствовать других. Во имя чего они это делали, во имя какой идеи – построения социализма, коммунизма, капитализма - не суть важно.

Вот и сейчас красиво говорят представители власти в России, не подкопаешься. Но говорят они не про себя, а про других, про тех, кому надо меняться или кому надо вкладывать куда-то деньги. Посмотрите на нашего симпатичного господина Медведева. Какая блестящая реакция, какой хороший уровень интеллектуальной самокритики. Настоящий русский интеллигент – умный и в меру самокритичный. Один недостаток. Говорит-то он свои речи для других и про других, хотя и употребляет слово "мы" (нам всем надо меняться, улучшаться, выполнять задачи и пр.). Это другим надо работать над собой, чтобы улучшать, бороться и так далее. А себя он видимо считает достаточно совершенным, чтобы давать такие указания другим. А другие – это послушные дяди и тёти, члены властной вертикали в количестве нескольких десятков и сотен человек. Всё министры и их замы, замы замов и прочая. Элита русская, одним словом. Сидят, как послушные школьники вокруг длинного яйцеобразного, круглого или прямоугольного стола и с умным видом слушают, а кое-кто даже записывает, видимо, чтобы не пропустить бесконечно ценных указаний одного из двух главных лиц государства российского. А ведь зарплаты-то у них не маленькие. Как подумаешь, что они таким-же целеполагающим стилем общаются со своими подчинёнными – и так на всех уровнях властной вертикали – оторопь берёт. А кто же работает? Дороги, дома строит. Гастарбайтеры? Иностранцы на нефтегазовые деньги? Пьяный народ, который "в поле"? Старики и старухи, которые доживают свой век в опустевших русских деревнях? Ведь не эти же лощёные начальники в прекрасно пошитых костюмах. Потравили трудовой русский народец коммунисты в революциях, гражданских войнах, коллективизациях, во время завоевания мира. И всё во имя пустяковой марксистской идеи о неизбежности победы пролетариата во всём мире. А на Россию всем было наплевать, что бы они о своей любви к ней не говорили.

Любая признанная Кремлём на сегодняшний день партия, может участвовать в политической жизни России, но в пределах политических допусков, определяемых Кремлём. Всё чуть более серьёзное, чем "карманная" шутовская оппозиция, пусть даже не угрожающая существованию и благополучию верховного лидера и его окружения, мгновенно пресекается на корню. Самое главное табу – не покушаться на верховную власть в России. Даже если партия будет использовать для этого самые что ни на есть легальные конституционный средства. Люди, которые заявляют о своих претензиях на верховную власть в России без согласования с Кремлём, как правило, плохо кончают. К выборам допускаются только те претенденты, чьи шансы властью просчитаны и заведомо невелики. Если же рейтинг кого-то из претендентов "на престол" слишком высок, его дискредитируют любыми способами – легальными, нелегальными – неважно.

В качестве примеров можно привести арест вице-президента Александра Руцкого, который захотел сместить президента Ельцина и сам сесть на его место, опираясь на легитимно избранный Верховный совет Российской Федерации. Ещё пример - убийство генерала Льва Рохлина, который создавал свою партию и даже договаривался с офицерами о том, чтобы сместить Ельцина из его президентского кресла. А какой безумный страх обуял Ельцина, когда назначенный на должность премьер-министра Евгений Примаков почти вытащил экономику России из кризиса после дефолта 1998 года и оказался настолько популярен в народе в отличие от самого Ельцина, что мог претендовать на его место в 2000 году. Поэтому Ельцин его быстро снял. Эти примеры показывают, что исполнительная власть не шутит и пускает в ход любые средства, когда кто-то пытается её сменить пусть даже честнейшим и легальным образом. Этот почти патологический страх потерять власть происходит из-за гигантских привилегий людей во власти и её практической бесконтрольности.

Даже после избрания на третий срок президент Путин старается держать протестные настроения, партии, общественные движения, правозащитные общественные организации и их финансирование под своим контролем – неважно угрожают они его неограниченной власти или не угрожают. "Пусть все цветы цветут, но только в моей оранжерее и под моим присмотром" - всем своим поведением как бы говорит он. На одной из последних пресс-конференций, когда Путин отвечал на вопросы журналистов, он сказал, что лишнего дня не останется в своём кресле, как только истечёт срок его полномочий. Прозвучало красиво, но только всё его поведение говорит об обратном и заставляет сомневаться в искренности его слов. Не исключено, правда, что он сумел убедить себя, что он наилучший вариант для России в существующих условиях и будет держаться своей легенды до конца.

Реальная оппозиция – это та, которая хочет получить власть и которая ради этого готова договариваться, торговаться, согласовывать интересы, искать компромиссы, уступать, вступать в блоки, которая имеет программу развития страны отличную от той, что предлагает и осуществляет существующая власть. Как и всякая торговля компромисс требует культуры. Поэтому в цивилизованных странах для согласования политических и экономических интересов приглашаются адвокаты, модераторы. Они работают за деньги и личностно никак не вовлечены в торг. Им платят за нейтральность и за готовность принять на себя агрессию клиентов.

В России культура компромисса практически отсутствует. Каждый стремится либо получить всё, либо насмерть разругаться с оппонентом. А психологический подтекст при этом такой: "Либо я утверждаюсь за счёт оппонента, либо он за мой счёт".

Даже если оппозиционеры объединяются друг с другом, то ссоры, конфликты и размежевания происходят у них постоянно. Ярким примером является раскол руководства в партии РПР-Парнас в конце 2013 года. Легче и быстрее всего оппозиционеры объединяются на почве ненависти к кому-то, на почве общего врага, чем на почве общности интересов и ради решения конкретных задач таких, как заасфальтировать улицу, провести электричество к группе домов и так далее.

В большинстве случаев русские протестные политические горы рождают мышей. Вот и на этот раз в 2011-2012 годах высокий рейтинг оппозиции в народе довольно быстро упал, поскольку её лидеры не сумели грамотно оседлать справедливые протестные настроения. На лозунгах "Долой партию жуликов и воров", "За честные выборы" или "Путин, уходи" далеко не уедешь. Только внятные позитивные лозунги с указанием конкретных мер дали бы им преимущество на митингах и в народе. А так даже те, кто не поддерживает "Единую Россию" и без симпатии относятся к президенту и премьеру с их договорными политическими манипуляциями, не нашли для себя подходящей платформы и программы для реальных действий. Кроме того, население России состоит из десятков миллионов людей, которых в первую очередь волнует их повседневная жизнь, зарплата, платежи ЖКХ, повышение цен на товары и услуги, выплата ипотечных кредитов, а не "Долой" и "Да здравствует".

В реальности быть оппозиционером в России стало малоперспективно. Всё равно во власть не попадёшь. В лучшем случае зачислят в какой-нибудь общественный совет при президенте. Получается не столько влияние на политику страны, сколько попытки влияния на самого президента. Впрочем, и на государственной службе кадровые карьерные лифты идут медленно, но если для детей высших чиновников перспективы хотя бы в деловой сфере ещё имеются, то для "людей с улицы" лифты практически остановились. Последние 14 лет высших государственных чиновников только переставляют с места на место. Все думские "оппозиционные" партии возглавляют одни и те же люди.

По вопросам, по которым уже есть мнение президента, депутатам Госдумы или Совета федерации просто звонят из его Администрации или из другой официальной правительственной организации и говорят: "надо". Почти никто из думцев не сопротивляется несмотря на откровенную глупость некоторых законов. Иллюстрацией сказанному является срочное и почти единогласное принятие закона имени Димы Яковлева перед Новым 2013 годом в ответ на акт Магнитского, принятый законодателями США за несколько недель до этого.

Любая оппозиция в России традиционно сильна отрицанием, но слаба предложением конструктивных вариантов и осуществлением конкретных действий. Из-за своей радикальности и отрицания всего и вся оппозиционные партии и оппозиционные лидеры толкутся на маленьком "пятачке", ругаясь друг с другом вместо того, чтобы объединяться, работать с людьми и демонстрировать им свою полезность. Реальная партия обычно предлагает народу, что он будет иметь, если её выберет, а уж только потом, когда её избрали, говорит кто и что ей мешает эту программу проводить в жизнь.

Широко разрекламированный неформальный Координационный совет российской оппозиции, выбранный самым демократическим образом, с момента своего создания раздирали непримиримые противоречия. Его участники были похожи на лебедя, рака и щуку из басни Крылова – тянули в разные стороны и никто не хотел другому уступать. Из-за этого совет так и не смог выработать позитивной программы. Пока оппозиционеров объединяла нелюбовь к существующей власти, каждый был неплох сам по себе. Как только появилась необходимость создать что-то позитивное на общей платформе, так начались разногласия, шумные выходы из Совета и пр. В результате к настоящему времени Координационный совет прекратил свою деятельность, просуществовав около года.

Неконструктивный, критиканский, поперечный настрой русской оппозиционной интеллигенции проявился сразу после назначения Сергея Собянина мэром Москвы в 2010 году. Оппозиция его тут же начала ругать, причём ругать без дела. Всё же надо было дать новому чиновнику возможность войти в курс дела, поработать, совершить ошибки, а потом уже критиковать. Но это неинтересно и скучно – ждать, если можно смешать человека с грязью только потому, что он был назначен президентом.

Поскольку в интернете в настоящее время представлена наиболее демократичная часть общественного мнения России, то большинство протестных материалов идёт оттуда. И знающие люди этим пользуются. Недаром политик, пришедший "с улицы", Алексей Навальный создал свой Веб-сайт "rospil.info", как русский вариант международного сайта Wikileaks. На его сайте публикуются разоблачения коррупционеров, жуликов и воров, различные схемы отката и распила госзаказов, составляются рейтинги русских компаний. Против Навального постоянно идут иски, запросы в прокуратуру, возбуждены уголовные дела по прошлым эпизодам его коммерческой консультативной деятельности. Эти эпизоды никто бы и не заметил, если бы не активная разоблачительная деятельность Навального, о чём прямо сказал в своём интервью генерал-майор управления по взаимодействию со средствами массовой информации Следственного комитета России Владимир Маркин.

И нынешние относительно независимые радиостанции типа "Эхо Москвы", телевизионные каналы типа RTVI и "Дождь", издания вроде "The New Times" или Интернетовские издания вроде "grani.ru" могут "из кожи вон" вылези, но преодолеть эту русскую разобщённость и неумение людей работать вместе "без царя в голове" они не способны. Ну так пошумят немного в основном для зарубежной публики и для нескольких десятков тысяч недовольных внутри России – и это всё, чего они могут добиться. По крайней мере пока цены на нефть и газ высоки.

Как-то Владимир Путин сказал об оппозиционерах: "Мы не против вести переговоры с лидером объединённой оппозиции из тех, кто вышел на Болотную площадь и затем на проспект Сахарова. Но покажите мне этого лидера". Ну вот, показала оппозиция лидеров. Ещё с лидерами легальной оппозиции – Владимиром Рыжковым и Борисом Немцовым, тогдашний президент Медведев хотя бы разговаривал. А с представителем несистемной оппозиции - Алексеем Навальным и другими разговор шёл через жучки и прослушивание их офисных и телефонных переговоров, взлом электронной почты, обыски и допросы в кабинете следователя. Хорош диалог с оппозицией. Путину оппозиция нужна послушная, заранее подготовленная к встрече с ним. Чтобы явилась на встречу с ним зная, кто в России хозяин.

10 декабря 2013 года Путин встречался с правозащитниками. В СМИ говорили, что разговор был острый. Президент обещал государственное финансирование их деятельности вместо зарубежного финансирования, которое законодательно поставлено в неблагоприятные условия, хотя главное препятствие развитию России в его вертикали власти, а не в финансировании. Путин обеспечил себе заведомое доминирование на внутриполитическом поле причём доминирование во всех областях. С ним на равных уже не поиграешь. Он уже – кошка, а все остальные – мыши.

Одной из причин негативного отношения власти к оппозиции является то, что та хочет сразу "Раз ... и в дамки" без длительной работы с людьми. Хотя, с другой стороны, власть можно понять. России достаточно одного Ленина с его лозунгами "Кто не с нами, тот против нас" и "Экспроприируй экспроприаторов". Подобные лозунги легко овладевают сознанием русского человека в критические моменты истории, поскольку не требуют длительных глубоких размышлений, работы над собой, самоограничений, морального совершенствования. "Долой", "Да здравствует" – и вся тут недолга. Шашкой махнул, разрубил оппонента "до седла" и вроде нет проблемы. А проблема-то осталась. Оказывается, она была не только в том, кого только что разрубили "до седла", но и в том, кто разрубил.

Русская непримиримая оппозиция скорее оттеняет позитивные качества Кремля и российского парламента и в итоге работает скорее на них, чем против.

Глава 12

Незавершённость планов и инициатив как препятствие на пути преобразования России

12.1. Влияние незавершённых проектов и планов на социальную атмосферу в России

Разумные усилия продвинутых людей по реформированию России изнутри часто наталкивались на сопротивление самих русских. Постепенный эволюционный путь изменений не всем подходил. Эти последние хотели изменить всё сразу и по возможности за чужой счёт. А самый быстрый способ изменений - это бунт, революция, переворот. Самое печальное что реформаторы оказывались в могиле, так и не завершив начатые преобразования (Александр Второй, Пётр Столыпин), а их убийцы, ничего кроме чувства удовлетворения не добившись, способствовали сползанию России к ещё худшей форме авторитарного правления, чем было до реформ. В результате эти реформы оказывались подобны камням, брошенным в огромное русское болото. В итоге почему-то всегда получалось, что честные, трудолюбивые, самоотверженные, инициативные, в общем те, кто хоть что-то пытался изменить в России, страдали первыми. Авторитарная среда не создаёт благоприятных условий для длительного процветания таких людей.

Из психологии известно, что пока умственное или физическое действие не закончено, у человека на психологическом уровне остаётся ощущение неопределённости, незавершённости (эффект Зейгарник). И, как следствие, весь груз проблем, ошибок, оставшихся на момент незавершения действия переходит вместе с этим действием на другое действие, затрудняя его успешное доведение до конца, а иногда делая его недовыполненным тоже. Кроме того, у человека появляется ощущение личностного дискомфорта от нерешённой задачи, незаконченного действия.

На уровне целого государства всё сложнее. Если не выполнен какой-то большой проект, за который отвечает большое количество людей (проектировщиков, инженеров, руководителей, рабочих), то всегда есть возможность возложить ответственность за его невыполнение на кого-то – смежника, финансиста, генерального конструктора и т.д. Поэтому неприятный психологический осадок у каждого участника проекта не так значителен, как в случае персонального незавершённого действия. Однако, и в случае группового незавершённого проекта осадок всё равно остаётся.

Например, после развала СССР осталось большое количество незавершённых проектов и объектов: Главный Туркменский канал, Даугавпилсская ГЭС, Кольская железная дорога, Ржевский гидроузел, Сахалинский тоннель, Тоннели под Днепром, Трансполярная магистраль недостроенной железной дороги Чум - Салехард - Игарка, которую строило в 1947-53 годах Главное управление лагерей железнодорожного строительства МВД, поворот сибирских рек, недостроенные атомные электростанции: Башкирская АЭС, Ростовская АЭС, Костромская АЭС, Крымская АЭС, Минская АТЭЦ, Одесская АТЭЦ, Татарская АЭС, Харьковская АТЭЦ, Воронежская АСТ, Горьковская АСТ.

Состояние неопределённости, которое охватило людей, населявших Советский Союз после того, как советский проект не был завершён, явилось следствием всеобщего банкротства советской системы. Речи не идёт про радость местных партийных коммунистических элит, которые без борьбы и почти без крови получили власть в своих вновь образованных независимых государствах (Азербайджан, Армения, Белоруссия, Казахстан, Киргизия, Молдавия, Таджикистан, Узбекистан, Туркменистан, Узбекистан, Украина). У большинства граждан бывшего СССР было ощущение проигрыша в деле, которому отдана вся жизнь. Это ощущение усилилось за счёт резкого ухудшения экономического положения населения на всей территории бывшего Советского Союза и неподготовленности людей к новой экономической реальности. В общем, как поётся в песне Тимура Шаова: "Если нация в прострации, то нации концы". В 1992-99 годах большинство наций бывшего СССР и, в частности, русская нация были "в простраации". Люди учились жить заново в новых капиталистических условиях практически с нуля.

А с какой помпой и даже красиво (для постороннего глаза) начинался коммунистический проект - переход от феодализма к социализму в СССР. "Я планов наших люблю громадьё" – написал советский поэт Владимир Маяковский в середине 20-х годов в поэме "Хорошо". Ему – "мастеровому советской поэзии" по статусу главного советского поэта, который "пел о пробках в Моссельпроме", полагалось любить теоретическую красивую сказку о коммунизме, которую "несовершенные" советские люди почему-то так и не сделали былью. Впрочем, сам Маяковский краха страны, которую он воспевал, так и не увидел. Поэтому поэму "Плохо" ему так и не пришлось написать.

У моего поколения ещё живы в памяти события 60-х годов, когда Хрущёв попытался всего лишь сделать более гуманной жёсткую, иерархическую, репрессивную ленинско-сталинскую модель управления советским обществом и смягчить внешнюю политику СССР. Тем самым он впустил джинна свободомыслия в плотно закупоренную советскую бутылку. А делать этого ему, как махровому коммунисту, ни в коем случае было нельзя. Вернее, если уж и делать, то начинать надо было с экономики, а не с политики. Но это бы противоречило ментальности русского человека, для которого вначале идёт слово, а дело оказывается пристёгнутым к слову, как жестянка к хвосту собаки. Ни политические, ни экономические начинания Хрущёв так и не завершил. После этого модель распределительного социализма неминуемо должна была рухнуть.

После гуманизации советской системы исторический процесс развития общества и человека, предначертанный Карлом Марксом, уже не представлялся исторически закономерным, жёстко детерминированным, а скорее стохастическим, вероятностным, зависящим от многих факторов, переменных и условий. То есть, сам того не желая, верный коммунист Никита Хрущёв запустил процесс, который мог иметь только один исход - отказ от советской модели развития общества и переход к более естественному, нормальному его развитию. Запустил Хрущёв этот процесс и сам же испугался. Поэтому довести его до конца он не смог – советские "тормозные колодки" в голове сработали. Да ему бы и не дали соратники по политбюро. Твердолобых коммунистов-сталинистов там было ещё много. А к рыночной модели и к конкуренции авторитарный политик Хрущёв сам был не готов.

Леонида Брежнева и его престарелых приближённых по Политбюро в целом устраивало положение дел в советском государстве и в мировой системе социализма. Усилившийся при нём застой мог закончиться только одним образом – отставанием экономики, а вместе с ней и загниванием всей советской системы в целом. Тот, кто не идёт вперёд, тот в конце концов отстаёт и проигрывает. А в СССР только оборонно-космическая отрасль была на мировом уровне (про выдающиеся советские теоретические разработки в области математики и физики можно не упоминать поскольку эти разработки без практического развития высоких инженерных технологий прорыва в будущее в 60-х – 80-х годах дать не могли). У Брежнева был шанс направить движение страны по более перспективному либеральному пути, начав экономические реформы, предложенные Алексеем Косыгиным, дать больше самостоятельности предприятиям и постепенно перевести экономику на хозрасчёт, но он упустил этот шанс.

Попытки смягчения авторитарной политической модели развития советского общества предпринимались и Михаилом Горбачёвым. Но административно-командная система управления в русском исполнении оказалась нереформируемой по определению. Её можно было только заменить на другую. В прибалтийских странах, а также частично в Молдавии и Грузии это сделать удалось. В России и в других странах, входивших в СССР, была восстановлена старая вертикальная модель управления. Видимо, ментальность советского человека не позволила довести дело до конца. А в вопросе о рынке и демократии ограничиваться полумерами нельзя. Авторитарный политик, как правило, побеждает демократического.

Ещё одним примером незавершённого политического действия, которое негативно отразилось на всём, что произошло с Россией в последние 23 года, явилось то, что Ельцин с Горбачёвым распустили КПСС в августе-сентябре 1991 года, а люстрацию (от лат. - очищение, омовение перед священным действием) то есть запрета для бывших коммунистических функционеров и работников КГБ занимать государственные должности, в отличие от Германии по отношению к нацистам, руководители России так и не провели.

Депутат Верховного совета, а затем Государственной Думы России Галина Старовойтова пыталась инициировать суд над КПСС и КГБ и рассмотрение закона о люстрации, но, куда там ... ей не дали этого сделать ни в 1992, ни в 1997 годах, а в 1998 году вообще убили. Старовойтова исходила из того, что без люстрации будущее России сомнительно – страна вновь скатится в советское прошлое. Так оно и получилось. Поскольку не были осуждены "изначальные" коммунистические преступники виновные в стратоциде собственного народа, а бывшие коммунисты и работники спецслужб СССР заняли ключевые позиции в руководстве страны, очередной этап в жизни России оказался незавершённым, а ошибки предыдущего советского этапа не приняты во внимание до сих пор. Поэтому советский человек и советская психология в народе ещё и сейчас популярны и определяют отношение людей к происходящему в стране и в мире (как была бы, кстати, популярна нацистская психология после Второй мировой войны в Германии, если бы не люстрация бывших нацистов).

Другой пример незавершённого действия. Ельцин один из немногих лидеров во властной верхушке в 90-е годы XX столетия обладал достаточной политической смелостью, чтобы разобраться с паноптикумом у стен Кремля, вынести тело Ленина из мавзолея, а также прах всех, кто лежит в кремлёвской стене и около неё и перезахоронить, что он и собирался сделать. Мнения людей в России на этот счёт поделились примерно пополам. Нужна была политическая воля, чтобы склонить чашу весов в сторону перезахоронения. Но приближённые его отговорили от решительного шага. И он решил оттянуть решение вопроса, мол "Надо продумать целую программу, чтобы постепенно, цивилизованно, культурно и очень аккуратно освободить Красную площадь от кладбища" - с таким заявлением Борис Ельцин выступил 6 июня 1997 года в Санкт-Петербурге. С тех пор уже 17 лет прошло, а коммунистические покойники всё лежат на старых местах.

Недавно в подмосковных Мытищах открылось федеральное военное мемориальное кладбище. Там постепенно производятся захоронения выдающихся покойников ещё советской поры (оружейного конструктора Калашникова, маршала Петрова). Возможно, туда-же позже будут перенесены все захоронения с Красной площади. Решение об этом будет принимать нынешнее руководство России. [168] Остаётся надеяться, что на этот раз у них хватит мужества на этот шаг вопреки воле оставшихся в живых твердолобых коммунистов советской эпохи.

Работа начатая Егором Гайдаром по либерализации русской экономики при фактическом сохранении президентской, авторитарной формы правления была недоведена до конца. Это подтолкнуло Владимира Путина к тому, чтобы по сути вернуться к советской системе централизованного управления, хотя и с элементами капиталистической частной собственности и рыночной экономики. Бюрократизация управления и коррупция в последние 22 года выросли в России до заоблачных размеров. У человека, который впервые столкнулся с русской действительностью может сложится впечатление, что вся Россия состоит из чиновников, которые на дорогих машинах ездят по плохим русским дорогам, чтобы собирать взятки и откаты с бизнесменов. Сами же эти бизнесмены, чтобы уберечь хотя бы часть нажитого богатства от алчных чиновников переводят государственные деньги в офшоры и тратят эти деньги на покупку дворцов и яхт за рубежом. В России есть ещё категория правоохранителей (полицейских, охранников и т.д.), которые за государственный счёт делают жизнь упомянутых двух привилегированных категорий граждан безопасной и приятной. Ну и сами на этом имеют свою немалую долю.

В России не умеют и даже боятся доводить до реального результата решение таких проблем, как коррупция и модернизация, хотя лидеры говорят об этом на каждом шагу. Пока всё остаётся на уровне общих рассуждений и пожеланий - всё выглядит правильно и гладко. А дальше наступает торможение - до реализации пожеланий дело не доходит. Даже если кто-то проявляет решительность и делает какие-то шаги в этом направлении, то обязательно находится масса противников, скептиков, завистников, консерваторов, которые под реальными или выдуманными предлогами "торпедируют" нужные, хорошие, перспективные начинания. Слишком многое надо менять. А менять в масштабах огромного многонационального государства в обозримые сроки трудно. Вот всё одними разговорами и заканчивается.

И хотя немало людей в России понимают ущербность и анахроничность ручной вертикальной модели управления обществом в XXI веке, попав в которую "маленький человек" барахтается как муха, попавшая в паутину, однако ничего сделать не могут. Решение важнейших вопросов в жизни государства и общества осуществляется через неформальные договорённости между лидерами без привлечения мнения народа.

Как правило, стремление советских, а теперь русских людей к лучшему продолжаются очень короткий период времени. Серьезно и надолго не получается. Масштабной и последовательной работы не ведётся. Длительность объявленной властью кампании, как правило, непродолжительна – в среднем от двух до шести лет. В качестве иллюстрации можно привести незавершённость хрущёвской десталинизации, провал освоения целины, неоконченное строительство БАМа, незавершённое освоение просторов Сибири и Дальнего Востока, незавершённую горбачёвскую борьбу с пьянством и экономически неразумно проведённую Перестройку, безуспешную ельцинскую борьбу с привилегиями, провалившуюся медведевскую модернизацию, вялотекущую путинскую борьбу с коррупцией, незавершённую реформу жилищно-коммунального хозяйства и его малоуспешные попытки улучшения демографической ситуации в стране. В этих незавершённых начинаниях Россия и тонет.

В России большой популярностью пользуются интервью, презентации, круглые столы, ток-шоу, на которых можно порассуждать на злободневные темы, покритиковать недостатки, поругать взяточников, чиновников, некомпетентных врачей, иногда даже доводя свои рассуждения до конкретных фамилий и конкретных дел. Сейчас распространено выкладывание в Интернете документов, видеороликов о нарушениях закона или даже об уголовных преступлениях с указанием фамилий, сумм, дат. Процесс открытости и гласности понемногу идёт, но он большей частью оказывается незавершённым. Только вопиющие факты оказываются предметом рассмотрения и возбуждения уголовных дел прокуратурой, полицией и следственным комитетом.

Единственное, что пока спасает политическую и экономическую систему России от банкротства, это обилие природных ресурсов. За счёт этого руководство страны с упрямством магнитной стрелки компаса вновь и вновь возвращается к традиционной авторитарной модели государственного устройства с одним главным лидером во главе, с привязкой к одной базовой религии – православию (перед этим был марксизм-ленинизм). Это определяет движение страны импульсами, толчками и чередование периодов активности и пассивности, энтузиазма и застоя, что делает неустойчивым любое изменение. Страна способна на реализацию больших проектов (типа подготовки к Сочинской олимпиаде 2014 года) только напряжением всех сил, под личным наблюдением первого лица государства и через неоправданно большие материальные затраты. В советские времена в народе ходил такой анекдот: "чтобы запустить первый искусственный спутник земли в 1957 году 150 миллионов населения СССР держали рогатку, а 100 миллионов натягивали резинку".

Существует метод разработки и внедрения инновационных проектов до готового изделия, который применялся в тридцатые-сороковые годы сотрудниками НКВД по отношению к советским учёным при создании новейших видов вооружений. Это инновации под страхом смерти или, по-другому говоря, научно-технические разработки в "шарашках". Этот метод чекистской мобилизационной стимуляции, на который так любят ссылаться патриотически настроенный писатель Александр Проханов и коммунист Геннадий Зюганов, применялся для увеличения творческого потенциала человека и срабатывал на определённом отрезке времени в специальных конструкторских бюро при хорошем снабжении, при обильной шпионской информации, собираемой сотрудниками внешней разведки СССР по всему миру.

В основе такого творчества в советском тоталитарном государстве лежали не столько активность личности, как в нормальных цивилизованных странах, сколько страх за свою жизнь и жизни своих близких, помноженный на идеологическую обработку учёного. Многие технические специалисты того времени были ещё царской закалки – с глубокой инженерной культурой, и к тому же - патриоты своей родины. Это авиаконструкторы Андрей Туполев, Владимир Петляков, Владимир Мясищев, Николай Поликарпов, физикохимик и электрохимик Евгений Шпитальский и другие. Но и те из них, которые остались в живых после сталинских чисток, Гулага и Второй мировой войны, постепенно стали "сходить со сцены". Так что Брежневское время не без оснований называют застоем. Это был прежде всего духовный застой, связанный с технологическим отставанием в инженерных отраслях, который происходил несмотря на обилие шпионской информации из-за рубежа, которая по-прежнему поступала в советские конструкторские бюро правда расположенные уже не за колючей проволокой. Советская система истощила тот интеллектуальный потенциал, который был заложен ещё в царской русской империи, а животный страх за свою жизнь при Брежневе работать перестал.

Кроме того, с начала 60-х годов человечество сильно шагнуло вперёд по линии технологического прогресса и для того, чтобы быть на уровне технических достижений XXI века, страха, патриотизма и организаторских способностей было уже мало. То, что удалось сделать Сталину и его нквдшникам во второй четверти XX века, то не удалось сделать гуманисту Горбачёву во второй половине 80-х годов. Желая подтолкнуть технологическое развитие СССР, Горбачёв начал своё правление с вложения значительных государственных средств в микроэлектронику и машиностроение. Однако, при нём модернизация промышленности провалилась. В конце XX века были нужны люди с другой технологической ментальностью, чем та, которая сформировалась у советских инженеров к середине 80-х годов. Можно озолотить такого инженера, имеющего слабую информационную связь с внешним миром и работающего в сверхсекретном конструкторском бюро, но технологического прорыва от него ждать не стоит, какие бы хорошие профессиональные задатки у него не были. Творческая атмосфера не та.

Голландский ученый Гирт Хофстед в 1970-е годы работал в психологической службе американского концерна IBM. Он попытался выделить факторы, определяющие экономическое отставание разных стран. Россия в методике Хофстеда получила почти максимальный балл по параметру избегания неопределенности. Сильное избегание неопределенности по Хофстеду означает, что работа до изнеможения не приветствуется, конфликты рассматриваются, как угроза стабильным отношениям, имеется потребность в консенсусе и в детальных законах и правилах, присутствует стремление уклоняться от неудач. Хофстед обнаружил нежелание русских рисковать, брать на себя ответственность, страх за будущее, а поэтому ориентированность на механическое, нетворческое исполнение заданий в соответствие с четкими правилами. К странам с низкой степенью избегания неопределенности относятся Англия, Скандинавские страны (кроме Финляндии), Дания, США. На другом полюсе находятся Германия, Бельгия, Австрия, Швейцария, страны Юго-Западной Европы. В отличие от США и Японии, в России уровень непринятия риска (избегания неопределенности) на уровне промышленных предприятий и государства в целом один из самых высоких в мире. Риск требует хорошего расчёта и предвидения последствий – как негативных (для их минимизации), так и позитивных (для их грамотного использования). А это в свою очередь требует рациональной культуры мышления разработчиков. [35]

Любая инновационная или научно-техническая политика по-русски рано или поздно заканчивается неизбежным русским выбором – "из двух зол меньшее". Меньшее зло проверено, обкатано, без сюрпризов – "дерьмо, да своё", "сукин сын, но это наш сукин сын", "лучше синица в руках, чем журавль в небе". Русские, как правило, выбирают это самое меньшее зло. От нового, непрогнозируемого выбора неизвестно, чего ждать. Зачем брать на себя риски от инноваций и модернизаций, когда можно пойти проверенным путём. Хотя зачем нужно доводить и себя и страну до той точки, когда хорошего выхода уже нет? Однако хороший выбор – это для рациональных, быстро перестраивающихся людей, которые не ставят перед собой излишне амбициозных целей и задач "на вырост".

Какая может быть модернизация (про инновации уже и разговоров нет), если значительная часть населения всё ещё живёт в крохотных неотремонтированных "хрущобах", по сути временных жилищах, построенных в 60-е годы XX века. Если отъехать от любого крупного города на 50-100 километров (а иногда и отъезжать не надо), дороги становятся такими же ухабистыми, как сотни лет назад. А всё потому, что централизованная система управления такой большой страной неэффективна по определению. Из-за этого многое из того, что было начато в СССР в технических областях так и не было завершено, а кое-что завершается через 23 года после развала СССР только сейчас.

Современная цивилизация держится на рациональной организации труда и стандартизации в промышленности и сельском хозяйстве. Общеизвестно, что любые серийные изделия спроектированные и изготовленные в СССР (пылесосы, холодильники, стиральные машины), как правило, были хуже зарубежных аналогов. Ещё уникальный штучный продукт (блоху подковать или космический корабль сделать) у русских может получиться неплохо. Но "вылизывать" до совершенства серийное изделие (видеокамеру, смартфон и др.) – это извините. Слишком широкая у русского человека душа. Не приемлет она побуквенного, покадрового выполнения чужих иностранных правил, указаний, педантичного внедрения технологий, ограничения личной воли.

Технологическая подготовленность проектов, соблюдение сроков выполнения поставок и финансовых смет - есть главное в условиях современной цивилизации. А когда "прописали на бумаге и забыли про овраги, а по ним ходить", а в оврагах грязи по пояс и вся техника там тонет, когда для получения разрешений на всех уровнях нужно давать "откаты" и взятки, то благие намерения руководителей и бизнесменов в России быстро превращаются в ничто.

Эксперты ещё советской поры вроде Александра Привалова считают, что в XXI веке для модернизации и технологического прорыва руководству России нужно делать инвестиционные и накопительные усилия. [117] Однако, как показала история страны во второй половине XX – начале XXI века, одними нефтегазовыми деньгами и кувалдой технологическое отставание не преодолеть. В условиях авторитарной системы управления, деньги в проспиртованные русские мозги вкладывать бесполезно. А поскольку власть сама себя политически реформировать не хочет, ей остаётся в очередной раз закупать готовые технологии и целые заводы "за золото" теперь уже не только на Западе, но и на Востоке – в Японии, Южной Корее, Китае.

12.2. Неустойчивость мотивации достижения у людей в России

"Если вам все равно, где вы находитесь, значит вы не заблудились."
Закон Мерфи (Правило Руна)

Люди моего поколения, жившие в России, за время правления коммунистов привыкли к достаточно спокойной гарантированной жизни, минимальным, но постоянным удобствам, сравнительно небольшой по западным меркам зарплате и к безопасности. Главное - не проявлять несанкционированной активности, которую от человека не просят, не возражать начальству и хорошо выполнять порученную работу. Впрочем, работника в СССР терпели даже если он работал "спустя рукава" – лишь бы тихо сидел.

В противовес желанию ГКЧП вернуть страну в советское прошлое в августе 1991 года, забурлила Россия и устремилась к чему-то новому. Устремилась не потому, что демократические традиции в стране были очень сильны и не потому, что так невыносимо плохо было жить при распределительном социализме несмотря на пустые полки в магазинах, а потому, что до смерти надоели коммунисты с их бородатыми, лысыми, усатыми и бровастыми вождями, со старыми маразматиками в руководстве, с постоянной ложью и показухой в виде "потёмкинских деревень", со своим марксистско-ленинским туповато-ограниченным новоязом. Надоели они ещё и потому, что ограничивали доступ к информации, даже самой невинной, скрывали от своего народа всё, что его не касалось. А простых людей не должно было касаться ничего вне пределов их очень ограниченной компетенции – ни куда тратятся народные деньги, ни почему СССР всё время ввязывается в какие-то войны, конфликты по всему земному шару, причём ввязывается без всякой выгоды для себя, а скорее в убыток, ради "светлой всепобеждающей идеи" построения распределительного социализма во всём мире.

Прошло всего два года после развала СССР и уже в 1993 году выяснилось, как тяжела "демократическая шапка" для обывателя. В результате полной неопределённости, криминала и игры без правил, обмана на всех уровнях, невыплаты пенсий и зарплат, организационной анархии, вновь качнулся "маятник" общественного мнения назад к распределительному социализму. И выяснилось, что привычка к прежней спокойной, пусть и небогатой жизни постепенно берёт верх над "демократическими" новшествами и "капиталистическими" испытаниями. Инженерам надоело мести улицы, работать челноками и торговать на "блошиных рынках", рабочим надоело сидеть без работы, пенсионерам надоели постоянные задержки с выдачей крохотных пенсий. Всем надоело то, что Россия из страны, которой можно было гордиться (какой бы несправедливой "империей зла" она не выглядела в зарубежных политических речах), превратилась в страну третьего мира, хотя и с баллистическими ракетами, страны, в которой шансы на успех в жизни имеют только бандиты и приближенные к ельцинской жульнической власти люди – такие же беспринципные, как бандиты. Большая часть народа особенно в провинции, как всегда оказалась не при чём. На все лакомые куски собственности (нефть, золото, алмазы, цветные металлы, лес, морские ресурсы) тут же налетели как вороньё беспардонные москвичи, имевшие связи в верхах и люди, имевшие контакты за границей.

В конце 80-х – 90-х годах любой активный жулик, с нестандартным мышлением, имевший связи с заграницей и не обременённый моральными принципами давал сто очков вперёд среднему советскому человеку поскольку в "стране слепых и одноглазый - король". Кинорежиссёр Андрей Кончаловский как-то сказал, что Борис Березовский был одним из немногих, которые использовали сложившуюся в России ситуацию на полную катушку, чтобы и финансовый и политический капитал заработать. Березовского, правда, "погубили" излишняя самоуверенность, наглость, тщеславие и рискованность. Не любят в России беспардонных и нахрапистых людей. На чём-нибудь они обязательно споткнутся. Конечно на уровень Билла Гейтса или Стива Джобса ни один из русских олигархов "не тянет", но гонору и наглости у каждого на десятерых западных богачей хватало.

Тут-то и выяснилось, насколько неприспособленно оказалось русское общество и каждый человек в отдельности к перестройке своего сознания с социалистических на капиталистические рельсы, не было у русских людей навыков свободной деловой жизни и работы на себя, не были выработаны у них навыки борьбы за свои социальные права. Вот и потянуло людей от непредсказуемого пьяницы Бориса Ельцина к "косящему" под большевика, любящему скромные, но хорошие костюмы, критику русского беспредела 90-х годов, православному коммунисту Геннадию Зюганову. Последний обещал народу возврат в уменьшенный до размеров России Советский Союз, с колбасой по умеренной цене за килограмм, с милицейской безопасностью, со стопроцентной занятостью, и со скромным, но пристойным жилищем.

Тогда находившиеся в то время у власти сторонники олигархической модели развития страны, прикинувшиеся демократами, хитрые русские богачи, жулики и мошенники всех мастей, криминальные и полукриминальные группировки, опасаясь очередного "раскулачивания" и экспроприации своих наворованных у русского народа богатств, всеми правдами и неправдами поддержали больного, находившегося в предынфарктном состоянии Бориса Ельцина и взяли верх над прямолинейным, недалёким, но честным потомком русских учителей Геннадием Зюгановым и над его престарелой сильно поредевшей российской компартией. Новое, социально несправедливое, но динамичное начало в русской политике и экономике ещё на несколько лет возобладало над старым уравнительным социалистическим.

Однако на русском троне Ельцину удалось сохраниться ценой полнейшей дискредитации всех демократических институтов и людей, "примазавшихся" к "демократам". Именем Анатолия Чубайса в народе стали пугать маленьких детей: "Будешь плохо себя вести придёт дядя Чубайс и тебя заберёт" – говорили они. Недаром суд присяжных, выбранных из простого народа, оправдал бывшего сотрудника ГРУ полковника Квачкова, покушавшегося на жизнь Чубайса, хотя доказательств вины полковника было предостаточно. Посадили полковника уже позже за длинный язык.

Сейчас в России господствует авторитарная модель социально ориентированного государственно-бюрократического капитализма с человеческим лицом. Для международного престижа, как впрочем и для внутреннего пользования, эту модель назвали "суверенной демократией". Ну а почему бы и нет? Все внешние атрибуты демократии налицо: законодательная власть, состоящая из Государственной Думы – Нижней палаты и Совета Федерации - Верхней палаты, судебная власть - состоящая из Верховного, Конституционного и Арбитражного Суда, а также низовых судов разного уровня, правоохранительная система, состоящая из Полиции, Следственного комитета и Прокуратуры и непомерно раздутая исполнительная власть, состоящая из Президента с его многочисленной администрацией и охраной, с бюрократическими структурами и службами готовыми на всё ради одного благожелательно взгляда ныне действующего лидера.

И простым людям, родившимся во второй половине XX века, эта вертикаль власти, обеспечивающая постепенно растущие зарплаты и пенсии, дающая возможность путешествовать по заграницам, оказалось больше по душе, чем разгул оголтелой "демократии" 90-х годов. И в начале XXI века общественное мнение качнулось в консервативном направлении проверенного существования – существования без инновационных сюрпризов, без интенсивного труда, без реальных демократических выборов, с ограниченной свободой СМИ. Благополучие обновлённого русского государства теперь основано не столько на интеллекте и инициативе людей, сколько на природных богатствах страны и устойчивой ренте, в той или иной форме выплачиваемой населению государством. Всё это не способствует развитию устойчивой инновационной мотивации достижения у людей, но вполне устраивает исполнительную власть.

Каждая новая центральная верховная власть в России, чтобы показать свою активность, оправдать свои амбиции, ставит перед народом глобальные цели и задачи, а потенциала для их решения ни у кого уже нет. И вот очередное громко объявленное и разрекламированное начинание постепенно сходит на нет. Анекдот с коммунизмом и коровником ещё советских времён является идеальной иллюстрацией для характеристики политических кампаний до сих пор инициируемых в России: "На собрании колхоза на повестке дня стоит один вопрос: "что будем строить – коровник или коммунизм?". Встаёт дед Матвей и говорит: "Досок у нас нет, гвоздей нет, коровник строить не из чего, давайте вначале коммунизм построим". Вот и строят нынешние российские власти очередные "потёмкинские деревни" на фоне плохих дорог и грязных туалетов.

12.3. Негативное влияние прошлого на изменения в настоящем

Советская авторитарная экстенсивная модель развития страны оказалась неспособной к изменениям в новых экономических и политических условиях. А ведь именно на прогрессивный характер пролетарской социально-экономической модели по сравнению с буржуазной капиталистической моделью развития общества и экономики уповал бородатый пророк новой веры – Карл Маркс. Распределительный социализм соревнование проиграл, потому и вся придуманная Марксом теоретическая система была дискредитирована. Большая часть проблем, которые современная Россия унаследовала от СССР являются следствием неспособности советской системы и вместе с ней бывших советских людей к изменениям, инновациям и развитию.

Один из привычных способов существования русского человека – бегство в идеализированное прошлое. Мол верните всё назад, сделайте, как было, менять ничего не надо, "Ленина не троньте", "Сталин - эффективный менеджер", "Народ в СССР лучше всего жил при Брежневе" и так далее. Всё это так или иначе сводится в фразе из анекдота: "старый способ уж больно хорош был". Анекдот такой: "Когда старик-отец приехал из удалённой деревни в город и узнал, что его дети пользуются искусственным оплодотворением в пробирке, где его внуки и изготовлены, он сказал эту фразу." Старое советское прошлое мёртвой хваткой сдерживает развитие настоящего не только в России, но и в большинстве бывших советских республик, ставших независимыми государствами в 1991 году.

Другой способ существования русского человека - переживание вины за свои и за чужие ошибки, сделанные когда-то и кем-то. Причём к чужим ошибкам лично он может не иметь отношения. Вместо того, чтобы жить сегодняшним днём, улучшать свою продуктивность на рабочем месте, делать и исправлять свои собственные ошибки, он копается в прошлом и пытается найти причины, объяснения и оправдания чужих ошибок. Беседуя с журналистом Ольгой Бычковой, политолог Глеб Павловский отметил ретроспективный дух русского народа, его склонность пережёвывать старое, бесконечно стонать по поводу того, что было несколько лет назад, а не думать наперёд о новом, о будущем. [107] Ещё короче выразился по этому поводу журналист Владимир Соловьёв: "Трагедия России в том, что мы все живём в прошлом." [152, с. 204]

Как-то публицист Леонид Радзиховский сказал, что его мол огорчает массовое помешательство людей на истории своей страны и что русские "люди живут не днем сегодняшним, тем более ... не днем завтрашним, а живут исключительно днем вчерашним" [128]. Одной из причин такого нездорового интереса к своей истории является так называемый незавершённый гештальт. (Прим: Гештальт - термин из немецкой гештальтпсихологии, означающий подсознательную организацию предметов, составляющих окружающий мир в целостные завершённые формы.) Ведь объективного беспристрастного освещения фактов, относящихся к советскому периоду истории до сих пор нет. И это несмотря на многообразие научных исторических исследований, относящихся к XX веку. Недаром оба последних президента России правда в разное время озаботились проблемой написания школьных учебников.

В России в течение 74 лет произошло два противоположных переворота, связанных со сменой формы собственности – от частной к государственной и наоборот. Ельцин и его команда ввели в обиход запрещённую в СССР частную собственность на средства производства, тем самым перечеркнули коммунистический период в истории страны, когда в стране существовала только государственная собственность. При этом они предпочли не вспоминать о выгнанных за границу, убитых, замученных, расстрелянных во время Октябрьского переворота и в Гражданскую войну людей, которые были реальными собственниками в России. Их как будто не существовало. Их не реабилитировали, не ввели закон о реституции, как в большинстве стран, подвергшихся нашествию коммунистов. Про извинения за воровство (экспроприацию) чужой собственности вообще разговора нет. Власть просто перераспределила украденную большевиками в 1917-1922 годах у владельцев частную собственность, а заодно и вновь созданную в советский период собственность между новыми владельцами, и всё тут. А сейчас политики и экономисты обсуждают вопрос, как бы эту новую приватизацию узаконить.

Вторая причина ненормального интереса русских к своей истории состоит в том, что слишком многие из живущих ныне в России людей заинтересованы в том, чтобы скрывать или искажать в пользу своих предков, родственников правду о том, что же на самом деле происходило в стране в XX веке. Между тем, пока люди, проживающие в России, не дадут нравственную и юридическую оценку происшедшего, исходя из общечеловеческих критериев, историки, политологи, журналисты будут вытаскивать на свет только выгодные им факты и интерпретировать их в нужную им сторону. И, добавлю, гражданская война в России будут продолжаться – хорошо, если только на словесном уровне. Но как всегда в России движение вперёд упирается в ложь во имя сокрытия неугодной кому-то истины.

Поэтому многие русские люди вновь и вновь возвращаются к тем же событиям 1917 – 1922 годов, как будто их беспокоят души их невинно убиенных предков. Ведь провели массовые реабилитации невинно осуждённых во время Сталинских репрессий сами коммунисты. Необходимо сделать то же самое и по отношению к людям невинно пострадавшим в течение всего периода правления большевиков – в том числе раннего. Надо, чтобы "пепел Клааса перестал стучать в сердца" многих русских людей, чьи предки пострадали от Ленина и его аморальных прихвостней. Пусть хорошее назовут хорошим, плохое – плохим. И перестанут русские, украинцы, белорусы, татары, евреи и другие копаться в своей истории. И может быть задумаются наконец о своём будущем.

Не так давно на телевизионном канале НТВ шли циклы передач под заголовками: "Кремлёвские дети", "Кремлёвские жёны", "Кремлёвские похороны" и "Советские биографии". В них рассматриваются версии, гипотезы о том, был ли убит или репрессирован тот или иной высокопоставленный советский чиновник и его жена или они всё-таки умерли своей смертью, приводятся положительные и отрицательные аспекты их деятельности. Хотя, по большому счёту, это далеко не всем интересно. Ну, может быть профессиональным историкам или потомкам этого человека.

Если например, председатель ВЦИК Яков Свердлов, имевший четырёхклассное гимназическое образование, был организатором Красного террора, обескровившим русский народ, то не всё ли равно умер он от испанки или его избили рабочие во время митинга в Орле. Не имеет значения ни его национальность, ни его работоспособность на посту Председателя ЦИК в СНК. Он был прежде всего преступник – то есть негодяй и вор с марксистско-ленинским уклоном. А вместо того, чтобы объективно оценить его ужасный вклад в историю России (не СССР, а России) и воздать ему по заслугам, российские власти продолжают сохранять в современной топонимике России улицы и площади, названные его именем. И это только за то, что он в течение полутора лет был хорошим чиновником в ленинской администрации. В тысячелетней истории России были гораздо более достойные люди. При этом не имеет смысла переписывать историю, рушить памятники или массово переименовывать названия. Но следить за пропорциональностью вклада человека в историю страны для власти необходимо, чтобы не вызывать нездорового интереса к истории у ныне живущих людей и чтобы самой не быть обвинённой в потворстве стратоциду своего народа. Ведь нынешние люди живут не в обанкротившемся СССР, созданном усилиями Дзержинского, Свердлова и таких, как они, а в обновлённой России, которая по крайней мере на словах осознала (хотя и не перечеркнула) эту грязную страницу своей истории. В дополнение к этому я хотел бы, чтобы читатель напряг своё воображение и на минуту представил себе, что было бы с правительством в Израиле, если бы с его подачи какую-нибудь улицу назвали именем Генриха Гиммлера или Мартина Бормана. А ...? А русским всё хоть бы хны.

К сожалению, в России до сих пор глобальные цели, задачи, теории "забивают" частного человека с его психологическими проблемами и ежедневными чаяниями. Ни реальная свобода, ни нравственность, ни инновации, ни демократия в России невозможны из-за того, что каждый частный человек до сих пор находится в подчинении у государства и во всём зависит от него, что бы там не говорили президент и премьер о приоритете индивидуальных ценностей над государственными. Как только жители России выйдут из этого подчинения, так государство в том централизованном виде, в каком оно сейчас находится, перестанет существовать. Образуется другой более свободный человек и другое более естественное государство. Так что, укрепляя вертикаль власти, Владимир Путин уменьшает роль и значение каждого человека, что бы он там не декларировал в своих речах о приоритетной роли человека в российском государстве.

Людям в современной России надоело ждать счастливого будущего. Они хотят жить здесь и сейчас. И поэтому большая часть населения России встречает очередные начинания и идеи руководства страны скептически и разделяет эти планы и идеи на реальные и нереальные. Проект строительства дороги из пункта А в пункт Б более реален и необходим, чем проект борьбы с коррупцией на уровне целого государства. Но по непонятной причине лидеры России выбирают борьбу с коррупцией, а не строительство дороги (если, конечно эта дорога не является частью большого пиар-проекта лелеемого этими лидерами вроде моста на остров Русский на Дальнем Востоке, или строительства дорог и коммуникаций для Сочинской олимпиады 2014 года).

На первых шагах своего правления некоторые лидеры Советского Союза и России внесли положительный вклад в развитие своей страны (отметим Хрущёва, Горбачёва, Ельцина, Путина). Но проходило каких-то два-три года и всё возвращалось на круги своя то есть в авторитарную колею и сводилось к поддержанию лидером своего статуса, несмотря на то, что лидер "изживал" сам себя и становился тормозом для дальнейшего развития страны. А сам он не мог вовремя остановиться. Остановить его другие тоже не могли поскольку главное лицо в России обладает практически неограниченной властью и уменьшать свою власть или отказаться от неё он, как правило, не намерен. Вот и загнивает этот лидер вместе с руководимым им государством. Только встреча с богом, дворцовый переворот или прекращение существования государства может сместить его с главного государственного поста.

Императора Николая Второго предали его генералы и члены государственной думы в 1917 году (ему было 48 лет), Ленина объявили "выжившим из ума" старичком его ближайшие соратники по политбюро в 1922 году (ему было 52 года), Сталину не оказали помощь, когда он умирал от инсульта члены политбюро в 1953 году (ему было 73 года), Хрущёв был смещён со всех постов ближайшими соратниками во главе с его бывшим ставленником Брежневым в 1964 году (ему было 70 лет), Горбачёва "низложил" бывший соратник по политбюро ЦК КПСС Ельцин в 1991 году (ему было 60 лет). Путин стал терять свою популярность в конце 2011 года, но он этого не почувствовал своевременно и пытается реанимировать свой рейтинг либо проведением Сочинской Олимпиады, либо с помощью аннексии Крыма через пиар и расширение империи.

Россия – страна неблагодарная и быстро забывает своих любимцев, даже если они для неё многое сделали и она перед ними совсем недавно благоговела и преклонялась. К сожалению, вовремя уйти правители России не умеют (Пример с Ельциным, который дотянул, вернее "дополз на брюхе" до последнего края, до исчерпанности всех своих физических и душевных ресурсов непоказателен). Слишком уж сладкая штука неограниченная власть в окружении поддакивающих приближённых даже если лидер точно знает, что как только он ослабнет, эти же люди его немедленно предадут.

12.4. Стабильность и стагнация в России

Застой – это очень точное слово для описания того, что происходило в последние десятилетия существования СССР. Варварская, бездушная, советская коммунистическая система во времена Ленина-Сталина выжала из страны и народа всё, что те могли дать и обрезала перспективы развития России на много лет вперёд. Народ обоими лидерами рассматривался, как объект воздействия, как масса людей, которыми надо управлять, мобилизовать на труд и на ратные подвиги.

В поздние советские времена государственная система СССР стала очеловечиваться. Как будто доброе лицо всё чаще стало выглядывать из окна дома, захваченного коммунистическими догматиками и террористами, давая надежду, что всё может кончиться для советских людей не так фатально, как было задумано Лениным и его приспешниками. Всё-таки и Хрущёв, и Брежнев, и уж, тем более, Горбачёв были в душе человечными людьми - русскими, украинцами, пусть недалёкими и неискушёнными в хитростях марксистско-ленинской теории, но разгильдяями в душе, в отличие от своих монстров-предшественников – Ленина и Сталина. Для каждого из первоначальных коммунистических вождей славяне были чуждым народом, с которым можно обращаться, как с бессловесной рудой. Они и не пикнут.

Любое изменение содержания административно-командной советской системы наносило ей ущерб, часто непоправимый. Хрущёв попытался очеловечить систему и она стала пробуксовывать. Появились диссиденты: скульпторы и художники, поэты и писатели, другие представители творческих профессий, которые позволяли себе отклонения от социалистического реализма и генеральной линии партии. Правда о Гулаге, о репрессиях, о цене Великой Отечественной войны, о депортациях собственного населения стала просачиваться сквозь тонны советской лжи и макулатуры.

По инерции коммунистическая "телега" катилась ещё некоторое время. Создавались новые виды оружия, человек летал в космос. Но уже в 70-е годы застойные явления в стране стали носить необратимый характер. Коммунисты уже ничего не могли сделать со всё более отстающей от мирового технологического прогресса советской экономикой. Они могли только поддерживать тонущий корабль под названием СССР на плаву. А тонул Советский Союз очень медленно – десятилетия. С виду это всё ещё была монолитная прочная советская держава – оплот мировой системы социализма, которая выглядела, как непотопляемый корабль, а изнутри гниение охватывало всё новые и новые отсеки этого корабля, всё новые и новые советские люди из "винтиков" превращались в личности.

Рассказывая анекдоты про старческий маразм Брежнева и членов его политбюро, советские люди смеялись не только над ними и над деградацией советского общества. Они подсознательно смеялись и над собой тоже. Многие всё ещё были настолько запуганы рассказами отцов и матерей о репрессиях, стали настолько "ручными", настолько привыкли к мысли о том, что нельзя делать шаги вправо-влево иначе тебя пристрелят, посадят в тюрьму, в психушку, над тобой будут издеваться в КГБ, что эти испуганные, плохо информированные люди не могли стать основой изменений в политике и экономике страны.

Брежнев жил сам и давал возможность советскому народу относительно спокойно прожить почти два десятка лет. Фактически он заморозил процесс распада Советского государства. Он не стал сильнее закручивать гайки, а в экономической сфере даже немного отпустил их. Но неравномерное развитие страны с сильным креном в сторону военного сектора в конце концов привело её к распаду.

Политик Владимир Рыжков на основе анализа общественно-политической литературы выделил несколько типичных черт брежневского застоя. Во-первых, "несменяемость кадров: та же команда, которая в 1964 г. свергла Хрущева, так и сидела до конца. Во-вторых, коррупция. Тогда ходило такое выражение: "Генсек сам живет, и другим дает" - то есть, когда на нижних уровнях все закрывают глаза на то, что там творится. Третье – идеология - крайний консерватизм, боязнь дискуссий, боязнь перемен. Четвертое - управление: административная вертикаль, максимальная централизация, бюрократическая иерархия. Пятое – экономика: сырьевая, именно 70-е годы запомнились нам на фоне нефтяного бума рентно-сырьевой экономикой. И некий общественный договор между властью и народом: мы вам некий уровень жизни и развлечения, а вы не лезете в политику. Но, по-моему, это описание нашего времени." – заключил Рыжков [182]

Пришедший к власти в 1885 году Михаил Горбачёв, окружённый недалёкими партийными и экономически малокомпетентными людьми, да и сам не имеющий должного образования и подготовки, не знал, что делать самому и куда вести огромную страну и мировую систему социализма. В результате он "профукал" и власть, и страну. Прошло шесть лет после красивых Горбачёвских слов о перестройке, свободе и гласности и Советский Союз с грохотом развалился. Этого можно было избежать, если бы дать финансовую самостоятельность предприятиям, урезать аппетиты военно-промышленного лобби, постепенно отменять монополию внешней торговли, вводить рыночные механизмы и понемногу отпускать цены. В середине 80-х годов это ещё было можно сделать. И СССР просуществовал бы ещё немало лет. Не развалился же Китай после смерти Мао Цзе Дуна. Не развалился бы и СССР (по крайней мере в 1991 году), если бы с самого начала перестройку вести по-умному и не оглядываться на коммунистических "динозавров" из Политбюро. Конечно гайки в политической сфере пришлось бы снова подкрутить, как сделал Дэн Сяо Пин на площади Тэн А Мин. Однако верный своей политике "и вашим и нашим", Горбачёв, сам того не желая, подготовил распад СССР.

И не надо всё сваливать на происки забугорных сил – Рональда Рейгана и Маргарет Тэтчер. Лидеры США, Великобритании и других стран только подтолкнули процесс, который при таком застывшем в своём развитии руководстве и так был неостановим. Развал мог случиться на пять-десять лет позже, большей или меньшей кровью, по югославскому сценарию или как-то ещё, но он случился бы всё равно. Так что не только низкие цены на энергоносители, как принято считать экономически ориентированными политологами, а ещё и неискушенная душа славянского разгильдяя привела высосанную из пальца теоретическую марксистско-ленинскую общественно-политическую и государственную конструкцию к загниванию, упадку и развалу.

Кроме того, советские люди устали быть бездушными "винтиками" в государственной машине. Те действия, шаги, которые предпринимало позднее советское руководство по косметическому реформированию СССР способствовали очеловечиванию советской системы, но не способствовали её экономическому процветанию. Коммунистическое руководство СССР было зажато, как в тиски отжившей схемой управления, которая была сильна ненавистью и отрицанием, но слаба любовью и созиданием. И чем больше коммунисты отступали от насилия и подавления, тем меньше советская система становилась жизнеспособной.

После взрыва социально-экономической энергии в 90-х годах, когда российское общество нравственно деградировало, но хоть куда-то стало двигаться, уползая на четвереньках от банкротства и гражданской войны, в России наступил очередной откат и замораживание вертикальной политической системы уже в нулевые годы. Ориентация на стабильность и несменяемость системы являются главными показателями застоя как на уровне государства, так и на персональном уровне. Когда у человека нет твёрдых морально-этических ориентиров в жизни и имеет место рассогласование между декларируемыми и реальными ценностями, у него появляется тяга к стабильности, а следовательно к застою. Ведь ему лично не за что и незачем бороться, открывать что-то новое, куда-то рваться. За него решают другие. А эти другие тоже заинтересованы в сохранении существующего стабильного положения вещей, благо цены на энергоносители всё ещё высоки.

Сказанное подтверждается опросом общественного мнения Левада-Центра, проведённым в июле 2010 года. Согласно данным опроса 93,2% респондентов тогда считали, что Россия вошла в полосу застоя. Следствием консервативности, неизменности централизованной власти в России является принципиальная нереформируемость вертикальной командной экономики, которая требует современной технологической базы и научной культуры, чего явно не хватает российским учёным. Объявленная в 2013 году реформа Российской Академии наук скорее всего мало что изменит в научных достижениях России на международном уровне. Главный мотор, который приводит в действие нынешнюю российскую экономику работает за счёт сырьевых, природных запасов России. Те, кто делает бизнес в России, прямо или косвенно зависят от эксплуатации природных ресурсов. Лидеры России это отлично осознают, но ничего не могут с этим поделать. Если есть более простой, очевидный путь, зачем двигаться сложным?

Складывается такое впечатление, что у российского общества не хватает пассионарности, энергетических резервов для того, чтобы идти к новой, более прогрессивной форме управления государством, к новой форме индивидуального и общественного развития, к новым более прогрессивным экономическим моделям развития страны. В России вот уже несколько сотен лет действует централизованная, инерционная, неповоротливая система управления. Большая часть согласовательных, указательных и разрешительных функций взяла на себя Москва. При такой огромной территории это крайне нерационально. Делиться полномочиями центр с регионами не хочет. Большая часть денежных ресурсов с мест стекается в Москву, а затем часть из них перераспределяется в регионы. В центре окопалось огромное количество бюрократов, каждый из которых хочет чувствовать свою полезность, нужность и значимость (а некоторые ещё "наваривают гешефт" на своём руководящем положении). Политические игры подменяют для них реальную деятельность. Руководители России панически боятся давать свободу выбора людям на местах, а то те сразу поймут ненужность избыточной подчас паразитической центральной власти.

После 74 лет коммунистического эксперимента все призывы нынешнего руководства России ("надо повысить", "мы должны увеличить" и т.д.), воспринимаются населением, как очередные призывы строить коммунизм. Руководители сверху донизу увлекаются постановкой целей и задач, статистическими цифрами и обещаниями. Наблюдается разрыв между принимаемыми Москвой решениями и их выполнением. Многие указания и распоряжения "затухают" пока доходят до регионов. Реальный контроль за выполнением этих указаний и распоряжений находится в руках местного начальства или центральных контролирующих органов. У президента России руки до всего не доходят, а впрочем, если бы и дошли? ... Конечно, многие из тех, кем он руководит, за один благосклонный взгляд своего шефа готовы сами себя выпороть плетьми, как это делали их предки в XIX веке, но в XXI веке этого уже недостаточно.

Почему русский народ несмотря ни на что всё же поддерживает Путина? И лишь небольшой процент поддерживает "либеральную тусовку", сосредоточенную в нескольких оппозиционных СМИ - печатных, интернетовских, на радио и телеканалах – в основном, кстати, московских. Может быть потому, что люди чувствуют, что при другом руководителе страны будет не так надёжно жить. Русский народ традиционно очень консервативен и "раскачать" его бывает трудно. Зачем искать "от добра добра"?

Рейтинг Путина опирается на социально зависимые и плохо защищённые слои населения. Стоит их всерьёз тронуть и рейтинг лидера покатится вниз. Всех этих незащищённых людей не больно-то волнуют вопросы ограничения работы некоммерческих организаций (НКО) в России, запрета на усыновление сирот в США, антимагнитский закон, "Болотное" дело и пр. А вот относительное снижение размера пенсии, рост тарифов ЖКХ, ограничения на ведение их личного крохотного бизнеса – это вызывает всплеск массовой протестной активности и падение рейтинга лидера. То есть когда правительство принимает законы, ухудшающие положение слабозащищённых категорий населения или усложняющие условия ведения малого и среднего бизнеса, бизнес уходит в тень, а рейтинг лидеров падает.

Ждать от недавних советских исполнителей инноваций или того, что они начнут "двигать горы", как свободные собственники, совершенно бессмысленно. Отличия существующей в России вертикали власти от сталинского жёсткого управления - это возможность поездок за границу, получения практически любой информации через Интернет (если есть доступ в Интернет), жизнь не в условиях товарного дефицита и возможность более свободно высказывать своё мнение (если, конечно оно есть и не попадает под статью Уголовного Кодекса, а также под новые законы и ограничивающие поправки к ним, которые напринимала Государственная Дума РФ).

Степень сопротивления людей инновациям и нововведениям является главным показателем консервативности, инерционности и вообще архаичности общества. Россия является обществом, в котором большинство людей предпочитают плыть по течению и не делают над собой усилий, чтобы что-то изменить в себе и в окружающем политическом мире России. Власти не только не способствуют изменению отживших стереотипов и стимулированию инновационной активности, а наоборот, всячески поддерживает застойные тенденции. Ведь ограничивать и запрещать легче, чем стимулировать и не мешать. По мнению немалого числа людей Россия на всех парах возвращается в Советский Союз, но с поправкой на рыночные отношения.

12.5. Перспективы модернизации России

Национальное сознание в России меняется медленно. Однако, было шесть экстремальных событий и соответствующих им периодов в русской истории, которые заставляли это сознание меняться быстрее, хотя и не обязательно в лучшую сторону. К числу таких событий можно отнести:
1) введение киевским князем Владимиром Святославовичем христианства на Руси (крещение Руси),
2) татаро-монгольское завоевание Руси, связанная с этим завоеванием необходимость приспособления населения к завоевателям и частичное принятие их ценностей,
3) европеизация русского общества, осуществлённая императором Петром Первым и продолженная Екатериной Второй,
4) освобождение крестьян от крепостной зависимости, проведённое императором Александром Вторым,
5) большевистский переворот, организованный Лениным и огосударствление частной собственности,

6) отпуск цен и отмена монополии внешней торговли, введённые правительством Ельцина-Гайдара.

Все эти события под какими бы лозунгами они не осуществлялись – христианизации, выживания при жестоких завоевателях, европеизации, освобождения от крепостной зависимости, объявления пролетарской диктатуры, смены формы собственности – не меняли авторитарного содержания имперской централизованной власти. Изменения проводились либо главным лицом (группой лиц) сверху, либо завоевателями извне, либо группой заговорщиков использующих недовольство людей снизу. При этом ментальность человека в России оставалась недемократической и зависимой.

Вера в то, что все изменения в общественной жизни должен делать не он, а кто-то другой - это неискоренимая, устойчивая, работающая почти на подсознательном уровне вера русского человека. Она лежит в основе народного сознания. Даже когда царь жестокий и несправедливый вроде Ивана Грозного или Иосифа Джугашвили - всё равно он от бога и тут уже никуда не денешься - надо терпеть такого и повиноваться ему, даже если он вырезает часть населения страны.

Эволюционные постепенные преобразования в России были гораздо менее успешны, чем радикальные революционные и рано или поздно заканчивались откатом на прежние позиции. Давно пора дело делать, а русские только обсуждают и ссорятся. Гром давно грохочет, а русский мужик только креститься начал – может хоть это поможет, от грозы убережёт.

В ХХ веке в России бывали разумные, дальновидные политики, но их усилия рано или поздно проваливались из-за негибкой позиции русских монархов и вообще представителей русской власти, которые принимая решения, не желали поступаться имперскими амбициями и неограниченной властью, что, в конечном счёте, тормозило прогрессивные изменения и даже отбрасывало Россию назад.

Когда лидер, который “знает, как надо”, берётся за решение российских проблем и, казалось бы, решает их “по уму”, это часто приводит к критике, непринятию и даже отторжению начинаний почти на всех уровнях. А всё потому, что решает он эти проблемы один или с поддержкой нескольких верных людей. Пётр Первый, Александр Второй, Пётр Столыпин - тому яркие примеры. Получается, что русский народ лучше не трогать, не навязывать ему другую жизнь. Как бы плохо ему не было, в глубине души он не хочет перемен. Ведь перемены связаны с необходимостью менять что-то в своей жизни, в жизни семьи, перестраиваться, менять стереотипы поведения, в общем разрушать привычный жизненный уклад. А вот этого-то русский человек как раз не любит, не умеет и не хочет делать.

Был в Советском Союзе такой поэт – Наум Коржавин. В своём стихотворении "Памяти Герцена" он спародировал известное высказывание Ленина о том, как шло пробуждение революционной мысли в России. Мол декабристы разбудили Герцена. Герцен разбудил революционеров-разночинцев и народовольцев. А те в свою очередь разбудили революционеров-марксистов. [167] И так они друг друга будили вплоть до самого Ленина, которого тоже какая-то "сука разбудила" и который истребил верхний, трудоспособный и думающий слой русского народа. Вывод в песне Коржавина простой - мол в России никого будить нельзя – пусть себе спокойно спят, поскольку ничего хорошего от пробуждения и сопутствующих ему событий произойти не может. Ещё одну шутку в этом направлении я недавно прочитал в интернетовском блоге: "Народу России видимо приходит конец. Поэтому он спит и просыпаться не хочет, во сне помереть легче." (Из блога, cranium42, 07 января 2014)

Решения о разделении СССР на 16 частей и об отпуске цен, инициированные Борисом Ельциным и Егором Гайдаром, были главными инновационными решениями в политике и экономике России доведёнными до конца за последние четверть века. Всё, что произошло с Россией после 1991 года было следствием этих решений, доведённым до практической реализации. Более того, если бы эти два решения были реализованы постепенно в несколько этапов, то велика вероятность, что никаких экономических преобразований в России не произошло бы вообще. Страна в конце концов вернулась бы в распределительный социализм. Уже при Путине усилилась централизация и бюрократизация власти и устранение народа из процесса управления страной в обмен на выплату ему ренты в виде зарплат, пенсий и пр. Но это случилось уже в XXI веке.

Недавно президент Путин официально объявил о своём консервативном подходе к решению государственных проблем. По сути он признался, что действует в традиционных формальных количественных рамках, присущих многим русским императорам и советским генеральным секретарям после Хрущёва. Путин расширяет территорию обновлённой российской империи, усиливает армию, строит новые пиар-объекты. Однако, он не создаёт условий для развития самостоятельности и творческой активности российского населения – не того развития, которое Путин разрешил или инициировал лично, а спонтанного развития и совершенствования, идущего от внутренней потребности и основанного на максиме: "разрешено всё, что не запрещено".

В результате развала СССР от России осталась одна вывеска на входе: "Полезные ископаемые и другие природные ресурсы на потребу развитым странам". Тем, что правительство в 90-е годы раздало немалую часть общих ресурсов малокомпетентным людям в одночасье превратившимся в олигархов, оно не улучшило положение с инновационной активностью основной массы народа. Также как, кстати, не улучшилась ситуация и после возврата немалой части нефтегазовой собственности под управление государства в нулевые годы.

Каждый народ пожинает плоды собственного национального характера. Если в Германии после Второй мировой войны на Нюрнбергском процессе СС, гестапо и национал-социалистическая партия были объявлены преступными организациями, их руководители были осуждены и подвергнуты люстрации, то в России ничего подобного не произошло. В результате бывшие чекисты, комсомольские и коммунистические функционеры заняли места в новой русской власти и в бизнесе. И даже не покаялись за прошлые грехи. Наоборот, раз Россия объявила себя правопреемницей Советского Союза, то все прежние награды, престижные знакомства у советских партийных и комсомольских чиновников сохранились. Деятели райкомов, горкомов, обкомов КПСС оказались пристроены на тёплые места при новой русской власти. Бывшие работники карательных органов со значками "Почетный чекист" до сих пор щеголяют. В их головах всё осталось по-прежнему. Советская ментальность сохранилась. Соответственно сохранились старые советские подходы к жизни, прежние ценности и ориентации. Советский гимн на старую музыку композитора Александра Александрова с подкорректированными Сергеем Михалковым словами был положен в основу гимна Российской Федерации. В России по-прежнему воспроизводится паразитический образ жизни не по уму, а через распределение и перераспределение чужого добра. Нефтегазовые ресурсы – это тоже чужое добро, данное природой, только расположенное на территории России.

Руководство России всё время ставит перед собой и своим народом новые амбициозные задачи. Одна из них – инновационное развитие промышленности и науки. Насколько это реально при существующей в стране материально-технической базе? Ответ даёт глава российского Союза промышленников и предпринимателей Александр Шохин, который в 2010 году в своей статье в газете "Известия" написал: "Для нас важнее сейчас именно модернизация. Посмотрим правде в глаза: состояние промышленной базы в России таково, что думать об инновациях – все равно, что грезить о полетах в космос, сидя в пещере." [183]

Нынешняя Россия всё ещё недалеко ушла от Советского Союза. Мышление у людей во многом советское, консервативное. Доминируют стереотипы: "за-против". Стратегических решений на уровне отраслей и государства в целом нет. От замены Маркса на Христа народ лучше, по-другому, по-новому мыслить не стал. Президент института стратегических оценок Александр Коновалов в своей статье в журнале "Огонёк" написал, что проекты по типу инновационного центра в Сколково или по созданию управления по исследованию перспективных оборонных проектов (ДАРП) как в США в условиях России не будут работать. Уже сейчас в России примерно треть предприятий ВПК фактические банкроты. При этом он сослался на видного военного эксперта России генерал-майора Владимира Дворкина, который сказал, что: "Более 70 процентов технологий, обеспечивающих выпуск военной продукции, морально и физически устарели. Более половины станочного парка изношены на 100 процентов. Средний возраст работающих на предприятиях ВПК - более 50 лет, а сотрудников оборонных НИИ приближается к 60 годам." [74, с. 3]

Анклавный характер социализма в СССР и теперь капитализма в России не даёт почвы для реальных изменений в промышленности. Из-за неравномерности развития советской экономики, отдельные отрасли, например, военная или космическая, развивались в СССР более интенсивно, чем остальные, а другие, например лёгкая промышленность оставались "в загоне". Сейчас серьёзные изменения в России не "запускаются", поскольку представители власти боятся их. "Пущенные на самотёк" изменения сопряжены с ростом самостоятельности на местах и связаны с риском потерять всю полноту централизованной распорядительной власти, к которой Кремль так привык.

Не только исполнительная, но и законодательная власть отстала от требований XXI века. О слабости инновационного начала у этой власти как-то сказал адвокат Михаил Барщевский. "Кризис 2008 года пришёл в Россию, а они ждут, что скажет и решит исполнительная власть. Интеллектуальные импотенты, у которых кастрирована инициатива не могут работать даже в экстремальных, кризисных условиях. Это ещё одно свидетельство, что в России сейчас действует только исполнительная власть. Все остальные только исполняют её решения". [10]

Но амбиции-то свои представители власти реализовать хотят. А иначе зачем 100 лет назад их предки – рабочие и крестьяне власть в свои руки брали? Не для того же, чтобы выполнять повседневную, рутинную работу по поэтапному решению житейских проблем - дороги строить, жильё обновлять, города и природу в чистоте содержать. Скучно и неинтересно. Престижнее наукограды возводить, в нанотехнологии миллиарды вкладывать, город Сочи к олимпийским играм 2014 года готовить, не очень нужную сейчас многомиллиардную дорогу и мост на остров Русский, где живут всего пять с половиной тысяч человек строить, космическое пространство продолжать осваивать, договор СНВ-3 о взаимном сокращении ракет с США подписывать. Это выглядит красиво и престижно. Правда при этом напрашивается аналогия с человеком, который к рваной грязной рубахе одевает модный галстук от Армани.

Недавно читал репортаж и смотрел документальный фильм про жизнь людей в российском Выборге (бывший финский город) и в финских городах и поселениях недалеко от российско-финской границы. С российской стороны всё в таком запустении, просто страшно смотреть. Чиновники выборгской администрации, директора музеев и заповедников говорят о необходимости финансирования со стороны государства для восстановления парков, природоохранных зон, памятников, кладбищ. А старые дома ещё финской постройки в ужасном состоянии – облупившиеся фасады, неухоженные усадьбы, обвалившаяся штукатурка. А ведь всё это при финнах было ухожено, чисто, красиво. Куда всё подевалось при советской власти? Сотню лет назад финн, которому принадлежала эта земля и это здание был хозяином. Он не тратил многие часы времени на писание бесконечных заявлений начальству о выделении денег на ремонт, а сам делал всё, что мог по обустройству своей территории, по оштукатуриванию и окраске здания. Причём делал это с выдумкой, с огоньком – ведь всё это было его собственностью. А нынешние только жаловаться могут. Поэтому у них всё гниёт и разваливается.

Другой сюжет – о браконьерстве на Амуре. Браконьеры расхищают природные запасы, которые они не выращивали, вырубают леса, ловят рыбу и отстреливают животных, занесённых в Красную книгу. Никакого уважения к закону. Отговорка большей частью такая – мне мол детей кормить надо. Детей-то они может и прокормят, а вот их внуки будут жить в потравленной пустыне – без леса, без живности, без полезных ископаемых. Эти браконьеры во имя сиюминутных целей убивают будущее своих внуков. Уже нет речи о том, что они сами нарушают закон и вряд ли их дети и внуки будут этот закон соблюдать. Так все и вымрут или уедут из опустошённой местности куда глаза глядят, или сопьются от безысходности. И это неважно, когда это случится – через 50, 100 или через 200 лет.

К сожалению потомки пролетариата и беднейшего крестьянства, уничтожившие "реакционные, отживающие" классы буржуазии и дворянства, сами работать с полной отдачей, как свободные люди за 74 года советской власти так и не научились. Вот соглашаться во всём с первым лицом страны, копировать чужое – это пожалуйста. А чтобы сделать экономику инновационной, требуется отказаться от прежних советских представлений и стереотипов. Кто же на это пойдёт? Да и много ли осталось тех, кто может подобное сделать?

Чтобы пойти по пути инноваций, вначале дороги и жильё надо строить, заселять страну, а не только центральные регионы, создавать условия для того, чтобы население занималось хоть каким-нибудь полезным, перспективным трудом, чтобы водку некогда было пить. Но это всё относится к трудоёмким, долгосрочным и непопулярным задачам. Просто страшно подумать, как рухнут рейтинги президента, премьера и "Единой России", если они инициируют переселение части людей из чиновных городов вроде Москвы, где эти люди фактически не нужны, в непрестижные условия Дальнего Востока или Северо-Восточной Сибири, но зато туда, где они нужны. Или попытаются организовать по всей стране трудовые лагеря со свободным входом и выходом, как сделал Франклин Рузвельт в США в период Большой депрессии 1930-х годов, чтобы занять безработных. Ведь гораздо полезнее для страны строить дороги, детские площадки, здания, тоннели, чем просиживать штаны в бюрократических конторах или пить водку, причём строить не только руками гастарбайтеров из ближнего зарубежья, а руками и головами русского населения. Глядишь и коррупция сократится и количество никчёмных научных диссертаций и другого плагиата убавится.

Нет уж, увольте! Спокойнее иметь говорящие головы на экранах телевизоров, изрекающие истины достойные застойного советского периода 70-х - начала 80-х годов. Русские люди недаром к Брежневу до сих пор тепло относятся. При нём негласно действовало правило: "Живи сам, не наглей и давай жить другим. Только в политику не лезь без разрешения". Этот девиз, кстати хорошо усвоил и проводит в жизнь Владимир Путин. Недаром молодые годы последнего пришлись на период брежневского застоя.

Заключение

Почти сто лет прошло с времени большевистских политических и военных преобразований, а построенное здание советского государства как было кривым, так до сих пор остаётся таким же. И не имеет смысла критиковать тех лидеров, которые пришли после Ленина и Сталина. Их главная проблема состояла в том, что они сохраняли и достраивали советский социалистический дом, созданный первыми двумя монстрами. Сейчас Владимир Путин пытается улучшить фасад этого дома, стоящего всё на том же старом, гнилом авторитарном фундаменте, не пересматривая основ построения русского государства и думая, что раз теперь экономические условия в России стали капиталистическими и цена на энергоносители высока, то всё само собой утрясётся и встанет на свои места. Не встанет. Фундамент по прежнему гнилой.

Самым простым выходом из сложившегося положения было бы считать Россию развивающейся страной – такой же, как Индия, Бразилия и другие страны и полагать, что у неё всё впереди – то есть создать очередной миф. Однако, сейчас, когда практически исчерпаны резервы экстенсивного развития экономики за счёт энергоресурсов, эта надежда может быстро умереть. Поскольку, если опять положиться на ручное административное управление, как происходит сейчас, то от застоя и стагнации страна может опять прийти к экономическому банкротству, как было в 1991 году. Тем более, что от духовной пустоты, от незнания того, что надо делать дальше для развития страны, её руководство опять возвращается к легендам об усилении обороноспособности во враждебном окружении, к разработке новых типов ракет и прочим советским проектам, в общем, к тому, что у России есть только два союзника – армия и флот. Это тупиковый путь, которым вновь и вновь идёт Россия – империя, где всё находится под контролем одного человека.

Что является общим для России во все времена, так это жизнь по понятиям или по житейской справедливости, а не по закону и любовь к бесплодным разговорам и дискуссиям, которые ничем не заканчиваются. Отсюда приверженность русского человека к твёрдой авторитарной руке. В стране не выполняются главные правила современного государства о независимости и сбалансированности ветвей власти и о верховенстве закона на всей территории Российской Федерации и для каждого её гражданина. Поэтому вся экономика и политика в государстве сводятся к главному лицу страны, когда простой человек выбирает между двумя полярными вариантами: или голосовать "за" главного и распластаться перед ним ковром, или выступить "против" него и категорически себя ему противопоставить. Такое впечатление, что русские ничему не научились за тысячу лет своей истории. Мало им было большевиков и резкого сокращения численности народа? Надежда на то, что

Россия будет развивается рука об руку с остальным цивилизованным человечеством похоже от раза к разу умирает. Русский цирк только временно закрывается на ночной перерыв. Утром клоуны опять возвращаются. Возвращаются с тем, чтобы начать то же самое бесперспективное представление с одним конферансье в центре арены.

Президент России Владимир Путин ни с кем не делится своими планами до момента их озвучивания. Его неадекватность постепенно превращается в неадекватность всей страны особенно после аннексии Россией Крыма. В разговоре с президентом США Бараком Обамой канцлер Германии, Ангела Меркель сказала, что Владимир Путин утратил связь с реальностью – и это очень мягко сказано. Он становится неадекватен, когда кто-то или что-то нарушает его планы и идёт не в соответствие с договорённостями, которые он только что заключил и подписал. Вспомним пышное подписание соглашений и договоров делегациями России и Украины во главе с Путиным и Януковичем в начале 2014 года. За 15 млрд долларов Украина сунула голову в новую экономическую петлю России. Заместитель председателя Правительства Российской Федерации Дмитрий Рогозин, который курирует оборонную промышленность, уже ездил осматривать заброшенные с советских времён военные заводы на Украине, которые Россия должна была "перезапустить". И вся эта путинская хитроумная комбинация в одночасье пошла "коту под хвост" после 21 февраля 2014 года.

Конечно, Путин должен был просчитать Виктора Януковича – его трусость и жадность к деньгам. Это, кстати, профессиональный прокол бывшего чекиста – ведь Янукович не какой-нибудь мелкий стукачок, а президент огромной страны. Он ошибся и в решимости Януковича отстаивать своё президентское кресло. Сам Путин на месте Януковича просто подогнал бы бульдозеры, разрушил баррикады на Майдане в Киеве, побросал всех евромайдановцев в автозаки ещё на стадии зарождения протестов и возбудил бы против них уголовное дело. Собственно, так он и поступил 6 мая 2012 года с некоторыми демонстрантами после их столкновений с полицией во время демонстрации протеста в Москве по случаю его избрания на пост президента на третий срок, а потом подконтрольные судьи "высосали из пальца" «Болотное» дело.

Путин вступил на путь изоляции России от остального мира уже давно, но сделал главную ошибку, присоединив Крым к Российской Федерации после 21 февраля 2014 года – ошибку, которая в перспективе может привести Россию в уменьшенный Советский Союз. Потери России от аннексии Крыма за первый квартал на 9 апреля 2014 года уже составили от 150 млрд (по шведским оценкам) до 179 млрд долларов (данные сайта http://www.profi-forex.org/novosti-rossii/). К сожалению, Владимир Путин вовлекает в свои спецоперации всю страну, которой рано или поздно придётся расплачиваться за его комбинации. Он проецирует свою личность индивидуалиста, который один знает, что и как надо делать, на всю Россию. Как он сам живёт по понятиям и по своему разумению о том, что хорошо и что плохо, так он и других на это толкает, то есть создаёт Россию "под себя" и под своё понимание о порядке в стране. Путин духовно изолировал себя даже от своих ближайших сторонников и то же самое делает со всей Россией по отношению к цивилизованным странам уже не только в духовном, но и в экономическом плане. Кстати, его недавний развод с женой только углубил его самоизоляцию от других людей - так хоть кто-то привязывал его к этой земной жизни. И ещё, меня сочтут наивным идеалистом, но я не верю в "несметные" богатства Путина – это выдумки тех, кто сами бы так поступили на его месте. У Путина другие ценности на первом плане.

Всё, что происходит в России сейчас – это прямое следствие того, что не была проведена люстрация коммунистов и чекистов после августа 1991 года. Страна в очередной раз стала развиваться по централизованному, имперскому сценарию. Есть и другие причины, о которых написано в этой книге.

Конечно, русскому народу можно посочувствовать. Но я этого делать не буду. Бесполезно. В конце концов, каждый народ сам кузнец своего счастья или несчастья. И платит за всё, что делает и имеет, прежде всего он сам. Хорошо если не затягивает другие народы в свои бесперспективные амбициозные игры.

*****

Слишком много у тебя негатива – сказала мне жена, читая эту книгу – читатель любит красивые сказки, а у тебя сплошной мрак. Приврал бы что-нибудь. Но тогда это будет другая книга - нечто вроде: "Сказ про то, как Иванушка-дурачок лежал на печи 33 года, а потом враз женился на принцессе и отхватил полцарства в придачу". Так что об этом как-нибудь в другой раз.

Список использованной литературы

1. 200 богатейших бизнесменов России. 2013. 18 апр. // Интернет-портал журнала: "Форбс". [Электронный ресурс]. URL: www.forbes.ru/rating/200-bogateishih...rossii.../2013 (дата обращения: 21.09.2013).

2. 2010 год: 28 авиакатастроф, 828 погибших. 2011. 4 янв. // Интернет-портал: "RFI русский". [Электронный ресурс]. URL: http://www.russian.rfi.fr/obshchii/20110104-2010-god-28-aviakatastrof-828-pogibshikh (дата обращения: 21.09.2013).

3. Айтматов Ч. Буранный полустанок (И дольше века длится день). - М.: 1981. - 210 с.

4. Александров К.М. Трагедия России в XX веке и ее значение для современной православной миссии. [Электронный ресурс]. URL: http://www.white-guard.ru/go.php?n=4&id=82 (дата обращения: 09.09.2013).

5. Армстронг К. История Бога. 4000 лет исканий в иудаизме, христианстве и исламе. Пер. с англ. - 2-е изд. - М.: Альпина нон-фикшн, 2010. – 500 с.

6. Афганская война (1979—1989), Статья из Википедии — свободной энциклопедии на русском языке. [Электронный ресурс]. URL: http://ru.wikipedia.org/ (дата обращения: 18.02.2014).

7. Баева Е. Российский средний класс лоялен власти и аполитичен. 2011. 30 марта. [Электронный ресурс]. URL: http://www.rbcdaily.ru/politics/562949979958849 (дата обращения: 09.09.2013).

8. Бакланов М. Совбез ООН: бомбить нельзя вторгаться. 2011. 17 март. [Электронный ресурс]. URL: http://www.bfm.ru/news/ (дата обращения: 18.03.2011).

9. Баландин Р.К. Мифы революции 1917 года. // Сер. Тайны советской эпохи. - М.: Вече, 2007. - 352 с.

10. Барщевский М.Ю. Передача "Особое мнение". / [Беседовала Т. Фельгенгауэр] // Радиостанция "Эхо Москвы". 2008. 30 дек. [Электронный ресурс]. URL: http://echo.msk.ru/programs/personalno/562768-echo/ (дата обращения: 22.09.2013).

11. Белых Н.Ю. Передача "Нереальная политика". / [Беседовали Т. Канделаки и А. Колесников] // Телеканал НТВ. 2010. 17 окт. [Электронный ресурс]. URL: http://unrealpolitic.rutube.ru/ (дата обращения: 17.10.2010).

12. Бердяев Н.А. О власти пространства над русской душой. В кн.: Судьба России. Опыты по психологии войны и национальности. (Репринтное воспроизведение издания Г.А.Лемана и С.И.Сахарова 1918 года). - М.: Изд-во МГУ, 1990. - с. 62-68.

13. Бердяев Н.А. Тёмное вино. В кн.: Судьба России. Опыты по психологии войны и национальности. (Репринтное воспроизведение издания Г.А.Лемана и С.И.Сахарова 1918 года). - М.: Изд-во МГУ, 1990. - с. 50-55.

14. Бердяев Н.А. Слова и реальности в общественной жизни. В кн.: Судьба России. Опыты по психологии войны и национальности. (Репринтное воспроизведение издания Г.А.Лемана и С.И.Сахарова 1918 года). - М.: Изд-во МГУ, 1990. - с. 220-225.

15. Бердяев Н.А. О святости и честности. В кн.: Судьба России. Опыты по психологии войны и национальности. (Репринтное воспроизведение издания Г.А.Лемана и С.И.Сахарова 1918 года). - М.: Изд-во МГУ, 1990. - с. 74-80.

16. Бердяев Н.А. Истоки и смысл русского коммунизма. (Репринтное воспроизведение издания YMCA-PRESS. Париж. 1955) - М.: Наука, 1990. - 108 с.

17. Берлин И. Две концепции свободы. // пер. с англ. - М.: 1998. [Электронный ресурс]. URL: http://kant.narod.ru/berlin.htm (дата обращения: 09.09.2013).

18. Библия в кн.: "Бытие". - Гл. 3. - с. 7-24.

19. Блокада Ленинграда, Статья из Википедии — свободной энциклопедии на русском языке. [Электронный ресурс]. URL: http://ru.wikipedia.org/ (дата обращения: 17.02.2014).

20. Богоявленский Д.Д. Все ли российские народы верно посчитали? Demoscope weekly, № 319 – 320. 2008. 4 - 17 февр. [Электронный ресурс]. / Электронная версия бюллетеня. Население и общество. URL: http://demoscope.ru/weekly/2008/0319/tema01.php (дата обращения: 09.09.2013).

21. Бородин А.Ф. У Юсуфова был мандат от Медведева. Статья в газете "Ведомости". №219 (2985). 2011. 21 нояб. / [Беседовали по Скайпу И. Резник, Т. Воронова] // [Электронный ресурс]. URL: http://www.vedomosti.ru/politics/news/1429469/u_yusufova_byl_mandat_ot_me dvedeva_andrej_borodin_byvshij?full#cut (дата обращения: 09.11.2013).

22. Буковский В.К. Советский Архив. [Электронный ресурс]. URL: http://bukovsky-archives.net/buk-rus.html (дата обращения: 09.11.2013).

23. Булин Д. Коррупция в России: Берут, как в последний раз. Москва. 2011. 15 июнь. [Электронный ресурс]. Британская широковещательная корпорация Би-би-си. URL: http://www.bbc.co.uk/russian/russia/2011/06/110615_russia_everyday_corrupti on.shtml (дата обращения: 09.11.2013).

24. Буровский А.М. Самая страшная русская трагедия. Правда о гражданской войне. - М.: Яуза-пресс, 2010. – 640 с.

25. Бутаков Я. К 65-летию Победы в Великой Отечественной войне. Судьбы военнопленных: правда и ложь. 2010. [Электронный ресурс]. URL: http://www.win.ru/Mysteries-of-History/3038.phtml (дата обращения: 09.09.2013).

26. Бушков А.А. Чингизхан, неизвестная Азия. - М.: ЗАО "ОЛМА Медиа Групп", 2007. – 544 с.

27. Быков Д.Л. Передача "Особое мнение". / [Беседовала М. Королева] // Радиостанция "Эхо Москвы". 2013. 2 авг. [Электронный ресурс]. URL:

http://www.echo.msk.ru/programs/personalno/1127402-echo/ (дата обраще-ния: 09.09.2013).

28. Бьюкенен Дж. Моя миссия в России. Воспоминания английского диплома-та. 1910–1918. - М.: Центрполиграф, 2006. (См. [Электронный ресурс]. URL: http://statehistory.ru/books/Moya-missiya-v-Rossii--Vospominaniya-angliyskogo-diplomata--1910-1918/) (дата обращения: 09.09.2013).

29. Веллер М.И. Передача "Особое мнение". / [Беседовала А. Самсонова] // Ра-диостанция "Эхо Москвы". 2009. 5 нояб. [Электронный ресурс]. URL: http://echo.msk.ru/programs/personalno/630896-echo/ (дата обращения: 22.09.2013).

30. Веллер М.И. Передача "Особое мнение". / [Беседовала Т. Фельгенгауэр] // Радиостанция "Эхо Москвы". 2014. 7 янв. [Электронный ресурс]. URL: http://echo.msk.ru/programs/personalno/1232988-echo/ (дата обращения: 16.02.2014).

31. Великая Отечественная без грифа секретности. Книга потерь. Новейшее справочное издание / Г.Ф.Кривошеев, В.М.Андроников, П.Д.Буриков, В.В.Гуркин. – М.: Вече, 2009. – 384 с.

32. Вишневская Г. Галина. История жизни. Екатеринбург. Горизонт, 1992. - 576 с.

33. Военнопленные. Передача: Двойной портрет. Докум. фильм. // Телеканал "Совершенно секретно". Режиссёр Грачёва О. 2010.

34. Восемнадцать вузов России вошли в рейтинг лучших университетов мира, 11.09.2013, РИА Новости, http://ria.ru/society/20130910/962077678.html (дата обращения: 16.02.2014).

35. Восканян М. Русская ментальность в организационной культуре: алгебра и гармония. 2010. 12 март. [Электронный ресурс]. URL: http://www.dynacon.ru/content/articles/387/ (дата обращения: 09.11.2013).

36. Вторая ударная. Преданная армия Власова. Документально-художественный фильм А. Пивоварова. Телекомпания НТВ. 2011.

37. Галушка А., Гришунин А., Голубовский Д. Ценностное измерение нацио-нальной безопасности России. Под общей ред. Е. Юрьева. 2010. 29 июль. [Электронный ресурс]. URL: http://journal.oscfo.ru/nomera/8/cennostnoe_izmerenie_nacionalnoj_bezopasnosti_rossii1/ (дата обращения: 09.11.2013).

38. Геворкян Н. Цена амбиций. 2002. 30 окт. [Электронный ресурс]. URL: http://www.gazeta.ru/column/gevorkyan/158393.shtml (дата обращения: 09.11.2013).

39. Голод в СССР (1946—1947), Статья из Википедии — свободной энцикло-педии на русском языке. [Электронный ресурс]. URL: http://ru.wikipedia.org/ (дата обращения: 17.02.2014).

40. Голубев А. Имя бога должно быть забыто на всей территории СССР. // Журнал: "Diletant". 2013. 15 май. [Электронный ресурс]. Радиостанция "Эхо

Москвы". URL: http://www.diletant.ru/articles/17829537/ (дата обращения: 12.09.2013).

41. Гомзикова С. Будущее России растет на асфальте. 2011. 12 июнь. [Электронный ресурс]. URL: http://svpressa.ru/society/article/44289/ (дата обращения: 09.12.2013).

42. Гомзикова С. Присяжным оставят смертников. Судьбу подозреваемых, которым не грозит высшая мера наказания, будут решать районные судьи. 2012. 10 нояб. [Электронный ресурс]. URL:
http://svpressa.ru/society/article/60534/ (дата обращения: 09.12.2013).

43. Гореславская Н.Б. Владимир Путин и Людмила Путина вне политики. - М.: Алгоритм, 2007. – 256 с.

44. Горький М. Несвоевременные мысли: Заметки о революции и культуре. - М.: Советский писатель, 1990. – 230 с.

45. Гривенный Г. и др. Репортаж на телеканале НТВ в программе "Сегодня. Итоги": "Русская болезнь": почему в России мало живут и часто умирают? 2013. 27 февр. [Электронный ресурс]. URL: http://www.ntv.ru/novosti/485476/ (дата обращения: 09.09.2013).

46. Гудков Г., Овчинский В., Колпакиди А. Передача из цикла: "Осторожно, история". Современная роль спецслужб. / [Беседовал В. Рыжков] // Радиостанция "Эхо Москвы". 2010. 12 дек. [Электронный ресурс]. URL:
http://echo.msk.ru/programs/att-history/732283-echo/ (дата обращения: 13.09.2013).

47. Гумилёв Л.Н. Этногенез и биосфера земли. – М.: Айрис-пресс, 2008. - 560 с.

48. Гундаров И.А. Либеральные репрессии в России: 1989 – 2011 гг. / Отчет о семинаре в ИДК академика РАЕН И.А. Гундарова. / [Отчет подготовлен М. Калашниковым] // Интернет-портал: "Изборский клуб".
http://www.dynacon.ru/content/articles/516/ (дата обращения: 20.09.2013).

49. Гусейнов Р., Соколов Б., Чубайс И. Адекватно ли отражены в предпраздничной документалистике судьбы советских военнопленных периода начала войны? / [Беседовал В. Кара-Мурза] // Радио "Свобода". Программа "Грани Времени". 2010. 23 апр. [Электронный ресурс]. URL:
http://www.svoboda.org/content/transcript/2023329.html (дата обращения: 12.09.2013).

50. Делягин М.Г. День террора. 2008. 21 нояб. [Электронный ресурс]. URL: http://www.ej.ru/?a=note&id=8583 (дата обращения: 12.09.2013).

51. Деникин А.И. Очерки русской смуты. - Т. 1. Крушение Власти и армии. (Февраль-Сентябрь 1917 г.). – Париж. 1921. - 284 с. (Цит. по [Электронный ресурс]. URL: http://militera.lib.ru/memo/russian/denikin_ai2/index.html) (дата обращения: 12.09.2013))

52. Динамика смертности от наркотиков в России. 2013. 4 июль. // Интернет-портал: "РИА Новости". [Электронный ресурс]. URL:
http://ria.ru/beznarko_danger/20110704/397249889.html (дата обращения: 20.09.2013).

53. Дрюон М. Железный король. Исторический роман. Цикл "Проклятые короли". Книга первая. / Пер. с франц. Н. Жаркова. - М.: Прогресс, 1979. – 154 с.

54. Емельянов Н.Е. Оценка статистики гонений на Русскую Православную Церковь (1917 - 1952 годы). [Электронный ресурс]. URL: http://www.goldentime.ru/nbk_31.htm (дата обращения: 12.09.2013).

55. Ермолин А., Сонин К., Каспаров Г. Передача "Полный Альбац". / [Беседовала Е. Альбац] // Радиостанция "Эхо Москвы". 2011. 22 авг. [Электронный ресурс]. URL: http://echo.msk/programs/albac/804099-echo/ (дата обращения: 20.09.2013).

56 Ерофеев В.В. Оправдание гульбы. // Журнал: "Огонёк". №29 (5188). 2011. 25 июль. (Цит. по [Электронный ресурс]. URL: http://www.kommersant.ru/doc/1682375) (дата обращения: 12.09.2013).

57. Жертвы политического террора в СССР. 4-е изд. - М.: Международное общество "Мемориал", 2007 г. [Электронный ресурс]. URL: lists.memo.ru (дата обращения: 20.09.2013).

58. Зайончковская Ж.А. Эмиграция в дальнее зарубежье. // Население и общество. Информационный бюллетень Центра демографии и экологии человека Института народохозяйственного прогнозирования РАН. № 58. Октябрь. 2001. (Цит. по [Электронный ресурс]. URL: http://www.archipelag.ru/ru_mir/volni/4volna/out-migration/) (дата обращения: 13.09.2013)

59. Земсков В.Н. Политические репрессии в СССР (1917-1990). 2011. 28 май. [Электронный ресурс]. URL: http://actualhistory.ru/2008060101 (дата обращения: 13.09.2013).

60. Зенькович Н. Маршалы и генсеки; Интриги, вражда, заговоры. - М.: Олма-пресс, 2000. – 608 с.

61. Иванов В.Д. Русь великая: Роман-хроника. Л.: Лениздат, 1984. - 576 с.

62. История России XX век: 1894-1939 / Под ред А.Б. Зубова. - М.: Астрель: АСТ, 2009. - 1023 с.

63. Илларионов А., Кто был агрессором во Второй мировой войне, Блог, Радиостанция "Эхо Москвы". 2014. 5 февр. [Электронный ресурс]. URL: http://echo.msk.ru/blog/aillar/1252774-echo/ (дата обращения: 16.02.2014).

64. Истоки и причины русской революции. Программа «Уроки истории» с участием историков Якова Гордина, Кирилла Александрова, протоиерея Александра Степанова. К 90-летию Октябрьской революции. Часть 1, 2007. 07 нояб. [Электронный ресурс]. URL: http://grad-petrov.ru/archive.phtml?subj=9&mess=121 (дата обращения: 16.02.2014).

65. Калугин О.Д. Прощай, Лубянка! (XX век глазами очевидцев). - М.: ПИК-Олимп, 1995. - 352 с.

66. Кантор Ю.З. Передача "Цена Победы". Прибалтийские депортации. / [Беседовал В. Дымарский] // Радиостанция "Эхо Москвы". 2011. 4 июнь. [Электронный ресурс]. URL: http://www.echo.msk.ru/programs/victory/780540-echo/ (дата обращения: 13.09.2013).

67. Кара-Мурза В.В. Биография честности. К 70-летию Владимира Буковского. 2012. 28 дек. [Электронный ресурс]. URL: http://imrussia.org/ru/society/359-a-life-of-integrity-vladimir-bukovsky-at-70 (дата обращения: 13.09.2013).

68. Карамзин Н.М. История государства Российского. - М.: Эксмо, 2010. - 1024 с.

69. Карелин В.А. Проблема интернирования русских военнопленных Первой мировой войны / В.А. Карелин // Новая и новейшая история. - 2010. №1. - с. 93-105. [Электронный ресурс]. URL: http://www.august-1914.ru/karelin.html (дата обращения: 13.09.2013).

70. Катрин Симон (Catherine Simon). Москва: писатели против Путина. 2012. 17 март. // Газета: "Le Monde" (Франция). // Интернет-портал: "inoСМИ.Ru" [Электронный ресурс]. URL: http://inosmi.ru/social/20120317/188519435.html (дата обращения: 20.09.2013).

71. Ключевский В.О. Курс Русской истории. Полное издание в одном томе. Лекция шестьдесят восьмая. - М.: Альфа-книга, 2009. – 1197 с.

72. Кови С. мл., Меррилл Р. Скорость доверия. / Пер с англ. Р. Пискотина, М. Ильин. - М.: Альпина Паблишер, 2012. – 432 с.

73. Количество ВИЧ-инфицированных в России по состоянию на 18 мая 2012 г. // Федеральный научно-методический Центр по профилактике и борьбе со СПИДом [Электронный ресурс]. URL: http://www.hivrussia.ru/stat/2012.shtml (дата обращения: 20.09.2013).

74. Коновалов А.В. Истребители триллионов. // Журнал: "Огонёк". №10. 2011. 14 март. (Цит. по [Электронный ресурс]. URL: http://www.kommersant.ru/doc/1597497) (дата обращения: 14.09.2013).

75. Кончаловский А.С. Рабство легко, свобода трудна. 2011. 26 нояб. [Электронный ресурс]. URL: http://www.konchalovsky.ru/blog/2011/11/26/rabstvo-legko-svoboda-trudna/ (дата обращения: 14.09.2013).

76. Кончаловский А.С. Передача "Особое мнение". / [Беседовала Н. Асадова] // Радиостанция "Эхо Москвы". 2011. 14 окт. [Электронный ресурс]. URL: http://echo.msk.ru/programs/personalno/820359-echo/ (дата обращения: 22.09.2013).

77. Крайнов А. Кому пахать и сеять-2. // Газета: "Аргументы и факты". Челябинск. №8, 2012. 22 февр. // Интернет-портал: "Аргументы и факты". Челябинск". [Электронный ресурс]. URL: http://www.chel.aif.ru/society/article/24878/8 (дата обращения: 22.09.2013).

78. Красовицкая Т.Ю. Передача "Именем Сталина". Сталин и национальные вопросы / [Беседовала Н. Болтянская] // Радиостанция "Эхо Москвы". 2009. 24 янв. [Электронный ресурс]. URL: http://www.echo.msk.ru/programs/staliname/567945-echo/ (дата обращения: 23.09.2013).

79. Краткий курс истории ВКП(б) (1938). Репринтное воспроизведение стабильного издания 30-40-х годов. - М.: Писатель, 1997. - 230 с. [Электронный ресурс]. URL: http://www.lib.ru/DIALEKTIKA/kr_vkpb.txt (дата обращения: 22.09.2013).

80. Кречетников А. Вой холодной войны. 2011. 18 мар. [Электронный ресурс]. URL:
http://www.bbc.co.uk/russian/mobile/russia/2011/03/110316_ussr_jamming.sht ml (дата обращения: 19.03.2011).

81. Кудрикова В. Статья Дмитрия Медведева: "Россия – страна правового нигилизма". // Газета: "Труд". №10. 2008. 23 янв. [Электронный ресурс]. // Интернет-портал: "trud.ru". URL: http://www.trud.ru/article/23-01-2008/125073_dmitrij_medvedev_rossija--strana_pravovogo_nigiliz.html (дата обращения: 14.09.2013).

82. Кузеев И. Передача "Цена Победы". Неюбилейные беседы по истории Второй мировой войны. О чем не пишут в энциклопедиях? Почему не сходятся цифры? Московский потоп осенью 1941. / [Беседовали В. Дымарский, Д. Захаров] // Радиостанция "Эхо Москвы". 2008. 30 июнь. [Электронный ресурс]. URL: http://www.echomsk.ru/ (дата обращения: 30.06.2008).

83. Кузеев И. Потоп Московский. // Газета: "Совершенно секретно". No.7/230. 2008. 29 июнь. [Электронный ресурс]. URL:
http://www.sovsekretno.ru/magazines/article/. Архив за 2008 год. (дата обращения: 14.09.2013).

84. Куртуа С., Верт Н., Панне Ж-Л., Пачковский А., Бартошек К., Марголен Ж-Л. Чёрная книга коммунизма. Преступления, террор, репрессии. 95 миллионов жертв. / пер. с франц. – 2-е изд., испр. – М.: Три века истории. Робер Лаффон, 2001. - 780 с.

85. Лавров В. История "Красного террора". / [Беседовала О. Бычкова] // Телеканал "OnlineTV". 2013. 27 авг. [Электронный ресурс]. URL:
http://www.onlinetv.ru/video/1015/ (дата обращения: 16.02.2014).

86. Ларин М., Банасюкевич В. Информационный потенциал автоматизированного банка данных о безвозвратных потерях в годы Великой Отечественной войны. // Людские потери СССР в Великой Отечественной войне". СПб. 1995. - с. 68-70. (Цит. по [Электронный ресурс]. URL:
http://hedrook.vho.org/library/poteri.htm) (дата обращения: 15.09.2013).

87. Латынина Ю.Л. Еженедельная авторская программа "Код доступа". Радиостанция "Эхо Москвы". 2010. 25 дек. [Электронный ресурс]. URL:
http://www.echo.msk.ru/programs/code/736666-echo/ (дата обращения: 23.09.2013).

88. Латынина Ю.Л. Еженедельная авторская программа "Код доступа". Радиостанция "Эхо Москвы". 2011. 19 нояб. [Электронный ресурс]. URL:
http://www.echo.msk.ru/programs/code/831078-echo/ (дата обращения: 23.09.2013).

89. Левченко А. Чиновники перегрузили Россию. 2009. 19 март. [Электронный ресурс]. URL: http://www.gazeta.ru/politics/2009/03/19_a_2960575.shtml (дата обращения: 14.09.2013).

90. Литвиненко А. Фельдштинский Ю. ФСБ взрывает Россию. Федеральная служба безопасности - организатор террористических актов, похищений и

убийств - 2-е изд., испр. и доп. / New York, NY. Liberty Publishing House, 2004 - 278 p. [Электронный ресурс]. URL: http://www.lib.ru/HISTORY/FELSHTINSKY/litvinenko.txt (дата обращения: 15.09.2013).

91. Логинов В.Т. Неизвестный Ленин. - М.: Эксмо: Алгоритм, 2010 – 576 с.

92. Лучшим правителем ХХ века россияне считают Брежнева, худшим — Горбачева, 2013. 22 май. // Интернет-портал: "Газета.Ru". [Электронный ресурс]. URL: http://www.gazeta.ru/politics/news/2013/05/22/n_2926813.shtml (дата обращения: 21.09.2013).

93. Максимов Г. П. (Гр. Лапоть). За что и как большевики изгнали анархистов из России? (К освещению положения анархистов в России). Штетин. Изд. Анархо-Коммун. группы, 1922. 7 февр. [Электронный ресурс]. URL: http://socialist.memo.ru/books/perli/maksimov.htm (дата обращения: 15.09.2013).

94. Медведев Д.А. Россия, вперёд! 2009. 10 сент. [Электронный ресурс]. URL: http://www.gazeta.ru/comments/2009/09/10_a_3258568.shtml (дата обращения: 15.09.2013).

95. Медведев уволил своего спецпредставителя за покупку акций "Банка Москвы". / Новости России. 2011. 9 апр. // Интернет-портал: "Newsru.com". [Электронный ресурс]. URL: http://www.newsru.com/russia/09apr2011/bank.html (дата обращения: 09.11.2013).

96. Млечин Л.М. Передача "Особое мнение". / [Беседовала Э. Геворкян] // Радиостанция "Эхо Москвы". 2011. 18 апр. [Электронный ресурс]. URL: http://echo.msk.ru/pda/programs/personalno/766895-echo/text.html (дата обращения: 22.09.2013).

97. Млечин Л.М. Передача "Особое мнение". / [Беседовала О. Журавлева] // Радиостанция "Эхо Москвы". 2011. 25 апр. [Электронный ресурс]. URL: http://www.echo.msk.ru/programs/personalno/768886-echo/ (дата обращения: 22.09.2013).

98. Мудрик А., Соколов В., Виноградов М., Данилин П., Сатаров Г. В чем причина аполитичности россиян? 2008. 24 февр. / [Беседовал Г. Степанов] // Радиостанция "БиБиСи". [Электронный ресурс]. URL: http://news.bbc.co.uk/hi/russian/russia/newsid_7261000/7261822.stm (дата обращения: 15.09.2013).

99. Муратов Д.А. Передача "Особое мнение". / [Беседовала И. Воробьева] // Радиостанция "Эхо Москвы". 2009. 21 дек. [Электронный ресурс]. URL: http://echo.msk.ru/programs/personalno/642320-echo/ (дата обращения: 22.09.2013).

100. Муратов Д.А. Передача "Особое мнение". / [Беседовала Т. Фельгенгауэр] // Радиостанция "Эхо Москвы". 2012. 3 авг. [Электронный ресурс]. URL: http://echo.msk.ru/programs/personalno/914627-echo/ (дата обращения: 22.09.2013).

101. Наркомания в России. Материал из Википедии - свободной энциклопедии. [Электронный ресурс]. URL: http://ru.wikipedia.org/ (дата обращения: 20.09.2013).

102. Население России. Статистика, факты, комментарии, прогнозы. // Статистический сборник. [Электронный ресурс]. URL: http://www.rf-agency.ru/acn/stat_ru (дата обращения: 22.09.2013).

103. Население России. Статья в Википедии, свободной энциклопедии. Последнее изменение страницы: 2013. 18 сент. // The Wikimedia Foundation, Inc. [Электронный ресурс]. URL: https://ru.wikipedia.org/ (дата обращения: 22.09.2013).

104. Нюрнбергский процесс. Сб. материалов. Под ред. К.П. Горшенина и др. - Т. 2. 2-е изд., испр. и доп. - М.: Гос. изд-во юр. лит., 1954. - 1153 с. [Электронный ресурс]. URL: http://nurnbergprozes.narod.ru/022/11.htm (дата обращения: 17.09.2013).

105. Ольховская О. Кто враг России? Комментарии к статье Ивана Толстого: "Коммунисты и большевики Николая Нарокова". 2011. 14 март. [Электронный ресурс]. URL: http://gidepark.ru/user/1826985078/article/288518 (дата обращения: 02.10.2009).

106. Орешкин Д.Б. О мозгах, понтах и выборах. 2011. 5 дек. [Электронный ресурс]. URL: http://www.echo.msk.ru/blog/oreshkin/836162-echo/ (дата обращения: 16.09.2013).

107. Павловский Г.О. Передача "Особое мнение". / [Беседовала О. Бычкова] // Радиостанция "Эхо Москвы". 2009. 20 авг. [Электронный ресурс]. URL: http://www.echo.msk.ru/programs/personalno/613839-echo/#element-text (дата обращения: 09.09.2013).

108. Пайпс Р. Россия при старом режиме. - М.: Захаров, 2004. - 261 с. (Цит по: [Электронный ресурс]. URL: http://read24.ru/fb2/richard-payps-rossiya-pri-starom-rejime/ (дата обращения: 16.09.2013).

109. Пайпс Р. Русская революция. В 3-х кн. - Кн. 3. Россия под большевиками. 1918-1924. - М.: Захаров, 2005. - 704 с.

110. Пасько Г.М. Программа "Наше время". Закон о госизмене: за и против / [Беседовала Е. Шергова] // Телеканал "Совершенно Секретно". 2012. 18 нояб. [Электронный ресурс]. URL: http://www.youtube.com/watch?v=kK1DoW5r-yY. (Опубликовано 2013. 18 май.).

111. Пекарихина С. "Голубая смерть" в наших домах: как остановить взрывы бытового газа. [Электронный ресурс]. URL: http://top.rbc.ru/society/14/03/2012/641623.shtml (дата обращения: 16.09.2013).

112. Первышин В.Г. Людские потери в Великой Отечественной войне, Вопросы истории, 2000, № 7, [Электронный ресурс]. URL: http://annales.info/rus/small/poteri.htm), (дата обращения: 16.02.2014).

113. Погребижская Е. "Мама, я тебя убью". / Док. фильм. 2013. 11 Июль. // [Электронный ресурс]. URL: www.youtube.com/watch?v=QkEzTYAFzf8 (дата обращения: 22.09.2013).

114. Подберезкин И.И. Дмитрий Медведев на Чукотке: "...чтобы заниматься этими вопросами, нужно врубаться в проблему. А чтобы врубаться, нужно быть в тонусе". 2008. 24 сент. [Электронный ресурс]. URL: http://www.qwas.ru/russia/pp-pss/id_121010/ (дата обращения: 16.09.2013).

115. Полян П.М. У истоков советской депортационной политики: выселения белых казаков и крупных землевладельцев (1918-1925). / Издание: "Демоскоп Weekly". № 147 - 148, 2004. 23 февр. - 7 март. [Электронный ресурс]. URL: http://demoscope.ru/weekly/2004/0147/analit01.php (дата обращения: 16.09.2013).

116. Потери в Первой мировой войне, Материал из Википедии — свободной энциклопедии, [Электронный ресурс]. URL: https://ru.wikipedia.org/ (дата обращения: 16.02.2014).

117. Привалов А.Н. Передача "Особое мнение". / [Беседовала Т. Фельгенгауэр] // Радиостанция "Эхо Москвы". 2009. 9 дек. [Электронный ресурс]. URL: http://echo.msk.ru/programs/personalno/639842-echo/ (дата обращения: 16.09.2013).

118. Проникновение интернета. 2013. 11 июнь. // Интернет-портал: "ФОМ Интернет". [Электронный ресурс]. URL: http://runet.fom.ru/Proniknovenie-interneta (дата обращения: 21.09.2013).

119. Проханов А.А. Передача "Особое мнение". / [Беседовала О. Журавлева] // Радиостанция "Эхо Москвы". 2009. 19 авг. [Электронный ресурс]. URL: http://www.echo.msk.ru/programs/personalno/613517-echo/ (дата обращения: 16.09.2013).

120. Прудникова Е.А. Хрущев. Творцы террора. - М.: ЗАО "Олма Медиа Групп", 2007. (Цит по: [Электронный ресурс]. URL: http://stalinism.ru/Elektronnaya-biblioteka/Hruschev.-Tvortsyi-terrora/) (дата обращения: 09.09.2013).

121. Путин В.В. Почему трудно уволить человека. // Газета: "Русский пионер". №9. 2009. 28 май. (Цит по: [Электронный ресурс]. URL: http://litcey.ru/informatika/39848/index.html (дата обращения: 16.09.2013).

122. Путин В.В. Послание Президента Федеральному Собранию. 2012. 12 дек. Москва. Кремль. [Электронный ресурс]. URL: http://www.kremlin.ru/news/17118 (дата обращения: 16.09.2013).

123. Путин В.В. Интервью телеведущему CNN (США) / Беседовал Л. Кинг // 2010. 2 дек. [Электронный ресурс]. URL: http://www.inosmi.ru/politic/20101202/164626560.html (дата обращения: 16.09.2013).

124. Путин выгоняет госкомпании из офшоров. 2011. 19 дек. // Русская служба компании Би-Би-Си. [Электронный ресурс]. URL: http://www.bbc.co.uk/russian/russia/2011/12/111219_corruption_putin_offshore.shtml (дата обращения: 21.09.2013).

125. Путин подписал закон об отмене минимального порога явки избирателей. 2006. 6 дек. (Обновлено 2008. 7 июнь.) // Интернет-портал: "РИА Новости". [Электронный ресурс]. URL: http://ria.ru/politics/20061206/56559199.html (дата обращения: 21.09.2013).

126. Радзиховский Л.А. Передача "Особое мнение". / [Беседовал С. Бунтман] // Радиостанция "Эхо Москвы". 2009. 6 февр. [Электронный ресурс]. URL: http://echo.msk.ru/programs/personalno/570700-echo/ (дата обращения: 16.09.2013).

127. Радзиховский Л.А. Передача "Особое мнение". / [Беседовала А. Гребнева] // Радиостанция "Эхо Москвы". 2009. 20 мар. [Электронный ресурс]. URL: http://www.echo.msk.ru/programs/personalno/579857-echo/ (дата обращения: 17.09.2013).

128. Радзиховский Л.А. Передача "Особое мнение". / [Беседовал С. Бунтман] // Радиостанция "Эхо Москвы". 2009. 23 окт. [Электронный ресурс]. URL: http://do.gendocs.ru/docs/index-231595.html?page=16 (дата обращения: 16.02.2014).

129. Радзиховский Л.А. Передача "Особое мнение". / [Беседовала А. Самсонова] // Радиостанция "Эхо Москвы". 2012. 6 апр. [Электронный ресурс]. URL: http://echo.msk.ru/pda/programs/personalno/875695-echo/text.html (дата обращения: 17.09.2013).

130. Радзиховский Л.А. Анатомия пустоты. Блог на сайте радиостанции "Эхо Москвы". 2012. 6 окт. [Электронный ресурс]. URL: http://www.echo.msk.ru/blog/radzihovski/937723-echo/ (дата обращения: 17.09.2013).

131. Рачинский Я.З. 30 октября - день не только памяти, но и борьбы. / [Беседовал А. Белановский] // Журнал: "Diletant". 2012. 30 окт. Радиостанция "Эхо Москвы". [Электронный ресурс]. URL: http://www.echomsk.ru/ (дата обращения: 17.09.2013).

132. Ректор медуниверситета Пирогова отправлен в отставку. Москва. 2011. 10 авг. [Электронный ресурс]. Британская широковещательная корпорация Би-би-си. URL: http://www.bbc.co.uk/russian/russia/2011/08/110810_medicine_academy_chancellor.shtml (дата обращения: 15.09.2013).

133. Ремчуков К.В. Передача "Особое мнение". / [Беседовала М. Королева] // Радиостанция "Эхо Москвы". 2011. 18 апр. [Электронный ресурс]. URL: http://echo.msk.ru/pda/programs/personalno/766896-echo/text.html (дата обращения: 23.09.2013).

134. Ремчуков К.В. Передача "Особое мнение". / [Беседовала О. Бычкова] // Радиостанция "Эхо Москвы". 2012. 4 июнь. [Электронный ресурс]. URL: http://echo.msk.ru/programs/personalno/895333-echo/ (дата обращения: 23.09.2013).

135. Ремчуков К.В. Передача "Особое мнение". / [Беседовала Т. Фельгенгауэр] // Радиостанция "Эхо Москвы". 2013. 20 май. [Электронный ресурс]. URL:

http://echo.msk.ru/programs/personalno/1077414-echo/ (дата обращения: 23.09.2013).

136. Сорина Л., Кондратьев О., Каринцев П., Смирнов Н., Ожогин Е. Ржевская битва 1941-1943 гг. Изд.: "История Ржева", Ржев, 2000 г. стр.149-222. [Электронный ресурс]. URL: http://1942.rzev.ru/rshew_history.html (дата обращения: 16.02.2014).

137. Романов П.В. Преемники от Ивана Ш до Дмитрия Медведева. - Спб.: Амфора, 2008. - 368 с.

138. Россия в откате. 2010. 30 дек. // Электронное периодическое издание "Ведомости" [Электронный ресурс]. URL: http://www.vedomosti.ru/newspaper/article/252776/rossiya_v_otkate (дата обращения: 03.01.2011).

139. Россиянам порядок в стране важнее демократии. 2012. 10 авг. // Интернет-портал: "Актуальные комментарии". [Электронный ресурс]. URL: http://actualcomment.ru/news/46697/ (дата обращения: 20.09.2013).

140. Рублёв Д.И. Кронштадтское восстание: Взгляд российской анархистской эмиграции. Сборник материалов IV Международных Кропоткинских чтений. К 170-летию со дня рождения П.А. Кропоткина (Материалы и исследования). Дмитров. 2012. с. 120-129. (Цит. по: [Электронный ресурс]. URL: http://www.aitrus.info/node/2682) (дата обращения: 17.09.2013).

141. Руководство ЗИЛа и Тушинского завода занималось отмывкой денег. 2011. 6 апр. // Интернет-портал журнала: "Форбс". [Электронный ресурс]. URL: http://www.forbes.ru/news/65948 (дата обращения: 21.09.2013).

142. Савич Н.В. Воспоминания. – Санкт-Петербург: Логос. Дюссельдорф: Голубой всадник, 1993. - 421 с.

143. Сванидзе Н.К. Политика, женщины, футбол. История учит нас тому, что история нас ничему не учит. - СПб.: Амфора, 2006. - 399 с.

144. Седакова О. О феномене советского человека. / [Беседовала Е. Кудрявцева] // журнал: "Огонёк" (№ 2). Янв. 2011. [Электронный ресурс]. URL: http://www.olgasedakova.com/interview/903 (дата обращения: 17.09.2013).

145. Слиска Л.К. Передача "Без дураков". / [Беседовал С. Корзун] // Радиостанция "Эхо Москвы". 2012. 18 июнь. [Электронный ресурс]. URL: http://echo.msk.ru/programs/korzun/899010-echo/ (дата обращения: 18.09.2013).

146. Смолин А. Лечение алкоголизма табаком. 2013. 8 апр. (Цит. по: [Электронный ресурс]. URL: http://www.rapsinews.ru/incident_publication/20130408/266945973.html) (дата обращения: 18.09.2013).

147. "Собеседник" узнал, как путешествуют Медведев и Путин и во сколько это обходится россиянам. 2009. 16 сент. // Интернет-портал: "Newsru.com". [Электронный ресурс]. URL: http://www.newsru.com/russia/16sep2009/gosrelax.html (дата обращения: 20.09.2013).

148. Соколов Б.В. Частное против честного. 2009. 9 окт. [Электронный ресурс]. URL: http://grani.ru/Politics/Russia/m.160407.html (дата обращения: 18.09.2013).

149. Соколов Д.В. К 90-летию декрета "О красном терроре". 2008. 3 сент. [Электронный ресурс]. URL: http://www.epochtimes.ru/content/view/19251/34/ (дата обращения: 18.09.2013).

150. Солженицын А. И. Красное колесо. / Узел 4. Апрель Семнадцатого. - Кн. 2. - 568 с. // Узел XX – весна двадцать второго. - с. 513-516.

151. Солидарность (профсоюз), Статья из Википедии — свободной энциклопедии на русском языке. [Электронный ресурс]. URL: http://ru.wikipedia.org/ (дата обращения: 18.02.2014).

152. Соловьёв В. Путин. Путеводитель для неравнодушных. - М.: Эксмо, 2008. - 416 с.

153. Соловьев В.Р. Империя без Владимира Путина - не империя. 2007. 8 июнь. // Деловая газета: "Взгляд". [Электронный ресурс]. URL: http://www.vz.ru/columns/2007/6/8/86859.html (дата обращения: 18.09.2013).

154. Соловьёв С.М. История России с древнейших времён. - М.: Эксмо, 2010. - 1024 с.

155. Солоневич И.Л. Народная монархия. История проблем русского народа. – М.: Римис, 1973. - 710 с.

156. Сорос Дж. Альтернатива геополитике: Российская проблема. // Газета: "Ведомости". №25. 2009. 12 февр. (Цит. по [Электронный ресурс]. URL: http://www.rb.ru/inform/104147.html) (дата обращения: 19.09.2013).

157. Социологи подсчитали число пользователей интернета в России. 2013. 16 март. // Интернет-портал: "РИА Новости". [Электронный ресурс]. URL: http://lenta.ru/news/2013/03/16/internet/ (дата обращения: 21.09.2013).

158. Сошников С. ~ 2750 абортов проводится в день в России. 2012. 26 сент. [Электронный ресурс]. Радиостанция "Эхо Москвы". URL: http://www.echo.msk.ru/blog/scholars/934409-echo/ (дата обращения: 20.09.2013).

159. Сталин и русская душа. / Вестник аналитики. "Круглый стол" - №1 (5). 2009. [Электронный ресурс]. URL: http://www.isoa.ru/docs/vestnik_2009-1-5.pdf (дата обращения: 02.03.2009).

160. Тайбаков А.А. Преступная субкультура. 2001 г. - 93 с. [Электронный ресурс]. URL: http://ecsocman.hse.ru/data/040/900/1216/014_tajbakov.pdf (дата обращения: 19.09.2013).

161. Телегин С. Без веры, царя и отечества (Как нас хотят лишить Родины и истории). // Газета: "Завтра". No: 44 (413). 2001. 30 окт. [Электронный ресурс]. URL: http://www.zavtra.ru/content/view/2001-10-3051/ (дата обращения: 13.09.2013).

162. Терехов А. Что в нас не так, что мы стыдимся быть русскими? Вопрос из заданных журналисту В. Соловьеву на интернет-конференции. 2008. 30 апр. [Электронный ресурс]. URL: http://www.vsoloviev.ru/ (дата обращения: 19.09.2013).

163. Тернон И. Размышления о геноциде. 22 с. // Институт прав человека. [Электронный ресурс]. URL: http://www.hrights.ru/text/b8/Chapter5.htm (дата обращения: 19.09.2013).

164. Титоренко Д., Цветкова Ю. Руслан Маржанов скончался в больнице от ран. // Газета: "Комсомольская правда". 2013. 10 июль. [Электронный ресурс]. URL: http://www.kp.ru/online/news/1483234/ (дата обращения: 19.09.2013).

165. Троицкий А.К. Передача "Особое мнение". / [Беседовала О. Журавлева] // Радиостанция "Эхо Москвы". 2009. 25 март. [Электронный ресурс]. URL: http://www.echo.msk.ru/programs/personalno/580887-echo/ (дата обращения: 19.09.2013).

166. Тыкулов Д. Шведская стена плача. // Журнал: "Коммерсантъ Секрет Фирмы". №50 (233). 2007. 24 дек. [Электронный ресурс]. URL: http://www.kommersant.ru/doc/859038 (дата обращения: 19.09.2013).

167. Ульянов-Ленин В.И. Памяти Герцена. // Газета: "Социал-Демократ". № 26. 1912. 8 май (25 апр.) [Электронный ресурс]. URL: http://souz.info/library/lenin/herzenmem.html (дата обращения: 09.09.2013).

168. Урны с прахом у Кремлевской стены могут перенести на кладбище в Мытищи. 2013. 27 июнь. // Интернет-портал: "Аргументы и факты". [Электронный ресурс]. URL: http://www.aif.ru/society/news/397684 (дата обращения: 21.09.2013).

169. Фасмер М. Этимологический словарь русского языка в 4 томах. - Т. 1. - М.: Изд-во АСТ, Астрель, 2004. - 2844 с.

170. Федотов Г.П. Судьба и грехи России. - Т. 2. - Спб.: София, 1992.

171. Хакамада И., Ерофеев В. Передача "В круге света". 40 лет homosovetikus. / [Беседовали С. Сорокина, Ю. Кобаладзе] // Радиостанция "Эхо Москвы". 2011. 19 янв. [Электронный ресурс]. URL: http://echo.msk.ru/pda/programs/sorokina/742730-echo/text.html (дата обращения: 19.09.2013).

172. Хлебников П. Крёстный отец Кремля Борис Березовский, или история разграбления России. - М.: Детектив-Пресс, 2001. - 548 с. [Электронный ресурс]. URL: http://nationalization.ru/Library/Hlebnikov_P._Kriestniyyi_Otec_Kremlya_.a6.pdf (дата обращения: 19.09.2013).

173. Цветков И.А. Категории "негативной" и "позитивной" свободы в российских описаниях американской повседневности. 2010. 4 окт. / Сборник: Америка и мир: история и современность. - СПб.: Изд-во СПбГУ, 2006. - с. 122-138. (Цит. по: [Электронный ресурс]. URL: http://ushistory.ru/stati/18-freedom.html) (дата обращения: 19.09.2013).

174. Ципко А., Кудряшов С., Суворов В. Передача "Дым Отечества". Цена человеческой жизни в России. Нет человека - нет реабилитации? / [Беседовал В. Дымарский] // Радиостанция "Эхо Москвы". 2008. 7 дек. [Электронный ресурс]. URL: http://echo.msk.ru/programs/smoke/557773-echo/ (дата обращения: 19.09.2013).

175. Чайкина Ю., Ильин А. Почему иностранные банкиры бегут из России и когда они вернутся. 2013. 20 апр. // Интернет-портал журнала: "Форбс". [Электронный ресурс]. URL: http://m.forbes.ru/article.php?id=81436 (дата обращения: 19.09.2013).

176. Чарный С. Ксенофобия в России: фантомные боли или поиск врага. // Газета: "Зеркало недели". №18. 2006. 13 май. (Цит. по: [Электронный ресурс]. URL: http://zn.ua/POLITICS/ksenofobiya_v_rossii_fantomnye_boli,_ili_poisk_vraga-46706.html) (дата обращения: 20.09.2013).

177. Чуев Ф.И. Солдаты империи: Беседы. Воспоминания. Документы. - М.: Ковчег, 1998. - 248 с. (Цит. по: [Электронный ресурс]. URL: http://www.e-reading.biz/chapter.php/1002692/0/Chuev_Feliks_-_Soldaty_imperii__Besedy._Vospominaniya._Dokumenty.html) (дата обращения: 20.09.2013).

178. Шаргунов С. Чего же ты хочешь? 2012. 5 авг. [Электронный ресурс]. АНО "Интернет-Пресса". URL: http://svpressa.ru/society/article/57582/ (дата обращения: 20.09.2013).

179. Шафаревич И.Р. Что такое патриотизм? // Газета: "Политика" - № 1. 1991. Март. (Цит. по: [Электронный ресурс]. URL: http://conrad2001.narod.ru/russian/library/books/shafarevich/shaf_3_3.htm) (дата обращения: 21.09.2013).

180. Шведская Vostok Nafta практически ушла с российского рынка акций. // Интернет-портал журнала: "Форбс". [Электронный ресурс]. URL: http://www.forbes.ru/news/92040-shvedskaya-vostok-nafta-prakticheski-ushla-s-rossiiskogo-rynka-aktsii (дата обращения: 20.09.2013).

181. Шевченко М.Л. Передача "Особое мнение". / [Беседовала Т. Фельгенгауэр] // 2013. 2 май. [Электронный ресурс]. Радиостанция "Эхо Москвы". URL: http://echo.msk.ru/pda/programs/personalno/1064986-echo/text.html (дата обращения: 20.09.2013).

182. Шейнис В., Бунин И. Программа: "Осторожно, история". Новый застой в политической жизни нашей страны скорее сохранит Россию или скорее разрушит? / [Беседовали В. Рыжков, В. Дымарский] // Радиостанция "Эхо Москвы". 2010. 11 июль. [Электронный ресурс]. URL: http://echo.msk.ru/pda/programs/att-history/693922-echo/text.html (дата обращения: 20.09.2013).

183. Шохин А.Н. Еще раз об инновациях и модернизации. // Газета: "Известия". 2010. 23 март. [Электронный ресурс]. URL: http://izvestia.ru/news/359814 (дата обращения: 20.09.2013).

184. Эдельман О. Легенды и мифы Советского Союза. [Электронный ресурс]. URL: http://www.ruthenia.ru/logos/number/1999_05/1999_5_15.htm (дата обращения: 20.09.2013).

185. Экономику России ведут в тупик ее собственные граждане... 2013. 7 февр. // Интернет-портал: "Newsru.com". [Электронный ресурс]. URL: http://www.newsru.com/finance/07feb2013/doverie.html (дата обращения: 21.09.2013).

186. Ясин Е.Г. и др. Российские мифы - старые и новые. // Круглый стол в Фонде "Либеральная миссия". [Электронный ресурс]. URL: http://www.liberal.ru/articles/4270 (дата обращения: 20.09.2013).

187. IKEA уходит из России. 2010. 20 авг. // Интернет-портал: "Newsland". [Электронный ресурс]. URL: http://newsland.com/news/detail/id/548257/ (дата обращения: 20.09.2013).

188. Radimova Jana. Количество пользователей интернета в России растет. 2012. 19 апр. // Интернет-портал: "Реальная политика". [Электронный ресурс]. URL: http://www.globalrus.net/2012/04/blog-post_19.html (дата обращения: 21.09.2013).

189. World War II casualties. From Wikipedia, the free encyclopedia. Last modified on 15 Sept. 2013. // The Wikimedia Foundation, Inc. [Electronic Resource]. URL: https://en.wikipedia.org/wiki/World_War_II_casualties (дата обращения: 22.09.2013).

www.ingramcontent.com/pod-product-compliance
Lightning Source LLC
Chambersburg PA
CBHW081347280326
41927CB00043B/3307